应用型本科经管类
经管 "十三五"规划教材

U0646349

EVC QIYE JIAZHI CHUANGZAO
SHIWU JIAOCHENG

EVC企业价值创造实务教程

主　编：汪婷婷　郭文茂　林　颖
副主编：黄素谦　张筱莉　常　铮　黄慧琴

Enterprise
Present Value
Enterprise
Value Create
Operating Cash Flow NCF
PMI Free Interest Rate
Initial Cash Flow

厦门大学出版社　国家一级出版社
XIAMEN UNIVERSITY PRESS　全国百佳图书出版单位

图书在版编目(CIP)数据

EVC 企业价值创造实务教程/汪婷婷,郭文茂,林颖主编.—厦门:厦门大学出版社,
2019.3(2022.1 重印)
(应用型本科经管类"十三五"规划教材)
ISBN 978-7-5615-7245-0

Ⅰ.①E…　Ⅱ.①汪…②郭…③林…　Ⅲ.①企业管理—财务管理—应用软件—教材
Ⅳ.①F275-39

中国版本图书馆 CIP 数据核字(2018)第 295074 号

出 版 人	郑文礼
责任编辑	陈丽贞

出版发行 厦门大学出版社

社　　址	厦门市软件园二期望海路 39 号
邮政编码	361008
总 编 办	0592-2182177　0592-2181406(传真)
营销中心	0592-2184458　0592-2181365
网　　址	http://www.xmupress.com
邮　　箱	xmupress@126.com
印　　刷	厦门兴立通印刷设计有限公司

开本	787 mm×1 092 mm　1/16
印张	15.75
字数	318 千字
版次	2019 年 3 月第 1 版
印次	2022 年 1 月第 3 次印刷
定价	48.00 元

本书如有印装质量问题请直接寄承印厂调换

厦门大学出版社
微信二维码

厦门大学出版社
微博二维码

序

互联网、大数据和人工智能等技术创新的实现，驱动企业在技术和理念上打破了传统模式的禁锢，迎来了企业创新、变革与发展的新局面，进而助力企业的价值创造。面对宏观经济环境、消费导向、竞争对手的改变，企业创造价值又必须围绕市场供求规律、消费者心理、信用环境、资金管理、内部控制、会计核算、经营分析和人力资源管理等要求革故鼎新，高校也必须迎合这一变革态势，探索跨学科教育、创新创业教育与职业素质教育相结合的理论与实践一体化教材内容。为此，厦门华厦学院汪婷婷副教授等诸位教师与时俱进，编写并出版了《EVC企业价值创造实务教程》教材。

该教材是"企业价值创造实战平台"及在此基础上开设的"企业价值创造实战"课程的配套教材。"企业价值创造实战平台"集游戏的娱乐性、创业的实战性、教学的实用性为一体，采取人人对抗的模式，学生模拟组建股份公司，通过多角色分工、共同协商、自主决策，完成以经营规划、预算、筹资、投资、营运管理、利润分配为主线的经营全过程，进而培养学生的全局观念、商业头脑、管理和创新思维等综合职业素养。平台以财务管理、管理会计、财务分析为核心，汇集经济学、投资学、管理学、市场营销学、人力资源管理等多门经济管理类课程的基本理论知识，引导学生基于企业价值创造全局的视角，打破原有学科理论壁垒，形成实践教学的全新脉络。该教材遵循实战平台的设计初衷，基于理论指导实务的编写框架，将教材分为两大篇。第一篇"企业价值创造理论"篇，旨在梳理企业价值创造理论体系，设计了"企业价值创造理实对照表"，概要介绍了平台涉及的相关理论课程的基本知识；第二篇"企业价值创造实战"篇，结合平台，细分组织结构与实务流程、经营规划、筹资业务、投资业务、营运管理、利润分配和经营分析七个模块进行实战演练，同时选取典型实战案例进行深度解析，并提供部分实战技巧。前后两篇既有理论基础，又有实践应用，一气呵成，自成体系。同时，为了方便平台使用和教师开展实践教学，该教材以附录的形式提供了平台系统管理指南和教学方案。该教材具有以下几个特色：

（1）指导性。该教材的体例并非软件使用明书，它遵循经济管理类课程的教学规律，设计了较新颖的教学模式，从制定完整的教学计划入手，辅之以循序渐进、寓教于乐的教学思路，构建重在过程考核和学生综合素质养成的考核方式，进而绘制出有助于学生综合运用多学科理论知识的理论体系图，方便教师和学生系统地按照上述教学模式和辅助材料完成理论和平台相结合的教与学。

（2）综合性。该教材以财务管理、管理会计和财务分析为核心，汇集经济学、投资学、管理学、市场营销学和人力资源管理等多门课程的基本理论知识和管理分析工具，并将理论知识融入平台实战过程中，让学生在经营决策中感知理论知识的实用性及各门课程知识的连贯性，体验全局观，感受团队的力量，塑造勇于创新的精神，提升学生理性创业的观念和智慧管理的能力。

（3）实战性。该教材从虚拟企业的实战环境出发，激发学生寻找、思考和运用理论知识的兴趣和热情，培养学生探索知识的能力，并在探索中学到经济管理基本理论之精髓。同时，平台提供了融资租赁计算模板等多种管理分析实用工具，该工具的使用既能提高学生的学习效率，又与实践应用密切相关。

该教材的编写团队具有多年经济管理类应用型高校教学经验，在实践课程体系建设方面具有较为独到的教学思路，相信该教材能为我国高校应用型人才培养贡献一份力量。

庄明来

2019 年元月于厦门大学

前　言

改革开放四十多年来,中国经济持续高速增长,自 2015 年来,经济发展进入了"新常态",党中央审时度势,提出并大力推动以"去产能、去库存、去杠杆、降成本、补短板"为特征的"供给侧改革",旨在激发微观经济主体活力,增强我国经济长期稳定发展的新动力。作为微观经济运行主力之一的企业,需要顺应宏观环境变化和国家政策调整,在为社会和消费者创造价值的改革浪潮中求生存、谋发展。《财政部关于全面推进管理会计体系建设的指导意见》指出,"建立和完善现代企业制度,增强价值创造力已经成为企业的内在需要"。高等院校在为国家经济发展培养优秀人才的过程中,也应从理论与实务上勇于探索企业价值创造,尤其是定位于应用型人才培养的高校,更应在人才培养方案中加大实践类课程的比例,营造对接企业实务的教学场景,努力让学生在同企业运营环境零距离的实践过程中领略宏观与微观经济的发展规律,运用理论知识,体验内化为系统的经营思维和管理技巧。本教材正是基于这一出发点,注重人才培养方案中的理论课程的系统化、精细化特点,从整体性和关联性等方面把握实践类课程,将理论与实践课程有机融合,以满足综合性强的企业对价值创造人才的需求,实现以"企业价值创造实战平台"为代表的教学产品支撑综合性实践课程开展之目的。本教材作为该平台的配套教材,体例新颖,设计实用,一方面,有别于一般的软件配套教程说明书式的编排,以理论体系建构为基础,企业实战讲解为主线,理论与实践有机结合,有利于学习者一气呵成,认识企业价值创造全过程,又能与理论知识相对照,深入分析价值创造背后的规律,举一反三地开展新一轮的实践;另一方面,本教材在编写中融入了教学思路,理论部分注重搭建理论综合体系网络,实战部分注重理实一体化,并且设计了合理的教学方案,方便任课教师使用。

本教材适用于本科院校、高职院校、中职院校经管类专业教师使用平台开展综合实践教学,也适用于各专业学生使用平台进行自主学习或创业管理训练。企业也可使用本教材作为培训教材,借助平台,组织员工开展系统培训。本教材由厦门华厦学院汪婷婷副教授、郭文茂副教授、林颖讲师担任主编,黄素谦、常铮、张筱莉和黄慧琴四位讲师担任副主编,2015 级财务管理专业杨悦宾同学参与了"实战典型案例"的编写。本教材得到厦门网中网软件有限公司、厦门大学出版社和赵静、徐妍两位平台研发者的鼎力支持,在此表示衷心感谢! 由于编者水平有限,教材中难免存有不足之处,恳请广大读者批评指正。

编者

2019 年 1 月

目 录
Contents

附录 1

平台简介及系统管理指南

附录 2

《企业价值创造实战》课程教学方案

第一篇

企业价值创造理论

1. 概　述

企业价值创造理论是企业构建竞争优势和实现价值最大化的重要理论,在发展过程中形成了古典利润理论、熊彼特"创新理论"、新古典利润理论和企业能力理论四种重要理论。随着企业竞争面临的内外部环境的变化,特别是云计算、物联网、移动互联网等新一代信息技术的迅猛发展,理论探索也日新月异(见表1-1)。波特整合价值创造理论是企业能力理论中的重要理论之一,也是被广泛接受和运用的从公司层次上进行价值创造分析的工具之一。该理论提出了价值链分析模型,指出企业的基本活动和辅助活动中各项活动与企业价值创造息息相关,是企业竞争优势的重要源泉。其中,横向的基本活动直接创造价值,是价值链上的核心环节,如生产管理、市场营销、客户服务等;纵向的支持活动则为基本活动提供条件并提高基本活动的绩效水平,间接创造价值,如人力资源管理、财务管理、技术研发、采购管理。各个学科专业可分别从不同角度或切入点分析企业价值创造流程,形成相关的理论体系。

表1-1　企业价值创造理论发展趋势

角度	传统观点	现代观点
价值创造方式	注重实体	注重实体与虚拟的结合
价值导向	以资源和能力为导向	以顾客为导向
价值链形态	单一、线性	复杂、网络化
价值创造空间	企业内部、边界明显	由内向外延伸、边界模糊化
价值链可变性	固定、机械化	柔性,具备延展性和伸缩性

2.理论体系

本书以资金流管理为主线分析企业价值创造全流程（如图 1-1），分为组织结构构建、经营规划、筹资业务、投资业务、营运管理、利润分配、经营分析 7 个实战主题。每个实战主题都与理论课程密切关联，理论来源于实战并更深刻地指导实战。

①企业为价值而生，企业价值创造的起点是企业战略。企业制定战略前首先要进行商业环境分析和可行性论证。②企业战略需要通过企业的经营活动来贯彻执行，包括投资、筹资、营运管理活动。③企业的投资策略直接决定了企业的资产结构及成本。④企业的投资策略确定后，要解决资金问题，需要制定筹资策略。⑤企业的筹资策略决定了企业的资本结构及资金成本。⑥企业完成投资后，开始进入劳动管理阶段。⑦企业营运管理期间会带来资金流动，企业的收入－成本－费用形成企业的利润，将利润分配给资金提供方。⑧将企业的自由现金流进行折现，反映出企业创造的价值。

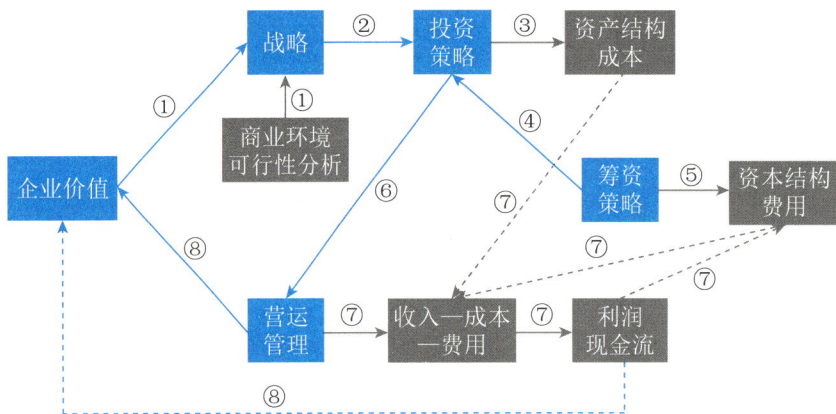

图 1-1　企业价值创造流程图

如表 1-2 所示，通过编制"企业价值创造理实对照表"，有利于学生开展企业价值创造实战时思考背后深藏的理论，透过现象看本质，解决理论与实战脱节的普遍现象。表 1-2 所提及的理论知识将在本篇第 3 部分"理论导引"中具体阐述。

表 1-2　企业价值创造理实对照表

实战主题	关联课程	理论知识
组织结构构建及实战流程总览	管理学	3.1.1 概述、3.1.3 计划、3.1.4 组织、3.1.5 领导、3.1.6 控制

续表

实战主题	关联课程	理论知识
经营规划	管理学	3.1.2 决策、3.1.3 计划、3.1.7 创新、3.1.8 风险
	经济学	3.2.1 国内生产总值(GDP)、3.2.2 消费物价指数(CPI)、3.2.3 采购经理指数(PMI)
	金融学	3.3.1 利率、3.3.2 基准利率、3.3.3 商业银行存款准备金、3.3.4 货币供给及其统计口径
	财务管理	3.4.9 财务战略、3.4.10 财务预测
	管理会计	3.5.7 经营预测、3.5.8 全面预算管理
	市场营销	3.7.1 消费者购买行为模式、3.7.2 产品生命周期
	人力资源管理	3.8.2 劳动力市场
筹资业务	财务管理	3.4.1 货币时间价值、3.4.2 现金流量、3.4.3 净现值(NPV)、3.4.4 筹资决策
投资业务	管理学	3.1.3 计划
	财务管理	3.4.5 投资决策、3.4.6 经营租赁与融资租赁
	管理会计	3.5.1 概述、3.5.2 成本性态、3.5.3 本-量-利分析、3.5.4 经营决策
	市场营销	3.7.2 产品生命周期
营运管理	管理学	3.1.3 计划、3.1.6 控制
	财务管理	3.4.7 现金周转与现金管理
	管理会计	3.5.2 成本性态、3.5.3 本-量-利分析、3.5.4 经营决策、3.5.5 存货决策、3.5.6 作业成本法
	市场营销	3.7.1 消费者购买行为模式、3.7.2 产品生命周期、3.7.3 4P 理论
	人力资源管理	3.8.1 人力资源需求预测、3.8.3 薪酬结构
利润分配	管理学	3.1.1 概述
	财务管理	3.4.8 股利分配
经营分析	财务管理	3.4.10 财务预测
	管理会计	3.5.7 经营预测
	财务报告分析	3.6.1 财务指标分析、3.6.2 比较分析法、3.6.3 综合绩效分析——杜邦分析法

说明:本表"理论知识"栏目中知识点及其编码与本篇第 3 部分"理论导引"相对应。

3.理论导引

3.1 管理学

3.1.1 概述

（1）定义

管理是在特定的环境下，对组织所拥有的资源进行有效的计划、组织、领导和控制，以完成既定的组织目标的过程。管理是为实现组织目标服务的，是一个有意识、有目的进行的过程。管理工作要通过综合运用组织中的各种资源来实现组织的目标。管理工作的过程是由一系列相互关联、连续进行的活动构成的。管理工作是在一定环境条件下进行的，有效的管理必须充分考虑组织内外的特定条件。

管理工作的四个基本职能分别是计划、组织、领导和控制。

"管理就是决策"是由美国卡内基梅隆大学（Carnegie Mellon University）教授、1978年诺贝尔经济学奖得主西蒙（Herbert A. Simon）提出的。决策是管理的核心内容，贯穿于管理过程的始终。管理工作的四个基本职能中处处都离不开决策，决策质量好坏对于管理各项职能工作的效率和效果都有着不容忽视的影响。

（2）管理思想

19 世纪末 20 世纪初产生的科学管理思想使管理实践活动从经验管理跃升到崭新的阶段。从与时代背景相关联的角度来看，管理思想的发展可划分为三大时期五个阶段，主要包括古典管理思想、行为管理思想、定量管理思想、系统和权变管理思想。

①古典管理思想

古典管理思想包括"科学管理理论""一般管理理论""行政组织理论"。泰勒（Frederick W. Taylor）提出的"科学管理理论"通过对工作方法的科学研究来提供生产效率，改变传统的一切凭经验办事的落后状态，是侧重于研究基层作业管理的理论。法约尔（Henri Fayol）提出的"一般管理理论"站在高层管理者角度研究整个组织的管理问题，制定了适用于各类组织的管理五大职能和有效管理的十四条原则。管理五大职能包括计划、组织、指挥、协调和控制；有效管理的十四条原则包括劳动分工、权责对等、纪律严明、统一指挥、统一领导、个人利益服从整体利益、报酬、集权、等级链、秩序、公平、人员稳定、首创性和团结精神。韦伯（Max Weber）创立的"行政组织理论"设计了具有明确的分工、清晰的等级关系、详尽的规章制度、非人格化的相互关系、人员的正规选拔及职业定向等特征的组织系统。古典管理思想的特点：一是将组织中的人当作"机器"看待，忽视"人"的因素及人的需要和行为；二是没有看到组织与外部的联系，只关注组织内部问题，是在"封闭系统"中进行管理的思维。

②行为管理思想

行为管理思想包括"霍桑试验与人际关系学说""人性假设理论"等。"霍桑试验与人际关系学说"认为员工是"社会人",具有社会心理方面的需要,而不是单纯地追求金钱收入和物质条件的满足,企业中除了正式组织外,还存在非正式组织,新的企业领导能力在于通过提高员工的满意度来激发士气,从而达到提高生产率的目的。"人性假设理论"提出了"X－Y理论",认为管理者对员工有两种不同的看法,相应需采用两种不同的管理办法。行为管理思想的产生改变了人们对管理的思考方法,使管理者把员工视为需予以保护和开发的宝贵资源,强调从人的需求、动机、相互关系和社会环境等方面研究管理活动执行结果对组织目标和个人成长的双重影响。

③其他管理思想

定量管理思想的核心是把运筹学、统计学和计算机用于管理决策和提高组织效率。系统和权变管理思想强调管理者要把其所在的组织看作一个开放的系统,因此要研究组织内外对管理活动有重大影响的环境或情境因素,从而找到各种管理原则和理论的具体适用场合。

④管理思想的新发展

20世纪90年代以来,世界迎来了知识经济时代,信息和通信技术发展,智能化、网络化技术进入制造业,并逐步向社会生产和生活的各个领域渗透。知识替代资本成为新的关键生产要素,知识联网替代管理层级制,人本主义替代理性主义,成为知识经济时代下新型管理模式的基本特征。组织上需要突破工业经济时代的特征,通过建立虚拟企业、动态团队协作和知识联网来共同创造价值。因此,知识经济时代的管理需要实现组织交流信息化、网络化、经常化,组织开放化,组织结构扁平化,员工与管理者关系由从属关系转为伙伴关系,组织不断调整内部结构关系以快速适应外部环境的变化和顾客的需求。

（3）管理目标

组织的产出目标包括产量与期限、品种与质量、成本花费,体现了组织将资源转化为成果的活动过程的一种衡量。管理工作要确保组织在活动过程中能按质、按量、按期、低成本地提供适销对路的产品或服务。

组织的绩效目标包括效率与效果,是对组织所取得的成果与所运用的资源之间转化关系的一种更全面的衡量。效率指投入与产出的比值,例如设备利用率、工时利用率、劳动生产率、资金周转率等。效果指组织在高效率的基础上实现正确的活动目标,例如销售收入、利润额、销售利润率、成本利润率、资金利润率。

组织的终极目标根据组织性质不同而有不同的表现形式。营利性组织的主要终极目标是追求利润和资本保值增值,非营利性组织的主要终极目标则是满足社会利益和履行社会责任。

（4）管理环境

①外部环境的构成与特征

外部环境包括宏观环境和微观环境。宏观环境指对特定社会中所有企业或其他组织都产生影响的环境因素，例如经济和技术、政治和法律、社会和文化、自然环境等。外部环境的特征通过不确定性程度衡量。

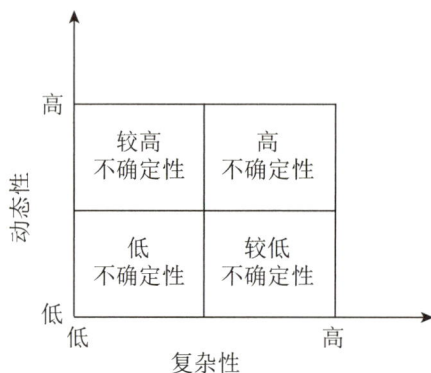

图 1-2　环境的不确定性程度

②内部环境的构成与特征

内部环境包括资源、能力和核心竞争力。资源指企业生产经营过程中的投入，能力指一组资源的有机组合，核心竞争力指能为企业带来相对于竞争对手的具有持久优势的资源和能力。内部环境的特征需从资源和能力的价值性、稀缺性、难以模仿性和不可替代性四个角度来衡量。

3.1.2 决策

（1）定义

决策指人们在行动之前对行动目标与手段的探索、判断和选择的全过程。管理由一连串的决策组成，决策始终伴随着管理工作过程的每一个环节。

决策的基本步骤分为六步，分别是发现并界定问题、确定目标、拟订备选方案、选择方案、执行方案、检查评价和反馈处理。

（2）决策的类型

按决策主体分为个体决策与群体决策。

按决策目标分为理性决策与非理性决策、单目标决策与多目标决策。

按决策准则分为最优化决策与满意化决策。

按问题的重复程度和有无先例可循分为程序性决策与非程序性决策。

按决策的备选方案、自然状态及结果分为确定型决策、风险型决策和非确定型决策。

（3）决策的方法

①个体决策的基本方法

个体决策的基本方法分为确定型决策方法、风险型决策方法、非确定型决策方法。

确定型决策指各个备选方案都只有一种确定的结果的决策，制定决策的关键环节是判断什么样的行动方案能最好地实现既定的决策目标。

风险型决策是指决策方案的自然状态有若干种，但每种自然状态发生的概率可以做出客观估计。经常使用的方法包括决策树法和决策表法。

非确定型决策指对方案实施可能会出现的自然状态或者带来的结果不能做出预计的决策。决策的准则包括乐观准则、悲观准则、折中准则、最大后悔值最小化准则。

②群体决策的基本方法

群体决策重在激发群体各个成员对所决策的问题和方案形成独到的认识和创新性见解，又能将各种可能存在分歧的意见综合为群体的判断和决策。群体决策的基本方法分为数学集结法和行为集结法。

数学集结法的决策规则是"多数决定"，经常使用的方法包括累计票数法、两两对比法、偏好次序表决法。

行为集结法将心理学和社会心理学的研究成果应用于群体决策过程，一方面激发群体成员参与决策的积极性和创造性，另一方面在群体成员对所要解决的问题及方案存在不同看法的情况下，通过沟通逐渐取得群体一致的意见。经常使用的方法包括互动小组法、德尔菲法、具名小组法。

3.1.3 计划

（1）定义

计划是关于组织未来的蓝图，是对组织在未来一段时间内的目标及其实现途径的策划与安排。

计划的意义：

①明确了组织成员行动的方向和方式，成为协调组织各个方面行动的有力工具；

②迫使各级主管人员花时间和精力去思考未来的各种情况，促发各种沟通、思考、预测等行为；

③促使人们改善组织运行的效率；

④为组织各层级管理人员的日常考核和控制工作提供最基本的依据。

（2）计划的类型

计划分为正式计划与非正式计划、指向性计划与具体性计划、战略计划与战术计划、短期计划与中长期计划。

（3）计划的程序

①收集资料，确定计划的基本前提。

②确定组织目标和实现目标的总体行动计划。

③分解目标，形成合理的目标结构。

④综合平衡。

⑤编制具体行动计划并下达执行。

（4）计划方案的制订

对企业经营活动的系统化的、有计划的安排主要涉及组织的宗旨、远景目标的战略方案以及支持这些的具体目标和战术方案。

战略计划是关于企业活动总体目标和战略方案的计划。整个企业组织、企业内部负责各领域业务经营的事业部单位、各职能部门都需要制定战略。整个企业组织的战略称为总战略或发展战略，事业部层次的战略称为经营战略或竞争战略，各职能部门（研发、制造、市场营销、财务、人力资源等）的战略称为职能层战略。

战术计划主要用来规定企业经营目标如何实现的具体实施方案和细节。战术计划可分为单一用途计划与常用计划。单一用途计划指只能用来指导未来的某一次行动的具体性计划，主要表现形式为规则、项目和预算。常用计划是指可以在多次行动中重复使用的计划，主要表现形式为政策、程序和规则。

战略计划确保企业"做正确的事"，战术计划追求"正确地做事"。战略计划侧重于确定企业要做什么事和为什么做事，战术计划规定由何人在何时、何地用何种方法，使用多少资源来做事。

（5）制订计划的技术方法

制订计划的技术方法包括环境扫描、预测技术、情景计划法、滚动计划法、作业计划方法、排队论方法。

3.1.4 组织

（1）定义

组织的目的是要建立一种能产生有效的分工协作关系的结构。组织设计需要考虑职务设计与人员配备、部门划分与整合、组织中的职权关系、组织中的流程关系。

（2）组织的结构形式

组织结构包括直线制结构（图1-3）、职能制结构、直线职能制结构（图1-4）、事业部与事业群制结构（图1-5）、矩阵制结构（图1-6）、流程型结构。现代企业的经营超越了企业内部边界的范围，开始在企业与企业之间形成比较密切的、长期的联系。网络型（图1-7）和控股型（图1-8）是两种典型的组织形式。

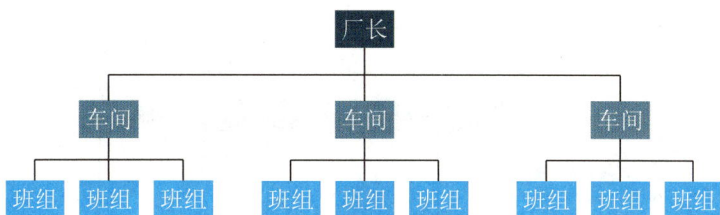

图 1-3 直线制结构

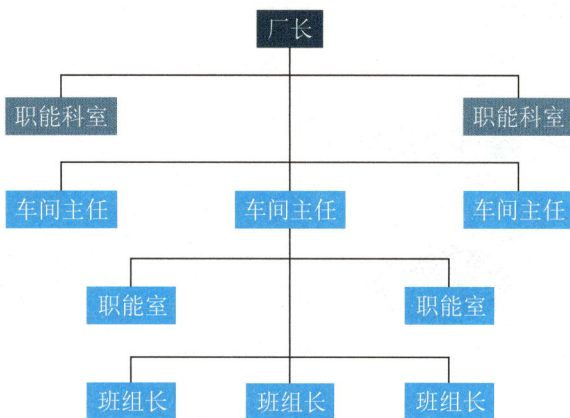

图 1-4 直线职能制结构

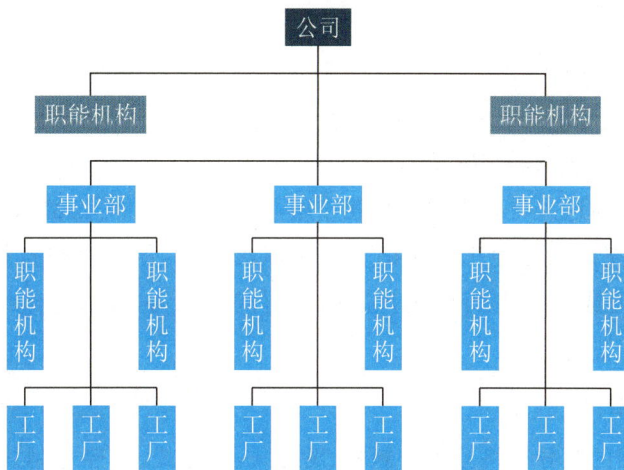

图 1-5 事业部制结构

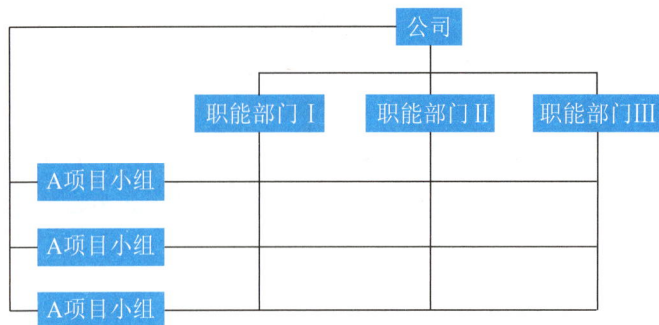

图 1-6 矩阵制结构

图 1-7 网络型组织结构

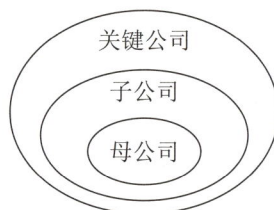

图 1-8 控股型组织结构

3.1.5 领导

（1）定义

领导的本质是通过人与人之间的相互作用，使被领导者能义无反顾地追随领导者前进，自觉自愿而又充满信心地把自己的力量奉献给组织，促进组织目标更有效地实现。领导工作包括权力或影响力的形成和运用，进行激励、沟通，营造组织气氛，建设组织文化。

（2）领导风格

基于权力运用的领导风格分为专制式、民主式、放任式、仁慈专制式、支持式；基于态度与行为取向的领导风格分为以任务为中心、以人员为中心、关心任务和关心人员结合式。

3.1.6 控制

（1）定义

控制是通过监视或监测组织各方面的活动和组织环境的变化，保证组织实际运行状况与组织计划要求保持动态适应。控制工作包括纠正偏差和修改标准两方面内容。控制是一个管理工作过程的终结,又是一个新的管理工作过程的开始。

控制的基本特点是目的性、整体性、动态性和人性。

（2）控制的过程

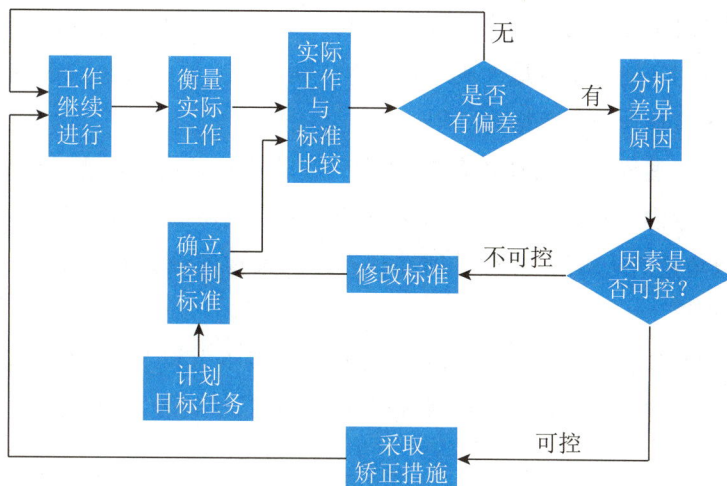

图 1-9 控制流程图

（3）控制的类型

控制的类型包括负馈控制与正馈控制,外在控制与内在控制,直接控制与间接控制,反馈控制、前馈控制与现场控制,战略控制、绩效控制与任务控制

控制工作按专业领域进行分类,可分为库存控制、进度控制、质量控制、预算控制、人事管理控制、内部和外部审计。

（4）控制的原则

①控制应与计划和组织相适应。

②控制应突出重点,强调例外。

③控制应具有灵活性、及时性和经济性。

④控制过程应避免出现目标扭曲问题。

⑤有效控制需要将财务绩效控制与非财务绩效控制有机地结合起来。

⑥控制工作应注重培养组织成员的自我控制能力。

3.1.7 创新

（1）定义

创新指更新、创造新事物或改变现有的做事方式。管理学关注的创新并不是无目的的标新立异或者为显示差异而刻意与众不同,而是指能够产生新价值的新型解决问题的方式。

创新的类型包括产品技术与服务创新、工艺创新、商业模式创新。

（2）创新管理

创新管理的职责包括创新规划、创新组织和创新领导。

创新规划指对企业中期望开展创新的领域、目标以及实施措施等进行事先的筹划，以使即将开展的创新能够获得最大成效。基本步骤包括必要性分析与领域选择、愿景定位、资源预算、风险估计与防范措施规划。

创新组织指管理者针对具体创新过程的特点以及愿景定位状况，选择创新团队人员，进行分工，设置沟通模式并营造创新氛围的行动。遵循的原则包括人员配备精干和结构合理、采取增量团队的组织形式（即在现有组织架构外设立专业团队）、强化开发包容的文化价值理念。

创新领导指在创新过程中，管理者在动态化的方向指引和人员激励方面所付诸实施的各类行动。创新领导的主要角色包括眺望者、传道者、协调者、发布者。

3.1.8 风险

（1）定义

风险是未来的不确定性对企业实现其经营目标的影响。

企业风险与企业战略相关。风险具有如下特点：

①风险是一系列可能发生的结果，不能理解为最有可能的结果。

②风险既具有客观性，又具有主观性。

③风险总是与机遇并存。

（2）风险的种类

①外部风险

企业的外部风险包括政治风险、法律风险与合规风险、社会文化风险、技术风险、自然环境风险、产业风险。

②内部风险

企业的内部风险包括战略风险、运营风险、操作风险、财务风险。

其中财务风险是指企业在生产经营过程中，由于内外部环境的各种难以预料或无法控制的不确定性因素的作用，使企业在一定时期内所获取的财务收益与预期收益发生偏差的可能性。财务风险包括筹资风险、投资风险、资金回收风险、收益分配风险。

（3）风险管理的目标

风险管理应紧密联系企业战略，为实现企业总体战略目标寻求风险优化措施。具体体现在：

①确保将风险控制在与企业总体目标相适应并可承受的范围内；

②确保内外部,尤其是企业与股东之间实现真实、可靠的信息沟通;

③确保遵守有关法律法规;

④确保企业有关规章制度和为实现经营目标而采取重大措施的贯彻执行,减少实现经营目标的不确定性;

⑤确保企业建立针对各项重大风险发生后的危机处理计划,保护企业不因灾害性风险或人为失误而遭受重大损失。

（4）风险管理的流程

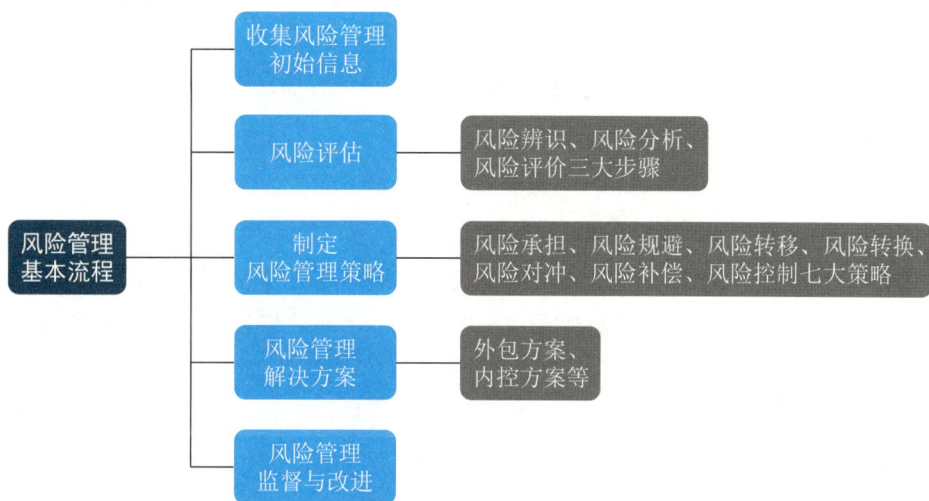

图 1-10　风险管理流程图

拓展阅读与思考

论述题

(1)你认为管理是一门科学还是一门艺术? 在管理的各项职能中,哪些表现出更强的艺术性? 哪些更能体现科学性? 请举出具体的例子。

(2)你的风险偏好是什么? 不同风险偏好的成员组成团队后,作为队长,你如何进行领导?

(3)从决策的全过程角度,有人提出,有效的决策必须实现"决策制定时的民主,决策实施时的专断"。对这种"民主专断制",你有何评论?

(4)决策可分为程序性决策和非程序性决策两种决策类型。请举例说明何种决策过程适用于何种决策类型。

(5)请举例说明何为公司层、事业层和职能层战略。

(6)有人认为,程序或流程是"假设员工是傻瓜",规则或规章制度是"假设员工是坏蛋"。前者作为员工工作的指南,通常要进行不断的优化设计;后者作为员工惩戒的标准,相对来说则需要稳定不变。同是管理的规范,对程序与规则做这样性质上的区分,对管理工作有什么影响或启示?

(7)在控股型或网络型组织结构的设计中,管理幅度原则是否仍然存在? 其含义是什么? 影响这种管理幅度的因素有哪些?

(8)从组织内部和外部选聘管理人员各有哪些优缺点?

(9)领导者针对不成熟的下属与对待成熟的下属,在绩效评估结果的反馈方面,各自应该如何进行有效的沟通?

(10)你与计算机进行过互动式沟通吗? 你认为人与人之间的沟通和人与机器之间的沟通有什么异同? 其沟通中的障碍表现有什么差异?

(11)团队式领导方式的成功运用需要什么样的组织气氛与之匹配?

(12)是否控制越全面、越严格越好? 按照控制的关键点原则和例外原则进行控制,是否有可能导致控制工作的无效或不力? 成功运用控制关键点原则和例外原则的关键是什么?

(13)你赞同以下哪个观点,请陈述理由:"每位员工都在组织控制工作活动中起到了作用","控制仅仅是管理者的责任"。

(14)从创新角度阐述对于小米创始人雷军"飞在台风口"与华为号召为技术"坐穿冷板凳"的观点的理解及彼此的关系。

(15)创新领导的角色有哪些? 这些角色对促进创新的意义何在?

3.2 经济学

3.2.1 国内生产总值（GDP）

（1）定义

国内生产总值(gross domestic product,GDP)是国际上公认的衡量一国经济状况乃至一国国力和财富的最常用的指标。GDP 是在某一既定时期一个国家内生产的所有最终产品与劳务的市场价值。其中,GDP 定义中所指的最终产品,是指当期生产的用于最终消费、积累和出口的产品。与之相对应的概念是中间产品,是指在一个生产过程生产出了而后又在另一个生产过程中被完全消耗掉或形态被改变的产品。为了防止核算上的重复计算,GDP 只核算最终产品的价值。

在宏观经济学上,GDP(用 Y 表示)被分为四个组成部分——消费(C)、投资(I)、政府购买(G)和净出口(NX),则有恒等式 $Y=C+I+G+NX$。其中,消费(C)是指居民个人消费,包括购买耐用消费品(如小汽车、电视机)、非耐用消费品(如食物、衣服)和劳务(如医疗、旅游)的支出;投资(I)指增加或更换资本资产(包括厂房、住宅、机械设备及存货)的支出；政府购买(G)是指各级政府购买物品和劳务的支出，如政府花钱设立法院、提供国防、建筑道路、开办学校等方面的支出；净出口(NX)指本国出口与进口的差额。

（2）名义 GDP 和实际 GDP

一国 GDP 的变动主要由两个因素引起：一是所生产的产品和劳务数量的变动，二是所生产的产品和劳务价格的变动。名义 GDP(或货币 GDP)是用生产产品和劳务的当年价格计算的全部最终产品和劳务的市场价值。由于价格变动，名义 GDP 很难反映实际产出的变动。实际 GDP 是用从前某一年的价格作为基期价格计算的所有最终产品和劳务的市场价值。实际 GDP 能够摒除价格因素，反映产出的数量变动，应用性更好。GDP 折算指数是名义 GDP 与实际 GDP 的比值，即：

$$GDP\ 折算指数=\frac{名义\ GDP}{实际\ GDP}$$

（3）GDP 与经济增长率

GDP 的一个重要应用在于考察随着时间推移 GDP 的动态变化，进而衡量经济增长状况。

常见的用以反映经济增长状况的指标是经济增长率。经济增长率被定义为本时期的 GDP 相对于上一个时期所增长的百分比(即增长幅度)，通常以年度为计量单位，其计算公式如下：

$$\frac{\Delta GDP}{GDP}=\frac{GDP_t-GDP_{t-1}}{GDP_{t-1}}$$

式中，下标 t 和 t　1 分别表示本期和上　期。

例如，某地区 2016 年 GDP 为 100 亿元，2017 年 GDP 为 106 亿元，则该地区 2017 年的经济增长率为 6%。

一般来说，为了反映经济总量的实际物量增长，要扣除价格因素的影响，常采用实际 GDP 计算经济增长率。

（4）GDP 与绿色 GDP

GDP 能够综合反映一段时期一国国民经济活动总量和成果，成为体现一国宏观经济状况的重要指标，在现实生活中应用广泛。但是，GDP 只是经济范畴内的指标，也存在着局限性。

GDP 在衡量一国在一段时期内的经济成果时，并未将人类经济生产中对自然资源的利用(如自然矿藏、非养殖水产)作为经济生产的投入，也未将人类经济生产对环境的破坏(如废弃物污染、水土流失)视为损耗，割裂了经济生产与资源环境之间的关联，一直广为诟病，绿色 GDP 的理念在此背景下应运而生。

经环境调整的国内生产净值(environmentally adjusted domestic product，EDP，俗称绿色 GDP)，扩大了所核算的资产和消耗的范围，将资源耗减和环境降级退化纳入生产成本，以体现经济活动与资源环境的关系，深化可持续发展的理念。

3.2.2 消费物价指数（CPI）

（1）定义

消费物价指数（consumer price index，CPI），我国称之为居民消费价格指数，是度量消费商品及服务项目价格水平随着时间变动的相对数，通常以月为单位计算，反映居民购买的商品及服务项目价格水平的变动趋势和变动程度。CPI 的计算公式如下：

$$CPI = \frac{当期一篮子商品与劳务的价格}{基期一篮子商品与劳务的价格} \times 100\%$$

假设某地区 10 月一篮子商品的交易和价格情况如表 1-3（以 1 月为基期）：

表 1-3　1 月（基期）和 10 月（当期）一篮子商品交易和价格统计表

商品	1 月交易量/万件	1 月价格/元	10 月价格/元
A	2	1	2
B	4	2	3
C	5	3	4

则：

基期价格总额＝$1 \times 2 + 2 \times 4 + 3 \times 5 = 25$（元）

当期价格总额＝$2 \times 2 + 3 \times 4 + 4 \times 5 = 36$（元）

$$CPI = \frac{36}{25} \times 100\% = 144\%$$

在这个例子中，CPI 144％表明：相较于基期 1 月份，10 月份一篮子商品的物价上涨了 44％。

在我国，核算 CPI 的一篮子商品和劳务包括哪些？国家统计局根据全国城乡居民家庭消费支出的抽样调查资料，挑选了对居民生活影响较大的一些商品和劳务，设置了食品、烟酒及用品、衣着、家庭设备用品及服务、医疗保健及个人用品、交通和通信、娱乐教育文化用品及服务、居住八大类、262 个基本分类。由于 CPI 反映的是居民购买并用于消费的商品和服务的价格变动情况，而非投资品的价格变化，因此不包括房价和农业生产资料。

所入选的一篮子商品和劳务是较为固定的，且权数也相对固定，以便于对比分析 CPI 的变动。通过采集原始价格资料，计算单个商品或服务项目的价格指数，再综合计算类别价格指数，最后加权平均可以计算出 CPI。

需要注意的是，CPI 反映的是当期物价水平相对于过去某个时期（基期）上涨（或下降）的幅度，并非反映绝对价格的高低。

（2）CPI与经济景气

CPI是对市场价格的事后反映，往往具有滞后性，但它对一国的经济状况和货币政策来说有着重要的意义。

若CPI上升，且升幅较小，保持在合理范围内，表明经济平稳增长；但当CPI大幅上升，表明物价快速上涨，货币购买力下降，也预示着较高的通货膨胀率可能出现。而若CPI大幅下跌，说明经济在一定程度上出现了波动或衰退，也预示着通货紧缩可能出现，对本国货币汇率走势不利。

3.2.3 采购经理指数（PMI）

（1）定义

采购经理指数（purchasing managers' index，PMI），是通过对企业采购经理的月度调查结果统计汇总、编制而成的指数。它涵盖了企业采购、生产、流通等各个环节，包括制造业和非制造业领域，是国际上通用的监测宏观经济走势的重要指标之一，具有较强的预测、预警作用。

在中国，制造业采购经理调查在数据处理上采用国际通用做法，即分类指数采用扩散指数方法，综合指数采用加权综合指数方法。由于非制造业没有合成指数，国际上通常用商务活动指数反映非制造业经济发展的总体变化情况。

由于PMI问卷调查是按照各行业对GDP的贡献度选取一定数量的企业调查，并考虑地理分布，保证了样本单位选取的科学合理。该调查直接针对采购经理，数据来源真实，并且所采取的调查方法简便、快捷，确保了该指数的及时性，也显示了其良好的应用性。

（2）制造业PMI

制造业PMI是由新订单、生产、从业人员、供应商配送时间、主要原材料库存5个分类扩散指数计算合成的综合指数。

这5个分类指数及其权数是依据其对经济的先行影响程度确定的。各分类指数的计算采用扩散指数法，即正向回答的百分数加上回答不变的百分数的一半，计算公式如下：DI＝"增加"选项的百分比×1＋"持平"选项的百分比×0.5。各分类指数的权重分别是：新订单指数30％，生产指数25％，从业人员指数20％，供应商配送时间指数15％，主要原材料库存指数10％；其中供应商配送时间是逆指标，需要反向计算。综合指数计算公式如下：PMI＝新订单×30％＋生产×25％＋从业人员×20％＋（100－供应商配送时间）×15％＋主要原材料库存×10％。

（3）制造业PMI与经济生产

制造业PMI是一个综合指数体系，涵盖了经济生活的诸多方面，以分类指数反映企业采购、生产等活动的各个侧面,以综合指数反映经济总体变化趋势,对分析一国经济状况和物价表现有着重要意义。对企业来说,可以根据 PMI 的变动了解行业供应状况和总体经济走势,便于科学合理地安排企业的生产经营活动。

制造业 PMI 取值范围在 0～100% 之间,以 50% 为扩张与收缩的临界点。若高于50%,表示制造业总体处于扩张状态,经济生产较为活跃,生产资料价格将上涨;若低于50%,表示制造业总体处于收缩状态,经济生产有所萎缩,生产资料价格将下跌。

拓展阅读与思考

论述题

(1)资料:"……(国内生产总值 GDP)并没有考虑到我们孩子的健康、他们的教育质量,或者他们做游戏的快乐。它也没有包括我们的诗歌之美和婚姻的稳定,以及我们关于公共问题争论的智慧和我们公务员的廉正。它既没有衡量我们的勇气、我们的智慧,也没有衡量我们对祖国的热爱。简言之,它衡量一切,但并不包括我们的生活中有意义的东西;它可以告诉我们关于美国人的一切,但没有告诉我们为什么我们以做一个美国人而骄傲。"

——选自罗伯特·肯尼迪(Robert Kennedy)总统 1968 年竞选演说

要求:请根据上述资料,思考 GDP 的局限性或弊端。

(2)CPI 下降意味着所有商品和服务项目价格都下降吗? 从长远来看,对企业和国家来说,CPI 越低越好吗?

(3)资料:根据国家统计局服务业调查中心、中国物流与采购联合会于 2018 年 5 月 31 日发布的《2018 年 5 月中国采购经理指数运行情况》,2018 年 5 月份,中国制造业 PMI 为 51.9%,高于上月 0.5 个百分点。

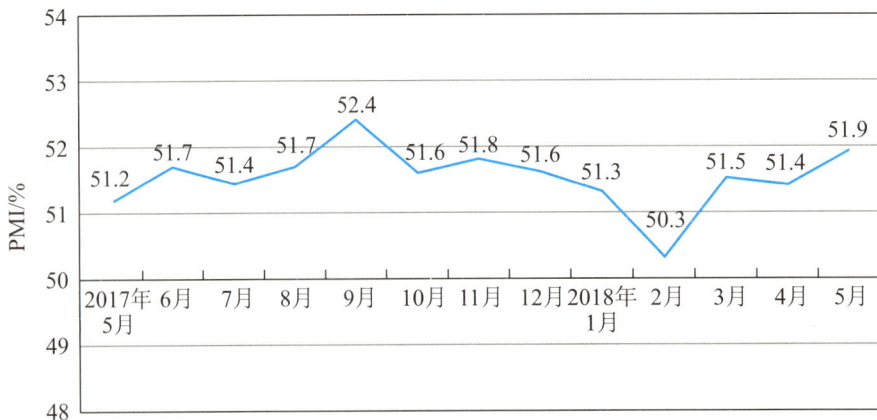

图 1　制造业 PMI 指数(经季节调整)

说明:50% 与上月比较无变化。

从分类指数看,在构成制造业 PMI 的 5 个分类指数中,具体情况如下:

分类指数	生产指数	新订单指数	原材料库存指数	从业人员指数	供应商配送时间指数
指数数值	54.1%	53.8%	49.6%	49.1%	50.1%
相比上月的增长速度	1.0%	0.9%	0.1%	0.1%	−0.1%

数据来源:《2018 年 5 月中国采购经理指数运行情况》,中华人民共和国国家统计局 http://www.stats.gov.cn/tjsj/zxfb/201805/t20180531_1601479.html。

要求:请根据上述资料,分析我国制造业生产发展情况。

3.3 金融学

3.3.1 利率

(1)利率

利息率,通常简称利率,是指借贷期满所形成的利息与所贷出的本金的比率。现实生活中的利率都是以某种具体形式存在的,如 3 个月期的贷款利率、1 年期的储蓄存款利率、6 个月期的短期公债利率。

由于利息可以界定为投资人因让渡资本使用权而索要的对机会成本和对风险的补偿,因而利率包含机会成本补偿水平和风险溢价水平,其中,用于补偿机会成本的这部分利率由无风险利率(risk-free interest rate)表示。其实,在现实生活中不存在绝对无风险的投资,在市场经济国家,目前风险相对较小而可以称之为无风险利率的,只有政府发行的债券利率,即国债利率。

(2)利率与经济

利率相当于是资本的价格,利率的高低主要受资本供求关系的影响,也与风险、期限、政策等因素有关。

在国际上,各国的宏观调控政策都离不开利率这一重要工具,以调节市场供求关系,确保经济的平稳运行。当出现经济过热、物价上涨的情况时,国家通过提高利率,收紧信贷,减少货币供给,抑制经济过热和通货膨胀的势头;当经济出现萧条的态势时,国家通过降低利率,放松信贷,增加货币供给,刺激经济发展。

3.3.2 基准利率

(1)定义

基准利率是在多种利率并存的条件下起决定作用的利率,即这种利率发生变动,其他利率也会相应变动。在市场经济中,基准利率是指通过市场机制形成的无风险利率。

基准利率必须是市场化的利率,只有通过市场机制,才能形成整个社会的无风险利率;也只有通过市场机制,市场化的无风险利率有这样的"号召力",其变化能够使其他利率按照同样的方向和幅度发生变化。

在实际中,各国采用的基准利率不尽相同。美国采用联邦储备系统确定的"联邦基金利率",欧洲中央银行则发布了 3 个指导利率:有价证券回购利率、中央银行对商业银行的隔夜贷款利率和商业银行在中央银行的隔夜存款利率。在我国,中国人民银行规定的基准利率有:一是中国人民银行对商业银行等金融机构的存贷款利率,二是商业银行对企业和个人的存贷款利率。

（2）长期利率与短期利率

长期利率与短期利率是以信用行为的期限长短作为划分标准的。一般来说,1 年期以下的信用行为通常称为短期信用,相应的利率即为短期利率;1 年期以上的信用行为通常称为中长期信用,相应的利率即为中长期利率。因较长期借贷的风险较大,利率中风险溢价较高,从而较长期的利率一般高于较短期的利率;但并不绝对,也有长期利率低于短期利率的时候。

（3）基准利率与市场利率

一般认为,作为基准利率,当中央银行提高对商业银行的贷款利率时,将增加各商业银行获取资金的成本,商业银行将减少对中央银行的资金需求或者提高其对企业和个人的贷款利率,致使资金市场的利率相应提高。反之,当中央银行降低对商业银行的贷款利率时,资金市场的利率将相应降低。

3.3.3 商业银行存款准备金

（1）商业银行存款准备金与法定存款准备金率

根据法律规定,商业银行以及有关金融机构必须向中央银行存入一定金额的准备金。要求商业银行保留的供支付存款提取用的一定金额的准备金,称为存款准备金。留存存款准备金,一方面保证了存款机构的清偿能力,另一方面有利于中央银行调节信用规模和控制货币供给。

将存款准备金集中于中央银行,最初源于英国,但以法律形式规定商业银行必须向中央银行缴存存款准备金,则始于 1913 年美国的《联邦储备法》。当时该储备法硬性规定了法定准备金率,即留存准备金在存款中应占的最低比率。

在 20 世纪 30 年代经济大危机后,法定准备金率普遍成为各国中央银行调节货币供给的政策工具。

就目前来看,凡是实行中央银行制度的国家,一般都实行法定存款准备金制度,对期限不同的存款规定不同的法定存款准备金率。一般来说,存款期限越短,其流动性越强,规定的法定存款准备金率就越高。也有部分国家采用单一的存款准备金制度,即对所有存款均按同一比率计提准备金。

假设中央银行要求的法定存款准备金率为 10%,若商业银行取得 1 000 万元的存款,不能将 1 000 万元全部贷出,需要提取 100 万元缴交给中央银行,用于防范挤兑清偿的风险,剩余的 900 万元供商业银行进行信贷活动使用。若商业银行没有将这 900 万元全部贷出,假设只贷出了 850 万元,没有贷出的 50 万元款项就形成了超额准备金,即超过法定准备金要求的准备金。

（2）法定准备金率与利率

商业银行法定准备金率是中央银行的货币政策工具之一。

在利率市场化的条件下,若中央银行提高法定准备金率,意味着要求商业银行存入的存款准备金增加,则商业银行可支配用于信贷并获得盈利的资金减少,货币供给减少。从盈利的角度出发,商业银行将提高贷款利率,也可能储备较多的超额准备金,以防范清偿风险。受其影响,货币供给将进一步减少,贷款利率将被进一步推高。反之,降低法定准备金率,贷款利率将降低。

尽管通过调控法定准备金率,能够对货币供给和市场利率产生影响,但其作用非常猛烈,将致使所有商业银行的信用快速收缩或扩张,影响正常的信贷业务,进而影响经济的稳定发展。因此,各国中央银行较少使用这一工具。

3.3.4 货币供给及其统计口径

（1）定义

货币供给是指经济生活中所有货币的集合,是全社会在某一时间点所承担的流通手段和支付手段的货币总额。

经济生活中存在着形形色色的货币,而不仅仅包括现金(即钞票和金属辅币),因此,现金发行并不等同于货币供给,它只是货币供给的构成部分之一。当今的商业银行通过基于商业信用的商业信贷活动,创造了大量的货币供给。

举个例子。假定储户 A 将 10 000 元存入中国工商银行,中国工商银行将其中的 8 000 元贷给因需要购买设备而有贷款需求的个人 B。贷款人 B 贷了这 8 000 元,全部用于向企业 C 购买设备,企业 C 将销售设备收入的这 8 000 元存入中国建设银行。中国建设银行将其中的 6 400 元贷出给贷款人 D,贷款人 D 取得 6 400 元贷款后,全部用于向企业 E 购买原材料。企业 E 将销售原材料收入的这 6 400 元存入中国农业银行,中国农业银行继续贷出部分款项……如此下去,尽管中央银行没有新发行现金,但从最初储户存入一笔的 10 000 元存款开始,仅通过商业银行的信贷活动循环,就使得商业银行的存款和贷款不断增加,全社会的货币供给也显著增加。

由于货币供给的多与少影响着货币币值的稳定和一国经济的运行,各国需要通过分析货币状况,观察本国经济状况,进而确定经济政策,控制货币供给,进行经济干预和调控。

（2）货币供给的统计口径

各国中央银行都有自己的货币供给统计口径,但在确定货币供给的统计口径时,都以流动性的大小,即作为流通手段和支付手段的方便程度为标准。

以国际货币基金组织(IMF)的货币统计口径为例,IMF 采用 3 个口径:通货、货币和准货币。其中,通货采用一般定义,即我国习惯称的现金;货币等于存款货币银行以外的通货与私人部门的活期存款之和,相当于各国通常采用的 M1;准货币相当于定期存款、储蓄存款与外币存款之和,准货币加上货币则相当于各国通常采用的 M2。

（3）我国的货币供给统计口径

按照 IMF 的要求,现阶段我国货币供给划分为如下 3 个层次:

①M0＝流通中现金,即我们习惯称的现金;

②M1＝M0＋活期存款;

③M2＝M1＋定期存款＋储蓄存款＋其他存款＋证券公司客户保证金。

其中,M1 称为狭义货币量,M2 称为广义货币量,M2－M1 是准货币。

IMF 对货币供给采用 M1、M2 指标进行统计。与之不同的是,我国将现金单列为一个层次,采用 M0 统计指标加以体现。这主要是因为我国以活期存款为依据签发的支票以及银行卡的使用范围还存在一定的局限性,与发达的市场经济国家相比,其流动性明显低于现金的流动性。从流动性层次的角度考虑,将现金单列为第一个层次,采用 M0 指标体现其供给量,而将现金与活期存款合并列为第二个层次,采用 M1 指标体现其供给量。

（4）货币供给与经济增长

中央银行要调控货币供给总量,保持货币供给与经济增长相适应,才能促进一国经济持续、健康发展。要考察货币供给是否均衡、合理,可以通过物价水平来反映,物价水平的基本稳定是衡量货币供给均衡的一个重要标志。

而从货币供给统计口径来看,M1、M2 以及 M1/M2 是中国人民银行重点关注的指标。当 M1、M2 保持增长且增长速度与经济增长速度相适应时,表明货币流通速度加快,经济增长态势较好。但若 M1、M2 的增长速度显著超过经济增长速度,通货膨胀加剧的风险增大,将不利于经济的健康、稳定发展,需要抑制货币供给的增长。

拓展阅读与思考

1.多项选择题

若一国中央银行调高基准利率,产生的影响包括( )。

A.居民房贷月供增加   B.居民车贷月供减少   C.居民储蓄收益增加

D.居民储蓄收益减少   E.催生高房价   F.抑制高房价

G.引起物价上涨   H.抑制物价高位运行

2.论述题

(1)M1 与 M2 的流动性孰强孰弱? M1/M2 指标的含义是什么? 通常情况下,若 M1、M2 都有所增长且 M1/M2 指标值增大,这对一国的货币流动状况和经济状况来说意味着什么?

(2)某企业出于生产需要,在今年年初租用了一台生产设备,租期为 5 年,若年利率为 6%,每年年初交租金 40 000 元,按复利计算,请计算该 5 年期的现金流的现值。

(3)资料:假设法定准备金率为 20%,且银行客户会将其一切货币以活期存款形式存入银行,则甲将 100 万元存入 A 银行,A 银行按法定准备金率的要求将准备金存入中央银行后,将其余款项全部贷给乙;乙将该款项全部用于向 X 企业购买机器,X 企业将该款项全部存入 B 银行,B 银行按法定准备金率的要求将准备金存入中央银行后,将其余款项全部贷给丙;丙将该款项全部用于向 Y 企业购买机器,Y 企业将该款项全部存入 C 银行,C 银行按法定准备金率的要求将准备金存入中央银行后,将其余款项全部贷给丁……

要求:如此循环往复,请计算银行系统收到的存款总额和银行系统贷出的贷款总额,并说明经过信贷活动,银行所创造出来的货币供给,即银行系统收到的存款总额是最初一笔 100 万元存款额的多少倍。若法定准备金率调低至 10%,其他条件不变,银行又将创造多少倍的货币供给?

3.4 财务管理

3.4.1 货币时间价值

(1)定义

货币时间价值是指假设不存在风险与通货膨胀,货币经历一定时间的投资和再投资所增加的价值,也称为资金的时间价值。作为资本使用的货币在被运用的过程中随时间推移而产生了一部分增值价值。它反映的是由于时间因素的作用而使现在的一笔资金高于将来某个时点的同等数量的资金的差额或资金随时间推延所具有的增值能力。

资金在不同时点上,其价值是不同的。今天的 100 元和 1 年后的 100 元是不等值的。今天将 100 元存入银行,在银行利率 5% 的情况下,1 年后本息和为 105 元,多出的 5 元利息就是 100 元经过 1 年时间的投资所增加的价值,即货币的时间价值。显然,如不考虑通货膨胀的影响,今天的 100 元与 1 年后的 105 元相等。

（2）货币时间价值的度量

货币时间价值可用绝对数(利息)和相对数(利息率)两种形式表示,通常用相对数表示。货币时间价值实际上是没有风险和没有通货膨胀条件下的社会平均资金利润率,是企业资金利润率的最低限度,也是使用资金的最低成本率。

（3）货币时间价值的计算

由于资金在不同时点上具有不同的价值,不同时点上的资金就不能直接比较,必须换算到相同的时点上,才能进行比较。因此,掌握资金时间价值的计算非常重要。资金时间价值的计算包括一次性收付款项和非一次性收付款项(年金)的终值和现值的计算。

在经济生活中,货币有两种价值:终值和现值。

终值(future value)是现在的一笔特定资金或一系列收支款项按给定的利息率计算所得到的在某个未来时间点的价值,俗称本利和,通常记作 FV。

现值(present value)是未来的一笔特定资金或一系列收支款项按给定的利息率计算所得到的现在的价值,俗称折现值,通常记作 PV。

首先介绍一次性收付款项的终值和现值。

一次性收付款项,是指在某一特定时点上一次性支出或收入,经过一段时间后再一次性收回或支出的款项。

由于终值与现值的计算与利息的计算方法有关,而利息的计算有复利和单利两种,因此,终值与现值的计算也有复利和单利之分。

①单利的终值和现值

所谓单利是指只对本金计算利息,利息部分不再计息。通常用 F 表示终值,P 表示现值,i 表示利率,I 表示利息,n 表示计息期数。

单利的利息可表示为:

$$I = P \times i \times n$$

A.单利终值的计算

【例 1-1】

资料:现在有 100 元钱,年利率为 10%。

要求:如果按照单利进行计算,则这 100 元钱在 1 年后、2 年后、3 年后分别为多少?

解:现在的 100 元钱在 1 年后、2 年后、3 年后的终值计算如下

1 年后的终值 = 100 × (1 + 10% × 1) = 110(元)

2 年后的终值 = 100 × (1 + 10% × 2) = 120(元)

3 年后的终值＝100×（1＋10％×3）＝130（元）

据此可推算出单利终值的一般计算公式为：

$$F = P \times (1 + i \times n)$$

B.单利现值的计算

单利现值指未来的一笔资金现在的价值,即由终值倒求现值,一般称之为折现,并把所使用的利率称为折现率。

【例 1-2】

资料:若年利率为 10％,按单利计算。

要求:1 年后、2 年后、3 年后的 100 元钱的现值分别是多少?

解:1 年后、2 年后、3 年后的 100 元钱的现值计算如下

1 年后的 100 元钱的现值 $= \dfrac{100}{1 + 10\% \times 1} \approx 90.90$（元）

2 年后的 100 元钱的现值 $= \dfrac{100}{1 + 10\% \times 2} \approx 83.33$（元）

3 年后的 100 元钱的现值 $= \dfrac{100}{1 + 10\% \times 3} \approx 76.92$（元）

据此可推算出单利现值的一般计算公式为

$$P = F \times \frac{1}{1 + i \times n}$$

②复利的终值和现值

所谓复利是指不但本金要计息,而且对本金所生的利息,也要计息,即通常所说的"利滚利",各期利息不相等。

A.复利终值的计算

【例 1-3】

资料:现在有 100 元钱,年利率为 10％。

要求:如果按照复利进行计算,则这 100 元钱在 1 年后、2 年后、3 年后分别为多少?

解:现在的 100 元钱在 1 年后、2 年后、3 年后的终值计算如下

1 年后的终值＝100×（1＋10％）＝110（元）

2 年后的终值＝100×（1＋10％）^{2}＝121（元）

3 年后的终值＝100×（1＋10％）^{3}＝133.1（元）

据此可推算出复利终值的一般计算公式为

$$F = P \times (1 + i)^n$$

上式中,$(1+i)^n$ 称为复利终值系数,用符号 $(F/P, i, n)$ 表示。

B.复利现值的计算

【例 1-4】

资料:现在有 100 元钱,年利率为 10%。按复利计算。

要求:1 年后、2 年后、3 年后的 100 元钱的现值分别是多少?

解:1 年后、2 年后、3 年后的 100 元钱的现值计算如下

$$1 \text{ 年后的 100 元钱的现值} = \frac{100}{1+10\%} \approx 90.91(元)$$

$$2 \text{ 年后的 100 元钱的现值} = \frac{100}{(1+10\%)^2} \approx 82.64(元)$$

$$3 \text{ 年后的 100 元钱的现值} = \frac{100}{(1+10\%)^3} \approx 75.13(元)$$

据此可推算出复利现值的一般计算公式为:

$$P = F \times \frac{1}{(1+i)^n}$$

上式中,$\frac{1}{(1+i)^n}$ 为复利现值系数,用符号 $(P/F, i, n)$ 表示。

③复利终值与现值的应用

【例 1-5】

资料:HX 公司将 1 000 万元存入银行,以便 5 年后用于一项投资。假设存款年利率为 10%,按复利计息。

要求:5 年后该公司可以从银行取出多少钱用于项目投资?

解:$F = P \times (1+i)^n = 1\,000 \times (1+10\%)^5 = 1\,610.51(万元)$

【例 1-6】

资料:HX 公司计划 5 年后以 1 000 万元进行投资,若银行存款利率为 5%,每年复利一次。

要求:该公司现在应存多少钱才能保证 5 年后取得项目投资所需资金 1 000 万元?

解:$P = F \times \frac{1}{(1+i)^n} = 1\,000 \times \frac{1}{(1+5\%)^5} = 783.53(万元)$

(4)年金

年金是指一定时期内每次等额收付的系列款项,通常用 A 表示。例如平均年限法下的折旧、租金、等额分期付款、养老金、保险费等一般都为年金。

年金具有三个特点:一是定期性,即每次收付的时间间隔相同;二是等额性,即每次收付的金额相等;三是系列性,即一系列的等额收付款项,而不是一次性收付款项。根据每次收付发生的时点不同,年金可分为普通年金、预付年金、递延年金和永续年金四种。

①普通年金

普通年金是指在每期的期末,间隔相同时间,收入或支出相同金额的系列款项。每

一间隔期,有期初和期末两个时点,由于普通年金是在期末这个时点上发生收付,故又称后付年金。

A.普通年金的终值

普通年金的终值是指每期期末收入或支出相等的款项,按复利计算,在最后一期所得的本利和。

每期期末收入或支出的款项用 A 表示,利率用 i 表示,期数用 n 表示,那么每期期末收入或支出的款项折算到第 n 年的终值可以用图1-11表示。

图 1-11　普通年金现金流

那么,n 年的年金终值和

$F_A = A \times (1+i)^0 + A \times (1+i)^1 + A \times (1+i)^2 + \cdots + A \times (1+i)^{n-3} + A \times (1+i)^{n-2} + A \times (1+i)^{n-1}$

经整理:

$$F_A = A \times \frac{(1+i)^n - 1}{i}$$

$\frac{(1+i)^n - 1}{i}$ 称为年金终值系数,记为 $(F/A, i, n)$,表示年金1元、利率为 i、经过 n 期的年金终值是多少。

【例1-7】

资料:甲连续5年每年年末存入银行10 000元,年利率为5%。

要求:计算第5年年末的本利和。

解:$F_A = A \times (F/A, 5\%, 5) = 10\,000 \times 5.525\,6 = 55\,256$(元)

上面计算表明,每年年末存10 000元,连续存5年,到第5年年末可得55 256元。

B.普通年金的现值

普通年金的现值是指一定时期内每期期末等额收支款项的复利现值之和。实际上就是指为了在每期期末取得或支出相等金额的款项,现在需要一次投入或借入多少金额,年金现值用 P_A 表示。普通年金现值的计算公式如下:

$$P_A = A \times \frac{1-(1+i)^{-n}}{i}$$

$\frac{1-(1+i)^{-n}}{i}$ 称为年金现值系数,记作 $(P/A, i, n)$,表示年金1元、利率为 i、经过 n 期的年金现值是多少。

【例1-8】

资料:HX公司投资的项目于2018年动工并当年投产,从投产之日起每年可获得收益 100 万元,预期该项目能持续 10 年,按市场平均收益率 7％计算。

要求:计算该项目所产生全部收益的现值。

解:该项目所产生全部收益的现值是

$P_A = A \times (P/A, i, n) = 100 \times (P/A, 7\%, 10) = 100 \times 7.023\ 6 = 702.36(万元)$

②预付年金

预付年金是指每期收入或支出相等金额的款项是发生在每期的期初,而不是期末,也称先付年金或即付年金。

预付年金与普通年金的区别在于:普通年金的每期收付款项在期末,预付年金的每期收付款项在期初,在期数相等的情况下,二者只是收付款时点不一样。如计算年金终值,预付年金要比普通年金多计一年的利息;如计算年金现值,则预付年金要比普通年金少折现一年。因此,在普通年金的现值、终值公式的基础上,乘 1＋i 便可计算出预付年金的现值与终值。

A.预付年金的终值

预付年金终值的计算公式如下:

$$F_A = A \times \left[\frac{(1+i)^{n+1} - 1}{i} - 1 \right]$$

$\left[\dfrac{(1+i)^{n+1} - 1}{i} - 1 \right]$ 称预付年金系数,记作 $[(F/A, i, n+1) - 1]$。

【例 1-9】

资料:将【例 1-7】中收付款时间改为每年年初,其余条件不变。

要求:计算第 5 年年末的本利和。

解:$F_A = A \times \left[\dfrac{(1+i)^{n+1} - 1}{i} - 1 \right]$

$= 10\ 000 \times [(F/A, 5\%, 5+1) - 1]$

$= 10\ 000 \times (6.801\ 9 - 1)$

$= 58\ 019(元)$

B.预付年金的现值

预付年金现值的计算公式如下:

$$P_A = A \times \left[\frac{1 - (1+i)^{-(n-1)}}{i} + 1 \right]$$

$\left[\dfrac{1 - (1+i)^{-(n-1)}}{i} + 1 \right]$ 称预付年金现值系数,记作 $[(P/A, i, n-1) + 1]$。

【例 1-10】

资料:HX 公司购买一台机器设备,经销商提供了两种付款方案:第一种,立即支付 80 万元;第二种,分 5 年付款,每年年初支付 20 万元。

要求:在社会平均收益率为 10％的情形下,该公司应选择哪一种方案?

解:分期付款方案的现值为:

$$P_A = A \times [(P/A, i, n-1) + 1]$$
$$= 20 \times [(P/A, 10\%, 4) + 1] = 20 \times (3.169\ 9 + 1) = 83.40(万元)$$

80<83.40,因此该公司应选择立即支付 80 万元的方案。

③递延年金

前两种年金的第一次收付时间都发生在整个收付期的第一期,要么在第一期期末,要么在第一期期初。但有时会遇到第一次收付不发生在第一期,而是隔了几期后才在以后的每期期末发生一系列的收支款项,这种年金称为递延年金,它是普通年金的特殊形式。因此,凡是不在第一期开始收付的年金,称为递延年金。图 1-12 可说明递延年金的支付特点。

递延年金的第一次年金收付没有发生在第一期,而是隔了 m 期(这 m 期就是递延期),在第 $m+1$ 期的期末才发生第一次收付,并且在以后的 n 期内,每期期末均发生等额的现金收支。与普通年金相比,尽管期限一样,都是 $m+n$ 期,但普通年金在 $m+n$ 期内,每个期末都要发生收支,而递延年金在 $m+n$ 期内,只在后 n 期发生收支,前 m 期无收支发生。

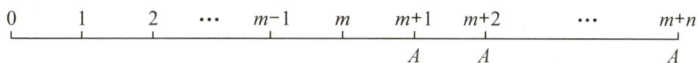

图 1-12　递延年金现金流

A.递延年金的终值

由图 1-12 可知,先不看递延期,年金一共支付了 n 期。只要将这 n 期年金折算到期末,即可得到递延年金终值。所以,递延年金终值的大小,与递延期无关,只与年金共支付了多少期有关,它的计算方法与普通年金相同。

$$F_A = A \times (F/A, i, n)$$

【例 1-11】HX 公司于年初投资一项目,估计从第 5 年开始至第 10 年,每年年末可得收益 10 万元,假定年利率为 5%。

要求:计算投资项目年收益的终值。

$$F_A = A \times (F/A, i, n) = 10 \times (F/A, 5\%, 6) = 10 \times 6.801\ 9 = 68.019(万元)$$

B.递延年金的现值

递延年金的现值可用三种方法来计算。

a)把递延年金视为 n 期的普通年金,求出年金在递延期期末 m 点的现值,再将 m 点的现值调整到第一期期初。

$$P_A = A \times (P/A, i, n) \times (P/F, i, m)$$

b)先假设递延期也发生收支,则变成一个 $m+n$ 期的普通年金,算出 $m+n$ 期的年金现值,再扣除并未发生年金收支的 m 期递延期的年金现值,即可求得递延年金现值。

$$P_A = A \times [(P/A,i,m+n) - (P/A,i,m)]$$

c)先算出递延年金的终值,再将终值折算到第一期期初,即可求得递延年金的现值。

$$P_A = A \times (F/A,i,n) \times (P/F,i,m+n)$$

【例 1-12】

资料:HX 公司本年年初投资一项目,希望从第 5 年开始每年年末取得 10 万元收益,投资期限为 10 年,假定年利率为 5%。

要求:该公司本年年初应该投资多少元?

解 1:$P_A = A \times (P/A,i,n) \times (P/F,i,m)$

$= 10 \times (P/A,5\%,6) \times (P/F,5\%,4) = 10 \times 5.075\ 7 \times 0.822\ 7 \approx 41.76$(万元)

解 2:$P_A = A \times [(P/A,i,m+n) - (P/A,i,m)]$

$= 10 \times [(P/A,5\%,10) - (P/A,5\%,4)] = 10 \times (7.721\ 7 - 3.546\ 0) \approx 41.76$(万元)

解 3:$P_A = A \times (F/A,i,n) \times (P/F,i,m+n)$

$= 10 \times (F/A,5\%,6) \times (P/F,5\%,10) = 10 \times 6.801\ 9 \times 0.613\ 9 \approx 41.76$(万元)

从计算中可知,该企业本年年初应投资 41.76 万元。

④永续年金

永续年金是指无限期地收入或支出相等金额的年金,也称永久年金。它也是普通年金的一种特殊形式。由于永续年金的期限趋于无限,没有终止时间,因而也没有终值,只有现值。永续年金的现值计算公式为:

$$P_A = A \times \frac{1 - (1+i)^{-n}}{i}$$

当 $i \to \infty$ 时,$(1+i)^{-n}$ 的极限为零,故上式可以写为 $P_A = \dfrac{A}{i}$。

【例 1-13】

资料:HX 公司拟建立一项永久性的奖学金,每年计划颁发 100 000 元奖金。年利率为 10%。

要求:该公司现在应筹集多少资金?

解:$P_A = \dfrac{A}{i} = 100\ 000 / 10\% = 1\ 000\ 000$(元)

3.4.2 现金流量

(1)定义

所谓现金流量,在投资决策中是指一个项目引起企业的现金支出和现金收入变动的数量。这里的"现金"是指广义的现金,它不仅包括各种货币资金,而且还包括项目投入需要利用的企业现有的非货币资源的变现价值。例如,一个项目需要使用原有的厂房、设备和材料等,则相关的现金流量是指它们的变现价值,与其账面价值无关。现金流量是在一个较长时期内表现出来的,由于受资金时间价值的影响,一定数额的现金在不同时期的价值是不同的,因此,研究现金流量及其发生的期间对正确评价投资项目有着重要的意义。

具体地讲,现金流量包括现金流出量、现金流入量和净现金流量三个具体概念。

①现金流出量

一个方案的现金流出量,是指该方案引起的企业现金支出的增加额或现金收入的减少额。通常用 CO_t 表示第 t 年的现金流出量。现金流出量主要包括以下内容:

A.建设投资

建设投资是指与形成生产能力有关的各项直接支出,为固定资产投资、无形资产投资、开办费投资等的总和。它是建设期发生的主要现金流出量。其中,固定资产是所有类型投资项目中注定要发生的内容。这部分现金流出量随着建设进程的进行可能一次投入,也可能分次投入。

B.垫支流动资金

在完整的工业投资项目中,建设投资形成的新的生产能力要投入使用,会引起对流动资产需求的增加,主要是保证生产经营活动所必需的存货储备占用等。企业需要追加的流动资金,也是购置该固定资产引起的,应列入该方案的现金流出量。这部分流动资金投资具有垫支的性质,在营业终了或出售(报废)该设备时才能收回这些资金,并继续用于其他目的。

C.付现成本

付现成本也叫经营成本,是指经营期为满足正常生产经营需要每年动用现实货币资金支付的成本。它是生产经营过程中最主要的现金流出量项目。成本中不需要在经营期每年支付的部分称为非付现成本,其中主要是折旧费。所以付现成本可以用总成本减去折旧来估计。即

$$付现成本＝总成本－折旧$$

D.各项税款

各项税款指项目投产后依法交纳的、单独列示的各项税款,如所得税等。

E.其他现金流出量

其他现金流出量指除以上内容外的现金流出项目。

②现金流入量

一个方案的现金流入量,是指该方案所引起的企业现金收入的增加额或现金支出的减少额。通常用 CI_t 表示第 t 年的现金流入量。主要包括以下内容:

A.营业现金收入

企业因购置设备扩大了企业的生产能力,企业营业收入增加是现金流入量的主要项

目。虽然营业收入并非当年收现额,但每年产生的营业收入与当年收现额基本相等。所以可以用营业收入代替收现额。

B.设备出售或报废时的残值净收入

资产出售或报废时的残值净收入,是由当初购置该设备引起的,应当作为该方案的一项现金流入。残值净收入指清理或出售收入扣除清理费用后的余额。

C.收回的流动资金

当投资有效期结束,该设备报废或出售时,企业原垫支的流动资金被收回,可用于别处,因此将其作为该方案的一项现金流入。

D.其他现金流入量

其他现金流入量指除以上内容外的现金流入项目。

③净现金流量

净现金流量又称现金净流量,是指一定期间现金流入量和现金流出量的差额。这里所说的"一定期间",有时是指一年内,有时是指投资项目持续的整个年限内,视具体情况而定。现金流入量大于流出量时,净现金流量为正值;反之,净现金流量为负值。通常用 NCF_t 表示。净现金流量等于当期现金流入量减去当期现金流出量。

$$NCF_t = CI_t - CO_t$$

显然,净现金流量具有以下两个特征:第一,无论在经营期还是建设期,都存在净现金流量;第二,由于项目计算期不同,各阶段上的现金流入量和现金流出量发生的可能性不同,使得各阶段净现金流量在数值上表现出不同的特点,一般而言,建设期内的净现金流量小于或等于零,而经营期的净现金流量则大于零。

(2)现金流量的构成

资本投资决策中的现金流量,一般由初始现金流量、营业现金流量和终结现金流量三部分构成。

①初始现金流量

初始现金流量(initial cash flow)是指开始投资时发生的现金流量,一般包括以下数项:

A.固定资产投资。指房屋、建筑物、生产设备等的购入或建造成本、运输成本和安装成本等。

B.无形资产投资。主要包括土地使用权、专利权、商标权、专有技术、商誉、特许权等方面的投资。

C.流动资产投资。指对材料、在产品、产成品和现金等流动资产的垫支。这部分垫支的资金属于短期资金,在初始投资时垫支,实际上每期都有一个收回和再投资的过程,直到项目寿命期满收回。假定各期所需的流动资金相同,因此,各期的收回和再投资的流动资产是相同的,在现金流量上反映为流入量和流出量相互抵消。由此,这部分垫支的现金流量情况表现在初始投入和期满收回之时。

D.其他投资费用。指与长期投资项目有关的咨询调查费、注册费、人员培训费、谈判费等。

E.原有固定资产的变价收入。这主要是指固定资产更新时原有固定资产的变卖所得的现金净收入。

②营业现金流量

营业现金流量(operating cash flow)是指投资项目在建成投产后,在其寿命周期内由于开展正常生产经营活动而发生的现金流入和现金流出的数量。这种现金流量一般按年度进行计算。一般包括以下数项:

A.营业现金收入。指项目投产后生产产品或提供服务而使企业每年增加的现金销售收入。这是经营期最主要的现金流入项目。

B.经营成本。又称为付现成本,是指用现金支出的各种成本和费用,如材料费用、人工费用、设备修理费用等。这是经营期最主要的现金流出项目。一方面,企业每年支付的总成本中,一部分是付现成本,另一部分是非付现成本,包括固定资产折旧费、无形资产摊销费等;另一方面,无形资产摊销费往往数额不大或是不经常发生,为简化起见,通常忽略不计。因此,经营成本可以用当年的总成本减固定资产折旧费后得到。

C.交纳的各项税款。指项目投资后依法交纳的、单独列示的各项税款,如营业税、消费税、所得税等。

D.固定资产的折旧费。折旧费作为一项成本,会导致营业利润的下降,但是由于它并不需要支付现金,因此可将其视为一项现金流入。

因此,企业每年营业现金净流量可用以下两个公式计算:

每年营业现金净流量(NCF)＝每年营业收入－付现成本－所得税

可推导出第二个公式:

$$NCF＝每年营业收入－付现成本－所得税$$
$$＝每年营业收入－(总成本－折旧)－所得税$$
$$＝每年营业收入－总成本－所得税＋折旧$$
$$＝税后净利＋折旧$$

由第二个公式可知,如果从每年现金流动的结果来看,增加的现金流入来源于两部分:一是净利润造成的货币增值,二是以货币形式收回的折旧。

③终结现金流量

终结现金流量(terminal cash flow)是指投资项目终结时所发生的现金流量。它主要包括:固定资产的残值收入或变价收入、停止使用的土地的变价收入及原来垫支在各种流动资产上的资金的回收等。

（3）估计现金流量的注意事项

①区分相关成本与非相关成本

所谓相关成本，是指与投资方案有关的、在决策时必须考虑的成本，如差额成本、重置成本、机会成本等。所谓非相关成本，是指与特定投资方案无关的、在决策时无须考虑的成本，如账面成本、沉没成本、历史成本等。

②要考虑机会成本

当投资者选择了某个投资方案而放弃其他的投资机会时，其他投资方案可能得到的收益就是选择该方案的一种代价，称为机会成本。机会成本不是实际发生的一种支出或费用，而是一种潜在的机会损失。投资决策中考虑机会成本的意义在于它有助于全面考虑各种可能的方案，以寻求最有利的途径。

③要考虑投资方案对企业其他部门的影响

采纳一个项目后，该项目可能对企业的其他部门造成有利或不利的影响。如企业开发的新产品上市后有可能对公司现有产品形成竞争，从而会影响现有产品销量，那么应将新产品的销售额扣除其对现有产品减少的销售额作为该新项目的现金流量。当然也可能情况相反，新产品的推出对企业现有产品的销售有促进作用，那么就要合并这两种产品的销售增量来考虑该项目的现金流量。

④要考虑投资方案对净营运资金的影响

项目投资期初不仅需要对固定资产进行投资，还需要对部分营运资金进行垫支。一方面，在新项目投产后往往伴随对流动资产需求的增加，如原材料、存货、应收账款会随之增加；另一方面，应付费用等流动负债也会同时增加，从而减少企业对流动资金的实际需求。所谓净营运资金，即增加的流动资产与增加的流动负债之间的差额。这部分资金在新项目投资期初要垫支一下，当项目结束时，净营运资金会恢复到原来水平，因此期末能收回。

⑤要考虑所得税与折旧对现金流量的影响

A.所得税对现金流量的影响。所得税对企业来说是一种现金流出。在考虑投资方案时，要考虑所得税对现金流量的影响，只有税后现金流量才是与投资者利益有关的。如某项投资方案估计能使企业增加1 000万元的现金流量，但这只是税前的，考虑到所得税的影响，真正能使企业增加实际现金流量的应该是税后的现金流量；同样，企业某些成本支出能在税前列支的具有税收挡板作用，能让企业少纳税，因此这些现金流出也应考虑税后现金流出，这才是企业真正流出的现金流量。

【例1-14】

资料：有甲、乙两个公司，每月的营业收入均为100 000元，每月的费用发生额也各自为65 000元。但甲公司有一个额外的房屋租赁费用5 000元，乙公司没有这项费用。两个公司的所得税税率均为25%。

要求:比较这两家公司的税后利润与税后成本。

解:甲、乙两公司税后利润及税后成本的计算如表1-4所示:

表1-4　税后利润及成本计算表

单位:元

项目	甲公司	乙公司
营业收入	100 000	100 000
一般费用	65 000	65 000
租赁费用	5 000	0
费用合计	70 000	65 000
税前利润	30 000	35 000
所得税(税率为25%)	7 500	8 750
税后利润	22 500	26 250

以上案例计算表明,甲公司因为有多支出的租赁费用5 000元,其税后利润比乙公司少3 750(26 250－22 500)元。实际上也就是说租赁费用给甲公司带来的税后影响不是5 000元,而是5 000×(1－25%)＝3 750元。这也是租赁费用的税后成本。由此可知:

税后成本＝支出金额×(1－税率)

在实际中,具有税后成本效应的不仅是租赁费,还有许多可以在企业税前列支的费用项目均有抵税作用,如折旧、利息等其他费用。在考虑这些支出给企业带来的现金流出影响时应是税后支出。

同样,收入也是这样,因为纳税会流出一部分现金,所以企业实际流入的是税后收入。即:

税后收入＝收入金额×(1－税率)

B.折旧对现金流量的影响。折旧也是企业的一项可以在税前列支的项目,因此就具有减少企业税收的作用。折旧不仅具有这种抵税作用,与其他可以税前列支的费用相比,折旧还有一个特点,即能增加企业的现金流量。因为它是一种无须付现的成本费用,虽与其他成本费用一样可税前列支,但它并未实实在在地每期流出企业。所以企业加快折旧不仅当期能起到抵税作用,而且还是现金流入的一种来源。下面通过一个例子来反映折旧对企业现金流量的影响。

【例1-15】

资料:A、B两个公司的全年销售收入均为5 000万元,付现费用均为2 000万元。但A公司有折旧费1 000万元,而B公司无折旧费。假设所得税税率为25%。

要求:计算两家公司的现金流量。

解:折旧对现金流量的影响如表 1-5 所示:

表 1-5　现金流量计算表

单位:万元

项目	A 公司	B 公司
营业收入	5 000	5 000
减:付现费用	2 000	2 000
折旧费用	1 000	0
税前利润	2 000	3 000
减:所得税(25%)	500	750
税后利润	1 500	2 250
加:折旧	1 000	0
营业现金流量	2 500	2 250

从上述例子中可以发现,A 公司因为比 B 公司有税前多支出的 1 000 万元的折旧费用,其税后利润比 B 公司要少。但从现金流量的角度看,A 公司比 B 公司多出 2 500 − 2 250 = 250 万元,这实际上是由于折旧抵税的作用:1 000 × 25% = 250 万元。

(4)现金流量估算的实例分析

在现金流量的构成中,初始现金流量和终结现金流量的性质比较单纯,一般无须复杂计算;而营业现金流量发生在项目建成投产后的整个寿命周期内,需要根据有关资料进行计算。

【例 1-16】

资料:HX 公司拟投资一个项目,需购入一台新设备,预计的有关资料为:设备购置成本为 600 万元,使用寿命是 5 年,5 年后残值收入为 100 万元。5 年中每年销售收入为 420 万元,第一年的付现成本为 100 万元,以后随着设备陈旧逐年将增加修理费用 20 万元,另需垫支流动资金 150 万元。

要求:假定销售货款均于当年收现,采用直线法计提折旧,公司所得税税率为 25%,试计算该方案的现金流量。

解:为计算现金流量,必须先计算方案每年的折旧额

$$每年折旧额 = \frac{600 - 100}{5} = 100(万元)$$

再计算每年营业现金净流量。

根据给定资料,构成方案中营业现金流入量的是各年的销售收入,构成营业现金流出量的是各年的付现成本和所得税,所以方案中各年的现金净流量的计算过程如表 1-6

所示。

表 1-6 投资项目的营业现金流量计算表

单位:万元

项目	时间				
	第 1 年	第 2 年	第 3 年	第 4 年	第 5 年
销售收入①	420	420	420	420	420
付现成本②	100	120	140	160	180
折旧③	100	100	100	100	100
税前利润④	220	200	180	160	140
所得税⑤=④×25%	55	50	45	40	35
税后净利⑥=④-⑤	165	150	135	120	105
现金流量⑦=⑥+③ 或①-②-⑤	265	250	235	220	205

最后,结合初始现金流量和终结现金流量,编制该项目的全部现金流量。如表 1-7 所示。

表 1-7 投资项目现金流量计算表

单位:万元

项目		时间					
		第 0 年	第 1 年	第 2 年	第 3 年	第 4 年	第 5 年
初始现金流量	固定资产投资	-600					
	流动资产垫支	-150					
营业现金流量	各年 NCF		265	250	235	220	205
终结现金流量	固定资产残值						100
	流动资产回收						150
现金流量合计		-750	265	250	235	220	455

3.4.3 净现值（NPV）

（1）定义

净现值(net present value,NPV)是指投资项目投入使用后,将每年的现金净流量按一定的折现率折算为现值,减去初始投资现值后的余额。其计算公式为:

净现值(NPV)=未来现金流量的总现值-初始投资的现值

净现值法的具体表述方式因投资项目是否存在建设期而不同:

A.若投资项目不存在建设期,其计算公式为:

$$NPV = \left[\frac{NCF_1}{(1+K)^1} + \frac{NCF_2}{(1+K)^2} + \cdots + \frac{NCF_n}{(1+K)^n} \right] - I$$

$$= \sum_{t=1}^{n} \frac{NCF_t}{(1+K)^t} - I$$

式中:

NCF_t——第 t 年的现金净流量;

K——贴现率(资本成本或企业要求的报酬率);

I——初始投资额;

n——项目预计使用年限。

B.若投资项目存在建设期,其计算公式为:

$$NPV = \sum_{t=m+1}^{m+n} \frac{NCF_t}{(1+K)^t} - \sum_{t=0}^{m} \frac{I_t}{(1+K)^t}$$

式中:

m——项目建设期。

【例 1-17】

资料:HX 公司面临两个投资项目 A 和 B,它们预计的现金流量如表 1-8 所示,假设公司的资本成本为 10%。

要求:分别计算两个项目的净现值。

表 1-8　项目 A 和 B 的相关现金流量

单位:万元

项目	时间					
	第 0 年	第 1 年	第 2 年	第 3 年	第 4 年	第 5 年
项目 A	−500	150	150	150	150	150
项目 B	−500	175	160	155	140	125

解:HX 公司投资项目不存在建设期,则项目 A、B 的净现值分别为:

项目 A 的 NPV $= 150 \times (P/A, 10\%, 5) - 500$

$\qquad = 150 \times 3.791 - 500$

$\qquad = 568.65 - 500$

$\qquad = 68.65$(万元)

项目 B 的 NPV $= 175 \times (P/F, 10\%, 1) + 160 \times (P/F, 10\%, 2) +$

$155 \times (P/F, 10\%, 3) + 140 \times (P/F, 10\%, 4) + 125 \times (P/F, 10\%, 5) - 500$

$= 175 \times 0.909 + 160 \times 0.826 + 155 \times 0.751 + 140 \times 0.683 + 125 \times 0.621 - 500$

$= 580.89 - 500$

$= 80.89$(万元)

【例 1-18】

资料：HX 公司进行一项投资，建设期 3 年，每年年初投资 400 万元，总共投资 1 200 万元，到第 3 年年底投产运行，投入运行时垫支流动资金 100 万元，投产后，每年产生营业现金流量 450 万元，项目寿命期为 5 年，期末残值为 50 万元，资本成本为 10%。

要求：试计算该项目的净现值。

解：投资项目存在建设期，故项目的净现值：

$NPV = 450 \times (P/A, 10\%, 5) \times (P/F, 10\%, 3) + 150 \times (P/F, 10\%, 8) -$

$400 \times (P/A, 10\%, 3) \times (1 + 10\%) - 100 \times (P/F, 10\%, 3)$

$= 450 \times 3.791 \times 0.751 + 150 \times 0.467 - 400 \times 2.487 \times 1.1 - 100 \times 0.751$

$= 1\ 351.22 - 1\ 169.38$

$= 181.84(万元)$

（2）净现值法的决策规则

净现值法决策的原理在于：如果 NPV 等于零，表明项目的现金流量刚好可以弥补投入资本；如果 NPV 大于零，则项目的现金流量超过了所要求的回报；如果 NPV 小于零，则项目的现金流量不能弥补初始投入的资金。

对于独立项目，当净现值大于零时，项目是可行的；反之，则项目是不可行的。对互斥项目进行择优决策时，首先要在满足净现值大于零的基础上，选择净现值最大的项目。

在例 1-17 中，HX 公司两个投资项目 A、B 都有正的净现值，所以都是可行的；但项目 B 的净现值高于项目 A 的净现值，采用净现值指标评价，则项目 B 优于项目 A。若是互斥项目，HX 公司应该选择项目 B 而拒绝项目 A。在例 1-18 中，投资项目净现值大于零，是可行的。

3.4.4 筹资决策

（1）筹资方式和来源

企业筹资活动是指企业作为筹资主体，根据经营活动、投资活动和资本结构调整等需要，通过一定的金融市场和筹资渠道，采用一定的筹资方式，经济有效地筹措和集中资本，如图 1-13 所示。

缘起	渠道	方式
经营活动 投资活动 资本结构调整	企业筹集资本来源的方向与通道	供企业在筹措资金时选用的具体筹资形式
钱用在哪	谁给钱	怎么给钱

图 1-13　企业筹资示意图

企业筹资的渠道包括：政府财政资本、银行信贷资本、非银行金融机构资本、其他法人资本、民间资本、企业内部资本，以及国外和我国港澳台地区资本。

按照资本属性的不同，企业筹资包括：股权性筹资，如吸收直接投资、普通股、认股权证等；债务性筹资，如借款、债券、融资租赁、商业信用等；混合性筹资，如可转换债券、优先股等。

（2）资本成本

资本成本是企业筹集和使用资本而承付的代价。商品成本作为企业的一种成本，具有一般商品成本的属性，需要通过企业收益得到补偿；同时，具有资本成本的特性，它是一种特殊商品，即资金，无须生产，通常并不直接表现为生产成本。资本成本既包括货币的时间价值，又包括投资的风险价值。在有风险的条件下，资本成本也是投资者要求的必要报酬。

资本成本的内容包括筹资费用和用资费用两部分。筹资费用是获得资本付出的费用，如借款手续费，发行股票、债券的费用等，筹资时一次性付出，是固定性资本成本，也是筹资额的扣除项。用资费用是使用资本付出的费用，如利息、股利等，用资期间经常性发生，是变动性资本成本，也是资本成本的主要部分。

资本成本在国际上被视为一项财务标准。资本成本是选择筹资方式、进行资本结构决策和选择追加筹资方案的依据。测算不同的资本成本率，具有不同的作用：个别资本成本率，用于比较不同筹资方式的决策；综合资本成本率，用于长期资本结构规划的决策；边际资本成本率，用于追加长期筹资方案的决策。

（3）资本结构

资本结构是指企业各种资本的价值构成及其比例关系，是企业一定时期筹资组合的结果。资本结构有广义和狭义之分：广义的资本结构是指企业全部资本的各种构成及其比例关系；狭义的资本结构是指企业各种长期资本的构成及其比例关系，尤其是指长期债务资本与（长期）股权资本之间的构成及其比例关系。

企业的资本结构的主要划分依据有资本权属和资本期限，相应区分为资本的权属结构和资本的期限结构。资本的权属结构是指企业不同权属资本的价值构成及其比例关系，通常分为股权资本和债务资本两大类；资本的期限结构是指不同期限资本的价值构成及其比例关系，通常分为长期资本和短期资本。

（4）个别资本成本率的测算

①基本公式

$$K = \frac{D}{P-f}; \qquad K = \frac{D}{P(1-F)}$$

公式中，K 表示资本成本率，以百分率表示；D 表示用资费用额；P 表示筹资额；f 表示筹资费用额；F 表示筹资费用率，即筹资费用额与筹资额的比率。

②长期借款资本成本率的测算

$$K_1 = \frac{I(1-T)}{L(1-F)}; \qquad K_1 = R_1 \times (1-T)$$

公式中,K_1 表示长期借款资本成本率;I 表示长期借款年利息额;L 表示长期借款筹资额,即借款本金;F 表示长期借款筹资费用融资率,即借款手续费率;T 表示所得税税率;R_1 表示借款利息率。

【例1-19】

资料:HX公司欲从银行取得一笔长期借款1 000万元,手续费1%,年利率5%,期限3年,每年结息一次,到期一次还本。公司所得税税率为25%。

要求:计算该笔借款资本成本率。1)考虑借款手续费;2)不考虑借款手续费。

解:1) $K_1 = \dfrac{1\ 000 \times 5\% \times (1-25\%)}{1\ 000 \times (1-1\%)} = 3.79\%$

2) $K_1 = 5\% \times (1-25\%) = 3.75\%$

在借款年度内结息次数超过一次时,借款实际利率会高于名义利率,资本成本率会上升。

$$K_1 = \left[\left(1 + \frac{R_1}{M}\right)^M - 1 \right](1-T)$$

公式中,M 表示一年内的结息次数。

【例1-20】

资料:HX公司借款1 000万元,年利率5%,期限3年,每季结息一次,到期一次还本。公司所得税税率为25%。

要求:计算这笔借款的资本成本率。

解:$K_1 = \left[\left(1 + \dfrac{5\%}{4}\right)^4 - 1 \right] \times (1-25\%) = 3.82\%$

③长期债券资本成本率的测算

A.不考虑货币时间价值

$$K_b = \frac{I_b(1-T)}{B(1-F_b)}$$

公式中,K_b 表示债券资本成本率;I_b 表示债券年利息额;B 表示债券筹资额,按发行价格确定;F_b 表示债券筹资费用率。

【例1-21】

资料:HX公司拟平价发行面值1 000元、期限5年、票面利率8%的债券,每年结息一次;发行费用为发行价格的5%;公司所得税税率为25%。

要求:计算债券的资本成本率。

解:$K_b = \dfrac{1\ 000 \times 8\% \times (1-25\%)}{1\ 000 \times (1-5\%)} = 6.32\%$

B.考虑货币时间价值

$$P_0 = \sum_{t=1}^{n} \frac{I}{(1+R_b)^t} + \frac{P_n}{(1+R_b)^n}; \qquad K_b = R_b(1-T)$$

公式中,P_0 表示债券筹资净额,即债券发行价格(或现值)扣除发行费用;I 表示债券年利息额;P_n 表示债券面额或到期值;R_b 表示债券投资的必要报酬率,即债券的税前资本成本率;T 表示债券期限;K_b 表示债券税后资本成本率。

④股权资本成本率的测算

A.股利折现模型

$$P_c = \sum_{t=1}^{\infty} \frac{D_t}{(1+K_c)^t}$$

公式中,P_c 表示普通股筹资净额,即发行价格扣除发行费用;D_t 表示普通股第 t 年的股利;K_c 表示普通股投资必要报酬率,即普通股资本成本率。

B.固定股利政策

$$K_c = \frac{D}{P_c}$$

公式中,D 表示每年分配的现金股利。

C.固定股利增长政策

$$K_c = \frac{D}{P_c} + G$$

公式中,G 表示固定股利增长率。

【例 1-22】

资料:HX 公司拟发行一批普通股,发行价格 12 元/股,每股发行费用 1 元,预定每年分派现金股利每股 1.2 元。

要求:计算该股票的资本成本率。

解:$K_c = \dfrac{1.2}{12-1} = 10.91\%$

D.资本成本定价模型

普通股投资的必要报酬率等于无风险报酬率加上风险报酬率。

$$K_c = R_F + \beta_i(R_m - R_F)$$

公式中,R_f 表示无风险报酬率,R_m 表示市场报酬率,β_i 表示第 i 种股票的贝塔系数。

【例 1-23】

资料:HX 公司已发行债券的投资报酬率为 8%。现准备发行一批股票,经分析,该股票高于债券的投资风险报酬率为 4%。

要求:计算该股票的资本成本率。

解:$K_c = 8\% + 4\% = 12\%$

E.优先股资本成本率

优先股是相对普通股而言,是较普通股具有某些优先权利,同时也受到一定限制的股票。它属于股权资本,但是又具有公司债券的某些特征,因此被视为混合性债券。

$$K_p = \frac{D_p}{P_p}$$

公式中,K_p 表示优先股资本成本率;D_p 表示优先股每股年股利;P_p 表示优先股筹资净额,即发行价格扣除发行费用后的金额。

【例1-24】

资料:HX公司准备发行一批优先股,每股发行价格5元,发行费用0.2元,预计年股利0.5元。

要求:计算该股票的资本成本率。

解:$K_p = \dfrac{5}{5 - 0.2} = 10.42\%$

⑤保留盈余资本成本

保留盈余也有资本成本,不过是一种机会资本成本。测算保留盈余的资本成本时,与普通股基本相同,只是不考虑筹资费用。

对于非股份制企业股权资本成本率的测算,投入资本筹资协议有的约定了固定的利润分配比例,这类似于优先股,但不同于普通股;投入资本及保留盈余不能在证券市场上交易,无法形成公平的交易价格,因而也就难以预计其投资的必要报酬率。在这种情况下,投入资本和保留盈余的资本成本率的测算还是一个需要探讨的问题。在一定条件下,投入资本及保留盈余的资本成本率可按优先股资本成本率的测算方法予以测算。

（5）综合资本成本率的测算

综合资本成本率的决定因素有:一是个别资本成本率,二是各种长期资本比例。

$$K_W = \sum_{j=t}^{n} W_j K_j ; \qquad \sum_{j=t}^{n} W_j = 1$$

公式中,K_W 表示综合资本成本率;K_j 表示第 j 种长期资本的资本成本率;W_j 表示第 j 种长期资本的资本比率。

【例1-25】

资料:HX公司现有长期资本总额10 000万元,其中长期借款2 000万元,长期债券3 500万元,优先股1 000万元,普通股3 000万元,保留盈余500万元;各种长期资本成本率分别为4%、6%、10%、14%和13%。

要求:计算HX公司综合资本率。

解:$K_l = \dfrac{2\ 000}{10\ 000} = 20\%$; $K_b = \dfrac{3\ 500}{10\ 000} = 35\%$; $K_p = \dfrac{1\ 000}{10\ 000} = 10\%$;

$K_c = \dfrac{3\ 000}{10\ 000} = 30\%$; $K_r = \dfrac{500}{10\ 000} = 5\%$

$$K_w = W_1 K_1 + W_b K_b + W_p K_p + W_c K_c + W_r K_r$$
$$= 4\% \times 20\% + 6\% \times 35\% + 10\% \times 10\% + 14\% \times 30\% + 13\% \times 5\%$$
$$= 8.75\%$$

综合资本成本率中资本价值基础主要有三种选择:账面价值、市场价值和目标价值。在实务中,在选用市场价值基础的时候,一般采用一定时期的证券的平均价格测算。无论是按账面价值还是按市场价值确定资本比例,反映的是公司过去的和现在的资本结构,未必适用于公司未来的筹资管理决策。一般认为,采用目标价值确定资本比例,能够体现期望的目标资本结构要求。但资本的目标价值难以客观确定,因此通常应选择市场价值确定资本比例。在企业筹资实务中,目标价值和市场价值虽然各有优点,但仍有不少公司选择采用账面价值确定资本比例,因其易于使用。

(6)财务杠杆

财务杠杆,亦称筹资杠杆,是指由于企业债务资本中固定费用的存在而导致普通股每股收益变动率大于息税前利润(earnings before interest and tax,EBIT)变动率的现象。财务杠杆系数(degree of financial leverage,DFL)是指企业税后利润(earnings after tax,EAT)的变动率相当于息税前利润变动率的倍数,它反映了财务杠杆的作用程度。为了反映财务杠杆的作用程度,估计财务杠杆利益的大小,评价财务风险的高低,需要测算财务杠杆系数。

$$DFL = \frac{\Delta EAT/EAT}{\Delta EBIT/EBIT} \quad 或 \quad DFL = \frac{\Delta EPS/EPS}{\Delta EBIT/EBIT}$$

公式中,DFL 表示财务杠杆系数,ΔEAT 表示税后利润变动额,EAT 表示税后利润额,$\Delta EBIT$ 表示息税前利润变动额,EBIT 表示息税前利润额,ΔEPS(earnings per share)表示普通股每股收益变动额,EPS 表示普通股每股收益额。

为了便于计算,上述公式可变换如下:

$\because EPS = (EBIT - I)(1 - T)/N$

$\Delta EPS = \Delta EBIT(1 - T)/N$

$$\therefore DFL = \frac{EBIT}{EBIT - I}$$

公式中,I 表示债务年利息,T 表示公司所得税税率,N 表示流通在外的普通股股数。

【例 1-26】

资料:HX 公司全部长期资本为 7 500 万元,债务资本比例为 0.4,债务年利率为 8%,公司所得税税率为 25%,息税前利润为 800 万元。

要求:测算财务杠杆系数。

$$解:DFL = \frac{800}{800 - 7\,500 \times 0.4 \times 8\%} = 1.43$$

财务杠杆系数为 1.43 表示：当息税前利润增长 10％时，普通股每股收益将增长 14.3％；反之，当息税前利润下降 10％时，普通股每股收益将下降 14.3％。前一种情形表现为财务杠杆利益，后一种情形表现为财务风险。一般而言，财务杠杆系数越大，企业的财务杠杆利益和财务风险就越高；财务杠杆系数越小，企业的财务杠杆利益和财务风险就越低。

影响企业财务杠杆系数的因素，除了债务资本固定利息外，还有资本规模的变动、资本结构的变动、债务利率的变动、息税前利润等。

3.4.5 投资决策

（1）决策分析方法

在进行项目投资决策实践中，会遇到许多不同类型的项目以及不同场景。例如固定资产重置决策、资本限量决策、投资开发时机决策和不同周期的项目决策等。在这么多决策项目中，最重要的是进行项目现金流量分析，然后用适合的项目评价价值指标来计算分析，得出相应结论。

本节仅以长期投资决策中常见的投资时机决策、不同周期的项目决策和固定资产更新决策为例，来具体说明投资决策的实践。

（2）投资时机决策

投资时机决策可以使决策者确定开始投资的最佳时期。例如某木材林地的所有者需要决定何时砍伐树木比较合适，某矿产资源的所有者需要决定何时开发矿产资源比较有利，又如某产品专利权的所有者必须决定何时推出该产品。这类决策既会产生一定的效益，又会伴随相应的成本。在等待时机的过程中，公司能够得到更为充分的市场信息或更高的产品价格，或者有时间继续提高产品性能。但是这些决策优势也会带来因为等待而引起的时间价值的损失，以及竞争者提前进入市场的危险，另外成本也可能会随着时间的延长而增加。如果等待时机的利益超过伴随而来的成本，那么公司应该采取等待时机的策略。

选择投资时机的标准仍然是净现值最大化。但是由于投资的时间不同，不能将计算出来的净现值进行简单对比，而应该折合成同一时点的现值再进行比较。

【例 1-27】

资料：HX 林业公司准备采伐一片经济林并将其加工成木材出售，该经济林的树木将随着时间的推移而更加茂密，其单位面积的经济价值也逐渐提高。根据预测，每年每亩树木的销售收入将提高 20％，但是采伐的付现成本（主要是工人工资）也将每年增加 10％。按照公司的计划安排，可以现在采伐或者 3 年后再采伐，无论哪种方案，树林都可供采伐 4 年，需要购置的采伐及加工设备的初始成本都为 100 万元，直线法折旧 4 年，无残值，项目开始时均需垫支营运资金 20 万元，采伐结束后收回。计划每年采伐 200 亩林木,当前每亩林木可获得营业收入 1 万元,采伐每亩林木的付现成本为 0.35 万元。HX 林业公司的资金成本为 10%,所得税税率为 25%。

要求:试判断该公司应选择现在采伐还是 3 年以后采伐。

解:计算现在采伐的净现值。

首先计算现在采伐的营业现金流量(如表 1-9 所示)。

表 1-9 现在采伐的营业现金流量

单位:万元

项目	第 1 年	第 2 年	第 3 年	第 4 年
营业收入①	200	240	288	345.60
付现成本②	70	77	84.70	93.17
折旧③	25	25	25	25
税前利润④	105	138	178.30	227.43
所得税⑤＝④×25%	26.25	34.50	44.58	56.86
税后利润⑥＝④－⑤	78.75	103.50	133.72	170.57
营业现金流量⑦＝⑥+③ 或①－②－⑤	103.75	128.50	158.72	195.57

其次,根据初始投资、营业现金流量和终结现金流量编制现金流量表(如表 1-10 所示)。

表 1-10 现在采伐的现金流量表

单位:万元

项目	第 0 年	第 1 年	第 2 年	第 3 年	第 4 年
固定资产投资	－100				
流动资产垫支	－20				
营业现金流量		103.75	128.50	158.72	195.57
营运资金回收					20
现金流量	－120	103.75	128.50	158.72	215.57

最后,计算现在采伐的净现值。

$NPV = 103.75 \times (P/F, 10\%, 1) + 128.5 \times (P/F, 10\%, 2) + 158.72 \times (P/F, 10\%, 3) + 215.57 \times (P/F, 10\%, 4) - 120$

$= 103.75 \times 0.909 + 128.50 \times 0.826 + 158.72 \times 0.751 + 215.57 \times 0.683 - 120$

＝346.88(万元)

计算 3 年后采伐的净现值。

首先,计算 3 年后采伐的营业现金流量(以第 4 年年初为起点),如表 1-11 所示。

表 1-11　3 年后采伐的营业现金流量

单位:万元

项目	第 4 年	第 5 年	第 6 年	第 7 年
营业收入①	345.60	414.72	497.66	597.19
付现成本②	93.17	102.49	112.74	124.01
折旧③	25	25	25	25
税前利润④	227.43	287.23	359.92	448.19
所得税⑤＝④×25％	56.86	71.81	89.98	112.05
税后利润⑥＝④－⑤	170.57	215.42	269.94	336.14
营业现金流量⑦＝⑥＋③ 或①－②－⑤	195.57	240.42	294.94	361.14

其次,根据初始投资、营业现金流量和终结现金流量编制现金流量表(如表 1-12 所示)。

表 1-12　3 年后采伐的现金流量表

单位:万元

项目	第 4 年年初	第 4 年	第 5 年	第 6 年	第 7 年
固定资产投资	－100				
流动资产垫支	－20				
营业现金流量		195.57	240.42	294.94	361.14
营运资金回收					20
现金流量	－120	195.57	240.42	294.94	381.14

最后,计算 3 年后采伐的净现值。

NPV＝ $195.57 \times (P/F,10\%,4) + 240.42 \times (P/F,10\%,5) + 294.94 \times (P/F,10\%,6) + 381.14 \times (P/F,10\%,7) - 120 \times (P/F,10\%,3)$

＝ $195.57 \times 0.683 + 240.42 \times 0.621 + 294.94 \times 0.564 + 381.14 \times 0.513 - 120 \times 0.751$ ＝554.63(万元)

决策：由于 3 年后采伐的净现值大于现在采伐的净现值，所以应该选择在 3 年后再采伐。

（3）不同周期的项目决策

在项目决策中，常常会遇到寿命期不同的项目之间的比较。这种境况不能直接采取净现值等一般的价值指标，因为在这种情况下，项目之间往往不具有可比性。为了使投资项目的各项指标具有可比性，需要消除项目寿命不等的因素，因此可以采用最小公倍寿命法或年均净现值法。

①最小公倍寿命法

最小公倍寿命法又称项目复制法，它将两个项目寿命的最小公倍数作为比较区间，并假设两个方案在这个比较区间内进行多次重复投资，将各自多次投资的净现值进行比较。

【例 1-28】

资料：HX 公司拟进行一项投资，现有两个互斥投资方案。A 方案初始投资额为 20 万元，项目寿命为 5 年，寿命终结时净残值为 2 万元，每年营业现金流量为 9 万元。B 方案初始投资额为 40 万元，项目寿命为 8 年，寿命终结时无残值，每年营业现金流量为 11 万元。公司资金成本为 10％。

要求：试判断应该选择哪个投资方案。

解：A、B 两方案单次投资的净现值分别为：

$$NPV_A = -20 + 9 \times (P/A, 10\%, 5) + 2 \times (P/F, 10\%, 5)$$
$$= -20 + 9 \times 3.791 + 2 \times 0.621$$
$$= 15.361（万元）$$
$$NPV_B = -40 + 11 \times (P/A, 10\%, 8)$$
$$= -40 + 11 \times 5.335$$
$$= 18.685（万元）$$

A、B 两个方案的最小公倍寿命为 40 年。假设在 40 年中，A 方案连续投资 8 次，B 方案连续投资 5 次。两方案连续投资的情况如图 1-14 所示。

A 方案：

单位：万元

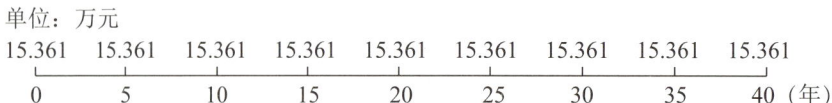

B 方案：

单位：万元

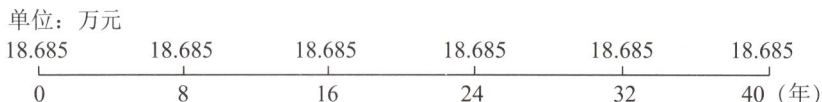

图 1-14　A、B 两方案连续投资示意图

A 方案在最小公倍寿命内重复投资的净现值为：

$15.361 \times [(P/F,10\%,35)+(P/F,10\%,30)+(P/F,10\%,25)+(P/F,10\%,20)+$

$(P/F,10\%,15)+(P/F,10\%,10)+(P/F,10\%,5)+1]$

$=15.361 \times (0.036+0.057+0.092+0.149+0.239+0.386+0.621+1)$

$=15.361 \times 2.58$

$=39.63(万元)$

B 方案在最小公倍寿命内重复投资的净现值为：

$18.685 \times [(P/F,10\%,32)+(P/F,10\%,24)+(P/F,10\%,16)+(P/F,10\%,8)+1]$

$=18.685 \times (0.047+0.102+0.218+0.467+1)$

$=18.685 \times 1.834$

$=34.27(万元)$

决策：虽然 B 方案的净现值大于 A 方案，但 A 方案在最小公倍寿命内重复投资的净现值大于 B 方案在最小公倍寿命内重复投资的净现值，因此应选择 A 方案。

②年均净现值法

净现值年均化可以直接用投资项目净现值除以投资项目寿命，但是这种简单的平均没能充分考虑资金的时间价值。净现值年均化的另一种更为合理的方法是利用年金现值系数实现的，其计算公式为：

$$ANPV = \frac{NPV}{(P/A,k,n)}$$

式中，ANPV 为投资项目的年均净现值，$(P/A,k,n)$ 是资金成本为 k、期限为项目寿命 n 的年金现值系数。

这个公式的思路是：项目寿命不等的方案，由于其寿命不等，比较净现值的总额不能反映不同方案的优劣，因此可以将它们替换为等价的方案后再进行比较。假设另外有每年现金流量相等的投资方案，其净现值和项目寿命与已知方案相同，因此可以认为它们是等价的，可以相互替换。这些替换方案的净现值等于每年现金流量乘年金现值系数，因此每年现金流量就等于净现值除以年金现值系数。这样，通过比较替换方案的每年现金流量，就能够对原方案平均每年创造现金流量的能力进行比较，进而做出选择。从这个意义上说，这种方法也可以称为年均现金流量法。

例 1-28 中可用年均净现值法解决如下：

$$ANPV_A = \frac{NPV}{(P/A,10\%,5)} = \frac{15.361}{3.791} = 4.05(万元)$$

$$ANPV_B = \frac{NPV}{(P/A,10\%,8)} = \frac{18.685}{5.335} = 3.50(万元)$$

虽然 B 方案的净现值大于 A 方案的净现值，但是它寿命较长，年均化以后，B 方案的年均净现值低于 A 方案的年均净现值，因此应该选择 A 方案。

（4）固定资产更新决策

固定资产更新决策也称系统重置决策，是指对技术上或经济上不宜继续使用的旧设备，用新设备来代替。更新的原因有两种：一是技术方面。如原有旧设备有故障或有损耗，继续使用有可能影响公司正常生产经营，或增加生产成本。二是经济方面。现代新技术日新月异，市场上出现的新设备能大大提升生产效率，降低生产成本。虽然旧设备仍能使用，但使用起来不经济，并且竞争不过其他使用新设备的企业。因此，也需要进行更新。更新决策需注意的问题：把继续使用旧设备与购置新设备看成两个互斥的方案，要分别考察相应的现金流量，再进行价值指标计算，从而得出结论。固定资产更新决策的常用方法主要是差量分析法、年平均成本法等。

①差量分析法

差量分析法是通过计算新旧设备在项目计算期内的差量现金净流量并计算其差量净现值，以差量净现值是否大于 0 为标准来决策是否更新设备的方法。当差量净现值大于 0 时，应购置新设备；若差量净现值小于 0，则应继续使用旧设备；若差量净现值为 0，则更新与否都可以。

【例 1-29】

资料：HX 公司现有一台生产设备系 4 年前购买的，原购置成本为 500 万元，估计还可使用 6 年，已提折旧 200 万元，期满无残值。若继续使用旧设备，每年可获得销售收入 700 万元，每年付现成本 400 万元。现该公司准备用一台高新技术设备取代旧设备，约需价款 800 万元，估计可使用 6 年，期满估计残值 80 万元。购入新设备时，旧设备可作价 300 万元。使用新设备后，每年可获销售收入 1 000 万元，每年付现成本 500 万元。假定该公司的资本成本为 10%，所得税税率为 40%，新旧设备均使用平均年限法计提折旧。

要求：试做出该公司是继续使用旧设备还是对其进行更新的决策。

解：本例是一个互斥选择投资决策问题：一个方案是继续使用旧设备，另一个方案是出售旧设备而购置新设备。由于两个方案的使用年限相同，因而无须分别计算每个方案的现金流量，可以用差量分析法，从新设备的角度来计算购置新设备与继续使用旧设备的现金流量的差额，增减额用希腊字母"Δ"表示。

首先，计算两方案的初始现金流量的差量：

Δ 初始投资 = 800 − 300 = 500（万元）

其次，计算两方案的各年营业现金流量的差量

Δ 销售收入 = 1 000 − 700 = 300（万元）

Δ 付现成本 = 500 − 400 = 100（万元）

$$\Delta \text{ 年折旧额} = \frac{800 - 80}{6} - \frac{500}{10} = 70（万元）$$

Δ 营业现金净流量 NCF_{1-5} = （300 − 100 − 70）×（1 − 40%）+ 70 = 148（万元）

再次,计算两方案的终结现金流量的差量:

Δ 终结现金流量＝80(万元)

最后,计算净现值的差量

$$\Delta NPV = 148 \times (P/A,10\%,6) + 80 \times (P/F,10\%,6) - 500$$
$$= 148 \times 4.355 + 80 \times 0.564 - 500$$
$$= 189.66(万元)$$

决策:根据以上计算,可见购置新设备能增加净现值189.66万元,故更新设备的投资方案是可行的。

3.4.6 经营租赁与融资租赁

(1)租赁的定义

租赁(lease)是财产所有人(出租人 lessor)将其财产定期出租给需要这种财产的人(承租人 lessee)使用,由后者向前者按期支付一定数额的租金作为报酬的经济行为。就承租人而言,他是资产的使用者,而非拥有者,借助一份租赁合同就可以取得一项资产的使用权。因为使用者也可以通过购买方式来取得资产,故租赁和购买就会涉及不同的融资安排。

当用户缺少资金添置设备时,出租人出资购买资产(可以通过债务和股权融资),以租赁方式专供该用户(承租人)使用。当然,制造商也可以直接出租其产品,这种租赁业务也称为销售性租赁(sale-type leasing)。比如 IBM 公司出租计算机,施乐公司出租复印机。主要的出租人有制造商、财务公司、银行、独立的租赁公司、具有特定目的的租赁公司以及合伙企业等。除了制造商外,其他出租人都是先买入资产,再将资产租给承租人。

(2)租赁的种类

租赁可以分为融资租赁和经营租赁两大类。

①融资租赁

融资租赁(financial lease)又称资本租赁,是由出租人按照承租人的要求融资购买设备,并在契约或合同规定的较长期限内提供给承租企业使用的信用性业务。融资租赁发生的相关业务需要在资产负债表上有所体现。当出现下列四种情况之一时,我们就可以判定为融资租赁并进行相应的财务处理:

A.契约规定当租赁期满时,将资产的所有权转移给承租人(租赁方);

B.在租赁期满时,将租赁资产折价卖给租赁方,买卖的协议价格将会很低;

C.租赁期是租赁资产正常使用寿命的75％或者更长;

D.最低租赁费的现值等于租赁资产最初公允价值的90％或以上。

如果没有一条符合上述条件,就不能把它认作为融资租赁,而是经营租赁(operating lease)。

融资租赁的特点有：

A.资产所有权形式上属于出租方，但该项资产实质上为承租方控制，且承租方有权在承租期内取得该项资产的所有权；

B.融资租赁是一种不可解约的租赁，且需要有正式租赁合同；

C.租赁期长，一般为租赁资产的有效使用寿命期；

D.出租方一般不提供维修、保养方面的服务；

E.租赁期满，承租人具有对租赁资产处置的选择权，即可选择留购、续租或退还。

②经营租赁

经营租赁，又称营业租赁或服务租赁，是指由承租人向出租人交付租金，由出租人向承租人提供资产使用及相关的服务，并在租赁期满时由承租人把资产归还给出租人。其特点是：

A.资产所有权属于出租人，而且承租人仅为获取资产使用权，不是为了融资；

B.承租人在租期内可按规定提出解除租赁合同；

C.租赁期一般短于租赁物的经济寿命期；

D.出租人向承租人提供资产维修、保养及人员培训等服务；

E.租赁期满或合同中止时，租赁资产一般由出租人收回。

③经营租赁和融资租赁的区别（表1-13）

经营租赁的目的是取得经营活动需要的短期使用的资产，融资租赁的目的是取得拥有长期资产所需要的资本。

经营租赁是租赁物短期使用权的交易合同。典型的经营租赁是短期的、可撤销的、不完全补偿的毛租赁。经营租赁最主要的外部特征是租赁期短。由于合同可以撤销，租赁期就可能很短；由于租赁期短，出租人的租赁资产成本补偿就没有保障；由于租赁期短，承租人就不会关心影响租赁资产寿命的维修和保养，因此大多采用毛租赁。租赁期届满时，出租方可以把租赁资产再出租给其他承租人，或者作为二手设备出售。

融资租赁是出租人根据承租人对出卖人、租赁物的选择，向出卖人购买租赁物，提供给承租人使用，承租人支付租赁费。典型的融资租赁是长期的、不可撤销的、完全补偿的净租赁。融资租赁最主要的外部特征是租赁期长。由于合同不可以撤销，使得较长的租赁期得到保障；由于租赁期长，出租人的租赁资产成本可以得到完全补偿；由于租赁期长，承租人会关心影响资产经济寿命的维修和保养，因此大多采用净租赁。租赁期届满时，租赁资产已经磨损得几乎无法转租他人。租赁双方可以约定租赁期届满时租赁物的归属。例如：允许承租人以极低的租赁费继续无限期使用；出租人变卖资产；出租人允许承租人以出租人的名义将资产转卖出去，所得收益大部分归承租人，少部分给出租方。

表 1-13　经营租赁与融资租赁的区别

项　目	经营租赁	融资租赁
作用	承租人租赁临时或季节性需要,但不想拥有的经营用品	承租人以较少启动资金获得生产经营必需的设备等,有利于企业迅速扩张,提高财务的灵活性和资金的流动性
实质	出租人转移使用权	出租人转移所有权有关的风险和报酬,承租人分期付款购买设备
程序	出租人先买设备再找承租人,承租人灵活度较高,较易退租	承租人指定设备,出租人购买后租给承租人,设备一般只适合承租人使用,不能退租
租赁时间	较短	租赁期占资产使用寿命的 75% 及以上
维修责任方	出租人	承租人
处置方式	出租人收回	承租人拥有优惠购买选择权
租金	较低	最低租赁款现值几乎相当于资产公允价值的 90% 以上

（3）融资租赁的形式

①直接租赁,是指承租人直接向出租人租入所需要的资产。直接租赁的出租人主要是制造厂商、租赁公司。直接租赁是融资租赁中最为普遍的一种,是融资租赁的典型形式。

②售后回租,是指承租人先把其拥有主权的资产出售给出租人,然后将该项资产租回。这种租赁方式使承租人通过出售资产获得一笔资金,以改善其财务状况,满足企业对资金的需要,同时又使承租人通过回租而保留了企业对该项资产的使用权。

③杠杆租赁,是由资金出借人为出租人提供部分购买资产的资金,再由出租人购入资产租给承租人的方式。因此,杠杆租赁涉及出租人、承租人和资金出借人三方。从承租人的角度来看,它与其他融资租赁形式并无多大区别。从出租人的角度来看,它只支付购买资产的部分资金（20%～40%）,其余部分（60%～80%）是向资金出借人借来的。在杠杆租赁方式下,出租人具有三重身份,即资产所有权人、出租人、债务人。出租人既向承租人收取租金,又向借款人偿还本息,其差额就是出租人的杠杆收益。从资金出借人的角度来看,它向出租人借出资金是由出租人以租赁物为抵押的,它的债权对出租人没有追索权,但对租赁物有第一留置权。即当承租人不履行支付租金义务时,资金出借人不能向出租人追索债务,但可向法院申请执行其担保物权。该项租赁物被清偿的所得,首先用以清偿资金出借人的债务,如有剩余再分给出租人。

（4）融资租赁的程序

①做出租赁决策。当企业需要长期使用某项设备而又没有购买该项设备所需的资金时，一般有两种选择：一是筹措资金购买该项设备，二是融资租入该项设备。企业可以通过现金流量的计算分析做出合适的选择。

②选择租赁公司。当企业决定采用融资租赁方式取得某项设备时，即应开始选择租赁公司。比较融资条件、租赁费率等有关资料，择优选定。

③办理租赁委托。当企业选定租赁公司后，便可向其提出申请，办理委托。这种委托包括填写"租赁申请书"及提供财务状况的文件资料等。

④签订购货协议。租赁公司受理租赁委托后，即由租赁公司与承租企业的一方或双方选择设备的制造商或销售商，与其进行技术与商务谈判，签订购货协议。

⑤签订租赁合同。租赁合同由承租企业与租赁公司签订。租赁合同用以明确双方的权利与义务，它是租赁业务最重要的文件，具有法律效力。融资租赁合同的内容包括一般条款和特殊条款两部分。

⑥办理验货及投保。承租企业收到租赁设备，要进行验收。验收合格后签发租赁设备收据及验收合格证并提交租赁公司，租赁公司据以向制造商或销售商付款。同时，承租企业向保险公司办理投保事宜。

⑦交付租金。承租企业在租赁期内按合同规定的租金数额、交付日期、交付方式，向租赁公司交付租金。

⑧租赁期满的设备处理。融资租赁合同期满，承租企业可按合同规定对租赁设备留购、续租或退还。一般来说，租赁公司会把租赁设备在期满时以低价甚至无偿转给承租企业。

（5）融资租赁租金的计算

融资租赁租金是承租企业支付给租赁公司让渡租赁设备的使用权或价值的代价。

①租金的构成

融资租赁的租金包括：租赁资产的价款（即设备的买价、运杂费及途中保险费等），利息（即租赁公司所垫资金的应计利息），租赁手续费（即租赁公司承办租赁业务的营业费用及应得到的利润。租赁手续费的高低由租赁公司与承租企业协商确定，一般以租赁资产价款的一定百分比收取）。

②租金的支付方式

按支付时期长短，可分为年付、半年付、季付、月付。

按每期支付租金的时间，可分为先付租金和后付租金。先付租金指在期初支付，后付租金指在期末支付。

按每期支付金额不同，可分为等额支付和不等额支付。

③租金的计算方法

融资租赁租金常用的计算方法有平均分摊法和等额年金法。

A.平均分摊法

指先以商定的利息率和手续费率计算出租赁期间的利息和手续费,然后连同租赁设备购置成本的应摊销总额按租金支付次数平均计算出每次应付租金数额。平均分摊法下,每次应付租金数额的计算公式为

$$R = \frac{(C - S) + I + F}{n}$$

式中,R—— 每次应付租金数额;

C—— 租赁设备的购置成本;

S—— 期满时由租入方留购、支付给出租方的转让价;

I—— 租赁期间利息;

F—— 租赁期间手续费;

n—— 租赁期间租金支付次数。

【例 1-30】

资料:HX 公司向甲租赁公司租入一套设备,设备原价 100 万元,租期 5 年,预计租赁期满租入企业支付的转让价为 5 万元。年利率为 10%,手续费为设备原价的 2%,租金每年末支付一次。

要求:计算 HX 公司的每年应付租金数额。

解:$R = \dfrac{(100 - 5) + [100 \times (1 + 10\%)^5 - 100] + 100 \times 2\%}{5} = 31.61(万元)$

B.等额年金法

指运用年金现值的计算原理计算每次应付租金。在这种方法下,要将利息率和手续费率综合在一起确定一个租费率,作为贴现率。这种方法的优点是考虑了资金时间价值,结论更具有客观性。等额年金法下,每次应付租金数额的计算公式为

$$R = \frac{C - S \times (P/F, i, n)}{(P/A, i, n)}$$

式中,R—— 每次应付租金数额;

C—— 租赁设备的购置成本;

S—— 期满时由租入方留购、支付给出租方的转让价;

i—— 租费率;

n—— 租赁期间支付租金次数。

【例 1-31】

资料:沿用【例 1-30】的资料。分别对以下三种情况用等额年金法计算该企业的每年应付租金数额。

a)租费率为 12% ,租金在每年年末支付。

b)租费率为 12% ,租金在每年年初支付。

c)租金在每年年末支付,但租赁手续费在租入设备时一次付清。

解:设三种情况的每年应付租金额分别为 R_1 、R_2 、R_3 ,则:

$$R_1 = \frac{100-5\times(P/F,12\%,5)}{(P/A,12\%,5)} = \frac{100-5\times0.567\ 4}{3.604\ 8} \approx 26.95(万元)$$

$$R_2 = \frac{100-5\times(P/F,12\%,5)}{(P/A,12\%,4)+1} = \frac{100-5\times0.567\ 4}{3.037\ 3+1} \approx 24.07(万元)$$

$$R_3 = \frac{100-5\times(P/F,10\%,5)}{(P/A,10\%,5)} = \frac{100-5\times0.620\ 9}{3.790\ 8} \approx 25.56(万元)$$

（6）融资租赁的优缺点

①融资租赁的优点

A.能迅速获得所需资产。融资与融物的结合,减少了承租企业直接购买设备的中间环节和费用,有助于迅速形成生产能力。

B.具有一定的筹资灵活性。采用融资租赁方式,公司就可以获得租赁物的使用权,而不必花大笔资金去购买,这样就不会影响公司资金的正常周转。另外,其限制性条件比银行贷款少。

C.避免租赁资产陈旧过时的风险。在融资租赁方式下,租赁资产的所有权在出租方,且租赁期满后对租赁资产的处置选择权在承租方,所以应由出租方承担租赁资产陈旧过时的风险。

D.享受税收优惠。租金作为一项费用,可在所得税前扣除,而且融资租赁的租金一般数额较大,这样可以起到很好的抵税作用。

E.既可增强公司的举债能力,又能维持一定的信用能力。

②融资租赁的缺点

A.资本成本高。融资租赁的租金比举债利息高,因此总的财务负担重。

B.可能会丧失租赁资产的残值。

3.4.7 现金周转与现金管理

（1）现金周转

现金周转指的是持续的现金流动,这种流动主要是通过营运资本的各项目循环实现的,包括现金、应收账款、存货、应付账款、应计费用等。现金的周转过程大体上包括存货周转、应收账款周转和应付账款周转等程序(图 1-15)。

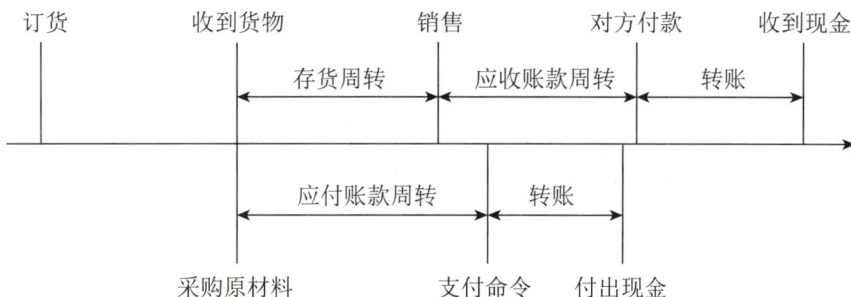

图 1-15　现金周转图

（2）现金管理

①持有现金的动机

A.交易动机：企业购、产、销行为需要的现金。

B.补偿动机：处于银行要求而保留在企业银行账户中的存款。

C.预防动机：为应对一些突发事件和偶然情况而持有的现金。

D.投资动机：在保证生产经营正常进行的基础上，希望有一些回报率较高的投资机会而持有的现金。

②现金管理的内容

现金管理的主要内容包括：编制现金收支计划，以便合理估计未来的现金需求，对现金收支进行控制，力求加速收款，延缓付款；用特定的方法确定最佳现金，当企业实际的现金余额与最佳的现金余额不一致时，采用短期筹资策略或采用借款和投资于有价证券等策略来达到理想状况。具体如图 1-16。

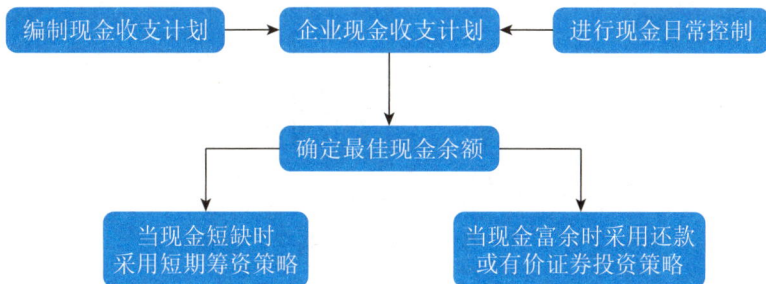

图 1-16　现金管理的内容

③现金持有量决策

企业出于各种动机的要求而持有一定货币，但出于成本和收益关系的考虑，必须确定最佳现金持有量。当前应用较为广泛的现金持有量决策方法主要包括成本分析模型（如图 1-17）、存货模型以及米勒—欧尔模型。

A.成本分析模型

现金持有总成本＝机会成本＋短缺成本

机会成本＝现金持有量×有价证券利率

短缺成本＝直接损失成本＋间接损失成本

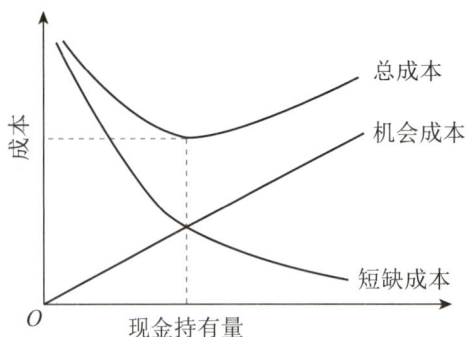

图 1-17　现金持有成本与最佳现金持有量

B.存货模型（又称鲍默尔模型）

存货模型假设现金收入每隔一段时间发生一次，现金支出一定时期内均衡发生，在此期间，企业可通过销售有价证券获得现金。如图 1-18 所示。

现金持有总成本＝持有成本＋转换成本

持有成本：持有现金放弃的收益，类似于机会成本。

转换成本：现金与有价证券转换成本，事关交易次数。

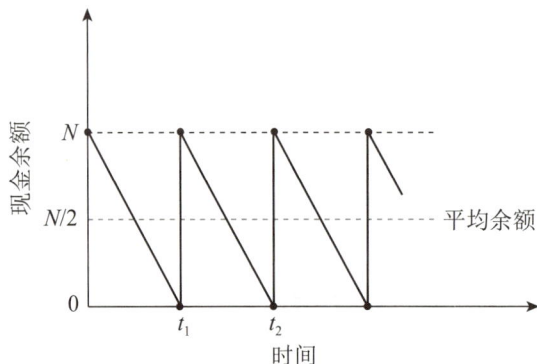

图 1-18　确定现金余额的存货模型

假设企业 0 时点持有现金 N 元，由于现金流入的速度小于现金流出的速度，t_1 时点企业的现金余额下降为零，此时，企业通过出售价值 N 元的有价证券补充现金。随后，当现金余额在 t_2 时点再次下降为零时，企业再次出售价值 N 元的有价证券，这一过程不断重复。

$$\mathrm{TC} = \frac{N}{2}i + \frac{T}{N}b$$

$$\mathrm{TC}' = \left(\frac{N}{2}i + \frac{T}{N}b\right)' = \frac{i}{2} - \frac{Tb}{N^2}$$

当 $TC' = 0$ 时，$\dfrac{i}{2} = \dfrac{Tb}{N^2}$，即

$$N = \sqrt{\dfrac{2Tb}{i}}$$

其中，TC 为总成本，b 为转换成本，T 为特定时间现金需求总量，N 为现金转换数量（最佳现金余额），i 为短期有价证券利息率。

3.4.8 股利分配

（1）现金类型

股份有限公司分派股利的形式一般有现金股利、股票股利、财产股利和负债股利等。我国有关法律规定，股份有限公司只能采用现金股利和股票股利两种形式。

①现金股利

现金股利是股份有限公司以现金的形式从公司净利润中分配给股东的投资报酬，也称红利或股利，是股份有限公司最常用的股利分配形式。优先股通常有固定的股息率，在公司经营正常并有足够利润的情况下，优先股的年股利额是固定的。普通股没有固定的股息率，发放现金股利的次数和金额主要取决于公司的股利政策和经营业绩等因素。西方国家的许多公司按季度发放现金股利，我国公司一般半年或一年发放一次现金股利。现金股利的发放会减少公司的留存利润，但不会增加股东的财富总额。现金股利的发放会对股票价格产生直接的影响，在除息日之后，一般来说股票价格会下跌。此外，现金股利的发放会导致公司现金大量流出，影响后续投资，可能还需外部筹资。

②股票股利

股票股利是股份有限公司以股票的形式从公司净利润中分配给股东的股利。股份有限公司发放股票股利，须经股东大会表决通过，根据股权登记日的股东持股比例将可供分配利润转为股本，并按持股比例无偿地向各个股东分配股票，增加股东的持股数量。发放股票股利不会改变公司的股东权益总额，也不影响股东的持股比例，只是公司的股东权益结构发生了变化，未分配利润转为股本，因此会增加公司的股本总额。对于股份有限公司来说，分配股票股利不会增加其现金流出量。如果公司现金紧张或者需要大量的资本进行投资，可以考虑采用股票股利的形式。此外，股票股利的发放，可能导致股本扩张速度过快，每股利润下降，股价下跌。

（2）股利政策

股利政策是确定公司的净利润如何分配的方针和策略。

股利政策的主要内容包括股利分配的形式、股利支付率的确定、每股股利额的确定、股利分配的时间。

股利政策的类型包括剩余股利政策、固定股利政策、稳定增长股利政策、固定股利支

付率股利政策、低正常股利加额外股利政策。

①剩余股利政策

适用于公司有良好的投资机会,需要使用留存利润继续扩大投资,项目预期报酬率大于股东要求的必要报酬率,以降低资本成本,实现最佳资本结构。

操作方法:1)确定投资方案和投资金额;2)根据目标资本结构,测算股权资本数额;3)税后利润先满足投资对股权资本的需求数额;4)剩余税后利润向股东分配股利。

②固定股利政策

向投资者传递公司经营状况稳定的信息,有利于投资者有规律安排股利收入支出,满足追求固定收入的投资者需要,有利于股票价格稳定;但公司净利润下降或资金紧张时,财务压力较大。

操作方法:按照股票数和固定的每股股利在较长时间内发放股利。

③固定股利支付政策

维持固定的股利支付率,使公司的股利支付与盈利状况密切相关,盈利状况好时则每股股利额增加,盈利状况不好时则每股股利额下降;但可能向投资者传递公司经营不稳定的信息,容易造成股价较大波动,不利于树立良好的公司形象。

操作方法:按照公司每年的盈亏情况和固定的股利支付率支付股利,赚多发多,赚少发少,不赚不发。

④低正常股利加额外股利政策

保证股东每期获得一笔固定股利,又不会给公司造成较大财务压力,稳定性和灵活性较好结合。

操作方法:每期稳定支付较低的股利,盈利多的时候额外发放股利。

3.4.9 财务战略

(1)定义

财务战略(financial strategy)是在企业总体战略目标的统筹下,以价值管理为基础、以实现企业财务管理目标为目的、以实现企业财务资源的优化配置为衡量标准所采取的战略性思维方式、决策方式和管理方针。

(2)特征

①全局性:财务战略是为企业的筹资、投资、营运和股利分配等财务活动的整体制定的,对企业未来长期财务规划和年度财务预算具有全局性指导作用。

②长期性:制定财务战略是为了谋求企业未来的长远发展,对企业未来相当长时期内的财务活动做出战略性筹划。

③导向性:财务战略规定了企业未来长期财务活动的发展方向、基本目标以及实现目标的基本途径,为企业财务预算提供方向性的指引。

（3）分类

①职能类型

A.投资战略：涉及企业长期、重大投资方向的战略性筹划。比如企业重大的投资行业、投资企业、投资项目等筹划。

B.筹资战略：涉及企业重大筹资方向的战略性筹划。比如企业重大的首次发行股票、增资发行股票、发行大笔债券、与银行建立长期合作关系等战略性筹划。

C.营运战略：涉及企业营运资本的战略性筹划。比如企业重大的营运资本策略、与重要的供应商和客户建立长期商业信用关系等战略性筹划。

D.股利战略：涉及企业长期、重大分配方向的战略性筹划。比如企业重大的留用利润方案、股利政策的长期安排等战略性筹划。

②综合类型

A.扩张型财务战略：一般表现为长期内迅速扩大投资规模，全部或大部分保留利润，大量筹措外部资本。

B.稳增型财务战略：一般表现为长期内稳定增长的投资规模，保留部分利润，内部留利与外部筹资相结合。

C.防御型财务战略：一般表现为保持现有投资规模和投资收益水平，保持或适当调整现有资产负债率和资本结构水平，维持现行的股利政策。

D.收缩型财务战略：一般表现为维持或缩小现有投资规模，分发大量股利，减少对外筹资，甚至通过偿债和股份回购归还投资。

（4）原则

在进行具体的战略控制时，要遵循以下原则：

①优先原则：对财务战略中重大问题优先安排，重点解决。

②自控原则：战略实施的控制要以责任单位与人员自我控制为主，这有利于发挥其主动性与创造性。

③灵活性原则：尽量采用经济有效的方法迅速解决实施过程中出现的问题。

④适时适度原则：要善于分析问题，及时反馈信息，及时发现并解决问题。

实施过程中努力确保各项工作同步进行，进度差别不大，从而利于内部协调。此外，财务战略实施完毕后，应对其实施进行评价，这是回头分析企业的预测、决策能力的很好途径，同时也为以后发展积累管理经验，为下一步财务战略管理奠定基础。

（5）分析方法

财务战略分析的主要方法是 SWOT 分析法。

①定义

SWOT 分析法由麦肯锡咨询公司开发，主要分析研究企业内外的优势（strengths）、劣势(weaknesses)、机会(opportunities)和威胁(threats)。SWOT分析法是在对企业的外部财务环境和内部财务条件进行调查的基础上,对有关因素进行归纳分析,评价企业外部的财务机会与威胁、企业内部的财务优势与劣势,从而为财务战略的选择提供参考方案。

②因素分析

SWOT分析法应找出主要的财务因素,并将其区分为内部财务优势、内部财务劣势、外部财务机会和外部财务威胁。

A.企业外部财务环境

产业政策:产业发展的规划、产业结构的调整政策,鼓励或限制发展产业的政策。这些产业政策及其调整,往往会直接影响企业投资的方向、机会和程度,从而影响企业财务战略的选择。

财税政策:积极或保守的财政政策、财政信用政策、财政贴息政策、税收的总体负担水平、行业和地区的税收优惠政策。这些产业政策及其调整,往往会直接或间接地影响企业投资和筹资的方向、机会及程度,从而影响企业财务战略的选择。

金融政策:货币政策、汇率政策、利率政策、资本市场政策,以及比较紧缩或宽松的金融政策。这些金融政策及其调整,往往会直接或间接地影响企业投资和筹资的方向、机会及程度,从而影响企业财务战略的选择。

宏观周期:宏观的经济周期、产业周期和金融周期所处的阶段。这需要企业加以科学的分析和判断,以选择和调整与宏观周期相匹配的财务战略。

B.企业内部财务条件

企业内部财务条件将直接支撑和限制企业财务战略的决策选择。主要包括:企业生命周期和产品寿命周期所处的阶段、企业的盈利水平、企业的投资项目及其收益状况、企业的资产负债规模、企业的资本结构及财务杠杆利用条件、企业的流动性状况、企业的现金流量状况、企业的筹资能力和潜力等。

C.SWOT因素定性分析

内部财务优势:企业的盈利水平较高、资本结构比较合理、现金流量比较充足。这些因素为财务战略选择提供有利的条件。

内部财务劣势:企业的资产负债率过高、流动比率大幅下降、债务筹资能力受限。这些因素将限制企业财务战略选择的余地。

外部财务机会:企业投资机会良好、筹资环境趋于宽松。这些因素能为企业财务战略的选择提供更大的空间。

外部财务威胁:企业发行债券筹资受到严格控制、竞争对手正在准备扩大筹资。这些因素将制约企业财务战略的选择。

③方法运用

A.SWOT 分析表(表 1-14)

表 1-14 HX 公司 2018 年 SWOT 分析表

内部财务优势(S)	
主要财务因素	对财务战略的影响分析
1.资本结构稳健： 长期资本结构稳定合理 2.现金流量充足： 经营现金流量持续增长	1.资本结构方面： 适当提升财务杠杆 2.投资方面： 适宜追加投资
内部财务劣势(W)	
主要财务因素	对财务战略的影响分析
1.资产负债率较高： 短期借款较多 流动比率较低 2.股东要求提高回报： 金融危机影响	1.营运资本方面： 考虑减少短期筹资 调整营运资本政策 2.股东关系方面： 考虑适当增发股利
外部财务机会(O)	
主要财务因素	对财务战略的影响分析
1.投资机会良好： 行业投资报酬率回升 2.筹资环境趋于宽松： 积极的政府财政政策 适当宽松的货币政策	1.投资方面： 是否考虑扩大投资规模 2.筹资方面： 研究是否扩大筹资规模
外部财务威胁(T)	
主要财务因素	对财务战略的影响分析
1.筹资控制严格 发行债券筹资控制严格 2.筹资竞争激烈： 不少企业准备扩大筹资	1.筹资方式方面： 研究采取股权筹资方式 2.筹资竞争方面： 研究设计有效的筹资方案

B.SWOT 分析图

运用 SWOT 分析法,可在 SWOT 分析表的基础上,采用 SWOT 分析图对四种性质的因素进行组合分析,为企业财务战略的选择提供参考。如图 1-19 所示。

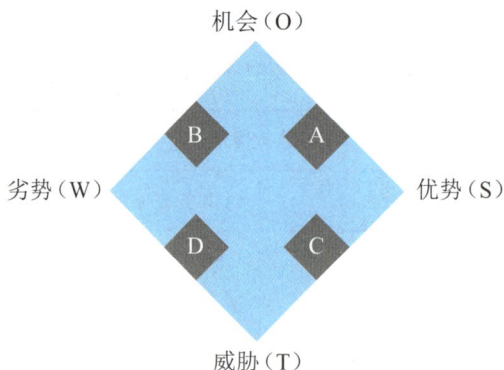

图 1-19　SWOT 分析示意图

一般而言,企业的内部财务优势与劣势和外部财务机会与威胁往往是同时存在的,因此,四类不同性质因素的组合,客观上可以构成四种综合财务战略的选择。

A 区:SO 组合,即财务优势和财务机会的组合,这是最为理想的组合。企业内部条件具有优势;同时,企业的外部环境提供机会。处于这种最为理想的组合下的企业,应当发挥优势和利用机会,采取积极扩张型的财务战略。

B 区:WO 组合,即财务机会和财务劣势的组合,这是不尽理想的组合。一方面,企业的外部环境提供机会;但另一方面,企业的内部条件处于劣势。处于这种不尽理想的组合下的企业,可以利用机会,克服劣势,采取稳健增长型的财务战略。

C 区:ST 组合,即财务优势和财务威胁的组合,这是不太理想的组合。一方面,企业的内部条件具有优势;但另一方面,企业的外部环境构成威胁或挑战。处于这种不太理想的组合下的企业,可以尽可能发挥优势,回避威胁,采取有效防御型财务战略。

D 区:WT 组合,即财务劣势和财务威胁的组合。这是最不理想的组合。一方面,企业的内部条件处于劣势;同时,企业的外部环境构成威胁或挑战。处于这种最不理想的组合下的企业,应当克服劣势,回避威胁,采取适当收缩型的财务战略。

3.4.10 财务预测

(1) 定义

狭义的财务预测仅指估计企业未来的融资需求,广义的财务预测包括编制全部的预计财务报表。其主要任务在于:测算各项生产经营方案的经济效益,为决策提供可靠的依据,预计财务收支的发展变化情况,以确定经营目标,测定各项定额和标准,为编制计划、分解计划指标服务。财务预测环节主要包括明确预测目标、搜集相关资料、建立预测模型、确定财务预测结果等步骤。

（2）步骤（图 1-20）

销售预测 ➡ 估计经营资产和经营负债 ➡ 估计各项费用和保留盈余 ➡ 估计所需融资

图 1-20　财务预测步骤

（3）预测方法

财务预测的主要方法是销售百分比法。

①定义

销售百分比预测法，简称销售百分比法，是根据财务报表中有关项目与销售收入之间的依存关系预测资金需要量的一种方法。该方法假设在一定的销售收入范围内，财务报表中的敏感项目与销售收入之间的百分比保持不变，非敏感项目的数额保持不变。其中，敏感项目是指通过历史资料判断随销售收入变动而变动的资产和负债项目。通常，该方法假设各项经营资产和经营负债与销售收入保持稳定的百分比。

②方法应用

销售百分比可以采用总额法和增加额法计算。下面主要介绍总额法。

A.确定资产和负债项目的销售百分比

资产和负债项目的销售百分比，可以根据通用的财务报表数据预计，也可以使用经过调整的管理用财务报表数据预计，后者更方便，也更合理。资产和负债项目占销售收入的百分比，可以根据基期的数据确定，也可以根据以前若干年度的平均数确定。

B.预计各项经营资产和经营负债

各项经营资产（负债）＝预计销售收入×各项目销售百分比

融资总需求＝（预计经营资产合计－基期经营资产合计）－（预计经营负债合计－基期负债合计）＝预计净经营资产合计－预计净经营负债合计

通常，融资的顺序如下：动用现存的金融资产，增加留存收益，增加金融负债，增加股本。

C.预计可动用的金融资产

D.预计增加的留存收益

留存收益是企业内部的融资来源。只要企业有盈利并且不全部支付股利，留存收益就会使股东权益增长，可以全部或部分满足企业的融资需求。这部分资金的多少取决于净利润的多少和股利支付率的高低。

留存收益增加＝预计销售收入×计划销售净利率×（1－股利支付率）

通常，该公式假设计划销售净利率可以涵盖增加的利息。

E.预计增加的借款

需要的外部融资额，可以通过增加借款或增发股本筹集。通常，在目标资本结构允许的情况下,企业会有限使用借款融资。如果不宜再增加借款,则需要增发股本。

拓展阅读与思考

1.判断题

(1)在终值和计息期数一定的情况下,贴现率越高,则复利现值也越大。(　　)

(2)在利率和计息期相同的条件下,复利现值系数与复利终值系数互为倒数。(　　)

(3)对于租赁决策,承租人通常是从收益角度分析,而出租人则主要从成本角度出发。(　　)

(4)融资租赁相对于经营租赁和负债购买呈现出一种更稳健的财务结构。(　　)

2.多项选择题

(1)销售百分比法是预测未来融资需求的一种方法。下列关于应用销售百分比法的说法中,错误的是(　　)。

A.根据预计存货/销售百分比和预计销售收入,可以预测应付账款资金需求

B.根据预计应付账款/销售百分比和预计销售收入,可以预测应付账款资金需求

C.根据预计金融资产/销售百分比和预计销售收入,可以预测可动用金融资产

D.根据预计销售净利率和预计销售收入,可以预测净利润

(2)假设其他因素不变,下列变动中有利于减少企业外部融资额的有(　　)。

A.提高存货周转率　　　　　　　　B.提高产品毛利率

C.提高权益乘数　　　　　　　　　D.提高股利支付率

3.计算题

(1)假定你每年在花旗银行存入 2 000 美元,共存 30 年,年利率为 5%。到第 30 年年末,你有多少钱?

(2)6 年分期付款购物,每年年初付 200 元,设银行利率为 10%,该项分期付款相当于一次现金支付的购价是多少?

(3)HX 公司投资 15 500 元购入一台设备,该设备预计残值为 500 元,可使用 3 年,折旧按直线法计算(会计政策与税法一致)。设备投产后每年销售收入增加额分别为 10 000 元、20 000 元、15 000 元,除折旧外的费用增加额分别为 4 000 元、12 000 元、5 000 元。HX 公司适用的所得税率为 40%,要求的最低投资报酬率为 10%,目前年税后利润为20 000 元。

①假设 HX 公司经营无其他变化,预测未来 3 年每年的税后利润。

②预测未来 3 年每年的税后现金流量变化量。

(4)假设 HX 公司有 A、B、C 三个投资方案可供选择,各方案预计的现金流量情况如下表所示,请分别计算三个方案的 NPV。

各方案的现金流量情况

单位:元

时间	A 项目	B 项目	C 项目
第 0 年	− 20 000	− 9 000	− 12 000
第 1 年	11 800	1 200	4 600
第 2 年	13 240	6 000	4 600
第 3 年		6 000	4 600

(5)HX 公司年度销售净额为28 000万元,息税前利润为8 000万元,固定成本为3 200万元,变动成本率为60%;资本总额为20 000万元,其中债务资本比例占40%,平均年利率8%。请计算该公司的财务杠杆系数。

(6)HX 公司将一机床出租给 B 公司,资产价值为1 000 000元,预计残值为0。HX 公司的资金成本为10%,B 公司在每年年末支付租赁费,租期为5年。求每年的租赁付款额。

(7)HX 租赁公司拥有一条生产线设备,购买成本为280 000元。一公司打算租赁这条生产线,租赁条件是6年内每季季初支付14 000元。H 公司的资金成本为10%,预计残值为80 000元。试求出租人的报酬率。

(8)HX 公司拥有一稀有矿藏,这种矿产品的价格在不断上涨。据预测,4年后价格将上涨30%。因此,公司需要研究现在开采还是4年后开采的问题。无论现在开采还是4年后开采,初始投资均相同,建设期均为1年,从第2年开始投产,投产后5年矿产全部开采完毕。有关资料见下表。

B 公司矿藏开采投资与回收情况

投资与回收		收入与成本	
固定资产投资	80 万元	年销量	2 000 吨
营运资金垫支	10 万元	现在投资开采每吨售价	0.1 万元
固定资产残值	0 万元	4 年后投资开采每吨售价	0.13 万元
资金成本	20%	年付现成本	60 万元
		所得税税率	40%

请帮助该公司做出投资时机决策。

(9)假设 HX 公司现有 A、B、C 三种现金持有方案,有关成本资料如下表:

HX 公司的备选现金持有方案

项目	方案 A	方案 B	方案 C
现金持有量/万元	100	200	300
机会成本率	12%	12%	12%
短缺成本/万元	50	30	10

请测算现金最佳持有量,并做出决策。

(10)HX 公司预计全年需要现金 150 000 元,现金与有价证券的转换成本为每次 200 元,有价证券的利息率为 15%。请计算 HX 公司的最佳现金余额。

(11)HX 公司 2018 年净利润为 125 万元,应发正常股利为 20 万元,额外股利为净利润的 50%。请计算分配的股利总额。

假设 2018 年期初未分配利润为 30 万元,2018 年净利润支付完上述股利后全部计入未分配利润。请计算年末未分配利润额。

4.论述题

企业发展周期分为引入期、成长期、成熟期及衰退期四个阶段。以引入期为例,这个阶段产品处于研发投入阶段,没有形成收入和利润的能力,产品市场尚未形成,企业面临的经营风险较大。因此,财务战略的关键是吸纳股权资本,筹资战略是筹集股权资本,股利战略是不分红,投资战略是不断增加对产品开发推广的投资。试分析,企业发展的其他三个阶段,应如何进行财务战略的选择?

3.5 管理会计

3.5.1 概述

(1)定义

管理会计是会计的重要分支,主要服务于单位内部管理需要,是通过利用相关信息,有机融合财务与业务活动,在单位规划、决策、控制和评价等方面发挥重要作用的管理活动。管理会计的形成和发展受社会实践及经济理论的双重影响:一方面,社会经济的发展要求加强企业管理;另一方面,经济理论的形成又使这种要求得以实现。管理会计经历了以成本控制为基本特征、以预测和决策为基本特征的传统管理会计阶段后,现正处于以重视环境适应性为基本特征的战略管理会计阶段。

(2)管理会计的目标

管理会计的终极目标是提高企业的经济效益。分目标是为管理和决策提供信息、参与企业的经营管理。

（3）管理会计的职能

管理会计的基本职能包括计划、评价、控制、确保资源的有效利用、报告。

（4）管理会计信息的质量特征

管理会计信息的质量特征主要有：相关性、准确性、一贯性、客观性、灵活性、及时性、简明性、成本效益平衡性

3.5.2 成本性态

（1）成本分类

表 1-15　成本分类表

分类标准	分类项目	具体内容
经济用途	制造成本	直接人工、直接材料、制造费用
	非制造成本	销售成本、管理成本、财务成本
性态	固定成本	行政管理人员工资、财产保险费、不动产税
	变动成本	直接材料费、产品包装费、计件工资
	混合成本	电费、电话费、受开工班次影响的设备动力费
其他类型	机会成本	被放弃方案的潜在利益
	边际成本	相关范围内，每增加单位产量追加的成本
	沉没成本与付现成本	沉没成本是过去已发生并无法由现在或将来的任何决策改变的成本 付现成本是由现在或将来的任何决策能够改变其支出数额的成本，是决策需要考虑的重要影响因素
	专属成本与联合成本	专属成本是可以明确归属于企业生产的某种产品，或为企业设置的某个部门而发生的固定成本 联合成本是为多种产品的生产或多个部门的设置而发生的，应由这些产品或部门共同负担的成本
	相关成本与无关成本	相关成本是对决策有影响的未来成本，如机会成本、边际成本、付现成本、专属成本、差量成本、酌量性成本 无关成本是对决策没有影响的成本，如沉没成本、联合成本、约束性成本

（2）成本性态

成本性态指成本总额对业务总量（产量或销售量）的依存关系，该关系是客观存在的且具有规律性。成本按性态划分是管理会计的重要基石。成本按性态分为固定成本、变动成本和混合成本三类。

①固定成本

固定成本是指成本总额在一定期间和一定业务量范围内，不受业务量变动的影响而保持固定不变（或相对稳定）的成本，如图 1-21 所示。固定成本可分为酌量性固定成本和约束性固定成本。

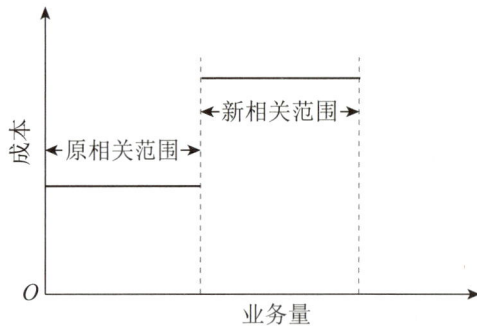

图 1-21　固定成本

②变动成本

变动成本指成本总额在一定期间和一定业务量范围内，随着业务量变动而呈正比例（或近似正比例）变动的成本，如图 1-22 所示。变动成本可分为酌量性变动成本和约束性变动成本。

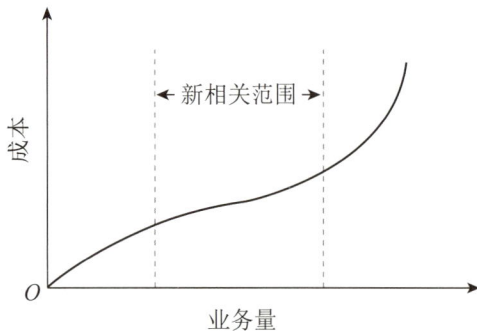

图 1-22　变动成本

③混合成本

混合成本指混合了固定成本和变动成本两种性态的成本，成本总额的高低直接受业务量大小的影响，但不存在严格的比例关系。混合成本可分为半变动成本（标准式混合成本，图 1-23）、延伸变动成本（低坡式混合成本，图 1-24）、半固定成本（阶梯式混合成本，图 1-25）、曲线式混合成本（递减型混合成本、递增型混合成本，图 1-26）。

经济生活中多数成本以混合成本的形式存在,可将其分解成固定成本和变动成本。分解方法包括历史成本法(高低点法、散布图法、回归直线法)、账户分析法、工程分析法。

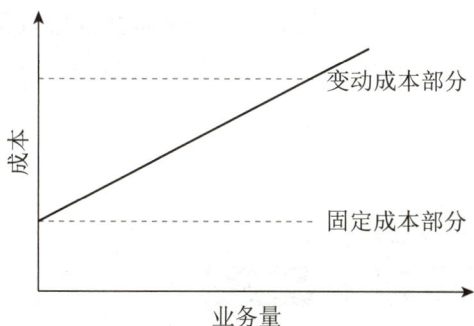

图 1-23　半变动成本(标准式混合成本)　图 1-24　延伸变动成本(低坡式混合成本)

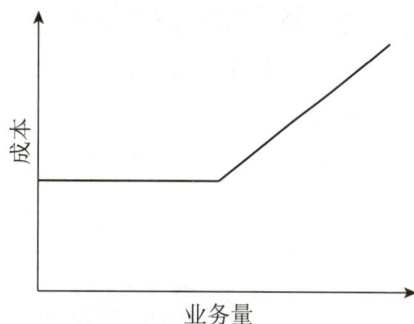

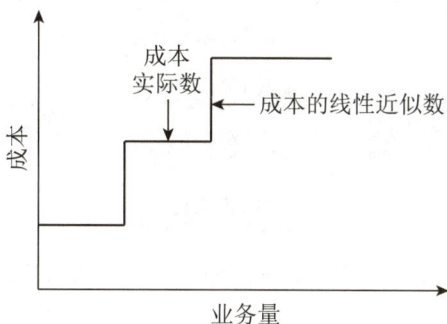

图 1-25　半固定成本(阶梯式混合成本)

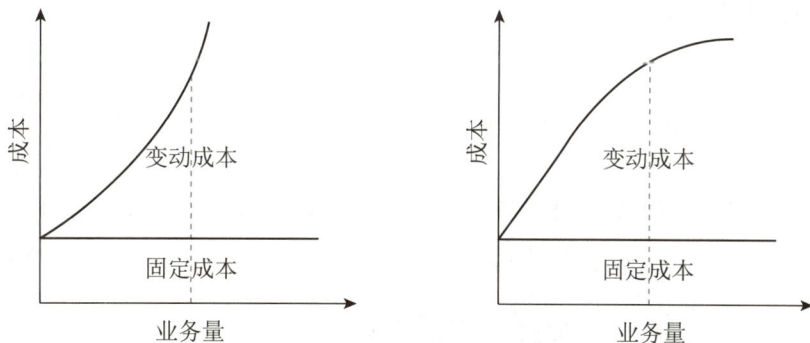

图 1-26　曲线式混合成本(左:递增型混合成本;右:递减型混合成本)

(3)完全成本法和变动成本法

①特点

完全成本法是指在产品成本的计算上,不仅包括产品生产过程中所消耗的直接材料、直接人工费用,还包括全部的制造费用(变动性的制造费用和固定性的制造费用)。其特点是符合公认会计准则的要求;强调成本补偿上的一致性,强调生产环节对企业利润的贡献。在一定销售量的条件下,产量大则利润高,所以,完全成本法客观上有刺激生产的作用,强调固定性制造费用对企业利润的影响。

变动成本法是指在产品成本计算上,只包括产品生产过程中所消耗的直接材料、直接人工和制造费用中的变动性部分,而不包括制造费用中的固定性部分。制造费用中的固定性部分被视为期间成本而从相应期间的收入中全部扣除。变动成本法的特点是以成本性态分析为基础计算产品成本,强调不同的制造成本在补偿方式上存在着差异性,强调销售环节对企业利润的贡献。

②完全成本法和变动成本法的差异(图1-27)

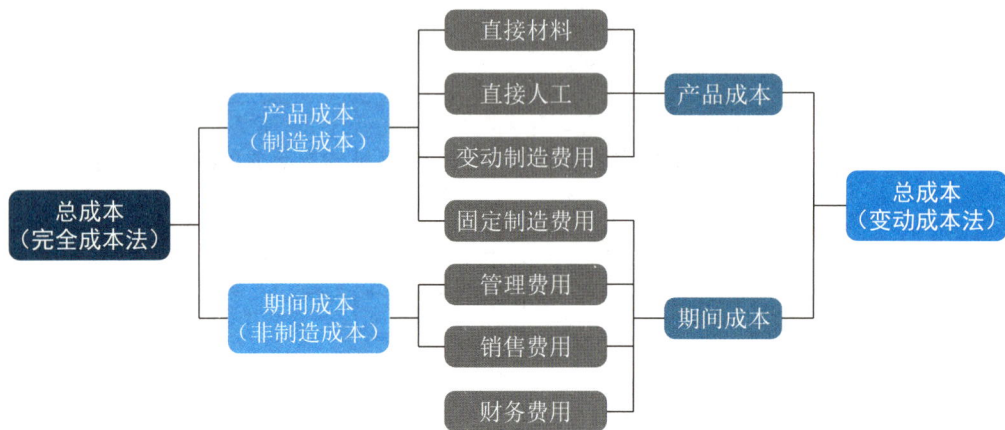

图 1-27　完全成本法和变动成本法的差异

3.5.3 本-量-利分析

（1）定义

本-量-利分析是在成本性态分析和变动成本法基础上,进一步研究销售数量、价格、成本和利润之间的数量依存关系的一种分析方法(图1-28)。本-量-利分析有助于企业制定增加收入、降低成本的措施,促使降低风险,进行盈亏平衡预测,确保对目标利润进行预测;有助于进行生产决策、定价决策并对投资不确定性进行分析,预算和评价绩效。

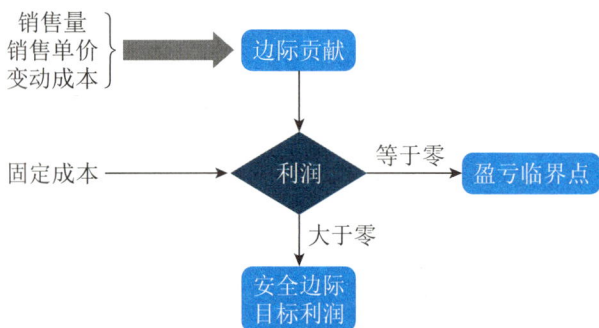

图 1-28　本-量-利关系图

（2）盈亏临界点

①基本公式

边际贡献总额＝销售收入－变动成本

单位边际贡献＝单价－单位变动成本

利润＝边际贡献总额－固定成本

销售收入＝变动成本＋固定成本＋利润

销售量×单价＝销售量×单位变动成本＋固定成本＋利润

盈亏临界点销售量＝固定成本÷（单价－单位变动成本）

盈亏临界点销售金额＝盈亏临界点销售量×单价＝固定成本/边际贡献率

②拓展公式

边际贡献率＝（销售收入－变动成本）÷销售收入＝（单价－单位变动成本）÷单价

变动成本率＝变动成本÷销售收入＝单位变动成本÷单价

边际贡献率＋变动成本率＝1

盈亏临界点作业率＝盈亏临界点销售量÷正常销售量×100％

安全边际销售量＝正常销售量－盈亏临界点销售量

安全边际销售额＝正常销售额－盈亏临界点销售额

安全边际率＝安全边际销售量÷正常销售量

利润＝安全边际销售量×单位产品边际贡献＝安全边际销售额×边际贡献率

销售利润率＝安全边际率×边际贡献率

盈亏临界点销售额＋安全边际销售额＝正常销售额

盈亏临界点作业率＋安全边际率＝1

③相关要素对盈亏临界点的影响

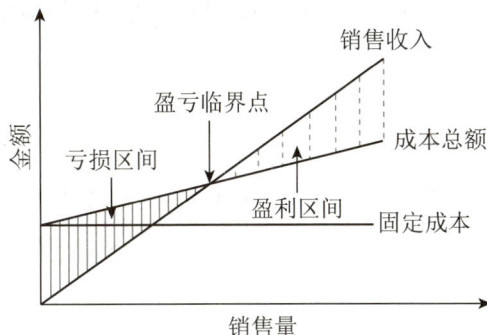

图 1-29　传统盈亏临界图

由图 1-29 可以看到：

要素一销售量：销售量影响利润，但不影响盈亏临界点。

要素二固定成本：固定成本上升，固定成本线上移，成本总额线上移，盈亏临界点上升,亏损区间加大,盈利区间减小;固定成本下降时效果相反。

要素三单位变动成本:单位变动成本上升,成本总额线斜率增大,盈亏临界点上升,亏损区间加大,盈利区间减小;单位变动成本下降时效果相反。

要素四销售单价:销售单价上升,销售收入线斜率增大,盈亏临界点下降,亏损区间减小,区间加大;销售单价下降时效果相反。

(3)目标利润

①基本公式

目标利润是超过盈亏临界点实现盈利的利润。

目标利润＝单价×目标销量－单位变动成本×目标销量－固定成本

实现目标利润的销售量＝(目标利润＋固定成本)÷(单价－单位变动成本)

单位产品边际贡献＝单价－单位变动成本

实现目标利润的销售额＝(目标利润＋固定成本)÷单位产品边际贡献率

②税后计算公式

税后目标利润＝税前利润×(1－所得税税率)

实现目标利润的销售量＝[税后目标利润÷(1－所得税税率)＋固定成本]÷单位产品边际贡献

实现目标利润的销售额＝[税后目标利润÷(1－所得税税率)＋固定成本]÷单位产品边际贡献率

所得税＝利润×所得税税率＝超盈亏临界点销售量×单位产品边际贡献×所得税税率

③相关要素对目标利润的影响

要素一销售量:销售量越大,目标利润越高。

要素二固定成本:固定成本上升,目标利润减小,实现目标利润所需的销售量增大;固定成本下降时则相反。

要素三单位变动成本:单位变动成本上升,目标利润减小,实现目标利润所需的销售量增大;单位变动成本下降时则相反。

要素四销售单价:销售单价上升,目标利润增大,实现目标利润所需的销售量减小;销售单价下降时则相反。

(4)经营杠杆

经营杠杆指息税前利润变动率大于销售量(额)变动率的现象。

经营杠杆系数(DOL)＝息税前利润变动率÷销售量(额)变动率＝$(\Delta EBIT \div EBIT) \div (\Delta x \div x)$

经营杠杆系数(DOL)＝边际贡献÷(边际贡献－固定成本)＝$TCM \div (TCM - FC)$

经营杠杆系数×安全边际率＝1

财务杠杆＝息税前利润÷（息税前利润－利息）＝EBIT÷（EBIT－I）

总杆杠系数（DTL）＝经营杆杠系数×财务杆杠系数＝TCM÷（EBIT－I）

【例1-32】

资料：已知某企业的销售收入为10 000元，固定成本为2 200元，保本作业率为40％。在此情况下，该企业可实现利润是（　　　）。

A.1 800元　　　　B.2 300元　　　　C.3 300元　　　　D.3 800元

解：保本点（盈亏临界点）销售额＝10 000×40％＝4 000（元）

保本点销售额＝固定成本＋变动成本

变动成本＝4 000－2 200＝1 800（元）

边际贡献＝销售额－变动成本

当销售额为4 000元时的边际贡献＝4 000－1 800＝2 200（元）

边际贡献率＝2 200/4 000＝55％　　　（变动成本率＝1－边际贡献率＝45％）

安全边际销售额＝正常销售额－保本点销售额＝10 000－4 000＝6 000（元）

利润＝安全边际销售额×边际贡献率＝6 000×55％＝3 300（元）（选C）

或利润＝正常销售额×边际贡献率－固定成本＝10 000×55％－2 200＝3 300（元）

【例1-33】

要求：根据本-量-利关系完成下表：

产品	单价	单位变动成本	单位边际贡献	正常销售量	固定成本	利润	边际贡献率	变动成本率	盈亏临界点销售额	盈亏临界点作业率	安全边际销售量	安全边际率	销售利润率
A	10	6		1 000	2 500								
B			4	2 000		−100		80％					
C	40		2		300	100							

解：

产品	单价	单位变动成本	单位边际贡献	正常销售量	固定成本	利润	边际贡献率	变动成本率	盈亏临界点销售额	盈亏临界点作业率	安全边际销售量	安全边际率	销售利润率
A	100	66	4	1 000	2 500	1 500	40％	60％	6 250	62.5％	375	37.5％	15％
B	20	16	4	2 000	8 100	−100	20％	80％	40 500	—	—	—	—
C	40	38	2	200	300	100	5％	95％	6 000	75％	50	25％	1.25％

3.5.4 经营决策

（1）定义

短期经营决策：只对企业一年内的收支盈亏产生影响，主要考虑如何最好地利用现有资源，以获得最大的经济效益。

长期经营决策：指在较长时期内（超过一年）才能实现的决策，对未来若干期的收支产生影响，一般需投入大量资金，引进新的资源，且见效慢，又称为长期投资决策或资本性支出决策。

（2）短期经营决策的六个步骤

步骤：界定问题（决策内容），确定备选方案，确定每一备选方案的成本与收益，比较每一备选方案的相关成本和相关收益，评估定性因素，选择最优方案。

决策标准：成本（相关成本）低、经济效益高（利润）

（3）短期经营决策的内容

①生产决策

A.是否生产（亏损了还生产吗、转产、特殊价格订货）；

B.生产什么（品种、功能、款式）；

C.怎样生产（生产工艺、是否深加工、零部件自制还是外购、生产任务交给哪个分厂完成）；

D.生产多少（盈亏平衡、增产、市场环境不确定要生产多少）。

②定价决策

根据产品特征、成本情况、市场环境确定销售产品（服务）价格水平和配套的营销策略。

（4）短期经营决策的方案

①单一方案，接受或拒绝

②多方案

A.互斥方案，选唯一最优方案，不可兼得；

B.排队方案，备选方案有先后次序；

C.组合方案，备选方案可进行搭配，选出最优组合方案或在不同约束条件下选择不同的最优组合方案。

（5）短期经营决策的基本方法

①单位资源边际贡献法

以单位资源边际贡献作为决策评价指标，决策只受单一资源约束。

$$单位资源边际贡献 = \frac{某产品单位边际贡献}{该单位产品限制资源消耗量}$$

决策标准:单位资源边际贡献高且为正值。

应用:常被用于互斥决策。

②边际贡献总额分析法

当以资源边际贡献总额作为决策评价指标。

当相关收入不为零、相关成本都是变动成本时,使用本方法。

决策标准:边际贡献总额大且为正值。

应用:单一方案或互斥方案决策。

③差量分析法

以差量损益作为决策评价指标。

相关收入和相关成本作为基本数据,明细项目应准确完整。

差量:两个备选方案同类指标、同方向的数值差异。

$$差量损益＝差量收入－差量成本$$

决策标准:差量损益为正数,A 方案较优;为负数,B 方案较优。

应用:常被用于互斥决策。

④成本无差别点法

相关收入为零,相关的业务量不确定,判断不同水平上的业务量与成本无差别点业务量之间的关系。

业务量单位必须相同,相关固定成本水平与单位变动成本水平相互矛盾(两个方案固定和单位变动成本大小相反)。

$$成本无差别点业务量＝\frac{两方案相关固定成本之差}{两方案单位变动成本之差}$$

决策标准:在大于、等于或小于成本无差别点(边界点)业务量的范围内分别进行不同决策。

应用:业务量不确定的零部件自制或外购,生产工艺技术方案。

⑤利润(价格)无差别点法

调价后可望实现销量与利润无差别点销量之间的关系进行调价决策。

为确保原有盈利能力,调价后应至少达到的销售量指标为利润无差别点销量。

$$利润无差别点销量＝\frac{固定成本＋调价前可获利润}{拟调单价－单位变动成本}$$

决策标准:调价后可望实现的销量大于利润无差别点销量,则可调价;反之,不可调价。

应用:调低价格后是否需要新增成本以提高产能,调高价格后剩余产能能否转移。

(6)生产决策

情境一:在现有生产条件基础上,有多种新产品生产方案供选择。

决策方法:边际贡献分析法(生产条件不变,固定成本不变,产品利润取决于边际贡献)。

决策标准:

①不存在专属成本,选择边际贡献总额大的方案;

②存在专属成本,选择剩余边际贡献总额(边际贡献总额减去专属成本)大的方案;

③某项资源受到限制,选择单位资源边际贡献大的方案;

④不能只根据单位产品边际贡献大小进行决策,单位产品边际贡献与边际贡献总额计算结果出现矛盾时,应选择边际贡献总额进行决策。

情境二:现有产品处于亏损状态,是否停产。

决策思考:为何亏损(定性、定量)、停产后果(人员安置、产能利用)、继续生产、转产可能、出租出售。

决策方法:边际贡献分析法、差量分析法。

差量分析法需选取决策相关的预期收入和预期成本进行比较。

决策标准:$A-B$,为正数则选 A,为负数则选 B。

情境三:在相同质量、及时供货的前提下,零部件自制或外购。

决策方法:差量分析法(增量分析法)、成本无差别点法。

决策标准:

①外购不减少固定成本:如自制转外购,剩余产能不能利用,固定成本不因停产而减少,比较自制变动成本与外购价格,选取相关成本总额较低的方案;

②自制增加固定成本:外购转为自制需要增加专属固定成本,自制转外购可以减少一定专属固定成本,确定成本分界点,分不同产量区域选取相关成本总额较低的方案;

③外购时有租金收入:租金收入列入机会成本,选取相关成本总额较低的方案;

④不分配订购费用、准备费用:选取相关成本总额较低的方案。

情境四:加工到半成品就销售或继续加工成产成品销售。

决策方法:差量分析法。

决策标准:进一步加工成产成品销售与半成品销售的差量收入与差量成本比较,差量收入大于差量成本时,选择进一步加工;否则选择销售半成品。

情境五:最优生产批量。

生产批量(每批生产量 Q)的决定因素:生产准备成本(生产批次和单批准备成本)和储存成本(平均库存量和单位储存成本)。

最优生产批量:年成本合计(生产准备成本与储存成本)总和最低时的生产批量(图1-30)。

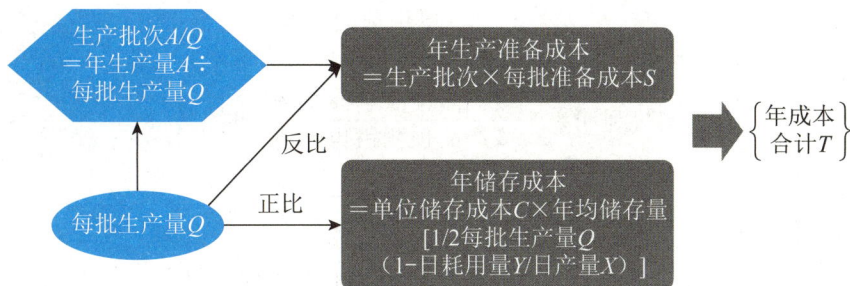

图 1-30　最优生产批量

情境六:采用何种工艺使产品总成本最低。

生产工艺先进,固定成本总额高,单位变动成本低;生产工艺落后,固定成本总额低,单位变动成本高。

决策方法:成本无差别点法。

决策标准:确定不同生产工艺的成本分界点,根据产量不同采用不同的生产工艺,使总成本最低。

情境七:根据成本分配生产任务,即如何将增产任务在各车间进行分配。

生产同一产品的各个车间的成本水平有差别。

生产任务增加,各个车间的生产能力有剩余。

决策方法:差量分析法。

决策标准:单位变动成本最低的车间,总成本最低。

情境八:面临若干不确定因素选择哪个作业方案。

决策方法:概率分析方法。

决策标准:预期总成本低的方案。

(7)定价决策

①定价目标

定价目标包括追求最大利润、追求既定投资利润率、保持和提高市场占有率、稳定价格、应对和防止竞争。

②定价方法——以成本为基础

A.成本加成定价法

成本利润率定价法:

$$产品价格=\frac{单位预测成本\times(1+成本利润率)}{1-销售税率}$$

$$成本利润率=\frac{该产品预测利润总额}{该产品预测总成本}\times100\%$$

销售利润率定价法:

$$产品价格 = \frac{单位预测成本}{1 - 销售利润率 - 销售税率}$$

$$销售利润率 = \frac{该产品预测利润总额}{该产品预测销售收入} \times 100\%$$

B.损益平衡法

目标利润定价法：

$$实现目标利润的销售量 = \frac{目标利润 + 固定成本}{产品价格 \times (1 - 销售税率) - 产品单位变动成本}$$

$$产品价格 = \frac{目标利润 + 固定成本 + 销售量 \times 产品单位变动成本}{销售量 \times (1 - 销售税率)} \times 100\%$$

边际成本定价法：边际成本等于边际收入时，利润总额最大，此时的价格和销售量是最优价格和最优销售量。

非标准产品的定价：固定价格合同、成本加成合同、成本加固定费用合同、奖励合同。

C.特别订货定价法

利用闲置生产能力，不减少正常销售，当特别订货价格大于变动成本时，即可增加边际贡献；

利用闲置生产能力，减少部分正常销售，当特别订货价格大于"（单位变动成本＋因减少正常销售而损失的边际贡献）/特别订货数量"时，即可增加利润；

闲置生产能力转产其他产品，增加专属固定成本，当转产产品价格大于"（单位变动成本＋新增专属固定成本）/转产产品数量"时，即可增加利润。

③定价方法——以需求为基础

A.弹性定价法

定价时需考虑市场需求状况和价格弹性。价格弹性即需求价格弹性，取决于产品的需求程度、可替代性和费用占消费者收入的比例。

$$需求价格弹性 E_P = \frac{需求变动量 \Delta Q / 基期需求量 Q}{价格变动数 \Delta P / 基期单位产品价格 P}$$

当 $|E_P| = 1$ 时，价格不动；当 $|E_P| > 1$ 时，降价 $\Delta P = PX$（X 为价格变动率）；当 $|E_P| < 1$ 时，提价 $\Delta P = PX$。

B.反向定价法

预测市场可接受的需求价格限度内，逆向预测和制定经营者价格（如批发价格）、生产者价格（如出厂价格）、生产成本，适用于需求弹性大、品种更新快的商品定价。

$$单位生产成本 = \frac{出厂价格 \times (1 - 税率)}{1 + 利润率}$$

C.产品生命周期法（图 1-31）

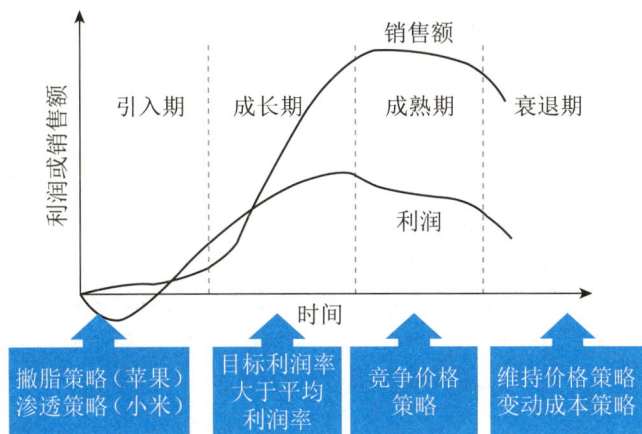

图 1-31　产品生命周期定价法

D.其他策略

心理价格策略:适用于价值小、销售量大、购买频率高的中低档日用消费品,不适用于高档商品。

整数定价:给消费者一种质量好、可靠性强的印象,适用于耐用消费品或高档商品。

声望定价:商店名望、品牌商品。

心理折扣定价:标明原价再打折扣,适用于不知名、市场接受程度低或销售不好的商品,节日促销时也常用。

折扣定价策略:数量折扣、现金折扣、交易折扣、季节性折扣。

综合定价策略:针对相关商品,所采取的定价策略含以下三种。

a)互补关系商品定价:使用价值的实现互为前提,两种或两种以上的商品。

b)配套关系商品定价:单独或与其他商品配合发挥作用的商品。

c)销售商品与服务综合定价:网络电视交费送机顶盒。

3.5.5 存货决策

（1）定义

存货是企业为销售或耗用而储存的各种资产。存货成本是企业由于储存材料、在产品、产成品等存货而发生的成本,反映供应、生产和储运三大环节的管理效益,从本质上讲存货成本是存货在生产经营过程中停留和转移时所耗资源的货币表现。存货成本具体包括采购成本、储存成本、订货成本、缺货成本。

（2）经济订购批量

①订购批量

订购批量指每次订购货物的数量。在货物全年需要量一定的情况下,订购批量与订购次数成反比。

在采购成本和缺货成本与经济订购批量决策无关的情况下：

订购货物相关年总成本＝储存成本＋订货成本

②经济订购批量

经济订购批量指使相关年总成本（储存成本＋订货成本）最低的订购批量。

$$年储存成本＝(Q/2)\times C$$

$$年订货成本＝(A/Q)\times P$$

$$年相关总成本＝(Q/2)\times C＋(A/Q)\times P$$

$$经济订购批量\ Q^* ＝\sqrt{\frac{2AP}{C}}$$

$$经济订购批次\frac{A}{Q^*}＝\sqrt{\frac{AC}{2P}}$$

$$年相关最低总成本\ T^* ＝\sqrt{2APC}$$

注：A——某种存货全年需要量；

Q——订购批量；

A/Q——订购批次；

P——每批订货成本；

C——单位存货年储存成本；

T——年成本合计（年订购成本和年储存成本的合计）。

③安全库存量

安全库存量又称保险储备量，是为了预防在订货过程中出现意外、影响正常经营而建立的储备。安全库存量在一般情况下不使用，只在特殊情况下使用。

安全库存量可以根据经验法和概率法确定。

安全库存量上限＝最长交货期×最高每天用量－交货期正常天数×平均每天用量

④采购间隔期

采购间隔期又称订货提前期，指发出订单到货物运抵投入生产之间的时间。采购间隔期对经济订购批量不产生影响。

⑤再订购点

为保证经营活动的连续性，企业在存货耗用完之前需要再一次订货。再一次订货时，现有的存货存量称为再订购点。再订购点采用的计量单位是存货数量单位。

再订购点＝（采购间隔期×平均每日耗用量）＋安全库存量

【例1-34】

资料：HX公司生产甲、乙、丙三种产品，完全成本法计算的结果如下（单位：元）：

项目产品	甲	乙	丙	合计
销售收入	1 800	2 900	7 300	12 000
销售成本	2 100	2 400	4 900	9 400
营业利润	－300	500	2 400	2 600

变动成本法计算的结果如下(单位:元):

项目产品	甲	乙	丙
直接材料	800	600	2 500
直接人工	400	200	400
变动制造费用	200	400	700
被分摊的管理费用	192	340	360
被分摊的财务费用	220	380	420
被分摊的销售费用	288	480	520

要求:请综合考虑,是否停止生产亏损的甲产品?

解:(思考1)甲产品真的亏损了吗?采用完全成本法计算产品成本时,可能由于共同成本分配不合理导致个别产品单位成本计算不合理,作业成本法可以改进成本计算方法。

(思考2)如果生产甲产品的产能暂无转移可能,停产将对利润产生什么影响?计算结果如下(单位:元)。

项目产品	继续生产甲产品	停止生产甲产品	差量
销售收入总额	12 000	10 200	1 800
直接材料总额	3 900	3 100	800
直接人工总额	1 000	600	400
变动制造费用总额	1 300	1 100	200
管理费用总额	892	892	0
财务费用总额	1 020	1 020	0
销售费用总额	1 288	1 288	0
利润	2 600	2 200	400

决策:停止生产甲产品将增加亏损400元,因此建议继续生产甲产品。

【例 1-35】

资料：HX 公司生产需要一种零件，若自制的话，单位变动成本为 1 元，并需购置一台年折旧额为 2 200 元的设备；若外购的话，供应商规定凡一次购买量在 3 000 件以下，单位售价 2 元，超过 3 000 件时单位售价 1.55 元。

要求：请针对该零件自制或外购问题进行计算并决策。

解：假设 x 为零件购买量，当一次零件购买量在 3 000 件以下时，外购增量成本 $y_1 = 2x$，自制增量成本 $y_2 = 2\ 200 + x$。令 $y_1 = y_2$，得 $x = 2\ 200$（件）。

决策：当一次零件购买量大于 2 200 件时自制零件，小于 2 200 件时则外购零件。

当一次零件购买量在 3000 件以上时，外购增量成本 $y_1 = 1.55x$，自制增量成本 $y_2 = 2\ 200 + x$。令 $y_1 = y_2$，得 $x = 4000$（件）。

决策：当一次零件购买量大于 4 000 件时自制零件，小于 4 000 件时则外购零件。

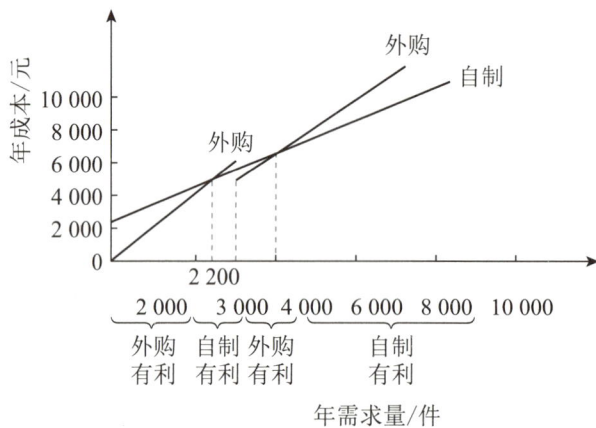

图 1-32　零件外购与自制决策图

【例 1-36】

资料：HX 公司购进化学制剂，价值 85 000 元，保管部门提出三个备选方案，请结合不同自然条件的概率（无雨、小雨、大雨发生的概率分别为 0.4、0.5、0.1）对不同方案的损失进行计算并决策：

方案	投入金额/元	不同自然条件下损失比例		
		无雨	小雨	大雨
露天堆放	无	无	50%	100%
篷布毡盖	1 800	无	无	20%
简易料棚	4 600	无	无	5%
概率		0.4	0.5	0.1

解:首先计算不同方案可能产生的损失值。

方案	不同自然条件下损失值/元		
	无雨	小雨	大雨
露天堆放	0	85 000×50％＝42 500	85 000×100％＝85 000
篷布毡盖	1 800	1 800	1 800＋85 000×20％＝18 800
简易料棚	4 600	4 600	4 600＋85 000×5％＝8 850

然后根据概率加权计算综合损失值。

方案	不同自然条件下损失值/元			损失值合计/元
	无雨	小雨	大雨	
露天堆放	0	42 500×0.5＝21 250	85 000×0.1＝8 500	29 750
篷布毡盖	1 800×0.4＝720	1 800×0.5＝900	18 800×0.1＝1 880	3 500
简易料棚	4 600×0.4＝1 840	4 600×0.5＝2 300	8 850×0.1＝885	5 025

决策:采用篷布毡盖的方式综合损失值最小,因此选择方案二。

【例1-37】

资料:HX公司只生产一种产品,全年最大生产能力为1 200件。年初已按100元/件的价格接受正常任务1 000件。完全成本法下,该产品的单位生产成本为80元/件。固定生产成本为25 000元。现有一客户要求以70元/件的价格追加订货。

要求:计算该产品的单位固定生产成本和单位变动生产成本,并考虑以下相关情况,做出是否接受低价追加订货的决策,并说明理由。

①剩余能力无法转移,追加订货量为200件,不追加专属成本,判断是否接受低价追加订货。

②剩余能力无法转移,追加订货量为200件,但需追加1 000元专属成本,判断是否接受低价追加订货。

③条件同①,但剩余生产能力可用于对外出租,可获租金收入5 000元,判断是否接受低价追加订货。

解:①单位固定生产成本＝25 000÷1 000＝25(元/件)

单位变动生产成本＝80－25＝55(元/件)

1 200－1 000＝200件,即最多可接受200件追加订货量。

追加订货单位产品边际贡献＝70－55＝15元,大于零。

决策:剩余能力无法转移,且产能足够的情况下可接受追加订货。

②1 200－1 000＝200 件,最多可接受 200 件追加订货量。

追加订货利润＝(70－55)×200－1 000＝2 000(元)

决策:剩余能力无法转移,且产能足够的情况下可接受追加订货。

③追加订货利润＝(70－55)×200－5 000(机会成本)＝－2 000(元)

决策:不可接受追加订货,而应出租剩余生产能力。

【例 1-38】

资料:HX 农贸公司的芒果年销量为 5 000 千克(购销平衡),每千克采购价 9 元,每次订货成本 400 元,每千克每年储存成本 3.24 元(不包含资金成本)。每次订货达到 2 500 千克时,供应商提供 1.5％的价格折扣(不考虑税收)。资金成本率为 20％。求成本最低的采购方案。

解:首先不考虑数量折扣的情况下计算经济订购批量

$$经济订购批量＝\sqrt{\frac{2×5\ 000×400}{3.24＋9×20\%}}＝890.87(千克)$$

平均存货占用的资金成本＝(890.87÷2)×9×20％＝801.78(元)

放弃折扣机会成本＝9×5 000×1.5％＝675(元)(根据采购成本计算)

储存成本＝(890.87÷2)×(3.24＋9×20％)＝2 244.99(元)

订购成本＝(5 000÷890.87)×400＝2 244.99(元)

总成本＝2 244.99＋2 244.99＋675＝5 164.98(元)

其次,考虑数量折扣的订购批量为 2 500 千克。

储存成本＝(2 500/2)×3.24＋(2 500/2)×9×(1－1.5％)×20％＝6 266.25(元)

订购批次＝5 000/2 500＝2(次)

订货成本＝2×400＝800(元)

年相关总成本＝6 266.25＋800＝7 066.25(元)

项目	不考虑数量折扣	考虑数量折扣
订购批量/千克	890.87	2 500
订货成本/元	2 244.99	800
储存成本(不含资金成本)/元	1 443.21	4 050
资金成本/元	801.78	2 216.25
放弃折扣机会成本/元	675	
总成本/元	5 164.99	7 066.25

决策:不考虑数量折扣的总成本较低,故选该方案。

3.5.6 作业成本法

（1）定义

作业成本法是将间接成本更准确地分配到作业、产品、顾客、服务以及其他成本计算对象的一种成本计算方法,体现的是一种精细化和多元化的成本计算和管理思想。

（2）核算程序

作业成本法的核算原理是"产品"消耗"作业","作业"消耗"资源"并导致成本的产生,"作业"或"作业成本库"的成本按作业动因分配到产品。

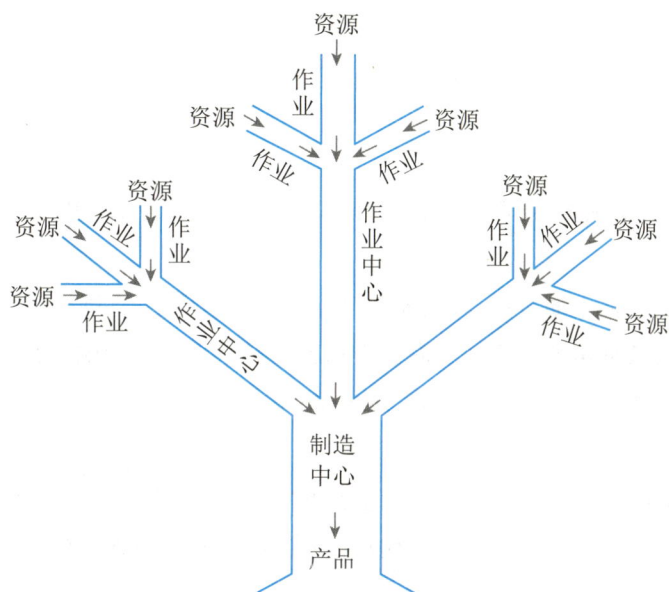

图 1-33　作业成本法的计算体系

3.5.7 经营预测

（1）概述

经营预测是根据历史资料和现在的信息,运用一定的科学预测方法,科学预计和推测可能产生的经济效益和发展趋势,它是正确决策的基础。

经营预测的原则包括延续性、相关性、统计规律性、实事求是、成本效率。

经营预测的程序是确定预测目标、收集数据信息、选择方法、实际预测、结果修正。

（2）经营预测的内容

经营预测的内容包括销售预测、成本预测、利润预测、资金预测。

销售预测需进行市场调查、销售量预测。

成本预测需考虑全部或单项成本、设计或生产成本、目标成本、成本变动趋势、决策成本。

利润预测需考虑目标利润、经营杠杆系数、利润敏感性、风险条件下的利润分析。

资金预测包括资金需用量及来源预测（包括固定资产项目投资需用量预测、流动资金需用量预测、追加资金需用量预测）、资金分布预测、资金运用效果预测。

（3）经营预测的方法

①销售预测

定性预测：判断分析法、调查分析法。

定量预测：趋势预测分析法、因果预测分析法（回归分析）、季节预测分析法、购买力指数法。

②成本预测

可比产品成本预测：以先进成本水平作为目标成本展开预测，以预测期目标利润来测试目标成本。

不可比产品成本预测：技术测定法、产值成本法、目标成本法（用价格推测成本）。

③利润预测

直接预测法：根据本期数据，按照业务财务数据逻辑关系，直接推算预测期利润。

因素分析法：根据本期已实现利润水平和各因素对利润的影响来预测下期利润的数额，预测因素包括销量、品种结构、价格、成本、税率。

④资金预测

固定资金需用量预测：生产设备需用量预测、其他固定资产需用量预测。

流动资金需用量预测：资金占用比例法、周转期预测法、因素测算法、余额测算法。

3.5.8 全面预算管理

（1）概述

全面预算管理是企业借助完整的理论体系和实用的管理工具，对一定期间内经济活动的总体安排，是对企业整体战略发展目标和年度计划的细化。经济活动包括经营、投资、财务等与价值流相关的活动。全面指全方位、全过程、全员。

预算的特性包括适时性、规范性、参与性、责任性。

（2）全面预算的构成

全面预算包括以下具体内容：

①经营预算

销售预算、生产预算、直接材料预算、直接人工预算、制造费用预算、单位产品成本与期末存货成本预算、销售与管理费用预算。

②财务预算

预计利润表、预计资产负债表、现金预算。

③专门决策预算

资本支出预算、融资预算、股利分配预算。

（3）全面预算的流程

①总流程

建立预算组织→确定业务流程→设置预算编制流程

②业务流程（图1-34）

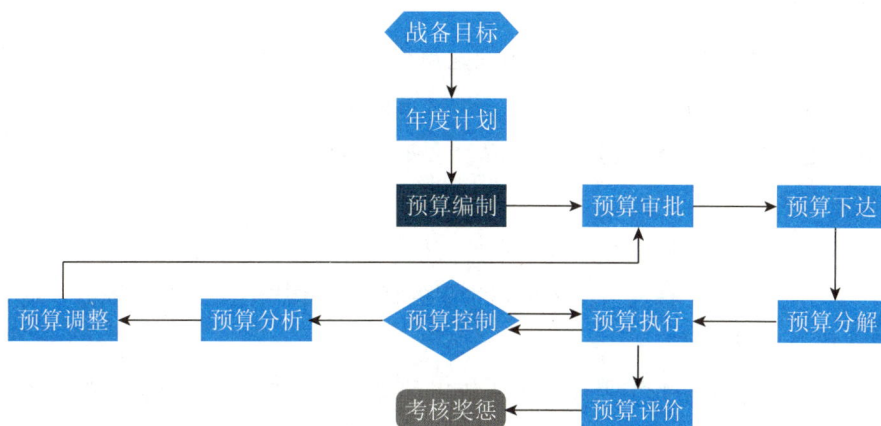

图 1-34　全面预算业务流程

③预算编制流程（图1-35）

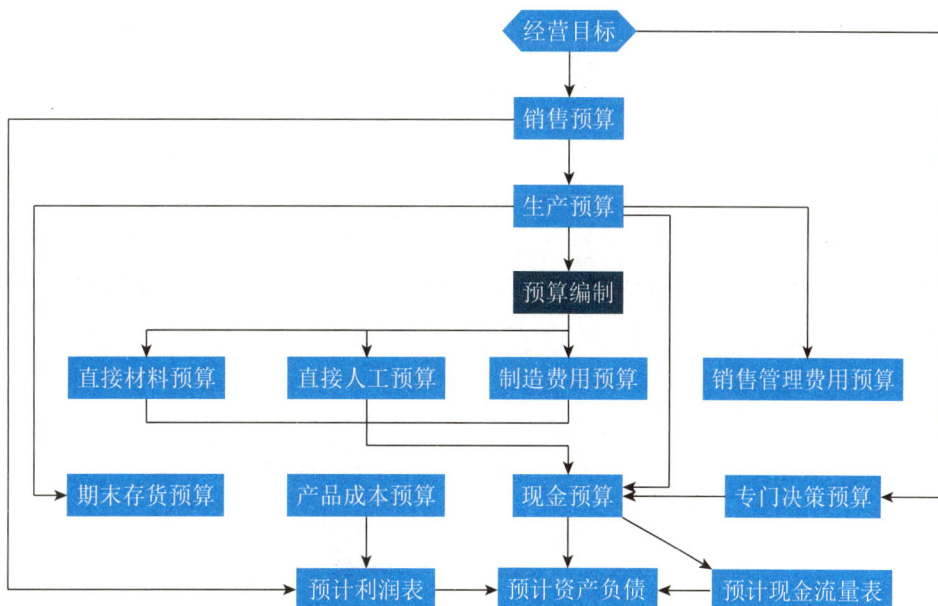

图 1-35　全面预算编制流程

④预算编制原则

A.以明确的经营目标为前提；

B.全面、完整反映目标实现的业务和事项，考虑周详；

C.使用货币和非货币信息具体反映；

D.预算指标间相互衔接，勾稽关系明确，保证综合平衡；

E.积极可靠，留有余地。

⑤预算编制方法

A.根据业务量基础的数量特征分为固定预算和弹性预算。

B.根据编制成本费用预算的方法分为增量预算和零基预算。

C.根据预算期的时间特征分为定期预算和滚动预算。

D.其他方法

a)概率预算：根据企业实际经营中各预定指标可能发生的变化而编制预算。不仅考虑各因素变化水平，还考虑此范围内数据出现的概率。此法适用于难以预算变动趋势的预算项目，如销售新产品。

b)作业预算：预计各个作业量与作业成本的关系和水平，改变传统预算只关注单位产品预算的模式，管理人员可更好地管理作业，降低成本。

⑥预算编制期

编制期间为1年。年度预算一般在下年度到来前3个月开始编制。

拓展阅读与思考

论述题

(1)如何理解管理会计对象的复合性？复合性表现在哪些管理会计内容和方法上？请举例说明。

(2)依据管理会计对成本的分类方法，请列举"企业价值创造实战平台"中涉及的各项具体成本分别归属于哪类成本，并说明理由。

(3)相关成本与无关成本的划分依据是什么？如何理解"相关成本与无关成本的区分并不是绝对的"这句话？

(4)结合"企业价值创造实战平台"中的数据具体分析盈亏临界点理论如何影响企业经营决策。

(5)结合"企业价值创造实战平台"中的数据具体分析敏感性分析在企业利润规划中是如何发挥作用的。

(6)请分析预测与预算的关系。

（7）在不同的产品寿命周期阶段,应如何有效进行销售预测?

（8）四项预测的内容在实施时应采取何种步骤?

（9）如何解决环境变动下的预算管理有效性问题?

（10）企业无论规模大小都需要进行全面预算管理吗?

（11）亏损产品就要停产吗? 请从定性、定量角度进行思考。

（12）在有数量折扣的决策中,相关成本包括哪些? 如何进行最优化决策?

（13）零存货管理的思想是什么? 应用零存货管理的前提条件是什么? 最优采购批量决策与零存货管理是否矛盾? 为什么?

（14）在"企业价值创造实战平台"中分析资源、作业、产品对象之间的关系。

3.6 财务报告分析

3.6.1 财务指标分析

（1）概述

　　财务报告分析是以企业财务报表为主要信息,并结合其他信息来源,对企业当前的状况做出综合评价,对未来发展趋势做出预测,从而帮助报表使用者改善管理并优化决策的一种专门技术。财务报告分析是评价企业财务状况、衡量经营业绩的重要依据(如图 1-36),是挖掘潜力、改进工作、实现理财目标的重要手段,是合理实施投资决策的重要步骤。

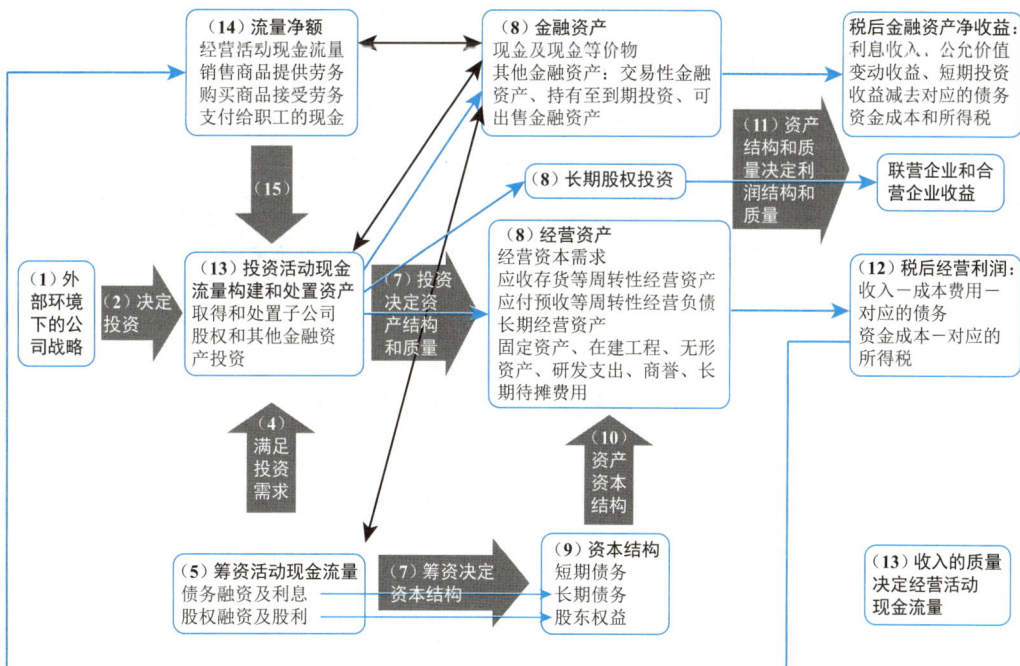

图 1-36　从财务报告角度认识企业管理全貌

财务指标分析是指总结和评价企业财务状况与经营成果的分析指标,具体包括偿债能力指标、运营能力指标、获利能力指标和发展能力指标,这四者是相辅相成的关系。财务分析信息的需求者主要包括企业投资者、债权人、经营管理者和政府等。不同主体的利益视角不同。财务指标分析主要通过计算财务比率进行。

(2)财务比率分析

财务比率分析是在财务信息中的各个数据之间进行比较和考察的方法。如果要利用财务比率作为分析工具,应注意说明每个财务比率是如何计算的;如果要将计算出来的比率与来自其他渠道的数字相比较,应确定这些数字是怎么算出来的。

财务比率通常分为以下几个方面:反映短期偿债能力的比率,即流动比率;反映长期偿债能力的比率,即财务杠杆比率;反映资产管理情况的比率,即周转率;反映盈利能力的比率;反映市场价值的比率。

①短期偿债能力与流动性指标

短期偿债能力比率是一组旨在提供企业流动性信息的财务比率,有时也被称为流动性指标。它们主要关心企业短期内在不引起不适当压力的情况下支付账单的能力,因此这些指标关注的是流动资产和流动负债。

A.流动比率

流动比率可以定义如下:

$$流动比率 = \frac{流动资产}{流动负债}$$

原则上,流动资产和流动负债会在 12 个月内转换成现金或以现金支付,所以流动比率是度量短期流动性的指标。正常情况下,我们可以认为流动比率至少应达到 1,流动比率低于 1 意味着净营运资本(流动资产减去流动负债)为负。流动比率跟其他比例一样会受到不同类型交易的影响。例如,公司通过长期债务筹集资金,其短期影响就表现为现金增加和长期负债增加,而流动负债不受影响,从而导致流动比率上升。

B.速动比率

存货通常是流动性最低的流动资产,相对而言,其账面价值也不太能准确地反映市场价值,因为账面价值没有把存货的质量考虑在内,一些存货可能最终被损坏,腐烂,或已经丢失了。存货过多,往往是公司短期内陷入困境的一个标志。该公司可能因高估销售而过多地购买材料和生产产品,使流动性在很大程度上被变现缓慢的存货拖累。作为进一步分析流动性的指标,速动比率的计算与流动比率类似,只是不将存货计算在内。

$$速动比率 = \frac{流动资产 - 存货}{流动负债}$$

C.现金比率

最短期的债权人或许会关心现金比率。

$$现金比率 = \frac{现金}{流动负债}$$

②长期偿债能力指标

长期偿债能力比率反映公司负担长期债务的能力,或者更一般地说,负担其财务杠杆的能力,这些比率有时被称为财务杠杆比率,或者就叫杠杆比率。

A.资产负债率

把对所有债权人的所有期限的所有债务都考虑在内,它可以有多种表达形式,最初的形式如下:

$$资产负债率 = \frac{总负债}{总资产} \times 100\%$$

此外还有两种有用的变形形式,即负债-权益比和权益乘数:

$$负债\text{-}权益比 = \frac{总负债}{总权益}$$

$$权益乘数 = \frac{总资产}{总权益}$$

$$权益乘数 = 1 + 负债\text{-}权益比$$

B.利息倍数

这个比率衡量一个公司负担利息的能力,也常被称作利息保障率。

$$利息倍数 = \frac{EBIT}{利息}$$

其中,EBIT 为息税前利润。

C.现金对利息的保障倍数

利息倍数存在一个问题:它是基于息税前利润的,但在计算息税前利润时,非现金项目折旧已经被减去,因而息税前利润并不能真正度量可以用于支付利息的现金有多少。由于利息多数情况下是对债权人的现金流出,所以可以定义一个现金对利息的保障倍数。

$$现金对利息的保障倍数 = \frac{EBIT + 折旧和摊销}{利息}$$

"EBIT+折旧和摊销"简称 EBITDA(息税折旧摊销前利润),这是公司经营活动产生现金流量能力的基本度量指标,通常用于衡量公司对财务负担的承受能力。

③资产管理或周转指标

A.存货周转率和存货周转天数

$$存货周转率 = \frac{产品销售成本}{存货}$$

除了出清库存和停止销售以外,存货周转率越高,表示存货管理效率越高。

$$存货周转天数 = \frac{365}{存货周转率}$$

B.应收账款周转率和应收账款周转天数

$$应收账款周转率=\frac{赊销金额}{应收账款平均值}\times100\%$$

$$应收账款周转天数=\frac{365}{应收账款周转率}$$

应收账款周转率通常又被称作平均收账期(ACP)。

C.总资产周转率

除了存货及应收账款这些特定的项目,我们还可以计算一个重要的"全景图"比率——总资产周转率。总资产周转率是考察企业资产运营效率的一项重要指标,体现了企业经营期间全部资产从投入到产出的流转速度,反映了企业全部资产的管理质量和利用效率。通过对该指标的对比分析,可以反映企业本年度以及以前年度总资产的运营效率和变化,发现企业与同类企业在资产利用上的差距,促进企业挖掘潜力,积极创收,提高产品市场占有率,提高资产利用效率。一般情况下,该数值越高,表明企业总资产周转速度越快,销售能力越强,资产利用效率越高。

$$总资产周转率=\frac{销售额}{总资产}$$

④盈利性指标

A.销售净利率

公司特别关注销售净利率。

$$销售净利率=\frac{净利润}{销售额}\times100\%$$

B.总资产收益率和净资产收益率

总资产收益率(ROA)衡量的是每一元资产所带来的利润。总资产收益率是分析公司盈利能力的一个非常有用的比率。

$$ROA=\frac{净利润}{总资产}\times100\%$$

净资产收益率(ROE)也称为权益收益率,度量的是一年来股东的生意。由于提高股东利益是我们的目标,所以在会计意义上,净资产收益率是最终的业绩衡量指标。

$$ROE=\frac{净利润}{总权益}\times100\%$$

⑤发展能力指标

发展能力,是企业在生存的基础上扩大规模、壮大实力的潜在能力。分析发展能力时主要考察以下指标:营业收入增长率、资本积累率、总资产增长率、资本保值增值率等。

A.营业收入增长率

营业收入增长率是企业本年营业收入增长额与上年营业收入总额的比率,反映企业营业收入的增减变动情况。其计算公式为:

$$营业收入增长率 = \frac{本年营业收入增长额}{上年营业收入总额} \times 100\%$$

其中，"本年营业收入增长额＝本年营业收入总额－上年营业收入总额"。

营业收入增长率大于零，表明企业本年营业收入有所增长。该指标值越高，表明企业营业收入的增长速度越快，企业市场前景越好，也越强大。

B.资本积累率

资本积累率是企业本年所有者权益增长额与年初所有者权益的比率，反映企业当年资本的积累能力。其计算公式为：

$$资本积累率 = \frac{本年所有者权益增长额}{年初所有者权益} \times 100\%$$

资本积累率越高，表明企业的资本积累越多，应对风险、持续发展的能力越强。

C.总资产增长率

总资产增长率是企业本年总资产增长额同年初资产总额的比率，反映企业本期资产规模的增长情况。其计算公式为：

$$总资产增长率 = \frac{本年总资产增长额}{年初资产总额} \times 100\%$$

其中，"本年总资产增长额＝年末资产总额－年初资产总额"。

D.资本保值增值率

资本保值增值率，是企业扣除客观因素后的本年末所有者权益总额与年初所有者权益总额的比率，反映企业当年资本在企业自身努力下实际增减变动的情况。其计算公式为：

$$资本保值增值率 = \frac{扣除客观因素后的本年末所有者权益总额}{年初所有者权益总额} \times 100\%$$

一般认为，资本保值增值率越高，表明企业的资本保全状况越好，所有者权益增长越快，债权人的债务越有保障。该指标通常应当大于 100%。

⑥成本控制指标

A.主营业务成本率

主营业务成本是指公司生产和销售与主营业务有关的产品或服务所必须投入的直接成本，主要包括原材料、人工成本（工资）和固定资产折旧等。主营业务成本率衡量的是主营业务收入中主营业务所占比例，该比例高则主营业务收入的盈利贡献就低。

$$主营业务成本率 = \frac{主营业务成本}{主营业务收入净额} \times 100\%$$

B.管理费用率

$$管理费用率 = \frac{管理费用}{主营业务收入净额} \times 100\%$$

C.财务费用率

$$财务费用率 = \frac{财务费用}{主营业务收入净额} \times 100\%$$

D.销售费用率

$$销售费用率 = \frac{销售费用}{主营业务收入净额} \times 100\%$$

销售费用率是指公司的销售费用与营业收入的比率。它体现企业为取得单位收入所花费的单位销售费用,或者销售费用占据了营业收入的多大比例。

E.总营业费用率

$$总营业费用率 = \frac{总营业费用}{主营业务收入净额} \times 100\%$$

注意:这里的总营业费用不包含财务费用,仅包含销售费用和管理费用等。

3.6.2 比较分析法

（1）概述

比较分析法是按照特定的指标系将客观事物加以比较,从而认识事物的本质和规律并做出正确的评价。财务报表的比较分析法,是指对两个或两个以上的可比数据进行对比,找出企业财务状况、经营成果中的差异与问题。

根据比较对象的不同,比较分析法分为趋势分析法、横向比较法和预算差异分析法。趋势分析法的比较对象是本企业的历史;横向比较法的比较对象是同类企业,比如行业平均水平或竞争对手;预算差异分析法的比较对象是预算数据。在财务分析中,最常用的是趋势分析法。

趋势分析法,是通过对比两期或连续数期财务报告中的相同指标,确定其增减变动的方向、数额和幅度,来说明企业财务状况或经营成果变动趋势。采用这种方法,可以分析引起变化的主要原因、变动的性质,并预测企业未来的发展趋势。

比较分析法的具体运用主要有重要财务指标的比较、会计报表的比较和会计报表项目构成的比较三种方式。下面以趋势分析法为例进行进一步阐述。

（1）重要财务指标的比较

这种方法是指将不同时期财务报告中的相同指标或比率进行纵向比较,直接观察其增减变动情况及变动幅度,考察其发展趋势,预测其发展前景。不同时期财务指标的比较主要有以下两种方法:

①定基动态比率法

定基动态比率是以某一时期的数额为固定的基期数额而计算出来的动态比率。其计算公式为:

$$定基动态比率 = \frac{分析期数额}{固定基期数额} \times 100\%$$

②环比动态比率法

环比动态比率是以每一分析期的数据与上期数据相比较计算出来的动态比率。其计算公式为：

$$环比动态比率 = \frac{分析期数额}{前期数额} \times 100\%$$

（2）会计报表的比较

这种方法指将连续数期的会计报表的金额并列起来，比较各指标不同期间的增减变动金额和幅度，据以判断企业财务状况和经营成果发展变化。具体包括资产负债表比较、利润表比较和现金流量表比较等。

（3）会计报表项目构成的比较

这种方法是在会计报表比较的基础上发展而来的，是以会计报表中的某个总体指标作为100%，再计算出各组成项目占该总体指标的百分比，从而比较各个项目百分比的增减变动，以此来判断有关财务活动的变化趋势。

（4）注意事项

采用比较分析法时，应当注意以下问题：

①用于对比的各个时期的指标，其计算口径必须保持一致；

②应剔除偶发性项目的影响，使分析所利用的数据能反映正常的生产经营状况；

③应运用例外原则对某项有显著变动的指标做重点分析，研究其产生的原因，以便采取对策，趋利避害。

3.6.3 综合绩效分析——杜邦分析法

（1）定义

杜邦分析法（DuPont analysis）是利用几种主要的财务比率之间的关系来综合地分析企业的财务状况。具体来说，它是一种用来评价公司盈利能力和股东权益回报水平，从财务角度评价企业绩效的经典方法。其基本思想是将企业净资产收益率逐级分解为多项财务比率的乘积，这样有助于深入分析比较企业经营业绩。其基本模型如图1-37。由于这种分析方法最早由美国杜邦公司使用，故名"杜邦分析法"。

净资产收益率

资产净利率   权益乘数

销售净利率   ×资产周转率   1÷(1−资产负债率)

净利润÷销售收入   销售收入÷平均资产总额   负债总额   ÷   资产总额

销售净额−成本总额+其他利润−所得税   流动负债+长期负债   流动资产+非流动资产

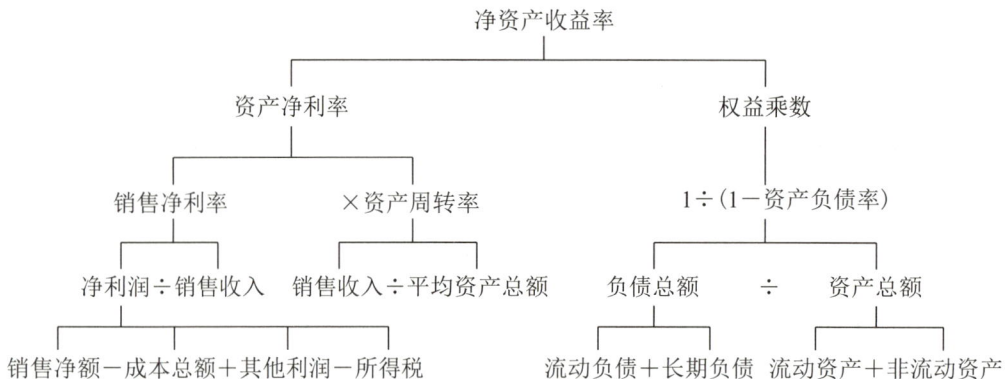

图 1-37　传统的杜邦分析模型

（2）特点

杜邦分析法最显著的特点是将若干个用以评价企业经营效率和财务状况的比率按其内在联系有机地结合起来,形成一个完整的指标体系,并最终通过权益收益率来综合反映。

在实际工作中,杜邦分析法不应仅仅是一个分析工具,而更应是一个管理工具。通过杜邦分析法,企业 CEO(首席执行官)可以更加清晰地看到公司盈利能力的决定因素及其关联关系,从而拥有一张清晰的提升公司资产管理效率、经营绩效,满足股东投资最优回报的路线图,更好地达到 ROE 的要求,实现企业的发展目标。

（3）基本思路

①净资产收益率,是一个综合性最强的财务分析指标,是杜邦分析法的核心。

②资产净利率,是影响净资产收益率的最重要的指标,具有很强的综合性,而资产净利率又取决于销售净利率和总资产周转率。总资产周转率反映总资产的周转速度。对资产周转率的分析,需要对影响资产周转的各因素进行分析,以判明影响公司资产周转的主要问题在哪里。销售净利率反映销售收入的收益水平。扩大销售收入、降低成本费用是提高企业销售利润率的根本途径,而扩大销售同时也是提高资产周转率的必要条件和途径。

③权益乘数,表示企业的负债程度,反映公司利用财务杠杆进行经营活动的程度。资产负债率高,权益乘数就大,说明公司负债程度高,公司会有较多的杠杆利益,但风险也高;反之,权益乘数就小,说明公司负债程度低,公司会有较少的杠杆利益,但相应所承担的风险也低。

（4）财务指标关系

杜邦分析法中几种主要的财务指标关系为:

净资产收益率＝资产净利率(净利润/总资产)×权益乘数（总资产/总权益资本）

资产净利率(净利润/总资产)＝销售净利率(净利润/总收入)×资产周转率(总收

入/总资产)

因而

净资产收益率＝销售净利率(NPM)×资产周转率(AU,资产利用率)×权益乘数(EM)

净资产收益率是整个分析系统的起点和核心。该指标的高低反映投资者的净资产获利能力的大小。净资产收益率是由销售报酬率、总资产周转率和权益乘数决定的。

权益乘数反映企业的负债程度,它是资产权益率的倒数。该指标越大,企业的负债程度越高。

总资产收益率是销售利润率和总资产周转率的乘积,是企业销售成果和资产运营的综合反映。要提高总资产收益率,必须增加销售收入,减少资金占用额。

总资产周转率反映企业资产实现销售收入的综合能力。分析时,必须综合销售收入分析企业资产结构是否合理,即流动资产和长期资产的结构比率关系;同时还要分析流动资产周转率、存货周转率、应收账款周转率等有关资产使用效率指标,找出总资产周转率变化的确切原因。

(5)应用步骤

采用这一方法,可使财务比率分析的层次更清晰,条理更突出,为分析者全面仔细地了解企业的经营和盈利状况提供方便。杜邦分析法有助于企业管理层更加清晰地看到权益基本收益率的决定因素,以及销售净利润与总资产周转率、债务比率之间的相互关系,给管理层提供一张明晰的考察公司资产管理效率和股东投资回报是否最大化的路线图。

董事会对企业 CEO 的业绩评估一般以净资产收益率为主要标准,企业 CEO 如何才能达到董事会的要求,可以从杜邦分析法指出的三个方面想办法:

首先要抓销售净利率,也就是要在 1 元的销售收入中尽可能多赚取净利润。显然,企业 CEO 必须要使企业的产品具有市场竞争力,最好是具有一定的市场垄断地位,从而获得一定的定价能力。这就意味着,决定销售净利率高的主要因素源自市场,即企业相对于主要对手的竞争能力要强。当然,企业的成本和各项费用也影响着销售净利率,因为"销售净利率＝净利润/销售收入＝1－(生产成本＋销售费用＋管理费用＋财务费用＋所得税)/销售收入"。因此,企业 CEO 也要加强对企业成本和各项费用的控制。

其次要提高资产周转率,让资产"转起来"。对同一个公司,资产周转率越大,表明该公司的资产使用效率越高,即每一单位资产能产生的销售收入就越多。因此,企业 CEO 应尽可能避免客户的应收账款被无谓地占用资金,尽量避免存货积压而过多地占用资金,尽量避免在建工程建设工期过长而导致资金长期滞留在工程项目中。如果企业 CEO 在这些方面做得很好,那么创造等量的销售,就可以占用较少的投资,资产的周转速度就更快。

再次要适度提高财务杠杆比率(权益乘数)。财务上的融资能力用权益乘数反映。

比如权益乘数为 4，表示股东每投入 1 元，公司就能借到或占用别人 3 元，公司的总资产就放大为原来的 4 倍，驱动了 4 倍于股东投资的总投资，这就是财务杠杆的直观含义。

企业负债除了短期借款、长期借款及应付债券等需要支付利息的融资性负债外，还包括应付票据、应付账款、应付职工薪酬、应交流转税及预收账款等不需要支付利息的营业性负债。

对于需要支付利息的融资性负债，只有债务资本的利润率大于负债利率时，融资才有好处，否则就得不偿失并且加大企业债务风险。但对于不需要支付利息的营业性负债而言，越多越适合，这是企业信用好、能力强的表现。也就是说，通过占用别人的资金而提高的财务杠杆比率（即权益乘数）对企业是绝对有好处的，但能够做到这一点也不容易。企业 CEO 必须努力经营，将企业提升到产业链中的有利地位，这样，企业才有能力通过预收账款、应付账款等方式占用上下游的资金，并提供自身的流动资金，这些无息负债对企业业绩增长和盈利水平提高具有很大的帮助。在使用杜邦分析法时，通过和行业数据做比较，可以很好地定位公司在行业中的地位，这也是比较好的一种思路。

（6）局限性

从企业绩效评价的角度来看，杜邦分析法只包括财务方面的信息，不能全面反映企业的实力，有很大的局限性。在实际运用中需要加以注意，必须结合企业的其他信息加以分析。其局限性主要表现在：

①净资产收益率只体现短期一年的财务收益情况，而没有体现长期投资对于公司长期盈利能力的促进作用。如果公司拥有的长期投资需要在一段较长时间内体现经济价值，就短期而言，净资产收益的表现可能不尽如人意。

②净资产收益率对于公司为获得收益所承担的风险反映不足；作为一个结果性的指标，无法衡量公司在获得以上财务回报的过程中所承担的现实风险和潜在风险有多大，公司可能需要通过其他途径去解决这些问题。

③净资产收益率体现的是公司的所有者权益的回报，而没有体现公司的市场价值。有时候，公司的净资产回报率和市场价值表现得不一致，公司的市场价值才是公司真正价值的体现，是投资者对于公司价值的认同。当然，净资产收益率的表现能够影响公司价值的市场表现。

④财务指标反映的是企业过去的经营业绩，更适合衡量工业时代的企业。但在信息时代，顾客、供应商、雇员、技术创新等因素对企业经营业绩的影响越来越大，而杜邦分析法在这些方面是无能为力的。

⑤在市场环境中，企业的无形知识资产对提高企业长期竞争力至关重要，杜邦分析法却不能解决无形资产的估值问题。

拓展阅读与思考

1.计算题

(1)HX公司的产权比率为0.70,总资产收益率为8.4％,所有者权益为84万元,其权益乘数是多少? 净资产收益率是多少? 净利润呢?

(2)HX公司的净利润为314 000元,销售利润率为8.9％,应收账款余额为152 800元。假设销售额中有80％为赊销,该公司的应收账款回收期是多少天?

(3)HX公司最近年度的净利润是9 620元,税率为25％。公司支付的总利息费用为2 380元,折旧费用3 170元。该公司现金对利息的保障比率是多少?

(4)HX公司2008年、2009年、2010年的财务比率分析如下表:

指标	年份		
	2008 年	2009 年	2010 年
一、短期偿债能力			
流动比率	1.04	0.94	0.65
速动比率	0.55	0.70	0.42
现金比率	0.12	0.13	0.07
现金流量比率	0.13	0.65	0.11
二、长期偿债能力			
资产负债率	59.45％	53％	61％
股东权益比率	40.55％	49％	39％
偿债保障比率	10.77	1.81	10.42
三、营运能力			
存货周转率	3.76	5.46	7.02
流动资产周转率	1.72	1.23	2.61
固定资产周转率	1.91	1.74	2.13
总资产周转率	0.86	0.54	0.98
四、盈利能力			
销售毛利	19.48％	21.70％	17.70％
销售净利率	4.76％	10.33％	6.20％
投资报酬率	4.10％	5.50％	6.16％
净资产收益率	9.91％	12.60％	55.00％

请列出各年杜邦分析图,并应用杜邦分析法分析该公司每年的经营状况。

2.论述题

(1)由于不同行业的公司在财务比率上存在很大的差异,财务比率本身提供的信息有限,分析一个公司的财务比例有两种基本方法,即时间趋势分析和同类公司分析。为什么这些方法会有用呢? 每种方法能够告诉我们哪些关于公司财务健康状况的信息?

(2)ROA 和 ROE 都衡量盈利性,在对两个公司进行对比时,哪一个指标更加有用? 为什么?

(3)ROE/资产这一比率说明什么? 为什么说这个比例在比较两个公司时比 ROA 更加有用?

(4)假设一家公司要向供货商和短期债权人付款,其流动比率将会如何变化? 如果一家公司要购买一些存货呢? 要出售一些商品呢?

(5)如何从杜邦分析公式理解企业绩效与财务管理目标的关系?

(6)分析传统杜邦分析体系的缺陷,探讨应如何进行改进。

(7)应用杜邦分析法,分析企业提高净资产收益率的途径。

3.7 市场营销

3.7.1 消费者购买行为模式

(1)定义

消费者购买行为是指消费者为获取、购买、使用、评估和处置预期能满足其需要的产品和服务所采取的各种行为。消费者购买行为是与产品或服务的交换过程密切联系在一起的。在现代市场经济条件下,企业研究消费者购买行为是为了与消费者建立、保持和发展长期的交换关系。因此,企业不仅需要了解消费者是如何获取产品或服务的,而且还需要了解消费者如何消费产品或服务,以及他们在完成消费后如何处置产品或服务。企业营销人员在研究消费者购买行为时,应该把它看作一个整体和过程。企业不仅要研究消费者如何获得产品或服务,还应该重视消费者的消费体验,消费者处置旧产品或服务的方式与感受。

(2)理论流派、分类

研究消费者购买行为的完整过程一般包括以下 7 个问题:

①消费者市场由谁构成(Who)? 购买者(Occupants)。

②消费者购买什么(What)? 购买对象(Objects)。

③消费者为什么购买(Why)? 购买目的(Objectives)。

④消费者购买活动中有谁参与(Who)? 购买的组织(Organizations)。

⑤消费者在什么时间购买该产品(When)？购买时间(Occasions)。

⑥消费者在什么地方购买该产品(Where)？购买地点(Outlets)。

⑦消费者怎样购买(How)？购买方式(Operation)。

上述 7 个问题都包含以英文字母 O 开头的关键词,西方市场营销学家将这些决策归纳为研究消费者市场的"7O's"架构,也称为 6W1H 研究方法。

研究消费者购买行为的理论中最有代表性的是刺激—反应模式。市场营销刺激因素由 4 个 P 组成——产品(Product)、价格(Price)、地点(Place)和促销(Promotion);外在的环境刺激主要包括经济的、技术的、政治的、文化的和社会的因素。这些刺激因素进入消费者的"黑匣子"中,在里面转换成一系列可以观察到的购买者反应:产品选择、品牌选择、经销商选择、购买时间选择及购买地点选择。

3.7.2 产品生命周期

（1）定义

产品生命周期是指产品从投入市场到最后被淘汰的全过程。产品生命周期由需求与技术的生命周期决定。产品生命周期可用需求生命周期曲线(图 1-38)来描述,一般要经历导入期、成长期、成熟期、衰退期四个阶段。产品生命周期和产品的使用寿命是两个不同的概念,前者是指产品的市场寿命,即在市场上存在的时间,它的长短主要受市场因素的影响;后者指从产品投入使用到产品报废所经历的时间,其长短受自然属性、使用频率等因素的影响。产品生命周期的引入首先为企业明确了四个问题:产品的生命是有限的;产品销售要经过不同阶段,每一阶段对销售的要求不同;在产品生命周期的不同阶段,利润有升有降;在产品生命周期的不同阶段,产品需要不同的市场营销、财务、制造等方面的策略。

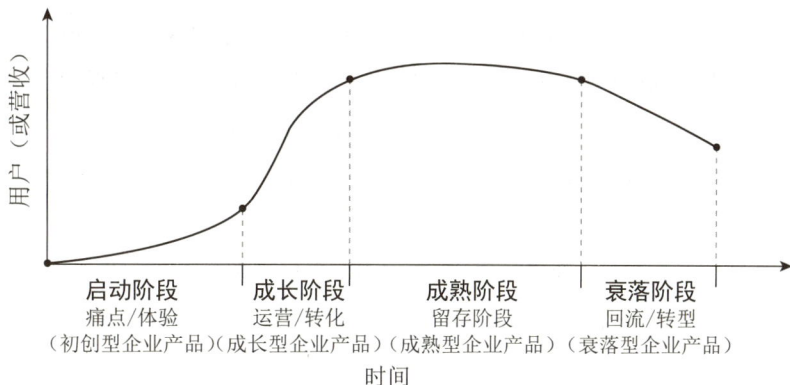

图 1-38　产品生命周期图

（2）特征

①导入期

指产品引入市场、销售缓慢增长的时期。在这一阶段，由于产品引入市场所支付的巨额费用，企业几乎没有利润，甚至有较大的亏损。

②成长期

在这个时期，产品被市场迅速接受，利润开始大量增加。

③成熟期

产品已被大多数的潜在购买者接受，销售增长缓慢。在这个时期，企业可以获得稳定的利润。

④衰退期

在这个时期，销售下降的趋势增强，利润不断下降。

3.7.3 4P 理论

（1）定义

所谓营销因素组合，也就是企业的综合营销方案，即企业对可控制的各种营销因素的优化组合和综合运用，使其协调一致，扬长避短，发挥优势，以便更好地实现营销目标。这一概念是在 20 世纪 50 年代由哈佛大学的鲍敦教授首先提出来的，此后受到学术界和企业界的普遍重视和广泛应用。企业可控的营销因素是多种多样的，美国的市场学家麦卡锡在 20 世纪 60 年代把这些因素归纳为四大类，即产品（Product）、价格（Price）、地点（Place）和促销（Promotion），因这 4 个英文名词的字头都是 P，所以简称为"4P 理论"。下面对这 4 个"P"做一简略叙述。

①产品

这是市场营销组合中第一个因素，企业在制订综合营销方案时，其他 3 个营销因素都是以产品因素为基础的。因为市场营销中，首要的问题是企业应当提供什么样的产品或服务去满足市场的需求。因此，企业都是把大量经费和精力花在产品研究和开发上，选择与决定恰当的产品项目和产品结构，选用适当的品牌商标和包装等。

②价格

价格因素包括定价目标、价格政策、定价依据、定价策略、定价方法等。目前，我国要建立和完善社会主义市场经济体制，许多产品的价格都已放开，因此，如何根据市场需求去定价就很值得研究。

③地点

是指分销地点，即把企业产品送达目标市场所采取的策略与方法，如分销渠道的选择、分销网点的设置、中间商的选择等。

④促销

即促进销售,包括将企业的产品或服务的特点通报给消费者,说服消费者购买,其方法主要有人员推销、营业推广、广告宣传、公关活动等。

4个"P"中又各自包含若干小的因素,形成各自的组合。同时,营销组合又是一个动态组合,每一个组合因素都是不断变化的,任何一个变动都会引起整个营销组合的变化,形成一个新的组合。

（2）理论流派、分类

随着市场营销活动的发展,近年在国际市场竞争激烈、许多国家政府干预加强和贸易保护主义再度兴起的新形势下,市场营销学有关营销因素组合的理论有了新的发展。美国教授菲利普·考特勒于1986年在《大市场营销》一文中,又提出"6P理论",即在原来4P的基础上加上"权力"(Power)与"公共关系"(Public)。它是指企业要运用政治力量和公共关系来敲开目标市场的大门,打破国际市场的贸易壁垒,为企业市场营销开辟道路。他把这种新的战略思想称为"大市场营销"。

拓展阅读与思考

论述题

(1)产品生命周期各个阶段有什么特点? 各个阶段的营销策略如何?

(2)产品组合策略有哪些?

(3)促销策略的方式有哪些?

3.8 人力资源管理

3.8.1 人力资源需求预测

（1）定义

人力资源需求预测是指对企业未来某一特定时期内所需人力资源的数量、质量以及结构进行估计。

（2）特征

企业的人力资源需求是一种引致需求,它最终取决于市场对企业产品或服务的需求。因此在进行人力资源需求预测之前,首先要预测企业产品或服务的需求,然后在一定技术和管理条件下,将这一预测转换为满足产品或服务需求所需的员工数量和质量预测。

（3）影响因素

影响企业人力资源需求的因素主要来自企业内部，但外部因素对企业的人力资源需求也会产生影响。

①内部因素：技术、设备条件的变化；企业规模的变化和企业经营方向的变化。

②外部因素：经济环境、技术环境、竞争对手等。

（4）预测方法

①定性方法：主观判断法、微观集成法、工作研究法、德尔菲法。

②定量方法：回归分析法、趋势预测法、生产函数法、比率预测法。

3.8.2 劳动力市场

（1）定义

劳动力市场分为外部劳动力市场和内部力劳动市场。

外部劳动力市场主要是针对那些没有技能的体力劳动或不需要多少技能的服务工作、零星工、短工和季节工等经济中的次要部门的雇佣情况，此外最主要的就是具有长期雇佣潜力的新员工。

内部劳动力市场主要取决于具有长期雇佣潜力的新员工人数以及现有内部劳动力市场劳动者人数。在新员工数量受到严格限制的条件下，内部劳动力市场劳动者人数供给状况主要取决于现有内部劳动力市场劳动者人数的自然变化和流动状况。

（2）特征

外部劳动力市场的主要特征是：供给主体和分析单位是家庭，影响家庭人力资源供给决策的因素不仅包括市场工资水平，还包括家庭成员的闲暇偏好。

内部劳动力市场的主要特征表现为：长期雇佣，等级性资历工资，内部晋升等。其中最本质的特征是长期雇佣。

3.8.3 薪酬结构

（1）薪酬支付方式

薪酬支付方式包括经济的和非经济的方式。经济的方式指直接货币形式和可间接转化为货币的其他形式，非经济的方式指工作本身和工作环境等。

(2)薪酬类型

①工资

工资有广义和狭义之分。广义的工资从内涵上讲，包括货币形式和非货币形式的报酬；从外延上讲，包括支付给劳动者的报酬。狭义的工资是指付给从事体力劳动的员工货币形式的报酬；如果接受报酬的主体是脑力劳动者，人们习惯性称之为薪水；如果报酬的客观表现形式是实物而不是货币，人们则常称之为福利。总体上讲，工资可作如下分类：

A.基本工资。员工只要仍在企业中就业，就能定期获得固定数额的劳动报酬。基本工资常以小时工资、月薪、年薪等计时工资的形式出现。基本工资又分为基础工资、年功工资、职位工资等。

B.激励工资。工资中随着员工工作努力程度和劳动成果的变化而变化的部分。激励工资又类似奖金的性质，可以分为两种形式：投入激励工资，即随着员工工作努力程度变化而变化的工资；产出激励工资，即随着员工产出变化而变化的工资，具体包括计件工资、提成工资等形式。

C.成就工资。当员工工作卓有成效、为企业做出突出贡献时，企业以提高员工基本工资的形式付给员工的报酬。

成就工资与激励工资的区别表现在：成就工资是对员工在过去较长段时间内所取得成就的"追认"，而激励工资是与员工现在的表现和成就挂钩的；成就工资是员工工资的长期性增加，而激励工资则是一次性的。

②奖金

奖金是企业对员工超额劳动部分或劳动绩效突出部分所支付的奖励性报酬，是企业为了鼓励员工提高劳动效率和工作质量付给员工的货币奖励。奖金具有以下几个特性：

A.超常性。奖金的支付客体是超额劳动而非正常劳动，或者是突出劳动绩效而非正常劳动绩效。也就是说，奖金仅支付给提供了超额劳动或突出劳动绩效的员工。

B.货币性。奖金是货币奖励而非实物奖励。

C.动态性。奖金的数额随着超额劳动或劳动绩效变动而变动。

D.多样性。奖金的表现形式包括红利、利润分享及通常所说的奖金等。

③津贴与补贴

津贴是指对工资或薪水等难以全面、准确反映的劳动条件、劳动环境、社会评价等对员工身心造成某种不利影响或者为了保证员工工资水平不受物价影响而给予员工的一种补偿。人们常把与工作联系的补偿称为津贴，如员工的工作环境对身体健康有害，员工的工作对员工造成伤害的可能性较大。人们常把与员工生活相联系的补偿称为补贴，如交通补贴、住房补贴、生育补贴、物价补贴。津贴与补贴常以货币形式支付给员工。

④福利

福利也有广义和狭义两种含义。广义的福利包括工资，根据福利经济学家的观点，一切促进经济发展、人民生活水平提高的都是福利的增加。狭义的福利是指用人单位支付给员工的除工资或薪水以外的劳动报酬，经常不以货币形式直接支付，而多以实物或服务的形式支付，如社会保险（失业保险、养老保险、医疗保险等）、带薪假期、廉价住房、

单位提供的子女入托服务、免费午餐、免费交通服务等。从支付对象上看,福利常表现为以下三种形式:

A.全员福利,是企业内所有员工都能享受的待遇,其分配基础显然是公平原则。

B.特种福利,是针对企业内核心人力资源(如高层经营管理人员、高级专业技术人员等)设计的,其分配基础是价值,是对核心人力资源所具有的特殊价值的认可。现实生活中常见的特种福利包括高档轿车服务、头等舱服务、高级宾馆饭店服务、股票优惠购买权、高级住宅服务等。

C.特困福利,是为有特殊困难(如工伤伤残、重病等)的员工提供的,其分配基础是需求。

⑤股权

股权是将企业的一部分股份作为薪酬授予员工,使员工成为企业的股东。授予员工股权,是一种长期激励手段,能够让员工为企业长期利润最大化而努力。现实中管理者持股是股权薪酬的典型形式。股权薪酬与以上四种薪酬的区别主要表现在其支付形式上,它既不是货币,又不是一种简单的实物或服务,而是一种权力的授予。

拓展阅读与思考

论述题

(1)预测人力资源需求的方法有哪些? 人力资源需求的影响因素有哪些?

(2)内部劳动力市场和外部劳动力市场有什么区别? 有哪些不同特征?

(3)什么是福利? 包括哪几种形式?

(4)薪酬支付方式包括经济的和非经济的方式。非经济的方式可以有哪些?

(5)如何利用不同的薪酬类别来提高企业薪酬的竞争力?

第二篇

企业价值创造实战

1.实战解析

　　企业价值创造是商流、资金流、物流、信息流有机融合的结果,本篇将以资金流为核心及线索,从创业型企业在特定的宏、微观商业环境中创建(组织结构设计)、经营规划、投资业务、营运管理、筹资业务、利润分配、财务分析七大模块展开阐述及评析。本篇内容以"企业价值创造实战平台"(以下简称 EVC 平台)为实践载体,并与第一篇的理论综述结合展开战略指导下的财务管理全流程精炼之旅。

1.1 组织结构及实务流程

1.1.1 实战路线图

　　本篇以创业型企业的经营业务策略作为解析重点,与经营业务闭环相呼应,将组织结构简化为关键的四个代表性岗位,分别是企业 CEO、财务总监、运营总监和市场总监(如图 2-1 所示),岗位基本职责如下:

　　①企业 CEO:战略制定、资本注册、股利分配。

　　②财务总监:长期投资、资金筹集、财报分析。

　　③运营总监:物资购销、人员招聘、薪酬设置、产品生产、产品研发。

　　④市场总监:渠道铺设、品牌建设、销售发货。

　　EVC 平台将在市场中扮演消费者、市场秩序的管理者和仲裁者的角色。

　　多家创业型企业的团队完成一系列经营策略设计后将参与市场竞争,由 EVC 平台扮演的消费者进行"选择",实现每一期市场份额的"分配",并开展下一期的经营。

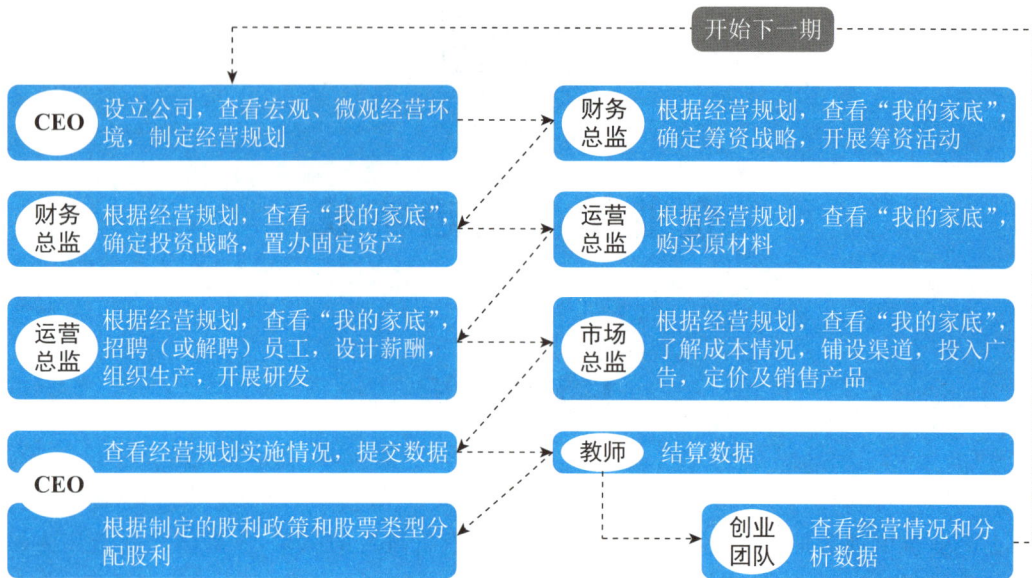

图 2-1　实战路线图总览

1.1.2 重点业务介绍

创业型企业创建时主要完成的工作包括设置企业名称、办理营业证照和设计组织结构，其中组织结构的设计、人员的分工对企业经营至关重要。EVC 平台提供了四个关键性的岗位，创业团队成员应结合自身特质和专长进行分工，并确定决策的原则和流程。组织结构设计看似只须一次性完成人员分工，在未来的经营中无须进行其他的具体操作，但人员分工和决策规则是决定企业生存发展的重要因素，需要慎重行事。未来经营中仍然可以根据成员的表现和潜力进行组织结构的调整。平台设置创建企业的业务由企业 CEO 完成。

表 2-1　组织结构及实务流程模块理论链接

关联课程	理论知识
管理学	3.1.1 概述、3.1.3 计划、3.1.4 组织、3.1.5 领导、3.1.6 控制

说明：本篇"理论链接"系列表格中"理论知识"栏目涉及的知识点及其编码与第一篇"企业价值创造理论"第 3 部分"理论导引"相对应。

1.1.3 平台使用指南

创业团队按照提供的网址和账号登录后，将会自主经营一家企业，进行企业创立、战略制定、资金筹集、资产配置、材料采购、生产研发、人员招聘、薪酬设计、渠道铺设、品牌建设、销售发货、股利分配等日常业务，日常业务按角色分工去共同协作完成。完成后，CEO 提交数据，进入下一期。

业务执行过程中,需要使用所学的各门专业课程的理论知识指导决策,最后比拼的是企业的经营成果和经营业绩。

创业团队成员登录后,先进行角色选择,按照角色的工作分配进行操作执行,如图 2-2。

图 2-2　角色选择菜单

选择完角色后,输入公司名称、公司愿景、公司使命,点击"创立企业"(如图 2-3),即设立一家独立经营的虚拟企业,开启创业之旅。

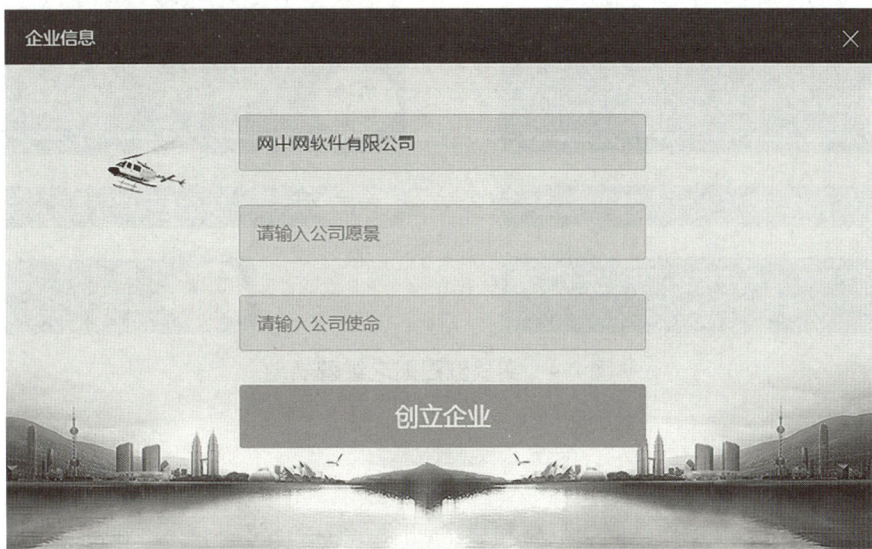

图 2-3　创建企业界面

1.1.4 实战策略问答

(1)问:创业团队成员的分工有何注意事项?

答:限于 EVC 平台的功能设置,创业团队成员各自岗位的基本职责较为简略,平台操作时似乎也无法留下岗位分工的印记,但创业团队成员恰当的分工、决策流程的合理设置、工作中的协作和沟通是决定经营成败的关键因素。因此建议团队成员首先应结合岗位基本职责和自身的特质选定适合的岗位;其次制定决策的原则和流程,特别是当团队成员发生意见冲突时,决策的原则是少数服从多数或者是企业 CEO 具有最终决策权;最后,工作方法上采取各司其职又互相协作与控制的方法,各个岗位不能抱着"自扫门前雪"的心态,企业 CEO 应及时根据各项任务的重要性和复杂性,合理调配人员,互相协作,关键操作必须进行二次复核,加强内部控制,避免出现低级失误。

1.2 经营规划

1.2.1 实战路线图

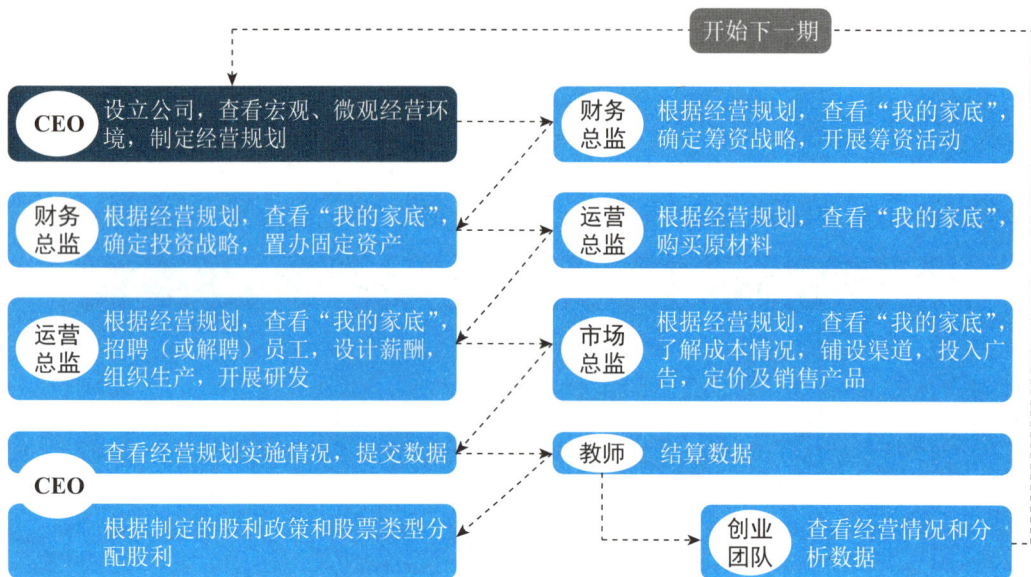

图 2-4　实战流程图之经营规划

1.2.2 重点业务介绍

经营规划的主要工作是制定战略和战术,开展预测和预算。它是决定企业生存和发展的关键,绝不可抱着"凭着感觉走"的心态,应以慎重、敬畏的心态聚合团队成员的智慧,设计科学的步骤开展此项工作。平台设置本业务由企业 CEO 完成。

①观察宏观经济环境、中观行业环境、微观市场环境,收集既定产品所承载的外部环境信息、经营所需遵守的规则。

②查看企业经营应具备的内部环境,如动产、不动产、产品特性、人力资源信息,寻找自身所具有或希望具有的核心竞争力。

③结合企业内外部环境,商讨确立企业短期和长期的经营目标,如市场份额占有率、产品产销量、厂房生产线等生产必备条件的取得方式和规模等。

④根据确立的企业短期和长期经营目标,设定第一年的产品产销量、原料购买量、厂房及生产线的置办数量等生产条件配备信息。

⑤根据业务信息,参考宏观经济指数和金融环境指数,规划总体现金流量,预测现金来源和方式、投放方向和节奏、现金控制的风险点。

表2-2　经营规划模块理论链接

关联课程	理论知识
管理学	3.1.2 决策、3.1.3 计划、3.1.7 创新、3.1.8 风险
经济学	3.2.1 国内生产总值(GDP)、3.2.2 消费物价指数(CPI)、3.2.3 采购经理指数(PMI)
金融学	3.3.1 利率、3.3.2 基准利率、3.3.3 商业银行存款准备金、3.3.4 货币供给及其统计口径
财务管理	3.4.9 财务战略、3.4.10 财务预测
管理会计	3.5.7 经营预测、3.5.8 全面预算管理
市场营销	3.7.1 消费者购买行为模式、3.7.2 产品生命周期
人力资源管理	3.8.2 劳动力市场

1.2.3 平台使用指南

(1)战略制定

企业 CEO 根据动态资讯,进行经营目标、预计购销、预计现金流设置(图 2-5、图 2-6)。设置完成后点击"提交保存"。

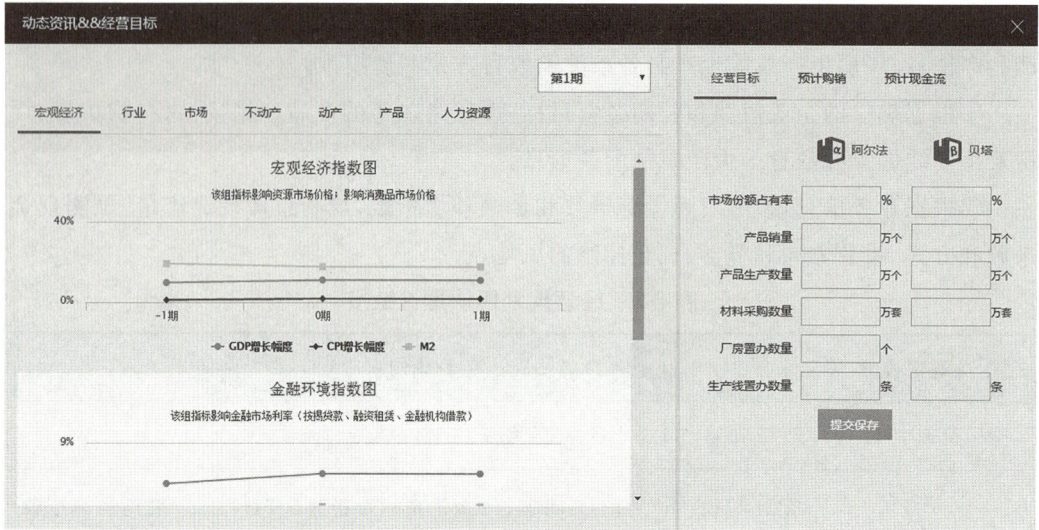

图 2-5　动态资讯及经营规划主界面

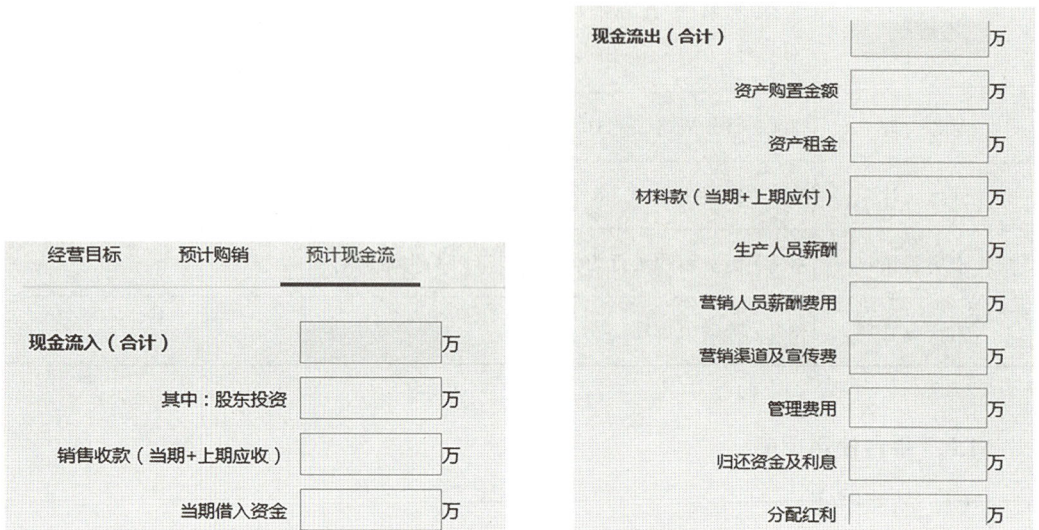

图 2-6　经营规划之预计现金流界面

　　在动态资讯中,可以查看宏观经济指标、行业信息、市场消费习惯、不动产、动产、产品以及人力资源等相关动态信息。上述信息每期会随着市场环境的变化而变化。点击右上角的期数选择框,可以查询当期以及往期的相关资讯。(图 2-7)

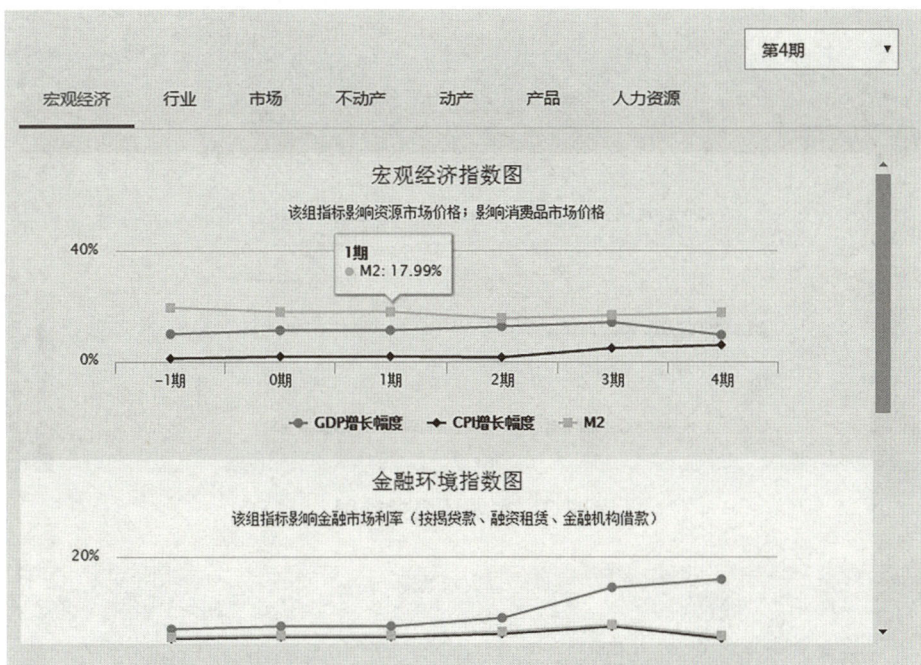

图 2-7　动态资讯主界面

　　"宏观经济"界面提供可以体现市场经济情况的各项指标折线图,包括宏观经济指数图(图 2-8)、金融环境指数图(图 2-9)、采购经理人指数图(图 2-10)。

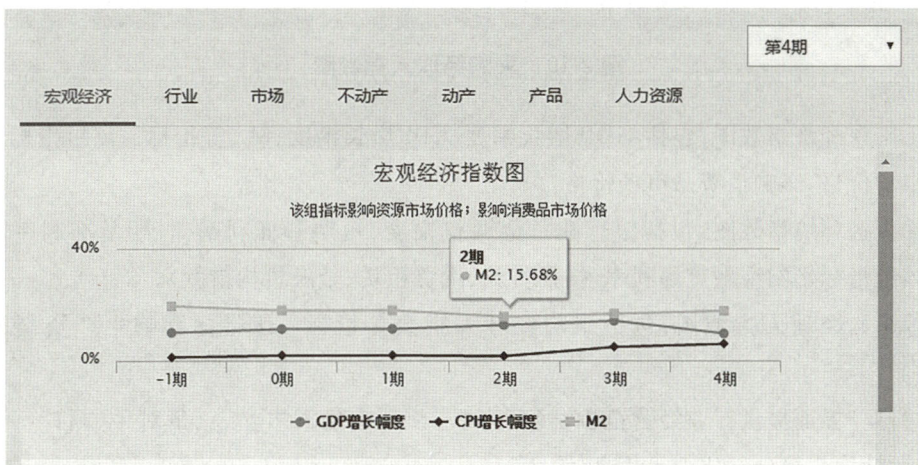

图 2-8　宏观经济指数图

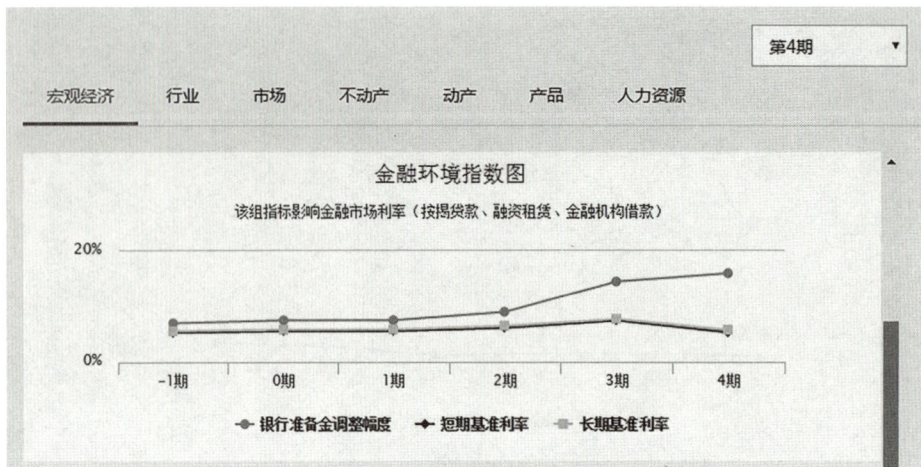

图 2-9　金融环境指数图

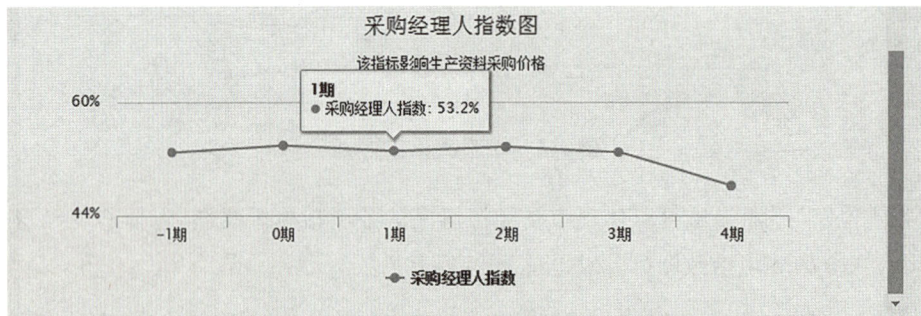

图 2-10　采购经理人指数图

①宏观经济指数图：包括 GDP 增长幅度、CPI 增长幅度、M2 等指标。该组指标影响资源市场价格，影响消费品市场价格。

②金融环境指数图：包括银行准备金调整幅度、短期基准利率、长期基准利率等指标。该组指标影响金融市场利率（按揭贷款、融资租赁、金融机构借款）。

③采购经理人指数图：包括采购经理人指数等指标。该指标影响生产资料采购价格。

"行业"界面提供行业经营范围、经营产品、预计市场需求量、竞争对手、预计行业净利率、预计优先股分红比例等信息（图 2-11）。

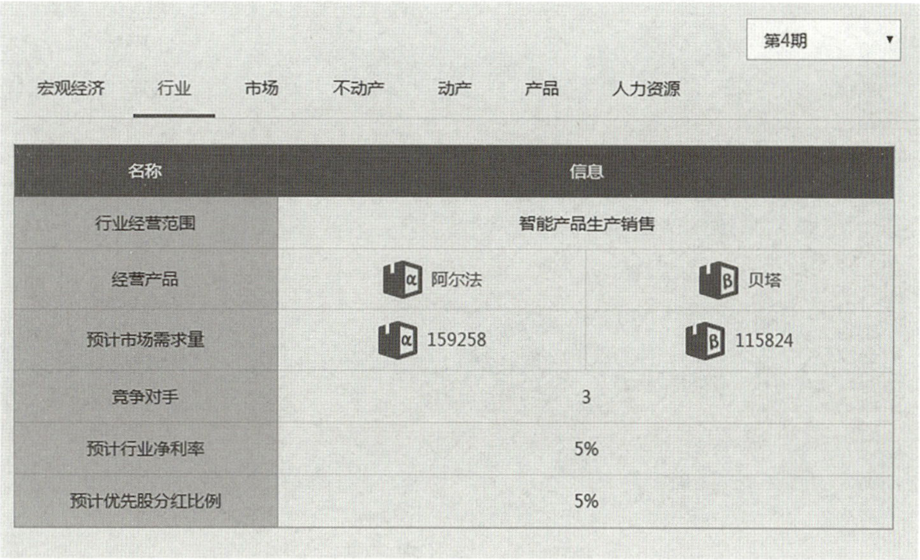

图 2-11 "行业"界面

"市场"界面提供各类产品在不同区域的消费习性信息,包括价格敏感度、质量服务、品牌宣传等(图 2-12)。

图 2-12 "市场"界面

"不动产"界面提供厂房、专卖店、卖场等不动产在不同区域的售价或者租金信息(图 2-13)。每个厂房可以容纳 2 条生产线。

第4期

宏观经济 行业 市场 不动产 动产 产品 人力资源

资产类别		经济区A（万元）	经济区B（万元）	经济区C（万元）
厂房	售价（含税）	772	888	927
	一期租金（含税）	77	89	93
阿尔法专卖店	一期租金（含税）	22	23	19
贝塔卖场	一期租金（含税）	58	60	50

备注：

每个厂房可以容纳2条生产线

图 2-13 “不动产”界面

“动产”界面提供各类产品生产线在不同区域的售价和租金情况、生产线最大产能以及生产线的获取方式等信息(图 2-14)。各期生产线的售价和租金会随着市场环境的变化而变化。

第4期

宏观经济 行业 市场 不动产 动产 产品 人力资源

生产线价格		经济区A（万元）	经济区B（万元）	经济区C（万元）	每期最大产能（万个）	生产线获取方式
阿尔法生产线	售价(含税)	2085	1737	1998	4	全款购买，经营租赁，一般融资租赁
	一期租金(含税)	313	261	300		
贝塔生产线	售价(含税)	1737	1448	1665	3	
	一期租金(含税)	261	217	250		

图 2-14 “动产”界面

“产品”界面提供各类产品的预计售价，生产该类产品所需要的原材料、原材料数量以及材料基准价格等信息(图 2-15)。产品的预计售价和材料基准价格会随着市场环境的变化而变化。

| 第4期 ▼ |

宏观经济　行业　市场　不动产　动产　**产品**　人力资源

产品信息	预计售价（上下浮动不超过15%）	所需原材料	原材料数量	材料基准价
阿尔法	1737.36	辅助材料	10	5.08
		阿尔法材料A1	1	448.97
		阿尔法材料A2	1	673.45
贝塔	1447.80	辅助材料	10	5.08
		贝塔材料B1	1	392.86
		贝塔材料B2	1	505.10

图 2-15　"产品"界面

"人力资源"界面提供生产人员在各地区的平均薪酬，以及管理人员、销售人员、董事会人员的固定薪酬等信息（图 2-16）。生产人员的平均薪酬会随着市场环境的变化而变化。管理人员根据注册资本金额配置，销售人员根据渠道配置，每个专卖店 3 人，每个大卖场 5 人，每个产品线上 10 人。销售提成以销售收入为提成基数。生产人员根据生产所需和系统规则自行计算并招聘。

岗位	固定薪酬	经济区A	经济区B	经济区C
生产人员（地区平均薪酬）	——	60000.00	54000.00	48000.00
管理人员	150000.00	——		
销售人员	50000.00	——		
董事会人员	200000.00	——		

备注：
　　管理人员根据注册资本金额配置，销售人员根据渠道配置，每个专卖店3人，每个大卖场5人，每个产品线上10人。销售提成按照销售收入为提成基数。

图 2-16　"人力资源"界面

（2）确定股本结构

"资本注册"界面如图 2-17 所示。

图 2-17 "资本注册"界面

企业 CEO 点击上下键新增注册资本,普通股资本上限为 5 000 万元,优先股资本上限为 5 000 万元。普通股为必选项,优先股根据经营需要自行配置,各期都可以增加。

1.2.4 实战策略问答

(1)问：如图 2-18 所示，GDP、CPI、M2 对企业经营策略有何影响？

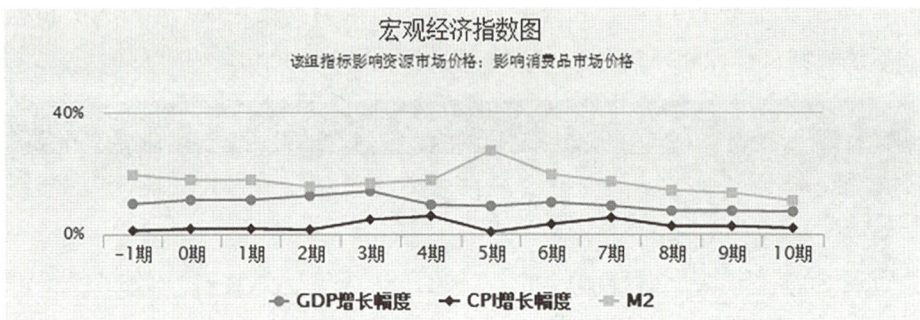

图 2-18 宏观经济指数图

答:平台每一期 GDP、CPI、M2 指标都会上下浮动,从而影响消费者市场、动产市场、不动产市场等,只有每期先分析当期的宏观经济走势,才能根据外部经营环境的变化做出合理的经营决策。例如 CPI 上涨,当期产品销售价格整体会上调,企业利润空间有可能增大。

（2）问：图 2-19 中利率对企业筹资策略有何影响？

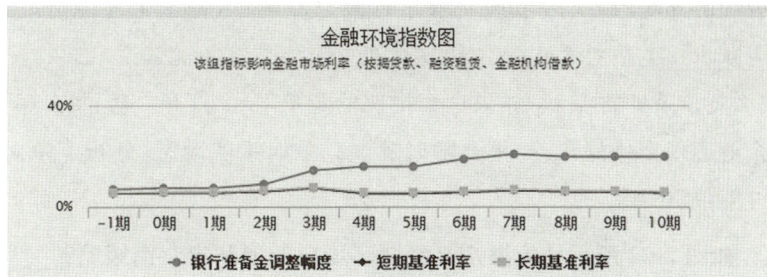

图 2-19 金融环境指数图

答：平台设置的金融环境指数直接影响金融市场利率，对企业融资成本产生影响。例如调高银行准备金率，货币供应量会减少，银行贷款利率会相应提高，企业的资金成本会增加。

（3）问：如图 2-20 所示，采购经理人指数会对企业经营的哪些方面产生影响？

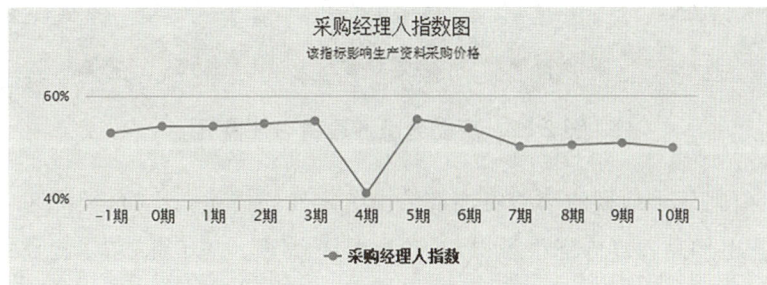

图 2-20 采购经理人指数图

答：平台设置的采购经理人指数是快速、及时反映市场动态的先行指标，是衡量市场发展状况的晴雨表。通过该指数可以合理预测材料价格的走势。企业要时常分析这个指标，判断材料价格的涨跌，以有效控制材料成本。

（4）问：如图 2-21 所示，决策时应如何运用市场供求信息？

名称	信息	
行业经营范围	智能产品生产销售	
经营产品	阿尔法	贝塔
预计市场需求量	55586	40426
竞争对手	1	
预计行业净利率	5%	
预计优先股分红比例	5%	

图 2-21 市场供求信息

答：平台的行业背景为智能产品的生产，市场需求量受宏观环境和批次内公司组数的影响。宏观经济环境较差时，市场需求量可能急剧减少，每家企业能分配到的市场份额也可能相应减少。竞争对手也是由批次内的公司组成，也就是说，如果这个批次的对手都很强，那么竞争就非常激烈；如果这个批次的竞争对手水平一般，那么竞争就比较不明显。所以企业不仅要做好自己，更要随时关注竞争对手的动态，分析竞争对手的战略，知己知彼，才能百战不殆。

（5）问：如图 2-22 所示，依据产品经营环境应如何制定营销策略？

产品	消费习性	经济区A	经济区B	经济区C	线上渠道
阿尔法	价格敏感度	￥￥￥￥	￥￥￥￥	￥￥￥￥	￥￥￥￥
	质量服务	★★★★	★★★☆	★☆☆☆	★★★★
	品牌宣传	♥♥♥♥	♥♥♥♥	♥♥♥♥	♥♥♥♥
贝塔	价格敏感度	￥￥￥￥	￥￥￥￥	￥￥￥￥	￥￥￥￥
	质量服务	★★★☆	★★★★	★★★★	★★★★
	品牌宣传	♥♥♥♥	♥♥♥♥	♥♥♥♥	♥♥♥♥

图 2-22 产品分渠道消费习性情况

答：平台针对每个地区的消费习性都给出了定性的描述。比如，经济区 A 对阿尔法产品的质量服务和品牌宣传都很敏感，对价格最不敏感。基于此，若考虑将来在经济区 A 销售阿尔法产品，则在生产时应适当提高产品的质量等级，在销售时要加大广告宣传力度；而低价策略对提高该区阿尔法产品的市场占用率成效甚微。各个团队要根据各个销售区域中各种产品的消费习性的描述，制定适合各个区域消费习性的营销策略。

（6）图 2-23 所示，请分析人力资源成本的成本性态和影响动因。

岗位	固定薪酬	经济区A	经济区B	经济区C
生产人员（地区平均薪酬）	——	60000.00	54000.00	48000.00
管理人员	150000.00	——	——	——
销售人员	50000.00	——	——	——
董事会人员	200000.00	——	——	——

备注：
　　管理人员根据注册资本金额配置，销售人员根据渠道配置，每个专卖店3人，每个大卖场5人，每个产品线上10人。销售提成按照销售收入为提成基数。

图 2-23 员工薪酬基本情况

答：平台给出了每个地区的劳动力市场的薪酬标准，在哪里招人，招多少人，都会影响企业的人工成本。企业要综合考虑成本因素，制定有助于总体战略实施的人力资源战略。以销售人员为例，薪酬的成本性态为混合成本，其中变动部分的影响动因是销售收入，"销售提成＝销售收入×1％"。

（7）问：制定经营规划时有何注意事项？

答：企业经营目标是企业战略的分解与落实。分析完企业内外部环境后，要针对企业现状制定切实可行的经营目标，首先要确定产品的市场占有率，根据市场总份额计算出产品的预计销量；然后以销定产，根据预计的生产数量确定材料采购数量和库存，根据生产需求进行资源配置，购置动产、不动产等。制定好企业的经营目标，就要制定企业的财务目标。结合动态资讯给出的本期产品的基础售价，合理预计当期的收入并制定收账政策，预计企业材料货款以及应付款项，并且通过产量需求，计算企业应招聘的生产人员数量；针对人力市场状况，设置薪酬。

预测企业现金流。现金流入预测，首先考虑现销收入，然后考虑企业要轻资产经营，还是<u>重</u>资产经营，以此设定股东投资金额和对外筹资金额；现金流出预测，根据资产购置金额或租赁金额、材料现付金额、人员薪酬金额、利息支出、分配股利等，计算出现金流出总额，从而得出本期净现金流。

1.3 筹资业务

1.3.1 实战路线图

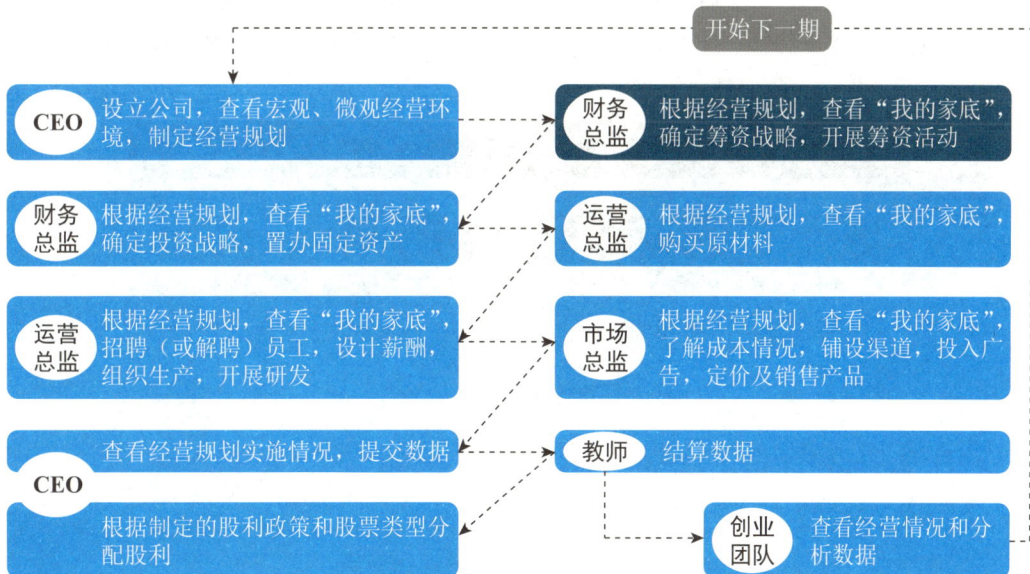

图 2-24　实战路线图之筹资业务

1.3.2 重点业务介绍

在实务执行层面,筹资业务完成后,才能开展投资业务和营运管理,但在经营规划层面,筹资业务应在完成了投资业务和营运管理预案后才能计算资金的需求总量、需求结构和需求进度。

筹资业务主要考虑筹资渠道、筹资方式和筹资成本三个问题。平台提供的筹资渠道是股东筹资和金融机构筹资,筹资方式是股权筹资和贷款。

股权筹资即注册资本总额上限为1亿元,普通股和优先股上限分别为5 000万元。

贷款分为短期贷款、长期贷款和小贷公司贷款。贷款额度和企业的注册资本及信用等级相关。可查看信用评级明细得分。信用评级D以下的不能贷款。当企业资金不足时,可以考虑将资产进行抵押以获取贷款。资产抵押的前提必须是拥有产权明确的资产。固定资产属于全款购买的,或者按揭购买已经到期的,可以将资产进行抵押,若要取消贷款,则当期可以取消抵押贷款。如资金不足面临破产,系统会根据情况提供闪电贷[①],闪电贷年利率20%以上,且第二年年初需偿还本息。

表2-3 筹资模块理论链接

关联课程	理论知识
财务管理	3.4.1 货币时间价值、3.4.2 现金流量、3.4.3 净现值(NPV)、3.4.4 筹资决策

1.3.3 平台使用指南

(1)确定初始股本结构

企业CEO在创立企业后首先应确定初始资本结构。点击上下键新增注册资本(图2-25),普通股资本上限为5 000万元,优先股资本上限为5 000万元。普通股为必选项,优先股根据经营需要各期都可新增。

图 2-25 确定初始股本结构界面

---

① 系统规划规定,现金流为负数时系统会自动提供一笔贷款,即闪电贷。

（2）新增注册资本

企业 CEO 在之后经营各期可根据实际情况选择新增注册资本。进入"新增资本注册"界面（图 2-26），点击上下键，填入新增注册资本金额，点击"修改保存"，则可新增普通股和优先股。普通股和优先股的最大额度各为 5 000 万元。

图 2-26　"新增资本注册"界面

（3）金融机构贷款

财务总监进入贷款界面（图 2-27），可进行短期贷款、长期贷款、小贷公司贷款，点击"添加筹资"，选择筹资类型，填写贷款期限和贷款金额，系统自动显示本期贷款额度。贷款额度和注册资本及信用等级相关。可查看信用评级明细得分。信用评级 D 以下的不能贷款。

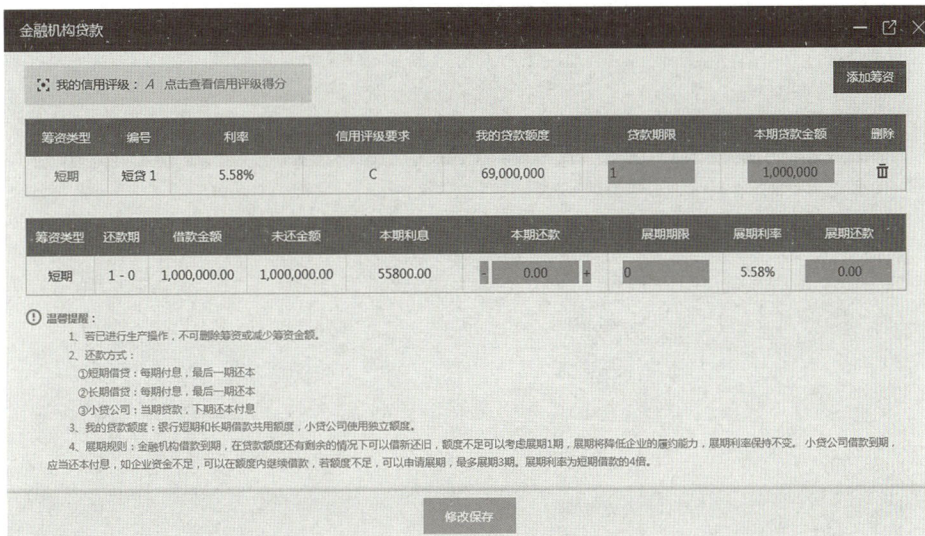

图 2-27　"金融机构贷款"界面

（4）资产抵押贷款

当企业资金不足时，财务总监可以考虑将资产进行抵押。资产抵押的前提必须是拥有产权明确的资产。固定资产属于全款购买的，或者按揭购买已经到期的，可以将资产进行抵押，点击"抵押贷款"即可完成（图2-28）；若要取消贷款，则当期可以取消抵押贷款。

资产名称	所在地区	获取时间	获取方式	资产原值	折旧期限	每期折旧	状态	操作
厂房	经济区B	第7期	一次性付款	8643580.76	20	432179.04	可用	抵押贷款
阿尔法生产线	经济区B	第7期	一次性付款	15527053.85	10	1552705.39	可用	抵押贷款
贝塔生产线	经济区B	第7期	一次性付款	12939211.54	10	1293921.15	可用	抵押贷款

图 2-28　"资产抵押贷款"界面

1.3.4 实战策略问答

（1）问：筹资需要考虑的因素有哪些？

答：选择筹资方式和筹资渠道需要考虑宏观金融市场环境、资金用途（固定资产投资、流动资金需求）、资金流动性、贷款利率和偿还期限等。

信用等级也是影响筹资的重要因素。信用评级是为社会机构提供的资信信息。信用评级的目的是显示受评对象信贷违约风险的大小。企业要得到金融机构更高额度的贷款，就必须保证在企业发展能力、盈利能力、营运能力、风险管理能力、现金管理能力等财务性信用指标方面做到金融机构要求的等级。平台内要求 D 以上的信用评级才能贷到款项，信用等级越高，贷款额度越大。

信用等级参考图 2-29 中各指标数值的高低综合评定。

财务指标	杜邦分析图	指标趋势图

指标类型	指标名称	指标值	
成本控制	主营业务成本率	67.89%	●
	经营管理费用率	15.22%	●
	财务费用率	0.00%	●
发展能力	收入增长率	18.80%	●
	资本积累率	19.51%	●
盈利能力	净资产收益率	17.77%	●
	销售净利率	13.34%	●
	总资产报酬率	15.29%	●
	总资产周转率	0.93	●

图 2-29　财务指标信息图

（2）问：短期筹资政策对企业风险和报酬有何影响？

答：企业在筹资时必须在风险和报酬之间进行认真的权衡，选取最优的筹资组合。短期筹资是指筹集在一年内或者超过一年的一个营业周期内到期的资金，通常是指短期负债筹资。其特征主要为：筹资速度快，筹资弹性好，筹资成本低，筹资风险大。

在资金总额不变的情况下，短期资金增加，可导致报酬的增加，也就是说，由于较多地使用了成本较低的短期资金，企业的利润会增加。但此时如果短期资产所占比例保持不变，那么短期负债的增加会导致流动比例下降，短期偿债能力减弱，进而增加企业的财务风险。

短期借款筹资决策主要考虑借款成本和贷款银行。短期借款成本也就是借款利率。平台内的借款利率是受每期金融环境影响的，每期由于银行准备金率的变化不同，借款利率也不同。所以企业要借到成本较低的款项必须关注宏观经济指标，从而在利率低的时候借款。

（3）问：企业设立如果要 4 000 万元的启动资金，怎么进行资金筹集？ 股权和债权分别占多大比例？ 哪种资本结构是最佳资本结构（表 2-4）？

表 2-4　筹资方案比较表

筹资方式	筹资方案 1		筹资方案 2		筹资方案 3	
	筹资额/万元	资本成本率/%	筹资额/万元	资本成本率/%	筹资额/万元	资本成本率/%
长期借款	400	6	500	6.5	600	7
优先股	600	12	1 000	10	800	8
普通股	3 000	15	2 500	13	2 600	12
合计	4 000		4 000		4 000	

答：根据资本成本比较法计算得出每个方案的综合资本成本率，进而根据综合成本率最低，判断哪个筹资方案的资本结构最适合企业。

筹资方案 1 的综合资本成本率＝（400/4 000）×6％＋（600/4 000）×12％＋（3 000/4 000）×15％＝13.65％

筹资方案 2 的综合资本成本率＝（500/4 000）×6.5％＋（1 000/4 000）×10％＋（2 500/4 000）×13％＝11.44％

筹资方案 3 的综合资本成本率＝（600/4 000）×7％＋（800/4 000）×8％＋（2 600/4 000）×12％＝10.45％

决策：筹资方案 3 的综合成本率最低，因此从综合资本率角度判断，筹资方案 3 是最适合企业的资本结构。

（4）问：长期筹资动机将给企业的资产和资本总额带来什么结果？

答：筹资的动机分为扩张性筹资动机、调整性筹资动机、混合性筹资动机。从表2-5、表2-6可以看出，扩张型筹资动机导致资产总额和资本总额都增加，而调整型筹资动机只是调整了资本结构，该公司的资产和筹资规模都未改变。

表2-5　扩张型筹资示例表

单位：元

资产项目	扩张筹资前	扩张筹资后	资本项目	扩张筹资前	扩张筹资后
存货	2 000	3 500	长期借款	3 000	4 500
固定资产	4 000	5 500	股东权益	3 000	4 500
资产总额	6 000	9 000	资本总额	6 000	9 000

表2-6　调整型筹资示例表

单位：元

资产项目	调整筹资前	调整筹资后	资本项目	调整筹资前	调整筹资后
存货	2 000	2 000	长期借款	4 000	2 000
固定资产	4 000	4 000	股东权益	2 000	4 000
资产总额	6 000	6 000	资本总额	6 000	6 000

1.4 投资业务

1.4.1 实战路线图

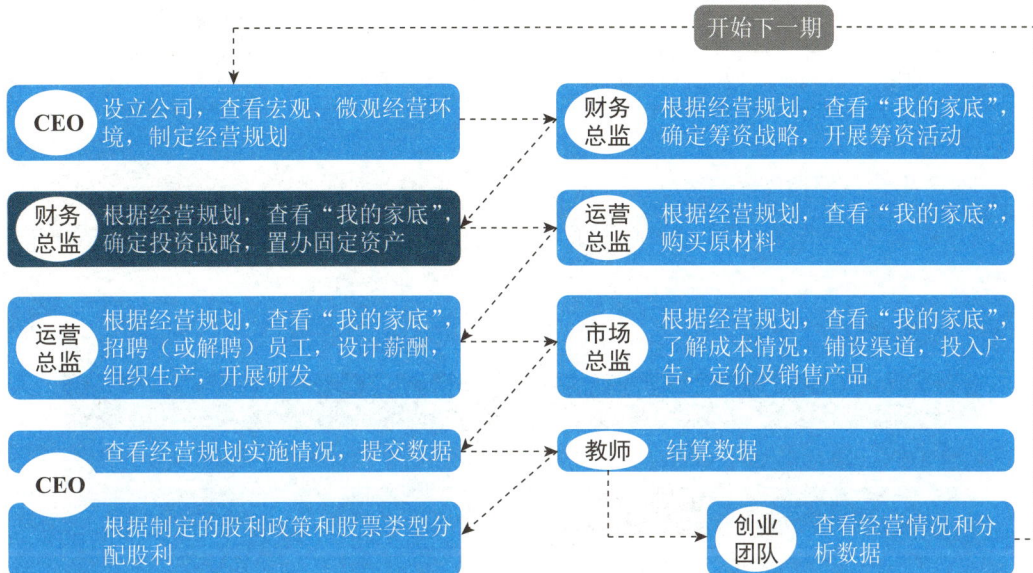

图 2-30 实战路线图之投资业务

1.4.2 重点业务介绍

投资业务是为企业开始正常生产经营配备的长期使用的基础设施。基础设施包括厂房、生产线。配备的方式包括购置和租赁。购置或租赁的方式决定了该项基础设施在财务报表中被确认的项目是固定资产还是费用。平台设置本业务由财务总监完成。

基础设施配备时需要考虑的因素包括设施的类型、设施所在地、购置或租赁的方式、购置或租赁的价格。

设施的类型指厂房的面积大小、生产线的类型（根据生产的产品不同分为阿尔法生产线和贝塔生产线）等。

设施所在地与生产经营的效率和成本关系密切,生产地与销售区域的距离影响服务响应速度和货物配送成本,设施购置的价格也制约着设施所在地的选择。

购置或租赁的方式增加了决策选择的空间和复杂度。厂房的购置方式包括全额购买和按揭购买,按揭购买的期限为 3～9 期。厂房的租赁方式是经营租赁,租赁期为 1 期或 5 期。生产线的购置方式是全额购买,租赁方式是经营租赁和一般融资租赁（按揭购买）,经营租赁期是 1 期或 5 期,按揭购买的期限为 3～9 期。

表 2-7　投资模块理论链接

关联课程	理论知识
管理学	3.1.3 计划
财务管理	3.4.5 投资决策、3.4.6 经营租赁与融资租赁
管理会计	3.5.1 概述、3.5.2 成本性态、3.5.3 本-量-利分析、3.5.4 经营决策
市场营销	3.7.2 产品生命周期

1.4.3 平台使用指南

为与平台用语设置一致,基础设施无论采取购置还是租赁的方式获取都统称为资产。

（1）新增资产

图 2-31　资产价格信息

财务总监进入所选区域进行厂房和生产线的购置或租赁(图 2-32)。

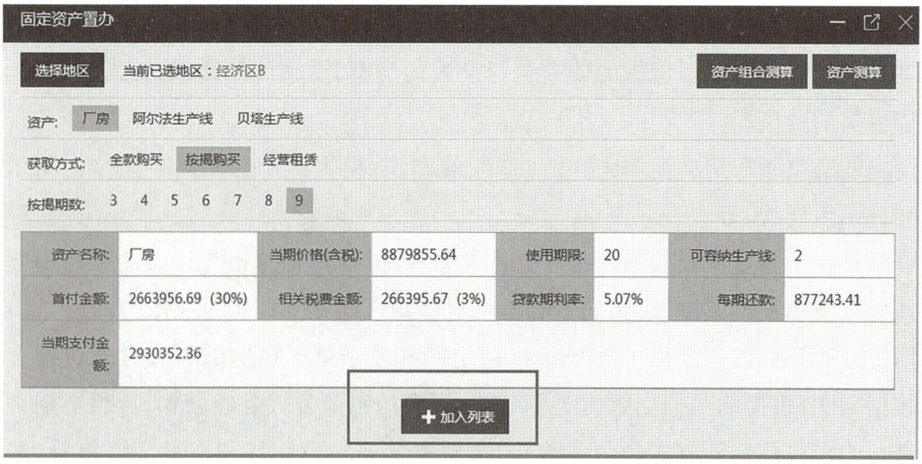

图 2-32　"固定资产置办"界面

财务总监进入已经选好的区域,可以购置或租赁厂房和生产线。依次选择资产、获取方式、按揭期数或租赁期数，点击"加入列表"，如图 2-33。

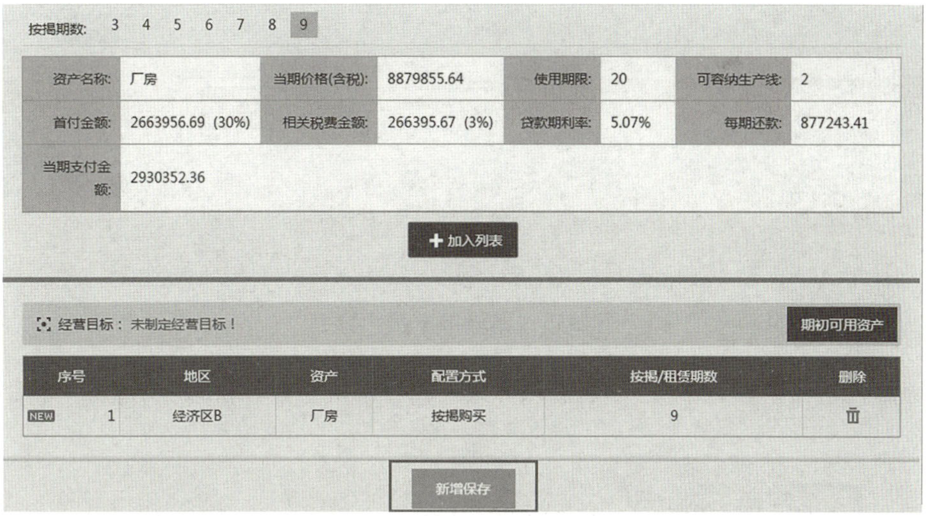

图 2-33　按揭购买厂房

加入列表后，点击"新增保存"，保存已经选好购置或租赁的资产。

（2）查看和删除资产

财务总监可以点击"期初可用资产"查看期初已经占有的资产。如果要删除新增过的资产，可以点击删除按钮，如图 2-34。

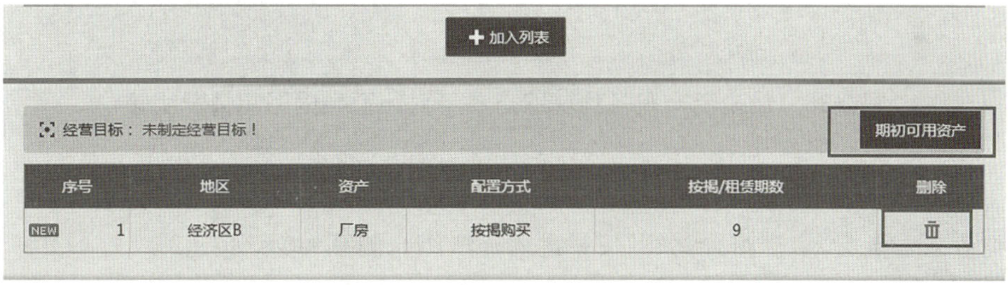

图 2-34　查看和删除资产界面

（3）单个资产测算

为方便企业决策，平台提供了便捷的测算资产获取成本的辅助工具。点击"资产测算"进入"资产测算"界面。选择固定资产类型（厂房、生产线等），选择所属区域，点击上下键选择预计的价格平均涨幅、预计的企业必要报酬率，选择按揭购买的期数、按揭贷款期利率（按揭贷款期利率一般默认为本期利率）。点击"进行测算"，查看测算结果。如图 2-35 所示。

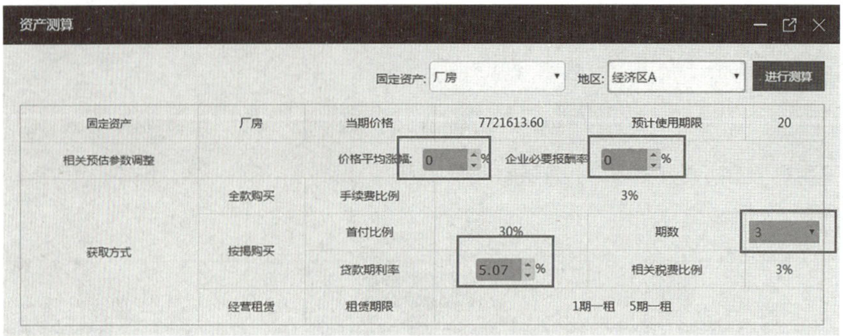

图 2-35　测算单个资产界面

系统自动计算单个资产在各种获取方式下现金流出金额和利润影响金额，如图 2-36 所示。

现金流出分析　影响利润分析

	全款购买	按揭购买	1期一租	5期一租
期数	现金流出	现金流出	现金流出	现金流出
4	7953262.01	2548132.49	772161.36	1286935.60
5	0.00	1987413.79	772161.36	1029548.48
6	0.00	1987413.79	772161.36	772161.36
7	0.00	1987413.79	772161.36	514774.24
8	0.00	0.00	772161.36	257387.12
9	0.00	0.00	772161.36	1286935.60
10	0.00	0.00	772161.36	1029548.48

图 2-36　单个资产在各种获取方式下对经营数据影响情况比较

（4）组合资产测算

财务总监点击“资产组合测算”按钮进入资产组合测算界面，如图 2-37。

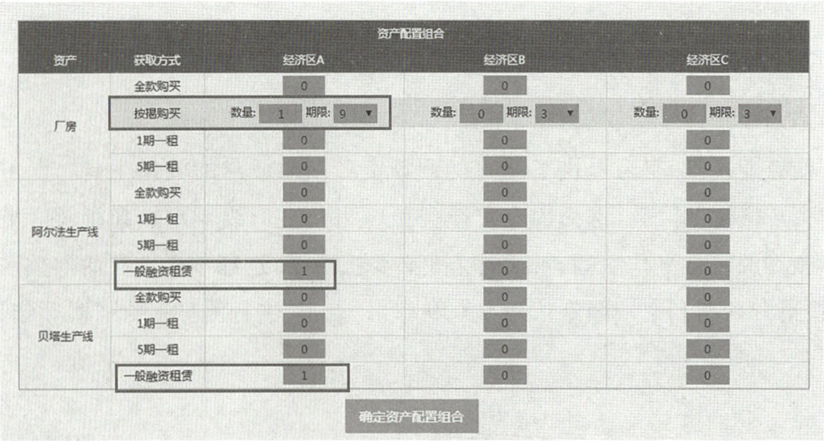

图 2-37　资产组合测算界面

先填写各区需要的资产配置组合数量,点击"确定资产配置组合"。

然后进行经营参数调整:填写预计收入增长幅度、预计材料成本增长幅度、预计人工成本增长幅度,预计管理、销售费用等占收入的比例,预计期间费用增幅,点击"进行测算",进行现金流量的测算及 NPV 的测算,如图 2-38。

经营参数调整				
收入预测	销售数量	销售价格	预计收入	预计收入增长幅度
阿尔法	40000	1737.36	69494400	5.0 %
贝塔	30000	1447.80	43434000	
原材料浮现成本预测		采购价格	材料付现成本	预计材料成本增长幅度
阿尔法原材料(套)		1173.22	46928800	5.0 %
贝塔原材料(套)		948.76	28462800	
人工成本预测	生产人员数量	生产人员平均工资	薪酬付现成本	预计人工成本增长幅度
阿尔法生产人员	100	60000.00	6000000	5.0 %
贝塔生产人员	100	60000.00	6000000	
预计其他付现成本(管理费用,销售费用等)	预计占收入比例: 15.0 %		预计增幅: 5.0 %	

进行测算　返回选择资产配置组合

图 2-38　经营参数调整界面

查看 NPV 测算结果(图 2-39),如果 NPV>0,则投资该项目;反之则重新进行资产组合和测算。

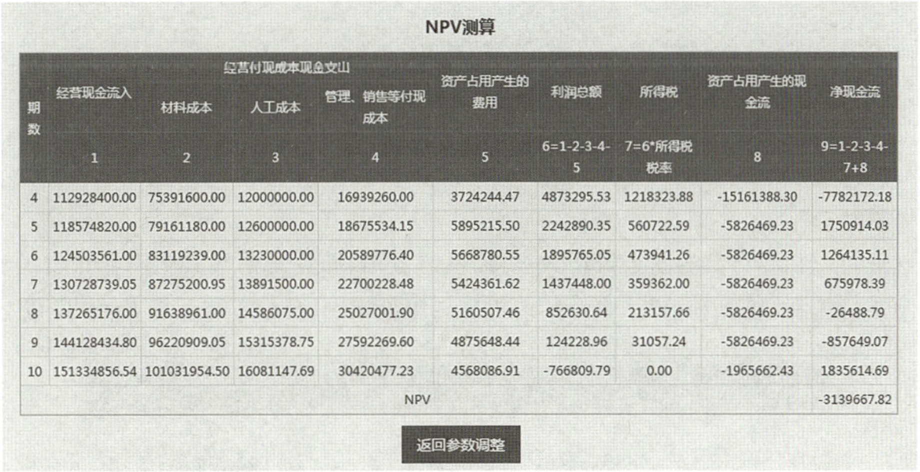

NPV测算								
期数	经营现金流入	经营付现成本现金支山			资产占用产生的费用	利润总额	所得税	资产占用产生的现金流	净现金流
		材料成本	人工成本	管理、销售等付现成本					
	1	2	3	4	5	6=1-2-3-4-5	7=6*所得税税率	8	9=1-2-3-4-7+8
4	112928400.00	75391600.00	12000000.00	16939260.00	3724244.47	4873295.53	1218323.88	-15161388.30	-7782172.18
5	118574820.00	79161180.00	12600000.00	18675534.15	5895215.50	2242890.35	560722.59	-5826469.23	1750914.03
6	124503561.00	83119239.00	13230000.00	20589776.40	5668780.55	1895765.05	473941.26	-5826469.23	1264135.11
7	130728739.05	87275200.95	13891500.00	22700228.48	5424361.62	1437448.00	359362.00	-5826469.23	675978.39
8	137265176.00	91638961.00	14586075.00	25027001.90	5160507.46	852630.64	213157.66	-5826469.23	-26488.79
9	144128434.80	96220909.05	15315378.75	27592269.60	4875648.44	124228.96	31057.24	-5826469.23	-857649.07
10	151334856.54	101031954.50	16081147.69	30420477.23	4568086.91	-766809.79	0.00	-1965662.43	1835614.69
					NPV				-3139667.82

返回参数调整

图 2-39　净现值(NPV)测算界面

(5)固定资产拍卖

①新增拍卖

当企业资金不足、固定资产处于闲置状态时,财务总监可以将资产进行拍卖,自行设置起拍价和一口价。点击"我要拍卖"—"新增拍卖",如图 2-40。

图 2-40　新增拍卖界面

选择需要拍卖的资产,设置起拍价,若企业需要,也可以同时设置一口价,设置完成后,点击"新增保存",如图 2-41。

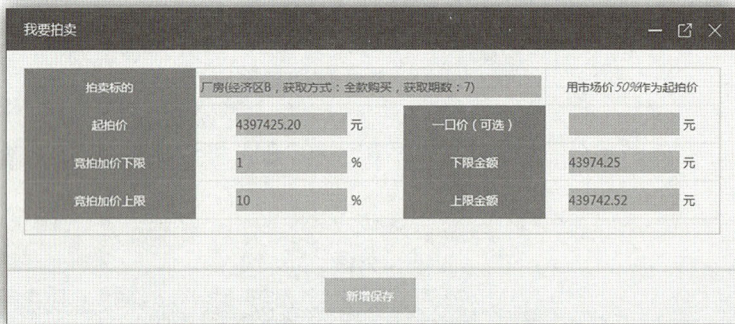

图 2-41　拍卖信息填写界面

②参与竞拍

企业可以拍卖自己的固定资产,也可以参与竞拍,即竞争购买其他企业拍卖的资产,点击上下键选择"我要竞拍"。竞拍采取价高者得的原则,最后谁竞拍出价高,谁成交。

图 2-42　参与竞拍界面

（6）固定资产出售

当企业固定资产处于闲置状态，或企业资金不足时，财务总监可以点击"出售"将资产卖出，如图 2-43。当期若要取消出售，则点击"取消出售"即可。

资产名称	所在地区	获取时间	获取方式	资产原值	折旧期限	每期折旧	状态	操作
厂房	经济区B	第7期	一次性付款	8643580.76	20	432179.04	可用	出售
阿尔法生产线	经济区B	第7期	一次性付款	15527053.85	10	1552705.39	可用	出售
贝塔生产线	经济区B	第7期	一次性付款	12939211.54	10	1293921.15	可用	出售

图 2-43　"固定资产出售"界面

1.4.4 实战策略问答

（1）问：什么因素影响单项资产选择的决策？

答：选择单项资产面临进行互斥方案的决策，要求决策者从所有的备选方案中选出最优方案。首先，可以考虑为获取某项资产的使用权支付现金的情况，即什么时间支付多少资金，如何支付，如何选择最优的获取方式。可使用平台提供的"资产测算"—"现金流出分析"功能比较查看。

期数	全款购买现金流出	按揭购买现金流出	1期一租现金流出	5期一租现金流出
1	8240000.00	2640000.00	800000.00	1333333.33
2	0.00	787864.45	800000.00	1066666.67
3	0.00	787864.45	800000.00	800000.00
4	0.00	787864.45	800000.00	533333.33
5	0.00	787864.45	800000.00	266666.67
6	0.00	787864.45	800000.00	1333333.33
7	0.00	787864.45	800000.00	1066666.67
8	0.00	787864.45	800000.00	800000.00
9	0.00	787864.45	800000.00	533333.33

图 2-44　单个资产在各种获取方式下现金流出情况分析

其次，考虑某项资产对企业利润的影响（考虑企业所得税的因素）。可使用平台提供的"资产测算"—"影响利润分析"功能比较查看。

现金流出分析 影响利润分析

期数	全款购买 折旧	全款购买 影响净利润	按揭购买 折旧	按揭购买 利息	按揭购买 影响净利润	1期一租 租金	1期一租 影响净利润	5期一租 租金	5期一租 影响净利润
1	372360.36	279270.27	372360.36	0.00	279270.27	720720.72	540540.54	720720.72	540540.54
2	372360.36	279270.27	372360.36	280000.00	489270.27	720720.72	540540.54	720720.72	540540.54
3	372360.36	279270.27	372360.36	254606.78	470225.36	720720.72	540540.54	720720.72	540540.54
4	372360.36	279270.27	372360.36	227943.89	450228.19	720720.72	540540.54	720720.72	540540.54
5	372360.36	279270.27	372360.36	199947.87	429231.17	720720.72	540540.54	720720.720	540540.54
6	372360.36	279270.27	372360.36	170552.04	407184.30	720720.72	540540.54	720720.72	540540.54
7	372360.36	279270.27	372360.36	139686.42	384035.09	720720.72	540540.54	720720.72	540540.54
8	372360.36	279270.27	372360.36	107277.52	359728.41	720720.72	540540.54	720720.72	540540.54
9	372360.36	279270.27	372360.36	73248.17	334206.40	720720.72	540540.54	720720.72	540540.54

图 2-45　单个资产在各种获取方式下利润情况分析

（2）问：厂房按揭购买方式下，如何选择按揭期数？

答：对于厂房，如确定要选择按揭购买，则会面临按揭期数选择的问题，应如何选择呢？市场上，在以按揭购买方式购入厂房时，按揭期数从 3 期至 9 期不等。选择不同的按揭期数，对经营会有不同的影响。下面以在经济区 A 以按揭购买方式购入厂房为例看如何选择按揭期数，其界面如图 2-46 所示。

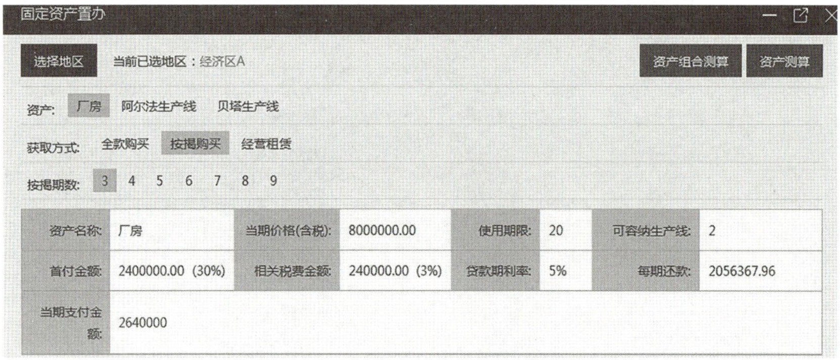

图 2-46　按揭购买厂房界面

比较不同期数下每期还款金额是否相同，如图 2-47、图 2-48 所示。

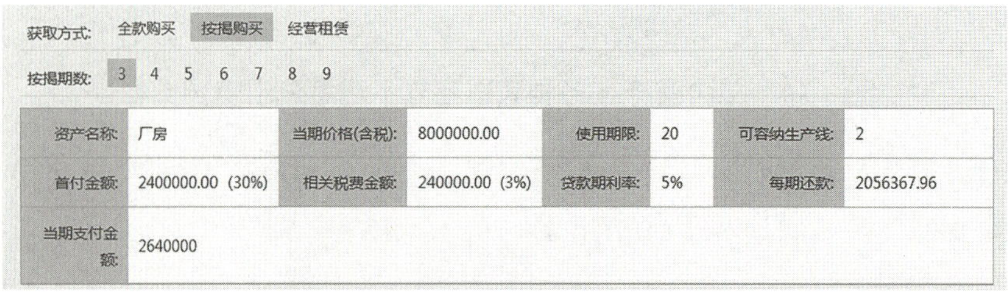

图 2-47　按揭 3 期购买厂房信息

获取方式:	全款购买	按揭购买	经营租赁				
按揭期数:	3　4　5　6　7　8　9						

资产名称:	厂房	当期价格(含税):	8000000.00	使用期限:	20	可容纳生产线:	2
首付金额:	2400000.00 (30%)	相关税费金额:	240000.00 (3%)	贷款期利率:	5%	每期还款:	787864.45
当期支付金额:	2640000						

图 2-48　按揭 9 期购买厂房信息

进行方案选择时,要求决策者从所有的备选方案中选出相关成本最低的方案。首先,按揭购买的期数不同,每期需要支付的金额不同,那么企业的现金流足够吗?财务总监可使用平台提供的"资产测算"—"现金流出分析"功能比较查看(如图 2-49、图 2-50)。

期数	全款购买 现金流出	按揭购买 现金流出
1	8240000.00	2640000.00
2	0.00	2056367.96
3	0.00	2056367.96
4	0.00	2056367.96
5	0.00	0.00
6	0.00	0.00
7	0.00	0.00
8	0.00	0.00
9	0.00	0.00
10	0.00	0.00
11	0.00	0.00
12	0.00	0.00
13	0.00	0.00
14	0.00	0.00
15	0.00	0.00
16	0.00	0.00
17	0.00	0.00
18	0.00	0.00
19	0.00	0.00
20	0.00	0.00
NPV	8240000.00	8809103.88

图 2-49　　不同方式下购买厂房净现值(NPV)比较——3 期按揭

现金流量分析　影响利润分析

期数	全款购买 现金流出	按揭购买 现金流出
1	8240000.00	2640000.00
2	0.00	787864.45
3	0.00	787864.45
4	0.00	787864.45
5	0.00	787864.45
6	0.00	787864.45
7	0.00	787864.45
8	0.00	787864.45
9	0.00	787864.45
10	0.00	787864.45
11	0.00	0.00
12	0.00	0.00
13	0.00	0.00
14	0.00	0.00
15	0.00	0.00
16	0.00	0.00
17	0.00	0.00
18	0.00	0.00
19	0.00	0.00
20	0.00	0.00
NPV	8240000.00	9730780.05

图 2-50　不同方式下购买厂房净现值(NPV)比较——9 期按揭

其次,考虑不同期数的选择对利润是否有影响,如图 2-51、图 2-52 所示。

现金流量分析　影响利润分析

期数	全款购买 折旧	全款购买 影响净利润	按揭购买 折旧	按揭购买 利息	按揭购买 影响净利润
1	372360.36	279270.27	372360.36	0.00	279270.27
2	372360.36	279270.27	372360.36	280000.00	489270.27
3	372360.36	279270.27	372360.36	191181.60	422656.47
4	372360.36	279270.27	372360.36	97922.28	352711.98
5	372360.36	279270.27	372360.36	0.00	279270.27
6	372360.36	279270.27	372360.36	0.00	279270.27
7	372360.36	279270.27	372360.36	0.00	279270.27
8	372360.36	279270.27	372360.36	0.00	279270.27
9	372360.36	279270.27	372360.36	0.00	279270.27
10	372360.36	279270.27	372360.36	0.00	279270.27
11	372360.36	279270.27	372360.36	0.00	279270.27
12	372360.36	279270.27	372360.36	0.00	279270.27
13	372360.36	279270.27	372360.36	0.00	279270.27
14	372360.36	279270.27	372360.36	0.00	279270.27
15	372360.36	279270.27	372360.36	0.00	279270.27
16	372360.36	279270.27	372360.36	0.00	279270.27
17	372360.36	279270.27	372360.36	0.00	279270.27
18	372360.36	279270.27	372360.36	0.00	279270.27
19	372360.36	279270.27	372360.36	0.00	279270.27
20	372360.37	279270.28	372360.37	0.00	279270.28
合计	7447207.21	5585405.41	7447207.21	569103.88	6012233.32

图 2-51　不同方式下购买厂房利润影响情况比较——3 期按揭

现金流出分析　影响利润分析

期数	全款购买 折旧	全款购买 影响净利润	按揭购买 折旧	按揭购买 利息	按揭购买 影响净利润
1	372360.36	279270.27	372360.36	0.00	279270.27
2	372360.36	279270.27	372360.36	280000.00	489270.27
3	372360.36	279270.27	372360.36	254606.78	470225.36
4	372360.36	279270.27	372360.36	227943.89	450228.19
5	372360.36	279270.27	372360.36	199947.87	429231.17
6	372360.36	279270.27	372360.36	170552.04	407184.30
7	372360.36	279270.27	372360.36	139686.42	384035.09
8	372360.36	279270.27	372360.36	107277.52	359728.41
9	372360.36	279270.27	372360.36	73248.17	334206.40
10	372360.36	279270.27	372360.36	37517.36	307408.29
11	372360.36	279270.27	372360.36	0.00	279270.27
12	372360.36	279270.27	372360.36	0.00	279270.27
13	372360.36	279270.27	372360.36	0.00	279270.27
14	372360.36	279270.27	372360.36	0.00	279270.27
15	372360.36	279270.27	372360.36	0.00	279270.27
16	372360.36	279270.27	372360.36	0.00	279270.27
17	372360.36	279270.27	372360.36	0.00	279270.27
18	372360.36	279270.27	372360.36	0.00	279270.27
19	372360.36	279270.27	372360.36	0.00	279270.27
20	372360.37	279270.28	372360.37	0.00	279270.28
合计	7447207.21	5585405.41	7447207.21	1490780.05	6703490.46

图 2-52　不同方式下购买厂房利润影响情况比较——9 期按揭

(3)问：如何选择资产组合?

答:对于不同的地区,不同的资产价格各不相同,产生的效益也不相同。有限的资金,多样的组合,如何选择呢?选择方案时,要求决策者从所有的备选组合方案中选出相关指标期望值最高的方案。经营时,资金是有限的,各种购买方式以及不同的组合使各种购买方案的现金流差异很大,如何判断哪种方案比较好呢?首先资金流足够吗?可使用平台提供的"资产组合测算"功能比较查看(图 2-53)。

资产组合测算

资产	获取方式	资产配置组合 经济区A	经济区B	经济区C
厂房	全款购买	1	0	0
	按揭购买	数量: 0 期限: 3	数量: 1 期限: 3	数量: 0 期限: 3
	1期一租	0	0	1
	5期一租	0	0	0
阿尔法生产线	全款购买	1	0	0
	1期一租	0	0	1
	5期一租	0	0	0
	一般融资租赁	1	1	0
贝塔生产线	全款购买	1	0	0
	1期一租	0	0	1
	5期一租	0	0	0
	一般融资租赁	1	1	0

确定资产配置组合

图 2-53　"资产组合测算"界面

其次,可以对投资参数进行调整(图 2-54),看是否实现了经营的目标。

资产组合测算

经营参数调整				
收入预测	销售数量	销售价格	预计收入	预计收入增长幅度
阿尔法	160000	1800.00	288000000	5 %
贝塔	120000	1500.00	180000000	
原材料浮现成本预测		采购价格	材料付现成本	预计材料成本增长幅度
阿尔法原材料(套)		1050.00	168000000	5 %
贝塔原材料(套)		850.00	102000000	
人工成本预测	生产人员数量	生产人员平均工资	薪酬付现成本	预计人工成本增长幅度
阿尔法生产人员	400	60000.00	24000000	5 %
贝塔生产人员	400	60000.00	24000000	
预计其他付现成本(管理费用,销售费用等)	预计占收入比例: 15 %	预计增幅: 5 %		

进行测算　返回选择资产配置组合

图 2-54　经营参数调整界面

再次,查看选中的组合产生了多少 NPV,如图 2-55。

NPV测算

期数	经营现金流入	经营付现成本现金支出			资产占用产生的费用	利润总额	所得税	资产占用产生的现金流	净现金流
		材料成本	人工成本	管理、销售等付现成本					
	1	2	3	4	5	6=1-2-3-4-5	7=6*所得税税率	8	9=1-2-3-4-7+8
1	468000000.00	270000000.00	48000000.00	70200000.00	16306721.69	63493278.31	15873319.58	-81486500.00	-17559819.58
2	491400000.00	283500000.00	50400000.00	77395500.00	20183373.93	59921126.07	14980281.52	-18600523.16	46523695.32
3	515970000.00	297675000.00	52920000.00	85328538.75	19701828.08	60344633.17	15086158.29	-18600523.16	46359779.80
4	541768500.00	312558750.00	55566000.00	94074713.97	19184125.94	60384910.09	15096227.52	-18600523.16	45872285.35
5	568856925.00	328186687.50	58344300.00	103717372.15	18627471.15	59981094.20	14995273.55	-16235700.00	47377591.80
6	597299771.25	344596021.88	61261515.00	114348402.80	18147087.84	58946743.73	14736685.93	-16235700.00	46121445.64
7	627164759.81	361825822.97	64324590.75	126069114.09	17627391.56	57317840.44	14329460.11	-16235700.00	44380071.89
8	658522997.80	379917114.12	67540820.29	138991198.28	17065165.02	55008700.09	13752175.02	-16235700.00	42085990.09
9	691449147.69	398912969.82	70917861.30	153237796.10	16456927.65	51923592.82	12980898.21	-8975700.00	46423922.26
10	726021605.08	418858618.31	74463754.37	168944670.21	16306721.56	47447840.63	11861960.16	41547500.00	93440102.03
NPV									441025064.60

图 2-55　净现值(NPV)测算界面

1.5 营运管理

1.5.1 实战路线图

营运管理有三个主要步骤,分别是运营总监负责的物资供应和生产研发,市场总监负责的市场营销。

开始下一期

CEO 设立公司，查看宏观、微观经营环境，制定经营规划

财务总监 根据经营规划，查看"我的家底"，确定筹资战略，开展筹资活动

财务总监 根据经营规划，查看"我的家底"，确定投资战略，置办固定资产

运营总监 根据经营规划，查看"我的家底"，购买原材料

运营总监 根据经营规划，查看"我的家底"，招聘（或解聘）员工，设计薪酬，组织生产，开展研发

市场总监 根据经营规划，查看"我的家底"，了解成本情况，铺设渠道，投入广告，定价及销售产品

CEO 查看经营规划实施情况，提交数据

教师 结算数据

根据制定的股利政策和股票类型分配股利

创业团队 查看经营情况和分析数据

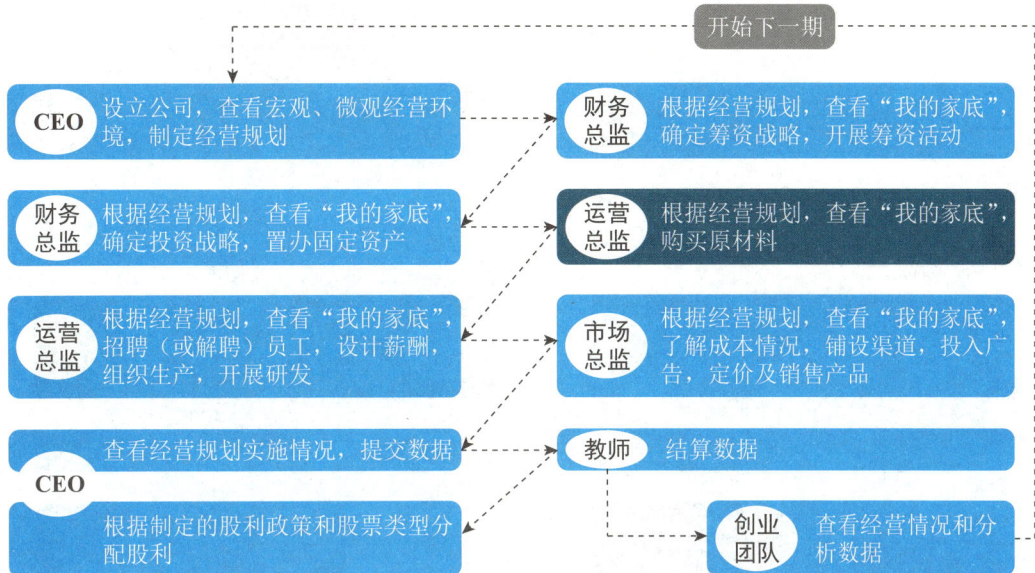

图 2-56　实战路线图之物资供应

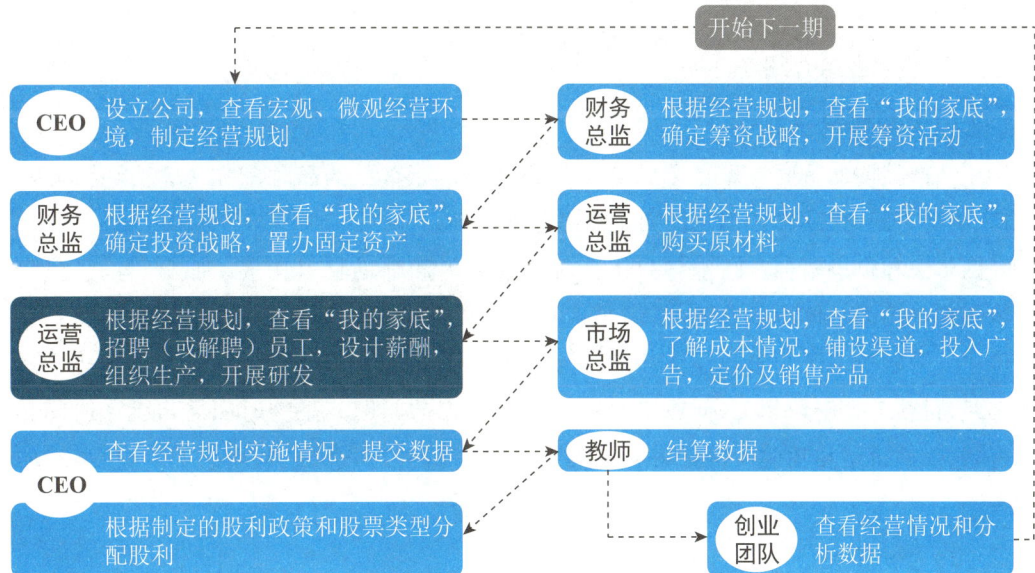

开始下一期

CEO 设立公司，查看宏观、微观经营环境，制定经营规划

财务总监 根据经营规划，查看"我的家底"，确定筹资战略，开展筹资活动

财务总监 根据经营规划，查看"我的家底"，确定投资战略，置办固定资产

运营总监 根据经营规划，查看"我的家底"，购买原材料

运营总监 根据经营规划，查看"我的家底"，招聘（或解聘）员工，设计薪酬，组织生产，开展研发

市场总监 根据经营规划，查看"我的家底"，了解成本情况，铺设渠道，投入广告，定价及销售产品

CEO 查看经营规划实施情况，提交数据

教师 结算数据

根据制定的股利政策和股票类型分配股利

创业团队 查看经营情况和分析数据

图 2-57　实战路线图之生产研发

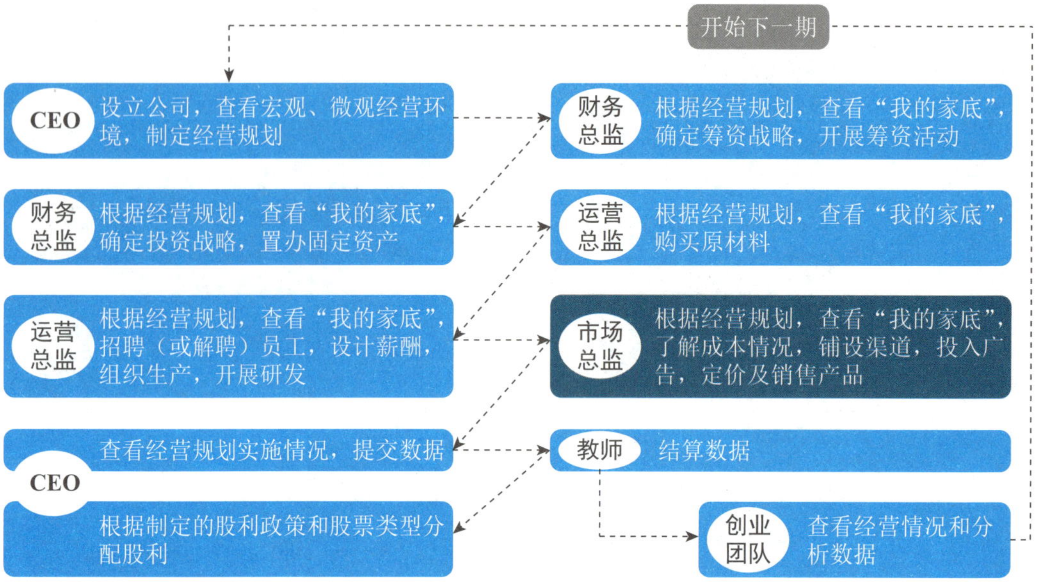

图 2-58　实战路线图之市场营销

1.5.2 重点业务介绍

（1）物资供应

生产产品前的重要工作是采购适当的原材料。原材料的品种配比关系、质量等级、价格、采购时间、付款方式都是需要重点考虑的事项。

阿尔法和贝塔两种产品都各自由两种主要材料和辅助材料构成。原材料的质量等级将影响产品的总体质量等级，是满足客户订单要求的关键因素，同时也影响原材料采购价格。采购价格既受宏观经济环境、材料供需市场的影响，会经常性波动，同时也与质量等级、付款方式密切相关，低成本采购是值得考虑的问题。采购时间需与生产时间相配合，与采购价格相呼应。付款方式分为一次性付款、首八余二、首六余四，与价格紧密联系。

（2）生产研发

要使生产正常运行，除了采购基础设施、原材料外，还需要配备生产人员、设计薪酬和适时地进行产品研发。

生产人员配备的数量受投产产品的数量和每名生产人员加班的幅度影响。"实际单人年产量＝400×加班幅度"。由于加班提高了实际单人产量，生产同样数量的产品所需的人数可以相应减少。

生产人员薪酬总额由固定薪酬和计件工资构成。固定薪酬与生产人员所处的经济区域有关，且不得低于该区域当期平均薪酬；单位基础计件工资自行设定，"加班计件工资＝（实际单人产量情况－正常单人产量）×单位基础计件工资×2"。系统设定人均总薪酬不得低于所在区域平均薪酬的 75％，固定薪酬不得低于总薪酬的 50％。薪酬水平对生产的产品废品率也会产生影响，薪酬越高，废品率越低。

产品研发是降低产品成本、提高产品市场竞争力的重要因素。产品研发业务分为自主研发和外购研发：自主研发能降低辅助材料的耗用量，会按比例减少辅助材料的使用量，节约使用成本；外购研发（外购专利）不能降低辅助材料的耗用量，但能增加产品附加值，提高产品的综合竞争力，提升产品销售价格。研发费用于当期投入，效果影响当期和后续期间。投入的研发费用可累计。

（3）市场营销

市场营销工作是为了抢占市场，获取订单，是生产、采购工作得以开展的推动力。市场营销的主要内容包括：销售渠道铺设、广告投入和产品销售。销售渠道铺设和广告投入工作完成后才能进行产品销售工作。

销售渠道分为两类，分别是线上渠道和线下渠道。线上渠道适用于阿尔法和贝塔两种产品，产品通过线上渠道销售不受经济区限制；线下渠道包括适用于阿尔法产品的专卖店和适用于贝塔产品的量贩卖场，产品只可在线下渠道所铺设的经济区范围内销售。线下渠道只能采取租赁方式获取，阿尔法专卖店分为 1 期一租和 5 期一租两种租赁方式，贝塔卖场只有 1 期一租一种租赁方式。

渠道不同，铺设成本也不同。铺设成本包括：销售人员薪酬、渠道费用和渠道租金。在销售人员薪酬方面，线上渠道，即网店，需要为每种产品的销售聘请 10 名销售人员，线下渠道中每家专卖店需要聘请 3 名销售人员，每家卖场需要聘请 5 名销售人员。渠道人员薪酬情况可查看"动态资讯"中的"人力资源"，销售人员工资为"固定薪酬＋销售提成"，"销售提成＝销售收入×1％"。

渠道费用会因铺设渠道的不同而有所差异，具体包括阿尔法专卖店开设费、贝塔卖场进场费、网店宣传维护费、网店销售保证金。阿尔法专卖店开设费和贝塔卖场进场费需一次性支付，同时计入当期销售费用，如租期 1 年，第二年再次租赁时仍需支付开设费和进场费；如租期 5 年，第一年支付开设费和进场费后，5 年内无须再次支付。网店宣传维护费也计入当期销售费用。网销保证金在铺设线上渠道时支付，退出线上渠道时退还。

渠道租金根据专卖店、卖场渠道和租期不同而有所差异。

广告投入工作需要分渠道、分经济区实施。不同产品的广告投入方式是不同的。广告投入的方式包括赠品营销、现场活动营销和宣传单发放三种。每种产品可以选择投放广告，也可以选择不投放广告，并设有固定的新增广告费用金额。广告投放金额的多少会影响企业的市场份额。影响期数代表该种广告投放方式的影响持续时间。

产品销售的区域即是发货目的地，支持跨区域销售，即生产的区域和销售的区域不一定一致，跨区域销售的单位运费不同。销售价格在市场指导价下自主设置，销售数量在库存范围内设置。线下销售产品的收款方式包括一次性收款、首五余五、首六余四三种。而线上销售产品的收款方式只有一种,即一次性收款。

表 2-8　营运管理模块理论链接

关联课程	理论知识
管理学	3.1.3 计划、3.1.6 控制
财务管理	3.4.7 现金周转与现金管理
管理会计	3.5.2 成本性态、3.5.3 本-量-利分析、3.5.4 经营决策、3.5.5 存货决策、3.5.6 作业成本法
市场营销	3.7.1 消费者购买行为模式、3.7.2 产品生命周期、3.7.3 4P 理论
人力资源管理	3.8.1 人力资源需求预测、3.8.3 薪酬结构

1.5.3 平台使用指南

（1）原材料采购

①新增物资

运营总监在采购阿尔法和贝塔两种产品对应的原材料前可以先点击"原材料价格配比信息"和"原材料价格趋势图"（如图 2-59），再点击"动态资讯"中的"产品"和"宏观经济"中的相关指标,查看相应信息,方便操作执行。

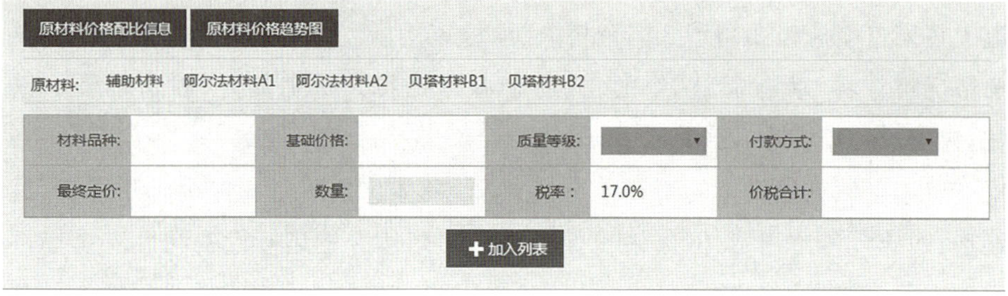

图 2-59　原材料信息

购买某种材料时,选择质量等级、付款方式、购买数量,点击"加入列表"即可,如图 2-60。质量等级和付款方式都会影响最终定价。

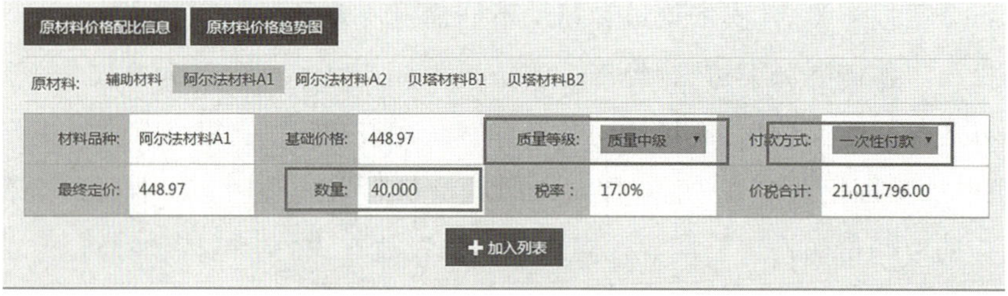

图 2-60　原材料采购决策

加入列表后点击"新增保存",保存要购买的材料,如图 2-61。如果要删除该条购买信息,点击删除按钮。

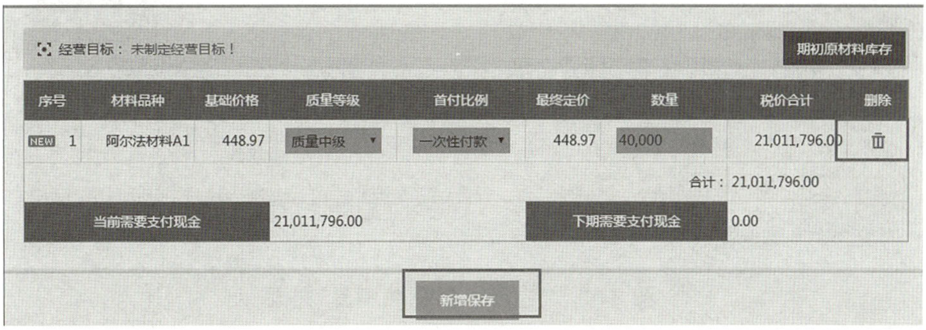

图 2-61　删除计划采购的原材料

点击"期初原材料库存",可以查看每期期初原材料的剩余数量。

②原材料出售

当企业出现资金紧张、材料库存太大等情况时,可以将原材料进行出售。"原材料出售"界面如图 2-62 所示。

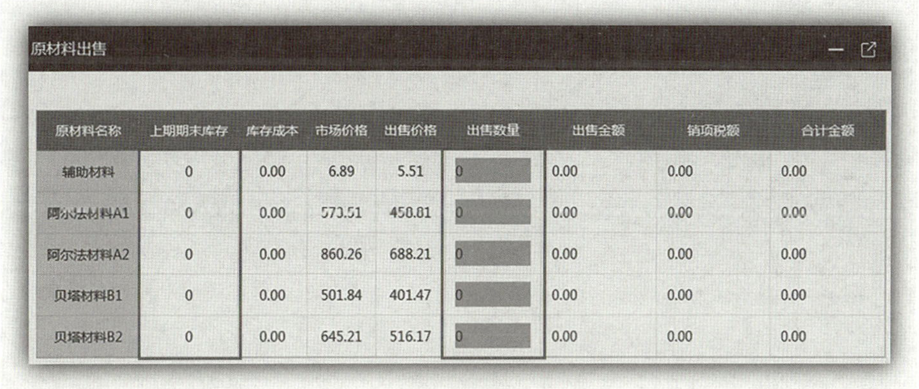

图 2-62　"原材料出售"界面

原材料只能出售期初库存材料,本期购入材料不能出售,将要出售材料的数量填入"出售数量"列中即可。

（2）生产运营

①生产人员招聘

只有在购置了生产线的区域才能招聘生产人员。招聘人员时,要先进行"生产人员招聘测算"。

②生产人员招聘测算

在进行生产人员招聘前需要进行生产人员招聘测算,填写预计投产数量、加班幅度（加班幅度不得超过 20％）,点击"进行测算",系统会自动计算出投产人数,如图 2-63。

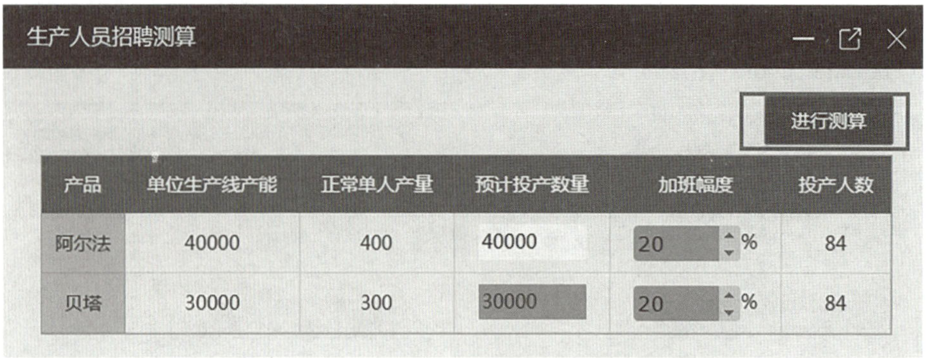

图 2-63 "生产人员招聘测算"界面

③生产人员新增

测算出招聘人数后,在购置固定资产的区域填写已经测算好的本期招聘人数,点击"新增保存",如图 2-64。

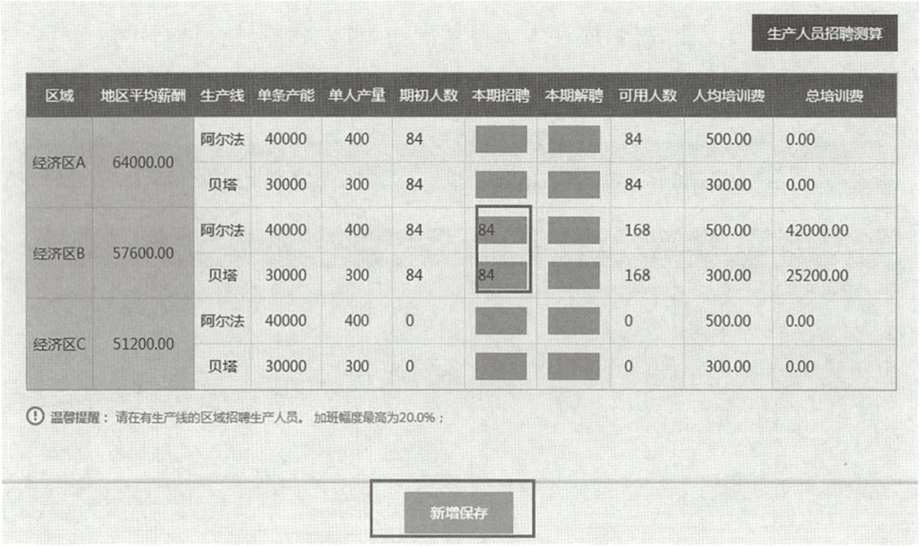

图 2-64 "新增生产人员"界面

④生产人员薪酬设计

点击"生产人员薪酬设计测算"按钮,进入测算界面,填写人均固定薪酬、预计产量、单位计件工资、加班幅度(不能超过 20%),点击"进行测算",系统将自动测算出人均工资,如图 2-65 所示。如果界面出现红色警示标志,则表示测算不成功。人均总薪酬不得低于所在区域平均薪酬的 75%,固定薪酬不得低于总薪酬的 50%。

图 2-65 "生产人员薪酬测算"界面

模拟测算后,把薪资测算的结果填入薪酬设计界面(图 2-66),点击"新增保存"即可。

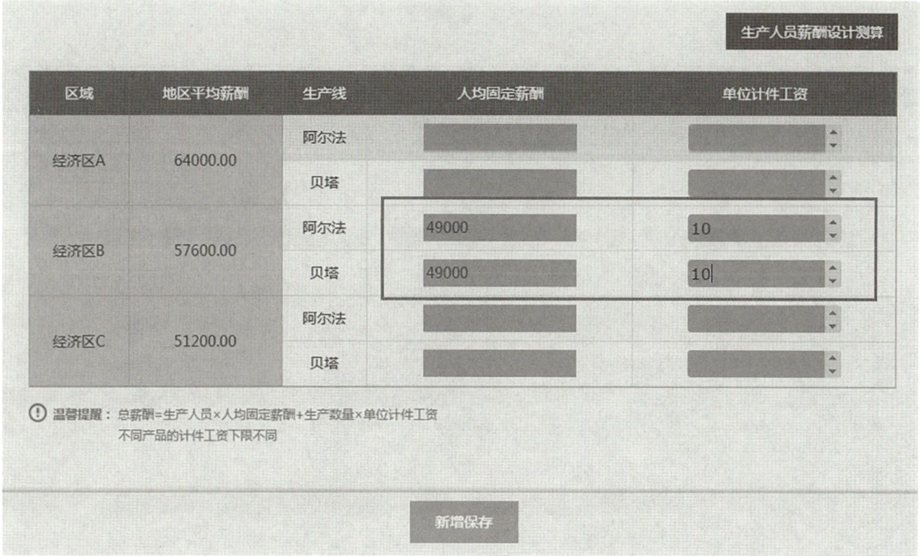

图 2-66 填写薪酬信息界面

⑤产品生产

填写产品投产数量、安排人数,选择生产质检等级,点击"新增保存",即可完成生产设置,如图 2-67。

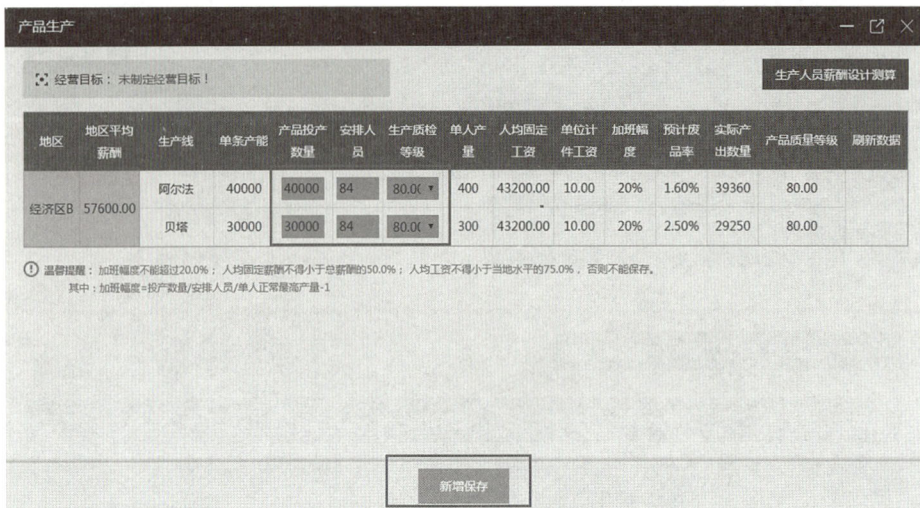

图 2-67 "产品生产"界面

⑥产品研发

进入"产品研发"界面(图 2-68),点击上下键,选择当期投入金额,点击"新增保存",则完成了当期研发。研发业务分为自主研发和外购研发,自主研发能降低辅助材料的耗用量,外购研发能提高产品的竞争力。点击"研发投入效果",可以看到研发投入的效果提示,如图 2-69。

图 2-68 "产品研发"界面

产品	研发类型	阶段	研发费用投入	辅材使用率%ⓘ	产品附加值%ⓘ
阿尔法	自主研发	研发阶段一	1000000.00	90.00	100.00
		研发阶段二	2000000.00	80.00	100.00
		研发阶段三	3000000.00	70.00	100.00
		研发阶段四	4000000.00	60.00	100.00
		研发阶段五	5000000.00	50.00	100.00
	外购专利	研发阶段一	1200000.00	100.00	101.00
		研发阶段二	2400000.00	100.00	102.00
		研发阶段三	3600000.00	100.00	103.00
		研发阶段四	4800000.00	100.00	104.00
		研发阶段五	6000000.00	100.00	105.00

图 2-69 产品研发投入及效果情况

（3）市场营销

①渠道铺设

首先需要新增渠道。市场总监进入"渠道铺设"界面，选择线上渠道，填写线下渠道中阿尔法专卖店和贝塔卖场的设置数量，点击"新增保存"，则完成渠道铺设，如图 2-70。

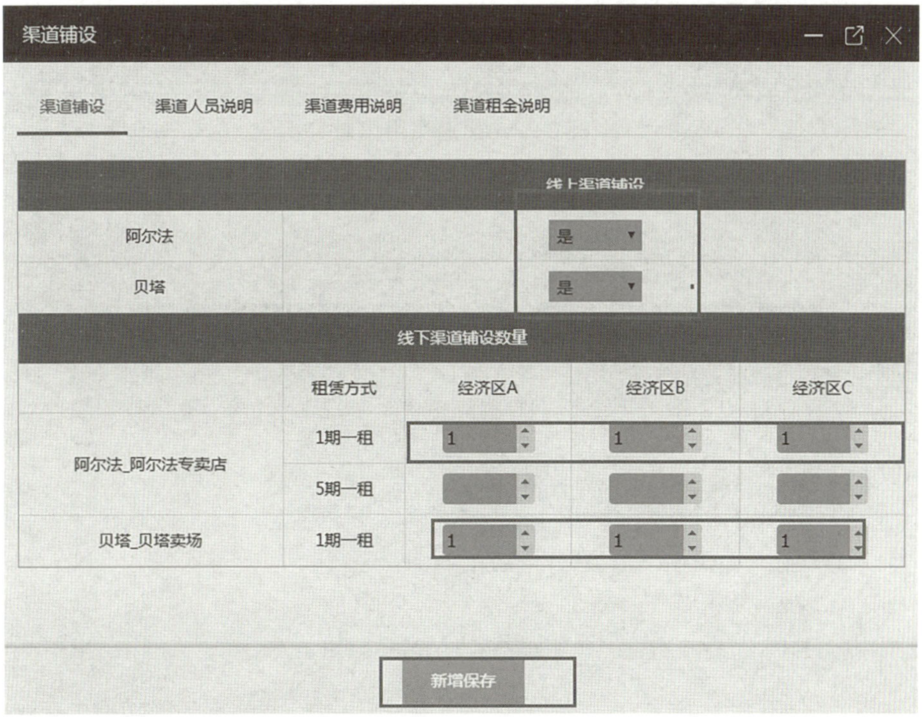

图 2-70 "渠道铺设"界面

渠道铺设前应查看渠道铺设相关信息。

点击"渠道人员说明",查看渠道人员安排(图 2-71)。

渠道铺设	渠道人员说明	渠道费用说明	渠道租金说明

渠道	说明
线上网店	每个产品的线上渠道,只要开通,配置10人
线下专卖店	每个专卖店配置3人
线下量贩卖场	每个量贩卖场配置5人

图 2-71　渠道人员信息

点击"渠道费用说明",查看渠道费用明细(图 2-72)。渠道费用指除渠道租金以外铺设渠道所需的费用。

渠道铺设	渠道人员说明	渠道费用说明	渠道租金说明

渠道相关费用	经济区A	经济区B	经济区C
阿尔法专卖店开设费	50000.00	70000.00	100000.00
贝塔卖场进场费	200000.00	300000.00	450000.00
阿尔法网店宣传维护费		100000.00	
阿尔法网店网销保证金		50000.00	
贝塔网店宣传维护费		100000.00	
贝塔网店网销保证金		50000.00	

图 2-72　渠道费用信息

点击"渠道租金说明",查看渠道租金明细(图 2-73)。

渠道铺设	渠道人员说明	渠道费用说明	渠道租金说明

阿尔法专卖店租金情况				贝塔卖场租金情况			
支付方式	经济区A	经济区B	经济区C	支付方式	经济区A	经济区B	经济区C
1期一租	221996.39	231648.41	193040.34	1期一租	575000	600000	500000
5期一租							
第1期	369993.99	386080.68	321733.90				
第2期	295995.19	308864.54	257387.12				
第3期	221996.39	231648.41	193040.34				
第4期	147997.59	154432.27	128693.56				
第5期	73998.80	77216.14	64346.78				

图 2-73　渠道租金信息

②品牌建设

点击"品牌建设"界面(图 2-74),选择要投入广告的区域,点击进入。

产品	线下			线上
	经济区A	经济区B	经济区C	
阿尔法	渠道已铺设	渠道已铺设	渠道已铺设	渠道已铺设
贝塔	渠道已铺设	渠道已铺设	渠道已铺设	渠道已铺设

图 2-74　"品牌建设"主界面

点击上下键,填写广告投放金额,点击"新增保存"则完成该渠道的广告投入(图 2-75)。点击"广告投放效果查询",可查看该广告的投放效果。点击"返回",即返回广告投放区域选择界面。广告投放金额多少影响企业的市场份额。

广告投放方式	投放期数	影响期数	投放金额
名人代言广告		2	1100000
赛事赞助广告		1	600000
媒体投放广告		1	200000

图 2-75　广告投放界面

③销售发货

点击进入"销售发货"界面,选择要发货的区域(图 2-76)。

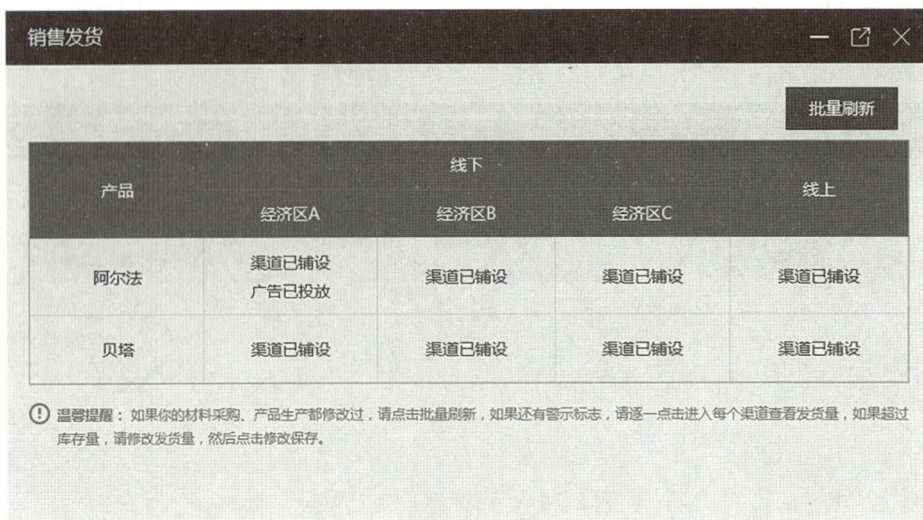

图 2-76 "销售发货"主界面

进入"销售发货"界面（图 2-77），输入定价、本期发货数量、收款方式，系统会自动计算预计销售额、预计销项税额、预计本期收款、预计运费、预计收账费用、下期收款。定价由学生在定价范围内自主定价，发货量不能超过库存数量。定价会直接影响企业市场份额。

图 2-77 设置销售发货信息

1.5.4 实战策略问答

（1）问：企业需要哪些原材料？ 需要购买多少才能满足生产需求？

答：市场的需求情况、采购经理人指数、竞争者的数量、产品定位、当期销量和未来生产的计划、产品材料的构成比例、产品自主研发的程度（减少辅助材料）、原材料价格趋势的判断、质量等级和付款方式等因素会影响原材料购买的种类、数量、单价。

预计采购量＝（本期生产需要量＋期末存量）－期初存量

采购原材料时还需要考虑生产线的最大产能、期初库存数量、材料价格趋势，以及企业是否需要囤积原材料。可使用平台提供的"原材料采购"功能比较查看，如图 2-78、图 2-79、图 2-80。

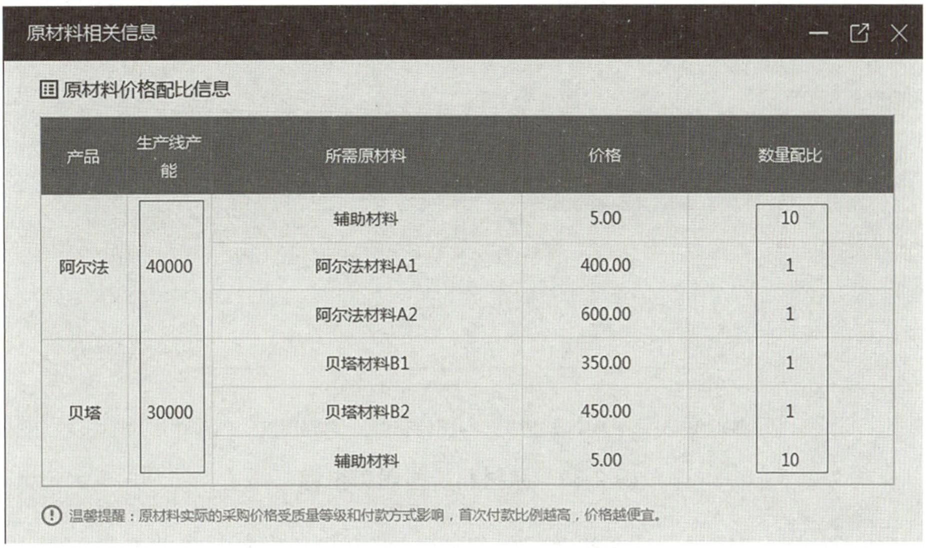

图 2-78　原材料价格配比信息查询

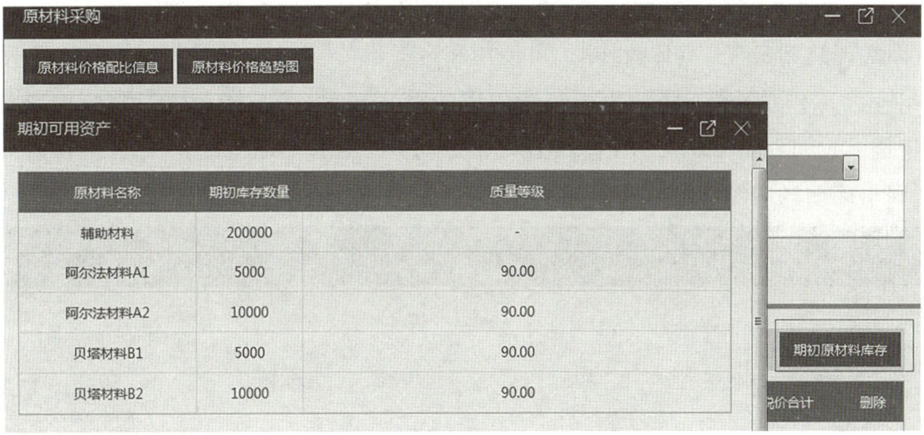

图 2-79　期初原材料库存查询

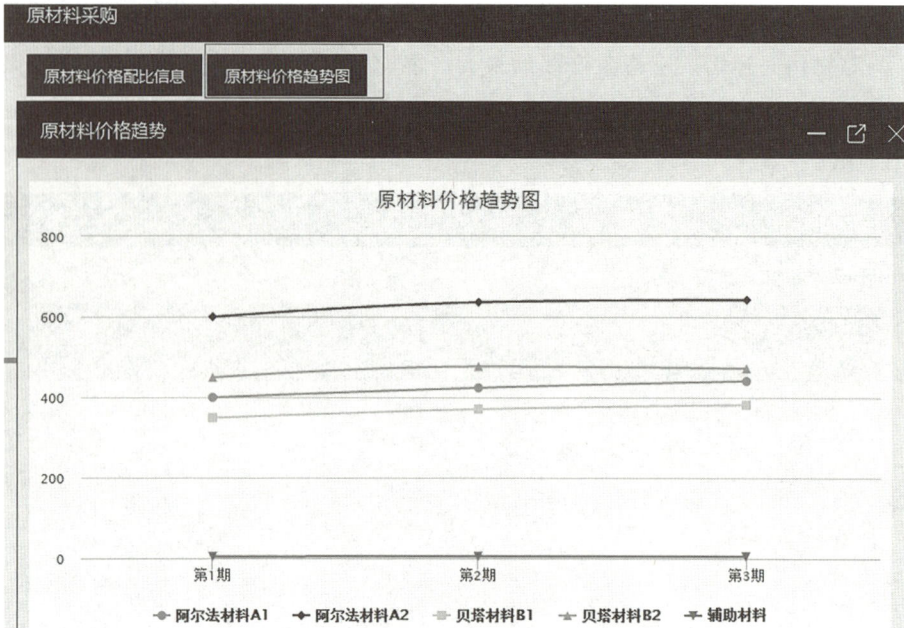

图 2-80　原材料价格趋势查询

　　如果企业希望在材料价格低的时候囤积材料,那么只依靠材料价格走势就可以进行决策了吗?宏观环境的能量是巨大的,它会极大地影响你对材料价格走势的判断。企业必须深入了解这些客观存在的因素,结合宏观环境对企业的影响,选择对企业有利的运作,从而实现趋利避害。具体操作时,可使用平台提供的"动态资讯"功能查看宏观环境指数(图 2-81)。经济因素对企业生产经营的影响最直接,也最具体,对各种材料价格走势的影响是巨大的。当 GDP 的增长数值为正数时,即显示该地区经济处于扩张阶段;反之,即表示该地区的经济进入衰退期了。

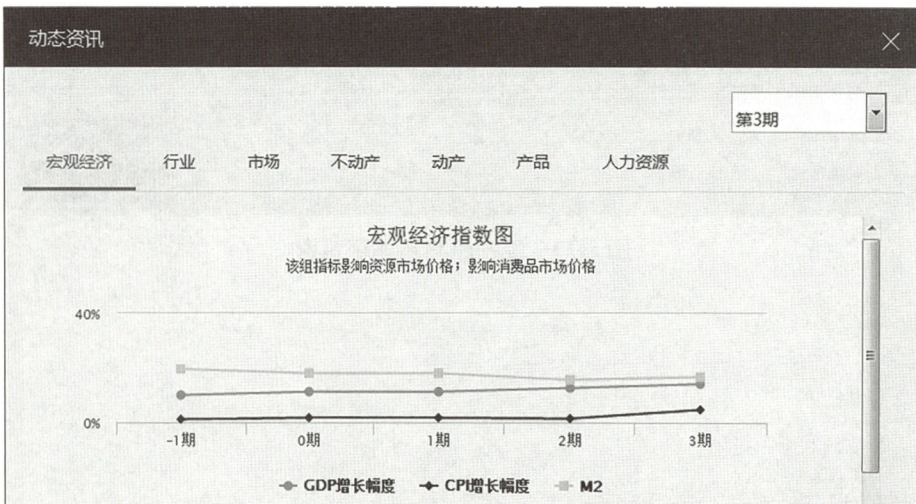

图 2-81　宏观经济指数查询

采购经理人指数是一个国家制造业的"体检表",常以50％作为经济强弱的分界点:当指数高于50％时,则被解释为经济扩张的讯号;当指数低于50％,尤其是非常接近40％时,则有经济萧条的忧虑。一般在40％～50％之间时,说明该地区的制造业处于衰退期,但整体经济还在扩张。

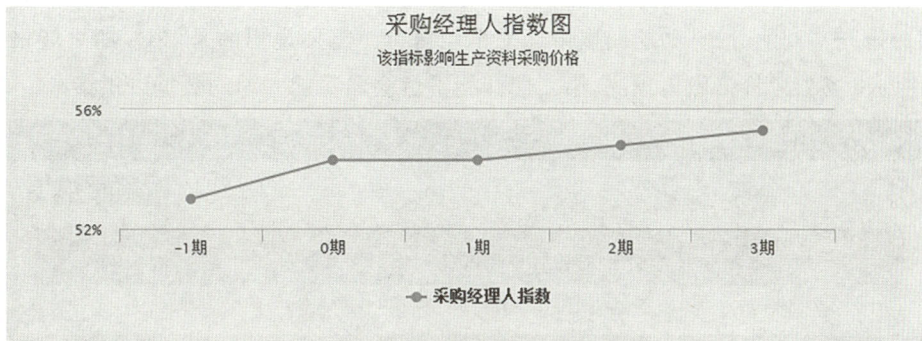

图 2-82　采购经理人指数查询

（2）问: 企业应以何种购买条件组合来采购原材料?

答:进行方案选择时,要求决策者从所有的备选方案中选出综合成本最低的方案。决策者需要考虑两方面因素的组合:一是找到使材料成本较低的采购条件组合,从而使产品成本较低;二是考虑基于现金流的压力,需要找到不超出支付能力的付款方案。决策前应尝试不同的质量等级、付款方式组合,寻找综合成本最低的方案(如图2-83)。采购者应该根据市场影响因素定位后考虑成本,尽可能寻找综合考虑成本及现金流两个因素后总成本最低的采购条件组合,形成最理想的定价及现金流方案。不能一味追求成本最低,以免影响产品质量而影响最终的销售。

图 2-83　原材料采购条件组合方案测试

（3）问：如何决定生产何种产品？

答：边际贡献首先用于补偿固定成本，只有选择能产生边际贡献的产品才有可能实现盈利。决策者只需要计算各种产品的单位边际贡献（销售单价－原材料单价－单位计件工资），当单位边际贡献大于零时才有生产的必要（如图 2-84）。可以使用平台提供的“经营分析”—“商业分析”功能获取市场的平均售价。需要说明的是，第一期只能根据系统提供的市场参考价格做出预测，第二期开始平台会显示前一期的数据以供参考。

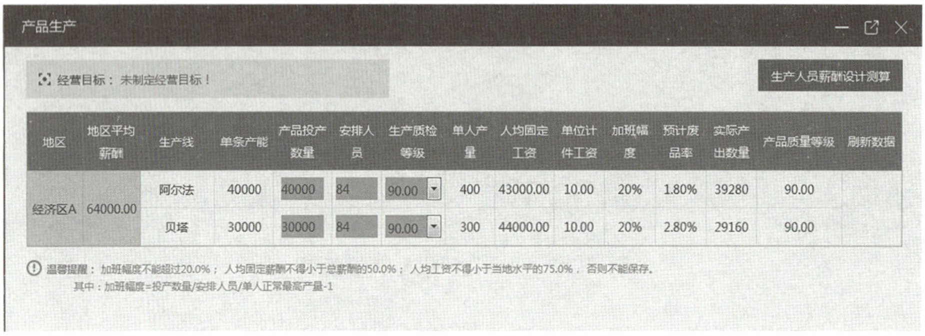

地区	地区平均薪酬	生产线	单条产能	产品投产数量	安排人员	生产质检等级	单人产量	人均固定工资	单位计件工资	加班幅度	预计废品率	实际产出数量	产品质量等级	刷新数据
经济区A	64000.00	阿尔法	40000	40000	84	90.00	400	43000.00	10.00	20%	1.80%	39280	90.00	
		贝塔	30000	30000	84	90.00	300	44000.00	10.00	20%	2.80%	29160	90.00	

图 2-84　产品生产基本信息查询

首先，要思考销售单价（如图 2-85）。那么多的参考价格，企业要用哪一个？

如果企业只铺设了一个销售渠道，直接参考市场平均价；如果企业要多渠道销售，可以参考各销售渠道价格的算术平均价。

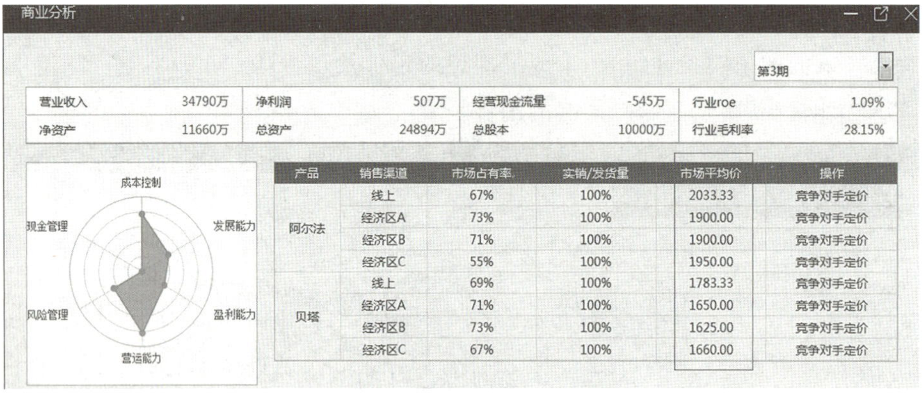

营业收入	34790万	净利润	507万	经营现金流量	-545万	行业roe	1.09%
净资产	11660万	总资产	24894万	总股本	10000万	行业毛利率	28.15%

产品	销售渠道	市场占有率	实销/发货量	市场平均价	操作
阿尔法	线上	67%	100%	2033.33	竞争对手定价
	经济区A	73%	100%	1900.00	竞争对手定价
	经济区B	71%	100%	1900.00	竞争对手定价
	经济区C	55%	100%	1950.00	竞争对手定价
贝塔	线上	69%	100%	1783.33	竞争对手定价
	经济区A	71%	100%	1650.00	竞争对手定价
	经济区B	73%	100%	1625.00	竞争对手定价
	经济区C	67%	100%	1660.00	竞争对手定价

图 2-85　销售单价分析

其次，思考变动成本。使用平台提供的“物资供应”—“原材料采购”功能获取原材料变动成本（图 2-86）。

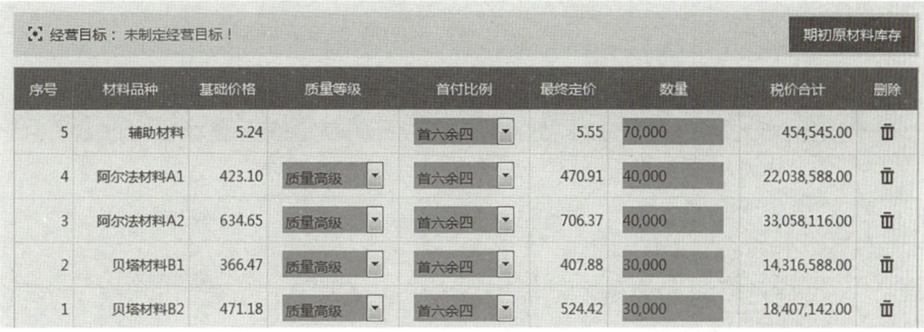

经营目标：未制定经营目标！　期初原材料库存

序号	材料品种	基础价格	质量等级	首付比例	最终定价	数量	税价合计	删除
5	辅助材料	5.24		首六余四	5.55	70,000	454,545.00	
4	阿尔法材料A1	423.10	质量高级	首六余四	470.91	40,000	22,038,588.00	
3	阿尔法材料A2	634.65	质量高级	首六余四	706.37	40,000	33,058,116.00	
2	贝塔材料B1	366.47	质量高级	首六余四	407.88	30,000	14,316,588.00	
1	贝塔材料B2	471.18	质量高级	首六余四	524.42	30,000	18,407,142.00	

图 2-86　产品变动成本—原材料信息查询

使用平台提供的“生产研发”—“生产人员薪酬设计”功能获取人工费变动成本，即单位计件工资(图 2-87)。

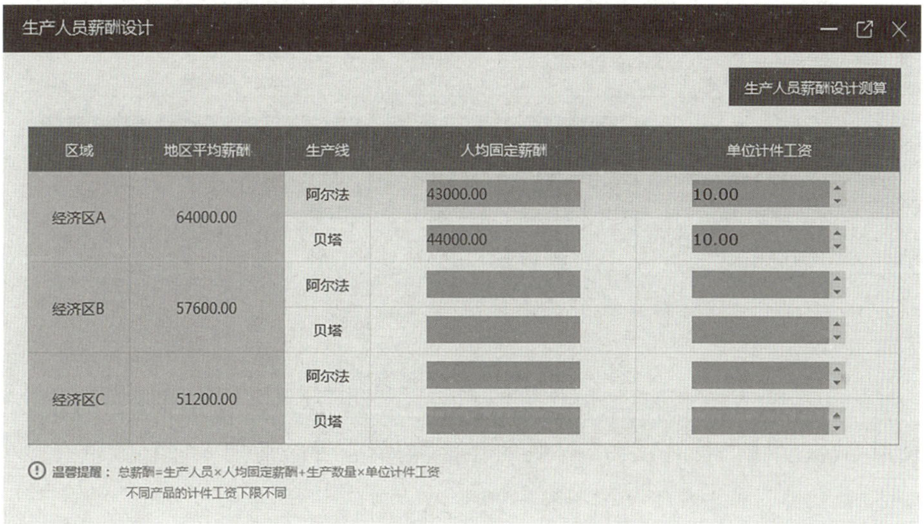

生产人员薪酬设计

生产人员薪酬设计测算

区域	地区平均薪酬	生产线	人均固定薪酬	单位计件工资
经济区A	64000.00	阿尔法	43000.00	10.00
		贝塔	44000.00	10.00
经济区B	57600.00	阿尔法		
		贝塔		
经济区C	51200.00	阿尔法		
		贝塔		

温馨提醒：总薪酬=生产人员×人均固定薪酬+生产数量×单位计件工资
不同产品的计件工资下限不同

图 2-87　产品变动成本—人工费查询

(4)问：企业每一期应该生产多少产品？

答：预计生产量＝(预计销售量＋预计期末产成品存货量)－期初产成品存货量。预计生产量时，需要考虑本期卖出多少(市场占有率)、下期期初库存多少、期末剩余多少产品卖不出去。可以使用平台提供的“动态资讯”—“行业”功能预计下期企业可以销售多少(图 2-88)，并使用平台查询市场占有率信息，如图 2-89。

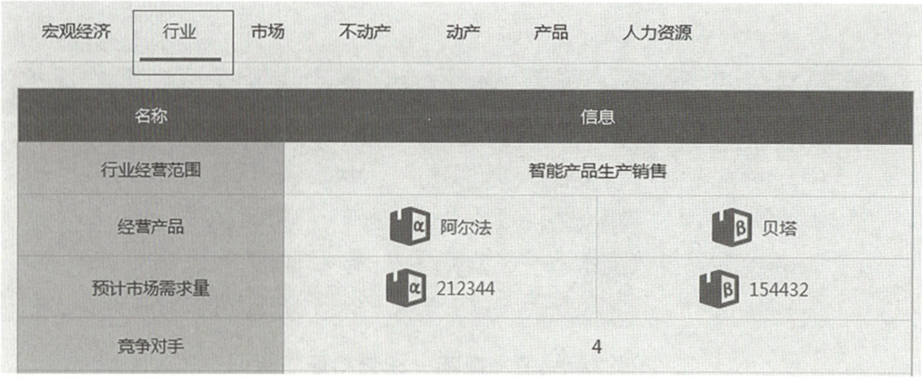

名称	信息	
行业经营范围	智能产品生产销售	
经营产品	阿尔法	贝塔
预计市场需求量	212344	154432
竞争对手	4	

图 2-88　产品需求信息查询

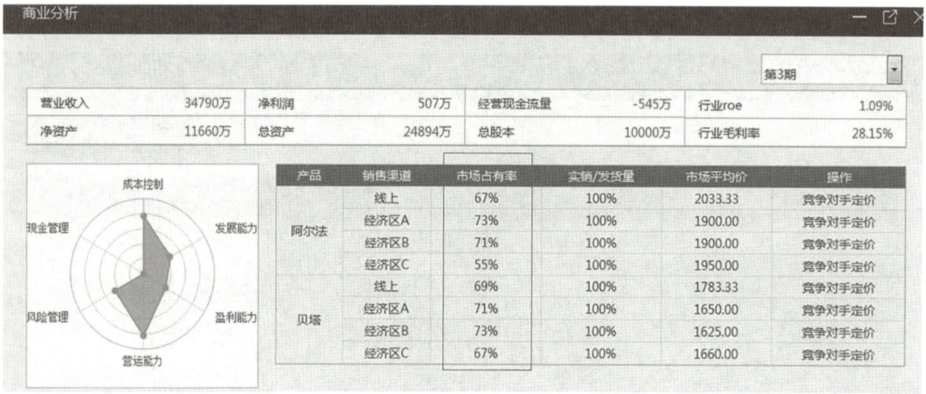

营业收入	34790万	净利润	507万	经营现金流量	-545万	行业roe	1.09%
净资产	11660万	总资产	24894万	总股本	10000万	行业毛利率	28.15%

产品	销售渠道	市场占有率	实销/发货量	市场平均价	操作
阿尔法	线上	67%	100%	2033.33	竞争对手定价
	经济区A	73%	100%	1900.00	竞争对手定价
	经济区B	71%	100%	1900.00	竞争对手定价
	经济区C	55%	100%	1950.00	竞争对手定价
贝塔	线上	69%	100%	1783.33	竞争对手定价
	经济区A	71%	100%	1650.00	竞争对手定价
	经济区B	73%	100%	1625.00	竞争对手定价
	经济区C	67%	100%	1660.00	竞争对手定价

图 2-89　市场占有率信息查询

使用平台提供的“我的家底”—“我的存货”功能查看企业期末库存数量有多少(图2-90)。

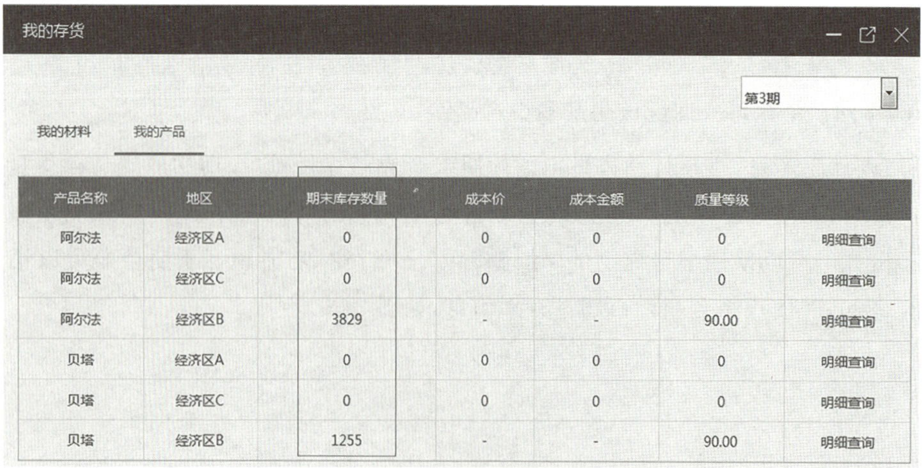

产品名称	地区	期末库存数量	成本价	成本金额	质量等级	
阿尔法	经济区A	0	0	0	0	明细查询
阿尔法	经济区C	0	0	0	0	明细查询
阿尔法	经济区B	3829	-	-	90.00	明细查询
贝塔	经济区A	0	0	0	0	明细查询
贝塔	经济区C	0	0	0	0	明细查询
贝塔	经济区B	1255	-	-	90.00	明细查询

图 2-90　期初产品库存数量查询

（5）问：企业一期应该招聘多少工人呢？ 生产工人人数只需要简单根据生产线产能及单人产量确定就可以了吗？ 其他生产条件的改变是否会影响生产所需要的人数呢？

答：生产人员的配备，应当以最大化利用人员生产能力为前提，减少闲置人员。以少于标准人员进行配备，并通过加班补充生产能力，以减少闲置人员。确定生产量后，可用不同的加班幅度进行测算，找到生产人员利用率最高时的配备人数。可以使用平台提供的"生产人员招聘测算"功能查看（图 2-91、图 2-92）。

区域	地区平均薪酬	生产线	单条产能	单人产量	期初人数	本期招聘	本期解聘	可用人数	人均培训费	总培训费
经济区A	60000.00	阿尔法	40000	400	0			0	500.00	0.00
		贝塔	30000	300	0			0	300.00	0.00
经济区B	54000.00	阿尔法	40000	400	0			0	500.00	0.00
		贝塔	30000	300	0			0	300.00	0.00
经济区C	48000.00	阿尔法	40000	400	0			0	500.00	0.00
		贝塔	30000	300	0			0	300.00	0.00

温馨提醒：请在有生产线的区域招聘生产人员。加班幅度最高为20.0%；

图 2-91　生产人员生产能力信息查询

产品	单位生产线产能	正常单人产量	预计投产数量	加班幅度	投产人数
阿尔法	40000	400	30000	20 ％	63
贝塔	30000	300	20000	10 ％	61

图 2-92　生产人员招聘情况测算

（6）问：企业如何给生产人员定薪酬呢？

答：进行方案选择时，要求决策者从所有的备选方案中选出相关成本最低的方案。

首先，根据规则，生产人员的固定薪酬和总薪酬受所在区域人均薪酬的制约，即人均总薪酬不得低于所在区域平均薪酬的 75％，固定薪酬不低于总薪酬的 50％。人均固定薪酬及单位计件工资是两个变量，如何进行组合最合理呢？尝试不同的生产人员的人均固定薪酬及单位计件工资组合，找出最低组合。可以使用平台提供的"生产人员薪酬设计测算"功能（图 2-93），尝试不同生产区域人均固定薪酬以及单位计件工资，从而发现工资总额及人均工资会发生变化。经过测算，一定可以找到工资总额及人均工资从最高到最低的不同组合。

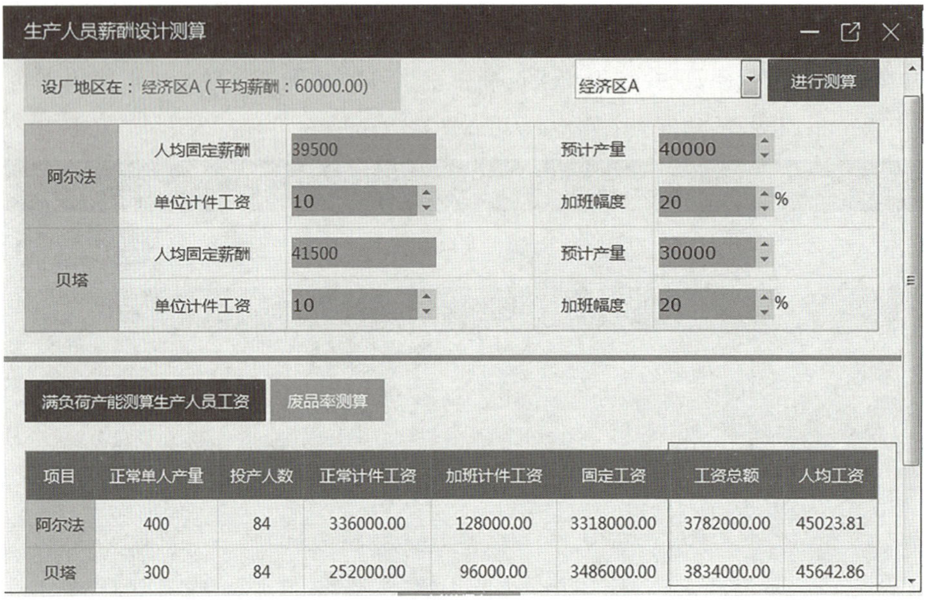

图 2-93　生产人员薪酬测算

其次，找出生产人员人均固定薪酬及单位计件工资对废品率影响最小的组合。可以使用平台提供的"生产人员薪酬设计测算"—"废品率测算"功能。随着工资的变化，废品率也一定可以找出与之相关的最高到最低的一系列数值。

（7）问：企业是否应开展产品研发呢？

答：进行方案选择时，要求决策者从所有的备选方案中选出相关成本最低、收益最大的方案。计算研发投入效果，并与研发投入成本相比，如有利则投入。可以使用平台提供的"产品研发"—"研发投入效果"功能查看（图 2-94）。研发投入效果计算：研发投入后预期生产总量×辅助材料数量×自主研发阶段对应辅助材料使用率×辅助材料价格＋研发投入后预期销售总量×外购专利研发阶段对应产品附加值比例。

图 2-94　研发投入效果信息查询

在生产研发中,人员薪酬及研发费用的投入是影响产品成本的主要变量,可以尝试调整生产量,看看哪个变量会随着产量的变化而变化,再计算单位边际贡献,看看是否有变化。

(8)问:企业如何进行产品销售?

答:价格敏感度越高的区域,商品定价策略应考虑低价;质量服务要求越高的区域,从原材料采购到产品生产所选择的质量等级都要相应提高;品牌宣传要求越高的区域,要求广告投放的金额和种类就越多,对渠道铺设的方式也有一定影响。

首先,在资源有限的情况下,细分市场的选择是产品销售时需要解决的关键问题。细分市场是以某种目的将市场划分为一定数量的有明确界限的区域。细分市场的方法包括地理划分法、人口统计划分法、需求划分法。企业应根据潜在销售量、潜在利润、介入难度、竞争状况、长期发展潜力确定哪个市场最具吸引力。

其次,思考品牌定位。了解企业在客户品牌定位图上的位置,可以有效帮助企业了解怎么做才能提高自身品牌在目标客户群中所占的份额;通过与竞争对手地位的比较,企业还可以发现一些市场中存在的空白区域。如果存在市场空白,企业要不要介入?成功介入的机会有多大?能不能盈利?企业是否应该和一个市场的领导者直接竞争,还是在另外一个区域寻求更有利的竞争机会?

再次,思考定价策略。在价格范围内,如何定价才能使企业的市场份额最大?定价低的话,企业的收入必然会受到影响。是采取高价、高质、高成本的"三高"政策,注重产品质量和服务,走高端路线,还是采用低价、低质、低成本的"三低"策略,打价格战,走低端规模营销战略呢？如果企业用生产成本加成一定的利润率进行定价,需要关注哪些信息？企业毛利率？行业平均利润？固定成本？竞争对手的定价对企业的定价有影响吗？对于销售定价,一般要保证一定的销售毛利,避免亏损,即销售价格应高于成本价,这部分也代表了企业产品的市场竞争力。因此计算出各产品的成本价,作为定价的重要参考数据。使用平台提供的"经营分析"—"生产成本"功能计算企业的价格底线是多少(图2-95)。还可以结合前面几期的成本信息,判断未来的成本趋势。与市场指导价格进行比较,就能知道价格底线是多少,产品价格竞争力如何。

生产成本　　　　　　　　　　　　　　　　　　　　　　　　　　— □ ×

第2期

国 制造费用明细

地区	生产线	投产数量	安排人员	制造费用(水费)	制造费用(电费)	制造费用(劳保费)	制造费用(其它)	制造费用(质检费)	制造费用(生产线租金折旧)	制造费用(厂房租金,折旧)	制造费用(合计)
经济区B	阿尔法生产线	40000	84	120000.00	200000.00	16800.00	8400.00	210000.00	2332289.77	418831.62	3306321.39
	贝塔生产线	30000	84	90000.00	150000.00	16800.00	8400.00	126000.00	1943574.81	418831.61	2753606.42

国 生产成本

地区	生产线	实际产出数量	直接原材料	直接人工	制造费用	生产成本总计	单位生产成本
经济区B	阿尔法生产线	39280	48337200.00	3530000.00	3306321.39	55173521.39	1404.62
	贝塔生产线	29160	29171400.00	3540000.00	2753606.42	35465006.42	1216.22

图 2-95　定价相关生产成本分析

复次,思考收账政策。收账政策决定企业的收账费用的高低,采取什么样的赊销政策就会产生相对应的收账费用。根据其中的比例关系,决策者计算采取哪种赊销政策更有利。(图2-96)

销售渠道	产品名称	市场指导价范围	定价	产品来源	库存	已出库	剩余库存	质量分值	单位运费	本期发货	可供销售总量	收款方式
				经济区A	0		0		3.00			
阿尔法专卖A区	阿尔法	2169.96 - 1603.88	2000	经济区B	3829			90.00	8.00	3000	3000	首六余四
				经济区C	0		0		6.00			

预计销售额	预计销项税	预计本期收款	预计运费	预计收账费用	下期收款
6000000.00	1020000.00	4212000.00	24000.00	561600.00	2808000.00

图 2-96　收账政策分析

最后,思考渠道铺设(图2-97)。只在一个区域铺设渠道卖出的产品多,还是在每个区域都铺设渠道卖出的产品多,也就是分散销售好还是集中销售好,是十分值得思考的问题。

渠道铺设　渠道人员说明　渠道费用说明　渠道租金说明

线上渠道铺设				
阿尔法	是			
贝塔	是			
线下渠道铺设数量				
	租赁方式	经济区A	经济区B	经济区C
阿尔法_阿尔法专卖店	1期一租	1	1	1
	5期一租			
贝塔_贝塔卖场	1期一租	1	1	1

图 2-97　渠道铺设方案分析

将铺设渠道的费用(图 2-98)和铺设渠道增加的收入(图 2-99)进行比较,能得出铺设几个渠道是最佳方案。

渠道铺设　渠道人员说明　渠道费用说明　渠道租金说明

渠道相关费用	经济区A	经济区B	经济区C
阿尔法专卖店开设费	50000.00	70000.00	100000.00
贝塔卖场进场费	200000.00	300000.00	450000.00
阿尔法网店宣传维护费		100000.00	
阿尔法网店网销保证金		50000.00	
贝塔网店宣传维护费		100000.00	
贝塔网店网销保证金		50000.00	

图 2-98　渠道铺设费用分析

渠道铺设　渠道人员说明　渠道费用说明　渠道租金说明

阿尔法专卖店租金情况			
支付方式	经济区A	经济区B	经济区C
1期一租	241106.33	251589.22	209657.68
5期一租			
第1期	401843.89	419315.36	349429.47
第2期	321475.11	335452.29	279543.57
第3期	241106.33	251589.22	209657.68
第4期	160737.55	167726.14	139771.79
第5期	80368.78	83863.07	69885.89

贝塔卖场租金情况			
支付方式	经济区A	经济区B	经济区C
1期一租	575000	600000	500000

图 2-99　渠道租金分析

（9）问：如何打造企业产品的核心竞争力？

答：产品涉及三个层次的利益：一是核心利益，即客户购买产品需要满足的最根本需求，核心利益通常是企业应该满足客户的最低营销标准；二是产品有形利益，即产品的真实特征和为客户提供的效用，包括产品特征、产品品牌、产品质量；三是产品的延伸利益，即提供产品时伴随的外层满足感，如质保、安装、售后等。

不同渠道的销售者对产品的需求是不一样的，所以要根据不同渠道的消费者习性来打造企业的产品。在对价格敏感的地区，没必要做出精品，因为那样会提高质量成本，从而使产品价格过高，而消费者不一定买账。只要做到价格低廉、质量一般就好，满足他们对产品的核心利益需求。

而针对那些对质量和服务敏感的消费者，企业就要打造高质量、高服务、高附加值的产品，要在质量、研发上都花些成本，以满足他们对产品有形利益以及延伸利益的需求。

最后还要考虑到产品的生命周期，在企业的产品达到成熟期以后，产品已经得到客户的认可，还需要像前期那样投入那么多的质量成本和研发支出吗？

所有产品和服务都有一个从摇篮到坟墓的发展周期，这个周期包括产品引进期、成长期、成熟期和衰退期。通常这个周期表现为一个随时间变化的行业销售量曲线。如图2-100所示。

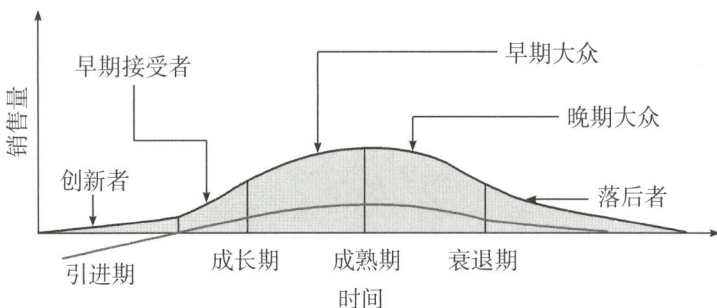

图 2-100　产品生命周期分析

1.6 利润分配

1.6.1 实战路线图

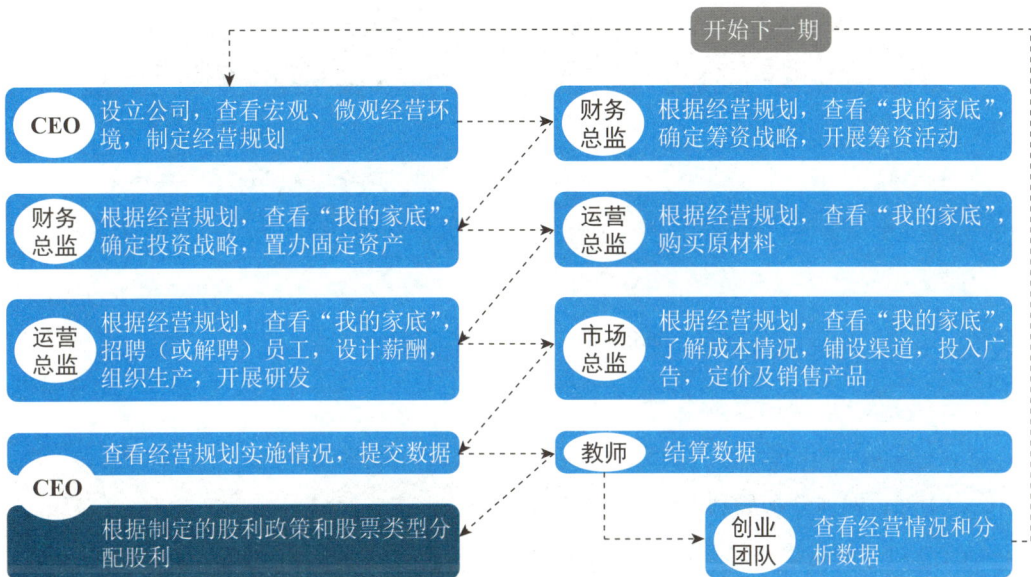

图 2-101　实战路线图之股利分配

1.6.2 重点业务介绍

当未分配利润为负数时,不能分配普通股和优先股。

优先股股利分配:未分配利润大于零,则要分配优先股股利。

优先股股利分配金额＝优先股资本金额×系统设置比例(一般为 5%)

普通股股利分配:优先股股利分配后仍有剩余时,才可以考虑分配普通股股利,分配金额 50 万元起。可以选择不分配普通股股利,但会影响经营成绩。

表 2-9　利润分配模块理论链接

关联课程	理论知识
管理学	3.1.1 概述
财务管理	3.4.8 股利分配

1.6.3 平台使用指南

（1）股利分配

"股利分配"界面如图 2-102 所示。点击上下键进行普通股股利分配,当未分配利润为负数时,不能分配,可以选择不分配普通股股利,但是会影响成绩得分。优先股股利分配金额由系统根据优先股资本金额和设置的比例自动计算。优先股分配情况对盈利能力指标会产生直接影响。

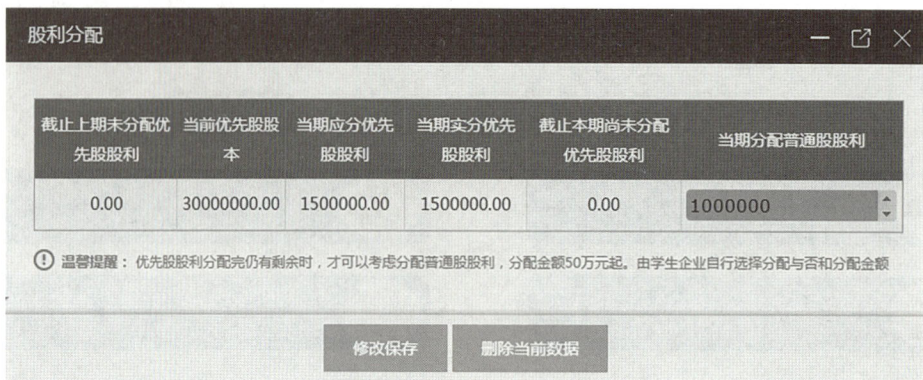

图 2-102 "股利分配"界面

1.6.4 实战策略问答

(1)问:如何分配股利?

答:股利分配政策会影响投资者对公司未来盈利能力的变化趋势的判断、对公司价值的判断等,进而影响企业未来再融资。

企业应根据未分配利润金额,进行股利分配(图 2-103)。首先要分配优先股股利。优先股股利根据给定的优先股股利分配率进行分配。如果公司本期亏损,则等下期盈利时,需要先补足上期未分配的优先股股利后才能分配本期需要分配的股利。如果优先股股利分配完,未分配利润还有余额,企业则可以考虑选用适合本公司的股利政策,根据企业发展现状进行普通股股利的分配。

在进行普通股股利分配时,要关注以下因素:现金流量、筹资能力、投资机会、资本成本、盈利状况、公司所处的生命周期等。

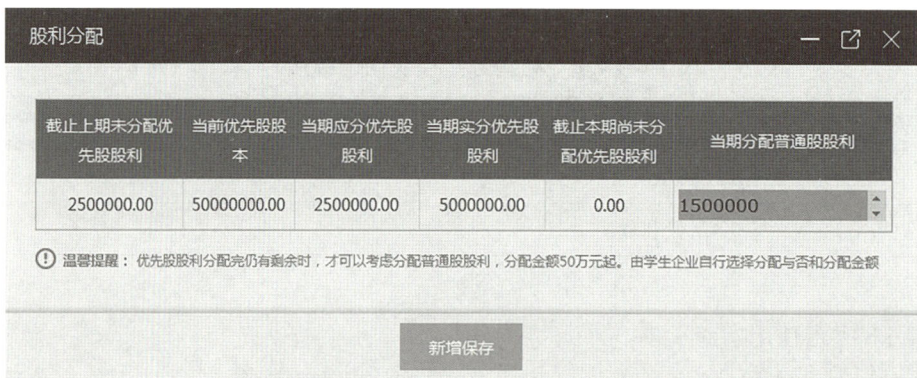

图 2-103 普通股股利分配

1.7 经营分析

1.7.1 实战路线图

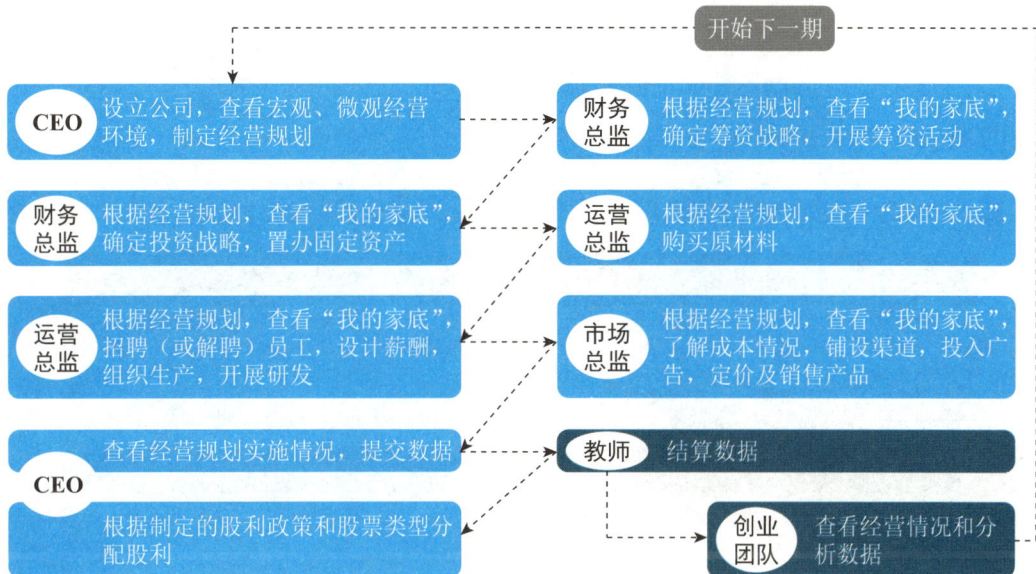

图 2-104　实战路线图之经营分析

1.7.2 重点业务介绍

每一期经营结束后进行后台结算，进入下一期，可以查看结算结果和上一期整体经营情况，即"经营分析"模块中的"商业分析""指标对比""指标分析""财务报表""期间费用""生产成本"，如图 2-105 至图 2-110 所示。

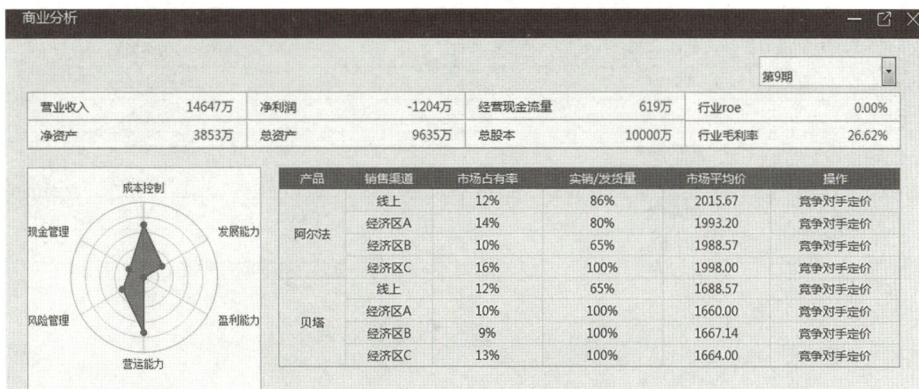

图 2-105　"商业分析"界面

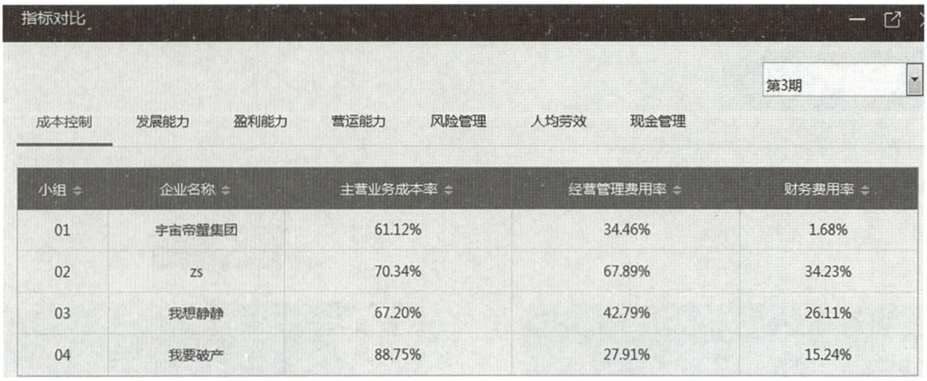

指标对比

第3期

成本控制 发展能力 盈利能力 营运能力 风险管理 人均劳效 现金管理

小组	企业名称	主营业务成本率	经营管理费用率	财务费用率
01	宇宙帝蟹集团	61.12%	34.46%	1.68%
02	zs	70.34%	67.89%	34.23%
03	我想静静	67.20%	42.79%	26.11%
04	我要破产	88.75%	27.91%	15.24%

图 2-106 当期成本控制指标比较

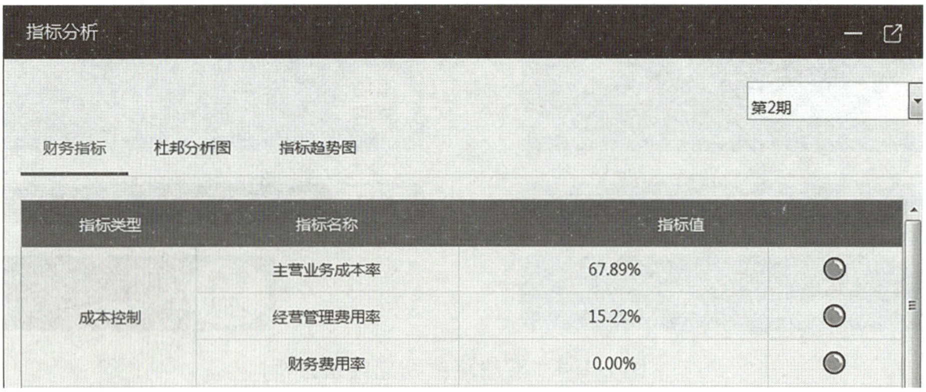

指标分析

第2期

财务指标 杜邦分析图 指标趋势图

指标类型	指标名称	指标值
成本控制	主营业务成本率	67.89%
	经营管理费用率	15.22%
	财务费用率	0.00%

图 2-107 当期财务指标查询

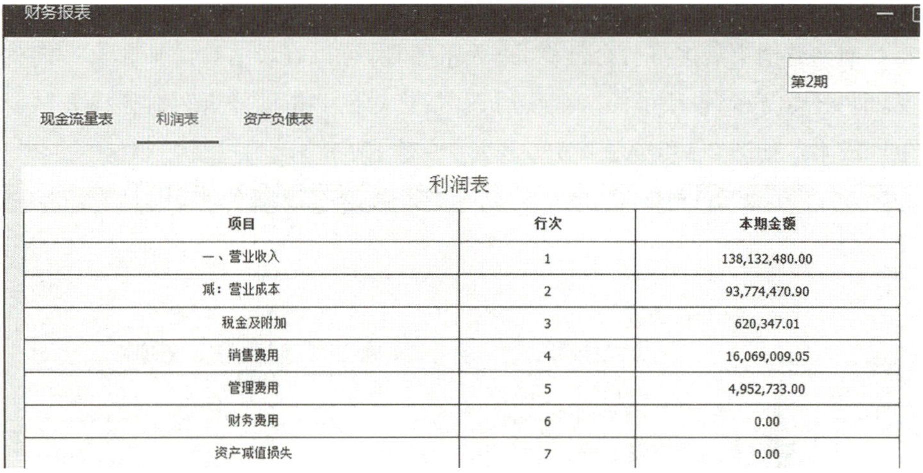

财务报表

第2期

现金流量表 利润表 资产负债表

利润表

项目	行次	本期金额
一、营业收入	1	138,132,480.00
减：营业成本	2	93,774,470.90
税金及附加	3	620,347.01
销售费用	4	16,069,009.05
管理费用	5	4,952,733.00
财务费用	6	0.00
资产减值损失	7	0.00

图 2-108 当期利润表查询

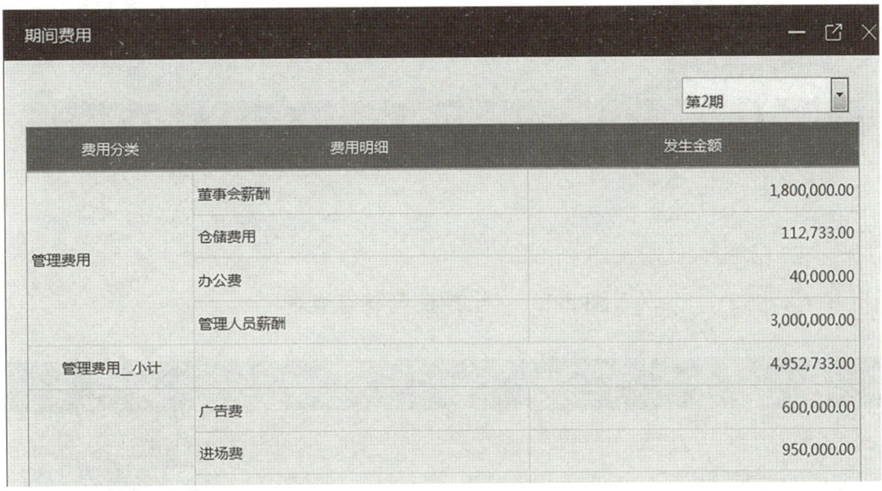

期间费用

第2期

费用分类	费用明细	发生金额
管理费用	董事会薪酬	1,800,000.00
	仓储费用	112,733.00
	办公费	40,000.00
	管理人员薪酬	3,000,000.00
管理费用_小计		4,952,733.00
	广告费	600,000.00
	进场费	950,000.00

图 2-109　当期期间费用查询

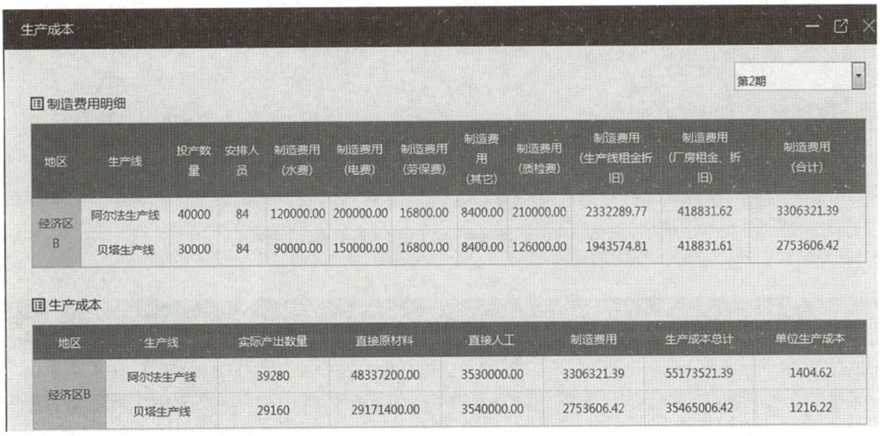

生产成本

第2期

制造费用明细

地区	生产线	投产数量	安排人员	制造费用(水费)	制造费用(电费)	制造费用(劳保费)	制造费用(其它)	制造费用(质检费)	制造费用(生产线租金折旧)	制造费用(厂房租金、折旧)	制造费用(合计)
经济区B	阿尔法生产线	40000	84	120000.00	200000.00	16800.00	8400.00	210000.00	2332289.77	418831.62	3306321.39
	贝塔生产线	30000	84	90000.00	150000.00	16800.00	8400.00	126000.00	1943574.81	418831.61	2753606.42

生产成本

地区	生产线	实际产出数量	直接原材料	直接人工	制造费用	生产成本总计	单位生产成本
经济区B	阿尔法生产线	39280	48337200.00	3530000.00	3306321.39	55173521.39	1404.62
	贝塔生产线	29160	29171400.00	3540000.00	2753606.42	35465006.42	1216.22

图 2-110　当期生产成本查询

同时查看“我的家底”模块中的各类信息，作为下一期规划的重要依据。如图 2-111 至图 2-120 所示。

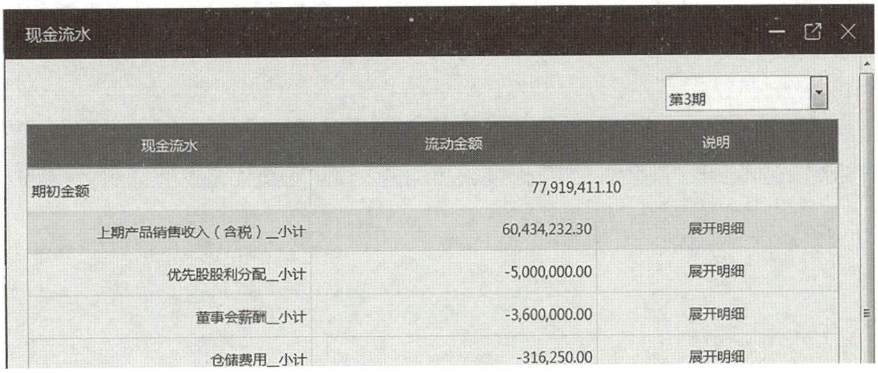

现金流水

第3期

现金流水	流动金额	说明
期初金额	77,919,411.10	
上期产品销售收入（含税）_小计	60,434,232.30	展开明细
优先股股利分配_小计	-5,000,000.00	展开明细
董事会薪酬_小计	-3,600,000.00	展开明细
仓储费用_小计	-316,250.00	展开明细

图 2-111　当期现金流水查询

我的资产

第2期

资产名称	所在地区	获取时间	获取方式	资产原值	折旧期限	每期折旧	累计折旧	账面余额	当期租金
厂房	经济区B	第2期	经营租赁	0.00	20	0.00	0.00	0.00	837663.23
阿尔法生产线	经济区B	第2期	经营租赁	0.00	10	0.00	0.00	0.00	2332289.77
贝塔生产线	经济区B	第2期	经营租赁	0.00	10	0.00	0.00	0.00	1943574.81

图 2-112　当期资产状态查询

我的员工

第2期

员工在册薪酬总表

部门	人数	薪酬合计	人均固定薪酬	销售提成薪酬
管理人员	20	3000000.00	150000.00	——
董事会人员	9	1800000.00	200000.00	——
生产人员	168	7070000.00	——	——
销售人员	44	2581324.80	50000.00	381324.80
合计	241	14451324.00	——	——

图 2-113　当期员工薪酬情况查询

我的生产

第2期

地区	地区平均薪酬	生产线	投产数量	单条产能	安排人员	单人产量	固定工资	单位计件工资	加班幅度	废品率	实际产出数量	产品质量等级
经济区B	55800.00	阿尔法生产线	40000	40000	84	400	36500.00	10.00	0.20	0.0180	39280	90.00
		贝塔生产线	30000	30000	84	300	38000.00	10.00	0.20	0.0280	29160	90.00

图 2-114　当期生产情况查询

我的研发

第3期

产品	研发方式	当期投入（万元）	累积投入（万元）	当前等级	附加值提升	辅材使用节约
阿尔法	自主研发	0.00	500.00	研发阶段五	100%	50%
	外购专利	0.00	600.00	研发阶段五	105%	100%
贝塔	自主研发	0.00	440.00	研发阶段五	100%	50%
	外购专利	0.00	500.00	研发阶段五	105%	100%

图 2-115　当期研发情况查询

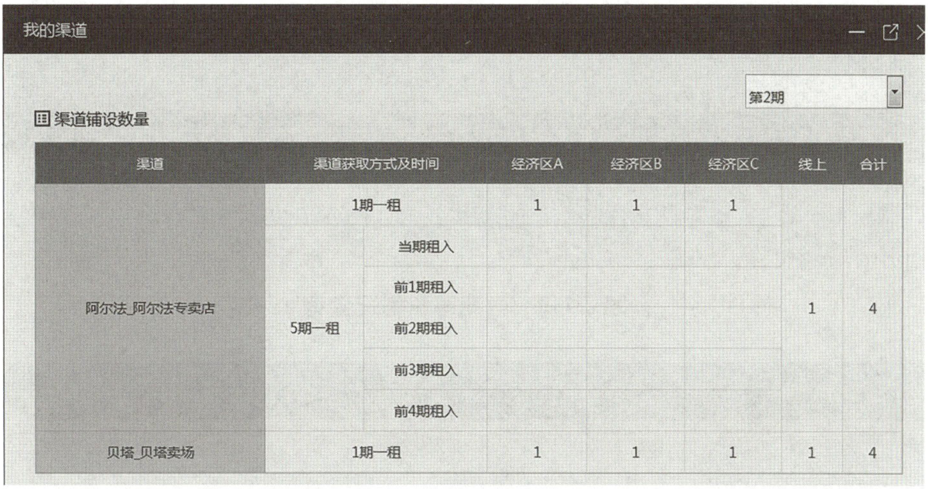
我的渠道

第2期

渠道铺设数量

渠道	渠道获取方式及时间		经济区A	经济区B	经济区C	线上	合计
阿尔法_阿尔法专卖店	1期一租		1	1	1	1	4
	5期一租	当期租入					
		前1期租入					
		前2期租入					
		前3期租入					
		前4期租入					
贝塔_贝塔卖场	1期一租		1	1	1	1	4

图 2-116　当期渠道铺设情况查询

我的营销

阿尔法　第2期

营销策略　营销结果　总营销　市场份额　市场份额排名

地区	本期广告投放	质量分值	定价
线上		90.00	2090.00
经济区A	600000.00	90.00	2090.00

图 2-117　当期营销策略查询

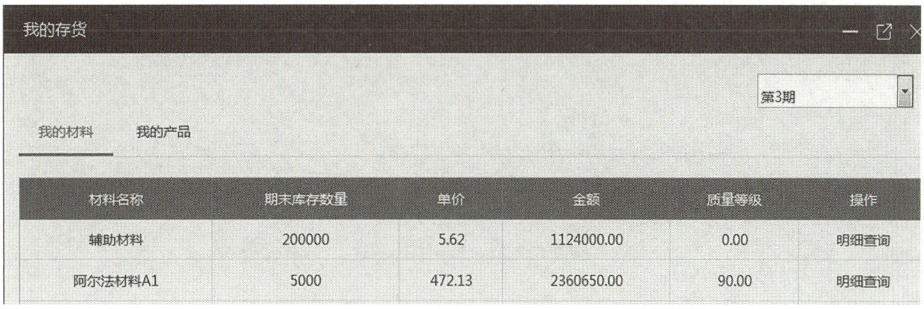
我的存货

第3期

我的材料　我的产品

材料名称	期末库存数量	单价	金额	质量等级	操作
辅助材料	200000	5.62	1124000.00	0.00	明细查询
阿尔法材料A1	5000	472.13	2360650.00	90.00	明细查询

图 2-118　当期期末存货情况查询

图 2-119　当期筹资情况查询

图 2-120　当期利润分配情况查询

查看新的一期动态资讯，及时调整经营策略。如图 2-121 至图 2-125 所示。

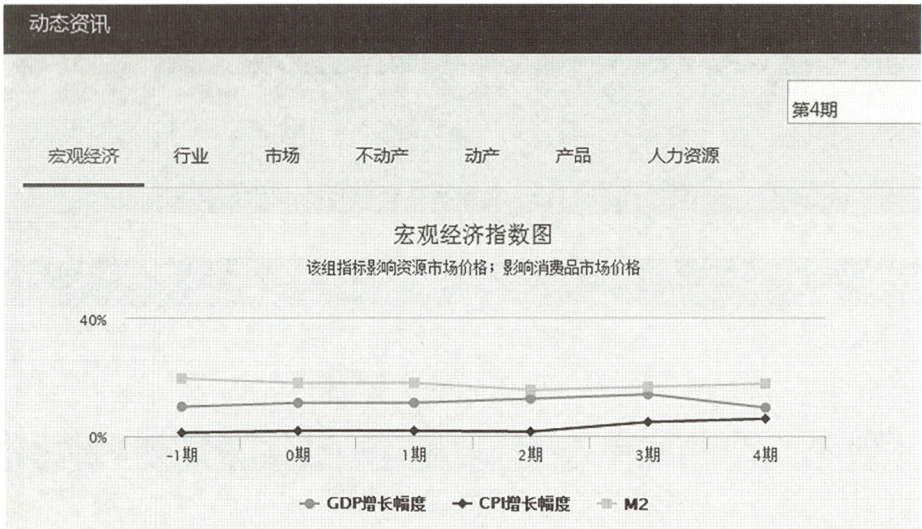

图 2-121　下一期宏观经济情况查询

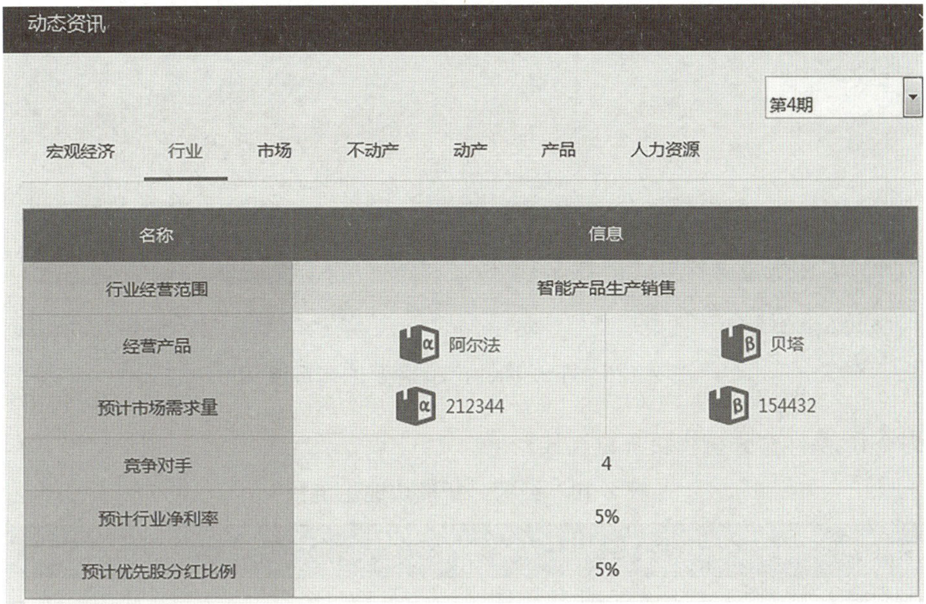
动态资讯

第4期

宏观经济　行业　市场　不动产　动产　产品　人力资源

名称	信息	
行业经营范围	智能产品生产销售	
经营产品	α 阿尔法	β 贝塔
预计市场需求量	α 212344	β 154432
竞争对手	4	
预计行业净利率	5%	
预计优先股分红比例	5%	

图 2-122　下一期产品需求情况查询

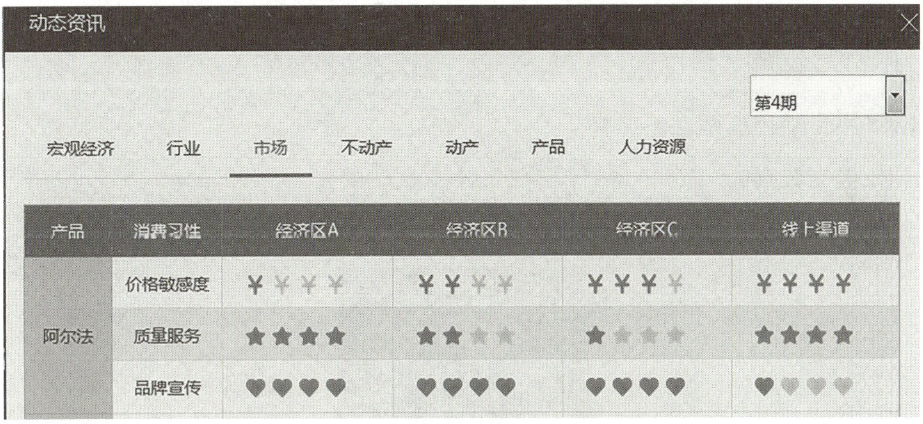
动态资讯

第4期

宏观经济　行业　市场　不动产　动产　产品　人力资源

产品	消费习性	经济区A	经济区B	经济区C	线上渠道
阿尔法	价格敏感度	¥	¥¥	¥¥¥	¥¥¥¥
	质量服务	★★★★	★★	★	★★★★
	品牌宣传	♥♥♥♥	♥♥♥♥	♥♥♥♥	♥

图 2-123　下一期市场消费习性情况查询

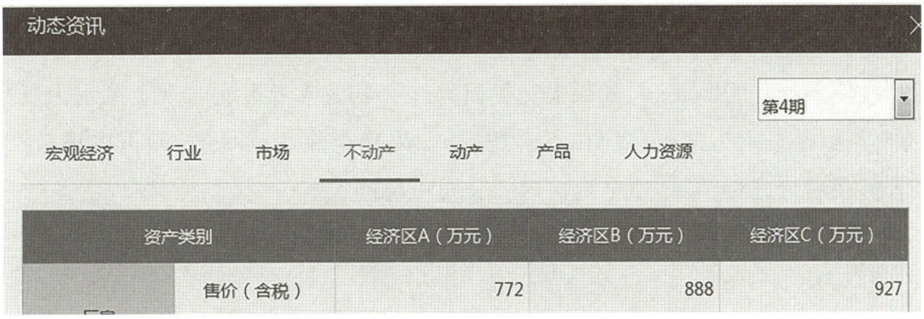
动态资讯

第4期

宏观经济　行业　市场　不动产　动产　产品　人力资源

资产类别		经济区A（万元）	经济区B（万元）	经济区C（万元）
	售价（含税）	772	888	927

图 2-124　下一期不动产价格变化情况查询

图 2-125　下一期动产价格变化情况查询

表 2-10 是经营分析模块理论连接。

表 2-10　经营分析模块理论链接

关联课程	理论知识
财务管理	3.4.10 财务预测
管理会计	3.5.7 经营预测
财务报告分析	3.6.1 财务指标分析、3.6.2 比较分析法、3.6.3 综合绩效分析——杜邦分析法

1.7.3 平台使用指南

（1）提交数据

所有的事项都完成后，点击"当期完成"按钮（图 2-126）。

图 2-126　"当期完成"按钮

进入提交界面（图 2-127），如果提交界面有红字显示或者提交时现金流水为负数，则不能提交。红字显示为某业务操作不合逻辑，如果现金流水为负数，则可申请破产。提交后，教师在后台进行结算，整个批次内的公司一起进入下一期。

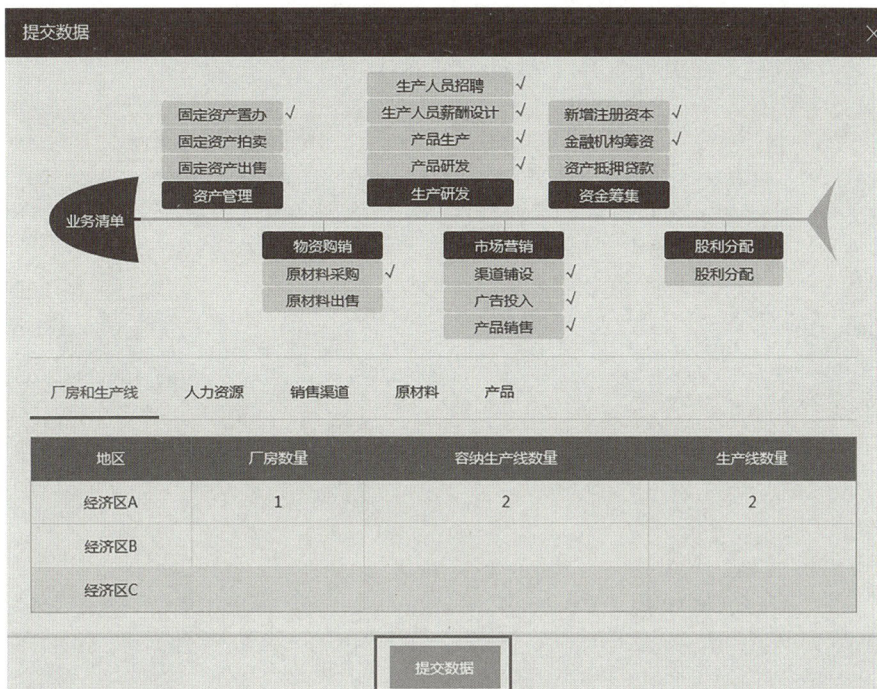

图 2-127 提交数据界面

（2）当期经营分析

企业在完成一期经营后，点击"经营分析"，首先查看基本的财务信息，包括产品制造成本明细、期间费用明细和三张财务报表。

点击"生产成本"，选择期数，查看每个区域的前期生产成本，包括直接材料、直接人工、制造费用及明细、单位生产成本等（图 2-128）。

制造费用明细

地区	生产线	投产数量	安排人员	制造费用（水费）	制造费用（电费）	制造费用（劳保费）	制造费用（其它）	制造费用（质检费）	制造费用（生产线租金折旧）	制造费用（厂房租金、折旧）	制造费用（合计）
经济区A	阿尔法生产线	40000	84	120000.00	200000.00	16800.00	8400.00	200000.00	2902952.50	377761.59	3825914.09
	贝塔生产线	30000	84	90000.00	150000.00	16800.00	8400.00	120000.00	2419127.08	377761.58	3182088.66
经济区B	阿尔法生产线	40000	84	120000.00	200000.00	16800.00	8400.00	200000.00	2419127.08	434425.83	3398752.91
	贝塔生产线	30000	84	90000.00	150000.00	16800.00	8400.00	120000.00	2015939.23	434425.82	2835565.05

生产成本

地区	生产线	实际产出数量	直接原材料	直接人工	制造费用	生产成本总计	单位生产成本
经济区A	阿尔法生产线	39360	45654800.00	4433000.00	3825914.09	53913714.09	1369.76
	贝塔生产线	29250	27560400.00	4317000.00	3182088.66	35059488.66	1198.61
经济区B	阿尔法生产线	39360	45654800.00	4036100.00	3398752.91	53089652.91	1348.82
	贝塔生产线	29250	27560400.00	3920100.00	2835565.05	34316065.05	1173.20

图 2-128 产品制造成本查询

点击"期间费用",选择期数,查看期间费用明细,包括管理费用明细、合计数,销售费用明细、合计数,财务费用明细、合计数(图 2-129)。

费用分类	费用明细	发生金额
管理费用	董事会薪酬	1,800,000.00
	仓储费用	37,950.00
	办公费	32,000.00
	管理人员薪酬	2,400,000.00
	生产人员培训费	134,400.00
管理费用_小计		4,404,350.00
	广告费	11,000,000.00
	进场费	950,000.00
	线下包装费	153,498.00
	网络包装费	52,566.00
	网销扣点费	1,728,393.60

第3期 ▼

图 2-129　期间费用查询

查看三张财务报表。点击"资产负债表",查看每期的资产负债情况(图 2-130)。

现金流量表　利润表　资产负债表

第3期 ▼

资产负债表

资　　产	行次	期末余额	期初余额	负债和所有者权益(或股东权益)	行次	期末余额	期初余额
流动资产:				**流动负债:**			
货币资金	1	16,456,170.77	27,586,058.58	短期借款	33	35,000,000.00	0.00
交易性金融资产	2			交易性金融负债	34		
应收票据	3			应付票据	35		
应收账款	4	70,923,679.63	46,968,477.19	应付账款	36	0.00	0.00
预付账款	5	0.00	0.00	预收账款	37		
应收利息	6			应付职工薪酬	38		
应收股利	7			应交税费	39	11,381,045.65	22,139,926.94
其他应收款	8	100,000.00	100,000.00	应付利息	40		
存货	9	58,432,848.34	3,087,991.50	应付股利	41		
其中: 消耗性生物资产	10			其他应付款	42		
一年内到期的非流动资产	11			一年内到期的非流动负债	43		

图 2-130　当期资产负债表查询

点击"利润表",查看每期的利润表(图 2-131)。

第3期

现金流量表 利润表 资产负债表

利润表

项目	行次	本期金额
一、营业收入	1	186,114,196.00
减：营业成本	2	121,034,063.87
税金及附加	3	467,325.57
销售费用	4	35,246,599.15
管理费用	5	4,404,350.00
财务费用	6	0.00
资产减值损失	7	0.00
加：公允价值变动收益（损失以"-"填列）	8	0.00
投资收益（损失以"-"填列）	9	0.00
其中：对联营企业和合营企业的投资收益	10	0.00
二、营业利润（亏损以"-"填列）	11	24,961,857.41
加：营业外收入	12	0.00
加：营业外支出	13	0.00

图 2-131 当期利润表查询

点击“现金流量表”，查看每期的现金流转情况（图 2-132）。

第3期

现金流量表 利润表 资产负债表

项目	行次	金额
一、经营活动产生的现金流量：		
销售商品、提供劳务收到的现金	1	193,798,406.88
收到的税费返还	3	0.00
收到的其他与经营活动有关的现金	8	0.00
现金流入小计	9	193,798,406.88
购买商品、接受劳务支付的现金	10	171,323,568.00
支付给职工以及为职工支付的现金	12	25,101,741.96
支付的各项税费	13	22,139,926.94
支付的其他与经营活动有关的现金	18	46,570,717.49
现金流出小计	20	265,135,954.39
经营活动产生的现金流量净额	21	-71,337,547.51
二、投资活动产生的现金流量：		
收回投资所收到的现金	22	0.00
取得投资收益所收到的现金	23	0.00

图 2-132 当期现金流量表查询

然后，点击“财务指标”，查看每期的财务指标分值，指标分为成本控制、发展能力、盈利能力、营运能力、风险管理能力、人力资源效能、现金管理能力七大类型（图 2-133）。每个指标为红灯显示时表明该指标不合格，为绿灯时说明指标合格，为黄灯时说明该指标危险。

图 2-133　当期财务指标查询

点击"杜邦分析图",可以综合分析企业的财务状况。

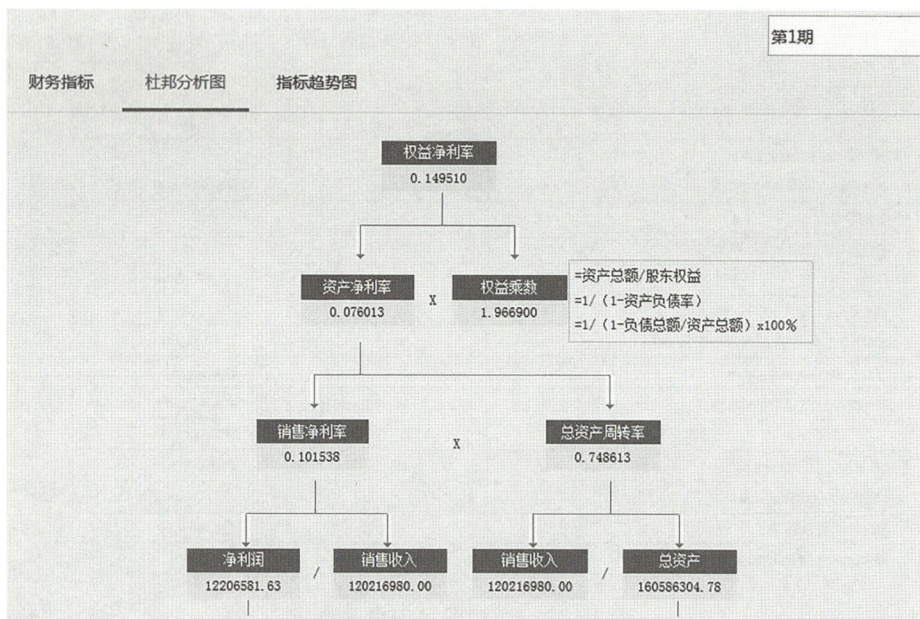

图 2-134　杜邦分析图查询

点击"指标趋势图",可以查看每期的各项指标数值(图 2-135)。

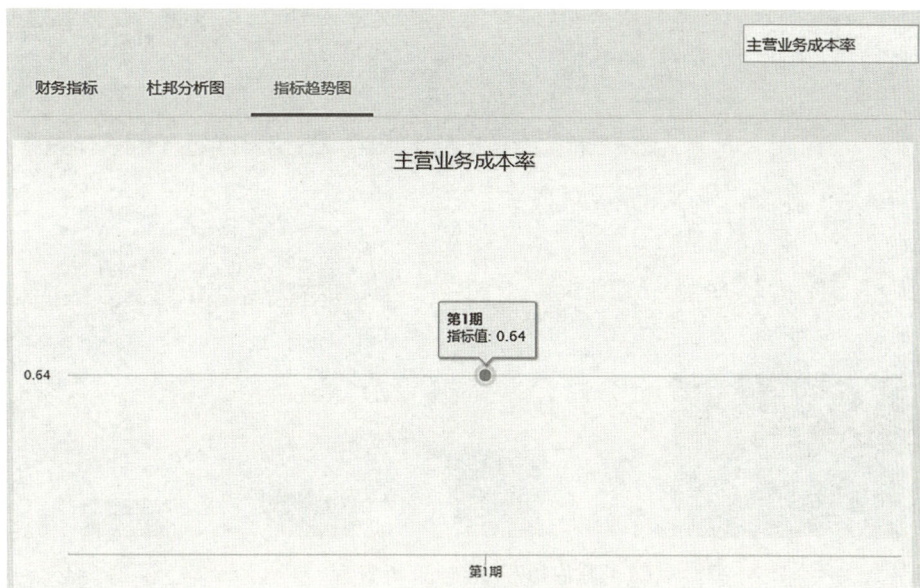

图 2-135 指标趋势查询

点击指标对比界面,可查看每个小组各个类别和具体指标项目的指标数值,从而分析自己和竞争对手的财务状况和经营状况(图 2-136)。

小组	企业名称	主营业务成本率	经营管理费用率	财务费用率
1	网中网软件有限公司	65.03%	21.30%	0.00%
2	RN有限公司	72.06%	13.63%	1.51%
3	六六有限公司	93.13%	29.05%	1.81%

图 2-136 指标对比分析

(3)下一期经营规划

进入第 2 期后,系统会自动弹出商业分析界面,企业可查看各种财务数据、指标分析雷达图、成绩排名,以及市场营销情况分析、定价分析等(图 2-137)。

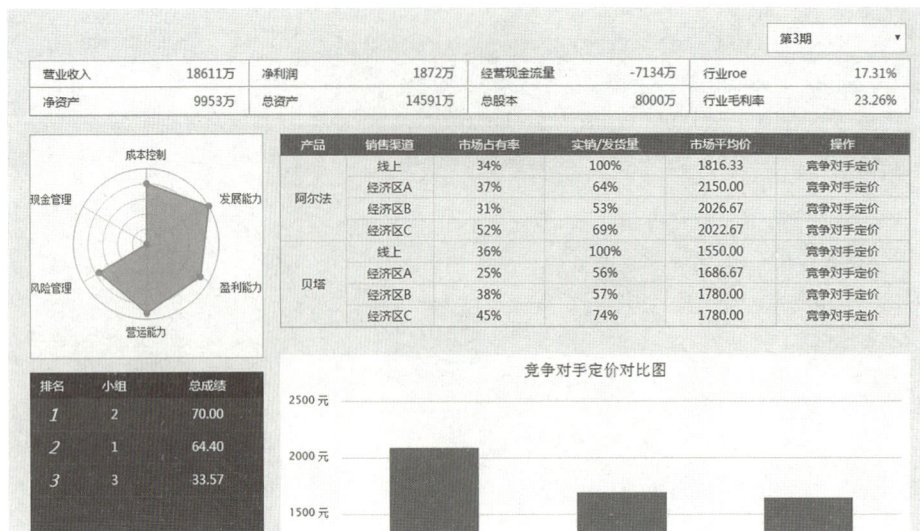

图 2-137　商业分析查询

同时,企业需要再次检视自身的经营和财务状况。

点击"我的家底"—"现金流水",查看企业往期现金流水情况。在"现金流水"界面,企业可以查看经营各期产生的现金收支信息(图 2-138)。要查询往期信息,点击右上角的期数选择下拉框,选择需要查询的期数即可。默认显示当期信息。

图 2-138　现金流水总体情况查询

展开明细:点击各类小计右侧的"展开明细",可以查看该小计项下的所有明细项。

收起明细：不需要查看明细时，可以点击已经展开明细的项目右侧的“收起明细”，隐藏已经展开的明细项(图 2-139)。

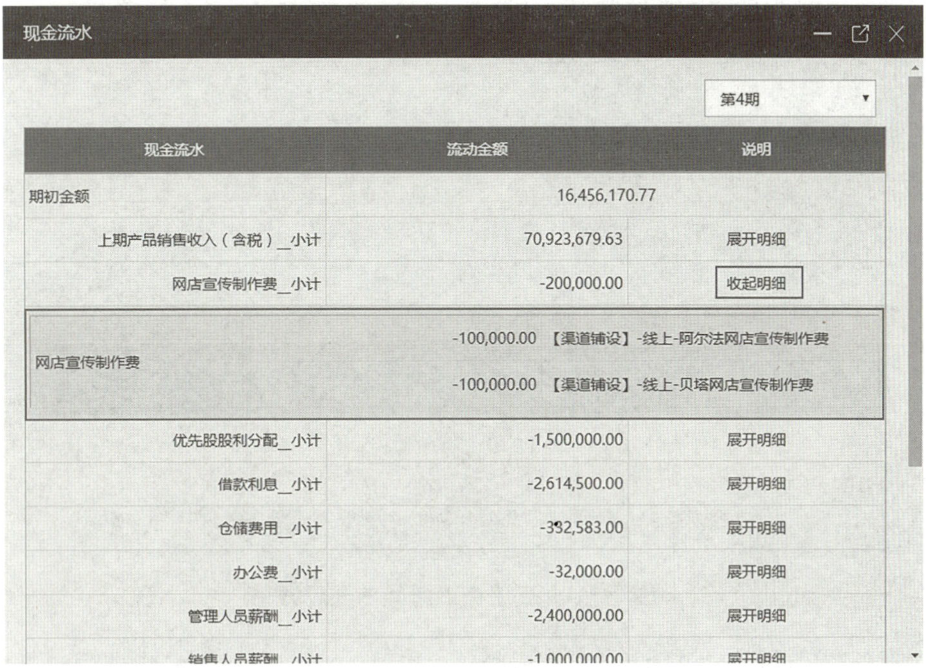

现金流水	流动金额	说明
期初金额	16,456,170.77	
上期产品销售收入（含税）_小计	70,923,679.63	展开明细
网店宣传制作费_小计	-200,000.00	收起明细
网店宣传制作费	-100,000.00　【渠道铺设】-线上-阿尔法网店宣传制作费 -100,000.00　【渠道铺设】-线上-贝塔网店宣传制作费	
优先股股利分配_小计	-1,500,000.00	展开明细
借款利息_小计	-2,614,500.00	展开明细
仓储费用_小计	-332,583.00	展开明细
办公费_小计	-32,000.00	展开明细
管理人员薪酬_小计	-2,400,000.00	展开明细
销售人员薪酬_小计	-1,000,000.00	展开明细

图 2-139　现金流水明细查询

点击“我的家底”—“我的资产”，企业可以查看已拥有所有权或使用权的资产信息，包括厂房和各产品生产线、资产所在地区、获取方式、获取时间、资产原值、折旧等信息(图 2-140)。要查询往期信息，点击右上角的期数选择下拉框，选择需要查询的期数即可。默认显示当期信息。

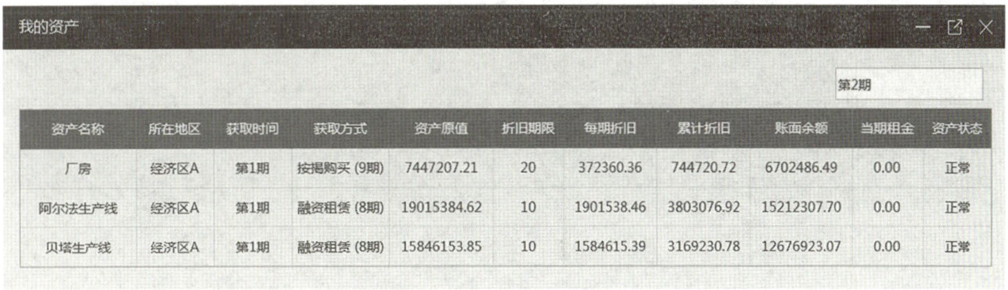

资产名称	所在地区	获取时间	获取方式	资产原值	折旧期限	每期折旧	累计折旧	账面余额	当期租金	资产状态
厂房	经济区A	第1期	按揭购买 (9期)	7447207.21	20	372360.36	744720.72	6702486.49	0.00	正常
阿尔法生产线	经济区A	第1期	融资租赁 (8期)	19015384.62	10	1901538.46	3803076.92	15212307.70	0.00	正常
贝塔生产线	经济区A	第1期	融资租赁 (8期)	15846153.85	10	1584615.39	3169230.78	12676923.07	0.00	正常

图 2-140　现有资产情况查询

点击“我的家底”—“我的员工”，查看“员工在册薪酬总表”以及“生产人员明细表”(图 2-141)。在薪酬总表中可以查看管理人员、董事会人员、生产人员、销售人员各类员工的数量以及薪酬信息；在“生产人员明细表”中可以查看各生产线生产人员的数量、固定薪酬、计件薪酬、加班幅度等信息。要查询往期信息，点击右上角的期数选择下拉框，选择需要查询的期数即可。默认显示当期信息。

我的员工

员工在册薪酬总表

部门	人数	薪酬合计	人均固定薪酬	销售提成薪酬
管理人员	16	2400000.00	150000.00	——
董事会人员	9	1800000.00	200000.00	——
生产人员	168	8069600.00	——	——
销售人员	44	2200000.00	50000.00	——
合计	237	14469600.00	——	——

生产人员明细表

地区	地区平均薪酬	生产线	人数	单位固定薪酬	单位计件工资	加班幅度	固定薪酬总额	计件薪酬总额	总薪酬	人均薪酬
经济区B	57600.00	贝塔生产线	84	43200.00	10.00	0.20	3628800.00	348000.00	3976800.00	47342.86
		阿尔法生产线	84	43200.00	10.00	0.20	3628800.00	464000.00	4092800.00	48723.81

图 2-141　在册员工薪酬总表查询

点击“我的家底”—“我的生产”，查看投放生产地区、该地区平均薪酬、投放生产线数量、各生产线生产数量、生产人员数量、固定工资、计件工资、加班幅度、废品率、产出量、产品质量等级等生产相关信息(图 2-142)。要查询往期信息，点击右上角的期数选择下拉框，选择需要查询的期数即可。默认显示当期信息。

我的生产

第1期

地区	地区平均薪酬	生产线	投产数量	单条产能	安排人员	单人产量	固定工资	单位计件工资	加班幅度	废品率	实际产出数量	产品质量等级
经济区B	54000.00	贝塔生产线	30000	30000	84	300	40500.00	10.00	0.20	0.0250	29250	80.00
		阿尔法生产线	40000	40000	84	400	40500.00	10.00	0.20	0.0140	39440	83.00
		贝塔生产线	30000	30000	84	300	40500.00	10.00	0.20	0.0250	29250	83.00
		阿尔法生产线	40000	40000	84	400	40500.00	10.00	0.20	0.0140	39440	80.00

图 2-142　生产状况查询

点击“我的家底”—“我的研发”，查看各个产品的研发投入，包括当期投入以及累计投入，并可以查看不同研发方式(自主研发、外购专利)的当前研发等级以及该等级所附带的效果(图 2-143)。要查询往期信息，点击右上角的期数选择下拉框，选择需要查询的期数即可。默认显示当期信息。

我的研发

第1期

产品	研发方式	当期投入（万元）	累积投入（万元）	当前等级	附加值提升	辅材使用节约
阿尔法	自主研发	500.00	500.00	研发阶段五	100%	50%
	外购专利	600.00	600.00	研发阶段五	105%	100%
贝塔	自主研发	440.00	440.00	研发阶段五	100%	50%
	外购专利	500.00	500.00	研发阶段五	105%	100%

图 2-143　研发投入及效果查询

辅助材料使用率：每达到一个等级都可以降低辅助材料的使用量。

产品附加值：每达到一个等级，产品在市场上的竞争力都会相应提升。

点击“我的家底”—“我的渠道”，查看渠道铺设信息。选择右上角下拉期数查询往期渠道铺设的情况。

表 2-144 显示渠道在各地区铺设的数量，可以看到当期和前四期铺设过的渠道数量。

表 2-145 显示根据渠道在各地区铺设的数量，自动算出在各地区所需的销售人员和当期需要支付的租金。

我的渠道

第3期

渠道铺设数量

渠道	渠道获取方式及时间		经济区A	经济区B	经济区C	线上	合计
贝塔_贝塔卖场	1期一租		1	1	1	1	4
阿尔法_阿尔法专卖店	1期一租		1	1	1	1	4
	5期一租	当期租入					
		前1期租入					
		前2期租入					
		前3期租入					
		前4期租入					

图 2-144　渠道铺设数量查询

渠道人员配置及当期租金支付

渠道	经济区A		经济区B		经济区C		线上	人数合计	支付租金合计
	销售人员数量	当期支付租金（含税）	销售人员数量	当期支付租金（含税）	销售人员数量	当期支付租金（含税）			
贝塔_贝塔卖场	5	575000.00	5	600000.00	5	500000.00	10	25	1675000.00
阿尔法_阿尔法专卖店	3	241106.33	3	251589.22	3	209657.68	10	19	702353.23

图 2-145　渠道人员及租金情况查询

点击"我的家底"—"我的营销",查看销售相关数据(图 2-146)。界面中分为五个查询模块,每个模块都可以根据右上角的查询条件进行相关产品和以往期数的查询。

图 2-146　营销策略查询

"营销策略"展示的是企业当期在相应渠道上所投放的广告金额、所销售产品的质量分值和在所销售渠道上产品的定价。这三种因素将综合起来影响企业所占有的市场份额。

"营销结果"展示的是企业的产品在各渠道的预计销量和企业的实际销量(图 2-147)。预计销量是企业的发货数量,实际销量根据企业的营销策略得到的实际卖出的数量。本模块有两种展现方式:柱状图和表格。

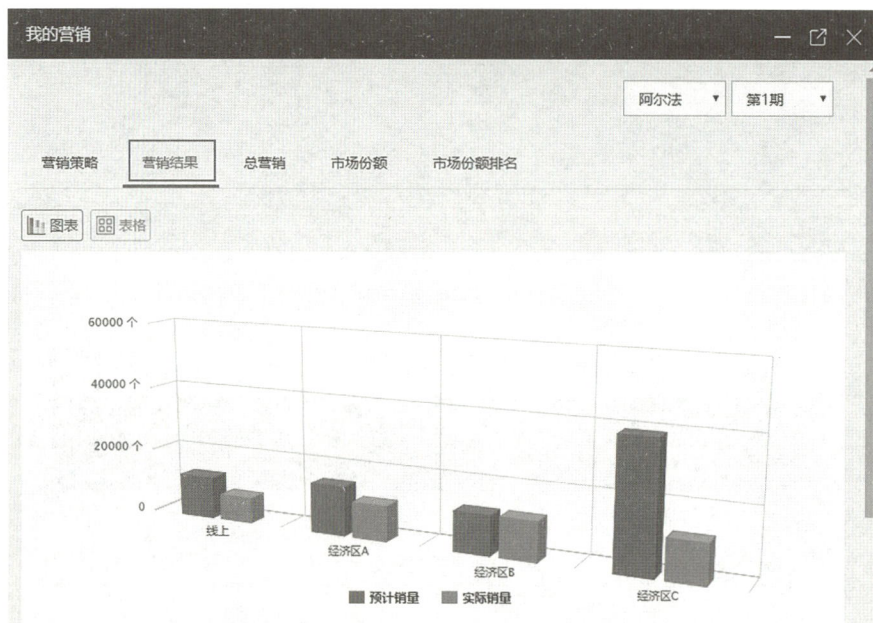

图 2-147　营销结果查询

柱状图:能很清晰明了地形成各地区预计销量和实际销量的对比(图 2-148)。

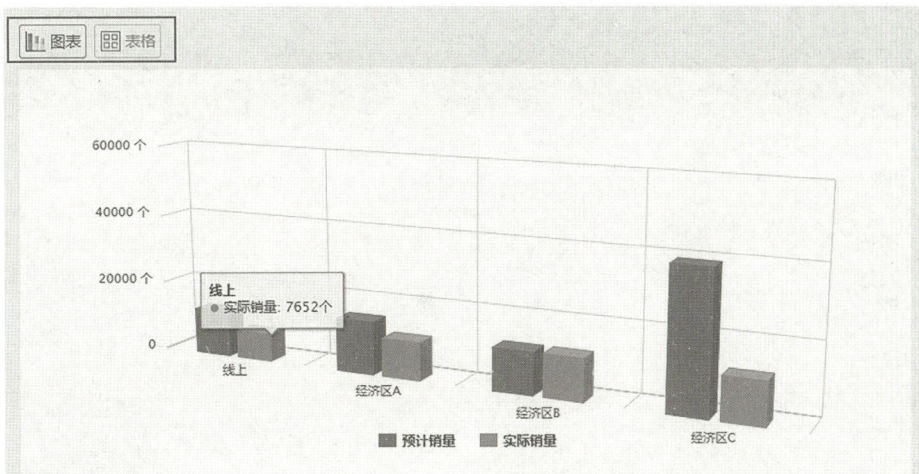

图 2-148 营销结果柱状图查询

表格:能很直观地读取决策者所需要的数据(图 2-149)。

地区	预计销量	实际销量
线上	12992	7652
经济区A	15000	10857
经济区B	12000	12000
经济区C	38888	12108

图 2-149 营销结果表查询

"总营销"展示的是企业的产品在各渠道以往每一期的销售情况(图 2-150)。本模块有两种展现方式:图表和表格(图 2-151)。图表很直观地展示了各个渠道每一期的销售情况,决策者能快速、直观地读取所需要的信息。

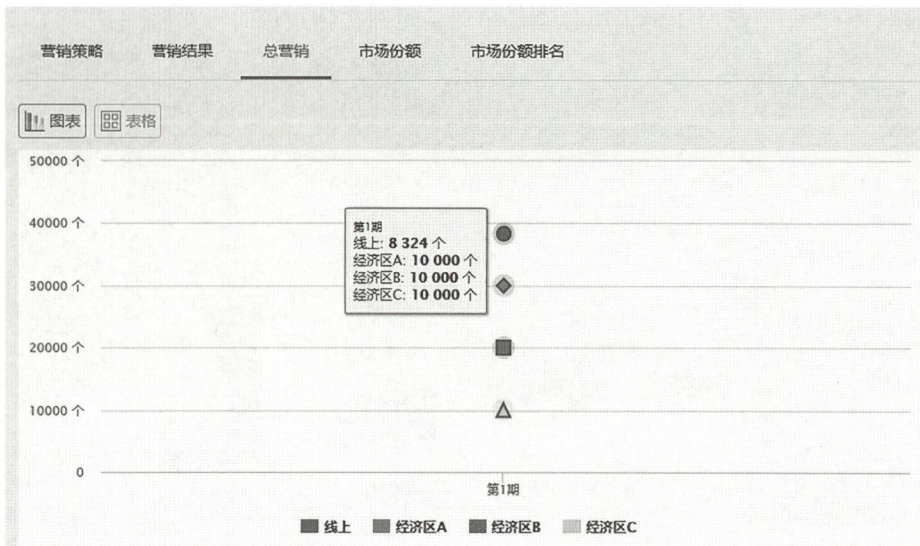

图 2-150　总营销情况柱状图查询

图 2-151　总营销情况表查询

"市场份额"展示的是企业所占的市场份额在总份额中的比例。本模块有两种展现方式:比例图和表格。比例图很直观地展示了企业在各个渠道的市场份额占总份额的比例(图 2-152)。表格能帮助决策者快速、直观地读取所需要的数据(图 2-153)。

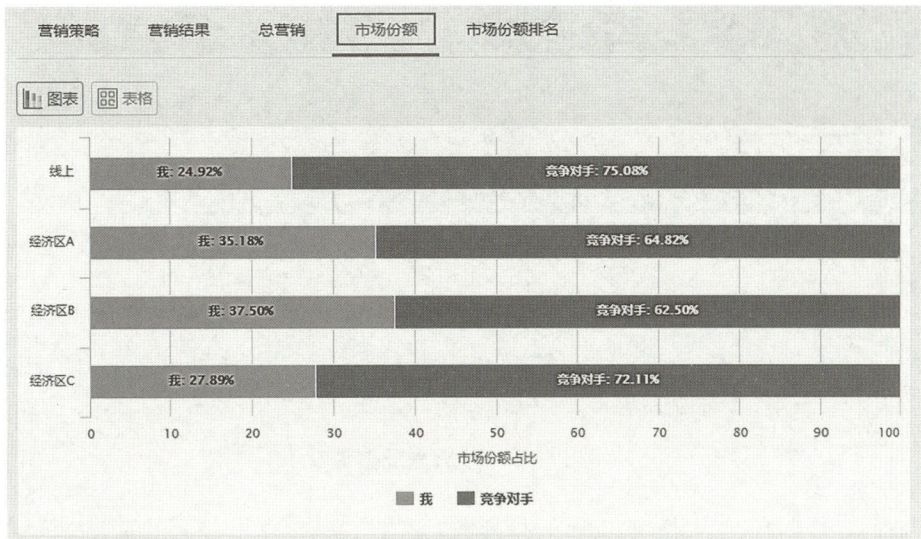

图 2-152　市场份额情况柱状图查询

图 2-153　市场份额情况表查询

"市场份额排名"展示的是各小组所占市场份额的排名(图 2-154)。可根据右上角的查询条件查看各渠道合计总销量的排名，也可以选择查看特定渠道销量的排名。

图 2-154　市场份额排名情况查询

点击"我的家底"—"我的存货"，进入原材料和产品库存查询界面(图 2-155)。

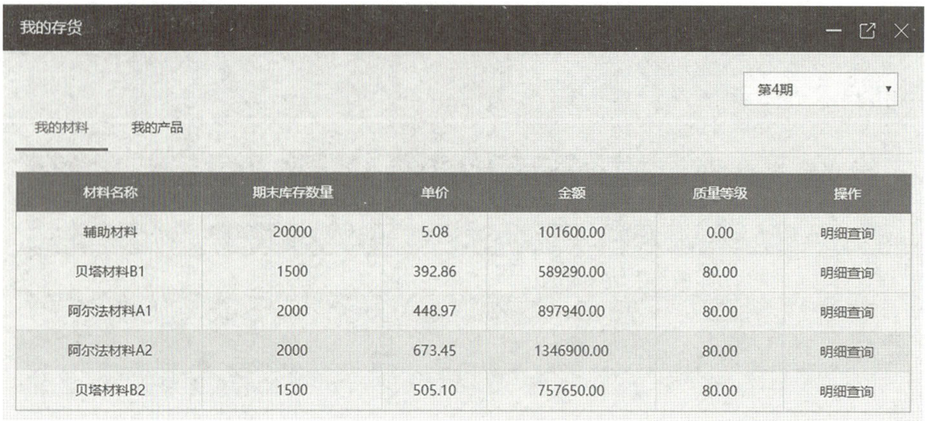

图 2-155　存货情况查询

"我的存货"分成两个模块："我的材料"和"我的产品"。点击右上角的下拉框可查看以往各期存货数据。

我的材料：查看当期期末库存数量（图 2-156）。当期期末库存数量＝期初库存＋本期采购－本期生产使用。如需查看详细数据，可点击"明细查询"（图 2-157）。

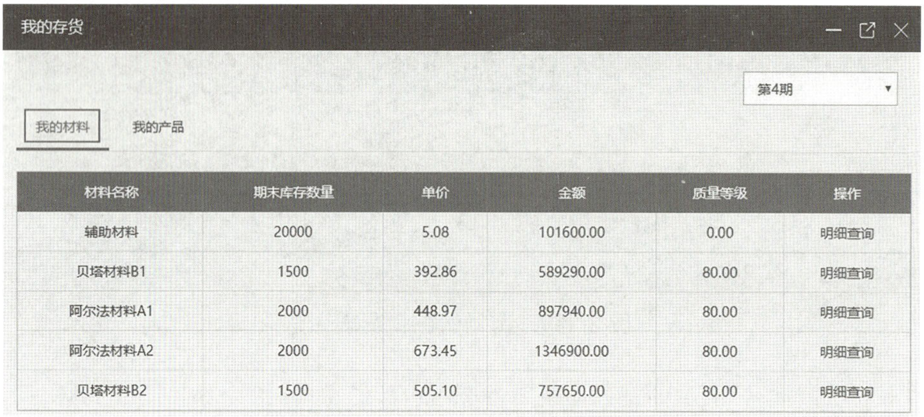

图 2-156　材料情况查询

	材料名称	期末库存数量	单价	金额	质量等级	操作
	辅助材料	20000	5.08	101600.00	0.00	明细查询
	贝塔材料B1	1500	392.86	589290.00	80.00	收起

期初库存			本期购入			本期领用			期末库存		
数量	单价	质量等级	数量	单价	质量等级	数量	单价	质量等级	数量	单价	质量等级
0	0	0	31500	392.86	80.00				31500	392.86	80.00
						30000	392.86	80.00	1500	392.86	80.00

	阿尔法材料A1	2000	448.97	897940.00	80.00	明细查询
	阿尔法材料A2	2000	673.45	1346900.00	80.00	明细查询
	贝塔材料B2	1500	505.10	757650.00	80.00	明细查询

图 2-157　材料明细查询

我的产品：查看当期期末库存数量（图 2-158）。当期期末库存数量＝期初库存＋本期生产－本期销售。如需查看详细数据，可点击"明细查询"。

产品名称	地区	期末库存数量	成本价	成本全额	质量等级	
阿尔法	经济区A	12642	-	-	80.00	明细查询
阿尔法	经济区C	0	0	0	0	明细查询
阿尔法	经济区B	0	0	0	0	明细查询
贝塔	经济区A	9410	-	-	80.00	明细查询
贝塔	经济区C	0	0	0	0	明细查询
贝塔	经济区B	38661	-	-	80.00	明细查询

图 2-158　产品情况查询

本期出售：当期为预计销售量，即为企业的发货数量，查看往期即为企业的实际销售量。如有销售数据，还可查看具体渠道的销售数据。

图 2-159　产品明细查询

点击"我的家底"—"我的筹资",进入筹资记录查询界面(图 2-160)。可以点击右上角下拉框选择期数查询往期筹资记录。

图 2-160　筹资情况查询

点击"我的家底"—"我的分配",进入股利分配查询界面。可以点击右上角下拉框选择期数查询往期分配记录。如图 2-161 所示。

图 2-161　股利分配情况查询

点击"我的成绩",进入成绩查询主界面(图 2-162)。界面中分为三个查询模块,分别是"我的成绩""当期成绩排名""总成绩排名"。每个模块都可以在右上角下拉框选择查询以往期数数据。

指标分类	指标名称	指标说明	分值	得分
成本控制	主营业务成本率	主营业务成本/主营业务收入	4.00	3.20
	经营管理费用率	(销售费用+管理费用)/主营业务收入	4.00	2.80
	财务费用率	财务费用/主营业务收入	4.00	4.00
发展能力	收入增长率	(主营业务收入-上期主营业务收入)/上期主营业务收入	4.00	0.00
	资本积累率	(所有者权益-期初所有者权益)/期初所有者权益	4.00	0.00
盈利能力	净资产收益率	净利润/平均净资产	4.00	3.20
	销售净利率	净利润/营业收入	4.00	2.00

图 2-162 "我的成绩"主界面

"我的成绩"中可查询各指标得分(图 2-163)。

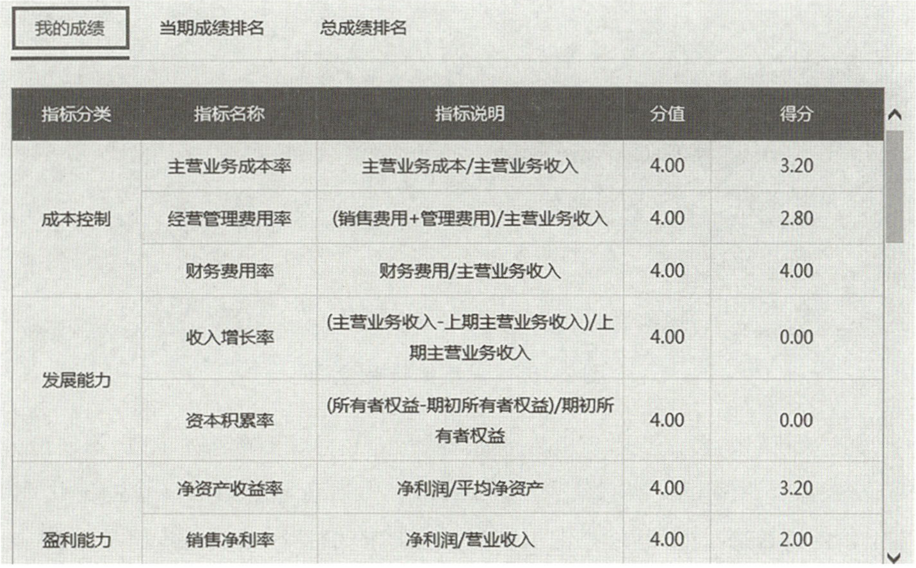

指标分类	指标名称	指标说明	分值	得分
成本控制	主营业务成本率	主营业务成本/主营业务收入	4.00	3.20
	经营管理费用率	(销售费用+管理费用)/主营业务收入	4.00	2.80
	财务费用率	财务费用/主营业务收入	4.00	4.00
发展能力	收入增长率	(主营业务收入-上期主营业务收入)/上期主营业务收入	4.00	0.00
	资本积累率	(所有者权益-期初所有者权益)/期初所有者权益	4.00	0.00
盈利能力	净资产收益率	净利润/平均净资产	4.00	3.20
	销售净利率	净利润/营业收入	4.00	2.00

图 2-163 "我的成绩"查询

"当期成绩排名"可查看各小组当期排名情况(图 2-164),也可以根据右上角查询条件查询各指标分值的排名。

小组	企业名称	分值	排名
16	时间的奶奶	82.90	1
15	MNS	82.28	2
13	诚信	68.37	3
20	初相见股份有限公司	67.50	4
02	我们不一样	41.60	5
25	阿布塔股份	40.50	6
31	111	40.50	6
26	瀚思	37.10	8

图 2-164　当期成绩排名查询

"总成绩排名"可查看各小组总成绩排名情况(图 2-165)。

小组	企业名称	分值	排名
16	时间的奶奶	83.59	1
15	MNS	57.83	2
13	诚信	55.10	3
17	111	40.52	4
01	PLAYERUNKNOWN'S BATTLEGROUND	37.91	5
27	新安集团股份有限公司	30.40	6
02	我们不一样	28.68	7
26	瀚思	27.55	8

图 2-165　总成绩排名查询

在"动态资讯"中,可以查看宏观经济指标、行业信息、市场消费习惯、不动产、动产、产品,以及人力资源等相关动态信息(图 2-167)。每期会随着市场环境的变化而变化。点击右上角的期数选择框,可以查询当期以及往期的相关资讯。具体信息已在"经营规划"部分详细介绍,此处不再赘述。

图 2-166 "动态资讯"查询栏

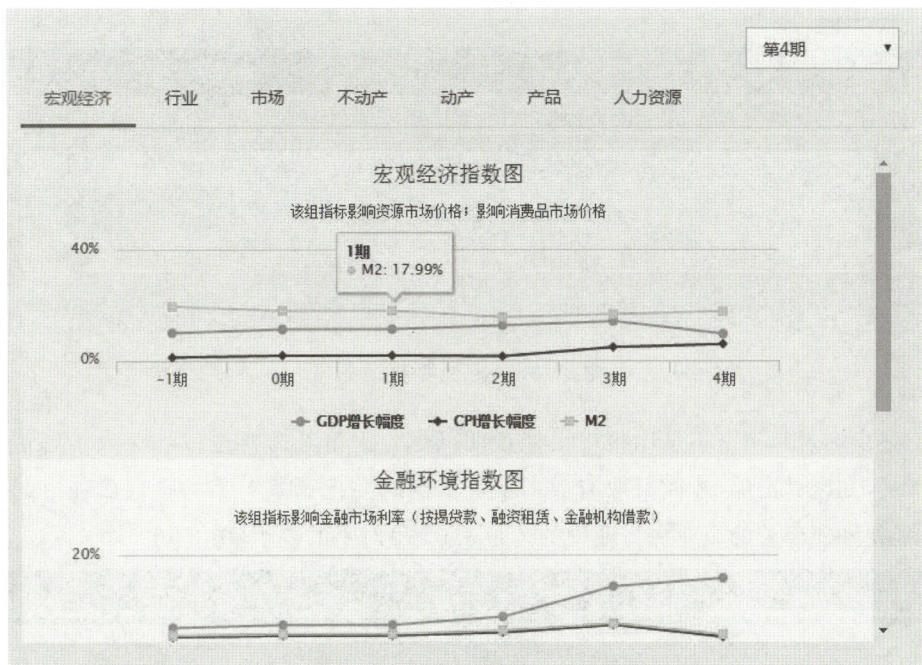

图 2-167 "动态资讯"主界面

1.7.4 实战策略问答

（1）问：如果你是老板，你要怎么知道企业经营情况？ 马不停蹄地租赁厂房、生产线，买材料，生产，销售，你有没有思考一下效果如何呢？

答：通过财务报表，分析企业经营活动中存在的问题，总结经验教训，可以促进企业改进经营活动，提高管理水平。决策者可以使用平台提供的"经营分析"—"财务报表"功能查看企业经营情况。财务报表的分析，需要将本期数据与往期的数据结合起来，以判断经营趋势，采取相应措施进行应对。因此要深刻了解三大报表间的关系，才能得出正确的结论。

通过比较财务指标，可以研判竞争对手经营状况，找出自身不足之处，扬长避短，对症下药。因此需要确定几项重要指标，将它们与竞争对手的指标进行比较，找出存在的问题，再采取针对性措施。决策者可以使用平台提供的"经营分析"—"指标分析"（图 2-168）功能查看企业应当关注哪些重要指标。

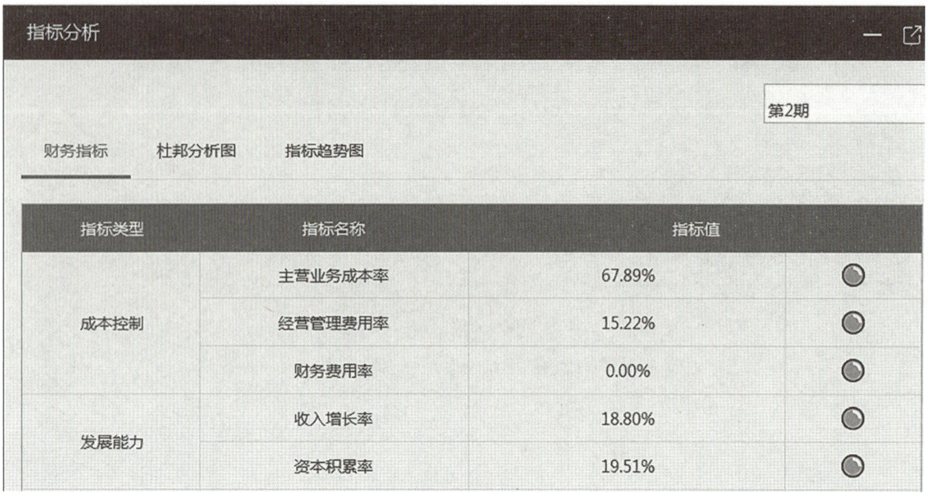

指标类型	指标名称	指标值	
成本控制	主营业务成本率	67.89%	
	经营管理费用率	15.22%	
	财务费用率	0.00%	
发展能力	收入增长率	18.80%	
	资本积累率	19.51%	

图 2-168　财务指标分析

上述指标看起来是不是比报表更能说明问题？决策者需要进一步深入了解这些指标的意义，知晓其影响，才能采取有效的措施。同时要把竞争对手的指标放在一起来比较，才能得知所经营的企业在行业中的地位、与竞争对手的差距(图 2-169)。

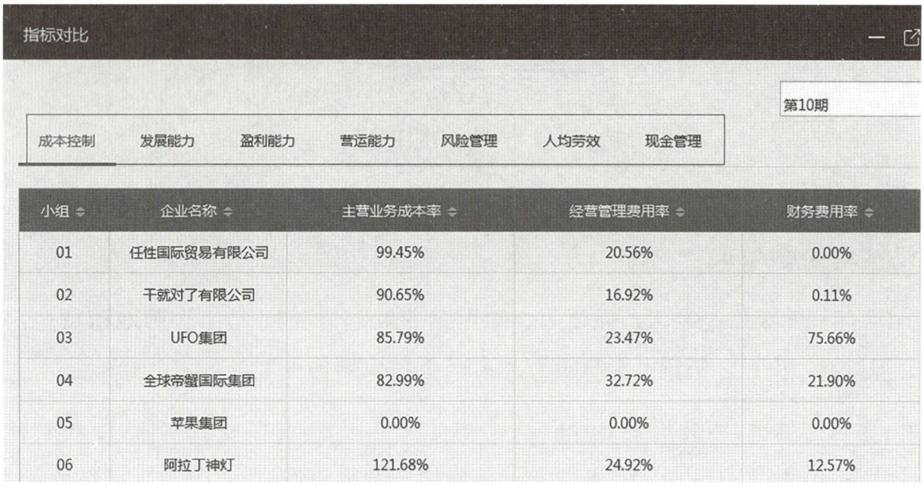

小组	企业名称	主营业务成本率	经营管理费用率	财务费用率
01	任性国际贸易有限公司	99.45%	20.56%	0.00%
02	干就对了有限公司	90.65%	16.92%	0.11%
03	UFO集团	85.79%	23.47%	75.66%
04	全球帝蟹国际集团	82.99%	32.72%	21.90%
05	苹果集团	0.00%	0.00%	0.00%
06	阿拉丁神灯	121.68%	24.92%	12.57%

图 2-169　指标对比分析

碎片化、分散化的指标，能够说明企业的经营成果吗？即使使用图解法，看到的也只是一条条的线，那么，经营的面是怎样的呢？

单独分析任何一类财务指标，都不足以全面地评价企业的财务状况和经营成果，只有对各种财务指标进行系统的、综合的分析，才能对企业的财务状况和经营成果做出全面、合理的评价。因此需要找到财务综合分析的方法才能进行评价。决策者可以使用平台提供的“经营分析”—“指标分析”—“杜邦分析图”功能查看(图 2-170)。

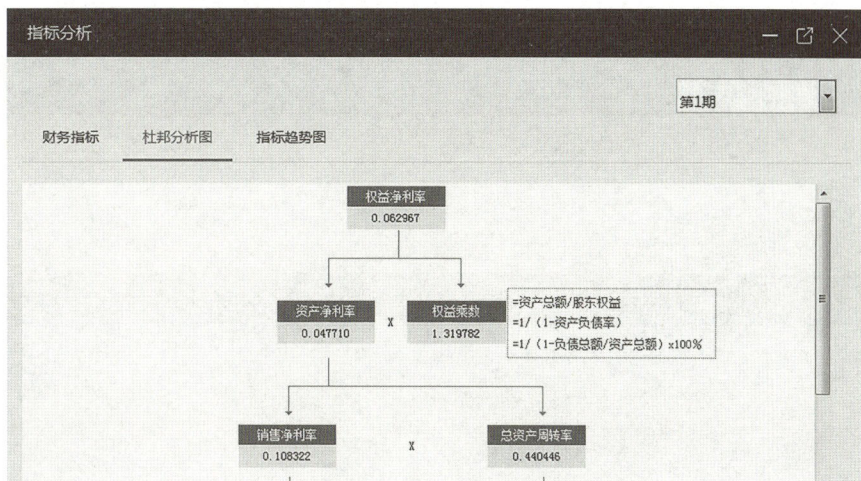

图 2-170　杜邦分析图

从杜邦分析图中可以看出,权益净利率(或称净资产收益率)是一个综合性极强、最有代表性的财务比率,是杜邦系统的核心。企业财务管理的目标就是实现股东财富的最大化,权益净利率恰恰反映了股东投入资金的盈利能力,反映了企业筹资、投资和生产运营等各方面经营活动的综合效率。

企业经营该得多少分呢?沃尔评分法可以给出答案。沃尔评分法,也称财务比率综合评分法,是指通过对选定的几项财务比率进行评分,然后计算出综合得分,并据此评价企业的综合财务状况。决策者可以使用平台提供的"我的家底"—"我的成绩"功能查看(图 2-171)。

图 2-171　财务比率综合评分

企业可以通过成绩排名分析在行业中所处的地位(图 2-172)。

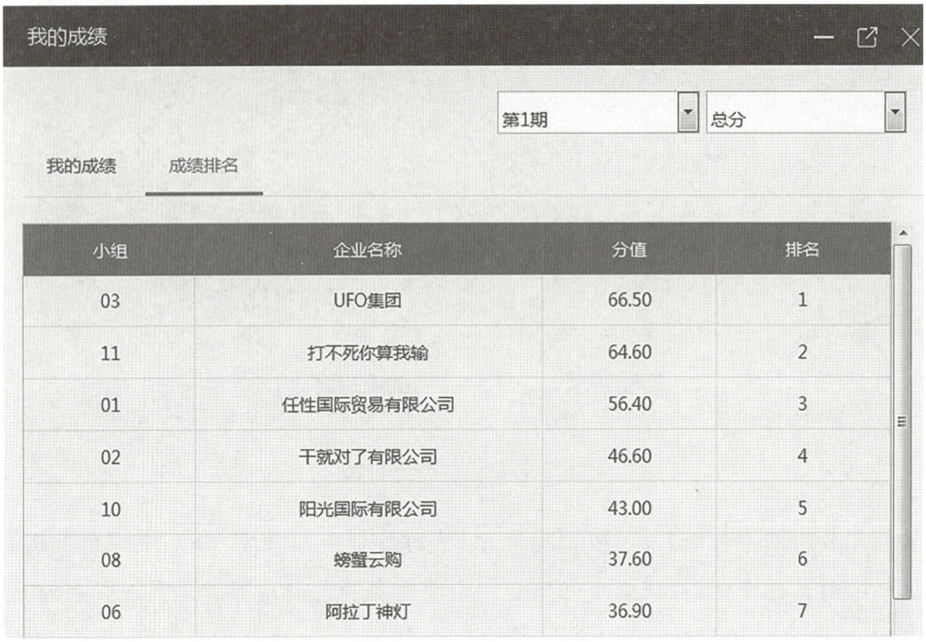

小组	企业名称	分值	排名
03	UFO集团	66.50	1
11	打不死你算我输	64.60	2
01	任性国际贸易有限公司	56.40	3
02	干就对了有限公司	46.60	4
10	阳光国际有限公司	43.00	5
08	螃蟹云购	37.60	6
06	阿拉丁神灯	36.90	7

图 2-172　成绩排名分析

（2）问：如何判断企业未来的经营趋势？

答：计算分期的财务指标后，要把一个个时点的指标串连起来。通过比较连续几期的指标，能够找出不足之处，进而采取相应措施。使用图解法比单纯的数字要简单明了得多，让分析更为简单、清晰。图解法虽然直观明了，但决策者需要确定所需要关注的重点指标。可以使用平台提供的“经营分析”—“指标分析”—“指标趋势图”功能查看应当关注哪些指标(图 2-173)。

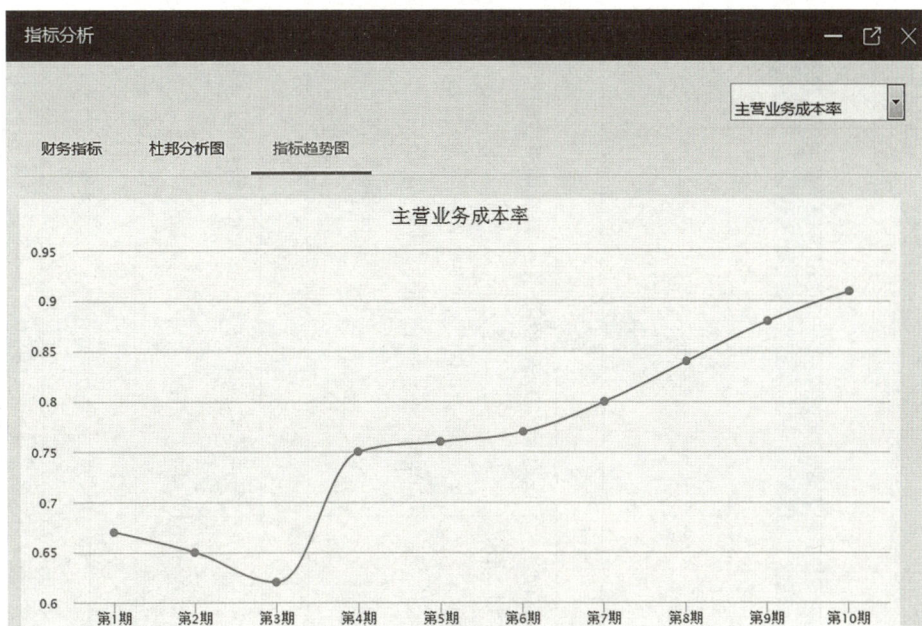

图 2-173　经营趋势分析

2.实战反思

平台使用者通过在 EVC 平台上的模拟经营对抗,对企业经营的理论和实务有了更深刻的体会。本节内容根据平台使用者的实战经历和体验整理而成。

2.1 实战典型案例

2.1.1 实战经营记录

	第 1 期	第 2 期	第 3 期	第 4 期	第 5 期	第 6 期
（1）筹资	注册资本 1 亿元，其中普通股 5000 万元，优先股 5000 万元，长期借款 1 亿元					
（2）投资	没有购买或融资租赁行为 在 A 区经营租赁厂房 2 个 租赁阿尔法生产线 4 条	没有购买或融资租赁行为 在 A 区经营租赁厂房 1 个 租赁阿尔法生产线 2 条	没有购买或融资租赁行为 在 A 区经营租赁厂房 5 个 租赁阿尔法生产线 5 条 租赁贝塔生产线 4 条	没有购买或融资租赁行为 在 C 区经营租赁厂房 2 个 租赁阿尔法生产线 4 条	没有购买或融资租赁行为 在 C 区经营租赁厂房 1 个 租赁阿尔法生产线 2 条	没有购买或融资租赁行为 在 C 区经营租赁厂房 2 个 租赁阿尔法生产线 3 条 租赁贝塔生产线 1 条
（3）生产、研发	全部满负荷生产，阿尔法自主研发投入 500 万元，阿尔法外购专利投入 500 万元	全部满负荷生产，贝塔自主研发投入 440 万元	全部满负荷生产，贝塔外购专利投入 500 万元	全部满负荷生产	全部满负荷生产	全部满负荷生产
（4）营销						
①渠道铺设						

续表

	第 1 期	第 2 期	第 3 期	第 4 期	第 5 期	第 6 期
	阿尔法在 A 区和线上渠道销售,铺设 10 个一期一租渠道,10 个一五期一线上渠道,1 个线上渠道	阿尔法在 A 区和线上渠道铺设 10 个一期一租渠道,继续使用上期租入的 10 个一五期一线上渠道,铺设 1 个线上渠道	阿尔法在 A 区和线上渠道铺设 10 个一期一租渠道,继续使用第一期租入的 10 个一五期一线下销售,铺设 1 个线上渠道;贝塔在 A 区线下销售,铺设 10 个一期一租渠道	阿尔法在 A 区、C 区线上渠道销售,继续使用第一期租入的 10 个一租渠道,在 C 区铺设 10 个一五期一租渠道,10 个一五期一租渠道,线上铺设 1 个线上渠道;贝塔在 A 区线下销售,铺设 10 个一期一租渠道	阿尔法在 A 区、C 区线上渠道销售渠道,继续使用增设渠道,继续使用第一期租入的 10 个一租渠道,在 C 区铺设 5 个一期一租渠道,继续使用第四期铺设的渠道 10 个一五期一线上铺设 1 个渠道	阿尔法在 C 区和线上渠道销售铺设 10 个一期一租渠道,继续使用第四期铺设的 10 个一五期一租渠道,在 C 区铺设 1 个渠道;线上铺设 1 个渠道;贝塔在线上铺设 1 个渠道
②广告投放	线上投放广告 1 800 万元,A 区投放广告 2 350 万元	线上投放广告 1 800 万元,A 区投放广告 2 480 万元	阿尔法线上投放广告 1 800 万元,A 区投放广告 2 820 万元;贝塔 A 区投放广告 1 780 万元	阿尔法线上投放广告 1 800 万元,A 区投放广告 1 130 万元,C 区投放广告 2 610 万元;贝塔 A 区投放广告 1 640 万元	阿尔法线上投放广告 1 800 万元,A 区投放广告 1 140 万元,C 区投放广告 1 660 万元	阿尔法线上投放广告 1 800 万元,C 区投放广告 3 160 万元;贝塔线上投放广告 1 800 万元
(5)市场份额	阿尔法 4.33%	阿尔法 7.06%	阿尔法 8.03%,贝塔 3.76%	阿尔法 7.29%,贝塔 4.18%	阿尔法 6.80%	阿尔法 9.83%,贝塔 3.88%
(6)净利润/元	-21 263 269.08	1 333 807.18	923 235.74	-37 803 556.80	-29 457 342.70	-13 370 766.99
(7)净现金流量/元	105 828 062.81	38 368 501.10	-83 956 246.52	-23 118 214.07	27 938 961.23	48 795 947.88

续表

(8)实战策略思考	第 1 期	第 2 期	第 3 期	第 4 期	第 5 期	第 6 期
	第 1 期的布局分析非常重要，要提前分析各产品、区域的状况，并从中选出策略。①区域选择：A 区域的优点是对手较稀少，对价格敏感度低，市场容量较大。C 区的优点是市场需求量大，质量要求低，但完全被打开、质量要求低是两个缺点，这点同时也成为它最致命的地方。因此我们坚定地选择了 A 区。②期初生产线配置：以销定产是永恒不变的真理，测试贝塔市场对贝塔产品不具备盈利条件。决定投产阿尔法，以当地最低的工资标准的 75%调整出阿尔法 1.8、贝塔 2.8 的合理废品率。③渠道、研发、广告：选择放弃阿尔法的研发，只保证阿尔法第 1 期的研发以保证产品竞争力和分差。阿尔法渠道共计铺设 20。	第 1 期运营效果不尽如人意。第 2 期策略要么减产，要么改变市场销售策略。如果第 2 期销售还不理想，可能出现闪电贷甚至是破产。基于对价格敏感点的修改，决定调整整体战略：对市场容量较低的 C 房、产量与库存合计依旧是两个厂房，同时对广告费进行了调整，将贝塔产线的研发置顶。效果：一期市场不变，拿到了 A、C 市场对手不具备盈利条件。决定投产阿尔法，在两期之内瞬间被打垮，策略的改变让我们幸免于难。对手的成绩分，两期平均成绩上升至第 8 名，而我小组逐渐增多，A、C 区市场逐渐明朗。策略调整成功，成绩逆袭。	第 3 期，是公认的最能盈利的一期。为了冲产，决定增产，并按原定计划开拓了贝塔线的线上市场以及线下的 A 区市场，3 条阿尔法线、3 条贝塔线，完成一期市场在这一期完全放开，市场容量大。开始放开是两个厂房，同时对广告费进行了调整，将贝塔产线的研发置顶。效果：一期市场不变，成本不变的 A、C 市场对手，在两期之内瞬间被打垮，策略的改变让我们幸免于难。对手的成绩分，两期平均成绩上升至第 8 名，而我小组逐渐增多，A、C 区市场逐渐明朗。策略调整成功，成绩逆袭。	第 4 期，市场逐渐进入低谷。按原定计划，将原先的阿尔法市场的 A 区转移到 C 区。这样可以省去一大笔高额的原材料支出。后期的目标是保住阿尔法市场的市场占有率，开始挖掘贝塔市场，开设 3 条阿尔法线、3 条贝塔线，以保持企业的发展能力。但由于前两期的资本累积不足。贝塔市场也是两个产品的市场占有率不高。对手的成绩都冲高了一番。对手的成绩都冲高了一番，而我们的成绩只有 54.68 分。均分在第 12 名左右。这与预想中的最赚钱的第 3 期指标完全不一致。	第 5 期，是原材料涨价最凶、企业亏损最严重的一期。身边一个个小组破产阿尔法，毅然选择减产阿尔法，再次加大贝塔市场，正所谓大贝塔市场的市场。别人恐惧，我贪婪。开始贝塔产线，4 条阿尔法线，大抓住机会，大力发展，力求最后一期的翻盘。成绩渐渐有了提高，均分到第 8 名了，成绩在反而下降的时候，我们反而提高了，这给了我们最后盈的希望。	第 6 期，是最后一期了。在面对前五期积累的企业没有什么资本累积的企业发展状况下，我们果断然决定搏一把，果断把销售市场的广告置顶，用负 2 亿元的资产去增产，并合理分配至销售市场。事实证明策略正确，最后一期的分数第一、市场份额第一、净利润负二，成绩成功反超至第 6 名。

2.1.2 实战经验总结

（1）经营总结

①分析市场很重要。每期结算后，第一时间看的不是分数，而是市场销量和份额占有，从而对整个市场做出合理的分析。首先观察自己投放的销售市场、对手的销量和市场份额变化及趋势。其次，在销售市场中，决策出重点投资对象。过散的市场广告投放在没有强大产量的支持下，容易导致失去抢占市场份额第一的机会。

②生产规模要符合市场的需要。第一年的盲目生产是不明智的选择，它将影响你整场比赛。

③不要盲目多元化战略。根据自身的运营能力，专攻一个有潜在价值的市场远比逐一开拓来得更实在一些。

④ 抢占市场份额第一。销量自然是越多越好，但一定要配合自身的产品发展方针，充分了解掌握某一产品在哪个市场的利益是最高的，再加以重点投放。

⑤投广告宁谨小慎微，切忌大手笔。投放广告不仅是一种市场数据分析的实践，更是与心理战术运用有关。

⑥尽量做到零库存。

此外，单纯为了产品利润以及与竞争对手相抗衡，而忽略所投市场的整体需求度时，大手笔的广告费对企业来说是十分危险的。过多的广告费会影响成本，引起所有者权益减少，并容易出现闪电贷。多数企业前期过于激进，在后期毫无抵抗反击之力。因此，投广告时要结合实际产量和预期销量，并且要与财务总监做好沟通，万不可盲目为了争做市场老大而猛投。

（2）竞赛总结

①赛前应充分了解规则，从中寻找得分小技巧；

②比赛需要团队每个成员的配合，但要有一个灵魂人物（如企业 CEO）拍板决定策略，才不至于造成决策拖延；

③整体战略制定不能过于保守，战术不能过于谨慎，稳中求进，争取在有发展能力的情况下尽快规划以后的策略；

④不能犯低级错误；

⑤思路多点，胆子大点，步子稳点，执行力强点，把握机会，努力争取，不轻言放弃。

2.2 实战技巧精粹

（1）出师未捷身先死——探析破产心路历程

①破产第一要义：现金为王

作为一个在第 8 期破产的企业（如图 2-174），我们深刻体会到了在企业经营过程中"现金为王"的必要性。老师在财务管理课程的学习中也曾重点强调过，不过一直都没有直观的理解和体会。在使用系统创业经营的过程中，尤其是初期不考虑现金流出量而导致破产的我，在第 9 期制定新决策的时候就对现金流出量的控制十分谨慎了。

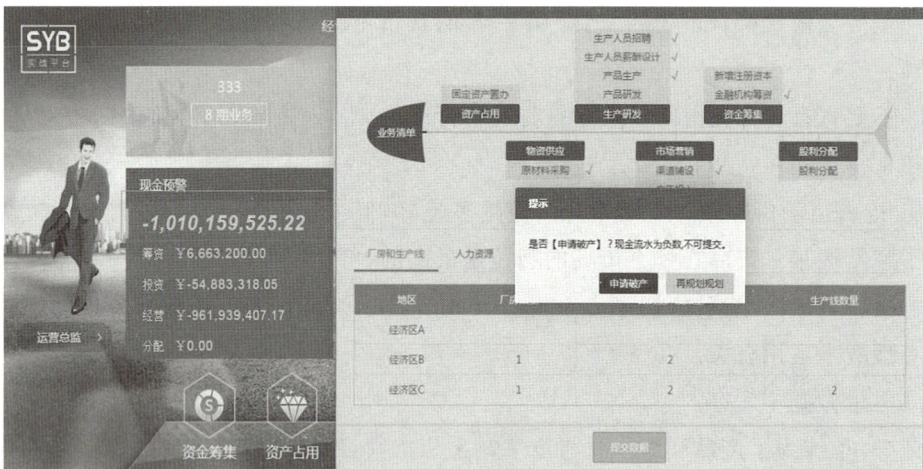

图 2-174　企业破产界面

②破产第二要义：全局观

本企业在第 1 期初始经营的时候，对于厂房和生产线的购买，是根据经营目标市场份额的 20% 和各个地区固定资产价格的高低来制订方案的。这样操作没有考虑到"动态资讯"里各个地区的市场状况，没有根据市场信息制定企业的战略。此外，在做第 3 期购置方案时，自以为从长远考虑，决策时选择了按揭购买 2 个厂房和 8 期融资租赁两条生产线，根本没有考虑到前期运营产生的库存积压会导致后期可能根本不需要厂房和生产线。8 期之长，不仅和厂房期限不契合，而且 8 期过后融资租赁生产线的所有权归属于承租方，也就是厂房和生产线实际上在 10 期内都是存在的，造成产能过剩。图 2-175 是一份产能分析图。

我的资产

第8期

资产名称	所在地区	获取时间	获取方式	资产原值	折旧期限	每期折旧	累计折旧	账面余额	当期租金
厂房	经济区C	第3期	按揭购买（9期）	9368185.11	20	468409.26	2810455.56	6557729.55	0.00
贝塔生产线	经济区C	第3期	融资租赁（8期）	15919200.13	10	1591920.01	9551520.06	6367680.07	0.00
贝塔生产线	经济区C	第3期	融资租赁（8期）	15919200.13	10	1591920.01	9551520.06	6367680.07	0.00
厂房	经济区B	第2期	按揭购买（4期）	8655574.18	20	432778.71	3029450.97	5626123.21	0.00

图 2-175　产能分析

②破产第三要义：数据和资讯

在制定生产策略的时候，本企业在前四期都没有考虑期初库存，一方面为了保持市场份额，另一方面也是为了尽量不要浪费产能。因此，前四期的产量几乎都差不多，造成每期库存量越来越多，越来越难以销售出去。否则，也不至于从第 1 期的第 1 名沦落到在第 9 期破产。如图 2-176～2-179 所示。

我的生产

第1期

地区	地区平均薪酬	生产线	投产数量	单条产能	安排人员	单人产量	固定工资	单位计件工资	加班幅度	废品率	实际产出数量	产品质量等级
经济区B	54000.00	阿尔法生产线	40000	40000	84	400	35000.00	10.00	0.20	0.0180	39280	90.00
		贝塔生产线	30000	30000	84	300	36500.00	10.00	0.20	0.0280	29160	90.00

图 2-176　第 1 期投产计划

我的生产

第2期

地区	地区平均薪酬	生产线	投产数量	单条产能	安排人员	单人产量	固定工资	单位计件工资	加班幅度	废品率	实际产出数量	产品质量等级
经济区B	55800.00	阿尔法生产线	40000	40000	84	400	36500.00	10.00	0.20	0.0180	39280	90.00
		贝塔生产线	30000	30000	84	300	38000.00	10.00	0.20	0.0280	29160	90.00

图 2-177　第 2 期投产计划

第3期

地区	地区平均薪酬	生产线	投产数量	单条产能	安排人员	单人产量	固定工资	单位计件工资	加班幅度	废品率	实际产出数量	产品质量等级
经济区B	56700.00	阿尔法生产线	40000	40000	84	400	37500.00	10.00	0.20	0.0180	39280	90.00
		贝塔生产线	30000	30000	84	300	38500.00	10.00	0.20	0.0280	29160	90.00

图 2-178　第 3 期投产计划

图 2-179　第 4 期投产计划

④破产第四要义:团队配合

我在第 1 期的时候担任运营总监,组织生产时发现竟然没有生产线。我以为是系统出问题了,后来才知道是我的伙伴财务总监没有进行投资,也就是没有购置生产线所导致的。我们就这样,互相耽误着,互相埋怨着……我这才意识到团队配合的重要性。我们前期没有进行充分的调研,讨论制定战略,也没有统一的规划和经营目标,一上来就瞎玩,很多成本都白花了。这些都是惨痛的教训啊!

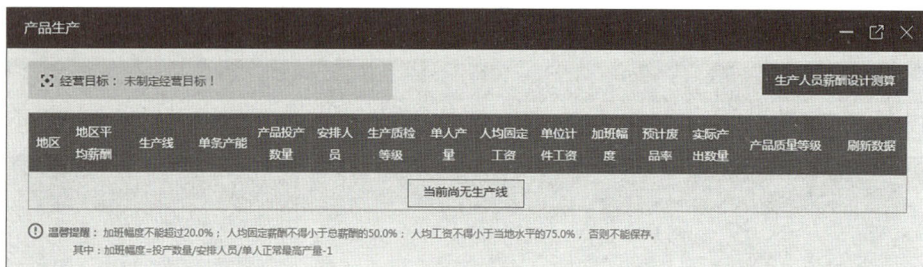

图 2-180　生产组织失误

⑤成功第一要义:风险就是机会

本企业在第 1 期的时候,冒着产能过剩、库存积压的风险,投产了 6 条生产线,同时借着第 1 期信誉值最高的机会贷款 1 亿元,使自己有了充足的资金准备。这样,我们便放开手脚,加大马力生产。由于竞争对手都是谨慎的风险规避者,我们这轮的市场份额一下子就达到了垄断的地位,几乎占据了市场总份额的一半以上。企业的利润大幅上升,经营净现金流迅速增加,为以后各期的运营打下了良好的基础。

图 2-181　初始资本投入

图 2-182　按上限进行短期贷款

图 2-183 满员生产

⑥成功第二要义:经营不是游戏而是战略

本企业每期经营的时候都会事先做好战略规划,详细查看动态资讯的变化,从而制定适合公司发展的经营目标。有了这些战略规划,每一期我们都胸有成竹,不会盲目扩产,也不会错失机会。我们的业绩一直在稳步增长。这也使得本企业在经济危机到来之际不像其他公司一样手忙脚乱,面临破产。由于从采购经理人指数图中发现了未来材料价格会呈现上涨的趋势,我们积极备料。在随后的几期,材料价格突飞猛涨的时候,生产成本不升反降,我们的利润一直在稳步增长,成为最后的赢家。

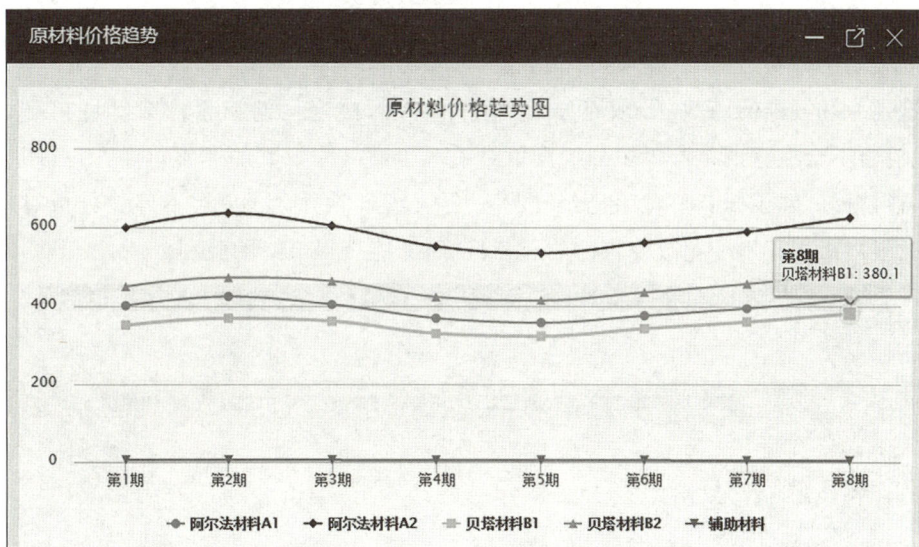

图 2-184 原材料价格分析

⑦成功第三要义:杠杆是个好东西

本企业充分利用财务杠杆和经营杠杆,凭借银行的低息贷款,并且投资 5 000 万元优先股,利用较大的生产量和销售量,降低了巨额广告投入的单位固定成本。这种高营收、高负债的模式也使我们成为市场上的霸主。

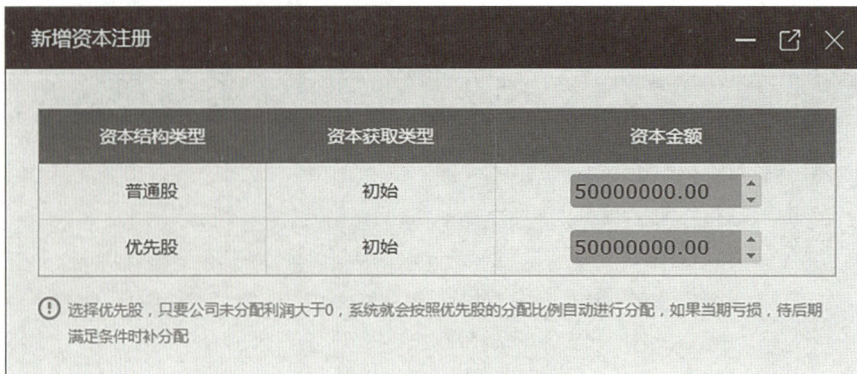

图 2-185　股权性筹资

图 2-186　债务性筹资

⑧成功第四要义：知己知彼，百战不殆

这是一场残酷的商战，必须充分了解竞争对手，揣度他们在想什么，他们会怎么定价，他们会不会在这期扩产……分析竞争对手对于商战来说真的非常重要。也许我们自己经营得很好，殊不知竞争对手已经在另一个领域布下资金。只有不停地分析对手，并且随时根据市场环境变化改变自己的经营目标，才能获得最终的胜利。

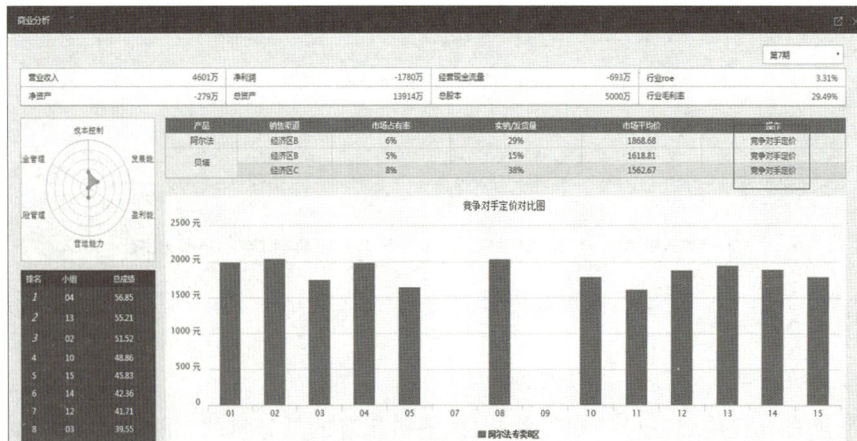

图 2-187　竞争对手定价分析

（2）山穷水尽疑无路——探析巨额贷款重压下的生存之道

①绝处逢生秘诀之一：杠杆效应

本企业充分利用财务杠杆和经营杠杆，凭借优先股及普通股投资1亿元以及银行的低息贷款1亿元，总计2亿元的资金，极大地扩充了生产量，相对地降低了单位产品固定成本，并加大铺设销售渠道及广告力度，使本企业的产品占据了很大的市场份额。这种高营收、高负债的模式也使本企业成为市场上的霸主。

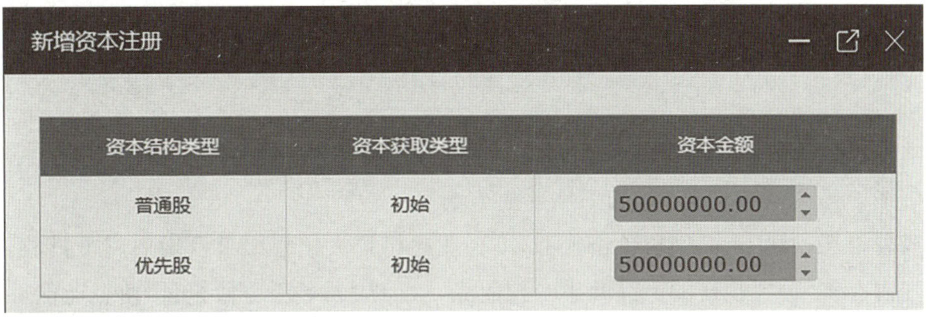

图2-188 股权性筹资

图2-189 债务性筹资

②绝处逢生秘诀之二：稻草可以救命，也可以压死骆驼

由于长贷之后，经营状况恶化，信用级别不能达标，只能使用闪电贷。随着生产成本的不断提高、期间费用的叠加，闪电贷的雪球越滚越大。闪电贷是一把双刃剑：一方面，在企业命悬一线时暂时解决了破产带给企业的终极伤害；另一方面，高达18%的利率对企业的利润及现金的吞蚀也是压死骆驼的最后一根稻草。如何保证现金流不出现负数从而触发闪电贷是每个经营者要认真对待的。

我的筹资

第7期

资金来源	借款时间	借款期限	借款利率	借款金额	当期还款	已还本金	未还金额	展期期限	展期利率	展期偿还本金	展期未还金额
短期	第----期	0	0.0000	0.00	0.00	0.00	0.00	0	0.0000	0.00	0.00
长期	第1期	6	0.0585	100000000.00	100000000.00	100000000.00	0.00	0	0.0585	0.00	0.00
小贷公司	第----期	0	0.0000	0.00	0.00	0.00	0.00	0	0.0000	0.00	0.00
闪电贷	第7期	1	0.1800	20000000.00	0.00	0.00	20000000.00				

图 2-190　闪电贷筹资

③绝处逢生秘诀之三：销售策略要随市场风向转弯

随着市场回暖，产品销售价格上涨，本企业趁机扩大销售渠道及增加广告投放，提高了市场占有率，前期积压的产品几乎一扫而光，从而加大了资金回笼量，使企业能够支付起高额的利息支出，获得喘息的机会，并慢慢积攒起归还贷款的本钱，从而避免了破产的命运。

线下渠道铺设数量

	租赁方式	经济区A	经济区B	经济区C
阿尔法_阿尔法专卖店	1期一租	2	2	2
	5期一租			
贝塔_贝塔卖场	1期一租	2	2	2

图 2-191　扩大销售渠道

广告投入

产品	线下			线上
	经济区A	经济区B	经济区C	
阿尔法	渠道已铺设 广告已投放	渠道已铺设 广告已投放	渠道已铺设 广告已投放	渠道已铺设 广告已投放
贝塔	渠道已铺设 广告已投放	渠道已铺设 广告已投放	渠道已铺设 广告已投放	渠道已铺设 广告已投放

图 2-192　增加广告投放

④绝处逢生秘诀之四：成本控制是制胜法宝

巨额贷款所产生的利息，会极大压缩企业的利润空间。一开始，本企业就从内部的成本控制着手，重点研究原材料价格的变化趋势。在预判材料价格趋势后，在价格低点尽量囤积原料,到后期材料价格大幅上涨时,本企业的成本优势就很明显了。这让本企业的产品更具有竞争力,制定的销售策略也更加灵活,可以取得更大的剪刀差利润,从而回笼更多的资金,使企业处于有利的竞争地位。

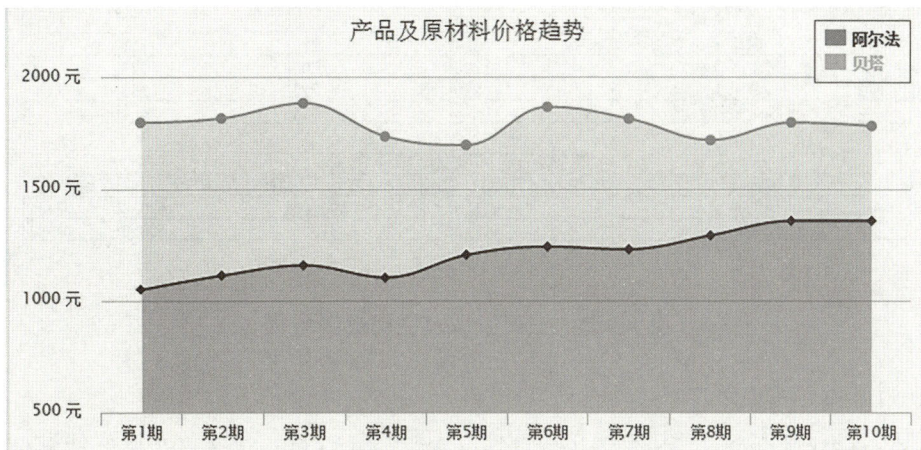

图 2-193　阿尔法产品及原材料价格趋势对比分析

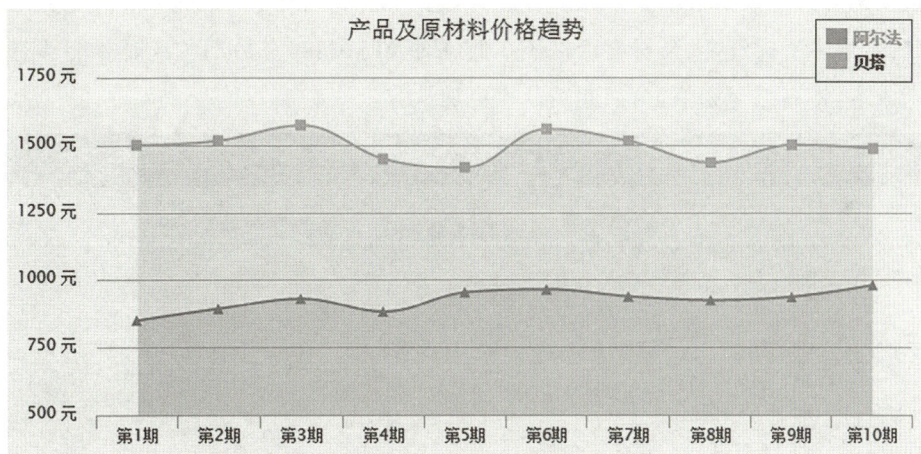

图 2-194　贝塔产品及原材料价格趋势对比分析

(3)乱花渐欲迷人眼——探析纷繁市场的战国图存谋略

①运筹帷幄图谋之一:天时地利才能兵强马壮

平台里有 A、B、C 三个区域,到底把厂房、生产线设置在哪里,是买、是租、如何租,等等,需要通盘考虑。在对战之前,本企业就对三个区域的各种组合进行测算,发现如果在全部一期一期租赁的情况下,B 区的成本是最低的。因此得出结论:当确定采用何种资产取得方式前,需要进行测算,这样才能占尽天时地利,为后期的运营节约成本,取得先发优势。

动产、不动产、薪酬比较表

资产类别		经济区A（万元）	经济区B（万元）	经济区C（万元）	产能
厂房	售价（含税）	800	920	960	
	一期租金（含税）	80	92	96	
阿尔法专卖店	一期租金（含税）	23	24	20	
贝塔卖场	一期租金（含税）	58	60	50	
阿尔法生产线	售价（含税）	2160	1800	2070	4
	一期租金（含税）	324	270	311	
贝塔生产线	售价（含税）	1800	1500	1725	3
	一期租金（含税）	270	225	259	
生产人员（地区平均薪酬）		6	5.4	4.8	

全租赁情况下的生产成本测算

	类别	经济区A（万元）	经济区B（万元）	经济区C（万元）	平均值
固定成本	阿尔法	431.5	390.05	430.6	417
	贝塔	412.5	381.05	408.6	401

结论：B区最划算

图 2-195　资产获取及使用成本分析

②运筹帷幄图谋之二：兵马未动，粮草先行

本企业不断地购买材料，且为了控制库存，减少资金占用，每次仅买刚好能够满足当期生产的用量。生产几期后发现，材料价格越来越高，才赶紧关注资讯板块，发现宏观经济指数及采购经理人指数一直呈现上升趋势，这才恍然大悟——材料价格的趋势是上涨的。因此，集中手头资金，当材料价格还在低位时及时囤料，在后期生产时才能够有效降低生产成本，提高综合竞争力，如此经营才更加从容。

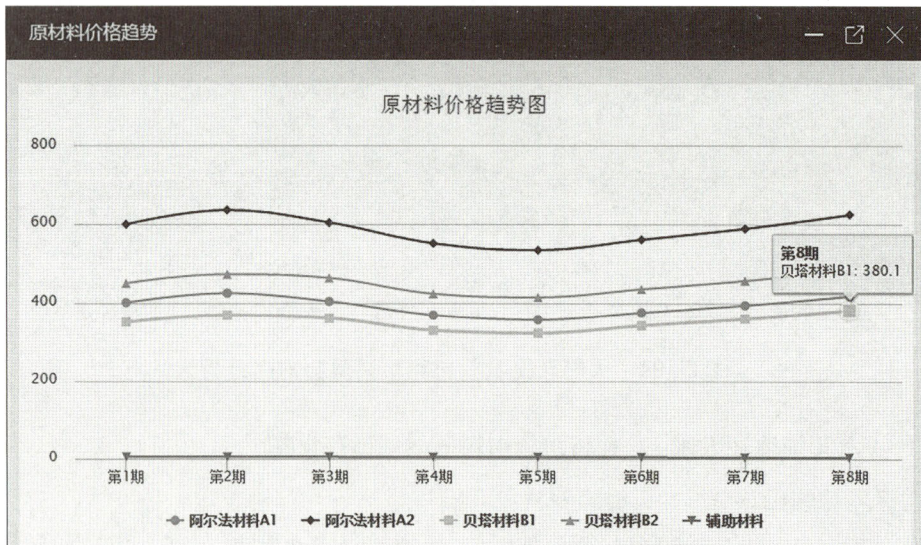

图 2-196　原材料价格变化趋势分析

③运筹帷幄图谋之三：知己知彼，百战不殆

仗着材料成本较低，前几期的 A、B、C 区及线上的销售量基本采用 1∶1∶1∶2 的比例进行配置，同时压低各个销售渠道的销售价格，但销售情况一直不太理想。经营分析时，本企业发现竞争对手的价格跟自身定价有差异，而且每个渠道的占有率也不尽相同。

再结合本企业每个渠道的发货量占比,我们发现很多人往线上投巨量的产品,而忽略线下其他渠道,造成线上产品竞争激烈,销售不理想,但其他渠道的销售相对容易。因此,我们迅速调整销售策略,有针对性地进行销售布局,一举扭转了颓势。

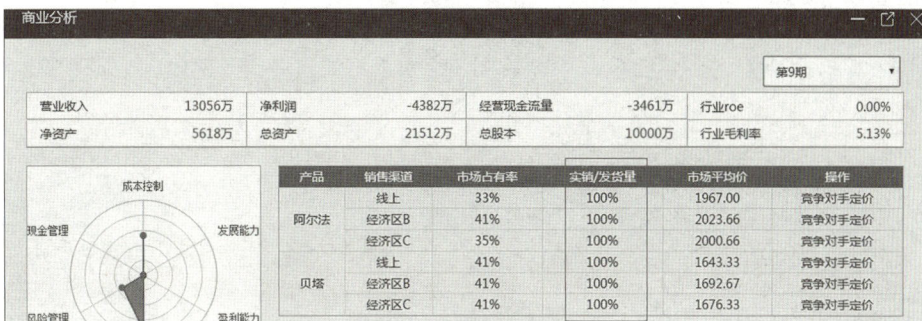

图 2-197 销售情况对比分析

④运筹帷幄图谋之四:空手套白狼

经过分析之后,本企业发现,产品毛利率远高于借款利率,资本的杠杆效应让我们意识到有空手套白狼的机会了。因此,本企业把资本市场上 1 亿元的贷款全部拿到手,加强了研发,扩大了生产规模,加大了销售力度,迅速就把市场占有率提高了很多,几期经营下来,就奠定了市场霸主的地位,归还贷款之余还有大量净现金流入,取得了不错的效果。

图 2-198 充分运用财务杠杆

(4)雄关漫道真如铁——探析成本持续优化攻略

①成本制胜法宝之一:预则立,不预则废

本企业研究了成本结构,发现材料费用是控制成本的主导方向,所以从一开始就很关注材料价格走势。经过几期的经营,我们发现材料价格不断上涨,果断将所有能动用的资金用来囤积原材料,到后期用低价的材料进行生产,很好地控制了成本,避免因成本过高导致失败。

渠道铺设　　渠道人员说明　　渠道费用说明　　**渠道租金说明**

阿尔法专卖店租金情况				贝塔卖场租金情况			
支付方式	经济区A	经济区B	经济区C	支付方式	经济区A	经济区B	经济区C
1期一租	241106.33	251589.22	209657.68	1期一租	575000	600000	500000
5期一租							
第1期	401843.89	419315.36	349429.47				
第2期	321475.11	335452.29	279543.57				
第3期	241106.33	251589.22	209657.68				
第4期	160737.55	167726.14	139771.79				
第5期	80368.78	83863.07	69885.89				

图 2-199　原材料价格变化趋势分析

②成本制胜法宝之二：研发降本增效

研发可以降低材料投入，也可以提高产品售价。经过测算，我们发现很值得投入，因此在前几期逐渐加大研发投入，后期采购的原材料就节省了很多，产品也更具有价格优势了。

产品	研发选择	当期投入金额	累积投入金额	当前阶段	后续阶段
阿尔法	自主研发	5000000	5000000.00	研发阶段五	已达到顶级
	外购专利	6000000	6000000.00	研发阶段五	已达到顶级
贝塔	自主研发	4400000	4400000.00	研发阶段五	已达到顶级
	外购专利	5000000	5000000.00	研发阶段五	已达到顶级

图 2-200　加大研发投入

产品	研发类型	阶段	每达到一个等级都可以降低辅助材料的使用量	产品附加值%
阿尔法	自主研发	研发阶段一	1000000.00	90.00	100.00
		研发阶段二	2000000.00	80.00	100.00
		研发阶段三	3000000.00	70.00	100.00
		研发阶段四	4000000.00	60.00	100.00
		研发阶段五	5000000.00	50.00	100.00
	外购专利	研发阶段一	1200000.00	100.00	101.00
		研发阶段二	2400000.00	100.00	102.00
		研发阶段三	3600000.00	100.00	103.00
		研发阶段四	4800000.00	100.00	104.00
		研发阶段五	6000000.00	100.00	105.00

图 2-201　研发效果分析

③成本制胜法宝之三:该出手时就出手

本企业比较了各种筹资方式,特别是债务性筹资,发现信用贷款的成本是最低的。结合自己想采用激进的财务战略,毫不犹豫地在第 1 期把 1 亿元的贷款额度用足,用于扩大生产规模、开展研发、铺设销售渠道、投入广告等,实际上,这样拉低了诸如研发投入、固定薪酬等单位固定成本,有利于提高产品竞争力。

筹资类型	编号	利率	信用评级要求	我的贷款额度	贷款期限	本期贷款金额	删除
短期	短贷1	5.58%	C	100000000	1	100,000,000	🗑

图 2-202 全额使用债务性筹资额度

(5)而今迈步从头越——探析产品与市场双周期下机变秘笈

①夹缝中生存之道一:快速渗透策略

为快速抢占市场份额,本企业采用低价格、多渠道、多广告的方法先发制人,挤压竞争对手的生存空间。虽然牺牲了前期的利润,但销售及回款情况一片大好,立刻就取得了竞争优势,通过大量的销售也拉低了成本,形成双赢局面。

销售渠道	产品名称	市场指导价范围	定价	产品来源	库存	已出库	剩余库存	质量分值	单位运费	本期发货	可供销售总量	收款方式
				经济区A	0		0		3.00			
阿尔法专卖A区	阿尔法	1978.84 - 1462.62	1600.00	经济区B	24343	18343	6000	80.00	8.00	6000	6000	首三余七
				经济区C	0		0		6.00			

图 2-203 设置阿尔法产品价格

产品	线下			线上
	经济区A	经济区B	经济区C	
阿尔法	渠道已铺设 广告已投放 销售已制定	渠道已铺设 广告已投放 销售已制定	渠道已铺设 广告已投放 销售已制定	渠道已铺设 广告已投放 销售已制定
贝塔	渠道已铺设 广告已投放 销售已制定	渠道已铺设 广告已投放 销售已制定	渠道已铺设 广告已投放 销售已制定	渠道已铺设 广告已投放 销售已制定

图 2-204 加大广告投放力度

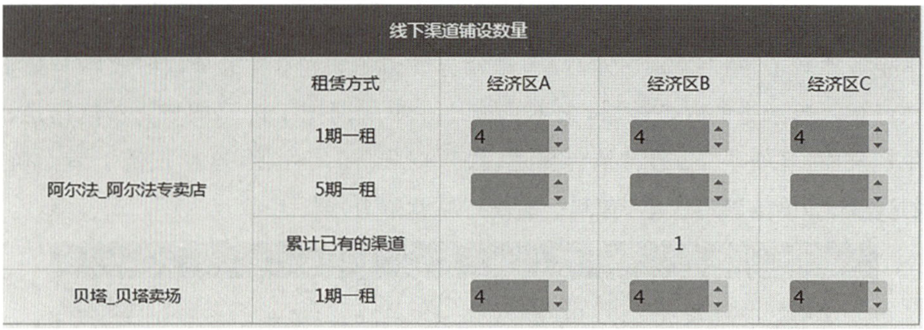

图 2-205　铺设线下销售渠道

②夹缝中生存之道二：细分市场策略

几期经营之后，各家企业形成了比较固定的销售套路，结果销售情况一成不变，很难有突破，生产经营也没什么起色，产品也进入了成熟期。本企业认真分析了市场局面，发现各家企业都把商品大量投放在线上渠道，而忽视了线下的市场细分。经过比较，我们发现大部分企业都是在 A 区或 B 区生产，产品也主要投放在这两个市场销售，因此我们立刻调整销售策略，将大部分销售改投 C 区，结果所有的商品全部销售出去，一扫颓势，强势提升了市场占有率。

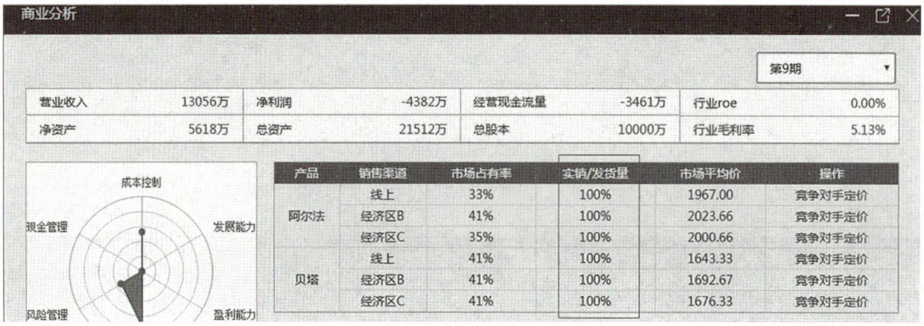

图 2-206　销售情况比较分析

③夹缝中生存之道三：收缩策略

后期随着产品成本的上涨，以及各个竞争对手在销售渠道上的投入比拼的白热化，市场已经趋于饱和，产品也进入衰退期，实际上产品的利润已经枯竭。我们发现，此时无论再怎么增加广告投入都没有办法提升销售量。因此，我们立刻改变策略，不再狂投广告，而是减少了生产量及广告投入，仅增加一部分销售渠道，也不再疯狂增加销售量。通过减少销售费用的方式来增加利润，减少损失，避免了残酷竞争之下的破产结局。

线下渠道铺设数量				
	租赁方式	经济区A	经济区B	经济区C
阿尔法_阿尔法专卖店	1期一租	4	4	4
	5期一租			
	累计已有的渠道	1		
贝塔_贝塔卖场	1期一租	4	4	4

图 2-207　缩小销售渠道铺设范围

产品	线下			线上
	经济区A	经济区B	经济区C	
阿尔法	渠道已铺设 广告已投放 销售已制定	渠道已铺设 销售已制定	渠道已铺设 销售已制定	渠道已铺设 销售已制定
贝塔	渠道已铺设 销售已制定	渠道已铺设 广告已投放 销售已制定	渠道已铺设 销售已制定	渠道已铺设 销售已制定

图 2-208　减小广告投放规模

附录 1

平台简介及系统管理指南

1.平台介绍

EVC 企业价值创造实战平台集游戏的娱乐性、创业的实战性、教学的实用性为一体，采取人人对抗的模式，模拟一家股份公司，所有的经营业务由学生自主决策。平台采取多角色分工，共同协商、决策企业经营。学生通过执行从战略规划、投资选址、物资采购到人员招聘、薪酬设计、生产研发、市场营销、产品销售以及投资、融资、股利分配等一系列的生产经营决策、投融资决策、分配决策，亲身体验商海的残酷现实、宏观经济的变幻无常和竞争对手的不可预测。平台内设置智能测算工具，帮助学生进行实时分析和测算，促进学生掌握经营管理理论知识。

平台涉及了多个学科专业的课程，具有跨专业、综合性强的特点，旨在培养学生的创新创业能力和跨专业综合职业素养。

1.1 应用目标

用精彩的财技为企业创造价值。

平台适用于财经、经管类大专、本科学生以及研究生在学习企业管理、创新创业、财务管理、管理会计等专业理论知识后进行实战应用训练，有利于培养学生的全局观念、商业头脑、管理思维、创新思维等综合职业素养。

1.2 平台特色

（1）最腹黑的创业游戏

平台采取人人对抗的模式，营造一个真实的企业内外部商业竞争环境。外部宏观经济指标每期变动，影响资源、消费、金融和资本市场，从而让企业时时处于危机之中；再加上竞争对手决策对市场份额的影响,使得企业在经营的过程中如履薄冰,破产危机随时可能降临。学生在平台体验中,犹如在玩一场经营游戏,通过激发兴趣促进学习,培养了商业头脑和竞争意识。

(2)最创新的智能系统

平台内置了多个数据模型和参数指标,可根据学生做的案例形成数据库和案例库,从而有助于教师进行教学分析和对学生学习的弱点难点进行判断。数据测试工具的设置,可以帮助学生进行职业判断和分析,并引导学生自我创新,制定新的工具模板。

(3)最综合的能力提升

平台涉及了财务管理、管理会计、经济学、投资学、企业管理、市场营销、人力资源管理等多门跨专业的理论知识,并将知识点融入整个商战游戏过程中,让学生在经营决策中,感知财务管理的实用性及各专业知识的连贯性及重要性,体验全局观,感受团队的力量。

2.系统管理流程

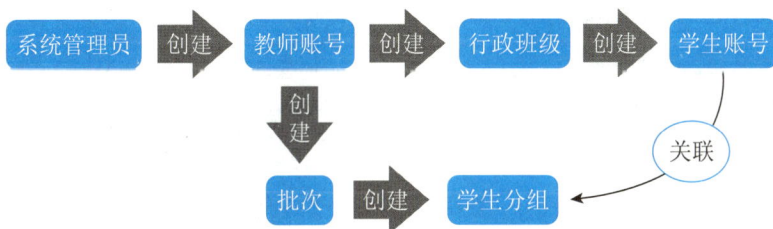

图1 系统管理流程总览

2.1 登录

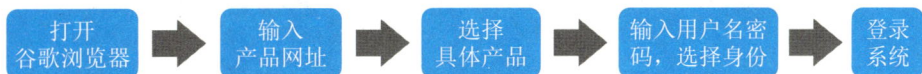

图2 系统登录流程

2.2 管理员创建教师账号

管理员登录 ➡ 点击教师管理 ➡ 录入教师信息，点击"保存" ➡ 完成保存

图 3　系统管理员创建教师账号流程

2.3 教师分配学生分组

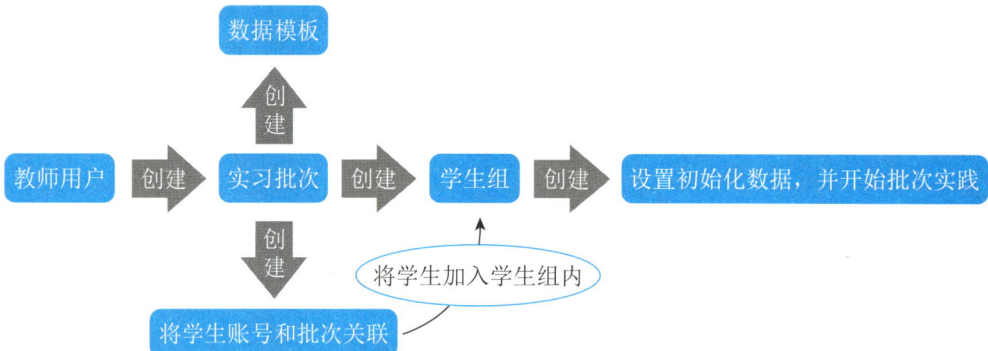

数据模板

创建 ⬆

教师用户 ─创建→ 实习批次 ─创建→ 学生组 ─创建→ 设置初始化数据，并开始批次实践

创建 ⬇

将学生账号和批次关联

将学生加入学生组内

图 4　教师设置实习批次流程

2.4 教师查看学生成绩

教师用户 ➡ 后台管理系统 ➡ 成绩管理 ➡ 选择批次

图 5　教师查看学生成绩流程

2.5 学生操作流程

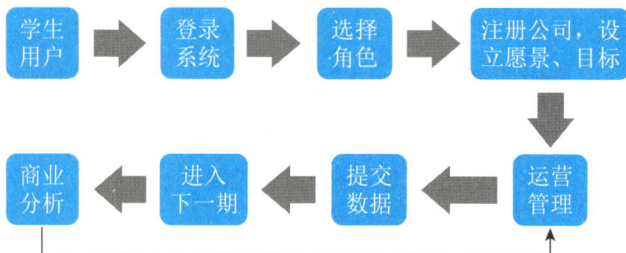

学生用户 ➡ 登录系统 ➡ 选择角色 ➡ 注册公司，设立愿景、目标 ⬇

商业分析 ⬅ 进入下一期 ⬅ 提交数据 ⬅ 运营管理

图 6　学生操作流程

2.6 系统管理员

系统管理员登录系统后,可对菜单栏中的教师管理功能进行操作,设置完成后,教师方可登录系统进行操作。

新增教师账号,点击"教师管理",录入教师信息,点击"保存"即可新增教师账号。

修改教师信息可以在数据表格中点击"修改记录",修改完成之后点击"保存"即可修改教师信息。

删除教师账号可以在数据表格中直接勾选,点击"删除所选",即可批量删除教师账号。

通过表格上方教师编号或姓名的查询条件,可以直接查询已知编号或姓名的教师信息。

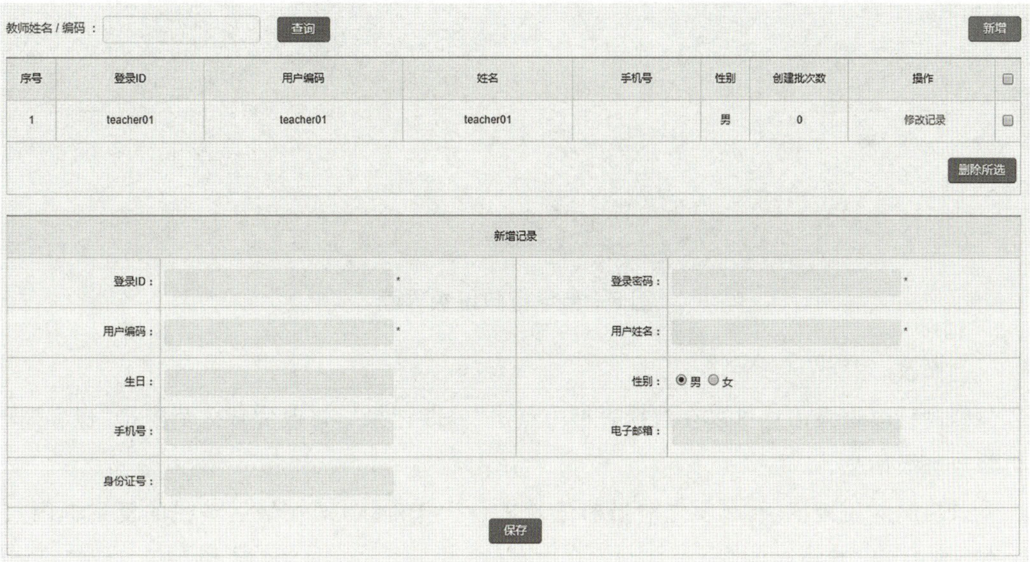

教师姓名 / 编码：　　　　　　　　　查询　　　　　　　　　　　　　　　　　新增

序号	登录ID	用户编码	姓名	手机号	性别	创建批次数	操作	☐
1	teacher01	teacher01	teacher01		男	0	修改记录	☐

删除所选

新增记录

登录ID：		*	登录密码：		*
用户编码：		*	用户姓名：		*
生日：			性别：	⦿男 ◯女	
手机号：			电子邮箱：		
身份证号：					

保存

图 7　教师信息设置界面

2.7 教师

教师登录系统后,可对菜单栏中的班级管理、实习批次管理、成绩管理功能进行操作。

2.7.1 班级管理

录入学校行政班级信息及班级学生信息。

（1）行政班级管理

①添加新的行政班级

教师可以新增行政班级,点击"班级管理",录入班级信息,点击"保存"即可新增班级。

通过表格上方班级编码或名称的查询条件，可以直接查询已知编码或名称的班级信息。

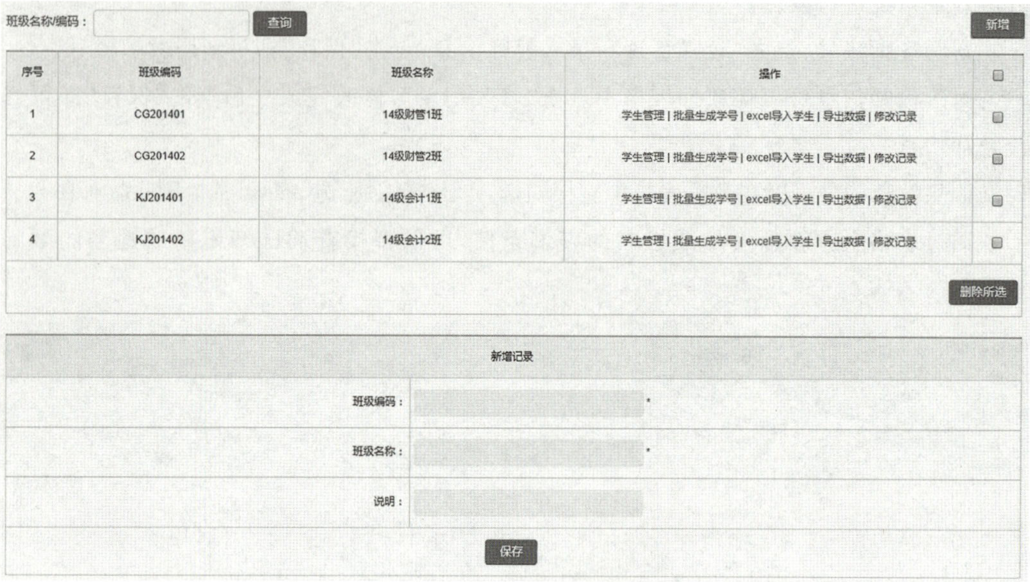

图 8　新增行政班级界面

②修改/删除行政班级

修改行政班级信息可以在数据表格中点击"修改记录"，修改完成之后点击"保存"即可修改班级信息。

若要删除班级记录，必须先对当前记录进行操作确认，即在最后一栏的复选框内打钩 ☑，再点击"删除所选"。

注意：只有当本行政班级中没有学生时才能删除已设置的班级信息。

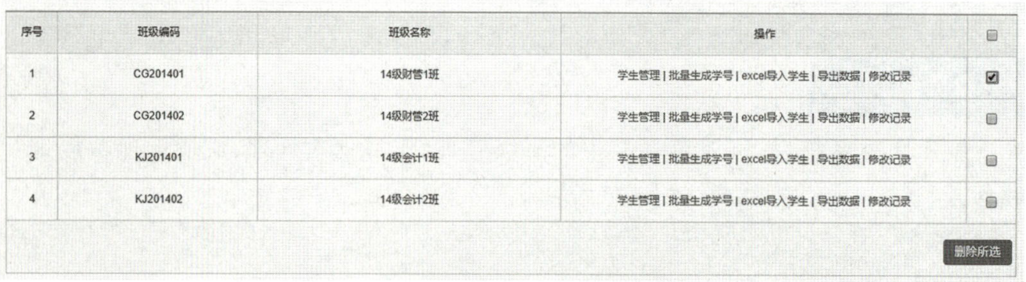

图 9　删除行政班级界面

（2）学生管理

输入各班级的学生信息，使学生可以登录系统，如学生学号、学生姓名、学生登录密码等，并进行学生信息增删改。

①添加行政班级学生

添加方式一：逐个添加学生信息。选择行政班级，在该班级增加新的学生信息，输入学号、姓名、性别、密码等信息，点击"新增保存"完成。

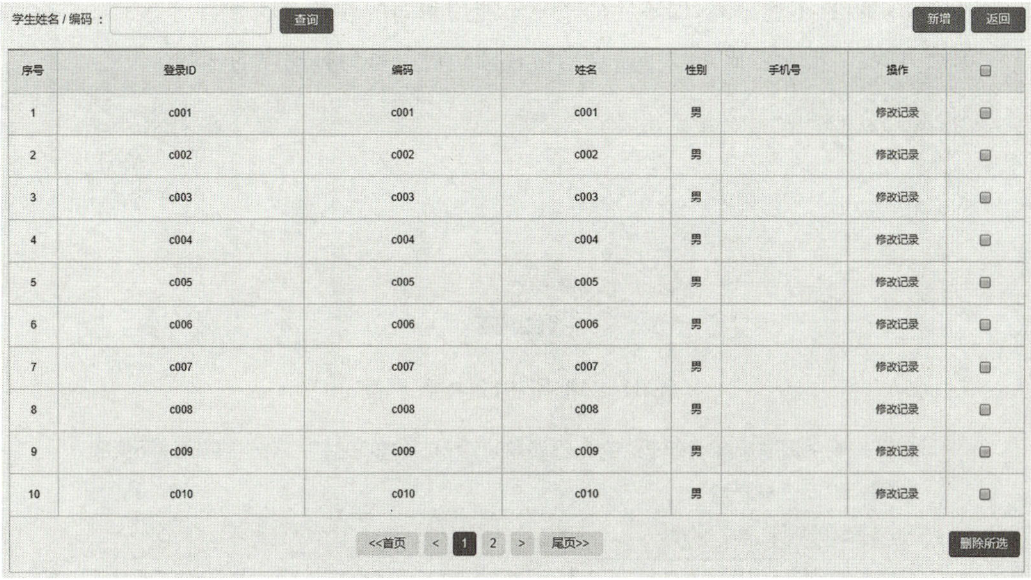

序号	登录ID	编码	姓名	性别	手机号	操作	☐
1	c001	c001	c001	男		修改记录	☐
2	c002	c002	c002	男		修改记录	☐
3	c003	c003	c003	男		修改记录	☐
4	c004	c004	c004	男		修改记录	☐
5	c005	c005	c005	男		修改记录	☐
6	c006	c006	c006	男		修改记录	☐
7	c007	c007	c007	男		修改记录	☐
8	c008	c008	c008	男		修改记录	☐
9	c009	c009	c009	男		修改记录	☐
10	c010	c010	c010	男		修改记录	☐

学生姓名/编码：　　　查询　　　新增　返回

<<首页 < 1 2 > 尾页>>　　　删除所选

图 10　逐个添加学生信息界面

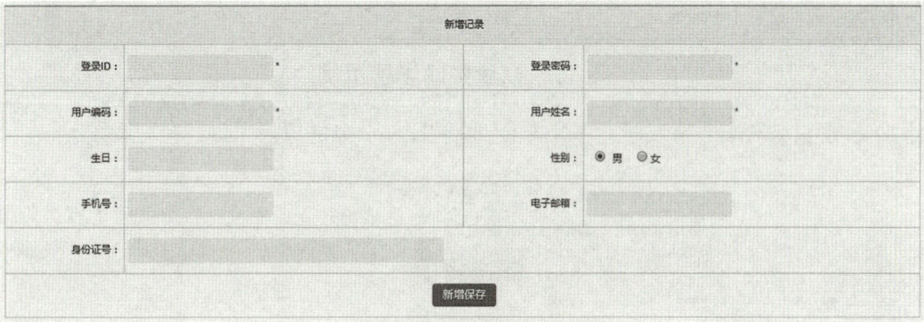

新增记录

登录ID：	*	登录密码：	*
用户编码：	*	用户姓名：	*
生日：		性别：	◉男 ○女
手机号：		电子邮箱：	
身份证号：			

新增保存

图 11　新增学生信息

说明：

登录 ID：学生的实际学号。

密码：初始密码为 123456，教师可以直接修改学生密码，学生在使用时也可以自行修改密码。

用户编码：为学生设置一个编码便于标识，可以使用学生的实际学号。

用户姓名：学生的真实姓名。

生日：选填，学生的生日。

性别：点击性别前的◯进行选择。

手机号：选填，学生的联系方式。

电子邮箱：选填，学生的常用邮箱。

身份证号：选填，学生的身份证号。

注意：登录 ID 不能重复，即不同的学生不能用相同的登录 ID。

添加方式二：批量生成学号可以自动帮教师生成一系列有规律的学号。

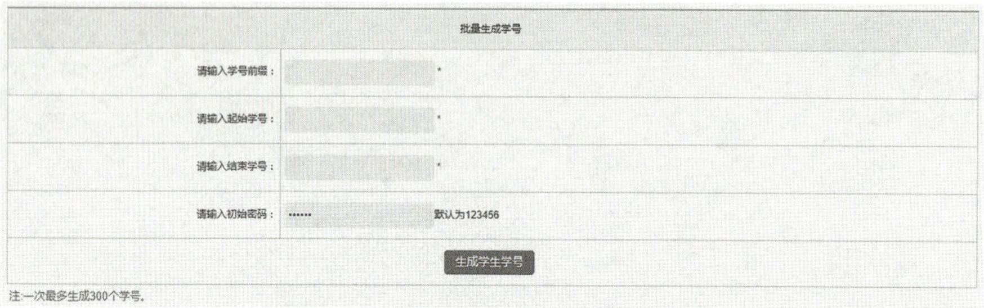

图 12　"批量生成学号"界面

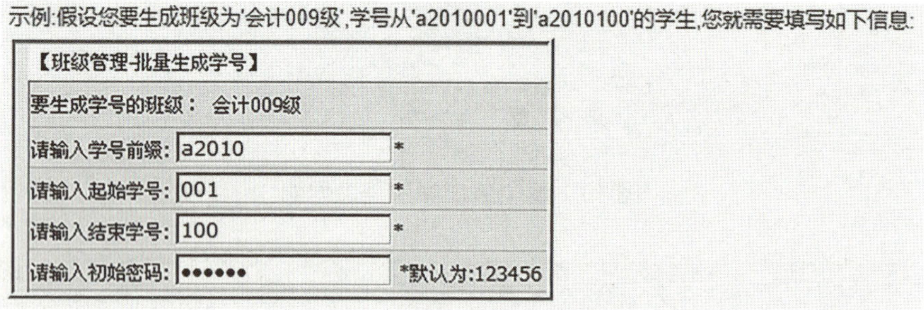

图 13　批量生成学号示例

添加方式三："excel 导入学生"可方便地将 Excel 中的学生信息导入系统。

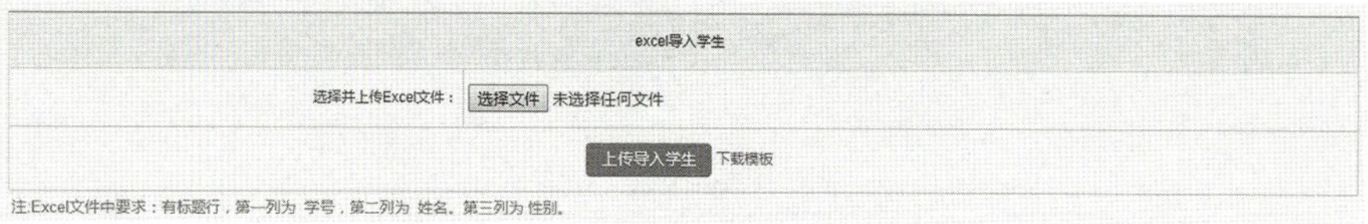

图 14　Excel 导入学生信息界面

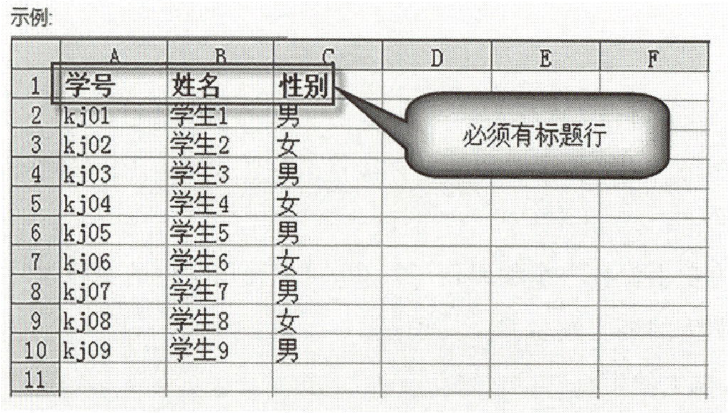

图 15　Excel 导入学生信息示例

可通过"导出数据"功能导出所在行政班级中的学生。

②修改/删除行政班级学生

查询显示已存在的所有学生信息,可进行修改或删除。

若要修改记录,可以在数据表格中点击"修改记录",修改完成之后点击"保存"即可修改学生信息。

若要删除记录,必须勾选相应每一行后面的复选框。点击首行最后一栏的复选框☑表示全选。点击"删除所选",完成学生的删除。

登录 ID 不能修改,因为是主关键字。若登录 ID 有误,只能删除本记录重新输入。

序号	登录ID	编码	姓名	性别	手机号	操作	☐
1	c001	c001	c001	男		修改记录	☐
2	c002	c002	c002	男		修改记录	☐
3	c003	c003	c003	男		修改记录	☐
4	c004	c004	c004	男		修改记录	☐
5	c005	c005	c005	男		修改记录	☐
6	c006	c006	c006	男		修改记录	☐
7	c007	c007	c007	男		修改记录	☐
8	c008	c008	c008	男		修改记录	☐
9	c009	c009	c009	男		修改记录	☐
10	c010	c010	c010	男		修改记录	☐

图 16　删除学生信息界面

2.7.2 实习批次管理

点击左侧菜单的"实习批次管理"按钮,进入实习批次管理。

（1）设置实习批次

点击图 16 右上方"新增"按钮可添加实习批次。

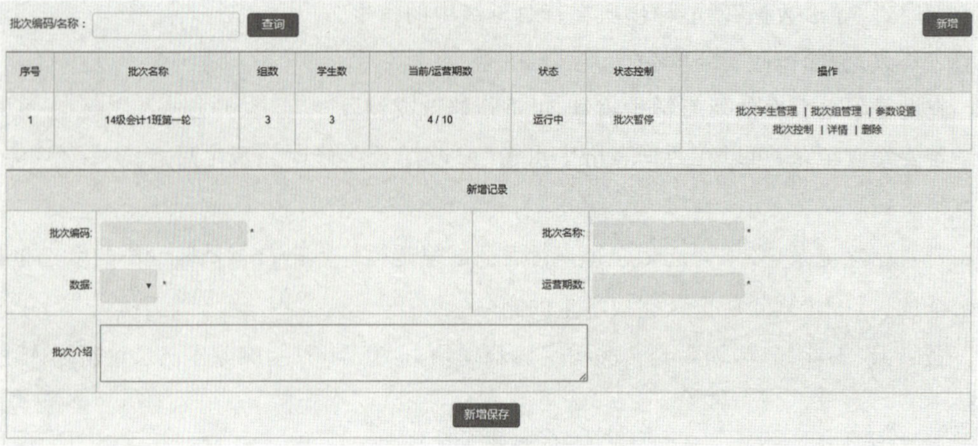

图 17　新增实习批次

（2）设置实习学生

实习批次添加后，点击图 18 画圈处的"批次学生管理"按钮进入选择实习学生。

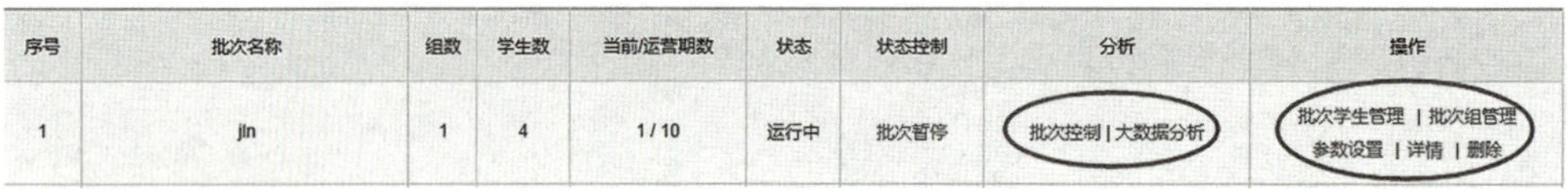

图 18　批次学生管理

按照图 19 所示，先选择行政班级，然后勾选要加入该批次的学生，最后点击"添加"按钮，则添加学生成功，左边栏显示已经进入该批次实习的学生。

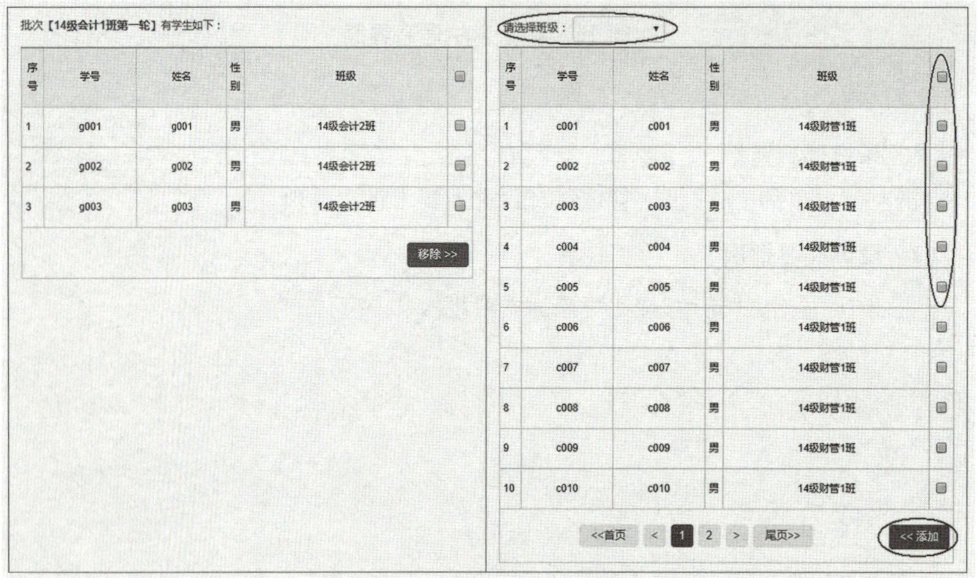

图 19　设置实习批次学生

（3）批次组管理

系统的运行方式是以分组的形式进行的,故实习批次内的一个组相当于一家学生企业。点击"批次组管理"标签,进入图 19 界面。

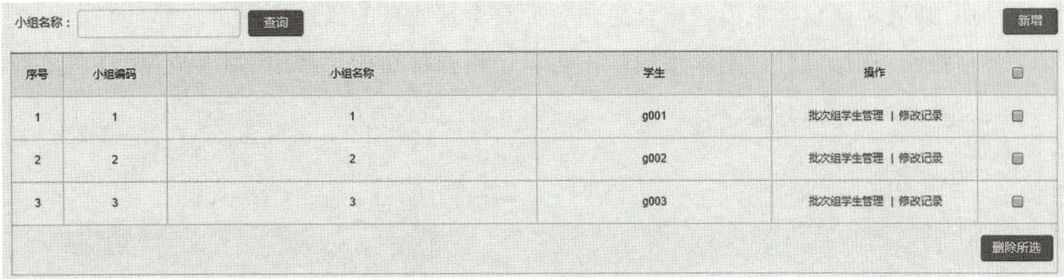

图 20　批次组管理界面

点击"批次组学生管理",进入图 21 所示界面,先勾选所要的学生,然后点击"添加",则把你所要的学生加入该组中。

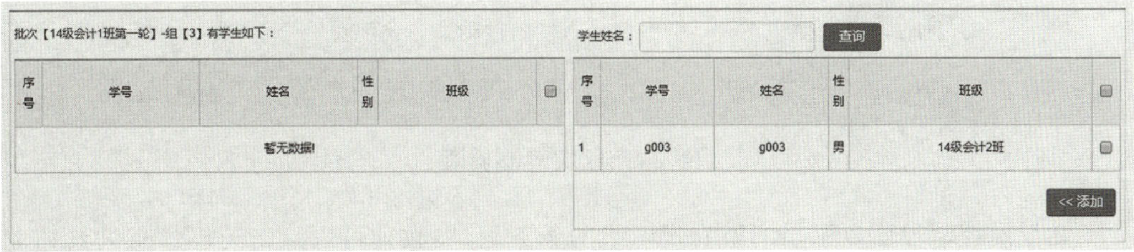

图 21　设置批次组学生

点击"修改记录",则可以对该组的详细信息进行修改。

若要删除记录,必须勾选相应每一行后面的复选框。点击首行最后一栏的复选框☑表示全选。点击"删除所选",完成批次组的删除。

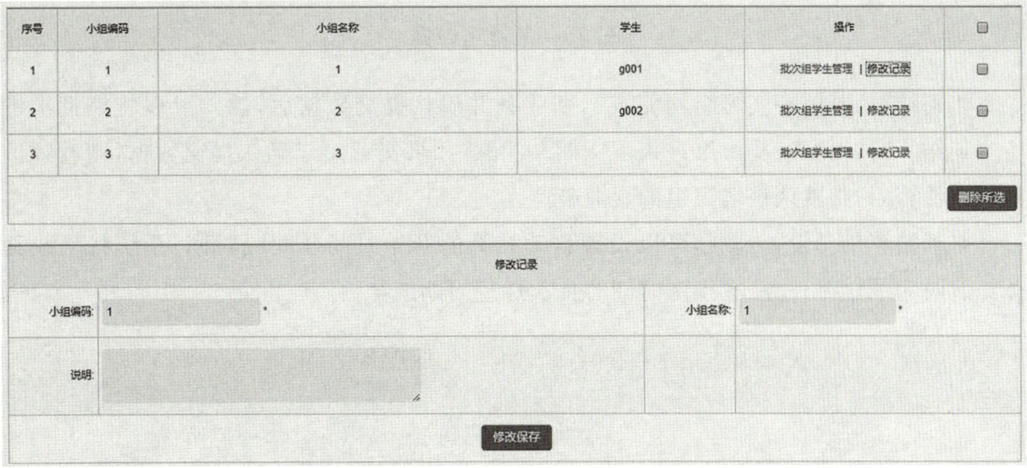

图 22　修改和删除批次组学生

（4）参数设置

点击"参数设置"，可以对批次一些默认参数进行设置。

角色控制，选择"启用"则表示学生模块中每个角色仅拥有部分对应业务的操作权限，"禁用"则表示任意学生模块中任意角色拥有全部业务的操作权限。

弹幕控制，选择"启用"则学生模块中可以使用弹幕功能，"禁用"则屏蔽弹幕功能。

序号	参数编码	参数名称	是否启用	
1	ROLE_CONTROLLER	角色控制	禁用 ▼	
2	BARRAGE_SWITCH	弹幕控制	禁用 ▼	
				修改所选

图 23　实习批次参数设置

（5）批次控制

点击"批次控制"，进入批次控制界面。

序号	批次名称	组数	学生数	当前/运营期数	状态	状态控制	分析	操作
1	jln	1	4	1 / 10	运行中	批次暂停	批次控制 大数据分析	批次学生管理 ｜ 批次组管理 参数设置 ｜ 详情 ｜ 删除

图 24　批次控制界面

在批次控制界面显示当期所有实习组的业务记录，教师可以点击"查看"查询具体业务数据；若实习组因为经营不当导致企业破产，教师可以通过"重置组数据"，重置指定实习组的历史数据，该实习组可以从头开始经营企业。

批次名称：jln　当前期数：1　当期结算　自动结算信息设置　批次重置　往期数据　返回

小组名称	资本注册	固定资产置办	原材料采购	生产人员招聘	生产人员薪酬设计	产品生产	产品研发	渠道铺设	广告投入	产品销售	金融机构筹资	股利分配	提交情况	操作
1	查看	查看	查看	查看	查看									重置组数据

图 25　重置组数据

当期结算：若所有实习组均完成当期业务并确认提交数据后，教师可以将该批次进行当期结算，从而所有实习组进入下一期。注意：如果实习组未确认提交数据，则教师进行当期结算后，将默认该实习组的企业破产。

自动结算信息设置：教师可以设置自动结算的开始时间及间隔时间，系统将生成具体结算时间的定时任务，在指定时间对批次进行当期结算。

自动结算开始时间：	2017-07-01 18:00:00	*	自动结算间隔时间：	120	分钟 *
		生成每期结算信息			

图 26　设置自动结算信息

结算期数	结算时间	计划状态	执行时间
4	2017-07-01 20:00:00		
5	2017-07-01 22:00:00		
6	2017-07-02 00:00:00		
7	2017-07-02 02:00:00		
8	2017-07-02 04:00:00		
9	2017-07-02 06:00:00		
10	2017-07-02 08:00:00		

启动

图 27　启动自动设置结算功能

批次重置:教师可以设置是否重置批次数据

小组名称	资本注册	固定资产置办	原材料采购	生产人员招聘	生产人员薪酬设计	产品生产	产品研发	渠道铺设	广告投入	产品销售	金融机构筹资	股利分配	提交情况	操作
sxlgxy1													已破产	重置组数据
lzcsxy1													已破产	重置组数据
phxy1													已破产	重置组数据
xbgydxmdxy1													已破产	重置组数据
sxfzgcxy1													已破产	重置组数据
xakjdxgxxy1													已破产	重置组数据
xajtdx1													已破产	重置组数据

批次名称:区域赛西北区试用20180319　总期数:6(已完成)　查看自动结算信息　批次重置　往期数据　返回

提示　是否确定重置批次数据?　确定　取消

图 28　重置批次数据

往期数据:教师可以查询批次往期所有实习组的业务记录,点击"查看"查询具体业务数据。

小组名称	资本注册	固定资产置办	原材料采购	生产人员招聘	生产人员薪酬设计	产品生产	产品研发	渠道铺设	广告投入	产品销售	金融机构筹资	股利分配	提交情况
01				查看				查看		查看	查看		已提交
02		查看	查看	查看	查看			查看	查看	查看			已提交
03													
04													
05		查看		查看	查看	查看				查看			已提交
06								查看		查看	查看		已提交
07		查看	查看	查看	查看	查看		查看	查看	查看			已提交
08			查看		查看	查看		查看	查看	查看			已提交

图 29　查询往期经营数据

（6）大数据分析

点击"大数据分析"，进入大数据分析界面。大数据分析界面显示当期所有实习组的业务分析，教师可以点击各模块查看具体业务分析数据。

序号	批次名称	组数	学生数	当前/运营期数	状态	状态控制	分析	操作
1	jin	1	4	1/10	运行中	批次暂停	批次控制 大数据分析	批次学生管理｜批次组管理 参数设置｜详情｜删除

图 30　大数据分析界面

①业务执行：教师可以通过该模块查看所有实习组的业务执行情况，分析各业务数据。

图 31　业务执行分析界面

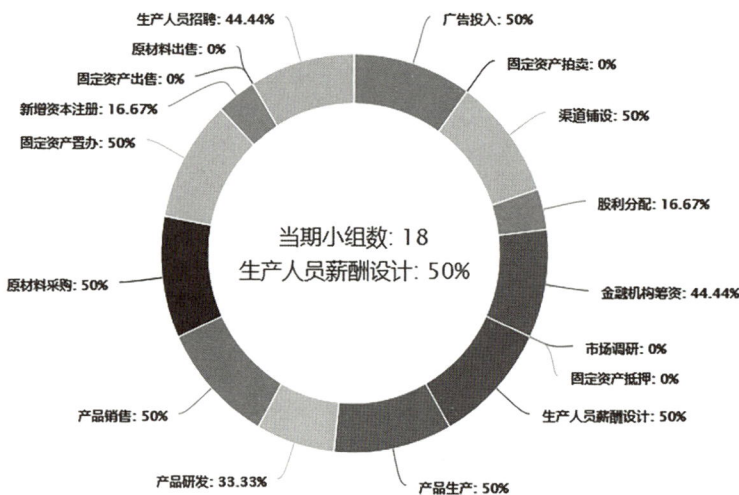

图 32　业务执行分布情况

②资金分析：教师可以通过该模块查看所有实习组的货币资金、注册资本及未还借款的资金经营情况，分析资金数据。

货币资金 注册资本 未还借款

货币资金

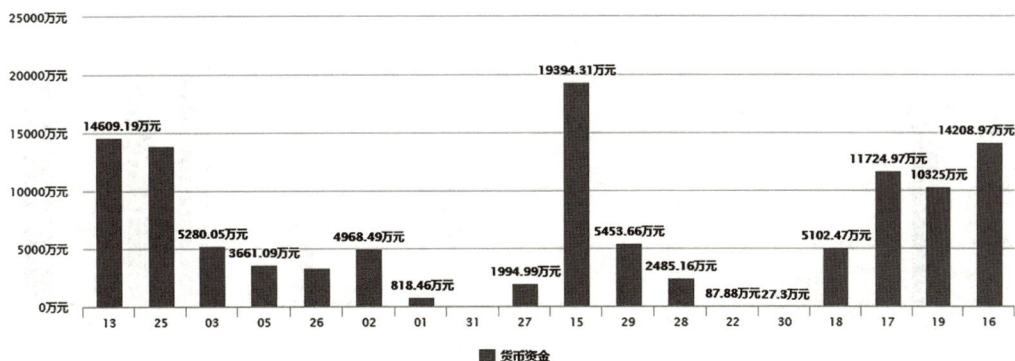

图 33　资金分析界面

③生产分析:教师可以通过该模块查看所有实习组的生产线数量、当期产量及招聘生产人员数的生产经营情况,分析生产数据。

生产线数量 当期产量 用工人数

阿尔法生产线数量

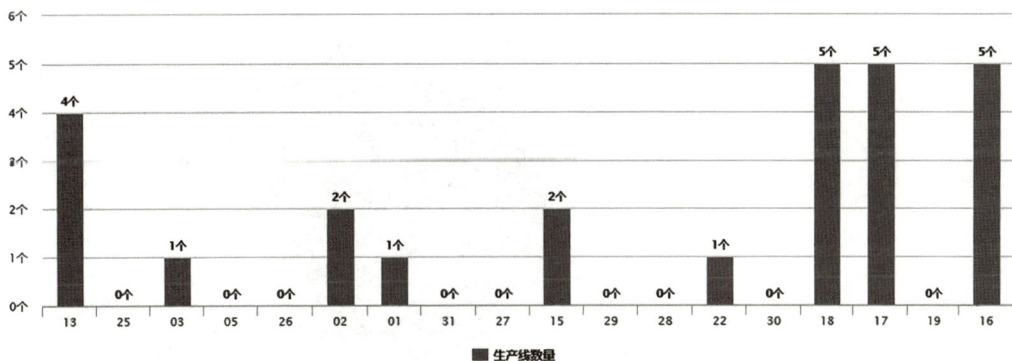

图 34　生产分析界面

④营销分析:教师可以通过该模块查看所有实习组的销售发货量、产品库存及广告投放的营销经营情况,分析营销数据。

销售/发货量　产品库存　广告投放

阿尔法销量/发货量

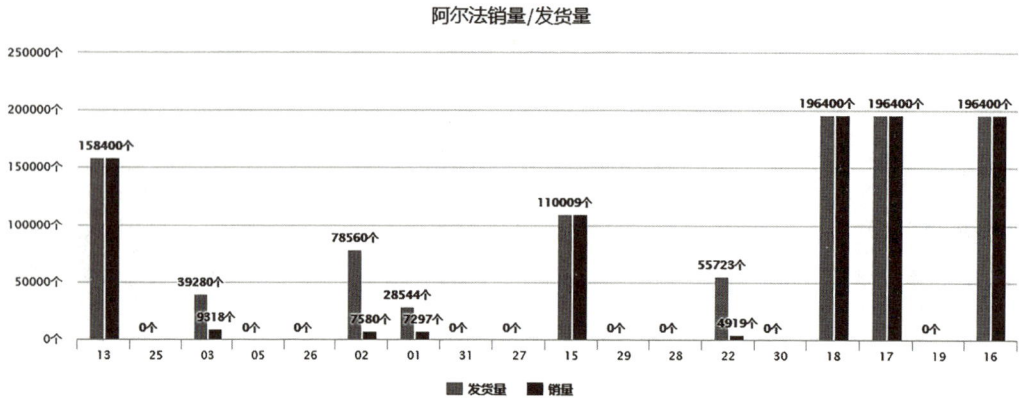

图 35　营销分析界面

⑤指标分析：教师可以通过该模块查看所有实习组的市场占有率、实际发货率、收入增长率、销售净利率及经营净现金的经营情况，分析各指标数据。

市场占有率　实际发货率　收入增长率　销售净利率　经营净现金

贝塔市场占有率

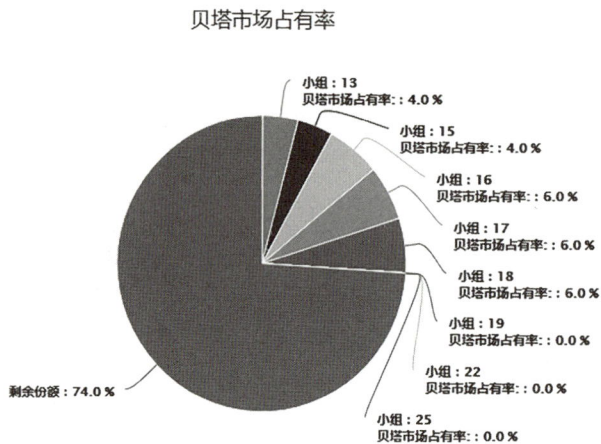

图 36　指标分析界面

⑥成绩分析：教师可以通过该模块查看所有实习组的各指标成绩，分析各指标得分情况。

成绩分析

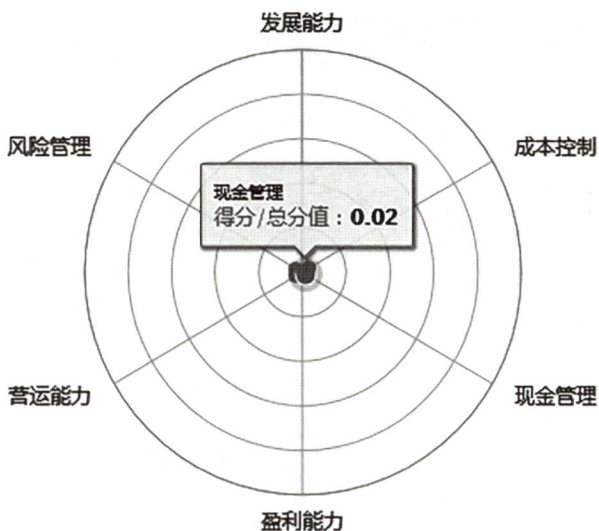

图 37 　成绩分析界面

（7）详情

点击"详情"，可以对该实习批次的信息进行修改。批次编码可以使用批次名称的拼音简写，能对标识一个批次起到辅助作用；数据，表示该批次使用哪一套基础数据作为学生运营的基础；运营期数，默认为基础数据的期数，教师可以选择小于或等于基础数据的默认期数；批次介绍，可以为批次增加备注。

图 38 　实习批次详情界面

（8）删除

点击"删除"，确认后则删除该实习批次。按顺序完成如下操作才可以进行批次删除：移出所有批次组学生，删除批次下所有批次组，移出所有批次学生。

2.7.3 成绩管理

点击左侧菜单的"成绩管理"，则进入成绩管理界面。教师可以按批次查询批次下所有实习组的各大类指标的成绩，点击各大类指标成绩数字，将展开该大类指标的各下级明细指标的得分。

序号	期数	小组名称	公司名称	成本控制	发展能力	盈利能力	营运能力	风险管理能力	现金管理能力	其他	合计	平均分	总成绩	操作
1	10	02	test1	8.80	2.80	0.00	15.60	8.00	0.00	9.13	44.33	52.40	52.40	往期成绩
2	10	07	道美科技有限公司	8.40	0.00	0.00	10.40	12.00	7.20	5.82	43.82	44.69	44.69	往期成绩
3	10	01	test1	7.60	0.00	0.00	9.20	11.60	7.20	5.53	41.13	44.04	44.04	往期成绩
4	10	08	华纳	8.00	0.00	0.00	14.00	7.60	0.00	11.27	40.87	49.49	49.49	往期成绩
5	10	06	超翔电子有限公司	4.00	0.00	0.00	3.20	12.00	8.00	-0.75	26.45	32.68	32.68	往期成绩
6	10	05	华赛商务	4.00	4.00	0.00	5.60	4.00	0.00	0.65	18.25	33.29	33.29	往期成绩
7	10	04	Queen（已破产）									23.85	19.08	往期成绩
8	10	03	686公司（已破产）									15.12	6.05	往期成绩

图 39　成绩管理界面

在数据表格中点击"往期成绩"，可以查询该实习组的每期成绩。

小组往期成绩　　　　　　　　　　　　　　　　　　　　　　　－ ⊠ ✕

序号	期数	成本控制	发展能力	盈利能力	营运能力	风险管理能力	现金管理能力	其他	总分
1	第1期	9.20	3.00	5.60	9.60	9.60	0.00	11.74	53.74
2	第2期	9.60	5.60	7.20	12.00	10.40	10.40	12.85	68.05
3	第3期	10.00	3.20	8.40	12.40	10.00	6.00	12.60	62.6
4	第4期	9.60	0.00	3.60	10.80	10.40	6.40	13.28	54.08
5	第5期	8.80	1.60	0.00	8.80	6.80	0.00	8.85	34.85
6	第6期	10.00	5.60	7.60	8.00	12.80	8.40	12.64	65.04
7	第7期	8.40	1.60	0.00	12.40	8.80	2.40	9.52	43.12
8	第8期	8.80	0.00	0.00	13.20	12.00	4.00	8.34	46.34
9	第9期	8.80	0.00	0.00	14.80	12.00	7.60	8.62	51.82
10	第10期	8.80	2.80	0.00	15.60	8.00	0.00	9.13	44.33

图 40　往期成绩查询界面

2.8 学生

学生登录界面后，将自主经营一家企业，进行企业创立、战略制定、资产配置、材料采购、生产研发、人员招聘、薪酬设计、渠道铺设、品牌建设、销售发货、资金筹集、股利分配等日常业务，日常业务按角色分工去共同协作完成。完成后，企业 CEO 提交数据，进入下一期。

业务执行过程中，需要用到学过的各个专业的理论知识指导决策，实战成绩取决于企业的经营成果和经营业绩。

附录 2

"企业价值创造实战"课程教学方案

1.教学对象

本课程不仅适合面向经管类专业高职与本科学生开设,作为之前学习成果的检验,并为就业和创业做铺垫,也适合非经管类专业学生开展创业管理课程训练。本课程综合性较强,对学生的整体知识结构和能力素质要求较高,建议开设在临近毕业学年的第一学期。

2.教学形式

本课程模拟了企业连续多期完整的经营流程,建议采取实践项目周的方式集中完成。可采取跨专业混班教学的模式,为便于教师指导和平台宏观、微观经营环境设置,建议班级人数控制在 40～60 人以内,或设置 10～12 个经营团队。

3.教学计划

本课程的教学计划应结合培养方案、各校教学时间安排和教学班人数进行设计,可采取一周 28 课时或两周 56 课时的模式。

（1）一周 28 课时的教学计划

表 1　教学计划表(28 课时)

授课项目	任务	课时
平台简介	教师介绍平台功能、特色、流程,完成分组、分角色任务(4 人一组)	1
实战演练	教师介绍分模块功能,解释规则	3
实战体验	个人完成两期经营,熟悉平台功能、规则	4
实战对抗(一)	个人之间展开第一轮对抗(6 期)	8
实战对抗(二)	分组展开终结对抗(6 期)	8
汇报分享	分组汇报实战心得,教师点评实战反思,透过现象看本质	4

说明:理论综述复习由教师布置,学生课前和课后自行完成。

（2）两周 56 课时的教学计划

表 2　教学计划表(56 课时)

授课项目	任务	课时
理论综述	平台相关课程理论综述和典型案例讲解	18
平台简介	教师介绍平台功能、特色、流程,完成分组、分角色任务(4 人一组),各组进行自我介绍和经营理念汇报	7
实战演练	教师介绍分模块功能,解释规则	3
实战体验	个人完成两期经营,熟悉平台功能、规则	4
实战对抗(一)	个人之间展开第一轮对抗(6 期)	8
实战对抗(二)	分组展开终结对抗(10 期)	12
汇报分享	分组汇报实战心得,教师点评实战反思,透过现象看本质	4

4.考核方式

表3 考核方式表

考核项目	任务	资料	分数
实战对抗（一）	个人展开第一轮对抗（6 期）	经营规划履行情况分析（个人,学生人数多时可 2 人一组）	20
实战对抗（二）	分组展开终结对抗（10 期）	实战系统分（4 人一组）	30
汇报分享	分组汇报,教师点评 精华分享,透过现象看本质	经营总结汇报（PPT,4 人一组）	30
		综合实战报告（4 人一组）	15
		实战心得（个人）	5
合计			100

附:"企业价值创造实战"课程综合实战报告模板

"企业价值创造实战"课程综合实战报告

专业班级:

企业 CEO:姓名（学号）

财务总监:姓名（学号）

运营总监:姓名（学号）

市场总监:姓名（学号）

成绩:

姓名 （学号）	实战对抗 （一） （个人）	实战对抗（二） （小组）	汇报 （小组）	综合实战报告 （小组）	实战心得 （个人）	总分

（1）经营规划及履行情况分析

①经营目标

项目（阿尔法）	第 1 期		第 2 期		第 3 期		第 4 期		第 5 期		第 6 期	
	预算	实际	预算	实际	预算	实际	预算	实际	预算	实际	预算	实际
市场份额占有率/%												
产品销量/万个												
产品生产数量/万个												
材料采购数量/万套												
厂房置办数量/个												
生产线置办数量/条												

说明：根据实际经营区域添加表格细项，例如产品销量可细分为经济区 A、B、C。

项目（贝塔）	第 1 期		第 2 期		第 3 期		第 4 期		第 5 期		第 6 期	
	预算	实际	预算	实际	预算	实际	预算	实际	预算	实际	预算	实际
市场份额占有率/%												
产品销量/万个												
产品生产数量/万个												
材料采购数量/万套												
厂房置办数量/个												
生产线置办数量/条												

②购销分析

项目（阿尔法）	第 1 期		第 2 期		第 3 期		第 4 期		第 5 期		第 6 期	
	预算	实际	预算	实际	预算	实际	预算	实际	预算	实际	预算	实际
预计售价/（元·个$^{-1}$）												
收入首期收款比例/%												
材料采购价/（元·套$^{-1}$）												
材料首期付款比例/%												
生产人员配置/人												

续表

项目(阿尔法)	第 1 期		第 2 期		第 3 期		第 4 期		第 5 期		第 6 期	
	预算	实际	预算	实际	预算	实际	预算	实际	预算	实际	预算	实际
生产人员人均薪酬/(万元·期$^{-1}$)												

项目(贝塔)	第 1 期		第 2 期		第 3 期		第 4 期		第 5 期		第 6 期	
	预算	实际	预算	实际	预算	实际	预算	实际	预算	实际	预算	实际
预计售价/(元·个$^{-1}$)												
收入首期收款比例/%												
材料采购价/(元·套$^{-1}$)												
材料首期付款比例/%												
生产人员配置/人												
生产人员人均薪酬/(万元·期$^{-1}$)												

③现金流分析(万元)

项目	第 1 期		第 2 期		第 3 期		第 4 期		第 5 期		第 6 期	
	预算	实际	预算	实际	预算	实际	预算	实际	预算	实际	预算	实际
现金流入(合计)												
其中:股东投资												
销售收款(当期＋上期)												
当期借入资金												
现金流出(合计)												
资产购置金额												
资产租金												
材料款(当期＋上期)												
生产人员薪酬费用												
营销人员薪酬费用												
营销渠道及宣传费												

续表

项目	第 1 期		第 2 期		第 3 期		第 4 期		第 5 期		第 6 期	
	预算	实际	预算	实际	预算	实际	预算	实际	预算	实际	预算	实际
管理费用												
归还资金及利息												
分配红利												

④利润分析(万元)

项目		第 1 期	第 2 期	第 3 期	第 4 期	第 5 期	第 6 期
收入合计							
阿尔法							
贝塔							
成本合计							
变动成本	小计						
	原材料						
	自行添加						
固定成本	小计						
	管理人员工资						
	自行添加						
混合成本	小计						
	销售人员工资						
	自行添加						
利润							
盈亏平衡点							

⑤资产负债表(万元)

资产	行次	期末余额			负债	行次	期末余额		
		第 1 期	第 2 期	第 3 期			第 1 期	第 2 期	第 3 期
流动资产					流动负债				

资产	行次	期末余额			负债	行次	期末余额		
		第1期	第2期	第3期			第1期	第2期	第3期
非流动资产					非流动负债				
					负债合计				
					所有者权益				
					所有者权益合计				
资产总计					负债和所有者权益合计				

说明:资产负债表项目自行添加。

资产负债表续(万元)

资产	行次	期末余额			负债	行次	期末余额		
		第4期	第5期	第6期			第4期	第5期	第6期
流动资产					流动负债				
非流动资产					非流动负债				
					负债合计				
					所有者权益				
					所有者权益合计				

续表

资产	行次	期末余额			负债	行次	期末余额		
		第 4 期	第 5 期	第 6 期			第 4 期	第 5 期	第 6 期
资产总计					负债和所有者权益合计				

（2）经营总结汇报 PPT 大纲

①经营概况

②经营规划的选择与调整

③成本控制能力分析

④盈利能力分析

⑤营运能力分析

⑥发展能力分析

⑦风险管理能力分析

⑧现金管理能力分析

⑨综合分析

⑩实战心得

（3）综合实战报告

①经营概况

②经营规划的选择与调整

A.主要决策描述

B.决策原因分析

C.决策理论依据

课程名称	概念、知识点精要

③成本控制能力分析

④盈利能力分析

⑤营运能力分析

⑥发展能力分析

⑦风险管理能力分析

⑧现金管理能力分析

⑨系统建议

(4)实战心得

①企业 CEO(姓名)

签名：
②财务总监(姓名)

签名：
③运营总监(姓名)

签名：
④市场总监(姓名)

签名：

价值投资
基于 ESG 分析框架

金龙 著

ENVIRONMENT
SOCIAL
GOVERNANCE

厦门大学出版社 国家一级出版社
XIAMEN UNIVERSITY PRESS 全国百佳图书出版单位

图书在版编目(CIP)数据

价值投资:基于 ESG 分析框架/金龙著.—厦门:厦门大学出版社,2021.6
(2021.12 重印)
ISBN 978-7-5615-8268-8

Ⅰ.①价⋯ Ⅱ.①金⋯ Ⅲ.①企业管理—投资管理—研究—中国
Ⅳ.①F279.23

中国版本图书馆 CIP 数据核字(2021)第 120919 号

出 版 人	郑文礼
责任编辑	吴兴友
封面设计	李嘉彬
技术编辑	朱 楷

出版发行	厦门大学出版社
社　　址	厦门市软件园二期望海路 39 号
邮政编码	361008
总　　机	0592-2181111　0592-2181406(传真)
营销中心	0592-2184458　0592-2181365
网　　址	http://www.xmupress.com
邮　　箱	xmup@xmupress.com
印　　刷	厦门市明亮彩印有限公司

开本	720 mm×1 000 mm　1/16
印张	17.75
插页	2
字数	254 千字
印数	3 001～5 000 册
版次	2021 年 6 月第 1 版
印次	2021 年 12 月第 2 次印刷
定价	68.00 元

本书如有印装质量问题请直接寄承印厂调换

厦门大学出版社
微信二维码

厦门大学出版社
微博二维码

自　序

　　此书本是一份内部培训材料，起初十数万字。后经友人建议，在此基础之上增加了一些自己对投资的思考，遂成此书。在一线投资研究岗位蹉跎十余年，虽偶有所得，但未曾系统总结，本书也是对自己过去十年投资研究工作的一个小结。

　　资本市场过去 30 年的发展波澜壮阔。十年时间看似很短，但已足够发生很多事情。资本市场初创的前十年，投资方法主要还是 20 世纪上半叶美国流行的技术分析工具。中国的交易所草创之初就基本实现了电子化交易，但是二级市场上投资者搏杀的工具居然还处在冷兵器时代，无非是资本市场制度不完善和投资者教育工作不到位所致——那个年代的投资者，很少有人系统地接受过西方金融学教育。技术分析因为其易学易用得到了迅速普及。

　　2000 年之后，基本面投资方法逐步发展起来，价值投资的理念也逐渐被投资者所接受。基本面投资方法学习难度大，涉及的内容较多，过程中出现的问题也相对较多。国内的基本面研究更注重信息获取，而非信息分析；更关注短期，较少关注长期；投机氛围浓厚，投资乏人问津。这固然有外部环境和制度的因素，但主要还是因为投资者价值观不稳固，方法论不深入，对近代企业理论和工具不熟悉。

　　次贷危机之后，西方投资理念发生重大变化，投资机构逐步摒弃"股东价值最大化",转向 ESG 理念。ESG 强调环境(environment)、社会责任(social responsibility)和公司治理(corporate governance),重新定义了何为企业价值。ESG 被用于投资实践,提升了组合绩效。本书近 1/3 的篇幅是在讨论公司战略、治理结构和商业模式等 ESG 要素,详细介绍了如何将 ESG 工具纳入证券投资分析框架。

工欲善其事,必先利其器。本书内容聚焦于两点:

1.投资工具的使用;

2.近现代企业理论的介绍。

ESG 分析视角贯穿其中,用与国际接轨的学术语言,重新阐述价值投资。由于国内投资实践和学术研究脱节的情况仍然严重,本书试图在二者之间架设一座桥梁,以促进 ESG 投资在国内资本市场的普及和应用。

在写作过程中,笔者也为此深深纠结:本书的语言究竟应该追求学术的严谨性,还是应该通俗易懂、平易近人。最后,还是决定在保持一定程度严谨性的同时,为了让内容更容易理解,多辅以案例。本书大多数案例都是笔者过去 10 余年在 A 股市场上亲身经历的实际投资决策,其中的数据和信息都可以在公开渠道找到。想借此向读者展示如何将现代学术工具用于 A 股证券投资。同时,希望此书能成为读者 A 股投资的一本"价值投资漫游指南",而不是成为一本"股票消费指南"。相比消费,投资是一种延迟满足行为,读者也需要为此付出一定的辛勤和努力。

本书内容分为三部分:第 1～6 章介绍了财务分析;第 7～9 章重点介绍财务造假的常用手法与估值工具;第 10～12 章主要介绍了近年来企业微观理论的进展,涉及企业战略、公司治理和商业模式。本书重点对证券研究工作中所需的理论工具进行了全面介绍,并配合上市公司实际案例以加深理解。本书未能顾及投资中的风险与不确定性,留待以后再版时加以补足。

最后,感谢多年来在职业生涯中指导过、帮助过我的领导、同事、朋友及我的家人,本书的成稿与你们无私的帮助密不可分。鉴于水平所限,书中难免疏漏,其责任均在笔者本人。读者如有任何意见或建议,望不吝指教,以待再版改正。笔者联系方式:kingsberg@163.com。

另外,书中案例仅用于学术研究,不构成投资建议。

金　龙

2020 年 11 月 11 日于深圳

目　录

第1章 价值投资的内涵

　　价值投资的理念虽已广为人知,但许多相关的概念被断章取义,导致很多概念已经偏离了价值投资原本的含义。在投资实践中,人们更多的是将自己的经验罗列出来,而对于为何这么做投资会成功,而那么做投资不会成功,其实说得并不是非常清楚。即便是投资大师的书籍,存在的问题也比较多,这些问题的产生与时代的局限性不无关系。鉴于对价值投资进行解读的人过多,本书以正统的价值投资大师塞斯·卡拉曼所修订的第六版《证券分析》及其所著的《安全边际》、马克斯的《投资最重要的事》为基准,阐述价值投资的常见概念。在此基础之上,对近些年新近发展起来的分析工具作了详细介绍。以下内容是我们对价值投资的理解。

1.1 投资与投机的区别

　　一般而言凡是涉及资产买卖,必然首先要对投资和投机进行区分。《证券分析》的作者本杰明·格雷厄姆,给出了一个迄今为止仍未过时的定义:投资是一种通过认真分析研究,有望在保证本金安全的基础之上,获得恰当收益的行为,不满足这个标准的行为就是投机。从交易动机看,投资者的交易动机是因为当下的价格和当下的价值发生了偏离;投机者的交易动机基于未来价格变动的预期,投机者并不关心价格和价值之间的相对位置。不同于格雷厄姆从过程的角度来区别投资和投机,价值投资大师卡拉曼从财富来源的角度重新区别了投资和投机:投资和投机的最大区别是在持有的过程中,到底是通过企业运营产生的自由现金流来赚钱,还是通过资本的增值来赚钱;是"持有赚钱"还是"博弈赚钱"。前者称之为投资,后者则实为投机。以上分别从事前、事中和事后三个环节区分了投资和投机。

还可以从资产的现金流属性来区别投资和投机。如果投资者选择了自由现金流来衡量投资对象的价值,那么,一项资产的价值取决于其产生自由现金流的能力。如果一项资产永远产生不了自由现金流,那么就没有价值。投资品的自由现金流来自企业的生产经营活动,具有持续性,投资品会带来源源不断的自由现金流;投机品只有在最终出售时才会产生一次性现金流(不属于自由现金流)。是否有持续的自由现金流是投资和投机的一个重要区别。古董、数字货币之类的资产都属于这个意义下的投机品。一个唐朝的夜壶价值多少? 说不清楚。收藏一个唐朝夜壶的动机,可能仅仅是因为未来会有人以更高的价格买它。对少数人而言,这个物品代表了那个时代的社会生活状态、工艺水平,具有很高的文化价值,但这绝对不是投资意义下的价值。

投资和投机的定义,格雷厄姆的原教旨主义和卡拉曼的描述型定义各有千秋。格雷厄姆强调过程管理,卡拉曼则偏好结果导向。本书更认同格雷厄姆对投资和投机的定义,作为存在了近百年的一个理论,其定义的要素给出了一个很好的事前分析框架。卡拉曼的切入角度在思想上更为深刻,从财富生产和分配的角度区分了投资和投机,但对证券投资而言,方法论意义不大。

将格雷厄姆对投资的定义分解成四个部分:价值的定义与估计;分析的对象与工具;风险的估计与管理;投资的目的。

图 1.1 是对格雷厄姆价值投资定义的一个解析,也是本书的组织框架。从第一版到第四版,格雷厄姆在《证券分析》一书中,已经认识到价值的定义

一定是一个动态的过程。价值应该是一个动态变化的概念,格雷厄姆对价值的认知也随着社会的发展而动态地演进。本书对价值的分析是从财务报表特别是现金流量表入手。我们通过对报表的分析,试图解读企业的经营实质,而非关注会计细节。我们认为在证券分析的过程中,"实质合理"的重要性远大于会计所要求的"形式合规",虽然会计也强调实质重于形式,但是现实是形式重于实质。通过对财务报表历史的研究,梳理清楚"价值"演变的过程,这是本书的主要创新,而这也正是《证券分析》一书的历史局限。在弄清楚价值的含义之后,我们可以采用新的估值工具和风险管理工具,构建一个新的证券研究框架。

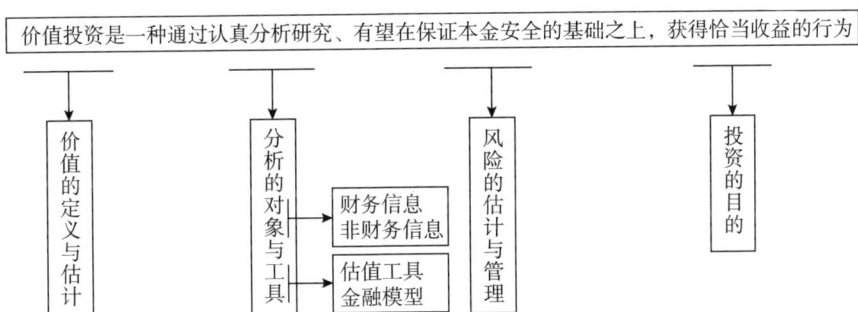

图 1.1　价值投资的定义

格雷厄姆在《证券分析》一书中,从头至尾都十分注重对格式化财务信息的分析。本书前半部分对会计经营实质的分析与此类似,只是侧重点有所不同。受限于当时企业微观理论的发展水平,格雷厄姆对非财务信息的处理并不尽如人意,管理学在那个时代并不成体系。格雷厄姆也意识到了非财务信息对企业价值的重大影响,在整本书中都有所涉及,但是很难形成完整的体系。借鉴最近半个多世纪以来管理学和经济学的新进展,本书从公司战略、治理结构和商业模式的角度入手,讨论了这些非财务信息对企业价值的重大影响。我们对价值投资的理念深信不疑,价值投资理论的内涵也在不断地动态发展,投资人不能静态地、教条式地理解价值投资。格雷厄姆在那个激荡的时代开创了一个新的投资流派,我们需要在此基础之上不断吸收现代管理学和经济学理论的新成果，丰富价值投资的内涵，为价值投资这座大厦不断添砖加瓦，这也是这个时代赋予我们的责任。

本书还介绍了估值工具和公司金融理论，估值工具部分多为技术细节，公司金融理论则主要介绍了近些年来的新进展，格雷厄姆时期并没有这些内容。本书从证券投资实践的角度出发，选择性地介绍了一些新理论、新工具。对这部分内容感兴趣的读者可以查阅原始文献或相关学科的教科书，以便获取更为丰富的内容。

风险过程管理在格雷厄姆时期缺少深入研究，对待风险的态度是不同投资理念的根本性区别。一个完整的风险过程管理框架包括对风险的定义、识别、计量和控制，后来者提出了安全边际的概念，格雷厄姆也将其吸收进了《证券分析》一书。风险过程的管理十分复杂，从奈特到阿尔钦，涉及的世界观演变问题深刻而迷人。受限于本书的篇幅和主旨，我们并未在本书对这个迷人的领域进行深入的讨论，这部分内容留待以后再详加介绍。

最后是投资的目的，投资的最直接目的是满足个人的财务诉求。在投资的定义中，格雷厄姆强调投资是一个获得适当收益的过程，而非"收益的最大化"，很显然格雷厄姆并不推崇最优化的思想。这种"适度"的思想更接近于制度经济学的看法，其中包含了演化的思想。投资就是一个资产定价的过程，在价格信号的指引下，市场更有效地配置了资源，这正是证券市场的终极目标所在。

1.2　价值的定义

卡拉曼为《证券分析》第六版写了一篇名为《格雷厄姆和多德的永恒智慧》的文章作为序言，文章总结了格雷厄姆的思想精华。我认为价值投资的核心问题只有两个：①什么是价值？目前多数关于价值投资的资料对这个概念要么一笔带过，要么没有涉及。在很大程度上价值投资这个概念被滥用了。②安全边际。按照卡拉曼的说法,安全边际就是"为应对事物随机因素、预期不佳或者经济与股票市场变化而留有的余地"。除这两个基本概念之外,剩下的只是一些修修补补的工作了。复利的概念并不是很重要,复利是一个确定性的数学概念;"护城河"的说法,也可以很容易地转化成对风险和不确定性的讨论。纯粹的价值投资只有两个主题:什么是价值? 怎么处理风险因素?

卡拉曼认为:对投资者来说,股票代表的是相应企业的部分所有权,而债券则是给这些企业的贷款。企业价值是一种客观存在,但是又受主观的影响,如何估计价值是价值投资方法论的核心内容。股票代表企业的部分所有权,这个结论本身的内涵过于宽泛。按照新制度经济学的看法,所有权是一组权利,我们不能笼统地说股票代表企业的部分所有权。如果不厘清这个模糊不清的所有权概念,那么将会导致后续估值方法的重大逻辑缺陷——基于所有权概念的估值工具只有相对市盈率法(PE);广义的现金流贴现(DCF)法基于现金流的使用权和占有权。不同的权利有不同的价值,自由现金流(FCFF)可以更好地区分这一组权利的价值,后续章节会进一步讨论这个问题。

卡拉曼虽然也强调自由现金流的重要性,但是他没有意识到自由现金流代表的是一种混合权利(参考本书第 6 章的相关内容),这种混合权利在工业富联的报表中体现得尤为明显。

表 1.1 是上市公司工业富联 2015 年至 2018 年的资产负债表。从表中可以看到,公司的有息负债非常低,负债主要是供应链欠款。一些投资人觉得工业富联是一个代工企业,净利润率低,公司没有核心竞争力。而工业富联的经营本质是一个轻资产的供应链管理服务公司,其投入资本回报率(ROIC)非常高。2018 年公司的 ROIC 是 21.42%,如果剔除过剩现金,ROIC 超过 30%。企业的自由现金流非常好,股票估值也不高。公司的经营主要受外部环境变化的影响,公司的核心竞争力就是供应链管理和质量控

制,规模扩张对投入资本(IC)的需求非常小。公司的自由现金流主要来自无息负债的增加,这种用别人的钱来给自己赚钱的模式对资本方非常有吸引力,不能因为负债高就觉得公司不好。

表 1.1   工业富联 2015 年至 2018 年资产负债表

单位:亿元

项　　目	2015 年年报	2016 年年报	2017 年年报	2018 年年报
货币资金	96.06	49.35	155.19	622.93
应收票据及应收账款	470.09	545.74	785.13	861.18
其中:应收票据				0.01
应收账款	470.09	545.74	785.13	861.17
预付款项	1.33	1.14	1.63	2.15
其他应收款合计	102.68	326.01	30.95	13.55
其他应收款	102.68	326.01	30.95	11.89
存货	270.55	285.61	355.51	374.68
其他流动资产	16.41	11.33	38.30	24.79
流动资产合计	957.12	1 219.17	1 366.70	1 899.27
可供出售金融资产	0.69	0.46	0.03	0.41
长期股权投资	0.09	0.38		3.94
投资性房地产	0.21	0.20		
固定资产	120.08	113.59	90.33	75.96
在建工程	3.14	5.46	7.28	5.01
无形资产	2.41	2.44	2.25	1.97
长期待摊费用	1.51	2.31	3.41	5.49
递延所得税资产	11.41	12.85	14.57	12.83
其他非流动资产	0.29	0.58	1.39	1.15
非流动资产合计	139.83	138.27	119.26	106.76

项　　目	2015 年年报	2016 年年报	2017 年年报	2018 年年报
资产总计	1 096.95	1 357.44	1 485.96	2 006.03
短期借款	11.12	16.43	69.57	224.90
应付账款	347.02	430.13	768.09	697.31
预收款项	2.02	1.84	1.06	0.58
应付职工薪酬	32.03	35.16	30.12	43.82
应交税费	4.72	7.68	12.99	30.80
其他应付款合计	100.75	86.65	321.04	278.97
其他流动负债	2.01	2.08	0.95	3.47
流动负债合计	499.68	579.96	1 203.82	1 279.86
预计负债	1.73	2.17	0.25	1.75
递延收益	0.08	0.06	0.07	0.07
递延所得税负债	0.01	0.02		0.91
非流动负债合计	1.82	2.25	0.32	2.73
负债合计	501.50	582.21	1 204.14	1 282.59
实收资本(或股本)			177.26	196.95
资本公积	270.93	278.23		251.22
其他综合收益	−1.78	28.23	3.38	4.77
盈余公积				2.89
未分配利润	326.09	466.57	100.98	267.11
归属于母公司股东权益合计	595.25	773.03	281.61	722.95
少数股东权益	0.20	2.20	0.22	0.50
股东权益合计	595.45	775.23	281.83	723.45

人们对企业价值的认知同社会生产力的发展水平密切相关，价值认知的演变是一个渐进的过程。早期，价值取决于企业净资产的变动，显然这种"价值观"漏洞较大，只考虑了企业的"有形资产"。近些年来，利润这个管理学概念成了一种简要的、基于所有权的价值表征指标，利润能高效地表征企业的区间经营绩效。虽然存在一定的问题，但是其进步性也被大家所公认，这也是格雷厄姆在价值评估过程中关注的重要指标。自由现金流估值方法的兴起主要源自日益严重的委托代理成本，将价值的概念进一步细化，不再关心所有权，而更关注控制和使用的权利。在股份公司制度下，所有权和经营权相互分离，两权分离导致的委托代理成本会在很大程度上影响企业的经营绩效，自由现金流的出发点就是尽量将这种委托代理成本纳入估值模型。从制度经济学的角度来说，基于自由现金流的估值方法是一种对不完整所有权进行定价的方法。会计技术上也规避了很多不合理的盈余调节手法，因而更具合理性。但基于自由现金流的估值方法仍然和基于利润的估值方法属于同一层次的概念——都是基于企业区间经营绩效的估值方法。

未来价值观念的演变可能更着眼于权利的细分，价值只是代表一组特定权利的公允价格。在现代产权制度的视角下，人们看重的是基于所有权的价值概念。随着经济的发展，公司的组织构架越来越复杂，特别是服务业的蓬勃发展，导致企业的核心竞争力无法用产权的概念来界定：管理流程、企业家才能、研发能力（专利作为研发活动的结果，可以主张产权）、创新能力、企业文化、人力资本等，这些要素对企业的发展越来越重要，但这些要素不但无法产生直接现金流，很可能还要消耗企业宝贵的现金流。这些要素对企业未来经营活动的影响难以估计和计量。当企业的核心竞争力（或称为战略要素）主要依赖损益性支出时，基于混合权利视角的估值方法就必须被普遍采用。

在现实环境中，一个企业往往是一组复杂权利的集合。企业的定义可能要发生重大变化，不能再将企业视作一组资源的组合，也不能视作一组契约的组合(契约的显性化,或者缔约成本可能会非常高),企业更像一组复杂权利的组合。举个最简单的例子,特许经营权、加盟制度等这些基于一组特定权利的价值究竟该如何衡量。这和传统的基于现金流的价值观念有很大的不同,某些权利的获取并不基于明文的契约。

1.3 价值的客观性

证券分析首先要对研究对象有一个客观的认知,其次要清楚人类认知的局限性。股价的运动就是一个人的主观认知与外部客观世界持续相互作用的过程。起决定作用的是外部世界的运行规律,而绝非人的主观认知,二者主次顺序不能颠倒。树上的花开花落会影响心中的花,但见花不是花的人也不在少数;但是心中的花再怎么"开",不到时节树上的花是不会开的。强调"三朵花"能改变世界,是对人的神化,对投资实践毫无益处。"三朵花论"是一种典型的唯心论,切不可取。证券分析必须从唯物的世界观出发——若不如此,证券分析必然会陷入形而上学。唯心论对市场的认知必然与客观现实不符,不能给出具有实践意义的结论。如果企业不创造价值,那么股票投资就只是一个零和或负和博弈,这对投资者整体而言毫无意义。博弈的结果必定是一部分人会赚,一部分人会输——绝不可能大家最后都赚了,只是大家都认为自己不会是那个最后的输家。价值的客观性是投资分析的基础,但价值也并不是绝对客观的存在。价值一定要辩证地看,价值的客观性和主观性是对立统一的关系。

本书从第二章开始阐述了会计信息的实质、企业价值观念的演变和估值工具的使用等内容,以及对企业价值有影响的一些非会计信息。估值的核心是阐述清楚主观认知和客观世界之间的相互作用机制,即客观世界的规律如何形成人的主观认知,进而促使人们做出行动,以及在这种认知下的行为如何影响客观世界。价值是企业经营行为在投资者认知中的反映,价值是客观的存在,但是价值的"量化计量"却带有很强的主观性。通过对会计和估值工具的讨论,本书试图阐述这个"量化计量"的过程,或称为估值。所有的会计信息和非会计信息,最终都是人们经验的总结。

证券分析应当以过程管理为导向,而非以结果为导向——即便投资业绩评价是结果导向的。如果不以过程管理为主要手段,那么最终的结果只有一个:业绩的持续性存疑。长期的优秀业绩,一方面应该有正确的方法论基础;另一方面应该在正确的道路上持续坚持。这些才是长期优秀业绩的保证,这期间最重要的就是过程管理。基于结果导向的投资,最终会导致激进风险行为的发生。过程管理的核心就是信息的分析和企业的估值。分析的过程是科学而非艺术,其有着缜密的金融学理论基础。

1.4 风险与安全边际

风险管理的概念,在不同的投资派别中有不同的表述,但实质都一样。价值投资者称为安全边际;技术派人士称之为止损;量化投资称为波动率等。下面作一个初步的介绍。

什么才是风险管理的本质呢?我们都知道,再大的风险,只要价格合适就是投资机会。从赚钱的角度来说,无非就是概率不足赔率来补,即风险和收益成正比。卡拉曼将格雷厄姆的思想提炼成了安全边际的概念,并给出了定义:安全边际是价格相对于价值的折价率。只要安全边际足够,那就可能是投资机会。格雷厄姆也强调安全边际这个概念,在投资的定义中强调了本金安全的重要性。安全边际本身是一个主观的概念,因为价值本身有很强的主观性,价格和价值的差往往不能精确地量化。在投资实践中,安全边际往往只能是一个主观估计量。巴菲特、卡拉曼等价值投资大师也反复强调保护本金的重要性,但是我们需要知道:安全边际和投资到底是什么关系。

卡拉曼对安全边际的定义简单而直接,但在投资实践中投资者必然会犯错,而且由于不确定性的存在,导致判断不可能完全准确。此时,价格和价值的相对关系尤其重要。当下的价格是确定的,所有人看到的股票交易价格理论上是一致的,区别在于对价值的判断。在投资者犯错时,安全边际提供了一个很好的"安全垫"。这是一种主动地应对不确定性的方案。在判断出现失误的情况下,尽量减少投资损失,对安全边际的使用绝非出于获利的目的。

安全边际并非一个简单的概念,巴菲特和卡拉曼都在自己的投资生涯中一再地强调安全边际的重要性。

卡拉曼在其著作《安全边际》中强调:未来不可预测。笔者无法猜测卡拉曼书中一些词语的具体含义,但是,很显然卡拉曼意识到了不确定性的重要性:"如有必要,投资者必须愿意放弃短期内的回报,以此作为对意想不到的灾难所支付的保险费。"在其书中,卡拉曼用生活中发生的事向我们展现了在面对不确定性事件的时候,一个价值投资者的应对之道:"河水漫过堤岸的情况在一个世纪内可能只出现一两次,但你依然每年会为自己的房屋购买防洪险。同样,经济大萧条或者金融恐慌在一个世纪内可能只出现一两次,且恶性通胀可能永远也不会破坏美国经济,但因知道确实可能会发生金融灾难,稳健、有远见的投资者会据此来管理自己的投资组合——那些试图避免损失的投资者必须让自己在各种情况下存活下来,甚至实现繁荣。"巴菲特在自己的年度报告中,也反复强调"本金安全"。从这点上来说,巴菲特的本金安全概念代表了一种对待不确定性的态度,是一种系统性地应对不确定性的办法。

需要着重指出的是,上文中的"不确定性"是 Knight 意义下的不确定性,而并非风险。对于一个随机变量,如果其概率密度分布函数存在,我们称其为风险变量;如果其概率密度分布函数不存在,我们称其为不确定性变量。风险不是经济利润的来源,不确定性才是。这两个概念十分重要,Knight 在其博士论文《风险、不确定性与利润》中对其作了明确的区分,并正式地将随机性引入经济分析模型,背后的哲学含义是世界的可知性问题。两种类型变量的处理方法有所不同,我们在此不作详细讨论,感兴趣的读者可以参考 Alchian 的论文"Uncertainty, Evolution and Economic Theory"。

安全边际是一个可以估计的变量。首先价格是客观存在的,不需要估计,关键在于当下的价值。对当下价值的研究,可以基于已知的变量进行——虽然未来的价值可能因为某些不确定性导致价值下跌,但在价值下跌到价格的过程中,给了投资者足够的调整空间和时间。这种做法最大的优点是:其止损的机制是基于企业基本面的,企业价值的不利变化触发卖出信号。这样买卖频率自然会降低,在交易的过程中减少了流动性冲击的影响。

安全边际的价值评估,同我们下面介绍的会计和估值工具一样,是一个主观的估计。就价值评估而言,是用账面净资产好,还是用利润好,还是用自由现金流好? 这很难说清楚。比如,一个软件公司基本没有固定资产,其主要的费用是研发人员的工资和销售费用。在这种情况下,安全边际的估计非常困难,而且变数非常大。价值评估的细节可以参考本书第 8 章和第 9 章。

安全边际是价值投资者应对不确定性的方法,这种方法的好处不言而喻,但是也存在几个关键问题:①价值判断的主观特征明显,对投资者的基本面分析能力要求较高;②安全边际并不像价格那么直观,投资者的判断会受到价格影响;③人们倾向于高估价值,给自己提供一个"虚假"的"安全垫"。安全边际产生的原因是市场低效导致价格低于价值,如果市场完全有效,那么便不存在安全边际这个概念。

相比于安全边际这种主动地应对不确定性的办法,适度分散是一种被动地应对不确定性的有效方法,这种方法被投资经理广泛地采用。投资者可以适度增加多样性,来改善组合的波动和收益特征。具体的标准,还是要根据所投资的标的,视具体的波动承受能力而定。

记住一个基本的原则:价值是一个主观的概念,因而安全边际也必然是一个主观的概念。投资本质上是一个如何应对不确定性的过程,安全边际就是价值投资者应对不确定性的工具。在格雷厄姆时期,不确定性的应对方法并不完善,后经巴菲特、卡拉曼等人的发展,安全边际变成了价值投资中最为重要的不确定性管理工具,同时也成为最重要的"利润"来源。

第 2 章　会计概述

本章介绍会计信息系统。作为全球通用的标准商业语言,掌握会计信息对证券分析至关重要。由于使用的目的不同,证券分析对会计信息系统的使用不同于审计和财务,会计强调的是形式合规。虽然会计基本原则强调实质重于形式,但在现实中却是形式重于实质。对证券分析而言,实质合理性远比形式合规性重要。

证券分析对会计信息的使用同会计信息的生成过程恰好相反。证券分析人员通过对会计信息的解读,力图将会计语言翻译回企业的生产经营活动。这个过程会导致信息损失,需要证券分析人员借助非财务信息进行弥补。这也是本书对会计信息分析的出发点,本书接下来的部分需要读者具备一定的会计基础知识。

2.1　会计分析基础

如果详述会计和会计理论,那可能需要几十本书,但这不是证券分析人员必须了解的事情。会计的本质是对企业经营活动的主观描述,既然是主观描述就必然会有很多主观估计的内容。为了保证描述规则的客观和统一,人们提出了会计假设,最终形成了现代会计制度。针对按照特定规则生成的会计信息,证券分析人员的解读力求"最大限度地"还原企业的真实经营状况。会计和财务分析的目的不同,因而其基本原则也不同。

证券分析人员想要准确地解读会计所隐含的信息,需要明确两个问题:分析人员的立场和看待问题的角度。作为外部投资者,证券分析人员需要就会计信息的实质合理性做出判断,这远比对会计形式合规性的判断难度大。在股票市场中,信息披露是第一基石制度,信息披露体系的核心又恰恰是财务信息的披露。在现有的会计、审计和监管制度下,纯粹财务造假的概率很低。如果看到一个上市公司的财务报表,首先怀疑其真伪,那是无法做财务分析的,这对提高投资水平没有任何帮助。一个核心的问题:假的就是假的,假的必然是不合理的。如果一套会计账目造假的水平达到了"合理"这个层次,那么这种"黑天鹅"是投资中的必然成本。证券分析的根本目的是在金融市场上赚钱,而不是纠结于会计信息是否合规。如果仅仅因为出现个别的财务欺诈案例,就全面否定会计信息的有用性,那是因噎废食。相反,多数会计信息不管是有意的还是无意的,都存在着某种程度的失真。企业经营活动是一个连续、动态、复杂的过程,而报表呈现的信息又仅限于财务信息,导致的结果就是财务报表不能完整、准确地反映企业经营活动的全部。从投资的角度来说,会计信息的合理性判断更为重要,而合规性反而没有那么重要了。

我们需要明确:会计师和审计师专注于用会计语言来记录企业的经营活动,而证券分析的角度恰恰相反,需要根据会计师和审计师提供的信息,来反向解读企业的经营活动,并进行价值判断。一千个读者就会有一千个哈姆雷特。对会计报表的解读,从不同的角度和细节出发,会得到不同的结论,进而对价值的判断产生偏差。你不需要写出一部不朽的《红楼梦》,但是要学会欣赏它。人的欣赏水平千差万别,专家级的读者会发展出一门红学,入门级的读者可能只会感慨于故事情节的引人入胜。对证券分析而言,在一个相对规范的框架下解读会计信息十分重要,那么会计信息分析的重点究竟是什么?

目前,很多有关财务报表分析的书籍,为了迎合多数非专业人士的阅读,将会计过度工具化和模式化,创造出了"××天读懂财务报表"之类的书。相信我,任何人永远不可能只用几天或几个月的时间,真正弄清楚财务报表分析。具体的会计准则可以在短时间内学会,但很难在短时间内学会利用财务信息还原企业的实际经营情况。有几十年经验的老审计师在自己经常审计的行业内也不一定敢说没有漏洞。在很多情况下,会计的估计是一种平衡和取舍,会计结果并不是非黑即白,会计估计具有非常明显的主观性、经验性特征。怎么能指望一个财务初学者在短短的几天时间内学会财务分析呢? 这是一个依赖于经验的实践过程,知识可以学会,但是经验都是熬出来的。另外,一些关于会计的书籍过于理论化,即便对绝大多数会计从业人员来说用处也不大。这类书的阅读壁垒很高,但可以让读者从一个更为抽象的高度理解会计的实质。

　　财务分析首先应明确分析人员的立场,其次确定分析问题的角度。证券分析人员的立场非常简单:证券分析人员是财务报告信息的使用者,需要从证券估值的视角来分析财务报表。分析问题的角度直接决定了证券分析人员更关心会计信息所反映的企业经营实质,而绝非仅仅是合规性——在多数情况下不存在合规性问题,多是会计的合理性问题。很多财务报表分析人员对会计信息的使用往往是机械化、公式化的,对其所反映出来的企业经营实质解读不够深入。如同读史书一样,历史的描述过程必然会夹杂着个人的立场与偏好。每个人对准则的理解各不相同,并且越是对会计准则的基本原理理解得深入,盈余管理的细节就越难以辨别。从证券分析的角度来说,会计数字本身没有那么重要,这些会计数字背后所反映的企业经营实质和管理层动机才是真正重要的事情。即便是被称为史家绝唱的《史记》,最后也免不了来一句"太史公曰",这其中包含了太多的道德和价值判断,甚至个人的好恶。

　　报表分析不是简单的数字游戏,而更像一个欣赏艺术的过程,会计过程和报表分析是作家和读者的关系。"小说"的主角是企业,"小说"的内容是企业的经营活动。企业的日常经营活动,被会计师基于特定的"语法规则"(会计准则)写成了一本"小说"(财务报告);审计师的角色如同出版社的编辑,需要对"小说"的合规性进行审查,比如是不是有些内容引起了大家的不适,是不是有一些错字、语法方面的低级错误影响阅读。经过审计的报表是一部可以出版的"小说"了。读者的水平虽然千差万别,很难指望普通读者读《红楼梦》能读出红学家的水平,但是这并不妨碍普通读者欣赏它,这个世界上没有一部小说是只写给文学评论家的。下面我们将抛开具体的会计准则,一步步来还原会计的本质,这些知识没有那么复杂。

2.2　企业的目标与治理

企业的经营目标一定是"赚钱"吗?实际的企业经营活动不一定是以此为目标。企业以"赚钱"为目标是会计系统的一个潜在假设——这个假设的成立需要约束条件。当下多数主流经济学教材都是以"股东价值最大化"作为基本假设,但是这本身只是一个假说。在现实经济环境中,企业的经营目标至少可以分成四类:①股东价值的最大化;②企业价值的最大化;③规模最大化——管理层利益最大化;④企业负债最小化——特定环境下的企业经营行为。

先抛开"股东价值最大化"这个最常见的假设,看看后面几种情况的实际案例。企业的市场价值由股权和债权的市场价值共同决定(注意这里不是账面价值,一般而言股权市场价值和账面价值的差别比较大,而债权市场价值和账面价值的差别相对比较小)。企业的所有权和经营权分离,作为受托方的管理层在日常经营活动中如何关注债权人的利益,特别是在股东和债权人利益发生冲突的时候。企业的供应商希望企业不要过于激进,不要用太多的杠杆,要管理好企业的财务风险。债权人的未来收益十分有限——企业按照票面利率支付利息,并于债权到期日支付本金,但债权人承担的风险却是"无限"的。如果债务人爆发财务危机,那么债权人很有可能一分钱都拿不回来。在适当的范围内增加杠杆,有助于提升股权的价值,但是契约约定导致增加的边际收益全部归股东。在破产等极端情况下,公司的股东和债权人需共担极端风险。虽然债权人的求偿权优先于股东,但在极端情况下股东的边际风险收益比明显优于债权人的边际风险收益比。管理层在做经营决策时,必须平衡债权人和股东的边际风险收益比。一般而言,企业借债不是一次性的,企业需要持续不断地在资本市场上进行融资。这种持续的融资需求约束了管理层的冒险举动——财务杠杆有时候可以显著降低委托代理成本,虽然极端情况下这种约束无法阻止短期的冒险行为。

美国企业主要通过外部约束解决委托代理问题,强调市场和监管的力量。美国的公司治理更关注"股东价值"的实现,强调管理层应确保"股东价值最大化"。解决委托代理的办法既有法律制度层面的安排,也有市场化的机制,只是更倾向于市场化的解决方案。德国的公司治理更关注与企业有利害关系的各方利益,如何协调和解决相关各方的利益冲突是德国公司治理的重点,这些利益相关方包括但不限于债权人。金融机构集中持股是德国公司的一个典型特征,这种股权结构有其好处,但是坏处也不少。法律保证了利益相关方维护自身利益的权利,并且更关注外部利益相关人的权利诉求。

企业规模最大化和管理层利益最大化关系十分紧密。在公司治理结构不完善的情况下,管理层更愿意为了自身利益最大化来安排企业的经营行为。规模小的企业很难进行大规模的费用化支出,很难承担大型项目,此时企业会将规模最大化作为中短期的经营目标。这种对规模的追求可能导致公司丧失战略竞争优势。企业将规模放在第一位、效益放在第二位,可能会导致巨大的委托代理成本。曾经全球光伏第一的江西赛维破产、2018 年 A股股权质押风险的暴露、2015 年至 2016 年上市公司的并购潮以及随后出现的大规模商誉减值,未尝不是这种利益冲突的表现。有些企业大股东兼任管理层,大小股东的利益容易发生冲突,更不用说其他类型的公司治理风险了。某些类型的企业主体在一些非经济目的的指引下,会采取行动以实现规模最大化,这会有损企业的长期价值。有时候规模最大化以牺牲资产负债表为代价,换来了每股收益(EPS)的高增长和企业规模的持续扩张。这类公司事后要花费数年时间进行业务结构调整。这种成本巨大的增长方式,并未给企业带来任何长期的竞争优势。

企业以负债最小化作为其经营目标并不常见。辜朝明在其《资产负债表衰退》一书中曾指出,在日本的高速增长期结束之后,由于资产价格的大幅缩水,日本企业特殊的治理结构导致其并没有在技术上破产,但却开启了漫长的资产负债表衰退。即便日本央行长期维持零利率环境,由于企业几乎没有债务需求,企业负债呈现长期净减少的状态。造成这种情况可能有两个原因:①破产风险极大地约束了企业的微观负债能力;②企业没有有效的投资机会。前者是短期影响,后者是长期影响。日本企业早期可能更偏向于第一个原因,但从长期来看,这种行为背后的成因十分复杂——特别是在资本跨国流动更为便利的全球化背景下。日本信贷的低迷,并不能代表作为跨国经营主体的日本企业寻求不到良好的投资机会。另外在步入了稳定期之后,一类企业会成为"现金奶牛",这类企业在偿还了必要的债务之后,即便是有投资机会也很少会寻求债务融资。

最后,阐述一下以"股东价值最大化"作为企业经营目标存在的问题,以及在这个假设下企业的经营行为特征。股份制是目前企业存在的主流形式,在"两权"分离的情况下,管理层为了股东的长期利益最大化而努力,其核心是降低企业的委托代理成本——这里的委托代理成本分为狭义和广义。企业以"股东价值最大化"为经营目标,那就涉及如何安排公司治理结构,以减少委托代理成本。现代企业制度下的方法无非就是约束和激励。约束主要体现在法律和公司内部规章制度对权利和义务的安排,涉及责、权、利的划分问题,公司的内控是否有效非常关键。比如,康美药业 2019 年 300 亿元现金不翼而飞,其在 2019 年 5 月 29 日的回复函中承认"公司治理、内部控制存在重大缺陷,公司存在使用不实单据和业务凭证,造成货币资金及收入成本等项目核算未如实反映款项收付的情况",而其实际控制人却在非正式回复中强调这只是"会计差错"。公司的内部规章制度并未得到有效执行,外部内审机构并未发现公司内控制度失效,已经产生重大经营风险。另外一种是通过激励手段降低企业委托代理成本,最常见的就是奖金+股权激励,上市公司倾向于采用股权激励方案。股权激励的根本目的是减少委托代理成本,但是,在畸形的治理结构下这可能会成为大股东谋取私利的工具。比如在 2015 年股灾期间,大股东为了稳住股价,出台了所谓的员工持股计划。也有控股股东出于减持的目的,制订员工持股计划接盘大股东的股票。这些形式上是激励,但背后的真实动机却是损人利己。这背后仍然是治理结构的问题:大股东的非法利益诉求谁来约束? 在这种情况下,企业的所有经营行为,并不是以全体股东的利益最大化为出发点,而是以大股东的利益最大化为出发点。

更需要防范将"股东价值最大化"异化成为"当下股价最大化",即所谓的"短视主义"。股东是一个法律概念,并无实体存在,实际存在的仅仅是一个个投资人。股票可以自由买卖,那么在谈论"股东价值最大化"时,必须明确对象是"现在"的股东,还是"未来"潜在的股东。管理层的投机行为多出于服务当下股东利益的目的,将"股东价值最大化"异化成为"当下股价最大化"。管理层的决策绝对不应考虑股价,只应考虑企业如何创造长期价值。比如,波音的管理层为了能赢得当下股东的满意,采用缩减研发费用等手段,以牺牲企业的长期利益为代价推高当期收益,进而抬升当期股价。这些短视行为和所谓的"股东价值最大化"有所冲突,现有制度也无法保证管理层的行为满足"长期股东价值最大化"。企业经营目标的异化为治理结构的设计带来了新的困扰。

　　这些问题有解吗？在现行的制度框架下，此问题无解，因为违规成本几乎为零，而收益很大。企业内部的制度安排无法有效约束制定制度的人，此时高效的外部制度约束就非常重要了。针对潜在的内部违规，公司可以通过外部法律增加利益主体的违法成本，使得违法行为的风险收益比明显恶化，进而使利益主体没有实施违规行为的经济动机。实施"严刑峻法"——在事前控制成本过高的情况下，重点转向事后带有明显惩罚性的经济和刑事处罚也是一种解决办法。

　　资本市场承担不了宏大的使命，资本市场的功能只有一个：发现正确的价格信号，实现资源的有效配置。在此目标下，外部监管制度的安排，既不应偏向于投资者，也不应偏向于上市企业，其核心应该是：①事前监管应以提升信息披露的效率和质量为目的；②事后监管应偏重于提升违规成本。中国的资本市场发展到今天，如欲构建一个高效的资本市场服务于中国的社会主义经济建设，以上两点为必要条件。在内外部制度不具备的情况下，上来就谈"股东价值最大化"显然是太教条了。制度建设关系到大量社会财富的产生和灭失，关系到无数投资者及其家庭的幸福生活，切莫纸上谈兵。

　　公司治理结构没有最优之说，任何一种治理结构安排都有制度成本。企业能做的只是尽量降低这种委托代理成本，不同利益相关群体的权利协调机制是治理结构设计的核心。动态来看，企业发展的不同阶段对治理结构的诉求不尽相同。企业的治理结构同实际需求不匹配，将会给企业带来巨大的风险。需要根据企业经营发展所处的不同阶段，综合考虑治理结构的匹配性。一个公司的治理结构安排有很强的个性和路径依赖，很难单独地说一种治理结构就一定优于另外一种治理结构。

2.3　会计的假设

　　如果企业的经营活动是以"股东价值最大化"为目标，那么可以认为，企业花出去的每一分钱都期望能够带来直接或间接的利益。这个结论是企业所有财务行为的出发点,这个结论也是经济学"理性人"假设在会计上的体现。如果出发点不是"股东价值最大化",那么所有的财务分析就不成立。吴毓武教授曾经说过四句有意思的话,是对会计形象而深刻的评论:会计是假设、准则是游戏、审计是生意、披露是关键。会计是从基本假设开始的,在这些假设前提下讨论会计准则才有意义。如果假设不成立,那么对准则的讨论没有任何意义。

　　会计对企业经营活动的描述有基本的规范:①需要清晰地界定被描述的对象——这构成了会计主体假设。②需要规定用什么手段来计量多样性的资产。不可能用完全不可比、不可加的实物资产直接入账,记账单位必须统一。会计计量企业的经营活动是以货币作为计量工具,称为货币计量假设。③企业的经营活动,不论是截面数据还是区间数据,都需要划分可比的周期。企业一般以年为单位报告自身的经营活动,不能随意地确定报告时间,否则会造成会计数据缺乏可比性,或者信息的选择性披露,此谓会计分期假设。④必须假设企业经营的可持续性,否则很多会计准则都无法适用。如果一家公司准备破产了,那么固定资产就不能再用折旧的方式来处理,需要专门的破产会计来处理,此谓持续经营假设。在分析会计信息时,我们需要知道:会计是用货币计量一个特定的、持续经营的企业在特定周期内经营活动的信息系统。

　　会计假设是会计信息系统进行计量、确认和报告的基础。如果没有上述假设,那么我们就无法将企业的复杂经营活动用会计语言描述出来。现代会计制度的基本假设就是:谁(会计主体),在什么时间(会计分期),干了什么事(持续经营),取得了什么样的成果(货币计量),如图 2.1 所示。为了维持财务

图 2.1　现代会计制度的基本假设

报告统一性和抽象性的需要,我们不能在会计报表中说钢铁厂生产了多少吨钢,水泥厂生产了多少吨水泥,因而才产生了上述会计假设,以及构建在此基础之上的会计准则。上述四个假设是最基本的会计假设,任何一个会计信息系统都必须满足这些假设。在现代会计制度下,会计的计量、确认和报告以权责发生制为基础,采用借贷记账法。历史上曾经有过不以权责发生制为基础的会计体系,在没有借贷法之前,流水账是主流的记账方式。

2.4 准则的游戏

财政部发布的《企业会计准则——基本准则》是中国会计准则的基础性文件,最新版本修订于 2014 年,分为基本准则和具体细则。基本准则是会计领域的纲领性文件,对会计的计量、确认和报告作了系统性的规定,具体实践细节以财政部发布的细则为准,但不得违反基本准则。会计假设就是该文件第 1 章所阐述的主要内容。会计准则应当遵循的基本原则,财政部也作了相应的规定。中国会计信息披露的基本原则,如图 2.2 所示。

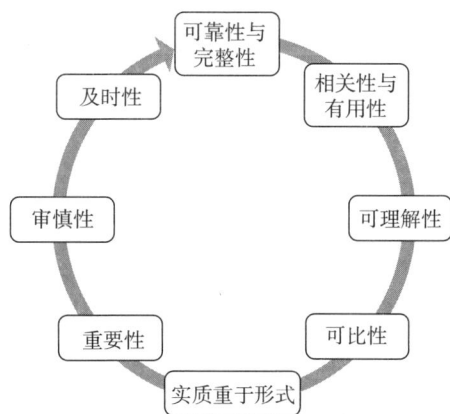

图 2.2　会计基本原则

会计是基于特定规则对企业生产经营活动的描述,那么必然有主观估计的成分。在制定准则的时候,必然应当遵守一些基本原则,这些基本原则也是解决很多疑难会计问题的指南。国内的会计实践应该遵循八个基本要求,并以此标准衡量会计信息的质量。以上八个基本要求也是会计基本准则对会计信息质量的要求。

(1)可靠性与完整性。会计是对客观经营行为的主观描述,但是现实外部环境十分复杂,这种描述不可能包罗万象。比如,上市公司康得新账面资金背后所隐藏的抽屉协议,一方面违反了信息披露完整性的要求,另一方面现金是否真实在账面上也说不清楚,可靠性存疑。在多数人的经验里,现金应该是质量最高的会计资产科目,但是在现实环境中却无法确保现金是否真实存在、是否受限制。

(2)相关性与有用性。企业提供的会计信息需要与信息使用者的经济决策相关。比如有些上市公司董事长对企业自身问题视而不见,谈及公司经营总是避重就轻,这些信息不是"虚假信息",但对信息使用者是毫无用处的。凡是那种表决心、谈理想、论生态的财务报告,一般来说报告使用者需要小心。理想、决心什么时候都能谈,但就是不应该在年报里谈。

(3)可理解性。企业提供的会计信息应清晰明了,便于财务报告使用者理解和使用,不能用似是而非的词汇来搪塞投资者。比如某上市公司自创的词汇"生态化反",在读到这个词汇的时候,你能知道"生态化反"的准确含义吗?显然不可能,这是一个"无定义、无内涵、无意义"的"三无"产品。在财务报告中,投资者一定要注意这类宏大而无用的概念,企业的信息披露是给人看的。

(4)可比性。企业信息披露的方式应具有前后可比性,包括但不限于会计政策的一致性、披露口径的一致性等。比如,折旧政策、资产减值政策的前后一致性如果得不到保证,那么可比性就无从谈起。

(5)实质重于形式。这是本书一直强调的概念。会计准则虽然强调实质重于形式,但是在现实中实质可能很难看,企业在满足形式合规的前提下选择了形式披露,而非实质性披露。证券分析人员却要对经营实质负责,而非会计形式,最典型的就是费用资本化问题。在此也再次强调,会计师和分析师对会计信息的解读立场完全不同。从这个角度来看,证券分析师比会计师更注重"实质重于形式"这个基本准则。

(6)重要性。重要性原则不仅是会计的需要,更是决策的需要。在复杂的现实经营环境中找到对企业未来发展有重大影响的因素,并在此基础之上做出详细的信息披露是十分困难的。找到重大影响因素本身难度非常大,能够找到主要矛盾,就已经成功了一半。

(7)审慎性。审慎性原则不应该仅仅体现在会计上,更应该体现在投资实践活动中。安全边际的思想和审慎性原则是一脉相承的。审慎性原则要求会计对企业经营活动的描述宁可偏负面,不能太激进。这体现在会计结果上就是宁可低估利润,也不能高估利润。然而会计科目中存在很多主观估计项,审慎性原则对这些会计科目的计量极为重要。

(8)及时性。及时性原则主要同会计分期假设相联系。在会计实践中,切莫少计成本,多计收入,否则会严重影响会计结果的公允性。

上述这些"人为"原则,规定了会计准则的基本规范,但这些原则本身带有很强的主观倾向。遇到困难的问题,我们要回归这些基础性原则,一一对照。一定要记住:证券分析的精髓是实质重于形式。

第3章 资产负债表与企业价值

本章的重点是对资产负债表进行分析,试图阐述清楚资产负债表视角下的企业价值观。资产负债表是会计史上最先出现的一张报表,也是企业最为重要的一张报表,其揭示了企业的资产来源、用途及背后的分配机制。随着时代的发展,单一的资产负债表已经不是影响企业价值的关键因素了。随着市场竞争效率的提高,价值变得更为依赖那些无法直接购买的"战略要素",资产负债表的重要性已经大大降低了,表外资产正在逐步成为企业价值的主要影响因素。

3.1 对资产负债表的不同理解

企业每一分钱的支出都必须有其来源。企业的资金来源和企业的资金支出之间存在恒等关系:企业的资金来源和资金支出必然恒等。这称之为会计恒等式,恒等关系是一个逻辑上的结果:

$$Asset = Liability + Equity(资产=负债+权益)$$

这个恒等式的含义非常简单:企业的资金来源必然等于企业的资金支出,通过这个恒等式我们还能发现一些重要的隐含信息。这个等式的右端可以从两个方面来理解:①企业的资金来源;②对企业价值分配的权利。等式左侧是企业进行正常生产经营活动所需的资产,右侧是企业资产的来源——我们称之为资本。在企业生产经营活动中,技术含量最高的莫过于对资产的运用方式,资产运用效率的高低可能导致经营结果的巨大差异。资产负债表右侧主要表征了企业的融资活动,资产负债表左侧主要表征了企业的生产经营活动。

对企业资产负债表左侧的分析主要是生产经营活动分析。企业生产经营活动的本质就是企业对资产的运用过程,运用的效率和方式决定了企业的经营结果。企业的终极资产是货币,这是企业的终极追求。最好是除了货币什么资产都没有就能赚钱,但现实并非如此。投资者计划投入 100 万元开设一家企业,那管理层首先需要决定花多少钱购置设备,花多少钱租赁厂房,花多少钱购入原材料,花多少钱用来雇人、研发和开拓市场。这是一个企业必须做的生产经营决策。

从分配的角度来看,一个企业的价值和其资产的运营效率有关,和资本结构无关,即企业价值只和生产活动有关,和分配无关。现代股份有限公司的所有权和经营权相分离,从资产负债表的角度来看,资产负债表左侧资产配置的权利是管理层控制的经营权,而资产负债表右侧代表了资本提供方对企业经营成果的求偿权,是一种不完整产权。分配影响企业价值吗? 认为分配不影响企业价值,就是 MM(Modigliani and Miller)定理的直接结论;认为分配影响企业价值,是因为分配会产生激励作用。在委托代理成本广泛存在的情况下,如何通过分配激励机制来降低委托代理成本,以便实现股权价值的最大化,是公司治理的一个核心问题。有效的激励机制可以显著地降低委托代理成本,提升企业价值,本书第 11 章会进一步介绍公司治理问题。德国和美国的实践成功证明了企业的经营效率不单独取决于企业的所有权性质,而取决于广义的治理结构安排,单一股东绝对控股也可以获得非常高的生产经营效率。

一般情况下,证券分析人员只看到了资产的表观运营结果,并没有深入地探究其背后隐藏的原因。比如,为什么同一行业的企业,毛利率和周转率会差很多呢？如果仅看到数据上的表观差异就得出企业好与坏的判断,那么这种分析是不够深入的。对表观差异背后的成因缺少深入的分析,忽视表观数据背后可能存在的公司治理结构问题,这些都会导致很大的不确定性。

除了上述这些内部因素,影响资产运用效率的还有外部行业周期性因素,企业的经营行为需要适应外部环境的变化。有些人认为企业练好"内功"就好,不需要关注外部环境的变化,这么说有失偏颇。外部环境的周期性波动对一些企业的影响不大,最典型的就是传统消费品行业,但外部环境的变化对一些技术变革非常迅速的企业会造成重大影响。这样的例子不胜枚举,柯达是最典型的一个案例——不关注外部环境的变化,可能最终会走向一条错误的技术路线。企业内部的资源和组织构架需要根据外部环境的变化作出调整,这是企业需要应对的问题。

企业的融资只有债务和权益两种来源。简单来说,资本要么是自己的,要么是借来的。不管是借来的资本还是自己的资本,花一块钱买来的资产都一样。不会因为这一元钱是借来的,买东西的时候就要打个折扣(这就是 MM 定理的含义)。债权人给企业的资本和股东给企业的资本从生产经营的角度来看是同质的,所以资产负债表左侧只有一个资产大类。权益有两种来源:一是向外部进行权益融资;一是企业经营活动每年利润结转导致的权益增加——分红会导致股东权益的减少。如果从融资的角度来审视资产负债表,那么就会有"成本"的概念。这引申出了债务成本、权益成本(CAPM 模型决定的权益回报)、加权平均资本成本(weighted average cost of capital,WACC)等概念。如果利息是显性的财务成本,那么 WACC 则可以理解为经济成本——考虑了权益机会成本的加权平均资本成本。一个企业的终极追求是其投入资本回报率(ROIC)要超过加权平均资本成本(WACC),超出的部分才有经济价值。

从融资的角度来解读资产负债表的右侧,那正是公司财务要解决的一个重要问题：企业的融资。这是企业发展的核心问题，没有财务支撑的企业战略无法实现。这些问题斯蒂芬·罗斯在那本经典教材 *Corporate Finance*（《公司理财》）中已经作了充分而详细的讨论，而且更为技术化和细节化。这本教材从企业资本结构和企业价值的关系入手，引出 MM 定理、资本资产定价模型（CAPM 模型）、企业财务报表分析等公司金融所涉及的核心议题。这些是从融资的角度理解资产负债表的核心要素，后续本书会进一步介绍这个框架下的会计分析手法。

如果债权资本和股权资本的性质都一样，那么为什么还要对二者进行区分呢？资产负债表右侧分成了两个大类（而左侧只有一个资产大类），主要是因为二者求偿权的优先级不一样。债权人对企业的经营成果有优先求偿权，而股东能拿到的只是剩余求偿权。如果企业的经营成果是 1 个单位（注意现在还不能用利润这个概念），那么债权人按照债务条款的约定，拿走自己应得的那部分。如果经营成果不足以补偿债权人，那么只能用股东的原始出资来补偿。债权人的收益有限，却存在本金亏损的风险。企业的经营成果剔除被债权人拿走的剩余部分，才是股东能分享的剩余价值。债权人的收益相对确定，风险较小，收益存在上限；股东的收益充满不确定性，风险较大，存在资本完全亏损的风险（有限公司的法律特征），收益理论上没有上限。资产负债表的右侧不仅代表了企业资金的来源，还代表了对企业经营成果的分配权。优先股、认购权、永续债等可以看作附带某种有限权利和义务的融资工具，是资本市场上常见的融资工具。这些融资工具代表了一种融资方式的同时，也代表了对企业经营成果的受限分配权。从这点来说，资产负债表的右侧可以从分配的视角来解读。忽略成本问题，从企业经营成果分配的角度来理解资产负债表，那就涉及公司经营目标及治理结构问题：治理结构的本质是一种广义上的权、责、利分配问题。在安排公司治理结构时，美国的公司更看重市场化的外部制度安排，而德国公司更看重内部制度安排。这些核心内容的一部分隐藏在资产负债表的右侧，本书后续会进一步介绍公司治理理论,以及公司治理结构和财务报表之间的关系。

3.2 资产的含义

资产是一个企业进行经营活动的物质基础,也是财务分析的出发点。虽然财务报表预测一般是从损益表入手,但是资产负债表的基础作用不容忽视。我们先从企业的资产端入手,看一下一家制造业公司的资产结构,以三一重工 2018 年年报为例,见表 3.1。

表 3.1 三一重工资产负债表

金额单位:亿元

项　　目	金额	占比
货币资金	119.85	16.25%
以公允价值计量且其变动计入当期损益的金融资产	15.57	2.11%
衍生金融资产	5.59	0.76%
应收票据及应收账款	208.02	28.20%
其中:应收票据	6.69	0.91%
应收账款	201.33	27.29%
预付款项	9.82	1.33%
其他应收款	17.04	2.31%
存货	115.95	15.72%
一年内到期的非流动资产	2.33	0.32%
其他流动资产	24.80	3.36%
流动资产合计	518.96	70.34%
可供出售金融资产	11.21	1.52%
长期应收款	3.66	0.50%

续表

项　　目	金额	占比
长期股权投资	23.28	3.16%
投资性房地产	0.50	0.07%
固定资产	118.67	16.09%
在建工程	7.91	1.07%
无形资产	38.80	5.26%
开发支出	1.48	0.20%
商誉	0.51	0.07%
长期待摊费用	0.27	0.04%
递延所得税资产	11.52	1.56%
其他非流动资产	0.98	0.13%
非流动资产合计	218.79	29.67%
资产总计	737.75	100.00%

　　三一重工作为一个典型的制造业企业,非流动资产占比为 30% 左右,流动资产占比在 70% 左右。非流动资产中,固定资产占比 16.09%,无形资产占比 5.26%。流动性资产相对简单,主要由三部分构成:货币资金(16.25%)、应收票据及应收账款(28.20%)及存货(15.72%)。这是一个典型的制造业资产负债表。

　　作为重要的企业资源,资产对企业的正常生产经营至关重要,会计上如何定义资产呢?我们参考财政部的《企业会计准则——基本准则》,其对资产的定义如下:

　　　　• 第二十条　资产是指企业过去的交易或者事项形成的、由企业拥有或者控制的、预期会给企业带来经济利益的资源。

　　　　• 第二十一条　符合本准则第二十条规定的资产定义的资源,在

同时满足以下条件时,确认为资产:

■与该资源有关的经济利益很可能流入企业;

■该资源的成本或者价值能够可靠地计量。

•第二十二条　符合资产定义和资产确认条件的项目,应当列入资产负债表;符合资产定义但不符合资产确认条件的项目,不应当列入资产负债表。

《企业会计准则——基本准则》对资产的定义十分审慎。第二十条是对资产的定义,要点有三个:历史形成,控制或拥有,预期产生经济利益;第二十一条讨论会计确认和计量的问题;最后强调了只有那些既符合资产定义,又符合会计确认和计量条件的资源,才能进入资产负债表。那必然存在一类资源符合资产定义,但是不满足会计的确认和计量条件,这类资源的会计处理和证券分析的目的之间就会产生冲突,这是证券分析和会计基本原则的最大分歧所在。本节我们先对会计资产作一个详细的介绍。

(1)过去的交易或者事项形成。资产一定是历史形成的,不包括未来可能形成的。企业的经营过程中,历史投入和未来产出之间有很强的因果关系,没有历史的资产投入,就不会有未来的经营产出。资产的形成过程十分复杂,比如并购产生的商誉。2018 年,随着前期并购泡沫的破灭,A 股上市公司商誉大幅减值,给当期业绩带来了巨大的压力。商誉是并购过程中形成的资产,是并购价格相对账面价值溢价的部分。如果未来的经营结果符合预期,甚至是超预期的,那么商誉就是资产——能带来收益;如果低于预期,那就是业绩的拖累了。商誉的计量,到底该采用摊销方式,还是该采用资产减值方式,目前尚未有公论。

(2)企业拥有和控制。企业拥有不必细说,什么是企业控制呢? 企业虽然对资产不具有所有权,但是能控制此类资源,并预期有经济利益流入,即便在使用过程中可能要支付成本。最典型的是融资租赁的会计处理。融资租赁科目下的固定资产虽然所有权法律上不属于企业,但是完全被企业控制并使用,具有排他性。此时,融资租赁的设备计入承租方的固定资产。在新会计准则下,南方航空(以下简称南航)2019 年中期报告重新调整了会计口径,将融资租赁进行了单独披露。南航拥有 3 000 亿元资产,使用权资产超过 1 400 亿元,主要是租赁的飞机。这部分使用权资产的产权不属于南航,但是对南航的经营有重大影响,计入资产负债表是根据"企业控制"原则。与之对应的是经营租赁,企业不能将经营租赁计入会计资产。常见的租车、租船等短期租赁,一般按照经营租赁处理,只能计入当期费用。

(3)预期给企业带来经济利益。资产是"历史"的,经济利益是"未来"的,这种错配导致了不确定性,这是经济利益的一个最明显特征。经济利益的定义是什么? 很多人要么忽略这个问题,要么直觉上觉得经济利益就是赚的钱。预期会给企业带来经济利益,是指直接或者间接导致现金和现金等价物流入企业的潜力。"经济利益"是增加现金和现金等价物的潜力,而不是利润这个管理学概念;是获取现金和现金等价物的潜力,而不是现金和现金等价物本身。

上述三点只满足了资产的定义,满足定义的资源并不能直接进入资产负债表,入表还需要资产能够准确确认和计量。

(4)与该资源有关的经济利益很可能流入企业。为什么还要加一个"很可能"呢? 最简单的情形就是应收账款回收可能性的大小,这比较好理解。比如,企业有 100 万元的应收账款,但是这笔应收账款已经拖欠了 5 年。应收账款代表未来现金流入企业的权利,拖欠了 5 年的应收账款大概率要不回来,此时应收账款就已经不能再计作资产了。

除了上述显性的概率问题,更复杂的是市场竞争和外部性:企业的投入产生了一项资产,创造的经济利益是 100 万元,但其中 90 万元因为外部性问题/竞争问题导致经济利益没能流入企业,这种情况下的资产计量非常复杂。举一个简单的例子:假设某上市公司有连接 A、B 两地的唯一一条高速公路,鉴于高速公路的唯一性,使得这条高速公路的车流量常年维持设计流量的 300％，上市公司赚了很多钱。随着经济的发展，两地交通流量逐年增大，地方政府在两地间修了第二条高速公路：收费一样，距离短，路况好，车道多，不拥堵。这种情况下，作为上市公司主要资产的那条老高速公路在会计上如何计量呢？如果按照会计准则来计量，按照成本法入账的高速公路折旧之后剩下多少就是多少，这符合会计准则。但是公司的实际经营情况并非如此：在成本完全不变的情况下，车流少了一多半，企业利润下滑了80％，会计上怎么反映这个问题呢？依照会计准则，不计资产减值没错，计提资产减值也没问题——毕竟资产减值是一个主观估计科目。证券分析师的理解简单而直接：新高速公路导致了老高速公路的价值贬损，外部竞争降低了老高速公路创造现金流的能力。外部的市场竞争使得原本属于企业的经济利益最后只有一部分流入企业。比如，深高速 2015 年对清连高速特许经营权计提资产减值：鉴于清连高速受周边新建路段的分流影响超过预期，根据《企业会计准则——基本准则》的相关规定，为更加真实地反映集团财务状况和资产价值，基于谨慎性原则，根据专业机构的评估结果，在报告周期内，集团对清连高速特许经营无形资产计提减值准备 6.2 亿元，减少集团报告期净利润约 3.55 亿元。

　　除了外部竞争，外部性也可能导致经济利益不能流入企业，这在技术和商业模式创新领域尤为明显。技术创新还有相关法律来保证经济利益流入企业，商业模式创新无法保证别人不模仿。比如药品研发领域，其带来的社会价值可能非常巨大，但是如果没有专利的保证，企业很难以此获利。外部性的例子多见于准公共品领域，比如航空企业。20 世纪航空业的繁荣是经济全球化的基础，但是由于很难垄断某个航线，使得多数航空公司的盈利能力和 ROIC 都较差，多数航空公司的盈利主要受行业供需影响，少数依赖低成本方式获利。航空技术的进步带来了巨大的社会效益，但是航空业创造的社会价值并未能转化成实在的现金流入，由于外部性问题，导致其创造的经济利益不能流入企业。

(5)最后的难点是货币计量。企业拥有一项资产,但是无法用货币计量,这类资产无法进入资产负债表,最典型的就是人力资本。会计能把养的猪、牛、羊纳入生物性资产,但是人可以吗? 人力资本和企业制度这些"虚"的资产,对企业的经营成果有重大影响,它们满足资产的定义(过去形成、企业控制、经济利益),也满足可确认的标准(经济利益很可能流入企业),但是最终卡在了货币计量环节上。不能用货币计量的资产,无法计入会计资产。研发、渠道、品牌、人力资本等要素符合资产的定义,但是无法进入资产负债表。

第 4 章会看到,那些符合资产定义但是不符合确认和计量条件的资源如何进行会计核算,这是会计和证券分析的最大分歧。会计基本准则要求,企业发生的支出即便能够产生经济利益但不符合或者不再符合资产确认条件的,应当在发生时确认为费用,计入当期损益。证券分析的着眼点在于经济利益是否能流入企业,至于会计上能否确认和计量并不是重点。这是"实质重于形式"的真实含义:会计形式上认为是费用的支出,在证券分析的视角下可能就是资产。

因而,可以将企业拥有的资源进行重新分类,如图 3.1 所示。

将影响企业经营结果的因素分成三类:会计资产、资产和资源。第一类会计资产被大家所熟知,不但符合资产的定义,并且符合会计准则规定的确认和计量标准。会计资产都可以在企业的资产负债表上找到对应的会计科目。第二类资产是那些符合资产

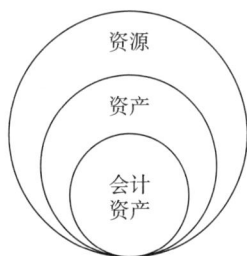

图 3.1 资产的分类

定义,但是无法依据会计准则确认和计量的资源。这些资产很重要,甚至构成企业的核心竞争力。这些资产对企业的经营成果影响重大,却无法进入资产负债表,可以称之为表外资产,或 Tecce 意义下的战略要素。第三类资源是指那些不符合资产定义,但是对企业的经营结果又产生影响的要素。

比如,预期能给企业带来经济利益但是企业并不能控制或拥有的资源。什么资源是可以给企业带来经济利益,但是不被企业拥有和控制,也不是企业历史形成的呢?典型的例子就是公共品,包括环境、基础设施、法律、社会治安等。这些外部因素对企业经营成果有重大影响,却不能称为资产。这些资源并不是企业历史形成的,也并不为特定企业拥有或控制。制度经济学就将很大一部分精力用来研究这种外部资源。

资产是一个很宽泛的概念,狭义的会计资产只是很小的一部分。不能入表的资产往往对企业的影响更大,这部分表外资产不可买卖,构成了企业的战略优势。这些都是企业能左右和控制的资产,但是企业无法拥有和控制外部环境。企业的外部环境具有公共产品的特征,企业只能被动接受,很难在短时间内改变。做财务分析时,财务报表本身很难直接提供一个精确的定量结果,也根本不可能提供影响企业价值的所有因素。分析财务报表要非常审慎,需要深入地理解财务指标背后企业的经营行为和企业所处的外部环境。外部环境可以被称为商业环境,是影响企业发展的重要因素。

第4章 损益表的三个视角

第3章从证券分析的角度阐述了对资产负债表的理解,区分了资源、资产和会计资产。本章考虑如下问题:如果要素A符合资产的定义,但是由于不满足会计确认和计量的要求而无法计入资产负债表,那么会计如何处理,对企业经营有何影响? 资产定义有三个要素:企业历史形成,拥有或控制,预期带来收益。某些资产由于不满足会计确认和计量的要求而无法计入资产负债表,但仍然会给企业带来经济利益。企业历史形成这项资产的过程中,必然会出现"支出",财务报表如何记录此类支出呢? 以研发支出为例,企业研发所形成的专利会给企业带来收益,这没有任何问题;知识产权保护制度使得企业在特定时期内拥有相关知识产权带来的经济利益,这也没问题。企业的研发支出应该记录在哪里呢? 初级会计人员也知道把研发的支出记作研发费用;经验丰富的会计师在有需要并合规的情况下,会将研发费用资本化,进而形成"无形资产"。问题是研发支出到底是费用,还是资产? 显然研发支出符合资产的定义,但是无法直接进入资产负债表。

4.1 费用的债务化

《企业会计准则——基本准则》是研究损益表的基础性文件,其中关于损益表的表述虽然不多,但是含义深刻。该文件对损益表的相关内容表述

如下:

- 第三十条　收入是指企业在日常活动中形成的、会导致所有者权益增加的、与所有者投入资本无关的经济利益的总流入。
- 第三十一条　收入只有在经济利益很可能流入从而导致企业资产增加或者负债减少、且经济利益的流入额能够可靠计量时才能予以确认。
- 第三十二条　符合收入定义和收入确认条件的项目,应当列入损益表。
- 第三十三条　费用是指企业在日常活动中发生的、会导致所有者权益减少的、与向所有者分配利润无关的经济利益的总流出。
- 第三十四条　费用只有在经济利益很可能流出从而导致企业资产减少或者负债增加、且经济利益的流出额能够可靠计量时才能予以确认。
- 第三十五条　企业为生产产品、提供劳务等发生的可归属于产品成本、劳务成本等的费用,应当在确认产品销售收入、劳务收入等时,将已销售产品、已提供劳务的成本等计入当期损益。

  ■企业发生的支出不产生经济利益的,或者即使能够产生经济利益但不符合或者不再符合资产确认条件的,应当在发生时确认为费用,计入当期损益。

  ■企业发生的交易或者事项导致其承担了一项负债而又不确认为一项资产的,应当在发生时确认为费用,计入当期损益。
- 第三十六条　符合费用定义和费用确认条件的项目,应当列入损益表。
- 第三十七条　利润是指企业在一定会计期间的经营成果。利润包括收入减去费用后的净额、直接计入当期利润的利得和损失等。
- 第三十八条　直接计入当期利润的利得和损失,是指应当计入当期损益、会导致所有者权益发生增减变动的、与所有者投入资本或者向所有者分配利润无关的利得或者损失。

- 第三十九条 利润金额取决于收入和费用、直接计入当期利润的利得和损失金额的计量。

- 第四十条 利润项目应当列入损益表。

标准的损益表结构是：收入－费用＝利润，这是最简单的损益表结构。收入的概念比较简单——日常活动中形成的、会导致所有者权益增加的、与所有者投入资本无关的经济利益的总流入，企业日常经营活动带来的才是收入。企业卖出一块地，收到 1 000 万元现金，这不能算作收入，对一般企业而言，卖地不是日常经营活动，增值的部分只能计入营业外收入。会计收入同样存在确认和计量两个关键环节，同会计资产的定义基本一致。

费用的定义，基本是同收入反向，是指企业在日常活动中发生的、会导致所有者权益减少的、与向所有者分配利润无关的经济利益的总流出（注意是权益减少，不是资产减少），显然分红不能算费用。经济利益流出有很多种，某些形式的经济利益流出形成负债，某些形式的经济利益流出形成费用，关键区别是经济利益的流出是否导致权益的减少。经济利益的流出需要满足定义、确认和计量条件，才能计为费用——有很多经营活动会导致经济利益流出，但是无法确认和计量，或者并未导致权益的减少，因而不能确认为费用。

费用还有三条苛刻的确认条件：①生产成本是一种"费用"，应该在确认收入时计入当期损益；②企业的支出不产生经济利益，在不能确认、计量的情况下，也需要计入当期损益；③当企业的行为导致其承担了一项负债，而又不确认为一项资产的时候，应当在发生时确认为费用。主要问题是第 3 条：什么活动增加负债，但是又不能确认为资产？根据资产负债表恒等关系，负债增加会导致资产增加或者权益减少，只有这样才能保持会计恒等关系。如果增加了一项负债，但是又没有资产与之匹配，那么只能是费用了。

质量承诺、会员积分等是比较常见的情况。除此之外,格力电器的销售返利将这种模式玩到了炉火纯青的地步。

2018 年年报显示,格力电器的其他流动负债为633.62亿元,其中销售返利高达618.78亿元,占比 97.66%(格力电器其他流动负债的快速增加发生在2012 年之后)。2018 年格力电器销售收入 2 000亿,归属母公司的净利润262 亿元,其618.78亿元的销售返利到底是什么?2012 年格力电器在增发材料里提供了相关信息:销售返利是指经销商在一定时期内累计购买货物达到一定数量,或者由于市场价格下降等原因,公司给予经销商相应的价格优惠或补偿等,公司的销售返利按月计提,分期支付。价格优惠很难说清楚,补偿方式是销售返利的核心。比如,某经销商完成了月度销售目标,格力电器如果直接现金返还奖励,那么奖励直接计入销售费用,同时现金减少(这是其他空调企业的常见方式),但是格力电器并不是这么处理的。销售返利采用计提方式,承诺经销商在考核期内完成销售任务,才能给予经销商销售返利。当期的销售返利格力电器在借销售费用的同时,贷其他流动负债。这种返利的结算方式和时间在增发材料里没有明确说明,实物返还的概率较大。格力电器计提了销售费用,增加销售费用(减少了利润)的同时增加其他负债。如果经销商完不成任务呢?经销商只要手里有钱,哪怕做成自己的存货也要完成考核,毕竟返利十分可观。一旦完不成任务目标,那么销售返利自然就没有了。如果经销商退网,销售返利也会没有。格力电器拿未来的"或有负债"支付了当期的销售费用,或有负债的履行义务灭失会导致利润的冲回。这种会计制度很有意思,利用了费用的一种特殊形式:用未来的或有负债支付当期的销售费用(减少了利润,即减少当期权益)——最差的情况就是 100%支付,而不减少当期资产(现金)。这会更紧密地绑定生产企业和经销商,这种或有收益(对厂商而言是销售费用)的履行有一定的前提条件。如果将考核标准设置得过高,那么是不是就不用支付销售返利了?表面上看销售返利模式降低了利润的波动,但其实并没有减少整个体系的风险,只是将风险集中在未来某个时点集中释放——一旦行业不好,企业利润波动会非常大。一般情况下,经销商即便距离考核指标有一定的差距,经销商也会利用自有资金购入空调满足考核,以获取厂家的销售返利。但是经销商总有资金链崩断的时候,此时以前积累的库存就成了压垮骆驼的最后一根稻草。

格力电器是一个非常典型的费用记账安排:销售行为导致格力电器承担了一项负债而又不确认为一项资产,应当在发生时确认为费用。这种模式表观上是一个会计处理技巧,但背后是企业品牌、运营效率和对经销商掌控能力的表现,是企业经营质量的一种反映。因此认为格力电器负债较高、风险较大是一种错误,这种负债更像"资产"。

细心的读者可能已经意识到了,在资产负债表不扩张的情况下,任何一项"费用"支出都可以用"负债"的增加来对冲,以此保证资产负债表的恒等关系。这种模式的好处不言而喻——可以实现经营性融资、没有资金成本、推后了支付义务等。最为广泛的做法就是将所有待支出费用全部负债化,那么职工薪酬计入应付职工薪酬——即便基本工资按照劳动法不能延期支付,但是奖金可以延期支付;税务支出发生变化,所得税费用和递延所得税负债被调整;应付的利息本质上也一样,按照权责发生制确认的利息现实中尚未现金支付,计入应付利息;研发投入全部费用化,那么借研发费用的同时可以贷应付职工薪酬——如果是外包方负责实施可贷应付账款。这种方式很不寻常,费用的债务化将现时义务推迟到了未来履行,那么是不是可以考虑费用的资本化呢?

企业发生的支出不产生经济利益的,或者即使能够产生经济利益但不符合或者不再符合资产确认条件的,应当在发生时确认为费用,计入当期损益;企业发生的支出即使能产生经济利益,但是不符合资产确认条件的,应记作费用——这是证券分析和会计的最大分歧。资产不能直接计入资产负债表,要符合确认和计量这两个关键会计环节。一旦不能确认,那么只能将这项支出计入费用——即便它能够给企业带来经济利益,这就是下一小节要讨论的费用资本化问题。

4.2 费用的资本化

会计经常会遇到研发费用的资本化问题。上一小节讨论了费用债务化的处理,介绍了其会计处理原则。会计准则对费用的资本化有严格要求,满足条件的费用才能资本化,不满足条件的费用只能计入当期损益而无法资本化。上市公司比亚迪的研发费用处理是一个典型案例,比亚迪 2018 年年报中有如下表述:

本集团将内部研究开发项目的支出,分为研究阶段支出和开发阶段支出。研究阶段的支出,于发生时计入当期损益。本集团相应项目在同时满足技术上具有可行性、具有使用或出售意图、能产生经济利益三个条件的情况下,通过技术可行性及经济可行性研究,形成项目立项后,进入开发阶段。不满足上述条件的开发支出,于发生时计入当期损益。已资本化的开发阶段的支出在资产负债表上列示为开发支出,自该项目达到预定可使用状态之日起转为无形资产。本期新上市的车型已结束资本化并结转无形资产,目前仍在开发支出的项目正处于各研发和试制阶段。

比亚迪的研发支出采用了资本化的处理手法,如表 4.1 所示。

表 4.1　比亚迪研发支出资本化金额

单位:千元

项　　目	期初余额	本期增加金额		本期减少金额		期末余额
		内部开发支出	其他	确认为无形资产	转入当期损益	
电池项目		1 674 440			1 674 440	0
手机项目		1 779 412			1 779 412	0

续表

项　　目	期初余额	本期增加金额		本期减少金额		期末余额
		内部开发支出	其他	确认为无形资产	转入当期损益	
汽车项目	4 100 941	5 082 053		2 262 854	1 535 508	5 384 632
合计	4 100 941	8 535 905		2 262 854	4 989 360	5 384 632

从表 4.1 可以看到,当期汽车项目内部开发支出一共约 50.82 亿元。按照会计准则,其中大约 22.62 亿元确认为无形资产,15.35 亿元转入当期损益,其余 12.84 亿元确认在开发支出科目。无形资产每年进行摊销和减值计提。据此,2018 年比亚迪发生了大约 50.82 亿元的开发开支,最后将44.53%确认为无形资产,25.26%确认为开发支出,而确认为费用的部分仅占 30% 左右。研发支出大约有 35 亿元进行了资本化处理,但 2018 年归属母公司净利润只有大约 27.8 亿元。

首先需要明确,研发费用资本化不是财务造假,这是会计准则允许下的盈余管理。大比例的资本化影响了比亚迪的利润含金量。为什么这种资本化的调整不合理呢? 数据显示,比亚迪在电池和手机项目上的支出均记为费用,汽车项目的支出大比例地资本化。除去一部分土地使用权,无形资产主要就是研发费用资本化形成的。每年的无形资产与开发支出两个会计科目的增量除以当年归属母公司净利润,构建一个比例指标,得到如图 4.1 所示的结果。

比亚迪每年资本化的绝对金额以及占归属母公司净利润的比例十分不稳定。费用资本化是一个主观性很强的会计估计,投资者很难对这类会计估计的公允性提出质疑。上述比例指标和比亚迪的年度利润在近些年有一定的关系:资本化比率高的年份利润就好,资本化比率低的年份利润就差。

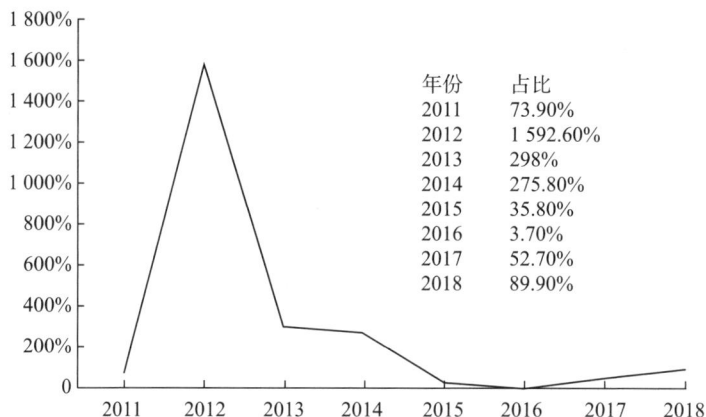

年份	占比
2011	73.90%
2012	1 592.60%
2013	298%
2014	275.80%
2015	35.80%
2016	3.70%
2017	52.70%
2018	89.90%

图 4.1　比亚迪资本化"费用"占利润比重

　　由此可见，费用性支出是企业支出的一种，企业花钱的目的是赚钱，这类似一种"资产"。比如研发在未来可能为企业带来经济利益的流入，但是这种可能性很难估计，货币计量的准确性得不到保障，因而无法满足资产的确认条件，不能计入会计资产。那些满足资产的定义但无法确认为会计资产的资源，其形成对应的是费用性支出。这些支出在会计上确认为费用，但在证券分析中可理解为"表外资产"——一种满足资产定义，但无法满足确认和计量条件的资源。企业经营的实质就是表外资产表内化。表外资产是一种不可确认、计量或经济利益流入可能性无法估计、却能给企业带来经济利益的资源，会计能确认、计量的只是表外资产表内化过程中的流量成果。会计只能做流量的确认，而无法做存量表外资产的确认。

　　表外资产有很多不同于会计资产的独特性质：①表外资产使用过程中可能增值；②价值变化不具有连续性；③不可交易性，无权利载体；④存量不可计量和确认，流量确认计量难度大。

　　品牌是最为典型的表外资产。因为产品质量、营销等形成的品牌价值能给企业带来巨大的经济利益，企业为了维系品牌价值需要支付营销费用。如果遭遇风险事件，那么品牌价值可能迅速损毁，表外资产的价值变化呈现出很强的非连续性，品牌资产的瞬间灭失可能导致企业休克死亡。会计资产一般都是有形资产,可以交易。厂房、设备、存货、应收账款等都是可以在市场上进行交易的资产,也是企业可以买来的资产。表外资产不同于会计资产,组织结构、文化等很多企业独有的无形要素不可交易,也不是一两个核心人物能构建的。表外资产的不可交易性对企业而言是"战略性"资产,后文会进一步讨论表外资产不可交易特征的含义——甚至凡是能买来的资产都不是企业的战略资产。

会计很难准确地评估一项支出到底是一个减少企业未来损益的行为,还是一个增加企业未来损益的行为。如果亚马逊在 10 年前为了短期盈利而放弃了大规模的投资和研发支出,那么它还会是现在的亚马逊吗?研发支出可以在会计准则下通过费用资本化确认为会计资产,但是更多对企业有重大影响的费用性支出无法资本化。下面考察一个销售驱动型的典型公司——贝因美,看看无法资本化的销售费用如何影响贝因美的经营结果。

贝因美是一家奶粉销售企业,竞争优势主要取决于两点:①优质、稳定、廉价的奶源;②强大的销售渠道。贝因美的销售费用率一直维持高位,如图 4.2、4.3 所示。

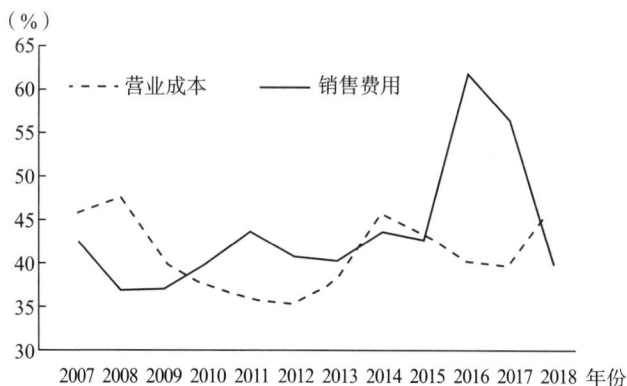

图 4.2　贝因美成本占比与销售费用率

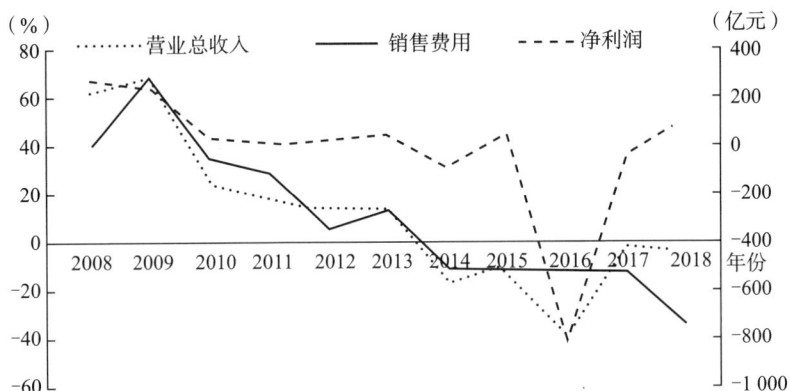

图 4.3　贝因美收入、销售费用、利润同比增速

图 4.2 是贝因美成本占销售收入的比重与销售费用率曲线。作为常见的婴幼儿消费品,其销售费用率超过 40%。公司每 100 元的收入,有超过 40 元用于市场营销,且销售费用多数情况下比直接生产成本还要高。一罐 200 元的奶粉,其中 80 多元是销售费用,80 多元是生产成本。由此可见,渠道对贝因美来说是一个非常重要的资源。

在上市之后,贝因美收入、销售费用的同比增速持续下行,会计利润同比增速看似不错,但在 2017 年因资产减值企业亏损超过 10 亿元。将公司 2011—2015 年报中董事会讨论部分的关键点摘抄出来,如表 4.2 所示。

表 4.2　贝因美战略规划

2011 年	2012 年	2013 年	2014 年	2015 年
业务拓展	精准营销	抓机遇、迎挑战,营销变革带动业务增长	提升组织管理效能,推进整体转型升级	改善战略管理体系,推进大部制
成本控制	供应链优化保障优质奶源	挖需求,扩新品,研发创新带动产品升级	挖需求,扩新品,研发创新带动产品升级	深化战略合作,提升产品服务竞争力

续表

2011 年	2012 年	2013 年	2014 年	2015 年
上市	信息化建设	抓管理,促效益,管理变革带动效率提升	重质量,控风险,多重保障降低经营风险	加快自有牧场建设,完善全球产业链布局
风险管理	内控建设	抓项目,保投入,项目建设助推发展战略落地	推进供应链信息化,优化仓储物流网络	构建服务共享平台,提升基础管理体系
—	—	重质量,控风险,质量先行为业务增长保驾护航	加快自有牧场建设,完善国际产业链布局	持续改善流程,提升信息化能力

上市之后公司战略不断摇摆:工作重点在销售、供应链和内部管控上不停转换。公司在上市之后的七八年时间里就更换了三任管理层,无法保证企业战略的持续性。财务数据只是企业的最终经营结果,结合年报中的管理层分析来看,基本可以确定这期间的贝因美业务方向不明、治理结构复杂、内部管理混乱。这些表外因素的共同作用导致了企业的巨额资产减值。

贝因美的研发费用占比很低,配方奶粉的进入壁垒很低。奶源不构成当下行业的主要矛盾,只要严格管理供应链,根本没必要在这个发展阶段自建奶源。中国液态乳品行业发展早期,企业为了能够快速扩张,基本都未采用自建奶源的模式,在市场集中度提高之后企业才投入重金建设奶源基地。随着市场的成熟,为解决食品安全与供应链安全,龙头企业需要自建奶源基地。特别是保质期短的鲜奶产品,受限于运输条件必须建设奶源基地。配方奶粉行业完全不具备上述特征,奶粉就是一个国际大宗货物。贝因美几十亿元的销售收入,全部进口奶源货值也就十几亿元的规模,完全可以采用奶源进口、国内灌装的轻资产模式,甚至可以考虑外包生产的模式。贝因美完全可以采用轻资产的模式快速拓展业务,扩大企业规模。公司目前模式的业务和财务风险较大。公司每年投入大量资金维持销售渠道——这是公司最重要的表外资产,但是实际运营效率堪忧,在线上和线下渠道之间摇摆不定。

贝因美的销售费用每年计入损益表,内部管理人员和外部投资人也都清楚渠道支出对贝因美的当期经营业绩和长期持续发展影响重大。如果将渠道视为特殊的"表外资产",那么销售费用就是此类表外资产的折旧。维系、利用好"无形"的表外资产,才是贝因美的核心战略竞争优势。公司没有明确的战略方向与高效的战略执行力,无法发挥其渠道优势。最终,公司的销售费用同比增速持续下降,这对企业最重要的表外资产造成了巨大的负面影响。

本节从表外资产的角度审视了损益表,将损益表视作表外资产(存量)在企业经营层面的投影。会计无法确认、计量表外资产,但可以确认、计量表外资产的流量投影。企业经营过程中,有形的会计资产可以确认,无形的表外资产虽不可确认为会计资产,但其对企业的运营效率、核心竞争优势的建立有着更为重要的作用。表外资产多数情况下不可直接买卖,是企业所独有的一种战略资产。管理费用中的高管收入、研发支出、销售支出这几项都是会计意义上的费用,但在证券分析的视角下,其本质是一项战略资产,对企业的核心战略竞争优势影响重大。做得好表外资产是企业的核心战略竞争优势,做不好会将企业拖入万劫不复的深渊。

最后对费用的债务化和资本化作一个对比,以便读者能有一个更为清晰的认识。企业的支出可以分成两类:资本性支出和费用性支出。前者多是资产结构的变化——比如货币资金的减少和存货的增加,一般不涉及资产负债表规模的变化。后者不同,通过现金的方式支付工资,必然导致权益的减少和资产的减少,这是费用最直接的形式。企业的任何一笔支出,其目的都在于给企业带来直接或者间接的经济利益,费用性支出也不例外。企业的费用性支出发生于当下,收益产生于未来,那就有两种处理方案:一是把现时义务推迟到未来支付,这是费用的债务化;二是将未来的收益"贴现"

到现在,这是费用的资本化。究其本质,二者并无不同。将现时义务推迟到未来履行,可能存在义务的灭失,进而对企业有利。费用性支出构成的"表外资产"通过损益表和资产负债表产生了联系。损益表就像一个管道,源源不断地将无形的表外资产"导流"到资产负债表内。

4.3　损益表的分配视角

损益表还可以从分配的角度进行研究,主要涉及公司治理理论和波特五力模型。资产负债表强调资源的所有权和控制权,资产强调生产运营的效率,那财务报表中关于交换和分配的描述在哪里?按照标准经济模型,一个完整的经济活动应该包括生产、分配、交换和消费,资产负债表强调生产过程(资产侧),以及债权人和股权人基于契约的分配权,但对企业经营成果拥有最前置分配权的不是债权人,更不是股东。

以三一重工 2018 年损益表为例,将损益表中所有会计科目的绝对数字变成占收入的比例,得到归一化的损益表,简化后得到图 4.4。

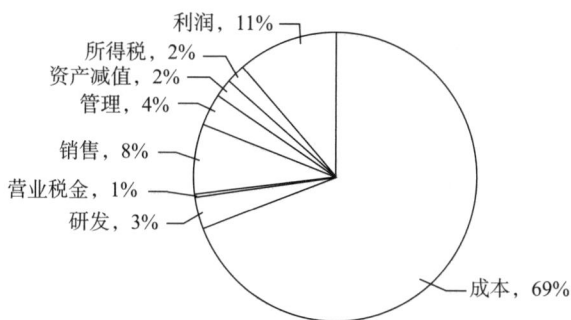

图 4.4　三一重工损益表结构

三一重工产生 100 元收入,其中 89 元作为成本支付给了相关利益方:首先包括折旧、生产人员的工资、零部件的采购——可以理解为同供应商的分配,生产成本合计 69 元;其次是销售部门的支出、管理人员的工资、研发的投入,费用合计 15 元;再次是资产减值、税,合计 5 元;最后才是属于股东的会计利润 11 元。这是企业创造的 100 元收入在整个产业链上分配的比例,有内部分配,也有外部分配。这个分配结构涉及两个核心的问题:内部分配涉及广义的公司治理问题;外部分配涉及波特五力模型。本节简要介绍波特五力模型,第 10 章会进一步详述企业战略理论的演进与发展。

波特五力模型是一个重要的企业战略理论模型,模型重点分析了外部环境对企业经营绩效的影响。波特五力模型的缺陷在于忽视了企业内部要素的作用和人的主观能动性,企业的个性化因素未能纳入模型的分析框架。

如图 4.5 所示,波特五力模型强调外部竞争和上下游议价能力对企业经营的影响。模型共考虑了五个外部影响因素,其外围的四个因素对企业的影响十分巨大。供应商议价能力强,则毛利率低;消费者议价能力差,则毛利率高;潜在的进入者可能会导致供需失衡;替代品可能给企业带来不可预知的风险。

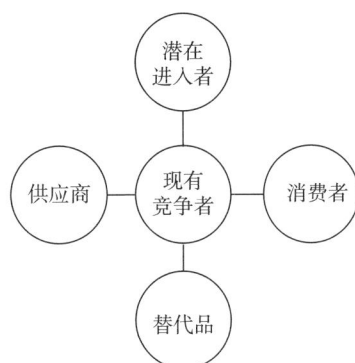

图 4.5　波特五力模型

石油是一种全球最重要的大宗商品,生产国众多导致定价能力较差。为了增强定价能力,石油生产国建立了石油输出国组织(简称欧佩克)来协调石油生产,以寻求利益最大化。过去几十年经济高速发展使得中国成为全球主要的新增需求国。潜在进入者在过去几十年里主要有两个:一是俄罗斯,二是美国。其他如伊朗、委内瑞拉等也都是潜在进入者,这些都是传统的石油生产国。随着技术的进步,页岩油生产商成为最大的潜在进入者。油价较低时,非常规油气资源很难进入市场。技术进步导致非常规油气资源开采成本下降,中国需求导致油价攀升,最终导致页岩油在过去十年中大幅增产。石油的替代品很多,目前尚未对石油需求构成重大冲击,比如汽车的电动化、乙醇汽油等。欧佩克和主要产油国进行了生产协同以应对各种外部挑战,满足了石油生产国利益。石油市场的波特五力模型大致如此,这些因素对石油生产企业的损益表有显著影响:①供应趋紧可能导致油价上升、毛利率上升;②需求疲软可能导致油价下降,利润减少;③潜在竞争者的进入可能导致盈利恶化;④新技术对石油的长期需求有重大威胁。这些都会对损益表产生重大影响。外部因素对损益表的影响,本质就是收入如何在企业的内部和外部分配的问题。这就是损益表的分配视角。

狭义的公司治理聚焦于股东和管理层之间的委托代理问题,所有权和经营权分离是导致委托代理问题的原因。除此之外,实际利益冲突更常见于企业部门之间,比如预算费用有限时,到底是销售部门的预算多一些,还是研发部门的预算多一些呢?年底分配奖金时,到底是管理层多一些,还是一线员工多一些呢?广义的公司治理是企业资源的分配机制,主要包括权利、责任和经济利益的分配。不同的分配机制导致不同的委托代理成本,委托代理成本必然会在报表上有体现,特别是损益表。如果将公司治理的讨论范围拓展到企业外部,将利益相关者纳入讨论范围,那考虑的范围将远超波特五力模型。近些年欧美公司广泛提及的社会责任本质就是广义公司治理问题,旨在协调公司同外部利益相关者之间的冲突。

至此,本章讨论了损益表的"三个视角",分别是:损益表的债务化视角、资本化视角和分配视角。从三个不同的视角分别对企业的期间经营成果进行了描述,实质都一样,只是侧重点各不相同。这种多角度的视角,更有助于投资者理解企业经营活动的本质。

4.4　损益表与资产负债表

现代财务报表对资产负债表和损益表进行了比较严格的区分,资产和负债、收入和费用都有一个相对明确的定义,但实际操作过程中资产负债表和损益表的界限十分模糊。现代财务制度强调二者之间的区别,中国古代的复式记账法更强调二者之间的联系。不论会计如何发展,投资者绝对不能将资产负债表和损益表对立起来。明清时代流行的复式记账法被称为龙门账,其将企业的会计活动分为四类:进、缴、存、该。四类活动和现代会计之间的对应关系是:进为收入,缴为费用,存为资产,该为负债和权益。龙门账的会计恒等式是:

$$进-缴=存-该$$

现代会计将损益表科目称为虚账户,将资产负债表科目称为实账户,区别是会计期末科目余额是否为零。现代会计在财务活动发生时记账,在会计期结束时统一将虚账户的余额结转到实账户,新的会计周期虚账户的初始余额是零。龙门账相比同时期的西方会计优势明显:

(1)明确区分了虚、实账户,虚账户放左边,是损益表;实账户放右边,是资产负债表。

(2)龙门账的恒等关系更强调损益表和资产负债表之间的联系,资产和费用之间的关系十分清楚。

(3)相比于西方同时期只有资产负债表的记账方式,龙门账优势明显。龙门账可以很容易地估计当期经营所得,进、缴差额就是当期利润,该、存差额的变动也代表了当期利润。如果两边给出的利润一致,那么恒等关系成立。同时期西方会计学的重点还是资产计量,只有一张资产负债表,并无损益表概念。

从会计发展史来看,早期资产负债表关注资产的计量:从公司投资人的角度出发,账面净资产增加了多少。净资产的变动差额就是损益,当时人们认为净资产就是"价值"。随着经济复杂度的提升,对当期损益的估计逐渐地从净资产差额转向了收入成本匹配。举个简单的例子,企业花费现金购进了先进设备,提升了生产效率,这肯定是一件好事,那当期损益如何估计?从资产负债表的角度来说,只是现金转化成了固定资产,并没有增加净资产;从收入成本匹配的角度出发,单位收入对应的设备折旧降低了,这对企业来说是好事。随着会计系统的精细化，以及对固定资产和流动资产理解的加深，损益计量的重点逐步从净资产的变动转向了收入和成本的匹配，会计的重点从资产计量转向了损益计量。需要特别指出，资产的计量是会计的基础，部分资产价格的波动仍然会影响损益表，比如部分资产公允价值的波动需计入损益表。资产的计量仍然是会计中非常关键的一环。

本小节分析了资产负债表和损益表的联系，就证券分析而言资产负债表已经无法有效地反映企业"价值"了，企业"价值"同表外资产关系密切。表外资产无法直接进行会计计量，只能从流量的角度，通过对损益的计量来间接反映表外资产，因而企业价值必然和损益关系密切。资产负债表科目的会计含义相对明确，主要涉及定义、确认和计量三个环节，资产负债表没有权责发生制的概念。权责发生制是会计的关注重点从资产负债表转向损益表的时候才有的一个概念。收入和费用的确认、计量，主要以权利和义务的转移为标准，而非现金的收付。权责发生制是虚账户的确认、计量原则，与之对应的是收付实现制。在会计分期假设下，收入和费用是否应该在当期确认的依据是权责发生制，很多情况下都有主观估计的成分。权责发生制是收入和支出在时间维度上的确认标准——企业已发生的收入和支出是否应在当期确认？资产负债表和损益表分别从空间和时间的维度对权利（资产和收入）和义务（负债和支出）的确认设定了一个人为的标准，用以规范会计的确认和计量。资产和负债在空间上可以出表或入表；收入和支出在时间上可以提前或延后。

资产负债表的核心是截面数据的确认和计量，损益表则主要涉及过程管理。当价值判断的重点从资产负债表转向损益表之后，企业价值判断的核心就是损益的计量。损益的定义贯穿了会计的发展史。究竟什么是损益？很难直接定义损益是什么。从更加现实的角度出发，会计实践为什么需要损益这个概念？损益主要用以衡量企业的区间经营成果，以此间接评估企业价值。那到底哪个损益的概念才能更好地反映企业的区间经营成果呢? 净资产的变动、利润、现金流,还是企业的社会价值? 同时,价值本就是一个主观概念,同人的立场有关。站在不同角度,不同的人会得到不同的价值判断。对损益的认知,也是一个逐步发展和进化的过程。早期只有资产负债表时,净资产的变动代表损益;损益表出现后,根据权责发生制确认的利润代表损益,用以计量企业的区间经营成果;现代金融市场中,广为接受的是自由现金流贴现模型,但自由现金流的界定标准却存在分歧。由于外部性问题的存在,现在企业会计制度有一种趋势:是否需要对企业的外部性进行会计核算,出现了所谓的社会责任报告。企业的经济活动会给整个社会带来经济成本或经济收益,如何从社会总体福利的角度对企业价值进行较为客观和完整的描述,成为会计发展的一个新方向。微观层面的含义是:企业"价值"的计量是否应考虑外部性?

第5章 现金流量表与代理成本

现金流量表是第三张财务报表,一般将现金的收支分成三部分:(1)经营性现金流;(2)投资性现金流;(3)融资性现金流。编制现金流量表的目的是从流动性和可用资源的角度评估企业的经营成果。

一个企业在资产负债表和损益表都很好的情况下仍然可能发生信用违约,资产负债表和损益表无法刻画流动性错配的风险。资金是一个非常特殊的会计科目,其他资产科目多多少少都有专用属性,但现金是通用的支付手段。

根据 Jensen 的观点,自由现金流可以在一定程度上反映企业的委托代理成本,因而自由现金流成了研究公司治理问题的一个有力工具。

信用风险和委托代理成本的估计都需要现金流量表,资产负债表和损益表并不能直接解决上述问题。

5.1 现金流量表的编制基础

现金流量表的结构是本章研究的出发点。仍然以三一重工作为参考样本,截取 2018 年三一重工的现金流量表,如表 5.1 所示。

表 5.1　三一重工现金流量表(直接法)

单位:亿元

项　　目	金额
一、经营活动产生的现金流量:	
销售商品、提供劳务收到的现金	596.45
收到的税费返还	4.21
收到其他与经营活动有关的现金	12.14
经营活动现金流入小计	612.81
购买商品、接受劳务支付的现金	387.46
支付给职工及为职工支付的现金	46.41
支付的各项税费	27.21
支付其他与经营活动有关的现金	46.47
经营活动现金流出小计	507.54
经营活动产生的现金流量净额	105.27
二、投资活动产生的现金流量:	
收回投资收到的现金	21.92
取得投资收益收到的现金	5.06
处置固定资产、无形资产和其他长期资产收回的现金净额	3.77
处置子公司及其他营业单位收到的现金净额	3.11
投资活动现金流入小计	33.86
购建固定资产、无形资产和其他长期资产支付的现金	13.80
投资支付的现金	124.78
支付其他与投资活动有关的现金	2.93
投资活动现金流出小计	141.51

续表

项　目	金额
投资活动产生的现金流量净额	−107.65
三、筹资活动产生的现金流量:	
吸收投资收到的现金	5.38
其中:子公司吸收少数股东投资收到的现金	0.10
取得借款收到的现金	95.27
收到其他与筹资活动有关的现金	4.42
投资活动现金流入小计	105.07
偿还债务支付的现金	79.43
分配股利、利润或偿付利息支付的现金	17.33
其中:子公司支付给少数股东的股利、利润	0.51
支付其他与筹资活动有关的现金	0.04
筹资活动现金流出小计	96.80
筹资活动产生的现金流量净额	8.27

经营性现金流由企业的"日常经营活动"产生。经营性现金流受资本性开支和费用性开支影响。三一重工的经营性现金流(间接法)如表 5.2 所示,从中可以看到会计科目同经营性现金流的关系。一般而言,经营性现金流的主要影响因素是存货、经营性应收/应付款项。

表 5.2　三一重工现金流量表(间接法)

单位:亿元

项　目	金额
净利润	63.03
资产减值准备	−0.08

项　　目	金额
固定资产和投资性房地产折旧	15.36
其中:固定资产折旧、油气资产折耗、生产性生物资产折旧	15.36
无形资产摊销	3.78
长期待摊费用摊销	0.18
处置固定资产、无形资产和其他长期资产的损失	0.28
固定资产报废损失	0.44
公允价值变动损失	3.62
财务费用	3.88
投资损失	−6.37
递延所得税	2.01
其中:递延所得税资产减少	2.91
递延所得税负债增加	−0.90
存货的减少	−41.67
经营性应收项目的减少	−24.48
经营性应付项目的增加	84.03
其他	1.25
经营活动产生的现金流量净额	105.27
债务转为资本	2.93
现金的期末余额	43.21
减:现金的期初余额	37.26
现金及现金等价物的净增加额	5.95

　　经营性现金流之后是投资性现金流和融资性现金流,这部分往往是分

析的盲区。投资性现金流是价值的陷阱，也是委托代理问题高发的环节。委托代理成本和会计成本不同，会计成本是显性成本，委托代理成本是隐性成本。委托代理成本对企业价值的影响是证券分析的难点，也是重点。有些企业通过商业模式欺骗投资者，采用高强度资本开支的方式带动会计利润和经营性现金流短期高速成长。比如太阳能电站投资，需要高强度的资本开支，经营性现金流亦表现良好，会计利润增速也很高，但投入资本回报率（ROIC）很差。这类企业的增长需要大规模的资本开支，导致自由现金流（FCFF）很差。只看会计利润会觉得企业在创造价值，但从自由现金流和投入资本回报率的角度来说企业是在毁灭价值。这常见于工程类企业、环保类企业等。

Jensen 和 Fama 提出的自由现金流的概念可以较好地解决上述问题。自由现金流是一个整合了经营性现金流和投资性现金流的综合指标，能更为准确地反映企业的区间经营成果，但并不是简单地将二者相加，有些干扰科目需要剔除。比如企业理财产品的申购、赎回会导致当期投资性现金流的巨大波动，这点尤其需要注意。实务中采用二者直接相加的方式来做快速决策有一定的实践意义。

MM 定理认为企业的资本结构不改变企业的价值，因而证券分析人员一般不会特别关心融资性现金流。融资性现金流的分析也相对简单。企业的融资决策主要影响资产负债表右侧的会计科目，涉及企业的资金来源、债务偿还和股利分配等，一般会导致企业资产负债表规模发生变动。债务的偿还可能会导致企业资金不足进而影响企业日常经营与价值，这在融资环境较差的时期表现得更为突出。

5.2　收付实现制下的现金流量表

财务报表基于权责发生制编制，权责发生制之外还存在收付实现制。

权责发生制和收付实现制是会计确认环节的人为设定。虽然收付实现制不是主流,但仍然非常重要。收付实现制是以现金为核心,对企业区间的经营活动进行确认。收付实现制十分简单,常见于小型个体户和事业单位。比如路边卖煎饼的摊贩,都是一手交钱一手交货,买了一桶油也不需要进行会计分期摊销,炉子也不需进行折旧。行政事业单位不以营利为目的,其经济活动的核算标准主要是收付实现制。收付实现制核算简单,不以利润为主要出发点。如果经济组织以营利为主要目的,权责发生制还是主流。

收付实现制和权责发生制到底哪个更好? 任何制度都有漏洞,收付实现制和权责发生制从不同的角度描述了企业的经营活动,无所谓对错和优劣。权责发生制是以权利和责任的发生来确认收入和费用的归属。在权责发生制下,企业可能会提前确认权利,延迟确认义务,粉饰当期会计利润。甚至同关联方的一份纸面合同,就可以把收入做高,这是权责发生制的劣势——很多估计的成分可能导致不合理的盈余管理。收付实现制就一定好吗? 企业收到一笔现金就确认为企业的收入,而与之对应的义务尚未确认,这会影响当期损益计量的准确性。

现金流量表造假非常容易。比如会计期末资金回表,在下一会计期开始时再支付出去,导致现金流量表和资产负债表的节点数据非常好看。实际上现金只是形式转移,而没有实现真正意义上的实质转移。本期资金回表的同时增加了下一期的义务,这是明显的现金流操纵。“收入”这个会计概念的确认标准,到底是依据权利和义务的转移,还是现金的收付? 或者还有其他标准? 现金流量表所采用的收付实现制和损益表所采用的权责发生制,本质都是“游戏规则”,都是人为设定的会计规则。分析人员不能想当然地认为“收入”是客观存在的概念,它只是人为定义的虚账户。

吴毓武教授曾经说过形象而深刻的四句话:会计是假设、准则是游戏、审计是生意、披露是关键。会计并不是客观存在的对象。“会计是假设”:一个基本准则加上财政部的 40 多个细则构成了中国会计准则体系。会计假设是对现实经济活动进行抽象的前提,本质是对客体主要矛盾的主观抽象,而不是以客观描述为核心;"准则是游戏":准则是人们约定的规则。比如,企业持有的股权投资到底是用成本法还是损益法计入资产负债表?同一项投资在不同的准则下可以计入不同的会计科目,其价格变动对当期损益表的影响不同;"审计是生意":指出了审计存在的利益冲突。美国会计学会 1972 年颁布了《基本审计概念公告》,给出了审计的定义,即"审计是指为了查明有关经济活动和经济现象的认定与所制定标准之间的一致程度,而客观地收集和评估证据,并将结果传递给有利害关系的使用者的系统过程"。这个定义强调认定与标准之间的一致程度,而非认定与现实之间的一致程度。因此,审计追求形式合规,而非反映企业经营实质。形象地理解,审计师只保证会计描述的语法没有问题,而不保证企业没有说假话。在不考虑财务造假的情况下,财务分析要始终注意:证券分析追求的是实质合理,而绝非审计追求的形式合规。另外,审计结果要传递给有利害关系者使用,那么利益相关各方发生利害冲突时,审计应如何平衡各方利益呢?是否应存在偏向性?审计是一个利益取舍的过程。"审计是生意"的真实意思是:在合法范围内,谁给的钱多审计程序就以谁的利益为重。审计机构可能会出具一份合规但不合理的审计报告。第三方审计肯定不能绝对独立,必然有自己的利益偏向,正是这种利益偏向导致审计越来越形式化,而非对生产经营活动进行实质性审计。

现金流量表是根据收付实现制做出来的一张流量表,是对损益表的补充,但是现金流量表也有缺陷。从会计发展史来看,相对资产负债表和损益表,现金流量表最大的进步是将关注的重点从对资产的所有权转向了对资产的使用权。应收账款是企业所有的资产,但是钱没到账没法使用。这对企业价值的影响十分巨大,导致了估值思想的转变,企业价值的核心从强调所有权转向了强调使用权。

5.3 杠杆的真实水平

利润只是企业的期间绩效问题,现金流却是企业的生死问题。企业即便常年"赚钱",但如果现金流持续亏空,最终结果也会很严重。即便资产负债率不高,也可能出现违约。在 A 股常见此类案例,多发生于新能源、环保等行业。

怎么理解"杠杆"的真实含义呢? 负债和资产的比值就是资产负债率。资产负债率需要满足如下假设,才能真实地反映信用风险:①高效的金融市场,资产可以快捷出售;②资产负债率是企业破产时的债务清偿能力——破产发生时债权人承担的风险。资产负债率是基于成本法和权责发生制确认、计量的负债、资产账面价值比,资产负债率很难表征企业的"偿债能力"。资产变现成本高、资产负债久期错配严重时,失真程度更为严重。第 3 章和第 4 章曾对资产负债表和损益表进行了深入的分析,很多对企业盈利能力与价值有巨大影响的资产并未计入会计资产,基于会计的资产负债率并不能有效地表征企业的信用风险。

可以利用流量现金流的比值来衡量企业的信用风险水平。企业的经营性现金流净额和融资现金流支出的比值称为金融杠杆,能更好地反映企业的偿债能力。企业的经营性现金流是否能覆盖企业的债务资金支出是偿债能力的关键。没用自由现金流是因为自由现金流是满足了企业发展机遇之后的剩余现金。面临偿付危机时,发展不是企业的第一经营目标。

多数情况下不用担心企业的违约风险,即便是在 2018 年的违约高发期,违约债券的金额和债券市场的总规模相比也非常小。教条的会计数据并不是证券分析人员的追求,现象背后的本质才是证券分析的重点。信用风险实质是企业是否有能力偿还债务性现金流出,这种偿还能力分为不同层次:①创造内生现金流的能力;②减少资本开支、放弃发展机会所节省的现金流;③融资活动带来的现金流入。这些共同构成了企业的偿债能力。

5.4　企业的自由现金流

　　财务报表研究的核心是分析企业产生自由现金流的能力,自由现金流(Free Cash Flow to the Firm)简称 FCFF。知道自由现金流的计算公式不能算了解了自由现金流,投资者需要对 FCFF 有深入的理解。企业价值和自由现金流之间的关系是自由现金流分析的关键,自由现金流也是一个非常主观的变量。下文将介绍 FCFF 及其引申出来的若干概念。

　　自由现金流是美国学者 20 世纪 80 年代提出的一个衡量企业经营成果的财务指标:是企业产生的、在满足了再投资需求之后剩余的、不影响公司持续发展前提下的、可供企业资本供应者/各种利益要求人(股东、债权人)分配的现金。其要点如下:①企业产生的。自由现金流由企业经营活动产生,而非融资或资产出售产生。②扣除必要的再投资,再投资包括一般资本开支和营运资金变动。③不影响企业发展。要满足企业的基本经营需要;同时,面对潜在发展机会时,企业有能力抓住机会。④重点在可向投资人分配的资金。从定义上来看,自由现金流的界定非常主观,比如,可以通过营运资本的调整控制自由现金流。证券分析人员需要知道自由现金流的计算细节,广为接受的一个标准算法由汤姆·卡普兰提出:

$$FCFF=EBIT-Tax+D\&A-Changes\ in\ Working\ Capital-Capital\ Expenditure$$

　　其中,EBIT 是息税前利润,Tax 是税款,D&A 是折旧和摊销,Changes in Working Capital 是营运资本变动,Capital Expenditure 是资本支出。

　　EBIT 是企业创造的、在分配给债权人和政府之前的基于权责发生制计量的经营成果。首先减掉政府拿走的税收(Tax),企业创造的经营成果中被政府拿走的税收不是资本提供方能分配的资源;折旧和摊销(D&A)是典型的非现金项费用。自由现金流的计算将政府的税收剔除,是因为政府不属于资本方(资产负债表右侧为资本,资产负债表左侧为资产),不符合自由现金流的定义;折旧与摊销项是非现金费用调整,这也很容易理解。最后两个调整项都是资本开支,一个涉及流动资产和负债,一个涉及固定资产科目。自由现金流的设计思想十分巧妙:自由现金流涉及资产负债表和损益表,最后计算出一个包含两张表的综合指标,并以此衡量企业的期间经营绩效。自由现金流相比于会计利润的优势是什么?

　　自由现金流强调:在满足企业需要的前提下,可以"自由"分配给资本方的现金。比如,环保类企业虽然利润不错,但是不可能给资本方分钱。不用说分红了,有时连偿债都困难。资本方能拿走的是现金,而利润是"不可分配的"。利润本质是一个管理学概念,是一个"虚"的会计科目。利润"只可远观而不可亵玩焉",只能"看"不能"摸",能分配的只有现金。从这个意义上来说,自由现金流是真正可用于分配的资源,强调的是使用权,而非所有权。

　　卡普兰的自由现金流公式作一下调整,得到自由现金流的结构,如图5.1所示。

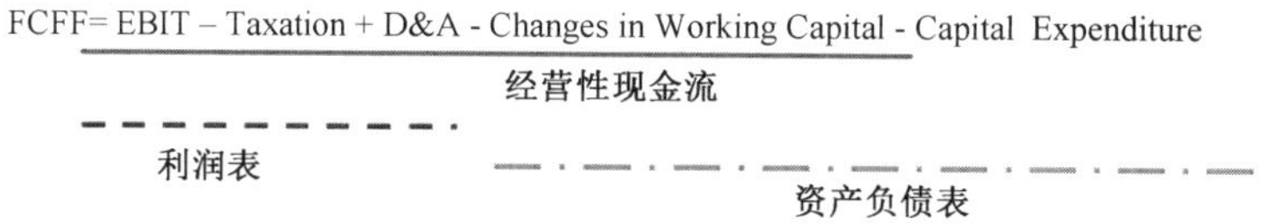

FCFF= EBIT – Taxation + D&A - Changes in Working Capital - Capital Expenditure

经营性现金流

利润表　　　　　　　　　　　　　　　资产负债表

图 5.1　自由现金流的结构

　　FCFF 约等于经营性现金流净额和投资性现金流净额的和。在快速决策时,可以用现金流量表中的经营性现金流加投资性现金流进行简单估计,是一个速算方法。按照上述计算公式,一个公司的利润很好,但 FCFF 可能很差,企业的日常运营需要大量的资本支出和营运资本。这类企业如果想要维持一个相对稳定的增长,则需要大量的现金流出。比如,工程类企业最大的消耗在于营运资本的占用,公用事业类公司需要大量固定资本开支——企业一旦不寻求扩张,其自由现金流就会快速好转。下面以制造类企业为例,研究自由现金流对企业财务的重要影响,以荣信股份在 2003—2014 年的财务数据为例。

图 5.2 是 2003—2014 年荣信股份应收账款和应付账款占收入的比重,显然公司的营运资本在 2010 年后占用了大量资金。公司采购的核心元器件基本都是工业标准件,导致公司没有议价能力。公司的应付账款占收入的比重虽有上升,但是幅度很小;公司的应收账款却在持续飙升。2012—2014 年间,应收账款的规模超过了当年销售额,公司基本是在赊销的状态下进行销售,公司的利润也在这三年快速下滑,股价的表现也惨不忍睹。

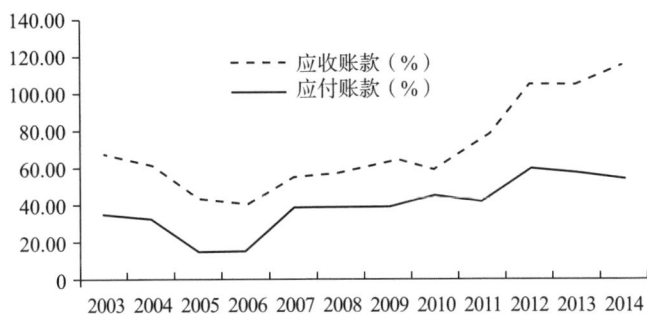

图 5.2　荣信股份应收账款/应付账款占收入的比重

作为 2010 年之前的牛股,笔者曾在 2010 年底去调研过该公司。当时同去的研究员很多,多数人关注的重点是公司的产品、技术、竞争、销售等,特别是公司实施的阿米巴改革——事业部制改革,认为组织构架的调整为新战略的实施奠定了基础。公司成立了很多事业部,创业元老每人独立负责一块业务,以便能够形成一个事业平台,提高决策效率、形成有效激励。这个管理构架改革听起来很有吸引力,在 2010 年年报中原文表述如下:

> 同时,为解决企业规模的扩张对公司管理团队的管理和协调能力提出更高的要求,公司创新管理模式,拟将防爆变频、整流器、光伏逆变器、高压固态开关等新业务采取与该业务核心技术及管理团队共同投资设立公司的方式进行管理运营,此举将完善产业布局、激励与约束机制实现和管理瓶颈解决融于一体,进一步提升员工的凝聚力和责任感,

成为公司未来发展的一种主要形式。

2010 年所有董事、监事和高管的减持情况,如表 5.3 所示。

表 5.3   荣信股份董事、监事、高管的减持情况

时间	变动人姓名	本次变动数(股)	变动比例(%)	职务
2010－12－31	左强	9 715 496.00	2.89	董事 董事长 总经理
2010－12－31	龙浩	189 613.00	0.06	财务总监 董事
2010－12－31	焦东亮	150 000.00	0.04	副总经理
2010－12－31	赵殿波	826 450.00	0.25	董事会秘书 副总经理
2010－12－31	王岱岩	198 000.00	0.06	销售总监
2010－12－27	龙浩	－500 000.00	－0.15	财务总监 董事
2010－09－13	龙浩	－68 839.00	－0.02	财务总监 董事
2010－09－13	焦东亮	－27 800.00	－0.01	副总经理
2010－09－13	王岱岩	－360 000.00	－0.11	销售总监
2010－09－10	焦东亮	－43 650.00	－0.01	副总经理
2010－09－10	王岱岩	－34 000.00	－0.01	销售总监
2010－09－09	焦东亮	－3 550.00	0.00	副总经理
2010－06－30	左强	9 715 496.00	2.89	董事 董事长 总经理
2010－06－30	龙浩	758 452.00	0.23	财务总监 董事
2010－06－30	焦东亮	225 000.00	0.07	副总经理
2010－06－30	赵殿波	826 450.00	0.25	董事会秘书 副总经理
2010－06－30	王岱岩	592 000.00	0.18	销售总监
2010－04－28	延宁发展	－4 000 000.00	－1.19	董事
2010－04－19	左强	－5 850 000.00	－1.74	董事 总经理
2010－01－21	焦东亮	－180 000.00	－0.08	副总经理

续表

时间	变动人 姓名	本次变动数(股)	变动比例 (%)	职务
2010—01—12	焦东亮	−20 000.00	−0.01	副总经理
2010—01—11	天图创业	−110 000.00	−0.05	董事
2010—01—07	天图创业	−210 000.00	−0.09	董事
2010—01—06	焦东亮	−50 000.00	−0.02	副总经理
2010—01—06	深天图创业	−160 000.00	−0.07	董事

公司财务总监、销售总监、总经理、副总经理持续减持,但是,年报中的管理制度改革又是为了激励管理层,年报中的说辞和内部人行为相互矛盾。现在回头猜测,导致这种结果的可能原因是"梁山文化"。上市时公司的股权结构比较特殊:大量外部财务投资者是公司股东,最大的股东是外部 PE 机构;主要高管都持股,而且持股比例不高不低。业务遇到阻力之后,公司的组织机构变革更像是内部山头文化的显性化:每人独立负责一块业务。公司在 2011 年年报中,对自己阿米巴改革的判断如下:

> 在产品和技术不断创新的同时,2011 年公司创新管理模式,"分而治之",以阿米巴管理和股权激励为基础进行体制改革,相继成立了产品、研发和销售等子公司,确立了公司赢得未来的力量,并在企业内部积极营造创业环境,放小鹰起飞,荣信未来将会出现一批优秀企业家,这为荣信继续保持快速增长,成为国际化、有竞争力的企业奠定了基础。

> 如今,公司在电力电子高端领域已形成从研发到制造的完整产业链,发展成为拥有 20 余家分支企业的集团型上市公司。

> 在公司管理方面,各个子公司及事业部年初开始实施的阿米巴管理模式使员工初步形成从上至下的自觉意识,在转变观念、降低成本、提升效率等多方面逐渐显现正向力量。

到了 2012 年,上市公司对阿米巴改革结果的评价就变成了如下内容:

> 报告期,公司营业利润同比下降 77.27%,主要是由于销售收入减少,且公司期间费用居高不下;管理费用同比增长 14.58%,主要是由于公司新设立众多子公司,管理成本增加;财务费用同比增长 66.37%,主要是由于 2012 年借款增加,且融资成本较高。
>
> 报告期,公司归属于上市公司股东的净利润同比下降 59.36%,主要是由于销售收入下降和期间费用较高;另外,销售收入下降导致增值税退税减少,营业外收入同比下降也归因于上市公司股东的净利润同比下降。
>
> 报告期,经营活动产生的现金流量净额同比减少 11.78%,公司经营性现金流面临较大压力,主要是因为业务规模持续扩大,导致材料采购及各项费用支出增加;同时,公司给予客户更加宽松的信用政策,客户付款周期有所延长,导致经营活动的现金流入较慢。

2012 年年报清楚地显示公司的费用基本全面失控,现金流压力很大。2010 年年底去调研时,在众多研究员问了一个多小时之后,笔者基本清楚了经营情况,主要关心两个问题:①公司的研发、销售等资源是否共享;②对事业部考核利润还是现金流。当时的回答是:事业部完全独立核算,考核利润,不考核现金流。一个近两小时的调研,只有这么一句话是重点,也决定了企业未来的经营结果。

以上案例表明:荣信股份的会计利润尚可,即便亏损也不至于最后卖壳求生。公司各个事业部的内耗导致销售常年拿不回现金流。由此可见,自由现金流对企业是多么重要。如果没有可供灵活支配的现金流,即便账面利润还可以,企业仍然可能面临重大的经营危机。

第6章 报表的演进与估值观

在研究了企业的三张财务报表之后，需要做一个综合性的总结，看看三张表之间的关系，以及为什么要设计这三张财务报表。会计的发展史会给出答案，价值的概念也随着会计的发展而愈加清晰。并不是一开始就有三张报表，历史上先有资产负债表，然后出现了损益表，最后出现的才是现金流量表。本章将回顾财务报表的发展史，读者会发现在不同的历史发展阶段和经济发展阶段，企业价值的内涵也在不断发展和变化。明确这种发展和变化是做好"价值投资"的前提，历史上形成的价值观念在当下也并非完全无用。在第9章，读者将会看到这些古老的价值观对估值方法论的影响。

6.1 财务报表演进的逻辑

为了满足早期的经济实践，人们发明了复式记账（中国古称龙门账），其重点在资产的确认和计量——会计的核心作用是资产价值的确认和计量。此时的经济活动相对简单，生产活动的核心是对生产资料的占有和对信息的获取，马克思的《资本论》即成书于这个时期。此时的商业活动对智力资本的要求不高，管理也处于一种经验的蒙昧状态。这个时期的会计重点是：资产是不是企业的，能不能用，值多少钱。

资产负债表只能表征时间截面上的资产负债数据，那么这个时期的期间经营成果如何计量呢? 根据资产负债表的记账规则,在只有一张资产负债表的情况下,会计期初、期末的净资产差额被用来度量企业在此区间的经营成果。净资产的变动额可以被称为那个时代的"利润"。净资产变动额没有考虑摊销,没有区分费用性支出和资本性支出,没有收入、成本匹配的概念,更没有涉及权责发生制。随着经济活动日益复杂,传统的复式记账法缺陷越来越明显。

实际操作过程中,会计面临分期问题:如何处理资本开支的分期摊销? 净资产的变动额已无法准确核算当期的经营成果。比如,购置固定资产支出的现金,在减少了现金资产的同时增加了固定资产,资产负债表规模没有变化,只是结构发生了变化。此时资产和负债都没变,所以权益也没有变,但是这期间管理层的绩效难道是零? 购置固定资产是企业发展过程中的一项重要生产决策,以净资产变动额来衡量企业的经营绩效显然不合理。再比如,企业支出了 100 万元的研发费用,开发的新工艺可以在成本不变的情况下产出提升一倍,企业获得了极大的竞争优势。虽然这项投入对企业来说非常重要,但是在只考虑资产负债表的情况下,货币资金减少了 100 万元,同时权益减少了 100 万元——在那个时代只能这么计算。19 世纪还没有费用资本化的概念,当时资本性支出和损益性支出都没有明确的区分。据前文对资产负债表和损益表的分析,当时会计解决的是会计资产的确认和计量问题,对表外资产的确认和计量资产负债表会计无能为力。以现代会计的眼光来看,《企业会计准则——基本准则》的第 35 条:企业发生的支出不产生经济利益的,或者即便产生经济利益但不符合或者不再符合资产确认条件的,应当在发生时确认为费用,计入当期损益。如果只有资产负债表,两个问题无法解决:资源的跨期摊销计量问题;表外资产入表问题。前者是一开始就存在的缺陷,早期会计在期间经营成果的计量上有一定的问题。早期经济活动简单,服务业不发达,农业和简单制造业占主导地位。资产负债表会计基本可以满足日常经济活动的需要。随着资本主义工商业的发展和经济复杂度的提升,只有资产负债表的会计信息系统缺点就越发明显了。到了服务业主导的现代,这种缺陷导致会计已经基本无法有效计量企业的生产经营活动成果——无法解决表外资产的入表问题。

举一个极端的例子,几个研究人员计划做一种抗癌小分子药物,用于治疗胃癌。他们的初始资金只有 500 万美元,这连一台检测设备都买不起。几个研究人员计划:药物涉及的算法在自己电脑上写;计算和模拟可以租用超级计算机;小分子合成委托专业的 CRO/CMO 企业;最后将节省下来的钱用于临床。会计如何处理企业的经营活动呢? 企业初始资产负债表十分简单:500 万美元现金资产=500 万美元权益。每一次的费用支出都是现金支出,权益跟着萎缩——如果依据 19 世纪的会计准则,意味着每一期的会计计量结果都是在毁灭公司价值。现代会计准则下,支出 10 万美元租用超级计算机,现金科目减少 10 万美元的同时,可以将研发支出资本化,计入无形资产科目。根据会计准则,这种无形资产的计量,只能依据实际支出 10 万美元计,不能基于预期药物研发成功之后的价值来计量。会计不能按照预期来计量,但是金融市场可以:会计是一门历史学,即便是会计中的估计项,也必定是已经发生的事项,会计必须考虑沉没成本;金融市场不考虑沉没成本,只考虑未来的预期,这是会计和金融的最大区别。如果基于资产负债表来衡量研发人员过去一年的研发活动,即便研发支出全部资本化,由于净资产没有增加,"绩效"仍然为零。农业和资本主义工商业早期,所有权和经营权尚未完全分离,这个矛盾并不严重。这个时期的资本主义工商业投入资本不大——不需要复杂的外部融资工具,委托代理问题不严重。随着经济复杂度的提升,公司所有权和经营权分离得越来越彻底。因企业期间经营成果计量的需要,引入了损益表。引入损益表之后,会计明确但不清晰地将企业支出划分成了资本性开支和损益性开支。但是会计不论如何划分,企业支出的每一分钱都是为了能够赚钱——不管这笔支出是损益性开支还是资本性开支。

　　损益表的引入解决了两个问题:①基于权责发生制的区间经营成果计量;②表外资产的计量。在会计分期假设下,收入和成本的匹配规则至关重要,比如折旧的处理。有形资产折旧的会计处理已经十分明确了,折旧的年限、残值的估计等都有章可循。无形资产的折旧处理,是摊销法好,还是资产减值法好? 摊销的可操纵空间小,减值测试基本是主观估计,二者各有好处。比如并购形成的商誉,如果采用摊销法,每期都会产生成本;如果被并购公司的经营非常成功,那么商誉还算成本吗? 如果经营不成功,公司可能两年后就难以为继,摊销期限怎么确定才合理呢? 一笔支出计入损益表好,还是计入资产负债表合适,会计很难给出明确的结果。证券分析人员要洞穿企业的经营实质,而非浮于会计的表面形式。会计形式下的费用,其经营实质可能就是"资产"。

　　损益表无法直接计量表外资产,但能计量其流量结果。费用的会计确认过程:企业发生的支出不产生经济利益的,或者即便产生经济利益但不符合或者不再符合资产确认条件的,应当在发生时确认为费用,计入当期损益。此时,表外资产如何进入资产负债表呢? 表外资产从金融的角度可以随便估计,但是会计不允许这么做。会计的确认过程要遵循审慎性原则和准确计量原则。企业花费 1 亿美元研发支出形成了一项核心专利技术,会计和金融对这笔支出的处理有何不同? 会计只能根据已经发生的事实,基于审慎性原则和准确计量原则,将 1 亿美元的研发支出全部资本化形成无形资产,以后依靠收取专利费维持公司的运营。此时有一个巨头愿意出 10 亿美元购买这项专利,会计如何处理? 会计基于审慎性原则,计入资产负债表的资产必须可准确计量。企业收到的是 10 亿美元现金,1 亿美元的无形资产肯定没有了,剩下的 9 亿美元在权益项下增加即可———一般通过营业外收入进入权益科目。这项专利的"价值"到底几何,账面上的 1 亿美元,还是收到的 10 亿美元? 表外资产价值的判断首先要明确讨论"价值"这个概念的约束条件。

下面的案例更清楚地表明了通过损益性支出计量表外资产存在的问题。比如,企业有一台 1000 kW 的大型工业电机,设备折旧 10 年,购置的初始价格是 10 万元。10 年后账面残值几乎为零。过去 10 年铜的价格涨了 10 倍,这台电机现在变卖废品都能卖 8 万元,此项资产的价值如何估计? 会计不能将废品回收的价格 8 万元计入固定资产,只有卖出后真正收到了现金,才能计入资产负债表。更有意思的是土地使用权,国内土地使用权计入无形资产,会计上要折旧摊销,但是账面残值和土地的实际市场价值差距巨大。资产的账面价值很难准确反映资产的市场价值,损益表也无法准确地反映表外资产价值。表外资产不能直接进入资产负债表,主要是因为不满足会计的确认和计量条件。

估计企业的期间经营成果,损益表和资产负债表视角的区别何在? 哪个能更"好"地表征企业的期间经营成果呢? 会计发展史的内在逻辑表明损益表的估计比资产负债表的估计更为"准确"。因受限于会计准则的要求,损益表对企业期间经营成果的估计也存在模糊的表述。《企业会计准则——基本准则》中对资产负债表和损益表有关科目的定义,指出了这些模糊的内容,如表 6.1 所示。

表 6.1 《企业会计准则——基本准则》条款

第二十条	资产是指企业过去的交易或者事项形成的、由企业拥有或者控制的、预期会给企业带来经济利益的资源
第二十三条	负债是指企业过去的交易或者事项形成的、预期会导致经济利益流出企业的现时义务
第三十条	收入是指企业在日常活动中形成的、会导致所有者权益增加的、与所有者投入资本无关的经济利益的总流入
第三十三条	费用是指企业在日常活动中发生的、会导致所有者权益减少的、与向所有者分配利润无关的经济利益的总流出

　　资产负债表和损益表的基础虽然都是权责发生制,但是表中四个会计概念的定义至少有以下四处不同:①定义的角度不同。资产和负债从企业利益流入、流出的角度定义有关概念;收入和费用从所有者权益流入、流出的角度定义有关概念。②资产和负债由企业历史事项形成,而收入和费用由日常活动形成。③资产和负债涉及的经济利益流入、流出基于预期,而收入和费用所代表的经济利益流入、流出基于事实。④资产和负债是预期能给企业带来经济利益的资源,而收入和费用就是经济利益的一种表现形式。基于以上四点,资产负债表的形成是基于历史的,其代表的利益流入/流出是基于未来的;损益表的形成及其所代表的利益流入/流出都是基于当下事实的。特别强调,负债代表的是现时义务,而非预期未来可能的义务。

　　资产负债表中的资产具备双重权利,即所有权和使用权具有统一性。部分资产科目存在使用权和所有权分离的情况,比如应收应付类科目,这类科目多和损益表有钩稽关系。一般来说其他资产负债类科目和损益表无直接联系,资产的所有权和使用权均在公司,即资产定义所强调的"企业拥有或控制"。一般来说所有权是基础,但是控制权和使用权也是资产负债表多数科目必须具备的特征。存在某些资产使用权受限的情况,比如货币资金科目里用于保证金的资金,受限资金不能用于企业的日常经营活动。

　　损益表的出发点基于所有权,而不一定是使用权。损益表均为虚账户,会计期末虚账户的余额都会结转到所有者权益科目中。能被企业使用的资源只有实账户中的资产,损益表科目是一种会计计量用途的虚账户。损益表从管理的视角出发,会计期初虚账户的余额都是零,损益表主要用于评估和计量企业的期间经营成果。利润这个会计概念只代表了所有权意义上的结果归属,而不是能使用的过程资源。比如,企业的利润和现金流虽然都可以表征企业的期间经营成果,但是企业真正能"用"的是现金流,绝非管理学意义上的会计利润。企业利润可能很好,但是仍然可能存在流动性风险。以利润为基础去评估企业的价值,只是从所有者的角度更"准确"地评估了企业的期间经营成果,但是从使用权的角度看,则基本完全放弃了审慎性原则。一般而言,企业连续经营时,企业的权利很容易灭失,但是企业的义务很难灭失。主张权利的对象若不存在了,或者主张权利的成本过高,均可能导致权利的丧失,而基于审慎性原则,会计所确认的义务很难丧失。利用企业的会计利润来衡量所有者权益的价值,需要注意:利润相比于净资产差额法更"准确",是因为解决了表外资产入表和收入成本匹配的问题,丧失的是价值计量的质量。损益表不考虑使用权,最终利润结余计入权益只代表了所有权和对剩余经营成果的求偿权。

现金流量表的基础是收付实现制,而非权责发生制。在收付实现制下,完全可以将现金的收支差额用以计量企业期间经营活动的成果。这可能带来权利和义务不匹配的风险,导致发生误判,实践中很少有企业用收付实现制来计量企业的期间经营成果。用收付实现制的主要有两类群体:一类是经营业务简单的个体户;一类是传销组织——传销的本质是现金流管理问题,绝对不是盈利问题。现金流量表更多关注使用权,现金资源是企业的终极资源。基于使用权的现金流量表,勾勒出企业究竟有多少可用的高流动性资源——将现金这项特殊资产的使用权单独计量。纯粹用经营性现金流来衡量企业的价值也有一定的道理,因为经营性现金流是企业日常经营活动所带来的现金资源增量。

从上面的分析表明,财务报表由单一的资产负债表逐步拓展到损益表和现金流量表,主要是从不同的角度去计量企业的经营活动和价值:资产负债表强调所有权和使用权的统一;损益表侧重所有权;现金流量表关心的是使用权。企业价值的不同评估角度没有优劣之分,主要和企业的经营实质有关,和投资人的立场有关。

证券分析现在基本放弃了用净资产差额法来给企业估值,这种方法在格雷厄姆之前非常流行,主要的估值工具是 PB 估值法。现代金融市场主要通过损益科目来对企业进行估值,这种估值方法带来了新的问题:虽然估值

"准确性"有所提高，但是管理层完全可以把权利和义务重新调整，给当期损益带来波动。出现了一部分利润高增长，但是现金流极差的企业，进而导致破产的情况不断发生。最近二三十年，业界流行自由现金流估值模型，但在A 股市场自由现金流估值模型很少被使用。自由现金流估值模型综合考虑了损益表和资产负债表，纳入了委托代理成本，模型对企业的估值更为合理。自由现金流是一种真实"可用"的资源：企业产生的、在满足了再投资需求之后剩余的、不影响公司持续发展前提下的、可供企业资本供应者/各种利益要求人（股东、债权人）分配的现金。"会计利润"不能被分配，能被分配的只有现金。从计算公式来看，自由现金流考虑了损益表和资产负债表的相关科目，在所有权和使用权之间取得了平衡。

6.2　巴菲特抛弃的"烟蒂"

　　巴菲特早期非常推崇市值相对于净资产有折价的公司，美其名曰"烟蒂投资法"。这是一种低成本优先策略，不管公司好不好，只要价格足够低都能赚钱。查理·芒格改变了巴菲特的这个观点：用一个合理的价格，买入一个有长期价值的公司，可能是一个更好的思路。这个思路看似简单，但背后是整个投资逻辑的改变，这里先讨论巴菲特抛弃"烟蒂投资法"的逻辑。本书第 8、9 章完整的介绍了估值方法，以及背后所包含的会计思想。

　　早期，巴菲特要求股票价格相对于每股净资产必须有折扣。当时这类折价股票很多，但这种折价的原因并非 1929 年大萧条导致的审慎投资行为。大萧条之前的很长一段时间里，很多股票的交易价格在净资产附近波动，这主要是因为当时的价值观。《证券分析》第六版的第一章写道：曾经有一段时间人们认为内在价值与"账面价值"基本一样，即它等于公允价值下的公司净资产。这句话代表的是企业估值理论中最早的概念——净资产差额法，格雷厄姆对内在价值的定义显然有所不同，这也是《证券分析》流传近一个世纪的主要原因。在 1951 年版的《证券分析》一书中,格雷厄姆在"普通股投资理论,历史纵览"(1951 年版第 30 章)一章中曾对一战前的投资方法作了一个回顾,那个年代认为股票价值就是"账面价值"。《证券分析》能流传百年,关键在于其明确将"价值"的评估重点从资产转向了损益,将损益表引入估值模型是格雷厄姆最大的贡献。

证券分析人员根据当下的估值工具和方法论,无法理解为什么当年的"巴菲特们"总能遇到这么便宜的股票,而现在的股票总是这么贵。结果将此归结于巴菲特投资生涯的早期正是大萧条之后的资产价格低迷时期,但这个说法存在明显漏洞。大萧条发生于 1929 年,巴菲特出生于 1930 年,按照可考信息,巴菲特 1951 年毕业后正式开始工作,这之前有一定的投资经验,他在硕士期间才开始接触格雷厄姆的价值投资思想。1954 年道琼斯指数超越了大萧条前的高峰,创出了历史新高,这距离 1929 年差不多已经 25 年了,很难想象大萧条导致的净资产折价会持续 25 年之久。这些以讹传讹的说法,没有细致地考察当时的历史背景。那个时代的估值模型、估值思想和现在人们对价值的判断有所不同,《证券分析》一书对此有所阐述。拿现代的估值工具去看待当时的市场,很难有一个讲得通逻辑的结果。由此可见,价值投资并不是一个静态的概念,其本身也在不断地"与时俱进"。

现代资产负债表的雏形初现于 19 世纪下半叶,在大萧条之后损益表才开始在美国逐步普及开来,但是投资者的估值观念并没有改变。现金流量表的正式法律要求出现于 1963 年,但自由现金流的估值思想在 20 世纪 80 年代才逐步形成。由此估计,20 世纪 60 年代以前,美国投资人不认同利用损益表对企业进行估值,价值观念的改变绝非一蹴而就。格雷厄姆的《证券分析》对此作了详细的介绍。在 1934 年的第一版《证券分析》中,涉及普通股投资的内容主要集中于第四、第五和第六部分。第四部分用四章讨论了股票的一般投资理论,而第五部分却用十一章的篇幅分析了损益表——这绝对是新的思想和工具,章节标题开宗明义:"损益账户分析,普通股价值评估中的收益因素"。在第六部分,格雷厄姆分析了资产负债表对普通股价值的影响,篇幅只有四章。这是当时股票估值理论的重大突破,虽然这种思想早在 1900 年就由查尔斯·道提出了。格雷厄姆强调损益表对普通股价值的影响,对损益表的分析占据了《证券分析》的大量篇幅,此书也因此在证券分析史上留下了灿烂的一笔。这种估值思想被市场接受是一个漫长的过程。巴菲特接触到格雷厄姆的思想差不多是在第一版《证券分析》之后 20 年,当时市场仍然用资产负债表对企业价值进行评估——也许在老的一代人死去之前,新的估值思想很难被广泛认同和接受。同样,基于自由现金流的估值思想于 20 世纪八九十年代发展起来,但又有多少投资人对自由现金流估值模型有深入的理解呢? 本书在详细介绍自由现金流估值模型的基础之上,通过回顾证券分析史和对现代会计信息系统进行再解读,推动股票估值理论的发展——站在格雷厄姆的肩膀之上继续将价值投资发扬光大。与此同时,在研究管理和投资实践中,笔者对于缺少一份专业参考资料深感遗憾,遂在内部培训资料的基础之上完成此书,以供专业投资者使用。

20 世纪的企业估值思想在不停地发展和进步,回头看巴菲特的投资业绩可能无法复制。巴菲特在 1976 年以后的年化业绩为 18%,在此之前据说其业绩非常好,整个投资生涯复合收益超过 20%。在巴菲特投资生涯早期,资本市场经历了一次估值方法的重大变化——股票估值从强调资产负债表转向了对损益表的关注,估值工具也从 PB 转向了 PE。这种价值观的转变,系统性地提升了估值水平,未来很难再有此种机会;另外二战之后,企业的发展越来越依赖于损益性支出,而非早期经济环境下的资本性支出。巴菲特后期的业绩未来有望被复制,但其早期的投资业绩很难被再次复制。

在反思价值投资时,需要注意:在谈论价值投资之前,不管对投资如何定义,首先要明确什么是价值。企业价值在《证券分析》中被定义为内在价值:一般来说,内在价值是由资产、收益、股息等事实和可以确定的前景决定的,有别于被人为操纵和狂热情绪扭曲的市场价格。格雷厄姆强调内在价值和市场价格的区别,不能用市场价格代替内在价值,隐含地指出市场是无效的;格雷厄姆认为内在价值由资产、收益、股息等基本财务指标决定,强调损益表对股票内在价值的影响,这是一个巨大进步。不足的地方在于,格雷厄姆没有考虑货币的时间价值及现金流量表——格雷厄姆那个时代根本没有现金流量表作为标准财务信息披露,这是《证券分析》的一个遗憾。塞斯·卡拉曼主持重修了《证券分析》第六版,但是限于历史局限性,未能补齐现金流量表的相关内容。本书回顾和分析了证券分析的发展史,介绍了格雷厄姆价值投资思想的起源。后续章节将继续前进一步,将企业价值的内涵从会计利润延伸到自由现金流。

6.3 企业的价值与权利

在使用现金流贴现模型估计企业价值时,首先要问:现金流所代表的"价值"能否合理地反映企业的经营实质呢? 这个问题在前面的章节被反复提到。过去 100 多年,投资人对企业价值的估计标准不断演进。本书认为:无法给出现金流贴现模型的绝对合理性判断,只能说相比于基于损益表和资产负债表的估值模型,现金流贴现模型的优势和劣势是什么。

前文阐述了净资产变动差额作为企业期间经营成果计量工具的缺陷。资产负债表的要求过于严格,剔除和损益表科目存在钩稽关系的资产科目后,其他资产科目强调所有权和使用权的双重确权。这种"价值观"非常审慎而保守,凡是"看不见、摸不着"的资产都不算会计资产。审慎有其好处,也有其不足的地方。随着经济复杂度的提升,社会分工越来越细,企业的专业性大幅提升。企业的研发、销售、管理、战略等损益性支出对企业的期间经营成果影响越来越大。用损益表来计量企业的期间经营结果是一次重大进步,除了收入—成本的匹配、表外资产表内化的便利之外,损益表将企业的价值和未来的持续经营成果联系在一起。基于资产负债表的估值模型是一个静态模型,其过度追求审慎性,而基于损益表的估值模型是一个动态模型。通过损益表,未来的持续经营成果被引入估值模型,估值模型的动态化引入不确定性,这是估值思想的一次革命。动态性和不确定性的引入,加深了人们对经济系统本质的认知,使得估值模型能更好地反映企业的价值,这也是《证券分析》能长盛不衰的原因。格雷厄姆倡导的价值观能得到广泛的认同,是因为其更准确地反映了客观世界的本质:企业是在不确定性的经济环境中动态发展和变化的。

对价值的认知不应仅局限于格雷厄姆式的经验性定义。随着现代制度经济学的发展,基于产权关系的企业理论得到了大发展,人们对企业价值的判断出现了很大变化。忽略前面粗糙而简单的分析,严格来说损益表建立在产权基础之上,而资产负债表建立在所有权基础之上。产权是一个比所有权更大的概念,产权是以所有权为核心的一组权利的集合。怎么理解流量表(包括损益表和现金流量表)所代表的权利价值和资产负债表所代表的权利价值之间的关系呢?

一个优秀的管理者或者技术研发人员对企业价值的影响十分巨大,但是能因此将人力资本纳入资产负债表吗? 显然不可以。人不是可以买卖的货物,人力资本和自然人本身无法分割,人力资本依附于自然人存在。但是又存在球员可以买卖的情况,转会费可以进资产负债表。两种会计处理方式有什么区别呢? 财务报表是对企业经营活动的记录和描述,按照制度经济学的观点,企业经营活动的本质就是权利的安排问题。哈罗德·德姆塞茨认为:资源内在化的收益大于成本时,就会产生产权。产权是一系列用来确定每个人对于稀缺资源使用地位的经济、社会关系,是以所有权为核心的一组权利,包括使用权、占有权、支配权、处置权等。法律对财产归属关系的权利界定核心在于排他性,一般将产权分为三层。第一层是所有权,是产权的核心与基础,其他权利都是所有权的派生物;第二层包括使用权、占有权、支配权、处置权、交易权、转让权等;第三层是收益权。

　　产权在三张报表中留下了深刻的印记,三张报表的侧重点各不相同。资产负债表强调所有权,主要是第一层权利。损益表强调第二层权利的重要性。比如支配权,企业无法有效地获取智力资本的所有权,智力资本无法和自然人分离。在无法主张所有权的情况下,企业仍然可以占有和支配智力资本为企业创造利益,损益表强调企业占有和支配这些资源的权利。现金流量表强调占有和使用现金流的权利,强调现金等价物的增加。一笔钱可能是企业借来的,也可能是自己的,企业无法宣称对现金流的所有权,但是可以占有和使用。比如债务资金,其所有权不属于企业,但是其使用权在债权债务关系存续期内属于企业,并且其部分收益权归属于企业。会计准则的核心是对产权关系的界定,多数会计科目都存在权利不完整的问题。损毁的存货所有权还属于企业,但是使用权已经丧失,产权的部分缺失必然会带来会计计量结果的改变。产权的概念十分复杂,是可分离的、分层次的,有时又是受限的,不能简单地认为其只具有一项权利特征。这种情况下,估值问题变得十分复杂:企业的产权完整性都无法得到保证时,如何进行估值?

　　基于自由现金流的估值方法(参考第 9 章)对企业经济利益的流入作了一个人为界定:在不影响企业正常经营的情况下,可分配给利益相关人的现金。企业的价值取决于由企业创造的、能分配给企业出资人的经济利益。出资人包括股东和有息债务的提供方,不考虑供应商的债权。政府是一个特殊部门,需要把政府以税收形式拿走的经济利益剔除,剩下的才是出资人所能分配的现金——注意现金是实账户。利润不可实际分配,它只代表了一种权利。据此可以认为:资产负债表将所有权作为估值对象,是第一层产权的价值;损益表对部分产权进行估值,是第二层产权的价值。与其如此,不如回归价值本质:直接对收益权进行估值。这里收益权是指可实际执行和分配的资源,而不是一个"虚"的利润概念。自由现金流估值模型用"可供分配的现金"代表收益权,并将利益相关人界定为资本的提供方。

用自由现金流对企业估值是一个相对合理的权利范围界定,以实际可供分配的现金来衡量企业的期间经营成果。基于资产的所有权,经济利益可能流入企业,但是基于资金的使用权,经济利益却可能流出企业。会计所谓的"权责发生制",首先要搞清楚"权"和"责"的具体含义是什么。不同的权利和责任组合,代表了不同的价值观,很难评价究竟哪种意义下的价值更准确。

本节介绍了制度经济学框架下的企业价值理论,落实到具体的实践上,核心还是对会计的理解,至此本书已经介绍了几种不同视角下的价值观。虽然估值方法各不相同,但是不同估值方法得到的结果并不冲突。估值的权利对象各不相同,怎么可能得到一个统一的"价值"结果呢? 讨论价值投资,首先要明确价值的内涵。格雷厄姆发现了这个问题,但是受限于社会和经济的发展水平,他对内在价值的界定还处在一个比较粗糙和模糊的阶段。即便现在,我们也无法给出一个企业价值的明确定义,很难完全清晰地描述和定义不同的权利组合。基于制度经济学对企业价值的观点,会计只能对企业经营的实质作出一个相对清晰的描述,可以大体上知道究竟是在对什么权利进行估值。这是价值投资的"道",在"道"的基础之上,"术"的问题理解起来就会简单很多。

6.4　企业价值与会计发展趋势

科斯等人提出企业的边界问题后,人们在研究企业时首先要界定企业的边界,这是一个非常复杂的问题。举一个最简单的例子:消防服务是否应该市场化? 2018 年加利福尼亚的山火彻底暴露了这个问题。

在一个消防服务市场化的国家,突然一栋房子着火了,但是产权人无力承担消防费用。如果不及时扑灭大火,那么大火会对周边的邻居和公共资源造成巨大损害。富人会请市场化的消防公司来保护自己的财产和生命安全,穷人应当如何应对火灾的威胁呢? 消防服务是一种有巨大正外部性的特殊商品,是否应该市场化? 中国的消防服务由政府免费提供,美国的消防服务由私人企业提供收费服务。企业的经营活动存在外部性问题,可能是正外部性,也可能是负外部性。外部性存在时企业的期间经营结果应如何计量? 如果不加约束,企业会将正外部性内部化,而将负外部性外部化。比如,企业将工业污染不经处理直接排放到环境中,可以节省一笔可观的污染物处理费,污染的成本由整个社会承担。这种情况下,如何有效地评估一个企业的价值? 消防服务的定价是应当依据消防服务的成本定价,还是应当按照避免的潜在损失进行定价,这其中的差距十分巨大。

从企业的角度看,正外部性带来的经济收益并没有完全流向出资人,因而正外部性不应该纳入所有者权益的考虑范围。从社会的角度出发,企业经营行为的正外部性为社会带来的经济利益应该如何衡量。企业创造了这部分经济收益,但是经济收益没流向资本提供方。外部性带来一个复杂的问题:企业的经营目标是什么? 管理层应以企业价值最大化为目标,还是以所有者权益最大化为目标,还是以社会价值最大化为目标? 会计计量是否要考虑社会价值? 这不但是会计关心的问题,也是估值理论要关注的问题。一般而言,具有正外部性的商业活动很难开展,解决方式主要由政府提供公共产品,或者通过特许经营权来市场化运营。比如教育,既有政府提供的公共产品,也有市场化主体提供的个性化服务。

估值是一个复杂的问题,用估值模型对企业估值时,一定要保证估值方法和估值对象匹配。这和立场有关,也和外部经营环境有关。明白了这些,就不会纠结于哪种估值方法更好。未来会计和估值理论的重大突破应该是在自由现金流估值方法的基础之上,将企业经营活动的外部性纳入计量范畴。技术工具如何设计,目前尚未形成统一看法。部分大型企业已经开始发布社会责任报告,这是一个有意义的尝试。

第7章 财务造假与盈余管理

从证券分析的角度,本章讨论会计信息失真的问题。会计信息失真主要有两个层面的含义:①审计意义上的财务造假,是指形式上违反了会计准则;②证券分析意义上的盈余管理,是指会计未能合理地反映企业的经营实质。现有的会计制度很大程度上保证了形式合规性,而对更为复杂和常见的盈余管理却显得力不从心。本书明确定义:财务造假是指形式上违反会计准则;盈余管理是指在符合会计准则的前提下,通过控制或调整会计收益信息,以达到信息发布主体自身利益最大化的行为。

只知道会计准则并不是高手,知道准则背后的逻辑才是高手。高手对会计的实质有着深刻的理解,知道怎么通过技术性操作重构会计信息。证券分析的主要任务是识别这种会计信息重构的手法。如何识别财务造假对证券分析而言意义不大,财务上出现法律风险都已经是最后阶段了。整体而言,资本市场要相信审计报告的质量,否则无法进行证券分析。会计信息既不是白色的,也不是黑色的,而是灰色的,绝大多数上市公司的会计处理都有盈余管理的痕迹。盈余管理未必不好,但会导致价值评估的失真。证券分析要洞察盈余管理背后的技术手段,仔细评估盈余管理对价值的影响。绝大多数上市公司的财务管理手法都是"阳谋",根本不用阴谋,证券分析工作的重点是如何识别"阳谋"。如果一个公司的财务管理手法是阴谋,那么只能说这个公司的财务负责人和实际控制人会计水平低劣。

限于篇幅,本书不能对《企业会计准则——基本准则》作详细的分析。

本书只提供一个财务信息操纵的整体分析框架,具体细节还要仔细推敲。本书没有详细的会计科目分析,主要阐述财务造假与盈余管理的基本手法。希望读者能遵守一个基本的道德准则:分析盈余管理的手法是为了更好地还原会计信息,揭示企业运营的实质。

7.1 盈余管理的目的及原则

盈余管理是会计的热门研究方向。美国学者威廉·斯科特在《财务会计理论》一书中写道:"盈余管理是指在 GAAP(Generally Accepted Accounting Principle)允许的范围内,通过对会计政策的选择使经营者的自身利益或企业市场价值达到最大化的行为。"盈余管理不违反会计准则,不符合会计准则的会计行为是财务造假,导致盈余管理分析难度很大,同技能还有立场关系密切。比如,审计师在审计活动中的角色与作用一直存在争议。虽然不乏审计机构和上市公司合谋进行会计造假的案例,但是纯粹意义上的财务造假十分罕见。一个成熟的审计师出于自身利益的考虑,可能会在盈余管理上做出很多违背职业道德的事情——不违背法律法规却能获取高收益。审计师无须为此付出任何经济和法律成本。

即便制定更完备的会计准则,也无法杜绝此类事情的发生。证券分析面临的主要问题是如何识别盈余管理,而非财务造假。盈余管理对企业价值的影响非常普遍,而财务造假只是少数极端情况。本章对财务造假和盈余管理进行深入分析,出发点不是行为的动机,而是其表现形式。从学术和监管的角度来讲,动机是制定监管政策的依据,无助于微观估值。在承认盈余管理普遍存在的同时,从盈余管理的手法入手,提出解决问题的办法——这是一种无奈之举。

企业盈余管理的形式多种多样,本章将利润的虚增作为主要讨论对象。无论采用何种手段,财务造假和盈余管理都必须形式合规,要遵守会计恒等式:资产＝负债＋所有者权益。无论如何操作,最后的资产负债表必须恒等。如果恒等关系不成立,那就不是财务造假和盈余管理,而是会计差错,这种报表不可能通过审计。

盈余管理常见于委托代理问题严重的公司。董事会一般会为管理层设定量化考核指标,核心指标一般是"会计利润"。管理层基于自身利益诉求在会计准则允许的范围内(甚至有时会突破会计准则的约束)对会计利润进行调节。这种调节本身符合会计准则要求,但却不合理,报表无法准确反映企业的经营活动,这是会计的灰色地带。审计部门更关注会计的形式合规性,但证券分析更关注实质合理性——不能低估市场效率。比如,无现金流的利润扩张,市场可能并不会给估值(参考 9.5 小节)。证券分析人员要对此类盈余管理手法有清醒的认知,才能避免犯错——利润增速和股价并不存在相关关系。

外部环境压力也可能促使管理层出于自身的利益诉求进行盈余管理。压力有时来自债权人,有时来自监管层,也可能来自外部舆论压力等。这种情况导致的盈余管理比较复杂,管理层会基于某种特定目的重构会计信息。比如,为了降低资产负债率而隐瞒表外负债;为完成规模考核,管理层以企业规模最大化为经营导向,以牺牲利润和现金流为代价。利益主体诉求的多元化,导致会计信息呈现出不同的外部特征。本书不关心利益主体多元化的诉求,将重点放在会计信息的呈现形式上,核心是微观主体的盈余管理手法和机制。

会计操纵本质只有两种形式:空间维度的资源再配置,时间维度的资源再配置。前者无非就是关联交易、虚假交易等;后者多存在于会计确认环节,收入提前确认、少计当期费用等。利润不可能无中生有:要么是另外一个主体的利益受损,要么是把未来的资源确认到了现在,除此之外别无他法。会计师要么向别人"借",要么向未来"借"。

财务造假和盈余管理要在形式上遵守现行会计准则。会计不是数学,很多会计科目存在主观估计成分,这给财务造假和盈余管理提供了操作空间。同时,不同的利益相关方会有不同的立场,当一个问题既可以这样处理也可以那样处理的时候,最后一定会以符合自身利益的方式进行处理,目的不纯的人会利用会计准则留下的弹性空间损人利己。由于会计恒等式不能被破坏,所有的会计操作手法最终都会落实到会计恒等式的约束上。

7.2　财务造假四小法

为了虚增利润,损益表要么虚增收入,要么虚减费用,除此之外别无他法。虚增的利润在会计期末要结转到资产负债表权益项中,如何才能保证资产负债表平衡呢? 会计师需要找到一个资产科目来处理"虚增"的利润。通常用现金流来区分这些科目,以对此类行为进行分类。

根据现金流入、流出的方式不同,本书将财务造假分成四类,如图 7.1 所示。

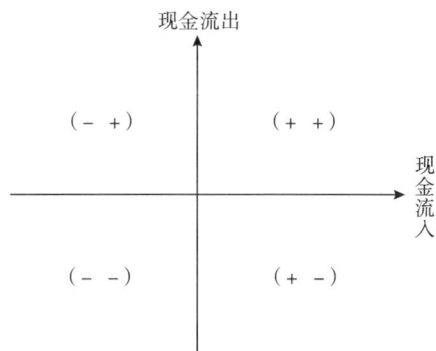

图 7.1　财务造假四小法

(1)虚增利润既没有现金流入,也没有现金流出,虚增的利润最后计入资产负债表的应收类科目。

(2)虚增利润有与之匹配的现金流入,但是没有现金流出,虚增的利润最终计入了资产负债表的现金科目。此时,现金是真的假不了、假的真不了。假的资金无法使用,导致与之对应的利息收入明显偏低。与此同时,为了满足企业正常经营所需的资金,企业必然会大量借贷,造成"高存高贷"的现象。

(3)虚增利润没有与之匹配的现金流入,却有现金流出,需要强调这往往不是财务造假,而是"买"利润。比如,工程公司为了让利润高增长,大规模地接手工程项目,上游采购成本无法拖欠导致现金流出;下游收入按照完工百分比法确认,回款缓慢。这导致经营性现金流很差,企业现金科目可能会快速萎缩。

(4)虚增利润既有现金流入,也有现金流出,这种情况比较普遍。现金流入容易理解,但是又有现金流出怎么理解呢? 如果现金科目不想造假,那么现金必须以某种形式流出去。要求现金流出的会计处理不能对会计利润造成负面影响,并且流向的会计科目审计难度大。最后,要么是通过经营性现金流流出,要么是通过投资性现金流流出,二者没有本质区别。第一种情况将虚增的利润放在了存货里,第二种情况将虚增的利润放在了固定资产里。

常见的财务造假方式有如下四种。

1.要利润,不要现金流

这是最简单的财务造假模式,非常好识别,但是不好下结论。一笔交易有收入却没有现金流入,结果是应收账款增加,虚增的利润被隐藏在了资产负债表的应收账款科目下。正常经营的企业也会出现这种应收账款大幅增加的情况,因而无法直接给出"财务造假"的结论。

这类案例比较常见。虽然识别很简单,但是在没有确实证据的情况下,很难指责公司财务造假,公司完全可以说这是促销策略。A 股上市公司中这类案例非常多。以应收账款周转天数大于 365 天为条件检索全部 A 股,2018 年报的数据显示,有 112 家公司的应收账款超过当年收入。有些公司的应收账款也许是真的,但也可以肯定有些是假的,最著名的案例莫过于银广夏了。

银广夏全称为广夏（银川）实业股份有限公司，宣称其生产的某种萃取物产品卖给了德国某公司。即便不考虑物料、工艺、水电能耗、报关单等外部证据，根据事后披露的信息，审计程序存在重大问题。询证函流程出现错误，注册会计师未能有效执行应收账款函证程序。审计过程中，将所有询证函交由公司发出，并未要求公司债务人将回函直接寄达注册会计师处。2000 年审计师发出 14 封询证函，未收到一封回函。应收账款无法执行函证程序，审计师在运用替代程序时，未取得海关报关单、运单、提单等外部证据，仅根据公司内部证据便确认了公司应收账款，违反了《独立审计具体准则第 5 号——审计证据》的相关要求，审计流程没有严格遵循审计规定。这不是审计师个人能力和经验的问题，更应了吴毓武教授的那句话：会计是假设、准则是游戏、披露是关键、审计是生意。在风险暴露之前，银广夏的财务就已经出现问题了，但是投资者对此视而不见：1997—2000 年，应收账款占销售收入的比重分别为 74.69%、53.20%、118.12% 和 262.58%。企业宣称所卖产品非常高端，它拥有完全的卖方市场和绝对的定价权，净利润率近30%，却需要至少 6 个月的回款周期，最后发展到要 2.5 年才能收回账款，这不符合商业逻辑。外部投资者即便无法确认公司财务造假，单单从风险和估值的角度，银广夏就不应纳入研究范围。投资者不需要像财经记者一样，花费巨大的时间成本去证明一个无法带来收益的股票。

如何快速地界定公司是否财务造假呢？公司的财务质量是否可以让证券分析人员快速作出是否进行深入研究的决定呢？这涉及会计信息质量的识别。应收账款的大幅增加肯定"不好"，但应收款的大幅增加只是这类会计造假的必要条件，而非充分条件。这类造假必然会导致应收款的大幅增加，但是不能因为应收款的大幅增加就认定企业造假。比如荣信股份，公司2012—2014 年的应收账款规模都超过其当年收入，但是不能认为公司财务造假，这是公司治理构架改革所导致的必然结果。从实践角度看，应收款的大幅增加至少会带来估值下降的风险(参见第 9 章 9.5 小节)。第 9 章会进一步介绍荣信股份的治理结构和战略是如何影响公司财务的,可以从管理会计的角度给出风险预判。

最后,介绍一个有意思的会计科目:其他应收款。在此单列讨论的原因是:此科目经常成为大股东占款挂账的主要科目。大股东占款在 2000 年以后非常普遍,有学术研究表明:证监会 2002 年底对 1 175 家上市公司进行普查,发现存在大股东占款状况的上市公司共有 676 家,平均每家上市公司被占资金高达 1.43 亿元。截至 2003 年底,根据深圳证券交易所的统计,在深交所 506 家上市公司中,出现大股东巨额占款状况的共有 317 家。一个典型案例就是阿继电器,现在已更名为佳电股份。

2004 年 7 月,阿继电器首次披露了大股东占用资金的情况。2006 年 2 月公司通过自查了解到,1998—2004 年间,阿继集团向银行贷款共 17 笔,贷款总额为 2.1437 亿元,同时在阿继集团财务中记账。阿继电器与其大股东之间一直存在"季初借用,季末归还"的财务操作,大股东占款一直未在财务报表中体现,直到 2003 年大股东借钱不还的行为戳穿了自己主导的小把戏。2003 年,阿继电器将 2.65 亿元资金提供给大股东阿继集团,到期时阿继集团仅归还了 3 100 万元。2004 年阿继电器半年报中,其他应收款猛增至 2.35 亿元,其中阿继集团占款就高达 2.19 亿元。遇到公司治理结构有问题、大股东体外资产庞大的情况,一旦出现其他应收款大幅增加的信号,投资者就需谨慎对待。如果审计师经验丰富,那么这种"季初借用、季末归还"的小把戏,还是会在银行流水上看到明显痕迹——虽然在资产负债表上不会体现。这其中审计师的职业道德操守值得怀疑。

2.要利润,又要现金流入

第一种造假方法,很容易被资本市场识别出来,应收账款可能成为审计师重点审计的对象。鉴于应收账款是一种债权,审计师如能严格按照审计流程,通过向债务人发询证函、现场实际考察等方式,一般都可以戳破这类骗局。

有些公司虚增了利润，又有现金流入，但是没有现金流出。这些公司可能是因为同银行合谋，可能是和审计合谋，最后拿到了虚假的银行账户资金证明，将虚增的利润隐藏在现金科目中。难道银行里究竟有多少钱都审计不清楚？如果审计师能严格遵守审计流程，那么在银行不协助的情况下，上市公司很难在现金科目上造假，但是也不是没有这种可能。公司虚构一个银行营业网点，搭建一个假网银客户端，通过假快递邮寄询证函等，都可以对现金科目进行造假。千万不要觉得现金科目造假规模不大，现金科目造假要么不做，要做就是大案。即便没有上述情况，也存在一种可能：在审计时间节点，资金余额可以通过短期拆借暂时弥补，并隐瞒负债。如果审计机构严查资金流水，那么理论上可以从现金流中找到相关的蛛丝马迹。

2018—2019 年，一批上市公司往往账面上有十几亿、几十亿现金，却还不了几亿元的债务，甚至连分红款都拿不出来。比如，康得新和康美药业两家公司，前者手握 150 亿元现金，却还不上 10 亿元的债券；后者被公开报道不到三个月就被证监会正式立案调查，公司在备受质疑后又拖了近四个月。2019 年 4 月康美药业正式承认财务造假，账面上近 300 亿元现金不翼而飞。公司是典型的长期财务造假，将虚增的利润放在了现金科目里。其中涉及的具体流程和手法，目前没有官方结论，其中的细节和目的很难说清楚，只能猜测公司虚增利润的目的是做高股价。董事长通过质押股票得到资金，在体外买入自己的股票，希望能借此形成股价的良性循环。

这类财务造假识别的核心就是抓住"现金"是假的这一点。随着利润造假的进行，导致账面"现金"越来越多。既然利润是假的，那么"现金"怎么可能是真的？假的现金不能用，会出现两个问题：①假的现金不能带来利息收入，没人会让大量现金放在账面上而不作任何资金管理；②假的现金不能用，为了维系企业日常的生产经营活动，必然要大量借贷，往往存在"大存大贷"的问题。以这两条来审视康美药业：①康美药业 2017 年账面上有 300 多亿现金,但是短期借款和长期应付债券合计近 200 亿元,这显然有问题,和行业特征不符;②财务费用对不上,公司 2017 年财务费用 9.69 亿元,但其结构问题明显。康美药业 2017 年财务费用附注如表 7.1 所示。

表 7.1 康美药业 2017 年财务费用附注

单位:元 币种:人民币

项 目	本期发生额	上期发生额
利息支出	1 215 607 122.63	866 580 066.14
利息收入	−269 468 711.33	−181 268 747.96
贴现利息	2 344 990.00	3 960 792.92
手续费及其他	3 646 807.63	7 120 122.80
财务顾问费	216 986.30	
短期融资券手续费	16 917 680.77	25 460 757.50
合计	969 264 876.00	721 852 991.40

康美药业利息支出还算正常。康美药业长、短期负债合计 200 亿元,利息支出12.15亿元,综合负债成本约 6% 较为合理。问题在于康美药业账面现金 300 亿元,利息收入却十分低。即便做银行理财,300 亿元现金一年的利息收入也会有约 10 亿元,利息收入明显低于正常水平是一个重大风险。对于康美药业这类大存大贷的公司,只看财务费用不行,需要关注附注的财务费用结构。

康得新的财务造假手法类似。2017 年康得新账面留存 185 亿现金,但是又有 100 亿左右的长、短期借款。2017 年康得新的财务费用是 5.5 亿元,其结构如表 7.2 所示。

康得新 100 亿元负债,利息支出约 5.77 亿元比较合理。185 亿账面现金的利息收入只有 1.67 亿元存在重大问题,不足 1% 的利息让人严重怀疑其资金管理模式。如果康得新的资金利用效率真这么低,那么财务总监基本可以考虑辞职了。

表 7.2 康得新 2017 年财务费用附注

单位:元 币种:人民币

项 目	本期发生额	上期发生额
利息支出	577 163 834.87	375 012 897.99
减:利息收入	167 339 650.31	88 827 649.27
汇兑损益	116 213 597.01	−96 208 566.06
手续费	27 233 202.61	32 460 476.86
融资费用	—	4 863 297.29
其他		2 513 139.25
合计	553 270 984.18	229 813 596.06

综上所述,此类财务造假核心只有一个:虚假的现金资产无法带来收益,不论这个收益是直接的利息收入,还是间接地用于生产(假的现金无法用于生产,为了满足生产需要只能借,进而导致大存大贷)。最终导致不合理的财务费用结构以及大存大贷现象。

3.要利润,要现金流入,也要经营性现金流出

是否有办法将资金挪出现金科目,不让资金堆积在现金科目中呢? 将财务造假虚增的利润放在现金科目里是水平最低的一类造假手段;将财务造假虚增的利润放在应收账款科目里,短期无法判断公司是否财务造假。随着现金管理制度的完善,将财务造假虚增的利润放在现金和应收账款科目中不易操作,那么放在别的资产科目里会不会更好?"赚"来的钱不能放在现金科目里,必须花出去,现金的流向是选择费用性科目好,还是选择资本性科目好? 通过造假得到的利润不可能通过费用性科目流出,这会导致利润下降。一般而言,企业会选择资本性开支,将虚假的现金从现金科目中挪走。企业可以选择"经营性现金流流出"或者"投资性现金流流出"。目的

是将虚增的利润变一种方式隐藏,增大审计难度。企业如果选择"经营性现金流流出",一般会将现金转移到存货——因为某些行业的存货无法盘点或者容易灭失。存货好盘点的行业,一般不会利用存货进行财务造假。比如,房地产企业能在存货上造假吗? 房地产企业的存货容易盘点,可能部分企业存在数量上的管理,但是没有企业可以把不是自己的楼盘说成是自己的楼盘。

此类造假手法将虚假的利润放在了存货科目中。通过经营性现金流支出现金的最好办法就是虚假采购,但是采购的东西是假的,导致虚假存货越来越大。存货不可能无限制地扩大下去,在特定时点存货一定要很容易灭失,或者不容易盘点。比如,种的树一场干旱没了,养的龟被水冲走了,海底的扇贝被冷水团冻死了,甚至不排除服装公司的存货突然有一天着火了。这些手法的具体细节不作详述,涉及具体的资金循环、票据和交易对手等问题。供应商不一定都会配合公司进行财务造假,很多情况下都是关联方造假。具体的会计细节往往和公司的经营环境密切相关,财务造假绝非对财务准则的生搬硬套。

这类财务造假的识别相对容易,分析人员需要警惕三个特征:①存货不好盘点或者容易灭失的公司,遇到这类公司,分析人员需要提高警惕,常见于农业和养殖类企业;②净利润含金量低的企业,企业本身没赚钱,但又需要通过采购流出真金白银,结果必然是经营性现金流净额占利润的比重偏低;③会导致存货越来越多,存货周转率持续下降。存货太多之后,企业就会有资产减值的压力,存货累积到一定规模,需要彻底地清洗财务数据。需要注意,从逻辑上来说,以上三点只构成财务造假的必要条件,无法构成充分条件。

虚构一个故事:2018—2019 年猪瘟爆发中,存栏肥猪大量死亡,存栏量大幅下降。部分上市养猪企业的出栏量没有受到疫情的重大影响,出栏量受影响小,但是生猪价格上涨得快。企业的解释是:严格的管理和防疫工作使得公司的生产经营活动未受疫情影响。此时，为了防疫工作外部陌生人根本无法进入猪场；公司的猪场又分散在全国各地，审计师不能逐个实地审验。就算实地审计了，审计师又能看出来什么呢？完全可以让附近的养殖户临时把猪赶过来，企业帮农户喂几天，还不收钱。审计师现场一看，猪的数量没问题。等出栏时，体外资金把农户的肥猪买过来，在公司的猪圈里饲养三天后出栏，企业的出栏量不受疫病影响，利润持续攀升。这个过程中，实际控制人拿股票质押的钱来补贴上市公司的当期利润，市值大幅上涨，弥补亏损。审计师又能看出来什么？难道每头猪都去检验DNA？养猪企业这波猪瘟过后，必然会出现一些奇怪的财务操作，具体是谁就很难说了。

4.要利润，要现金流入，操纵投资性现金流出

此类手法类似于通过存货科目进行利润操纵，只是将虚增的利润转移到固定资产科目中，通过固定资产投资将现金支出。这类财务造假的识别要把握住一个基本原则：假的固定资产不可能产生收益，会导致固定资产周转率明显下降。固定资产的灭失一般相对困难，除非生物性资产。生物性资产即便是死了，也得找到尸体，除非尸体都找不到。通过此类手法造假的企业，一般特征是固定资产不好盘点，价值难以确定。固定资产造假的案例不是特别多，有一个案例可供参考。港口行业主要的固定资产都在水下，曾经锦州港的造假就是在固定资产上动了手脚。那些资产比较重的化工行业也存在类似风险，本身生产设施投资巨大，生产风险高。通过固定资产科目造假，一个天灾或者人祸，固定资产灭失也就是一场事故。一个装置爆炸，所有的问题都解决了。

当时对锦州港的质疑主要集中于固定资产周转率，锦州港固定资产周转率(0.21)远低于同为环渤海港口的营口港(0.6)和天津港(0.67)，公司的固定资产周转率明显异常。锦州港的在建工程和固定资产多在水下，审计师难以审计。最后，公司收到财政部下达的《关于锦州港股份有限公司的行政处罚决定》："公司对在建工程确认不准确，1998—2000年多列资产11 939万

元(实际虚增资产超过 4 亿元)。"2003 年,锦州港追溯调整了以前年度存在的重大会计差错,分别调减 2000 年净资产 4.66 亿元、2001 年净资产 5.01 亿元及 2001 年净利润 3.54 亿元。

识别这类财务造假相对困难,分析人员必须对公司所处的行业有一定的认知,要知道多少固定资产对应多少产出。固定资产和实际产出之间还涉及产能利用率,企业完全可以宣称产能利用率不足导致了固定资产周转率低。能通过固定资产进行财务作假的公司,一般也很难被抓住把柄。

此类财务造假,现金通过投资性现金流支出,企业的经营性现金流不受影响,盈利质量不存在问题,只能依赖固定资产的产出效率进行必要性判断。

以上四种财务造假手法都是将虚增的利润放在资产的某个科目里。一般来说,货币资金、应收账款、存货和固定资产这四个科目金额较大,比较容易隐藏这些无处安放的虚假利润。识别以上四类财务造假的根本原则只有一条:虚增的资产无法给企业带来经济利益流入。这部分所谓的"资产"已经不符合会计资产的定义了——无法预期给企业带来经济利益流入。这种情况下,只需要找出这类资产所对应的收益项,进行细致的分析,基本能找出财务问题所在。

但是,又产生了一个新问题:虚增利润的来源是虚增收入,还是虚减费用呢? 上文根据虚增利润的去向对财务造假进行了分类,下文则根据虚增利润的来源和去向重新分类盈余管理——盈余管理是一种比财务造假更为普遍的现象。

7.3　盈余管理四大法

盈余管理不违反会计准则,会计师在准则范围内,充分利用会计准则赋予会计师的权利进行盈余管理,以满足利益相关人的诉求。本节介绍的盈余管理不能称为财务造假,这是在会计准则允许的范围内进行会计调整。将盈余管理按照虚增利润的来源和去处进行划分,分为四类,如图 7.2 所示。

	资产 ↑	负债 ↓
收入 ↑	1. 虚增货币 2. 虚增应收 3. 虚增存货 4. 虚增固定资产 ……	1. 减少预收 ……
费用 ↓	1. 费用资本化 2. 递延所得税资产 3. 资产计提 4. 折旧调整 ……	1. 递延所得税资产 2. 延迟履行承诺义务 3. 债务减计 ……

图 7.2　盈余管理四大法

将利润虚增的来源区分为收入的虚增和费用的虚减,有两种方式来保持资产负债表的恒等:①采用虚增资产的方式配平资产负债表;②以虚减负债的方式配平资产负债表,这是基本的会计原理。下面重点讨论在具体的会计实践中,如何应用这些基本原理。

1.虚增收入,虚增资产

上节讨论的财务造假四小法是这类盈余管理手法的一种情形,但并不是所有的虚增收入、虚增资产都是财务造假。收入在会计准则中较难出现估计项,有相对严格的认定标准。一般来说,收入的确认和计量都有外部证据,主观估计的成分不大。这部分虚增如上小节所示,一般会放在现金、存货、应收账款或者固定资产中,可根据行业的具体情况来决定如何隐藏虚增的利润。虽然此类财务造假必然会导致上述资产科目异常,但是上述资产科目的异常并不能判定为财务造假。盈余管理很常见的一类情形就是收入被合法地高估了,并将当期高估的利润存放在上述资产科目中,但一般会在后续的会计周期内调整回去。

对此类盈余管理手法作一个补充，涉及递延所得税资产科目。可结转以前年度未弥补亏损等项目的估价备抵变动会强烈影响递延所得税资产，从而影响当期利润。比如，吉化集团在 2000—2002 年连续 3 年出现巨额亏损，2003 年扭亏，2004 年继续盈利。公司以"按照目前公司产品的价格水平，管理层预计上述亏损可在未来 5 年内弥补"为由，确认税务亏损引起的递延所得税资产。由于递延所得税资产的延迟确认，贷记所得税费用约为 5.33 亿元。因为有约 1.67 亿元递延所得税资产的转回，导致吉化集团 2004 年账面净贷记所得税费用约为 3.66 亿元。很明显，吉化集团 2004 年的利润虚增了 1.67 亿元。这虽然符合会计准则，但在估值过程中会误导投资者。

2.虚增收入，虚减负债

此类盈余管理常见于以预付款形式消费的行业。比如，美容美发、教育、会员卡充值等提前预存金额消费的行业。这种模式下，收入的不恰当确认是盈余管理的主要手法。当收到客户预付款时，由于企业并没有提供相应的服务，这时并不能直接将预付款作为收入确认，只能计入预收账款。由于提供相应服务的成本并没有发生，所以如果此时不恰当地确认收入，那么就容易造成当期利润的虚高。

在实际经营中，如何确认收入实际上非常复杂。比如，一张有效期一年的 50 次健身卡，到底是应该按照时间比例来确认收入，还是应该按照实际使用次数来确认收入呢？如果预付卡章程里还有可退款条款呢？企业在实际操作过程中会有收入确认的具体规则，但是这很可能是有利于企业的一种主观选择。确认收入的过程会导致权益增加，同时相应的负债科目——预收款会减少。

这种模式下，非常容易发生消费纠纷。权责发生制并不能完美解决收入确认的问题，权责发生制只是一种人为约定，现实中权利和责任是否发生都很难界定，更何况收入。这种模式类似传销，其中的风险不到崩盘说不清楚。如何有效地进行外部监管,是这类行业必须面对的问题。

3.虚减费用,虚增资产

这是最为常见的盈余管理手法。为了夸大当期损益,企业往往会通过不恰当的费用确认方式来虚增利润,最为常见的手法是不恰当的费用资本化。

费用资本化主要有两种形式:①研发费用的资本化;②利息费用的资本化,二者都有严格的规定。关于费用资本化,前文介绍过一个概念:费用就是资产,资产就是费用,资产和费用的区别只是会计确认方式有所不同。一类重要的隐性费用资本化是资产该减值却不减值。资产减值科目放在损益表中,和费用并列。处理资产减值时,公司可能出于某些目的经常不进行充分的资产减值。最重要的资产减值科目是权利可能丧失的情形,常见于应收账款、存货和商誉。

应收账款的大规模减值是财务造假的常用手段,有些情况下存货减值可能比较好,然而不是所有企业的存货都容易灭失,而且灭失之后无据可查。这种情况下,公司就会利用应收账款减值进行盈余管理。流动资产项下,存货高和应收账款高的企业都应引起注意。如果一个公司通过盈余管理积累了过多的应收账款和存货,为了不因资产减值影响当期利润,那么其减值的比例一般都会设置得比较小,然后在某一年一次性减值。这种手法很隐蔽,其特征是资产减值标准不具有前后一致性。这种情况下利用虚减费用、虚增资产的方式进行盈余管理,本质上和前面讲的四种财务造假方法类似,只是进行了细分。比如,神雾环保 2017—2018 年的资产减值数据,如表 7.3 所示。

表 7.3 神雾环保资产减值数据

单位:元

项　　目	本期发生额	上期发生额
一、坏账损失	673 615 833.95	178 631 668.06
二、存货跌价损失	290 157 427.33	−3 523 252.59
三、可供出售金融资产减值损失		11 716 705.72
九、在建工程减值损失		11 762 630.66
十四、其他	76 627 524.00	28 262 215.86
合　计	1 040 400 785.28	226 849 967.71

　　神雾环保 2018 年的收入只有 5 000 万元,财务存在巨大的风险。2019年 5 月,公司收到了证监会的立案调查通知,原因是信息披露违规。具体内容可以等到神雾环保的正式调查结果出炉之后,再作详细分析。

　　通过商誉减值的方式做盈余管理更为常见。2015—2016 年史无前例的大并购浪潮之后,商誉问题在 2018 年集中爆发,可举案例数不胜数,最为典型的便是天神娱乐。该公司 2017—2018 年的部分资产减值数据如表 7.4所示。

表 7.4 天神娱乐资产减值数据

单位:元

项　　目	本期发生额	上期发生额
一、坏账损失	174 689 745.26	35 767 933.91
三、可供出售金融资产减值损失	1 055 173 17.13	24 150 000.00
五、长期股权投资减值损失	1 007 933 534.44	4 256 784.72
七、固定资产减值损失	57 633 725.60	
十三、商誉减值损失	4 059 623 426.20	30 378 907.77

续表

项　　目	本期发生额	上期发生额
十四、其他	20 191 781.80	
合计	6 375 245 730.43	94 553 626.40

　　天神娱乐 2018 年收入 26 亿元,资产减值规模是 63.75 亿元,主要包括三项资产减值:可供出售金融资产、长期股权投资和商誉减值,三项合计超过 60 亿元。虽然商誉列示在资产科目中,但其本质是待摊费用。前期报表因不充分的资产减值导致过往利润被高估了。

　　不能据此认为企业财务造假,这符合会计准则的规定。为什么当年企业不减值?资产减值本身就是一个估计科目,这无可厚非。天神娱乐 2017 年报中审计师出具的审计意见如表 7.5 所示。

表 7.5　天神娱乐商誉审计的问题

项目	关键审计事项	审计中的应对
商誉的确认与计量	报告期天神娱乐公司通过非同一控制下企业合并方式,合并北京幻想悦游网络科技有限公司(以下简称"幻想悦游")、北京合润德堂文化传媒有限责任公司(以下简称"合润传媒")、嘉兴乐玩网络科技有限公司(以下简称"嘉兴乐玩"),因上述合并事项合计增加天神娱乐公司商誉 3 884 247 648.24 元,占报表日资产总额的 26.97%。 　　根据《企业会计准则第 20 号——企业合并》:"购买方对合并成本大于合并中取得的被购买方可辨认净资产公允价值份额的差额,应当确认为商誉。"商誉的确认、计量、列报的准确性对财务报表具有重要影响,因此,我们将商誉的确认及计量确定为关键审计事项	(1)我们评估和测试了天神娱乐与企业合并相关的内部控制制度设计和执行的有效性; 　　(2)对天神娱乐确定幻想悦游、合润传媒、嘉兴乐玩于购买日可辨认资产和负债公允价值时的确定过程与结果执行复核程序; 　　(3)评价天神娱乐在确定购买日可辨认资产和负债公允价值时聘请的估值专家的胜任能力及其独立性; 　　(4)与天神娱乐管理层及估值专家讨论满足可辨认性标准无形资产的范围、分类及估值技术,以评估无形资产确认是否完整,公允价值估值是否合理

续表

项目	关键审计事项	审计中的应对
商誉减值测试	截至2017年12月31日,天神娱乐合并财务报表中商誉的账面价值为6 541 432 761.15元。根据《企业会计准则第8号——资产减值》的规定,管理层需每年对商誉进行减值测试,并依据减值测试的结果调整商誉的账面价值。 商誉减值测试的结果很大程度上依赖于管理层所做的估计和采用的假设,例如对资产组预计未来现金流量和折现率的估计。该等估计受到管理层对未来市场及对经济环境判断的影响,采用不同的估计和假设会对评估的商誉之可收回金额产生很大的影响,因此,我们将其列为关键审计事项	我们实施的审计程序包括: (1)我们评估和测试了天神娱乐与资产减值测试相关的内部控制设计和执行的有效性; (2)我们与管理层及其聘请的外部估值专家讨论商誉减值测试的方法,包括与商誉相关的资产组的认定,进行商誉减值测试时采用的关键假设和方法等; (3)评价管理层聘请的外部估值专家的专业胜任能力和独立性; (4)复核管理层减值测试所依据的基础数据,包括每个资产组的未来预测收益、现金流折现率等假设的合理性及每个资产组盈利状况的判断和评估; (5)复核管理层确定的商誉减值准备确认、计量及列报的准确性

审计师注意到了天神娱乐存在的问题,在关键审计事项中,一共提出了三个问题:第一点是收入;第二点和第三点都是和商誉有关的事项。审计师也明示了如何应对这种关键事项审计。有意思的是下面这段话:

管理层对其他信息负责。其他信息包括天神娱乐2017年度报告中涵盖的信息,但不包括财务报表和我们的审计报告。

我们对财务报表发表的审计意见不涵盖其他信息,我们也不对其他信息发表任何形式的鉴证结论。结合我们对财务报表的审计,我们的责任是阅读其他信息,在此过程中,考虑其他信息是否与财务报表或我们在审计过程中了解到的情况存在重大不一致或者似乎存在重大错报。

　　基于我们已执行的工作,如果我们确定其他信息存在重大错报,我们应当报告该事实。在这方面,我们无任何事项需要报告。

　　这几乎是所有上市公司审计报告中都有的一段话,这段话清晰地表明:①审计只负责审计意见和财务报表;②不对其他信息发表鉴证结论;③审计的作用是确保其他信息和财务报表信息的一致性,或者指出其他信息存在的重大错报。商誉减值测试在评估中所依据的关键信息其实就是管理层怎么说、怎么算,这些估计信息很难在当期证实或者证伪。从审计角度,这无可指责。如果仅依据会计表观数据做投资决策,那么只能说投资人有问题。从审计的角度会计信息强调形式合规,而投资注重的是实质合理,形式合规和实质合理之间存在巨大的灰色空间。能否通过财务报表看透灰色地带的迷雾,是审计和证券分析最大的不同。黑色、灰色和白色之间是一个渐变过程,没有一个明确而清晰的界线。

　　4.虚减费用,虚减负债

　　这类案例并不常见。负债作为债务人的义务,公司如何隐藏呢？如果审计师发询证函,那么债权人不可能冒着自己利益受损的潜在风险来隐藏债权。如果交易对手破产或者出现政策调整,导致不需要履行债务义务,那么公司负债偿还义务的灭失可能导致公司利用这类方法来虚增利润。除了一般债务科目,递延所得税是一个很有代表性的科目。

　　根据《企业会计准则第 18 号——所得税》,从资产负债表出发,通过比较资产、负债账面价值与计税基础,将所产生的应纳税额暂时性差异和可抵扣暂时性差异,分别确认为递延所得税负债和递延所得税资产。这是递延所得税负债、递延所得税资产的定义。

　　递延所得税负债是指根据应纳税暂时性差异计算的未来期间应付的所得税金额。递延所得税负债由应纳税暂时性差异导致,对于影响利润的暂时性差异,确认递延所得税负债应该调整"所得税费用"。例如会计折旧小于税法折旧，导致资产的账面价值大于计税基础，如果产品已对外销售，那么就会影响利润，递延所得税负债应该调整当期所得税费用。如果暂时性差异不影响利润，而直接计入所有者权益，那么确认的递延所得税负债应该调整资本公积。例如可供出售金融资产按照公允价值来计量，公允价值升高了，会计上增加了可供出售金融资产的账面价值，并确认资本公积。因为不影响利润，所以确认的递延所得税负债不能调整所得税费用，而应调整资本公积。

递延所得税资产是当期交给政府的实际税收支出比账面核算出来的要多，以后可以抵扣——但是需要有利润可以抵扣，否则过期就作废，这是一项权利；递延所得税负债就是当期实际缴纳的税费比会计上确认的要少，以后要补缴，因此形成了递延所得税负债。递延所得税负债是一种税收义务的推迟履行——如果能一直推迟下去，那么是不是就不用缴纳了？答案是肯定的，美国的"1031 法案"就是这样的一个制度设计。举一个例子，一个上市公司会计上确认的折旧费用（直线法）是 100 万元，营业利润是 500 万元，税率是 25％。企业按照会计报表当期应该缴纳的所得税费用是 500×25％＝125（万元）。税法允许加速折旧，在给税务部门提供的报表中可以列支 200 万元的折旧费用，报上去的应税"利润"变成了 400 万元，实际缴纳的税款是 100 万元。加速折旧比直线折旧快，未来总有一个时间会导致加速折旧额小于直线折旧额，那时就要多交税了。公布的财务报表应缴 125 万元税款，而实际缴纳 100 万元，这其中的差额确认为递延所得税负债——未来企业要承担的纳税义务。

递延所得税负债对财务报表的利润影响是什么呢？这种处理方法下，递延所得税负债并不能改变企业的账面会计利润，只能改变现金流。这部分迟交的税款企业可以用来投资。实际上并没有这么简单，在递延所得税负债上可能出现企业义务的灭失，A 股最近的一个例子就是纳思达。

纳思达收购美国利盟之后，2016 年底账面上有 122.29 亿美元的递延所得税负债,而 2017 年底递延所得税负债只有 18.51 亿美元了。公司 2017 年的损益表显示,公司的利润总额亏损了 29 亿美元,但是所得税费用是－44 亿美元,最终盈利了 14 亿美元。所得税费用是负数,主要源自美国的税改。简单理解就是:递延所得税负债是财务会计和税收会计的差额,本应交给政府的税收因为计税差额的原因,导致纳税义务要在未来履行,导致企业"欠"政府的税收。美国政府降低了企业的所得税税率之后,按照规定递延所得税负债需要根据新的税法重新调整,这导致 2018 年的递延所得税负债大幅减少(税收义务在很大程度上免除了)。同时,企业的所得税费用变成了负数——主要是由于递延所得税负债减少冲回,导致企业利润由 29 亿美元亏损变成 14 亿美元盈利。这部分利润不改变企业的现金流,但是会计利润增加了,对应的是递延所得税负债金额的减少。

"1031 条款",也被称作"1031 财产对换"或"同类财产交易",是美国国家税务法第 1031 条款的规定。在法律条文的定义下,此类交换意味着"如果交换的房产用于商业性使用,并且用于交换类似的资产,那么交换过程中的资产利益得失不予承认,不用缴纳其过程中产生的资产利得税"。换言之,只要卖家在出售原有房产后购买价值更高或等值的房产并且用于商业目的,就可以使用这一法条。假设公司 5 年前花 100 万元购入一套房产,现在卖出房产得到了 150 万元现金,只要在规定的时间内购买不低于 150 万元市值的房子,那么这 50 万元应纳税额就可以递延,暂时不用交税。如果一直滚动投资,那么增值部分就可以一直不用缴税,报表上就会出现大量递延所得税负债。经过多年积累,一旦政府改变税率,那么欠缴的税款会按照较低的税率追溯调整,确认一次性收益。

债务灭失还可能源自产业政策的调整,漳泽电力就是一个典型的案例。漳泽电力 2012 年的营业利润亏损 4.38 亿元,但是突然出现了 4.52 亿元的营业外收入,公司利润勉强变正。公司在 2010 年、2011 年已经大幅亏损,再亏损就有退市的风险。公司要做盈余管理,其手法就是调减负债,具体做法如下。

　　漳泽电力 4.52 亿元营业外收入主要由两部分构成:政府补助 1.75 亿元,其他 2.62 亿元。其中政府补助主要是9 000万元的一次性贷款利息补贴和豁免电力能源基金7 130万元。2012 年 12 月 7 日公司收到政府补贴公告称:对该公司 2001—2003 年应缴山西省财政"地方电力建设基金"7129.76万元予以豁免。这是 10 年前代收的一笔钱,一直挂在其他应付款科目上,这个其他应付款在 2012 年报中并没有详细披露,但在 2004 年报中,第 67 页披露的内容如表 7.6 所示。

表 7.6　漳泽电力其他应付款

单位:元　币种:人民币

应付单位名称	金额	未付款原因	性质
省财政厅	71 297 554.89	尚未支付	能源基金
山西光华电力工程有限公司	5 236 445.20	按照合同还未支付的工程款	工程款
运城市财政局	4 201 727.00	尚未支付的超标排污费	排污费
山西建筑工程(集团)总公司电力工程分公司	1 837 979.48	按照合同还未支付的工程款,2004 年 12 月发生	工程款
北京国电智深控制技术有限公司	1 576 000.00	按照合同还未支付的工程款,2004 年 12 月发生	工程款

　　一个挂账 10 年的其他应付款在 2012 年一朝豁免,公司从巨额亏损变为盈利,债务豁免极大地影响了会计利润。债务减计导致营业外收入增加,会计利润增加,但是这部分利润并没有现金流对应。再次提醒读者,这是合法的盈余管理,不是财务造假。

　　以上是两个债务灭失的案例,一个是递延所得税负债,一个是政策调整导致的负债义务灭失。A 股上市公司主要是递延所得税资产,特别是过往亏损形成的抵扣递延资产。美国上市公司递延所得税负债的情况更为普遍。通过对税法的利用而达到延迟交税的目的,称之为税收筹划。这种类型的盈余管理手段,一般来说不常见。通过债务重组的方式获得营业外收入的案例不是没有,但这类公司一般都有严重的财务危机。

7.4　两项特殊手法

以上都是通过同时调整损益表和资产负债表来完成盈余管理。会计对损失和利得的处理比较特殊,有时计入损益,有时计入资本公积。利得是指由企业非日常活动所形成的、会导致所有者权益增加的、与所有者投入资本无关的经济利益的流入。损失是指由企业非日常活动所发生的、会导致所有者权益减少的、与向所有者分配利润无关的经济利益的流出。利得和损失,会计有两种处理方式:一种是直接计入所有者权益,一种是计入当期损益。

最常见的是银行和保险公司,这类公司有三项特殊资产:交易性金融资产在资产负债表日的市价变动会最终反映在当期利润中;可供出售金融资产在资产负债表日的市价变动只对所有者权益产生影响,只有已确认的资产减值损失才会计入当期损失,影响最终利润;持有至到期投资在资产负债表日则不按市价计量,除了应收利息,只有发生减值时才对损益表有影响。

下面引用吴毓武教授的一个案例分析。吴毓武教授从 2008 年 10 月就开始研究汇丰控股的财务表现。吴毓武教授认为,汇丰控股通过会计手法在 2009 年年报中隐藏投资账面损失高达 161 亿美元,2009 年汇丰控股股东应占盈利为 58 亿美元。

1.金融资产确认的漏洞

2010 年 3 月 1 日,汇丰控股公布的 2009 年业绩稍逊于市场一般预期,3 月 2 日其股价急挫 7.04%,仅一天就蒸发 135 亿美元市值。

当时,境内外媒体都将焦点放在了汇丰控股的贷款减值准备上,认为这是其业绩表现不佳的原因所在。2009 年底,汇丰控股贷款减值准备 265 亿美元,较 2008 年增加 15.5 亿美元。

吴毓武教授调查发现,贷款减值准备并不是股价大跌的主要力量。"2009 年汇丰控股的坏账准备还包括为可供出售债务证券所提的减值准备,其中大部分是为资产抵押证券计提,达 15 亿美元。而 2008 年这一额度仅 7.37 亿美元。"

如果把为可供出售债务证券所提的减值准备剔除,吴毓武教授计算,实际上汇丰控股为贷款及其相关项所计提的减值准备为 249 亿美元,仅较 2008 年的 241 亿美元增加 8 亿美元。"很显然贷款减值准备不是拖累股价的主要力量"。

吴毓武教授认为,部分市场人士可能发现了汇丰控股有通过会计手法隐藏浮亏的嫌疑。"当公允价值核算法成为 2008 年金融海啸头号公敌时,大部分人只将目光投在了交易性金融资产的公允价值核算方法上,而忽视了可供出售金融资产的公允价值核算方法,以及因此对会计报表的影响。"

当一项资产公允价值较账面价值低时,并不一定就意味着发生减值,或者减值幅度就达到公允价值的降低幅度。资产减值损失程度是根据其公允价值与可回收金额综合确定。"企业将更多的高风险证券划分为可供出售金融资产或持有至到期投资来核算,并不出奇"。

2.ABS 或藏 121 亿美元浮亏

汇丰控股年报显示,2009 年末汇丰控股持有 538 亿美元的资产抵押证券,其中仅 53 亿美元被划分为交易性金融资产,其余 485 亿美元,有 483 亿美元划分为可供出售金融资产,2 亿美元划分为持有至到期投资。

截至 2009 年末,这 485 亿美元金融资产的公允价值仅为 349 亿美元,较账面值低 136 亿美元,2008 年末的情况更糟糕。汇丰控股划分为可供出售金融资产和持有至到期投资的金融投资账面价值有 557 亿美元,但公允价值仅 361 亿美元,较账面亏蚀 196 亿美元。在金融危机全面爆发前的 2007 年末,汇丰控股这两类资产的总账面值有 642 亿美元,公允价值亦达到了 640 亿美元。

但是,汇丰控股在 2009 年末和 2008 年末,为以上 136 亿美元和 196 亿美元的账面损失,仅分别计提了 15 亿美元和 7.37 亿美元的减值准备。

由此吴毓武教授认为,2009 年汇丰控股所持有的可供出售金融资产和持有至到期投资合共 121 亿美元的公允价值变动损失,并未被减值准备所覆盖。这 121 亿美元的公允价值变动损失并没有反映在当期利润中。对此,汇丰控股并没有在年报中提供任何解释。公司外部审计师毕马威会计师事务所也未提出异议。

吴毓武教授认为,账面损失得以隐藏,归根到底是会计制度帮忙。在华尔街的压力下,美国财务会计准则委员会 2009 年初"及时"修订了相关准则,允许公司在资产缺乏流动性时,在确定资产合理价值上更大程度依据自身的判断。修订后的准则还有助于企业在投资蒙受损失时避免计入减值支出。

3.公允价值减计债务充当利润

吴毓武教授还发现:"所谓的公允价值会计规则,也被用在银行自己的债务上。"具体来说,因汇丰控股资产价值的下跌,其所发行的债券受投资者抛售,市场价格也下跌。当债权方确认其债权公允价值下降时,汇丰也在自己的报表中确认了债务公允价值的下降,致使负债"减少";这部分"减少"的价值又不能反映在资产中,所以确认为收入。仅此一项,汇丰控股就增加其 2008 年度税前盈利 66.8 亿美元。不过,随着债券价值的上升,2009 年汇丰也为此支付了 62.5 亿美元的成本。

更严重的是,2008 年报显示,汇丰控股早在 2007 年已用此办法录得 30.55 亿美元的利润,占 2007 年指定以公允值计量金融工具净收益的 75%,占税前利润的 13.7%。汇丰控股并没有将此项在其 2007 年损益表中单独列示,而是与其他项合并。直到 2008 年报披露后,外界才得知此事。"此实为汇丰控股一大污点"。

吴毓武教授还认为,2008 年 10 月国际会计准则理事会变更会计方法,允许管理层将交易性金融资产划分为持有至到期投资或可供出售证券,使管理层对金融资产的分类存在较大的可操作空间。年报披露,汇丰控股于 2008 年底将 187 亿美元的交易性金融资产重分类为持有至到期投资和可供出售证券,得以隐藏了 35 亿美元的账面亏损。"汇丰控股 2008 年的业绩就这样由亏损而变为税前盈利高达 93 亿美元"。

由于大市反弹,汇丰控股 2009 年交易业务获利比 2008 年多 33 亿美元,但其利润仅比 2008 年略高 2%,即 58 亿美元的水平。"这 58 亿美元还得部分归功于'会计'的帮忙"。汇丰控股通过沽出部分市价已经回升至超过成本价的可供出售证券,使 5 亿美元利润落袋为安;还运用 12 亿美元的临时性递延税项,将总税务费用降至 3.85 亿美元。

总的来看,2009 年末汇丰控股可供出售证券账面总亏损达 100 亿美元。此外,2009 年其养老基金也浮亏 61 亿美元,二者均未计入利润。因此,汇丰控股 2009 年隐藏的浮亏达 161 亿美元。

关联交易也是一类特殊的盈余管理手法,通过关联交易,达到扭亏为盈的目的。最典型的手法就是将亏损下沉到子公司,将盈利计入母公司。乐视网的会计处理就非常典型,如表 7.7 所示。

表 7.7 是乐视网 2013—2016 年的盈利情况,虽然归属母公司的净利润持续增长,但是少数股东损益的亏损额持续扩大。这种关联交易的手法值得大家警惕。这类处理手法的前提是要搭建结构复杂的控股结构,以便进行非市场化的交易,以实现利润的转移和成本的隐藏。

表 7.7　乐视网 2013—2016 年盈利情况

单位:亿元　币种:人民币

项　　目	2013 年报	2014 年报	2015 年报	2016 年报
净利润	2.32	1.29	2.17	−2.22
归属于母公司股东的净利润	2.55	3.64	5.73	5.55
少数股东损益	−0.23	−2.35	−3.56	−7.77

至此,盈余管理的主要方法都已介绍完毕。为了实现同一个目的,有很多种方法,选择哪种方法主要看怎么处理能够使得表面财务数据最为合情合理。作为证券分析人员,一方面应该相信审计的质量,另一方面应该看到审计的不足。相比于强调形式合规的审计而言,证券分析人员应更看重实质合理性。

一个基本的原理:盈余管理不增加企业价值,一般不改变企业自由现金流。第 9 章介绍自由现金流估值模型时会进一步讨论。

第8章 财务报表分析

本章主要讨论财务报表分析与企业绩效评估。前文已就报表的经营实质、演进过程和证券估值之间的关系作了详细介绍。目前,读者应该对价值投资的基本概念有了一个清晰的认知:在价值投资的发展过程中,价值的内涵不断演进。本章将讨论具体的技术工具,将财务报表分析和企业绩效评估以量化形式呈现出来。

8.1 财务分析概述

基于定期财务报告信息进行证券分析是专业投资人必备的基本能力。财务报告主要包括两类信息:①财务报表信息,主要是会计科目之间的数量关系;②非财务信息,包括公司战略、组织治理结构、企业商业模式等。第二类信息无法以会计语言记录,只能以财务报告的形式描述。面对一份长达数百页的报告,如何快速地发现重点是财务分析的关键。本书将财务报告信息简要地分为会计信息和非会计信息。

财务分析过程和会计过程是两个相反的过程。会计是在通行会计准则下,以格式化信息反映企业的生产经营活动,强调会计信息的形式合规性。会计的很多概念具有两面性,数量估计有很多主观成分,这导致会计描述有很强的主观偏向。会计不是一门精确的科学,会计更像是一门"模糊的艺术"。财务分析的目的在于如何将经过粉饰的会计语言还原回企业的生产经营活动,使得还原的结果尽量逼近企业的实际经营情况。如果把会计信息的生成过程比作写作,那么必然存在"艺术来源于生活但高于生活"的问题;财务分析像是一个文学作品的欣赏过程,必然存在"一千个读者就有一千个哈姆雷特"的问题。如何把握会计信息的要点,解读出估值所需的关键信息,是财务分析的重点。

财务分析有两个基本维度:静态比较维度和动态比较维度。前者最为常见,通过直接阅读财务报表和同类公司横向比较得到一个相对结果,这种类型的分析比较简单。在软件工具的辅助下,此类静态比较分析的成本很低,几乎不需要自己动手。笔者认为这种分析的重要性不高,对股票估值的意义不大。静态比较分析的结果必然已经反映在股价里了,这些都是公开信息。一个公司在行业里的相对位置,早就反映在股价里了,而绝非报表出现之后才作出反应。对估值有重要意义的是纵向历史动态比较,通过梳理历史因果逻辑得到的结论远比静态比较的结果有意义。

财务报告的动态分析是以历史的视角去审视企业的经营活动——从历史的角度找出企业经营绩效指标变迁的内在原因。弄清楚企业财务指标变动的原因之后,才能在此基础上作出预测。财务分析的重点不在于会计信息的外部呈现形式,而在于财务指标变化的原因。这种原因往往以非标准化会计信息的形式呈现,甚至根本就无法直接呈现,只能依赖分析人员的经验和旁证,从侧面猜测其变动的原因。一般而言,在企业过去 5~10 年的年报中,企业会对每年的经营成果进行解释,并预测下一个年度的经营形势,这其中包含非常关键的信息。如果不清楚公司财务指标历史上的变动原因,那么分析人员很难弄清楚一个公司的基本面情况,更不可能在此基础上做预测——预测毕竟不是同比增长这么简单。财务指标变动的原因是财务分析的核心,也是难点,功夫都在"表"外。

解读非财务信息需要严守审慎性原则。一般来说,企业对未来的表述基本是乐观的,至少是中性的,很少表现出悲观的描述——很难看到公司对自己内部经营能力的公开质疑。分析人员希望借助有限的信息来还原企业的真实经营活动存在难度。外部环境的变迁、同行的竞争策略、公司内部的变化等因素都会对财务结果造成影响,并在公司财务记录上留下痕迹。分析人员的任务是根据这些财务痕迹和公开获取的非财务信息,推断那些没有被财务报告显性展示出来的信息,并以此推断未来。分析人员的核心能力不在于是否看懂报表。除了信息的获取能力,优秀的分析人员还需要有能力在纷繁复杂的信息环境中找到重要的那组信息,并且这组重要信息的构成会动态变化。一个优秀的分析人员,绝对不仅仅只是一个优秀的会计人员。信息的分析和解读带有强烈的个人主观色彩,分析人员的价值观、世界观和个人经历等都会极大地影响对价值的判断,在财务分析中尤其需要注意这些主观因素的影响。非财务信息比财务信息本身更为重要。

8.2 营运能力分析

企业最关心如何高效地利用有限的资源,利用资源的效率取决于企业的营运能力。目前的财务分析软件基本包含对营运能力的分析,但如何解读其中包含的隐性信息,则主要取决于分析人员的素质。企业的营运能力主要取决于资产科目,可将其大致分为两类:流动资产科目的营运效率和固定资产科目的营运效率。

营运能力首先取决于企业的内部管理效率,其次取决于供应链及公司的战略定位。流动资产科目中,企业最关注两个资产科目的周转率:①存货;②应收账款。

1.存货

存货是企业非常重要的一项流动资产,也是非常容易藏污纳垢的地方。存货是指企业在日常活动中持有以备出售的产成品或商品、处在生产过程中的在产品、在生产过程或提供劳务过程中耗用的材料和物料等。存货周转率直接取决于制造周期和销售周期。对某些制造业企业或产品种类特别多的企业而言,存货的管理至关重要。产销不匹配可能造成存货积压,甚至存货减值,直接影响当期损益。制造业的存货占比一般不会很高,但是不排除特殊情况。比如,同是生产电源设备的东方电气和金风科技,2018 年的存货收入比分别是 80.94％和 18.33％。根据新的会计准则,某些原来确认为存货的资产现在确认为合同资产,上述指标以旧准则为准。东方电气的合同资产占销售收入的比重特别高,但是金风科技的合同资产几乎可以忽略不计,这和大型设备的交付周期有很大关系。即便是同一个行业,因为产品的物理属性不同,存货周转率可能差异巨大。除此之外,销售周期对存货规模的影响也很大。以服装行业为例,森马服饰和海澜之家 2018 年的存货收入比分别为 28.1％和 49.63％。二者都是服装行业的龙头公司,但对存货的管理不一样。森马服饰的库存大约 4 个月周转一次,海澜之家的库存 6 个月左右周转一次,直观上森马服饰的存货周转可能更好一些。海澜之家的存货有没有水分一直是市场关注的焦点。至少从管理的角度,海澜之家的供应链管理效率存在一定不足,海澜之家必须解决这个问题。从运营的角度看,海澜之家的存货占用了太多的资金,导致企业运营效率下降;从资金占用的角度看,虽然海澜之家的存货占收入的比重近 50％,但是森马服饰的存货加应收账款占销售收入的比重也有 30％～40％,而且 2018 年这个指标突然上升了。海澜之家应从供应链入手提升效率,加速存货周转。市场不应纠结于存货是否造假,但的确高额的存货始终是一把悬在头顶的利剑。

存货是财务造假的高发领域,存货造假的重灾区集中于农、林、牧、渔行业。银广夏、蓝田股份的造假案例不说,新近的疑似案例就有獐子岛。獐子岛的扇贝死了、活过来、又死了。海产品养殖是一个特殊行业,尤其是海底的扇贝类产品,存货无法有效盘点。由于生长周期长的自然特征,企业需要有大量的存货来应对几年之后的采收。根据上市公司的公开信息,獐子岛

事件的主要信息如下:

①2014 年 10 月底的公告显示:2014 年 10 月公司就 2011 年度和 2012 年度底播的虾夷扇贝进行了盘点。盘点区域并不包含 2013 年的底播区域。上市公司给出的结论是:冷水团导致底播的虾夷扇贝大面积死亡,存货需要大规模减值,结果公司当年巨亏。

②2015 年 6 月公司又进行了一次存货盘点,这次盘点的区域是 2012 年、2013 年、2014 年的底播区域。这次的结果是:存货正常,不存在减值风险。问题是:2012 年底播的未采收区域,扇贝到底是死是活?

③2018 年 4 月公司又发布公告,需要对 2014 年、2015 年及 2016 年投苗的 1 071 634 亩底播虾夷扇贝存货成本 577 579 518.60 元进行核销处理。

活着的扇贝死了能理解,但是死了的扇贝怎么活过来的呢? 2012 年的底播存货在相隔 7 个月的两次存货盘点中结论完全相反。资本市场上最大的疑团:獐子岛的扇贝到底是死的还是活的?

公司可以一直依靠高超的会计技术活下去吗? 接下来的分析只是一种个人猜测:公司根本没投苗,根本没人知道扔下去的是活的扇贝苗还是沙子,存货无法有效核实。有钱也不能随便扔进大海,采买扇贝苗的钱是否保质保量地购买了扇贝苗已经无从查起。企业的资金有限,扔完了怎么办? 再融资、再扔,如此往复循环。海水养殖行业存在严重的信息不对称、委托代理成本高和监管成本高的问题。商业模式过于复杂,不太适合采用外部融资方式发展,存货成了公司财务管理的工具。除獐子岛外,监田股份近些年还想重组东方金钰,更是对资本市场的亵渎,公司也于 2019 年 5 月收到了上交所的监管函。

企业存货周转率的不正常下降是值得注意的信号。以獐子岛为例,账面上虚假的存货不可能有产出,因而可能导致存货周转率的下降,如图 8.1 所示。

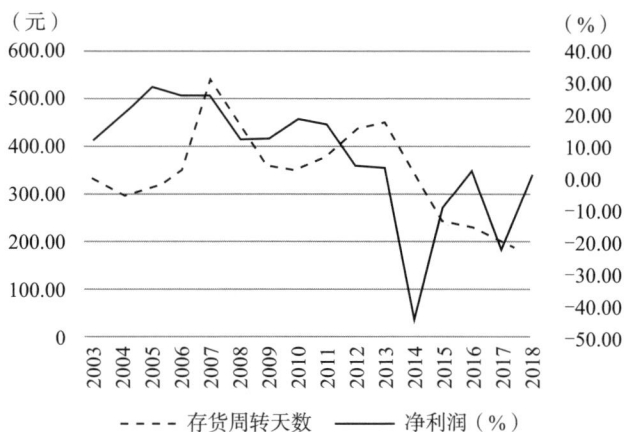

图 8.1　獐子岛存货周转率与净利润率(右)

图 8.1 的两条曲线隐含了重要信息。存货周转次数＝销售收入÷存货，然后计算出存货周转天数。收入是当期的采收数量和价格的乘积，存货是全部年份的数量和当年扇贝苗价格的乘积(成本法)。如果没有天灾人祸(存货没有减值)，那么存货账面价值应该不会大幅下降。同时，每年的底播量只是存货的一部分，扇贝的生物生长周期决定了正常情况下存货账面价值无法短期出现大幅上升。收入取决于采收数量和当年价格的乘积，企业能在一定范围内决定采收数量，但不能决定当年产品的销售价格。销售价格好的年份，在一定范围内多采收一些；价格不好的年份就少采收一些。可以合理推断：价格的波动是导致存货周转天数短期波动的主要原因，净利润率和周转天数负相关。獐子岛在扇贝价格高的年份是不是周转就快呢？从图 8.1 可以看到，2013 年之前，净利润率高的年份，周转天数少；净利润率低的年份，周转天数多。从定性的角度，2013 年前獐子岛财务造假的可能性不大。为什么从 2014 年第三季度开始公司的经营突然出现了问题呢？这可能只有"死去活来"的扇贝才知道。

2.应收账款

企业发生销售行为，商品的所有权已经发生转移，但是在尚未收到现金的情况下,会产生应收账款,也就是所谓的"赊销"。企业的销售能够促成,除了产品的性能指标,最主要的谈判条件被称为商务条款。商务条款中最重要的一条就是"账期"长度,即交货之后多长时间付款。应收账款回收期是一个重要的指标。应收账款不仅容易藏污纳垢,更反映了外部竞争环境的变化。某些行业产品同质化强,产品性能难以有效区分,应收账款回收期就成了企业获取订单的主要竞争手段,最典型的例子是建筑和工程行业。这类企业通过不断拉长应收账款的回收周期,采用"垫款"的方式获取订单,用现金流"买来"项目,以满足企业的成长需求。

应收款的超常规增长可能很大程度上反映了公司成长的健康程度,以及可能存在的内部管理失控。建筑装饰类公司会经常采用这种财务技巧,进行短期盈余管理,这种会计手法无可厚非。证券分析人员需要根据不同的情况,对公司的增长质量做出有效评估,而不能看到利润同比增速 50% 就觉得公司成长性很好。

应收类科目的异常变动可能暗示公司存在内部治理结构缺失。比如藏格控股,其在 2019 年 6 月 17 日的公告中确认:自 2018 年以来,国内金融环境发生较大变化,受金融去杠杆等政策影响,公司控股股东西藏藏格创业投资集团有限公司(以下简称"藏格集团")出现短期流动性困难,面临金融及证券机构的集中还贷、补仓和利息支付压力。基于前述背景,加之法律规范意识不足,为保障旗下实体产业的正常、有序运转,在其资金紧张的状况下,藏格集团及其关联方通过占用上市公司部分应收账款及预付账款用于补充生产经营资金,控股股东及公司相关人员没有严格按照内控制度的相关规定履行审批程序,最终导致了非经营性占用上市公司资金行为的发生。该行为违反了上市公司治理规则及相关监管规定,藏格集团已深刻认识到占用上市公司资金的严重性,对此致以最诚挚的歉意并已在全力解决问题。

大股东非法占用上市公司资金较为普遍。藏格控股使用的会计手法并不高明,从财务报表上也能很清晰地看到最近两三年应收、预付和其他应收款大幅增加,如表 8.1 所示。在没有内部详细审计的情况下,外部投资人无法对公司的财务提出任何指责。

表 8.1　藏格控股应收款

单位:亿元　币种:人民币

项　　目	2014 年	2015 年	2016 年	2017 年	2018 年
应收票据及应收账款	1.66	0.86	9.48	15.82	10.31
应收账款	1.13	0.86	1.73	6.83	9.38
预付款项	0.01		0.41	7.72	2.45
其他应收款	2.08	2.81	1.38	0.11	23.33

　　审计部门可能因为能力和利益的问题,无法有效审计出财报中的问题;或者上市公司的会计手法十分高明,导致会计形式上的合规做得非常到位,但证券分析师是否应该对这家公司保持足够高的警惕呢? 证券分析人员关注的重点应该是企业的经营实质,而绝不是会计的形式合规性。目前,多数上市公司的公开研究报告都缺乏实质判断。可能是将“预期”挂在嘴边太久的缘故,多数研究人员不重视上市公司业务的实质、历史经营绩效等,单单凭借一个美好的期望就给上市公司定价,这有失审慎。一旦上市公司出现财务丑闻,说辞就变成了:预测谁能每次都对呢? 这样的证券研究人员要么是能力有问题,要么是道德无底线,只谈预期的研究报告基本和传销无异。企业未来的经营结果同前期的经营布局、历史上积累的战略能力密不可分。如果将企业的经营活动连续地来看,那么任何“果”都有“因”,但是有“因”不一定有“果”。企业需要有长远的战略眼光和持续投入的决心,以投机的心态介入一个新的产业基本不会有好的结果。这种“投机性溃败”在 2015 年的创业板并购浪潮中表现得极为明显。

　　证券分析人员对应收账款反映的内部治理结构问题应保持警惕,有时应收账款变成了部门之间利益博弈的工具。5.4 小节分析了上市公司荣信股份的案例,被借壳前的财务数据可以参考图 5.2。下文从治理结构的角度,重新审视上市公司财务数据变化的根源。

荣信股份内部进行了阿米巴改革之后,公司应收账款占销售收入的比重出现了大幅上升,其中和供应链相关的应付类占比没有明显变化,公司营运资本的增加侵占了大量资金。这主要是由于公司内部的"山头主义":公司事业部独立考核,董事会设定的 KPI 考核只关注所谓的"业绩",而不考核现金流,导致公司的扩张主要依赖赊销。这给后来公司的财务困境埋下了种子。

虽然企业的营运能力也有其他的衡量标准,但是存货与应收账款是非金融类企业最为常见的衡量企业营运能力的指标,并且这两项占资产比重较大。这些会计科目的变化是分析人员应该关注的重点,应当结合企业内部的个性化因素和企业所处的外部产业环境进行综合考虑,分析的重点不是简单地回答财务指标的好与坏。如果仅看结果,那么众多财务分析软件已经做得很好了,不需要分析人员再计算一遍。财务分析的重点在于:①弄清楚指标变动的原因;②在此基础之上做出预测。

企业营运能力的评估主要涉及流动资产科目,主要关注短期影响因素的分析,对企业的经营活动极度敏感,通过营运指标的分析可以对企业的短期生产经营活动做出预测。其敏感度是一种优势,但也很容易因为外部扰动因素形成误判,因而在用这类指标进行分析和预测时要始终小心一些。

长期的营运能力取决于企业的内部管理构架和效率,而短期的影响因素和外部环境密切相关。分析人员需要对此保持警惕,切莫在分析长期影响因素时,采用短期的财务分析工具;在进行短期预测时,却采用长期的分析视角。

8.3 资产负债与风险

本节对资产负债表进行分析,重点讨论资产负债表框架下的风险回报关系。这里的讨论是从证券分析视角入手，而不是从信贷或者其他角度。"加杠杆"可以有效地增加回报，但由此带来的风险不可忽视。不能将风险不加分类地讨论，应当根据企业实际的经营情况，将风险进行分层。本小节的目的是讨论风险回报关系对企业价值的影响，这涉及对企业价值的定量研究，以及对股权价值的定量研究。最后的结论同 MM 定理一致。

"Asset＝Liability＋Equity"是资产负债表恒等式，恒等关系建立在会计假设和会计准则基础之上，其核心是企业所拥有的所有资产应该等于资本投入。资本是一种抽象的权利，都说资本主义，但是没人说资产主义。资本的英文是"Capital"，资产是"Asset"。资本代表一种受限的权利，这种权利代表了对未来企业经营结果的求偿权。资产有产权概念，是企业拥有的且能带来经济收益的资源。

这里需要清楚地区分两个关键概念：企业价值和权益价值。权益价值就是通常说的市值概念；企业价值是指权益和债务市场价值的和，即资产未来所能带来的经济收益。企业价值不基于历史成本度量，因而不是会计的资产概念。在公司财务课程中，几乎开篇就会讲公司财务的基本定理"Modigliani ＆ Miller"模型，通常称之为 MM 定理。这个定理的核心结论只有一个：在不考虑税收的情况下，企业价值和公司的资本结构无关。当然 MM 定理的成立还需要有一系列的假设，但是重点并不在此。对 MM 定理的深入理解，不应建立在数学推导过程上，而应强调 MM 定理的直观经济含义。

MM 定理的本质是说在约束条件成立的前提下，企业价值和资本无关，只和资产有关；只和资产负债表的左侧有关，而和资产负债表的右侧无关。资产的定义非常直接，就是预期能给企业带来经济收益的资源。资本代表的是对企业经营成果的求偿权，只不过债权是优先求偿权，股权是剩余求偿权。剔除数学模型的细节之后，MM 定理的本质是在阐述企业价值仅和生产行为有关，和分配行为无关。这里没有考虑委托代理成本，资本结构会通过影响委托代理成本的方式影响企业价值,也会影响股权价值。

股权价值和分配关系十分密切,并且十分复杂。实际经营中,如果分配给员工的部分增加了,那么直接降低的就是股权价值;但由于委托代理成本的存在,如果不给员工足够的激励,那么企业的经营绩效可能会差很多。如何在委托代理成本和直接财务成本之间取得平衡,使得股权价值最大化,是经营的艺术。这从侧面反映了股权价值和分配之间的关系是多么复杂。这也表明一张资产负债表无法描述企业的价值,需要引入损益表。企业费用性支出的委托代理成本最严重,会严重影响企业价值和股权价值。

除此之外,债权人对企业的经营成果也有求偿权,可以将债权人和股东都视作广义的企业所有人。企业价值既然和资本结构无关,那么风险来自何处呢? 第 9 章会介绍 FCFF(公司自由现金流)模型,企业价值是 FCFF 利用 WACC(加权资本成本)进行贴现,而股权价值是 FCFE(股权自由现金流)用权益资本成本(由 CAPM 模型决定)贴现。可以得到如下结论:

(1)对企业价值而言,企业只能管理自由现金流的风险,资本结构的改变无法改变企业自由现金流的风险特征。WACC 不随资本结构的改变而改变。WACC 只取决于企业自由现金流的波动特征,和资本结构无关。

(2)对股权价值而言,股权价值由 FCFE 和权益资本成本决定,包括自由现金流的波动风险,也包括分配的风险。企业的业务模式决定了自由现金流的风险;债权人拿走一个相对固定的现金流之后,造成了 FCFE 波动较大,这种剩余求偿权的额外波动需要给予补偿。权益资本成本反映了来自这两个方面的风险。

股权价值的风险影响因子应该包括两个方面的因素:外生性的生产因素,这是由行业特性、技术特性及商业模式决定的外生性因素;内生性的分配因素,主要由广义的委托代理成本导致,即分配引致的激励问题。贴现率反映了现金流的整体风险特征。笔者认为 APT 模型比 CAPM 模型更有效。从企业生产管理的角度,将影响股权价值的风险因素拆解成企业经营的外部风险和内部委托代理风险,前者是企业不可管理的风险,而后者是可管理的风险。

所有权和经营权的分离必然会导致委托代理成本。有可能企业价值增加了,但是权益价值下降了,这在企业过度依赖债务扩张的情况下非常可能发生。企业价值的边际增量都被债权人拿走了。委托代理成本的存在导致风险对股权价值的影响十分复杂。管理层是只应该关注股东的利益,还是应该关注广义上企业利益相关人的利益? 这是一种常见的利益冲突。同时,管理层也是企业的利益相关人,也有为了自己利益最大化而伤害其他利益相关人利益的动机。委托代理成本导致影响 FCFE 的因素,至少有一部分是内生的。如果每一份契约的背后都存在或多或少的委托代理成本,那么企业估值就面临一个问题:是否可以将主要的内生性风险因素找出来,并加以有效控制呢? CAPM 模型只给出了一个综合结果,无法将风险因素拆解。APT 模型的思路使得管理层可以从管理学的角度,对风险进行过程管理。企业 FCFF 波动的可管理性比较差,但是 FCFE 的可管理性比较强。如果市场只愿意对系统性风险(外部风险)进行补偿,那么能有效地消除内部风险本身就是在创造价值。因而契约结构设计就需要考虑如何削减分配的风险,灵活的用工制度、轻资产模式、业绩分成激励等手段就成了企业可采用的管理工具,用来为股东创造价值——这正是实物期权视角下企业的价值管理过程(参考 9.9 小节关于实物期权的讨论)。在一个理想的充分竞争的环境中,按照均衡理论,企业不可能创造超额收益,不同行业的企业风险调整后的超额报酬都一样。现实却并非如此,制度经济学提供了一个新的视角,强调了企业内部的结构和企业内部人员的主观能动性对企业价值的影响。价值创造的本质就是减少委托代理成本。有效管理内部风险因素的过程就是价值创造的过程——在充分竞争的理想市场环境中,削减委托代理成本是创造企业价值的唯一途径。

本节基于资产负债表,讨论了风险对股权价值的影响。证券分析人的出发点不是债权人的立场,不是在追求破产清算价值,证券分析人员应该更关注企业的经济价值和管理层创造价值的过程。对风险因素进行分类,研究不同风险因素的控制,远比用 CAPM 均衡模型计算出来的权益资本成本有实践意义,后续章节会对现代管理学的主要内容做一个简要介绍。仅凭本书,难以对浩如烟海的管理学内容有一个完整的了解。对经验丰富的研究人员而言,这是一个从知其然到知其所以然的过程,通过学习规避那些曾经在不知不觉中犯下的错误。

笔者曾经见过某头部券商首席研究员路演,其宣称某环保公司现在估值特别低。假设模型参数之后,对未来利润进行贴现——注意是将利润贴现。环保公司的会计利润一般都很好,但是现金流一般很差。虽然已经在多家基金公司路演了几场,但是好像没有人指出利润不能贴现——利润贴现有什么经济学意义呢? 由此推断,部分证券分析人员的基本功存在严重问题:过度追求证券研究人员的产业背景,必然会导致以信息为核心竞争力的研究行为,进而出现各种"踩红线"的现象,或者过度营销。这部分研究人员往往只了解产业信息,完全不了解金融和相关财务工具的使用,所以才会出现对利润进行贴现的笑话。

8.4 盈利的影响因素

本节讨论的盈利影响因素主要是指影响损益表的因素,不是影响企业自由现金流的因素。第 4 章讨论了损益表在不同视角下的含义,如果不考虑会计的技术性技巧,就经营实质而言,对损益表影响最大的主要因素:①外部的收入、成本因素;②内部的费用因素。前者受外部环境变动影响,主要是竞争环境和需求强弱。这部分影响因素公司无法有效控制;内部费用对利润的影响更多取决于公司的战略、治理结构和管理效率等,这些构成了公司的核心竞争力,是公司能控制的管理因素。对损益表进行分析时,应该区分对利润变动影响最大的因素是什么,以及这种因素是否可控——是内部可控因素导致的变动,还是外部不可控因素导致的变动。这些因素对公司的股价会产生不同影响。如果某些周期性外部因素导致了股价的大幅下跌,那么可能就是良好的买入时机;如果公司内部的因素导致利润低于预期,一般情况下不管跌了多少都应该卖出——企业最难改变的是自己。

企业在发展过程中面对的主要外部影响因素有:①需求的放缓;②成本的上升,这两个因素会对损益表产生重大影响。短期影响需求的因素可能很多,有供给的原因,有需求的原因,也有杠杆的原因。一般而言,无法对短期需求做出有效预测。长期需求的一个重要影响因素是广义的人口数量。不同的人口结构和不同的变动速度,对需求的影响不一样。社会对某些商品的需求是刚需,而且必然会呈现周期性变化。中年人最需要的是住房、教育这些社会服务;年纪大的人可能更需要医疗服务、家庭护理等。社会资源的配置应当着眼于短期需求,还是基于长期需求,需要根据当时社会的主要矛盾进行分析。

需求的波动有些是人为因素导致的扰动。这些中短期因素如果造成股价下跌,那么往往是买入的良机(比如 2012 年的白酒塑化剂风波)。短期需求分析,采用的观察指标往往是流动资产,最容易观察的财务指标是前文提到的库存和应收账款。需求的短周期波动可能直接影响毛利率的变化——这里隐含的前提是供给在短周期内相对稳定。比如,电力设备行业在 2011—2012 年的毛利率下降。"四万亿"的需求退潮后,电力设备供给能力严重过剩,行业发展遇到了很大的困难,这是短周期的因素。同时,那也是一个长周期的开端——中国的能源需求放缓和结构变化给传统电源设备带来了灭顶之灾。具体的上市公司案例可以参考全球最大的火电电源设备生产企业东方电气。

中长期来看,人口数量曲线的变化是影响需求的重要因素,不仅是绝对数量,变化的速率可能对社会资源配置的效率影响更大。实施计划生育政策之后,在短短的 20 年时间里,中国的出生人口数量从 1987 年 2 500 万人左右的高峰,下滑到 2007 年的不足 1 600 万人,此后出生人口数量就在低水平徘徊。为了满足每年 2 000 多万"80 后"年轻人成家立业的需求,中国要发展房地产,钢铁和水泥行业准备的产能足以满足每年 2500 万人买新房的需求(此时因为死亡而空出来的继承房产数量很少,而且叠加了中国的房改)。钢铁和水泥行业的产能不但要满足每年 2000 多万年轻人的置业需求,还要满足几亿城镇人口人均住房面积的增加,又要满足源源不断的农村人口城镇化的需求。在这三种需求的共同推动下,中国房地产行业开启了 20 年的黄金期,这在人类历史上史无前例。

2018 年前后,中国的商品房销售面积达到了 15 亿平方米/年,城镇人口的人均居住面积也达到了小康水平,关键问题在于:未来怎么办? 就算房地产投资零增长,每年新增加的 15 亿平方米住宅基本可以满足 5000 万人的需求,此时中国能提供的新增人口就算 100% 城镇化,大概也只能支撑这个供给量的 1/3。过去 20 多年,如果不向房地产相关行业配置经济资源,就会导致年轻人居无定所,那么必然会引发严重的社会问题。如果将有限的居民部门储蓄投入到了房地产相关行业,那么形成的路径依赖以及医疗、养老和教育行业的投入不足,又会带来新的社会问题。现在看到的种种现象(房地产、教育、医疗等)归根结底是因为无视人口发展规律,没有科学地规划人口发展。如此观之,未来的养老会更为复杂,特别是现收现付体系下带来的亏空问题。

成本对利润的影响主要取决于供需关系。一般而言,对外采购在很多制造业企业中占比很大,大部分制造类企业的采购成本可能占销售额的 70%~80%,供应链的安全和价格对企业的盈利有巨大影响。公司对这些因素的风险管理工具并不多。航空公司通过期货管理燃油成本,但是一旦油价下跌,没有做燃油对冲的航空公司就有巨大的成本优势;签订长协供货协议也是一种管理成本风险的方式,在一些小金属交易中非常常见,甚至行业一半以上的产量都以长协方式供货。商品价格的实时波动对企业成本的影响并不是很大;还有就是替代品、成本转移等技术和商务上的手段可以用来管理成本风险。整体而言,这些是企业可控性不高的外部风险因素。

需求和成本是影响企业盈利能力的主要外部影响因素,可以用波特五力模型作一个概括性的介绍。一个标准的波特五力模型如图 8.2 所示。

现有企业间的竞争非常关键,并且会动态变化。企业的经营,横向需要考虑供应方的议价能力,还需要考虑买方对价格的接受

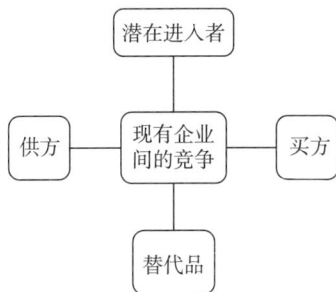

图 8.2　波特五力模型

程度,这很容易理解。采用什么策略让消费者更喜爱自己的产品、让供应商的议价能力下降,是竞争策略的问题。纵向可能产生巨大影响的变量是潜在进入者,如果潜在进入者是同行,那么可能还好判断;如果潜在进入者是技术创新导致的,那么就很难预判了。创新型的替代品也会带来颠覆性的影响,往往让人猝不及防。中国人民银行计划更换第五套人民币时,由于增加了新的防伪、人脸识别、手机取钱等新功能,投资者都认为 ATM 机的龙头企业广电运通会极大地受益于新技术带来的 ATM 机更新需求,广电运通也因此成了热门股。最终实际情况却并非如此。ATM 主要用于处理日常现金存取和小额个人银行转账。但随着微信、支付宝等移动支付工具的兴起,以及二维码支付技术的普及,人们小额支付的习惯逐渐发生了改变。现金不再是主流的小额支付手段,移动互联网支付技术成为主流。ATM 现金取款的需求快速萎缩,新技术浪潮的冲击导致 ATM 机行业最终可能也会成为历史。如果广电运通的竞争者对它发起了正面进攻,公司可以通过技术、产品质量、客户关系、商务条件甚至资本优势,赢得最后的胜利。但是,在移动互联网工具的冲击下,新的支付技术彻底摧毁了 ATM 机的需求,产品做得再好又有什么用呢? 这种情况在新材料(碳纤维对玻纤的替代)、新药品(新

型靶向药物对传统癌症药物的替代)、互联网(互联网通信工具对电话和短信的替代)等行业中最为典型。这些行业创新氛围浓厚、行业变革快,技术进步带来的产业格局变迁,往往让行业中的企业猝不及防。

内部影响因素也是影响利润的关键变量。这些因素会导致无所不在的委托代理成本,委托代理成本是现代股份制企业中最大的制度成本。委托代理成本只能减少,不能消除。多数企业的销售费用和管理费用存在利用效率低的问题,财务费用在一般制造类企业中占比偏低。

企业的销售非常关键,不同企业可能采用完全不同的销售策略。比较如表 8.2 所示的三个公司,主要比较毛利率、管理费用率和销售费用率,数据来自 2018 年报披露信息。2018 年的会计准则调整导致研发费用单列,将研发费用还原回管理费用,结果如表 8.2 所示。

表 8.2 典型公司的费用率比较

公司	毛利率	管理费用率	销售费用率
三一重工	30.4%	6.8%	8.0%
恒生电子	97.1%	56.7%	27.0%
汤臣倍健	67.7%	11.6%	29.4%

以生产和销售工程机械的三一重工为比较基准,三一与另外两家公司的费率结构有明显区别。三一重工的成本主要是购进钢材、液压件等关键元器件,用以生产工程机械设备。主要销售对象是各地的经销商和大型设备租赁商。三一重工的管理费用率不高,销售费用的很大一部分是销售返佣——直接的费用性支出其实并不高,三一重工主要通过销售返佣来实现销售激励。恒生电子的毛利率达到了 97.1%,毛利率远超贵州茅台,但其盈利能力低于贵州茅台。恒生电子的主要业务是给金融公司开发行业专用软件,行业壁垒高,对业务流程和监管流程需要非常熟悉。其管理费用大多是员工薪酬,这部分产品开发人员的薪酬在新的会计准则下被计入了研发费

用,恒生电子将自己收入的 43％用于产品开发,投入比例很大。销售费用的 2/3 是职工薪酬。拆解恒生电子的销售、管理和研发投入之后发现,公司支付给职工的整体薪酬至少是 19 亿元,已经超过了其收入的 60％。如此看来,恒生电子是一个对人力资本极度依赖的公司,其核心投入在研发和销售两个环节,皆依赖于高素质的员工队伍。因而,研究恒生电子,核心在于其研发和销售战略,以及新业务板块的开拓。这同三一重工有很大不同,三一重工的主要影响因素是外部的需求和成本波动。三一重工主要的波动皆来自外部影响因素,所以三一重工被认为是一个周期性很强的企业。恒生电子波动的主要因素是"人",成败皆取决于人。汤臣倍健,一个销售毛利率 67.7％的养生品公司,管理费用率为 11.6％,研发费用可以忽略,但其销售费用率高达 29.4％,这类公司的成长完全依赖于销售。渠道、品牌的投入是公司成长的主要驱动因素,这类公司的核心竞争力就是营销。这类公司主要集中于医药的部分子行业,代表性企业有灵康药业、大理药业、龙津药业等,这些企业的销售费用率都超过 60％。这类销售费用占比如此之高的公司根本没有能力去做产品研发。

从内部因素来看,管理层为了短期的 KPI 考核,完全可能缩减当期费用支出,以此增加当期会计利润,但是这会对企业的长期价值产生负面影响。费用性支出为主的公司委托代理问题往往比较严重,甚至变成了乱花钱的典型。这类公司对治理结构的要求非常高,如果公司不能建立一个有效的权利约束和利益激励机制,那么这类公司就不太可能有多大的发展。比如曾经兴起、后来又衰落的一批游戏公司,以及那些站在风口上的互联网创业公司。

在资本支出较重的行业中(比如矿业),企业面临的风险往往不是委托代理风险,而是外部周期性风险,踩错节奏最可怕。全球航运业的周期特征最为明显,曾经退市的长航油运是一个典型案例,公司在周期的高点上签了长约导致亏损严重。

　　损益表不仅显示公司赚了多少钱，而且明示了企业费用性支出的流向，指明了哪些人和事对企业来说最重要。一个处于变革期的行业，产品和技术是主要驱动力。如果这样的一个公司老总是销售出身，那么资源是否能完成有效配置就值得商榷了。损益表的背后是委托代理问题，是广义的治理结构问题，更是企业的表外资产问题，经营者必须对此有一个深刻的认知。举一个实际的例子，但是并不代表笔者对两个企业创始人的褒贬，能将企业做到上市的企业家都是对社会有重大贡献的人。

　　汇川技术和英威腾创业之初都做变频器，也正好处在电力电子产品需求高速增长、国产产品不断替代国外品牌的时期。此时国内品牌能完成对国外品牌的替代，首先要技术上能达标，在技术指标满足市场需求的情况下，销售工作才比较重要。上市之初，证券市场上很多人认为英威腾优于汇川技术，英威腾的通用变频器应用广泛，英威腾的创始人销售出身；汇川技术的创始人是技术出身，做过销售，选定的产品方向是电梯的动力配套设备，技术难度较大。在电力电子技术从驱动向控制演进的时候，英威腾落后了。上市 10 年后（2019 年 7 月），二者的市值差距极大，汇川技术的市值近 400 亿元，而英威腾只有 40 亿元。不禁要问，两个创始人都曾经在艾默生工作过，也几乎同时创业、同时上市，但是为什么两家企业在 2010 年之后拉开了差距呢？ 行业发展的不同阶段，对企业的核心竞争力有不同的要求。电力电子技术主要面向企业需求，消费者直接接触的产品不多。两家企业 2018 年的财务数据显示，汇川技术的研发费用投入较英威腾高，管理费用和销售费用投入偏低。汇川技术的毛利率高于英威腾，汇川技术的经营性现金流明显优于英威腾。经营数据背后表明：英威腾无法有效地实现产品和技术的突破，只能在低端市场中经营。英威腾的经营依赖销售，汇川技术依赖技术研发和产品创新。这可以合理地解释二者的财务差距，但是背后又何尝不是两位创始人的职业背景和经历的反映呢？ 企业家的才能在企业内部资源的配置上留下了深刻的印记。

为摆脱对低端变频器的依赖,英威腾曾经试图转型工业自动化控制,曾经收购了一家做控制技术的公司——上海御能。上海御能被英威腾寄予厚望,后来更名为"上海英威腾工业技术有限公司",主营业务是伺服系统。收购之后,笔者曾经和公司的技术负责人进行过交流,沟通中一个很不起眼的细节:研发负责人表示英威腾和上海御能合作研发伺服控制产品。注意研发负责人用的是"合作"这个词,当时给笔者留下了深刻的印象。"合作"这个词从侧面反映了两家公司之间的日常关系。一方面体现了上海御能对英威腾的重要性,另一方面反映出一个严重的公司治理问题:上市公司是否对上海御能有足够的控制能力? 后在股东大会上董事长也曾承认内部的管理问题,从后续的经营来看,不论是由于主观还是客观原因,上市公司未能实现并购时的预期,英威腾在产品上全面落后了。这只是从调研中的一个小细节推断出来的结论,但又何尝不是双方创始人职业经历的外在表现呢? 即便知道行业未来的主导因素是产品和技术,销售不再是主要矛盾,企业又能怎样呢?

近代股份制公司兴起时,要解决企业存续的问题。所有者能力不足时,是否可以考虑将所有权和经营权分离,但是两权分离导致的委托代理成本又是新的制度成本。企业的创始人如何在恰当的时候,将公司的经营权有序地传给下一任,这已经成了很多中国民营企业现在面临的重大问题。中国的经济发展太快,很多企业家的能力已经不能跟上经济的发展,这极大地限制了企业的成长空间。

8.5 盈利质量的评估

本节讨论盈利质量的评估,分析企业现金流量表。前文详细分析了资产负债表,指出资产的生产效率关乎价值的创造过程;然后又分析了损益表和现金流量表。前者讨论了损益表的主要影响因素,后者讨论了企业的价值和风险之间的关系。所谓的会计"比率",笔者觉得不重要——至少本书的读者不应对这些技术指标陌生,重点是会计指标背后的经济逻辑。

现金流量表并不独立。在已知资产负债表和损益表的情况下,可以重构现金流量表。完整的现金流量表除了包括经营性现金流,还包括投资性现金流和融资性现金流。将资产负债表进行重构,得到如下恒等式。

$$现金=权益-非现金资产+负债$$

这个恒等式以现金为核心,是资产负债表的一种表现形式,其本质同中国传统的龙门账没有区别。将上述变形后的资产负债表两边取微分即可得到如下公式:

现金变动=权益变动-非现金资产变动+负债变动

=(经营性权益变动-非现金流动资产变动)-非流动资产变动+(负债变动+融资性权益变动)

第一项是调整后的经营性现金流(未包括折旧);第二项是固定资产项的变动,大约是广义的投资性现金流(未含购买理财产品);最后一项是企业的融资净额。现金流量表是资产负债表和损益表的科目重构,关键问题是:为什么要创造一个独立的现金流量表呢?

资产负债表和损益表的基础是权责发生制,现金流量表的基础是收付实现制。利润表建立在权责发生制基础之上,利润是"归属"于股东的经济利益。现实经济活动中,"属于你的资源"和"你能用的资源"是两回事:企业借来的钱不属于企业所有,但是可以使用,并且能为企业带来经济利益。在生产过程中,一块钱的债务和一块钱的权益作用一样。企业可以用别人的"钱"来赚钱,才是最好的商业模式——巴菲特的保险—投资模式就是一个典型例子。

MM 定理指出,特定情况下企业的价值与资本结构无关。这是价值和会计之间的关系,也是价值和企业生产活动的关系。更为深刻的含义是:企业的价值是基于所有权还是基于使用权。笔者也无法给出一个"明确"的答案。本质而言,现代股份制企业委托代理问题的根源在于两权分离。股东在现有制度下放弃了对公司资产经营的权利,公司资产配置和使用的权利被转移给了管理层。股权价值本身是不完整产权的定价问题,那么到底是公司的所有权有价值,还是资产的使用权有价值呢? 这是一个说不清楚的问题,每个人对价值的认定也有所不同。

现金流量表重点关注资源的使用权问题。利润不能被企业使用,企业能使用的只有资产,绝不是资本——资本是一项抽象的权利,而资产是可以使用的实体资源。现金流量表的三部分分别指明了资金的来去,公司的资金来源主要是融资净额和经营性现金流净额,非费用性流出主要是投资,三项的差额就是现金及其等价物的变动净额。评估公司盈利质量时,需要知道"盈利质量"的确切含义:公司的利润只代表了会计期间内,依据所有权所确定的归属于公司的资源增量,这些资源只是在法律上确认了所有权关系及相关的权利和义务。这个所有权可能并不完整,公司虽然占有利润,但是"利润"不能使用,无法被处置。现金流量表从使用权的角度界定了公司的可用资源增量。利润是一个资本概念,现金流是一个资产概念,二者反映了不同的权利。据此可以推断:一个考虑了在会计期间内经营成果多重权利属性的变量会更好地体现公司的"盈利质量",这个变量就是自由现金流FCFF。

通过会计利润和现金流的比值来衡量企业盈利的质量,这是一个包含了所有权和使用权的综合指标,预计将会是一个好的结果。这种所谓的"好"不是数量的多少,数量的多少由企业的经营效率决定。判定"盈利"好坏的关键是资源是否可以被企业真实使用。构建如下两个指标来表征企业经营结果的质量。

(1)经营性现金流净额/(EBIT−Tax)=经营性现金流净额/NOPLAT。分子是企业的经营性现金流净额,分母是 NOPLAT(息前税后利润)。企业日常经营活动产生的 EBIT(息税前利润),减掉被政府拿走的税收(Tax)之后,剩下的是归属于广义公司所有人的"利润"。NOPLAT 是理论上所有的债权人和股东所拥有的求偿权。这部分权利对应的可分配资源是什么呢?狭义来看就是企业的经营"所得",是企业的经营性现金流净额。经营性现金流的标准构成如表 8.3 所示。债权人和股东可能拥有了分配 10 块钱的权利,但是可供分配的经营成果(现金)可能只有 5 块钱。

表 8.3　经营活动产生的现金流净额

项　　目	金额
净利润	
资产减值准备	
固定资产和投资性房地产折旧	
其中:固定资产折旧、油气资产折耗、生产性生物资产折旧	
无形资产摊销	
长期待摊费用摊销	
处置固定资产、无形资产和其他长期资产的损失	
固定资产报废损失	
公允价值变动损失	
财务费用	
投资损失	
递延所得税	
其中:递延所得税资产减少	
递延所得税负债增加	
存货的减少	
经营性应收项目的减少	
经营性应付项目的增加	
其他	
经营活动产生的现金流量净额	

从利润出发计算经营性现金流净额,核心要进行两项调整:①损益表中不涉及现金流的损益项,主要包括折旧、减值和摊销类科目;②营运资本变动——营运资本科目余额的变动不计入损益表,但会影响现金流。核心就是资产负债表资产侧非现金科目的调整。表 8.3 显示,会计核算如何从基于权责发生制的损益表过渡到基于收付实现制的现金流量表。经营性现金流净额只和企业的日常经营活动有关,是企业的日常经营活动产生的、可供公司债务人和股东分配的资源。不得不提 A 股的一个奇怪现象:每到报表日的高送转炒作。在符合法律法规的基础之上,上市公司资本公积多了,就会采用送股的方式进行"分红",每个股东送几股。这和常规的现金分红不一样。现金分红是资源从企业内部流出,流入到股东手中。送股只是会计科目的调整,所有人对公司的求偿权比例还是那么多,不会因为送股就多增一分。这种分红行为背后的动机值得怀疑:一般这类企业的收益质量很差,"收益"科目里的数字属于股东,但是股东拿不走。出于某些动机又想"分给"投资人,因而采用送股这一做法。资本公积本来就属于股东所有,送股只是换了一个会计科目存放而已,这些资源无论如何不能让股东真的拿走——股东拿走收益时,资产就没有了,利益就流出了企业。用"经营性现金流/NOPLAT"来表征经营收益的含金量,这是对企业经营成果质量的一种有效衡量。

此时出现了另外一个问题:企业的日常经营需要资本开支,有时出于长期的战略考虑,需要固定资本开支;有时基于短期的运营需要,营运资本会占用现金。"经营性现金流/NOPLAT"无法评估资本性开支对现金流的占用。经营性现金流净额并不是全部可用于分红,有时候需要考虑潜在的发展机会,因而需要对指标进行改进。

(2)FCFF/NOPLAT。分母的含义十分明确,分子的调整更能凸显本质。

NOPLAT 的概念十分清楚,同企业的日常生产活动关系密切。根据图

5.1 的定义,FCFF=NOPLAT+资本性支出净额=经营性现金流-资本开支,其中资本性支出净额=折旧-营运资本变动-资本开支。取得了经营性现金流之后,企业还可以通过主动缩减"投资"使得自由现金流增加。如果企业放弃潜在的增长机会,放弃资本开支,那么企业当期的自由现金流就会增加,甚至大幅增加。经营性现金流中涉及的营运资本变动本质上也可以看作一种短期"投资"。企业可以通过加速回收应收款、延长应付款支付周期的方式来增加营运现金流,以获得更多的可用资源。

利润属于股东,但是股东不一定能使用;股东能使用自由现金流,但是自由现金流不一定属于股东,很难判断哪个指标更"好"。较好的 FCFF/NOPLAT 可能是以牺牲企业的长期增长为代价,用此指标来衡量企业的盈利质量也存在一定的问题。

衡量盈利质量到底用哪个指标,难以一概而论。企业可能加大资本开支,以减少 FCFF 为代价来获得暂时性的经营性现金流增加;也可能减少资本开支以获得当期靓丽的自由现金流,代价是损害了企业的长期经营性现金流。这两种方法都存在一定问题。在谈企业"盈利"时,一定要明白这个盈利具体是指什么。另外,不要试图给"价值"一个明确的定义,这是一个不可能的任务,要辩证地看待价值。企业应当根据自己的经营目标,在所有权和使用权之间取得动态平衡。极端地追求现金流和极端地追求利润,都可能对企业造成极大的伤害。比如,传销就是极端追求现金流,甚至以主动牺牲利润的方式来换取现金流入。

以上是证券分析人员在书面报告中的正式分析逻辑,实际常用指标是"经营性现金流/归属母公司净利润"。这个指标在现有的财经软件上可以很快地估计出来;投资者也可以直接用"经营性现金流+投资性现金流"来替代自由现金流,可以此简要估计自由现金流——只是需要注意投资性现金流净额包括企业理财产品的申赎。如果一个企业的表观印象还不错,但是投资性现金流又远超估计,那么需要检查一下是否存在金融投资影响现金流的情况。

8.6　企业绩效评估:ROE

企业绩效综合评估的常用指标是 ROE。ROE 代表的含义也很简单:在会计分期内,单位权益资本的回报。回报率的分子是净利润,分母是权益会计账目价值,如下所示。

$$ROE=净利润/权益$$

这是一个非常简单的定义式。如果只看公式的定义,那么基本得不到有用的信息。ROE 越高越好吗? 不一定。ROE 高的成因非常复杂,ROE 的数值高并不代表“质量”高。比如,房地产企业的 ROE 一般都很高,但是其盈利质量并不好。房地产公司的 ROE 高,但是财务状况堪忧,主要表征是:企业的成长需要极高的杠杆,导致自由现金流较差,现金流和增长无法取得一个让人满意的平衡。一般会将 ROE 的影响因素进行分解,以此研究 ROE 的主要驱动因素。企业会根据自身的资源禀赋和行业属性,选择适合自己的策略来提升 ROE,被普遍应用的一个分析模型是杜邦模型:

$$ROE=\frac{Asset}{Equity}\times\frac{Income}{Asset}\times\frac{Profit}{Income}$$

杜邦公司发明了上述 ROE 分析框架,发布于 20 世纪 20 年代,距今已有百年。这个指标至今仍然被广泛应用必然有其道理,但是也需要注意一个问题:杜邦分析模型为什么不含现金流量表中的变量? 现代财务报表的基本框架正式形成于 20 世纪 60 年代,在此之前的正式信息披露中没有现金流量表非常正常。

ROE 的设计思路非常简单,但其内涵却十分丰富。模型中的第一项是杠杆,将资产负债表结构纳入了分析框架。一般而言,加杠杆能够有效地提升 ROE,但是实际决策必须考虑提升杠杆所带来的风险。极端的高杠杆导致较高的 ROE,房地产行业就十分典型。比如,龙头万科的权益乘数已经达到了 8~9,这是一个非常高的财务杠杆。公司主动选择高杠杆的财务战略,承担了较高的风险,高杠杆策略对流动性管理要求非常高。

第二项是周转率。周转率表示单位资本投入能带来多少收入。周转率的高低有些取决于商业模式,有些取决于管理水平,有些取决于技术。有些企业业务模式是信息中介,收取中介服务费。这种模式的企业资产很少,企业的主要支出是费用性支出,和资产负债表有关的周转率必然很高。比如零售和分销,所售商品有买断和代销两种模式,相比于代销模式,买断模式下的周转率必然会低不少。有些行业周转率的高低主要取决于管理水平,特别是对存货的管理。有些公司管理得非常好,有些公司就管理得非常差,常见于服装行业。有些行业通过技术来减少资本投入,以此提升单位资本投入所带来的销售额。比如,每当光伏和水泥行业出现较大技术变革时,会导致产业内单位产出的资本开支大幅下降,自然提升了周转率。

第三项是净利润率。这个概念比较复杂,其大小既涉及外部因素,也涉及内部因素。外部因素主要有竞争、供需、技术等,这些因素可能会导致定价权的丧失或者成本的上升,进而影响净利润率。内部因素就更复杂了,广义的委托代理成本可能会导致企业的盈利能力千差万别。

整体而言,ROE 指标涉及资产负债表(杠杆)、损益表(净利率)以及二者之间的相互联系(周转率),是一个相对全面的综合性指标。公司可以根据 ROE 的影响因素,来确定自己的竞争策略:在 ROE 既定的情况下,公司应该选择哪个环节进行突破? 有些企业选择加杠杆,有些企业选择提升管理效率,有些企业选择深耕细分市场以获得定价权,这些都是企业可以选择的竞争策略。这些策略并无好坏之分,适合企业当下实际情况的策略就是好的策略。企业可以选择主动加杠杆,这是最容易的策略,尤其在负债率较低时;周转率的提升需要依赖企业管理能力的提升,有一定的难度并且见效慢;利润率由外部因素和内部因素共同主导,不确定性较强,企业无法完全控制。外部因素往往是不可控因素,内部因素决定了企业长期的核心竞争力。这些因素共同决定了企业的 ROE 水平。任何一个正常的企业不可能三个因素都长期占优,竞争导致"三高"(高杠杆、高周转率、高净利润率)企业很难长期存在。残酷的市场竞争会导致企业的 ROE 不可能长期维持在高水平上,不同的企业会根据自身的优势采用不同的竞争策略。

ROE 可能导致误判,主要风险发生在两个环节:①杠杆带来的风险;②盈余管理问题。前者相对简单,很多重资产行业 ROE 不错,但是并未反映财务杠杆带来的风险,从而掩盖了其运营效率过低的问题(周转率低)。

盈余管理主要影响 ROE 的分子质量。会计政策对盈余的影响主要体现在数量和质量上,比如费用的资本化问题。即便是万科,利息费用资本化的比例也相当高,虽然会计准则允许房地产企业资本化借款费用。表 8.4 是万科年报中的数据。

表 8.4　万科利息费用资本化

单位:元　币种:人民币

项　　目	2018 年	2017 年
利息支出	14 145 811 831.75	8 208 089 583.00
减:资本化利息	5 964 476 241.85	4 147 357 524.09
净利息支出	8 181 335 589.90	4 060 732 058.91
减:利息收入	3 839 923 292.95	2 502 616 718.59
利息收支净额	4 341 412 296.95	1 558 115 340.32
汇总损益	1 320 524 611.51	358 767 161.61
其他	336 637 744.18	158 374 279.35
合计	5 998 574 652.64	2 075 256 781.28

2018 年,万科支出的实际利息费用约为 141.5 亿元,其中 59.6 亿元进行了资本化处理。万科当年的净利润是 492 亿元,利息费用资本化的部分占利润的比例为 12.1%。万科已是行业龙头,在处理利息费用资本化的问题上都如此激进,更不用说其他企业了。有些制造类企业的盈亏与否可能主要

取决于费用的资本化比例。虽然费用的资本化在会计细则中有比较严格的规定,但是仍然存在很大的主观估计成分,进而给盈余管理带来了可操作的空间。

最后是盈余质量的估计。前文已经讨论了如何评估盈余质量,企业利润可能很高,但其质量可能很差。拿一个严重高估的利润去计算 ROE 当然存在问题,这里不再重复讨论。

8.7　从 ROIC 到 RoIC

为了解决 ROE 的上述不足,可以对 ROE 做一个修改。ROE 的主要问题是财务杠杆和盈余质量,本小节先解决杠杆对 ROE 的影响,再解决盈余质量对 ROE 的影响。

杠杆对 ROE 的影响显著且直接,是不是可以直接构造一个包括全部投入资本的指标,以此剔除杠杆的影响。比如,用某种形式的总资产回报率概念。可以参考 ROA,但是 ROA 这个指标太粗糙了。ROA 的定义如下:

$$\mathrm{ROA} = \frac{\mathrm{Profit}}{\mathrm{Asset}}$$

ROA 的分子是净利润,分母是总资产,看起来很不错,但是财务分析中很少采用这个指标。ROA 的分子是归属于股东的净利润,分母是和企业的利益相关人都有关系的一个总量。虽然这样的结果有数学意义,但是从金融的角度,ROA 的意义并不大。上述定义的 ROA,存在生产、分配错配的问题。如果想得到一个有经济意义的结果,那么分子要替换成 EBIT。EBIT 是债权人、股权人和政府拿到的总收益,是和资产相对应的总量概念。可以定义新指标如下:

$$\mathrm{ROA}' = \frac{\mathrm{EBIT}}{\mathrm{Asset}} = \frac{\mathrm{Profit}}{\mathrm{Asset}} \times \frac{\mathrm{EBIT}}{\mathrm{Profit}}$$

ROA′代表的是生产效率,ROA′的第一项就是 ROA。EBIT/Profit 本质上是分配的结果,是一个分配"杠杆"的概念。前文提到,ROA 将各种因素融合在一起,反映了投入的单位资产所能产生的股东回报,分子和分母对应的权利人完全不一样。这类指标乍一看好像很有道理,但是其经济学意义和管理学意义并不大。在了解了 ROA 的问题之后,可以在分母和分子上同时着手,构建一个新的指标——新指标的分子和分母所对应的权利人应该一样。先从分母入手消除杠杆,不能简单地用总资产,为此可以重构一个概念:投入资本(Invested Capital),简称 IC;分子应该只包括债权人和股权人的经济收益。构造的新指标称为投入资本回报率,简称 ROIC,定义如下:

$$ROIC = \frac{NOPLAT}{IC} = \frac{EBIT - Tax}{IC}$$

需要注意的是,ROIC 中的"回报"是指 NOPLAT,不包括非经常性损益,计算 NOPLAT 时需要剔除非经常性损益。IC 的计算可能是最有争议的一件事。一般而言,普遍被接受的投入资本定义如下:

IC＝股东权益＋有息负债

将股东权益计入投入资本(IC)没什么疑问,核心是有息负债的处理。有息负债需要计入投入资本,无息负债是否也需要计入投入资本呢? 重点要区分两个概念:Liability 和 Debt。Liability 是企业对外的支付义务,这种支付义务的产生来源广泛。企业借款(Debt)会形成未来的支付义务,赊购物资形成未来的支付义务,应付工资形成支付义务等。Debt 是狭义的 Liability,是历史或现在因资本流入企业而导致的未来支付义务。如果是一般债权人借给公司的有息债务,那么计入投入资本,这种融资行为和企业的日常生产经营活动无关。有息负债的形成一般是企业主动融资的结果。可以认为有息负债的概念对应 Debt,而所有的支付义务可归于 Liability,Debt 包括在 Liability 之内。主动的有息负债行为一般是和企业特定交易行为无关的融资行为,而无息负债一般是在经营活动过程中产生的。简单说,Liability 和 Debt 都代表了未来资源流出企业的义务。如果资源流出影响经营性现金流净额,那么就是 Liability,而不是 Debt;如果资源流出影响的是融资现金流净额,那么就是 Debt,也是 Liability。Liability 和 Debt 都代表资源流出企业的义务,只是流出的通道不一样。这就可以理解 IC 为什么如此定义了:投入资本是和企业融资活动相关的一般性资本,和企业日常经营行为无关。

IC 并不完美,比如很多"现金奶牛型"企业出现了 ROIC 下降的情况。在企业基本没有有息负债的情况下,由于盈利能力非常好,但是企业的盈利增速一般,可能导致 ROIC 持续走低。这类企业 ROIC 的下降,主要原因是企业的资本利用效率在下降。这种情况下企业只有两种选择:①寻求新的投资机会;②将现金以股利的形式发还股东。委托代理问题严重的公司,管理层出于自身利益的考虑,可能会投资一些回报较低的项目,甚至是 ROIC 低于 WACC 的项目。这个问题如何处理呢? 资本过剩的企业,现金科目占资产的比重非常大。如果企业维持正常运营所必要的现金可以估计出来,那么计算 IC 时可以将过剩的资金剔除。方便起见,不如直接扣除现金科目,认为这部分资金不参与日常生产经营活动,过剩资金不计入 IC。IC 的新定义如下:

$$IC=(股东权益-过剩现金)+有息负债$$

如果企业经营累积的现金过多,或者因为出售股权等行为导致资金过多,进而拉低了 ROIC,那么计算 ROIC 时需要重构 IC,以便 IC 具有历史可比性。一般可以按照比例法计算企业正常经营所必需的现金,根据现金科目占销售收入比重的历史数据进行外延,以此估计必要的现金保有量,也可以直接减掉全部现金。这两种方式可以快速估计投入资本。这只是一个带有强烈主观色彩的估计方法,计算 IC 时需要遵守的基本原则:IC 的核心含义是企业运营所需要的和日常经营活动无关的必要资本投入。当某些会计科目影响过大时,需要根据企业的经营实质进行调整,没有一个公式可以确保 IC 具有严格而精确的定义,毕竟所谓的"必需"是一个主观性非常强的概念。

ROIC 的分子是 NOPLAT＝EBIT－Tax。其含义就是企业的税前经营所得，就是企业所创造的"财富"中可供股东和债权人分配的资源，而股东和债权人提供的恰好就是投入资本（债权人是指 Debt 的提供方，下同）。分子、分母都对应"债权人＋股权人"，具有可比性。分子是否含税还有一些争议。税收也是企业生产活动产生的"财富"，为什么不计入 ROIC 呢？这取决于是从生产的视角还是从分配的视角看待问题。如果不同企业面临的税率差别很大，那么在比较企业生产效率时，剔除税率的影响就十分必要，EBIT/IC 代表了企业生产效率的高低。如果用于企业估值，那么 EBIT－Tax 更合理，这是公司债权人和股东能真实得到的财富——生产效率再高，如果政府拿走得过多，那么还是会降低企业的价值。因而在计算 ROIC 时，笔者倾向于用 EBIT－Tax 的方案，但是也需要根据实际情况来决定到底采用哪种计算方式，千万不能教条。

ROIC 消除了 ROE 针对财务杠杆考虑不足的问题。利用 ROIC 可以快速地评价一个公司的经济价值。相比 ROE，ROIC 消除了财务杠杆的影响，对投入资本作了详细的区分，这是 ROIC 的优势。财务杠杆不影响 ROIC 的计算结果。但是，ROIC 未考虑盈利质量对结果的影响。ROIC 的分子 EBIT－Tax 仍然基于权责发生制，EBIT－Tax 只是账面收益，并不包含现金流量表变量。ROE 和 ROIC 都有"R"，但是"R"的含义不同，在使用这两个指标时需要注意。

前文提到了一个问题："企业未来的盈利能力"到底用什么指标表征比较好？自由现金流和会计利润，谁更能代表一个企业未来的盈利能力？前文分别讨论了更强调权责发生制的利润概念和更强调收付实现制的现金流概念，以及自由现金流这种考虑了委托代理成本的"盈利"。笔者更倾向于用 FCFF 来评估企业未来的盈利能力。但是，如果过度强调 FCFF，那么就会导致目前绝大多数 A 股公司根本就没有自由现金流意义下的"价值"。自由现金流模型只是一种学术估值模型，公司治理结构缺失导致委托代理成本过高,必然会导致自由现金流很差。用自由现金流评估委托代理成本难说非常合理,只是自由现金流可以在一定程度上量化委托代理成本——但不是全部。笔者在此提出一个 ROIC 的改进模型(RoIC),这个模型和用 FCFF 来代表企业的"盈利"存在同样的问题,如下所示。

$$RoIC = \frac{FCFF}{IC}$$

RoIC 更侧重从使用权的角度估计投入资本回报:单位投入资本能给企业带来多少自由现金流。RoIC 的经济意义更合理,但是在使用这个财务指标时,需要审慎评估指标的适用性。

ROIC 和 ROE 的计算公式和模型细节只是技术问题,指标的经济学或者会计学含义更为重要。ROE 不考虑股权投入的机会成本,其所谓的"盈利"不包含权益的机会成本。公司会计利润的增加并不代表创造了经济价值,利润要超过权益资本的机会成本才有经济价值。ROIC 弥补了上述不足。企业的 ROIC 需要超过企业的资本成本才能创造经济价值,企业的资本成本如何估计? 后续章节会讨论加权平均资本成本 WACC,到时会将 ROIC 和 WACC 作一个比较,讨论企业究竟如何创造经济价值。

财务指标并非一个简单的数字,分析人员可以用很多方法来构建财务指标,但应遵守一个根本性的原则:通过一个简单的财务指标来有效表征企业某一方面的经营实质。财务指标的设计,首先应考虑设计的目的,然后再考虑指标的有效性,最后考虑指标可能存在的缺陷。最终,需要采用一个多指标的评价体系,才能对企业作出相对完整的评估。

最后需要强调的是,ROE、ROIC 和 RoIC 中的字母"R"具有完全不同的定义,分别代表了利润、NOPLAT 和 FCFF。这其中的区别并非简单的技术细节,其背后的经济含义有很大不同。

8.8 ROIC-ROE 视角下的公司

前面两个小节讨论了 ROIC 和 ROE,两个指标都被用来表征企业的经营绩效。两个指标的区别是:①杠杆的影响不同;②"回报"的含义不同。ROIC 表征了生产效率,分子是 NOPLAT,分母是 IC;ROE 考虑了债权人和股权人之间的利益分配,分子是利润,分母是权益。本节从 ROIC 和 ROE 入手,考察上市公司 ROIC 和 ROE 之间的关系,并根据这两个指标分类上市公司,探讨其特征,为后续的资产定价做准备。首先讨论 ROIC 和 ROE 之间的关系,从定义入手:

$$\text{ROIC} = \frac{\text{EBIT} - \text{Tax}}{\text{IC}} = \frac{\text{Profit} + \text{Interest}}{\text{Equity} + \text{Debt} - \text{Cash}}$$

需要强调:Profit 是净利润,不含非经常性损益;Interest 是费用化的利息,资本化的利息不包含其中;Equity 是报表上的权益;Debt 是有息债务;最后的 Cash,严格说是企业的过剩现金。多数企业的过剩现金基本可以认为接近于零(融资饥渴),只在特殊情况下存在现金过剩,现金奶牛型的企业才会面临资金过剩的问题。将上述公式的分子分母同时除以 Equity,得到如下结果:

$$\text{ROIC} = \frac{\text{ROE} + r \times l_D}{1 + l_D - l_C}$$

其中,r 是有息负债的平均利息率,$l_D = \dfrac{\text{Debt}}{\text{Equity}}$,$l_C = \dfrac{\text{Cash}}{\text{Equity}}$。多数公司的 Cash/Equity 很小,近似为零,将上述公式简化成如下形式:

$$\text{ROE} = (1 + l_D) \times \text{ROIC} - r \times l_D = \text{ROIC} + (\text{ROIC} - r) \times l_D$$

ROE 和 ROIC 之间的关系由两个变量决定:杠杆和债务资金成本。第一个表达式突出强调 ROE-ROIC 之间的关系;第二个表达式突出强调 ROE 和杠杆 l_D 之间的关系。由此,可以得到如下基本结论:

(1)杠杆等于零时,ROE 等于 ROIC。这种情况往往出现在现金奶牛型企业中,无负债利息费用为零,IC 和 Equity 相等。

(2)ROIC 大于 r 时,ROIC 可能不高(债务成本也不会很高),但是加大杠杆 l_D 可能导致 ROE 很高,常见于房地产企业。需要注意,这里的 r 是指费用化的利息,房地产企业可将项目建设期的利息资本化,可以在很大程度上调整自身负债的会计表观成本。

(3)ROIC 小于 r 时,加杠杆只会导致 ROE 迅速下降,这时企业盈利能力差,债务成本高,可能连利息都付不起。这种情况下加杠杆会导致价值毁灭。

(4)一般不存在 ROIC 很高但 ROE 很低的情况。资金过剩时才会导致这种情况发生。资金过剩时,ROE 和 ROIC 的关系如下:

$$ROE=(1+l_D-l_C)\times ROIC-r\times l_D$$

企业资金过剩,这时 l_D 较小,而 l_C 较大,有可能导致 ROIC 大但 ROE 小。这只是一个计算上的小问题,此时企业没能有效地利用投入资本,导致资本过剩。计算 ROIC 时需要将过剩资本剔除,按照必需投入资本规模计算 ROIC;而 ROE 却计算全部权益,可能导致必要投入资本小于权益。企业并不是财务上出现问题,主要是委托代理问题比较严重,管理层不愿意将过剩的现金以分红的形式发还给股东。有没有可能存在 l_D 较大、l_C 也较大的情况?这种情况一般而言并不合理,一般称之为"高存高贷"。

将 ROE 和 ROIC 按照大小进行分类,可以得到四种组合,如图 8.3 所示。

一般投资人倾向于投资 ROIC 较高、ROE 较高的企业,这肯定是最好的公司,比如贵州茅台。2018 年贵州茅台的 ROIC 和 ROE 分别为 30.66% 和 34.46%。如果以 ROIC 和 ROE 均大于 20% 为筛选标准,根

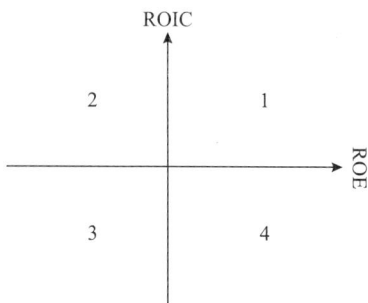

图 8.3 ROIC-ROE 关系图

据 Choice 中 2018 年报数据，A 股上市公司中满足这一标准的公司一共有 159 家（包括 st 股票在内）。需要指出，Choice 软件中 ROIC 的计算存在错误，但是多数公司的偏差在 10% 以内，不显著影响整体结论。

ROIC 较高、ROE 较低的公司并不常见，而且多数软件在计算 ROIC 时并不剔除过剩现金。此类案例较少，如果不剔除过剩现金，那么 ROIC 较高而 ROE 较低的情况则不会出现。

ROIC 较低、ROE 较低，是典型的价值毁灭，这类公司在 A 股上极为普遍。考虑 ROE 和 ROIC 都小于 8% 的情形，同样以 Choice 软件的数据为基准，筛选 A 股 2018 年报的财务数据，结果显示有 1 940 只股票的 ROE 和 ROIC 都小于 8%，这几乎是 A 股上市公司数量的一半。

ROIC 较低、ROE 较高的公司最具有迷惑性，往往这类公司的 PE 很低。比如房地产行业的龙头万科，其 ROE 在 2015—2018 年持续攀升，2018 年万科的 ROE 达到了 23.42%；但是，其 ROIC 却持续走低。2015 年其 ROIC 还超过 10%，但是 2018 年其 ROIC 只有 7.06%，这个数据已经接近价值毁灭了，其他房地产公司的 ROIC 也不是特别好。

用统一的标准对 A 股公司分类，ROE 以 12% 为界，ROIC 也以 12% 为界，1～4 象限的公司数量分别为（数据均以 Choice 2018 年报数据为准，注意 Choice 软件的 ROIC 计算存在错误，并且未剔除过剩现金）606 家、0 家、2 607家、318 家。落于第三象限的公司数量占比为 73.83%。由此可见，多数 A 股上市公司基本不创造经济价值，用利润衡量企业的价值存在重大缺陷。如果以 RoIC 替代 ROIC 作为划分标准，结果会更差。通过这组数据，可以清晰地看到 ROIC 和 ROE 的作用：二者都很低时，很容易理解；最让人迷惑的是高杠杆导致的高 ROE 低 ROIC 组合。高杠杆使得风险溢价很高，导致了 PE 倍数较低。很难确定这类公司 PE 的合理水平，这类低 PE 公司最具有迷惑性，此类现象被称之为"PE 陷阱"。

第9章 价值评估方法与工具

本章讨论估值工具。前文介绍了价值观念的演进、财务分析等重要内容,确定了现金流意义下的价值概念。本章以现金流贴现模型为核心,构建量化估值模型,并以此为基础重新审视传统倍数法估值模型的关键影响因素;最后,从理论框架完整性的角度对实物期权估值方法作一个简要的介绍。

针对不同的模型,本章提供一个不同于教科书的视角,辅以A股和港股的上市公司案例。读者可以清楚地知道如何在投资实践中应用这些模型,加深对企业价值的认知。

9.1 自由现金流与DCF模型

最先提出现金流贴现模型思想的人是菲利普·费雪,但是为什么要用贴现现金流模型来计算企业的价值呢?这主要是由于现金在整个资本循环过程中的特殊地位。公司货币资产转化成各种各样的资产,在生产的过程中逐步消耗掉,最终希望资本增值。现金是企业再投资、对外交易、分红、纳税等各种经济行为的基础,以物易物的模式会导致交易成本的急剧上升,无法满足当下经济发展的需要。如果交易成本足够低,或者在特殊情况下,的确可能出现以物易物的交易形式,但是一个最为根本的行为只能用货币资金完成——税收。用法定货币缴纳税款是任何一个主权国家内的企业所必须做的事情，甚至用美元在中国交税都不行。这涉及法币信用问题，如果一国法币不能用来交税，那么必然的结果就是货币一文不值。不能用法币交税，就意味着法币的发行方自己都不接受法币，怎么能指望经济体中的其他参与者会相信其价值呢？

估计企业价值时，费雪并没有选择利润这个管理学概念，而是选择了现金流，这是一个属于金融学的概念。简单再生产时代，人们对价值的认知建立在实物资产之上；股份制发明后，人们倾向于从管理的角度出发，希望利用会计工具设计一个指标能比较好地表征企业的区间经营成果，这个时期也是企业的所有权和经营权分离的时期，最终的结果就是发明了利润这个会计概念。用现金流表征企业价值的思想始于费雪，改变了利润视角下的价值观，企业的经营成果是其净现金流入——哪怕这个现金流入是部分基于债务的。拿别人的钱给自己赚钱，何尝不是一种"价值"呢？用自由现金流来表征企业的价值，主要是考虑到委托代理成本——管理层可能将费用性支出转化为资本性支出，进而对当期损益产生很大影响。将费用性支出转换为资本性支出，最简单、暴力的方式就是：将销售费用转化成应收账款，把本应该基于管理效率/研发投入带来的绩效提升，转换成简单的信用销售。资本性开支不能说不对，企业的资本性开支应该尽可能审慎。詹森设计企业自由现金流，目的是研究委托代理成本，研究管理层如何滥用企业充裕的资金。后来，人们认为利用自由现金流来代表企业的区间经营成果更为合理——企业所有的资本性支出和费用性支出只是现金流在时间维度上的再分配。现金流贴现模型可以有效地化解上述错配。因而，詹森和卡普兰采用企业自由现金流来估计企业的价值。

自由现金流估值模型的建立并非一蹴而就。20 世纪 80 年代詹森首次提出了自由现金流思想，用于研究委托代理成本。直到 20 世纪 90 年代卡普兰才将自由现金流模型用于企业估值，过程十分漫长。在此期间，美国经济迈入了互联网经济时代,美国的经济结构逐步偏向技术和服务业,在这种轻资产模式下,企业的主要支出是费用性支出而非资本性支出。此时,企业的委托代理问题变得愈发严重。具体的实物资产还可能相对准确地进行会计估计,但是费用性支出所对应的表外资产很难进行会计估计,管理层和股东之间存在着严重的信息不对称。管理层和股东之间在表外资产上的信息不对称程度加剧,增加了委托代理成本。如果不将委托代理成本纳入财务估值模型,那么企业的价值难以进行准确评估。

20 世纪 80 年代,詹森在《自由现金流的代理成本、公司财务与收购》一文中提出自由现金流的概念。文章很有意思,最开始詹森用自由现金流来研究委托代理问题,然后 20 世纪 90 年代卡普兰才将其变成了企业估值的工具。这篇论文产生的背景是:经历了 20 世纪七八十年代石油行业的大繁荣,美国的石油行业竞争格局逐步稳定,石油企业积累了大量的现金。这些现金本应用来分红,但是由于委托代理问题,企业的管理层将过剩现金用于并购。企业不仅仅做并购,还加杠杆,并且杠杆并购并不仅仅局限于石油行业。《门口的野蛮人》描述了美国 20 世纪 80 年代的并购狂潮。当时,利率市场化改革导致了低利率的大环境(后来导致了储贷危机),企业广泛借助杠杆进行大量并购,最典型的案例就是 RJR Nabisco 的并购案。

谈及杠杆并购,不能不提 20 世纪 80 年代的一桩杠杆并购案——RJR Nabisco 并购案。这笔被称为"世纪大收购"的交易以 250 亿美元的收购价震惊世界,成为历史上规模最大的杠杆收购之一。

收购发生在 RJR Nabisco 公司的高级管理人员和著名的 KKR 集团之间。由于交易规模巨大,不乏像摩根士丹利、第一波士顿这样的投资银行和金融机构直接或间接参与其中。"战役"的发起方是以罗斯·约翰逊为首的 RJR Nabisco 高层管理者,他们认为公司的股价被严重低估。1988 年 10 月,管理层向董事局提出管理层收购公司的建议,收购价为每股 75 美元,总计 170 亿美元。虽然约翰逊的出价高于当时公司股票 53 美元的市价,但是公司股东对此并不满意。不久,华尔街的"并购之王"KKR 公司加入了这次争夺。经过六个星期的激战,最后 KKR 胜出,收购报价是每股 109 美元,总金额 250 亿美元。KKR 本身动用的资金仅 1 500 万美元,而其余 99.94% 的资金都靠迈克尔·米尔肯发行"垃圾债券"筹得。

卡普兰用自由现金流为企业估值时,很好地借鉴了詹森的工作。詹森最开始是因为研究委托代理问题而引入自由现金流概念,詹森认为企业管理层滥用企业资金。被滥用的资金有些由企业自己创造,有些由债务融资而得。在传统的制造业和重工业时代,费用性支出可能还不那么重要,毕竟要实打实地生产出产品才行。到了服务业主导的时期,传统财务指标已经无法衡量管理层的经营绩效。管理层可能花钱买业绩,费用全部资本化。这引发了对新估值方法的需求,詹森的自由现金流工具恰好满足了市场对新估值工具的需求。自由现金流最原始的定义是:企业把所有净现值可能为正的项目投完之后剩下的现金流。詹森的定义本质上是将公司治理融入企业估值的一次尝试:企业估值必须将委托代理成本量化地纳入估值模型。詹森的自由现金流,在很大程度上满足了将委托代理成本纳入当期绩效考核的诉求,因而被用作企业估值。理论上,所有的现金流都能贴现,得到的结果是否有金融学意义,需要仔细辨别。自由现金流估值模型在很大程度上满足了金融市场对新估值工具的需求。

詹森的思考和提出的问题之后被滥用了,并且其间还掺杂了很多主观臆想。詹森和卡普兰的工作,点评如下。

詹森的自由现金流定义和卡普兰的定义有很大不同。詹森的定义是在满足所有的正净现值投资项目之后,企业多余的现金流;卡普兰直接从会计科目入手得到自由现金流的定义。二者细节有所不同,但目的都一样:试图用企业的自由现金流来量化委托代理成本。最后的结论是:自由现金流过剩会导致管理层出于自身利益做大企业规模,投资净现值为负的项目会导致股东利益受损。提高所有权交易的市场效率、增加财务杠杆可以在一定程度上降低委托代理成本,外部和内部的压力会约束管理层的行为。詹森并没有将企业估值问题明确提出来。虽然降低委托代理成本是现代公司治理的核心问题,但是究竟如何量化,以及现金流的大小能在多大程度上代表委托代理成本很难说清楚。詹森的命题是:当企业现金流过剩时,管理层倾向于滥用现金投资一些没有经济价值的项目,并给出了实证的结果,但是实证研究并没有说现金匮乏的公司就不存在委托代理问题。詹森的自由现金流不足以全面反映委托代理成本,公司委托代理问题呈现的表象和内在的机制往往十分复杂,单一指标很难精准地衡量委托代理成本。

用自由现金流估值时,应该如何理解自由现金流的经济学含义呢?首先,自由现金流的定义并不完备;其次,自由现金流是管理层控制的资源。这些资源一部分是企业的利润,属于股东所有;另一部分,特别是应付类科目,所有权不属于企业,但是它代表了企业的潜在获利能力。卡普兰强调:自由现金流是在必要的现金流支出之后剩余可供分配的部分,什么是"必要的"仍然是一个很模糊的主观定义,公司很难平衡当期的"收益"和未来的发展机会。未来存在不确定性,很难基于当下信息做出最优决策而不犯错误。基于自由现金流的价值观具有如下突出特征:

(1)自由现金流是一种混合权利,将所有权和使用权两种权利混合在一起,并且很难量化二者的比例。

(2)包含了损益表以及和损益表有关的资产负债表科目。包含了损益表及资产负债表科目的综合指标,从公司治理的角度是在会计利润的基础之上将委托代理成本纳入计量范围——委托代理成本无法直接计量;从会计的角度是将资本性支出和费用性支出进行审慎调整,在权责发生制的基础上,按照收付实现制进行重构。

(3)根据上述思想,价值的概念可以延展,可以根据具体情况作出不同估计。比如,企业的价值是否可以用 FCFF 加上固定资本开支来估计呢?可以认为"EBIT-Tax+D&A-Working Capital"决定了企业的价值,因为固定资产投资一般较为理性,委托代理成本较小——至少短期如此,管理层为了完成 KPI 而进行非理性固定资本开支的可能性并不大。固定资产开支所形成的固定资产是可见的有形资产,会计估计相对准确。因而,可以认为固定资产投资从长期来看会给企业带来收益,其委托代理成本较小。只是需要注意某些行业,比如光伏发电行业,只要建设新的发电站即可使得利润大幅增长,但是这种增长毫无经济价值。

詹森最开始提出自由现金流工具,目的是讨论委托代理问题:从自由现金流的角度看管理层是否忠实地为股东利益最大化服务。因为现金是最容易被滥用的资源,所以詹森选择了这个切入点。理解了委托代理问题,也就理解了各式各样的财务造假和盈余管理。从制度经济学的角度,自由现金流是一种混合权利;从会计的角度,很多财务造假方式在自由现金流中被对冲掉了,很多盈余管理手法不影响最后的自由现金流结果。

第 7 章讨论了财务造假和盈余管理的一般手法,企业虚增利润必然会导致资产虚增(或虚减负债,但较为少见),虚增的资产一般会放在哪个资产科目里呢? 四个大类科目最容易存放:现金、应收、存货、固定资产。这四个科目最容易造假,但是财务造假并不仅仅只有这四个科目。现金科目造假需要银行配合,难度较大,一般认为银行可被信任。但仍然不乏现金造假的案例,康得新、康美药业等都在现金科目上造假,这必然会导致财务费用的异常。虚增利润导致其余三个科目的余额变动,在 FCFF 中都被对冲掉了。损益表虚增的利润如被放在应收、存货和固定资产科目中,则其余额变动不影响自由现金流。因而,自由现金流在企业估值中更具有普适性,其"价值"质量更高。虽然营运资本占用资金增加很难说都是委托代理成本,但是一个好的企业不应如此。如果一个企业的竞争力很强,那么为什么不能为自己争取更好的付款条件呢?

讨论价值投资,应先讨论何为"价值",首先要明确是基于哪种权利视角下的价值。这同公司的治理结构关系密切,现代企业最重要的制度安排莫过于所有权和经营权分离。所有权和经营权分离可能会导致管理层滥用现金流,会损毁股东权益,股东拿到的"股票"是一种阉割之后的不完整产权。比如,腾讯大股东所持有的股份更像是分红权,但是其价格在二级市场上同马化腾的股权是一样的。腾讯的经营和业绩同大股东的关系并不密切。一般创业型企业会把这些权利安排在投资合同中约定得非常明确,并且这些安排的确影响了企业的估值。公众公司的研究尤其需要注意,不能默认自己是公司的所有者,泛泛而谈的所有权毫无意义。卡拉曼在《安全边际》一书中认为,股票代表所有权的概念并不正确,所有权不具有明确而确定的含义。现代制度经济学认为,企业是一组权利的组合。权利和权利之间会相互作用,厘清其中的复杂关系十分困难,投资实践只能就主要问题作出分析和判断,制度经济学的研究为此带来了很多启发。如果认为股票代表了完整的产权,那么必然会导致企业价值的高估。股票市场一百多年的发展,加深了人们对"价值"的认知。目前为止,可以明确的是:股权是一组不确定的权利,并且动态变化;股价是这组不确定权利的价格。股票的估值需要根据企业具体的实际情况进行估计,没有一种方法具有普适性。

对自由现金流情有独钟,是因为自由现金流量化了委托代理成本——詹森和卡普兰设计的自由现金流,量化评估了企业的委托代理成本。管理层可能会通过会计工具和某些投资项目满足私欲,但是自由现金流是减去委托代理成本之后的净收益,较好地解决了"利润"失真的问题。自由现金流尤其适合中国市场,因为历史遗留问题,中国很多上市公司存在一股独大的现象。大股东往往就是管理层,中国的委托代理问题高发于大股东和公众股东之间,委托代理成本较高。自由现金流估值模型对中国资本市场建设有重大意义。

公司内部也存在广义委托代理问题。为了降低管理成本和缔约成本,管理层级较多的公司内部,部分权利层层下放、相互制约。这些制度安排会在价值创造和缔约成本之间达成动态平衡。投资者不要觉得买了股票就是拿到了所有权,股票所代表的权利,在不同的市场环境和公司治理结构下,价值都不一样。契约约定过于复杂,估值对象所包含的权利无法清晰地界定,价值评估就更无从着手了。比如,管理层的年终奖和 KPI 挂钩,是一种或有权利,这如何估值? 这涉及的问题比较复杂。自由现金流是证券分析人员可以在很大程度上达成一致的、对价值的看法。随着未来经济的发展和制度的变迁,新的估值工具会被不断地发明,很难说不会出现更好的企业估值工具。价值投资必然是一个随着社会经济发展而不断深化的概念,投资实践需要对价值的主要矛盾作具体的分析,进而采取恰当的工具。

现金流估值模型主要有三类:FCFF、FCFE、DDM。第一类是讨论最多的自由现金流估值模型,其贴现率是 WACC;第二类是以 FCFF 为基础,剔除债权人拿走的现金流,得到股东所能获得的现金流 FCFE,以此为基础进行估值,其贴现率是权益资本成本,即 CAPM 模型决定的权益资本成本;最后一类是股利贴现模型,其贴现率也是权益资本成本。上述结果总结如图9.1 所示。

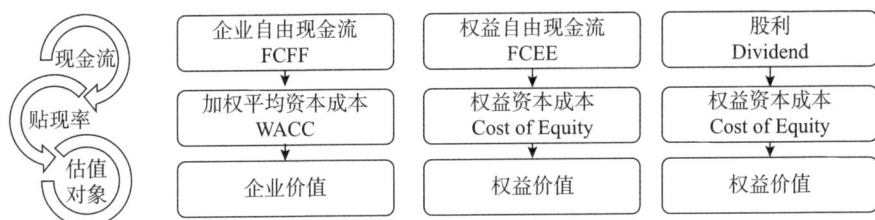

图 9.1　不同的现金流估值模型

需要注意 FCFE 和 DDM 模型的估值差异。二者的贴现率一样,但是一般情况下 FCFE 大于股利。那么两个估值结果的差异如何解释呢? FCFE得到的企业价值类似于 FCFF,是混合权利视角下的价值观;DDM 模型得到的企业价值是一个非常审慎的结果,股东拿到手的钱才是真的"钱",其他账面数据一律不看。公司账面上的钱,小股东决定不了其用途,都被管理层控制。可以认为,DDM 模型是上述三个模型中最为审慎的价值估计模型。

9.2 选择合适的贴现率

本节讨论两个核心问题：①资本资产定价模型，即 CAPM 模型；②加权平均资本成本 WACC。CAPM 模型在现代金融学体系中处于非常核心的位置。笔者认为模型的思想在 20 世纪早期就已经提出了，Knight 在《风险、不确定性与利润》一书中通过严密的逻辑推理得到了类似的结论，并在此基础上进一步讨论了经济利润的产生条件。这里主要介绍 CAPM 的思想、WACC 的计算以及 WACC 的经济学含义，下一小节将专门比较 WACC 和ROIC。

CAPM 模型的形式如下：

$$E(r_i) = r_f + \beta_{im}[E(r_m) - r_f]$$

其中，证券 i 的预期收益率由无风险收益率 r_f 和风险溢价 $\beta_{im}[E(r_m) - r_f]$ 决定。β_{im} 系数的含义是单一证券相对于市场风险溢价 $E(r_m) - r_f$ 的风险调整系数。模型的理论出发点是马科维茨的资产组合理论。从形式上来说，市场的风险溢价被认为是一个外生性变量——无法知道市场平均风险溢价由什么决定，而 β_{im} 就是一个描述相关关系的系数，通过协方差和方差变量计算得到。马科维茨资产组合模型的基本形式如下：

$$\begin{bmatrix} \omega_1 \\ \vdots \\ \omega_n \end{bmatrix} = \begin{bmatrix} \sigma_{11} & \cdots & \sigma_{n1} \\ \vdots & \ddots & \vdots \\ \sigma_{1n} & \cdots & \sigma_{nn} \end{bmatrix} \times \begin{bmatrix} r_1 \\ \vdots \\ r_n \end{bmatrix}$$

其中，$\vec{\omega}$ 向量代表的资产配置权重是"现在"的变量，右侧的协方差矩阵和预期收益率向量都是"未来"的。虽然一般都用历史数据来估计协方差矩阵，但是严格来说，协方差矩阵是两个随机变量未来的协方差；协方差矩阵有 $(n^2 + n)/2$ 个独立的未来变量——这些参数的时间属性马科维茨在其1952 年的经典论文 *Portfolio Selection* 里提到过。上述模型参数的"经验估计"不是马科维茨关注的重点，马科维茨关心的是有了这些预期收益率的估计和相关性估计的情况下，如何选出最优的组合。实际计算过程中投资人用历史数据来估计这些变量，理论上而言如果想用历史数据估计模型参数需要很强的假设。

模型最大的问题就是不满足简洁的美感：为了决定当下 n 个资产的配置权重，却需要知道未来 $(n^2+n)/2+n$ 个变量，将"简单"的问题复杂化了。复杂度提升带来的影响难以估计，模型的稳健性也受到了挑战。这种思想十分危险，如果现在要解决的一个"简单"问题取决于更多未来的"复杂"问题，那么这样处理问题的目的是什么呢？什么样的自信才能让投资者相信未来 $(n^2+n)/2+n$ 个变量的估计更准确？马科维茨的模型隐含假设了未来信息的可得性，并在这个前提下给出了一个当下问题的最优解，这是一个"上帝视角"。马科维茨的模型所存在的问题主要可以分为两类：①外部信息的完备性问题；②人的决策函数问题。

上述模型的形式并不简洁，其本质是信息完备性的问题。马科维茨的原始论文用有限离散分布假设得到了组合选择的结果，这种简化得到了一个优美的数学形式解，但隐含了信息的完备性和可知性。假设收益率 r 为一随机变量，无论如何不能先假定其符合某种分布，然后再去估计概率密度分布函数的参数。现实中无法通过样本直接得到概率密度分布函数，一般是将对概率密度分布函数的估计转化成对矩量母函数（mgf）的估计，将矩量母函数做泰勒展开，这样即可用多项式逼近矩量母函数，将对概率密度分布函数的估计转化成了对矩的估计。一个随机变量的零阶矩积分不收敛，即概率密度分布函数不存在，这等同于奈特的"不确定性"；一个随机变量的一阶矩积分不收敛，即不存在期望，金融定价的对象本身不存在；一个随机变量的二阶矩积分不收敛，即意味着方差不存在。以此类推，高阶矩的存在和系统状态的可知性之间关系密切。马科维茨的原始论文通过有限离散分布规避了这个问题，但是现实中存在的问题无法被忽视。马科维茨认为低阶矩（一阶矩）可以由高阶矩（二阶矩）决定。统计学研究表明，如果高阶矩存在,那么低阶矩也一定存在,这其实是一种"上帝视角"。

如果一个随机变量只存在 k 阶矩,那么这个随机变量只能被认为是"在 k 阶矩意义上是可知的",这个结论的含义是:市场至多只能对 k 阶矩所包含的全部信息进行定价。注意是"至多",即便已知 k 阶矩所包含的全部信息,市场也未必能反映全部已知信息。从有效市场假说的角度来看,Fama(法马)定义的市场有效假说是:针对特定信息集,随机变量的一阶矩为零。一阶矩的存在性是市场有效性的前提,如果一阶矩不存在,那么有效市场假说的表述形式也要发生很大变化。Fama 的有效市场假说仍然局限在"可知性"的范围内,并未对信息集的特征进行过多考虑。据此,如果随机变量的二阶矩不存在,则均值—方差模型的根基将不复存在。同样,高阶矩的风险补偿问题,马科维茨并未纳入模型的考量范围。

人的决策函数十分复杂。马科维茨引入均值—方差模型描述人的决策行为本身问题不大,但是马科维茨并没有明确指出其背后隐含的假设。马科维茨在其论文开篇就说道:我们假设人们是按照均值—方差模型来进行选择的,即在方差一定的情况下追求期望收益的最大化;或在期望收益一定的情况下,追求方差的最小化。个体在信息不完备的情况下是否有能力估计这么多变量,预期收益和协方差是不是时变的,或者干脆期望就不存在,这些问题在 *Portfolio Selection* 并未涉及。论文只是假设人的行为遵循均值—方差模型。即便投资的时候只考虑方差和均值,但是落实到投资行为上,人们真能如模型一般"理性"吗?这些问题共同构成了资产组合理论模型的挑战。基于人的行为选择模型是否理性(理性的含义就是遵循均值—方差模型,而非"绝对"意义上的理性),金融学走向了另外一个分支,即行为金融学。

忽略模型的技术细节,马科维茨的模型包含了一个非常重要的隐性假设:投资者行为的同质性。同质的投资者预期均相同,为什么还会发生交易行为呢?资产组合的构建就是一个动态的交易过程。投资者的同质性假设,以及按照单一变量决策的假设,有助于学术建模,但这同实际金融市场的规律大相径庭。

上述模型讨论的仅是微观个体行为,实际的资本市场却是由众多非理性的异质性个体构成。如何衡量这种异质性,以及如何将异质性的数据集"加总"是一个难题。勒庞的《乌合之众》从社会心理学的角度描述了群体行为的特征,最近席勒的《叙事经济学》拓展了群体行为研究的深度。不作详述,感兴趣的读者可参考相关资料。这里需要指出一些因子模型存在的问题。Fama 三因子模型发明之后,投资者开发了众多因子模型用于投资实践,将完全异质性的变量直接加总是否有经济意义却无人问津。比如,Fama 认为公司的市值、账面市值比、市盈率对股票收益率有影响,因而假设了一个统计模型,并通过数据回归确定了模型的参数。市值和市盈率两个变量直接"相加"的经济含义是什么？是否可以直接相加？这些都没有让人信服的解释。

因子模型是还原论世界观的表现。将收益率拆解为若干变量,研究这些变量的特征,最后加总得到整体特征。还原论的世界观来源于经典物理和微积分,曾经主导了人类的认知,集大成者是拉普拉斯。近代数学和凝聚态物理都否认了这种还原论的世界观,整体的特征无法通过对部分的研究获得,不同子系统之间的相互作用是形成复杂系统的关键。即便是经典统计模型也经常要求随机变量独立同分布,对于存在复杂相互作用的体系,这种还原论的世界观存在很大问题。

人非生而理性,非理性不带有褒贬含义,仅代表资产配置行为是否遵循既定数学模型。微观个体即便遵循马科维茨所假设的均值—方差模型框架,但是由于风险偏好的不同,其个体行为也表现出强烈的异质性特征(对参数的估计不同)。阿尔钦提出了一种演化模型,重点强调了投资者行为的异质性。投资实践的首要目标是确保生存,在确保生存的前提下才会追求一定的收益。投资领域最先阐述这个思想的是格雷厄姆,《证券分析》的第一版就明确表示:投资是在确保本金安全(生存)的基础之上,追求适当的收益(而绝非收益的最大化)。巴菲特在其投资生涯中也强调对本金保护的重要性。

阿尔钦在论文 *Uncertainty,Evolution and Economic Theory* 中对此进行了深入阐述,并给经济学带来了深远的影响。阿尔钦在文中放弃了经济学"利润最大化"的假设,以及个体对未来的理性预测,基于一种演化(而非进化,进化仍然有最优化思想的成分)策略得到了一个模型:个体保持多样性的前提下,市场在付出一定"成本"之后,仍然可以相对有效率地配置稀缺资源。模型的基本要求是个体决策的多样性——而非同质性,至于个体是否理性并不重要,甚至极端情况下需要一些"个体"完全非理性。系统演化的效率和成本同系统生态的多样性有很强的关系。

阿尔钦的思想在近代金融学中被忽视了,一直没能成为主流,目前主要是一些研究企业微观理论的学者在开拓这个领域,形成的成果是制度经济学的一套方法论。一般而言,投资实践无法得到一个全市场的最优配置。阿尔钦的演化思想要求投资者多样性,马科维茨的最优化思想要求投资者同质性,二者产生了根本冲突。这种冲突导致投资方法在应对不确定性时会有很大不同。

阿尔钦的思想非常深刻。从演化的视角,微观个体的动机、意愿和能力对系统演化已经无足轻重,微观个体行为的多样性最重要。没有任何智慧的生命体,仍然可以表现出非同一般的群体"智慧",对这些生命体而言繁殖能力比智商更重要。阿尔钦更强调物竞天择,更关注外部环境的约束,这恰恰是制度经济学的核心。阿尔钦随后又向模型中加入了有预见能力和目标动机的个体主动适应性行为——模仿和试错。模仿和试错使得系统在某些情况下可以收敛到一个均衡解,即便这可能只是一种局部均衡。很多情况下试错行为都不收敛,这就意味着系统演化耗费的成本过高,最终的结果就是系统消亡或者演化方向更换,系统无法达到全局稳态,系统不存在所谓的

"均衡"。历史上曾经存在过的物种绝大多数都消亡了,这是生物学提供的证据。在演化过程中,经济系统既要强调人的主观能动性,毕竟知识不可遗传,但可以在相对短的时间内(相比于生物进化的速度)被快速学习;同时又要注意外部环境的约束,这种约束力量十分强大。这在 Teece(蒂斯)提出的动态能力理论中体现得尤为明显,动态能力理论是企业战略管理理论的最新进展,笔者的看法是承认动态能力理论对企业经济实践活动的指导意义尤其重要。关于动态能力理论,请参考本书第 10.5 小节。

在上述讨论基础之上,再研究资本资产定价模型 CAPM 也就很简单了。有效市场假说(EMH)认为市场长期有效,股票的收益率模型可以反映权益资本的回报特征,可以直接用市场回报率来计算权益资本成本——隐含的前提是市场有效。如果市场无效,那么市场数据回归出来的资本回报率就无法代表权益资本成本。直接的推论就是:因为市场有效,所以风险调整后的权益资本收益率理论上都一样。如果想赚取更高的收益率,那么只能承担更大的风险,也就是更大的 Beta 系数。由于市场有效,各方都没有"超额收益",可以认为 CAPM 模型计算出来的收益率 r 能代表权益资本成本。加权平均可以得到企业的综合资本成本——加权平均资本成本。在标准模型中,企业的加权平均资本成本 WACC 如下所示:

$$\text{WACC}=\frac{D}{D+E}r_D+\frac{E}{D+E}r_E$$

其中,权益资本成本 r_E 是 CAPM 模型的直接结果,债务成本 r_D 相对容易得到,难点在于模型中的 D 和 E,分别是指债务和权益的市场价值。D 的市场价值一般可以用账面价值替代,差距不是很大;E 很难用账面价值替代,E 是企业权益的市场市值,但是市值波动比较剧烈,WACC 结果不稳定。模型得到的是在市场有效假说成立前提下的加权平均资本成本。

实践中,很多人会犯一个错误:用资产负债表中的账面值来替代模型中的 D 和 E,这样的结果有什么含义呢?通过下面的案例,重新估计模型结果,目的在于明确几个回报率之间的显性数学关系,防止以后发生误判。有

些术语和数学符号重新定义如下:

- 假设企业的资产负债表是 $A = D + E$,其中 A、D、E 都是会计账面价值;

- 假设股权的市场价值是 V_M,债务的市场价值是 D_M;

- 债务的会计成本(利息费用除以债务的账面价值)为 r_D,债券市场价格对应的利率是 r_M;

- 权益的账面回报率是 ROE,权益资本成本是 r_E;

- 企业永续无增长经营,利润等于现金流,债务为永续债务;

- 定义杠杆变量 $L = E/D$,这代表会计资本结构。

推导如下:

$$
\begin{aligned}
\text{WACC} &= \frac{D_M}{D_M + V_M} r_M + \frac{V_M}{D_M + V_M} r_E \\[2em]
&= \frac{\dfrac{D \cdot r_D}{r_M}}{\dfrac{D \cdot r_D}{r_M} + \dfrac{E \cdot \text{ROE}}{r_E}} r_M + \frac{\dfrac{E \cdot \text{ROE}}{r_E}}{\dfrac{D \cdot r_D}{r_M} + \dfrac{E \cdot \text{ROE}}{r_E}} r_E \\[2em]
&= \frac{D \cdot r_D + E \cdot \text{ROE}}{\dfrac{D \cdot r_D}{r_M} + \dfrac{E \cdot \text{ROE}}{r_E}} \\[2em]
&= \frac{r_D + L \cdot \text{ROE}}{\dfrac{r_D}{r_M} + L \cdot \dfrac{\text{ROE}}{r_E}}
\end{aligned}
$$

WACC 是市场机会成本的概念。WACC 的定义中,权重是债务 D 和股权 E 的市场价值,债务和权益成本是边际成本的概念——当下新增一个单位的债务或者权益所对应的市场融资成本,WACC 是市场均衡的结果。严格来说,不能用报表中的财务费用去除以报表上的负债,这是账面平均债务成本。WACC 中的债务成本是新增一个单位的边际负债所需要付出的市场利息,如果要替代也是用企业最新的借款成本。实际计算更为复杂,不同的债务来源、债务条款和发行时间,导致的债务成本各不相同。

上述公式的最后结果,分子是一个基于会计账面信息的指标,二者加权平均是用账面会计杠杆 L。分母是一个相对调整系数:债务的会计账面成本和市场成本的比,权益的账面回报 ROE 和市场回报的比,调整系数或者说权重是账面会计杠杆 L。将上述公式两边同时取倒数,得到如下结果:

$$\frac{1}{\text{WACC}} = \frac{\frac{r_D}{r_M} + L \cdot \frac{\text{ROE}}{r_E}}{r_D + L \cdot \text{ROE}} = \frac{r_D}{r_D + L \cdot \text{ROE}} \cdot \frac{1}{r_M} + \frac{L \cdot \text{ROE}}{r_D + L \cdot \text{ROE}} \cdot \frac{1}{r_E}$$

市场贴现率的倒数是贴现因子,贴现因子之间的关系十分简明,贴现因子就是会计指标经账面会计杠杆 L 调整之后的加权平均结果。计算 WACC 时,可以从定义出发,用市场化的边际成本和市场价值作为权重;如果用会计账面数据值为权重,那么就不能对贴现率作简单的线性叠加。但贴现因子可以用经过 L 调整的会计账面回报率作为权重进行加权平均。两个公式的本质是一样的,区别是从市场的角度入手,还是从会计账面信息的角度入手,这也是会计和金融之间的联系。公式的第二种表现形式更为深刻,明确地揭示了会计和金融之间的关系,这种关系简单、对称且优美。

至此,本小节讨论了 CAPM 模型和 WACC 的计算,本书不同于教科书上的表示方法,用贴现因子之间的关系来重新表述 WACC 模型,将会计和金融最终联系在一起,会计信息可以帮助金融体系更好地定价。暂时中止贴现率的讨论,后续会进一步分析模型背后的思想,下面进入估值模型的讨论环节。

9.3　ROIC 与价值创造

本小节将上述关于现金流和贴现率的讨论转化成量化的表达式,这是进行后续讨论的基础。同时,也需要开发一个价值判断的快速方法,以便于能快速地筛选研究标的。为此,本小节构建了企业价值与 ROIC、现金流增速 g 和 WACC 之间的量化关系。三个因子是企业价值的决定变量,同时也是一个快速价值判断工具。首先做一些简单假设：

①企业的当期自由现金流是 FCFF。

②未来现金流的增速是 g。

③企业的加权平均资本成本是 WACC，且 WACC$>g$。

依据上述假设，可以得到企业的价值公式：

$$V = \frac{\text{FCFF}}{\text{WACC} - g}$$

与此同时，5.4 小节给出了自由现金流的计算公式：

FCFF = EBIT − Tax + D&A − Changes in Working Capital − Capital expenditure

NOPLAT=EBIT−Tax，是扣除调整税后的净营业利润。上述公式剔除 EBIT 和 Tax 之后恰好是企业的"净投资"NI(Net Investment)。因此，上述自由现金流公式可以改写成：

$$\text{FCFF} = \text{NOPLAT} - \text{NI}$$

ROIC 的定义式如下：

$$\text{ROIC} = \frac{\text{NOPLAT}}{\text{IC}} = \frac{\text{EBIT} - \text{Tax}}{\text{IC}}$$

如果要将 FCFF 和 ROIC 联系起来，必须做一个重要的假设。定价公式中的 g 是自由现金流 FCFF 的增长率，而 FCFF=NOPLAT−NI，假定企业的 IC、NOPLAT 和 NI 按照同等比率 g 增长。这不符合实际经营情况，但可以更清楚地揭示价值创造过程。

根据定义式和上述同比例增长假设，可以得到：

$$\text{NI} = \text{IC}_t - \text{IC}_{t-1} = \Delta\text{IC} = \text{IC} \cdot g$$

据此可以改写价值公式如下：

$$V = \frac{\text{FCFF}}{\text{WACC} - g} = \frac{\text{NOPLAT} - \text{NI}}{\text{WACC} - g} = \frac{\text{NOPLAT}\left(1 - \dfrac{\text{NI}}{\text{NOPLAT}}\right)}{\text{WACC} - g}$$

将 NI=IC · g 和 ROIC 的定义式代入上述公式，可以得到企业价值的第一种表达式：

$$V = \frac{\text{NOPLAT}\left(1 - \dfrac{g}{\text{ROIC}}\right)}{\text{WACC} - g}$$

上述表达式的第二种形式是：

$$V = \text{IC} \cdot \frac{\text{ROIC} - g}{\text{WACC} - g}$$

据此，可以得到经济增加值的概念：

$$\text{EV} = V - \text{IC} = \text{IC} \cdot \frac{\text{ROIC} - \text{WACC}}{\text{WACC} - g}$$

其中，V 是企业的市场价值，IC 是投入资本，是会计账面值，二者的差是企业的经济增加值。

企业价值的第二种表达形式，更容易看清企业的价值创造过程。如果 ROIC＜WACC，则 V＜IC；从经济增加值的角度，ROIC＜WACC 时，企业的经济增加值是负数。企业是否创造价值、创造价值的多少可以通过 ROIC 和 WACC 的简单比较进行快速估计。这种快速估计方法甚至可以进一步简化。在当下环境中，这个判别方法的使用成本很低，优于一般的 PE、PEG 筛选方法。

ROIC、WACC 和 g 共同决定了企业的经济增加值。这三个因子都不是一个很大的比例数，一般情况下 ROIC＞WACC＞g。直观上来看，提高 ROIC、降低 WACC 或者提升自由现金流的永续增长率 g 都可以显著提升企业价值。下文将讨论上述公式的经济学含义。

WACC 的本质是包含了机会成本在内的综合资本成本，当投入资本回报率 ROIC＜WACC 时，企业可能会有会计利润，甚至增速很高，但是企业在毁灭价值，最常见于地产公司。多数地产公司的 ROIC 很难覆盖 WACC 成本，其 ROIC 很难超过 10％，地产公司的 ROIC 想要显著超越 WACC 很困难。ROIC 低于 WACC 时，企业在毁灭价值，这是地产公司低 PE 的关键原因。地产的业务模式是在毁灭价值，但是直觉却相反，地产公司应该"很赚钱",直觉和理论结果的冲突是如何发生的呢?

ROIC 被称为投入资本回报率,NOPLAT 中的前三个字母"NOP"是指"净营运利润"(Net Operating Profit),不包含非经常性损益,NOP 是公司的日常经营所得。回头再审视地产公司,如果靠买地建房的方式获利,那么从财务上来说并不划算,或者说不赚钱;如果通过囤积土地获利,那就是一本万利——地价增值的部分,一般不计入营运利润。A 股几乎没有依赖土地投机赚钱的上市公司,港股比较有名的是长和系。所谓的"赚钱"在不同的语境下含义不同。

企业价值和财务指标之间的简化关系并不复杂。ROIC>WACC 的经济含义就是:投入资本的回报率必须大于投入资本的"加权平均资本成本",只有这样才能创造经济增加值。会计利润是一个管理学概念,会计利润并未考虑权益的"机会成本",这是 PE 估值模型的重大逻辑漏洞。证券投资所讨论的"价值"其真实含义是经济增加值。下文将从公司价值中分离出权益价值,也就是和股价相关的"市值",介绍权益市场价值的评估。

9.4 PB 估值方法

在具体阐述 PB 估值方法前,先对估值工具作一个概述。合理的估值方法只有 PB、PE、DCF 和实物期权四种基本方法。其他估值方法都没有严格的金融、会计理论基础。前文已经介绍了 DCF 模型,特别是自由现金流模型占用了大量的篇幅。本节讨论 PB 估值模型,9.5 小节将讨论 PE 估值模型,9.9 小节将简要介绍实物期权估值模型,实物期权的思想非常重要,但在实务中应用非常困难。证券研究经常使用的很多模型,很多投资者只知其然而不知其所以然,导致发生了很多错误。

PB 估值以权益的市值和账面价值比作为价值的衡量指标。这类估值方法看似平淡无奇,但是应该注意几个问题:①什么情况下用 PB? ② 什么行业用 PB？③PB 估值方法存在哪些问题？

　　"什么情况下用 PB"这个问题,是在问什么情况下权益的账面价值会和市值保持比较稳定的关系。这里的稳定是指企业的"价值"和账面价值具有相对稳定的关系,权益的账面价值能代表权益的市场价值。比如,A 股上市银行的 PB 往往比 1 多一点,有时甚至能跌破 1——意味着市值比账面价值低。出现这种结果,要么是账面价值太虚了,存在财务造假的嫌疑;要么是委托代理成本太高了,导致公司未来的价值会大幅贬损;要么是权益所要求的市场回报率过高,而企业经营效率低。PB 估值法隐含的含义是公司的会计资产和资产之间的差额很小,会计资产可以很容易反映公司的资产全貌——特别是关于企业的战略、治理结构、商业模式等企业独有的资源。这些资源往往是企业的资产,但是不符合会计资产的确认条件,会计一般将与其对应的支出列为费用。一般而言,那些"重资产"的行业适合用 PB 估值,常见于周期品、航运、矿业、银行等,这些企业业务的扩张主要依赖于资产负债表的扩张。

　　公用事业类公司的账面资产和市值有相对稳定的关系,这类公司对管理能力要求低,比如高速公路、供水电气类公司。不管谁做管理层,公司的业绩不会发生大的波动。公司面临的需求很稳定,产品价格是政府定价,这类公司适合用 PB 估值。比如火电行业,上网电价由国家定,成本端的煤价是半市场化的,二者都非企业能控制的变量。成本一旦上升,就会导致利润被严重挤压,PE 很难衡量企业的价值,此时 PB 是较好的估值工具。虽然这类行业的会计资产和资产的差距可能比较大,但是二者差额可量化。公司市值和账面资产保持相对稳定的关系,这种情况下可以用 PB 估值。

　　PB 过大时,一般不适合用 PB 估值模型。此时,权益的市场价值已远超权益的账面价值,企业的价值主要取决于表外资产的营运效率。此时用 PB估值就是刻舟求剑、缘木求鱼。

　　PB 估值法是基于资产负债表的价值观,同财务报表早期的价值观念相一致——价值就是账面上的权益资产。期末和期初权益账面价值的差额就是企业区间的经营绩效。PB 估值模型本质对应的就是"净资产价值观"。估值方法并不是越新就越高级、越正确，估值方法要同企业的经营实质相符合。不能完全摒弃一种"老"的价值观，使用时需要对其适用范围加以判断，核心是对企业的经营实质做出判断，不能武断地套用估值模型。在传统的重资产型行业，PB 是一种常见估值方法。

9.5　PE 的误用

PE 是证券分析中最为常用的一种估值方法，因为其简单直观。虽然 PE 如此广泛地被用于"估值"，但是很多人对其细节并不清楚，或者想当然地赋予其某些经济学意义。模型的细节无人深究，出现了滥用。PE 的变动幅度和绝对水平由哪些变量决定？本小节将详细介绍 PE 模型，以便于投资者能理解模型的细节。有一个结论可以确定：PE 本质上什么都不是。

PE 的定义很简单：股价 P 除以每股收益 EPS，即 PE＝P/EPS。股价是能直接观察到的数据，对所有观察者均一样。EPS 是每股净收益，有不同的计算方法。如果计算 TTM 的 EPS，那么每个季报里都有数据，这些数据可以直接获取，是确定性的数据；如果计算预期的 EPS，众多证券研究人员一般都会给出自己对 EPS 的预期。数据易得，导致 PE 的使用成本很低，产生了滥用。PE 的具体含义，首先要回归到最为本原的价值问题，从自由现金流视角下的价值定义出发，推导出 PE 的经济学含义。假设如下：

- 公司股权自由现金流是 FCFE，并且假设永续增长，股权自由现金流增速为 g；
- 公司的权益资本成本假设为 r，不变化；
- 公司的会计利润和 FCFE 的函数关系是 FCFE＝F(Profit)。

回归到股权现金流贴现模型。需要注意，能被贴现的只有现金流，而绝

非会计利润,将会计利润贴现的估值工具都是对基本概念的错误理解。得到权益市场价值的理论公式:

$$Value = \frac{F(Profit)}{r - g}$$

由此可以得到 PE 的定义式:

$$PE = \frac{Value}{Profit} = \frac{F(Profit)}{Profit} \cdot \frac{1}{r - g}$$

从上述公式可以得到一个严肃的结论:PE 什么都不是。PE 既不是某种贴现率的倒数,也和某种回报率的概念无关。从上式中可以很清晰地看到,只有右边的那个因子才能被称为贴现因子;左边的因子是 FCFE 和会计利润之间的商。FCFE 和会计利润之间的关系并不稳定,其影响因素也非常多样。PE 的经济学含义由两个因子混合而成:第一个因子是盈利质量因子;第二个因子是成长贴现因子。将 PE 的倒数理解成某种贴现率是一个根本性错误,将 PE 倒数的变动用情绪因子/风险溢价来解释毫无根据。现实中有很多不甚严谨的研究报告直接如此解释 PE,显然是错误的。

讨论 PE 变动的影响因素,r 和 g 是绕不过去的变量。r 就是 CAPM 模型决定的权益资本成本。一般降息被认为是利好,加息是利空(这里仅指对 PE 的利好和利空,而非股价)。r 不仅受到无风险利率变动的影响,而且受到风险溢价变动的影响,风险偏好的变化会影响风险溢价,进而间接影响 r。

同时,企业的成长因子 g 也是一个重要的影响因素,g 是权益自由现金流增速,而非会计利润的增速。会计利润的高增长并不意味着权益自由现金流的高增长,二者关系十分不稳定。

盈利质量因子是经常被忽略的一个关键指标。一般情况下,权益自由现金流和利润的比例关系非常复杂,波动范围可能会很大。一般而言,由于 r 相对稳定,PE 的中期变动更多地取决于盈利质量的波动。从 DCF 模型出发得到的 PE,其决定因素十分复杂,特别是盈利质量对 PE 影响巨大。权益自由现金流和利润的比是一个更为重要的中短期影响 PE 的变量。

　　既然 PE 的金融学含义不甚明晰,为什么还有这么多人用 PE 估值呢?因为 PE 的使用成本低。PE 不能用于确定绝对价值,不能简单地认为 PE 是 10 倍就低估了,20 倍就高估了。DCF 是一个绝对定价工具,PE 更像是一个比较工具,并且一般只适合行业内具有相同现金流特征的股票,跨行业的比较十分困难。

　　如果 A 公司的 PE 是 30 倍,B 公司的 PE 是 10 倍,那么 A 公司比 B 公司"贵"吗? 无法直接给出结论。两个公司的贴现因子也许完全一样(r 和 g 完全一样),但 A 公司的权益自由现金流是会计利润的 1.5 倍,而 B 公司的权益自由现金流是会计利润的 1/2,结果就是 A 的估值是 30 倍 PE,而 B 的估值只有 10 倍 PE。盈利质量对 PE 有决定性的影响。

　　如果一个公司 A 的 PE 是 20 倍,一个公司 B 的 PE 是 15 倍,那么需要找到 B 估值低的原因。不能说 15 倍的 B 公司被低估了,20 倍的 A 公司被高估了。PE 的绝对值没有意义,相对差异也需要找到原因。

　　同行业内的公司,面临的外部环境基本类似,估值的差异主要由内部因素决定。如果能找到估值低的原因,并作出有异于市场的判断,那么就有可能构成重大投资机会。不能拿一个消费品公司和一个房地产公司的 PE 直接做比较,认为估值 10 倍的房地产公司比估值 30 倍的消费品公司"便宜",这完全不对。如上文所述,除了贴现因子,不同行业的现金流/利润特征可能完全不一样,这取决于行业属性和商业模式。有可能某些时候这类公司好,某些时候另外一类公司好。比如,货币政策宽松时期,投资人愿意投向利率敏感的周期品行业;货币政策紧缩时期,投资人更倾向于投资防守型的消费品公司。背后的原因不仅仅是估值因子的波动,盈利质量因子可能变动更大,权益自由现金流与利润的比可能从很小变成很大,这个比值变动几倍都有可能。这样就可以很好地解释为什么股票的 PE 会在相对短的周期内大幅度波动,其中很大一部分原因是估值模型中的盈利质量因子波动较大,盈利质量在很短的时间内快速地改善或恶化。

很难确定一个公司合理的 PE 是多少。经常可以看到一种股票的推荐逻辑:某某公司现在 PE 是 20 倍,给予未来 30 倍的估值,目标价是××元。这个逻辑完全错误。一个公司的 PE 不能主观臆断,需要给出估值纵向波动的影响因素。如果一个公司的权益自由现金流迅速恶化,那么其 PE 理论上只会更低,即便其利润同比增速可能会加快。

为什么不直接构造一个新的指标,将利润质量因子的影响从模型中剔除呢? 其实很简单,可以用公司的股价 P 除以每股权益自由现金流。保持上述假设不变,可以得到一个新的因子,称之为 PF:

$$PF = \frac{\text{Value}}{\text{FCFE}} = \frac{1}{r-g}$$

PF 是一个纯粹的贴现因子,PF 的倒数是和利率 r、g 及风险溢价有关的变量。PE 什么都不是,PF 才是和贴现率有关的变量。这是被绝大多数投资者忽略的一个重要事实。剔除委托代理成本之后的"损益"(这里的"损益"指权益自由现金流),才能被贴现。会计利润是一个管理学概念,无法用来贴现。一般而言,权益自由现金流的波动应该远大于会计利润的波动,毕竟营运资本可能是企业遇到经营扰动之后首选的应对方案。PF 估值需要解决 FCFE 的可预测性和稳定性问题。

讨论到现在,有必要对估值方法作一个简要的总结。到目前为止,讨论了 PB、PE、DCF 以及新设计的估值工具 PF,可以看到:①PB 估值方法的基础是资产负债表;②PE 是从损益表的角度评估企业价值;③PF 和 DCF 方法是基于现金流表的估值模型。很难说哪种估值方法最好,需要根据不同的对象和使用环境选择模型,需要明确模型估计出来的"价值"到底是一个什么概念。三张报表是从三个不同的角度,对公司生产经营活动进行记录;从不同的视角出发,可以给出不同内涵的价值定义,所采用的估值方法也不相同。以上三种估值方法和会计三张报表之间的关系非常紧密,不理解其中的细节,很容易滥用模型。

9.6 PEG 模型的一种改进

谈到 PE,必然会涉及一个重要的快速估值工具 PEG。将此发扬光大的是著名投资经理比特·林奇。将对 PEG 做一个完整的分析,并在此基础上提出一种改进模型。前面的分析表明 PE 是一个混合因子,在前文假设下,PE 可以写成:

$$PE = \frac{Value}{Profit} = \frac{F(Profit)}{Profit} \cdot \frac{1}{r-g}$$

计算 PEG 相对简单,需要注意,PEG 的 G 一般是指会计利润的增速 G,是用三年的数据还是五年的数据只是计算的细节,上述公式的 g 是指权益自由现金流的增速。需要指明 PEG 中的 PE 是 TTM(滚动市盈率)的 PE,还是预期的 PE。这里采用 TTM 的 PE,那么 PEG 就变成了用 TTM 的 PE 除以会计利润未来若干年份的预期增长率。PEG 可改写成如下公式:

$$PEG = \frac{PE}{100G} = \frac{F(Profit)}{r-g} \cdot \frac{1}{Profit \cdot G \cdot 100}$$

其中,g 是权益自由现金流的永续增长率,G 是会计利润的增速。按照上述公式,决定 PEG 的第一个因子是权益自由现金流的现值,第二个因子是利润和利润增速乘积的倒数,可以写成如下形式:

$$PEG = \frac{Value}{100 \cdot \Delta Profit}$$

PEG 的含义很清楚了,PEG 其实就是权益自由现金流贴现模型得到的价值和利润边际变动量的比,再作一个百分比系数调整。如果 PE 是一个整体平均的思路,那么 PEG 更看重边际变化量。企业的价值和未来利润边际变动的比值,其经济学意义是什么? 对上述公式取倒数得到如下结果:

$$\frac{1}{PEG} = \frac{100 \cdot \Delta Profit}{Value}$$

这个公式有什么经济学意义呢? ROE 是按照会计历史成本法计算得到的回报率。二级市场投资者的股权成本可不是权益的账面价值,而是市场价值。可以看到,这个指标的含义类似于 ROE:二级市场的投资者,按照市价买入股票之后的边际利润回报率。投资人要求的边际回报率是多少呢?按照波得·林奇的说法,一般用"PEG＝1"作为标准。此时,每个会计周期利润的增量是公司市值的 1%——这只是一个经验估计量。如果改写成下述公式,那么含义就更清楚了:PEG 的倒数就是经会计利润增速 G 和 PB 调整过的 ROE。

$$\frac{1}{PEG}=\frac{100\cdot\Delta\,Profit}{Value}=100\cdot\frac{G}{PB}\cdot ROE$$

G 到底如何计算? 计算利润的复合增速十分简单,但并不规范。到底未来几年的利润复合增速合适呢? 这里提出一个改进方法:用 ROIC 替代 G,即 PEg＝PE/ROIC,重新命名为 PEg 以区别于传统的 PEG 模型。ROIC 是公司的投入资本回报率,其剔除了资本结构的影响。在企业完全权益融资的情况下,增长全靠公司内生性现金流的积累,其潜在增速是 ROIC。隐含的前提是边际投入资本回报率保持不变,这代表了企业长期的基于内在效率的潜在永续增长率。用会计利润的增速会造成很多困扰,不能仅考虑利润的增速,还要考虑利润增长的质量,9.7 小节会给出证明过程。

A 股市场房地产公司的 PE 倍数只有几倍,而利润增速往往都有 20%～50%,PEG 不足 0.3。按照林奇的说法,这是严重低估,应该有投资价值,实际上房地产行业不适用 PEG。

有观点认为:家用空调户均 2 台,行业未来基本没有增速了,空调企业的估值不应很高。这是错误的看法。首先行业增速和利润增速并无直接关系,竞争可能导致企业利润极差;其次,将利润增速和现金流增速搞混了,决定 PE 水平的从来不是利润增速 G,而是权益自由现金流增速 g。PE 的决定变量是盈利质量和贴现因子。行业增速的高低和贴现因子之间没有必然关系。行业增速的减缓反而可能大幅提升盈利质量;行业增速高会吸引竞争者加入,行业竞争激烈,可能导致盈利质量变差。

PEG 的滥用会导致很多问题。如果用 ROIC 替代利润增速来计算

PEg，那么就会发现房地产行业的 PEg 十分合理。房地产行业的 ROIC 很难超过 10%，与此对应房地产行业的 PE 很难超过 10 倍。腾讯控股 2012 年之前的估值倍数在 40～50，其 ROIC 也差不多能达到这个水平，甚至远超这个水平。以 PEg 模型为标准，万科和腾讯控股的估值水平基本相同，不存在万科"便宜"而腾讯控股"贵"的情况。近些年，腾讯控股因为资金过剩，对外股权投资增多，导致 ROIC 下降，其估值也经历了一个下滑的过程。

针对传统 PEG 模型的不足，本小节提出一种改进意见：根据经验，用 ROIC 替代 G 结果会更合理。ROIC 本身是剔除资本结构影响的内生增速。

9.7　改进 PEg 模型的经济学含义

本小节阐述改进 PEg 模型和传统 PEG 模型之间的关系，并试图证明其逻辑合理性，定义：$PEg=PE/(ROIC \times 100)$。

9.6 小节从增长的角度阐述了 PEg 模型，将 ROIC 解释为剔除资本结构影响后的企业潜在增长速度。传统的 PEG 模型，也只是在某一区间近似成立的经验模型，同样 PEg 模型也是一类经验模型。研究 PEg 模型，分为两步：①讨论 ROIC 如何影响 PE；②PEg 模型和 PEG 模型的关系。

9.5 小节讨论过决定 PE 的两个因子：盈利质量因子和贴现因子，其中盈利质量因子是权益自由现金流和利润的比——FCFE/Profit；贴现因子取决于权益资本成本和 FCFE 增速的差——$1/(r-g)$。

构建 PE 和 ROIC 之间的关系，分为两步：①盈利质量因子和 ROIC 的关系；②贴现因子和 ROIC 的关系。为此作如下假设：

- 假设研究对象的债务规模和利息支出保持不变；
- 假设企业利润的增速为 G；
- 假设企业的 ROIC 保持不变；

根据上述假设，可以得到如下公式：

$$\text{FCFE} = \text{FCFF} - \Delta\text{Debt} - \text{Interest}$$

$$= \text{NOPLAT} - \text{NI} - \text{Interest}$$

$$= \text{EBIT} - \text{Tax} - \text{NI} - \text{Interest}$$

$$= \text{Earning} - \text{NI}$$

在 9.3 小节，$\text{NI} = \text{IC}_t - \text{IC}_{t-1} = \Delta\text{IC}$。假定债务和利息不变，ROIC 定义式改写如下：

$$\text{ROIC} = \frac{\text{NOPLAT}}{\text{IC}} = \frac{\Delta(\text{EBIT} - \text{Tax})}{\Delta\text{IC}} = \frac{\Delta\text{Earning}}{\Delta\text{IC}}$$

所以：

$$\text{FCFE} = \text{Earning} - \text{NI} = \text{Earning} - \frac{\Delta\text{Earning}}{\text{ROIC}}$$

$$= \text{Earning}\left(1 - \frac{G}{\text{ROIC}}\right)$$

所以，盈利质量因子如下所示：

$$\frac{\text{FCFE}}{\text{Earning}} = \frac{\text{ROIC} - G}{\text{ROIC}}$$

G 是利润增速，可以假设这个同权益自由现金流增速 g 相同。G 作为永续增长率一般不会很高，比如 3％左右。如果 ROIC 很高，比如 30％左右，那么盈利质量因子基本接近于 1；如果 ROIC 较低，比如 5％，那么盈利质量因子只有 0.4——这会极大地拉低 PE 水平。

9.5 小节讨论过 PE 的影响因子，认为权益自由现金流和利润的比代表盈利质量，本小节构建的是盈利质量因子和 ROIC 之间的关系。在满足假设的前提下，上述数学关系非常简单，但投资人更应该关注数学背后的经济学意义。ROIC 和权益自由现金流之间有没有关系呢？企业的支出分为两类：损益性支出和资本性支出。$\text{FCFE} = \text{Earning} - \text{NI} = \text{Earning} - \Delta\text{IC}$，很显然，损益性支出多，最终影响 Earning；资本性支出多，最终影响 IC 的变化。权益自由现金流就是企业损益性支出净额和资本性支出净额的差。一个企业的 ROIC 很高，其含义是单位损益（此处损益为 NOPLAT）增加所需的投入资本小，那必然导致权益自由现金流 FCFE 较大，即 Earning 固定时（假设利息不变），∆ic 较小。同样的经济利益流入，所需的资本投入较小，盈利质量必然偏高。

贴现因子中的 r 是由 CAPM 模型决定的权益资本回报率，随机变量的二阶矩决定了其一阶矩。这同 ROIC 的直接关系很小。ROIC 是一个会计概念，r 是一个金融概念。贴现因子受 ROIC 的影响较小。

接下来讨论 PEg 和 PEG 之间的关系。满足本小节假定的情况下，公式推导关系如下：

$$PEG = \frac{PE}{G} = \frac{PE}{\frac{\Delta Earning}{Earning}} = \frac{PE}{ROIC \cdot \Delta I} \cdot Earning = PEg \cdot \frac{Earning}{\Delta IC}$$

因此可得：

$$PEg = PEG \cdot \frac{\Delta IC}{Earning} = PEG \frac{NI}{Earning} = PEG \frac{Earning - FCFE}{Earning}$$

简化之后：

$$PEg = PEG \cdot \left(1 - \frac{FCFE}{Earning}\right)$$

其中，$1 - FCFE/Earning$ 为调整因子。9.5 小节认为 PE 由盈利质量因子和贴现因子共同决定。一般而言，贴现因子由市场外部因素决定，盈利质量因子由公司内部管理和经营策略决定。PEg 是 PEG 经调整因子调整后的结果。在会计利润增速 G 固定的情况下，盈利质量好导致 PE 高、ROIC 高，因而 PEG 高、调整因子低；盈利质量不好导致 PE 低、ROIC 低，因而 PEG 低、调整因子高。盈利质量在提高 PEG 时，压低了调整因子；在压低 PEG 时，提高了调整因子。PEg 是一个负反馈系统，同时考虑盈利的数量和质量。PEG 是一个正反馈系统，只考虑盈利的数量。以上内容整理如表 9.1：

表 9.1　PEG 与 PEg 模型对比

FCFE/Earning	ROIC	G	PE	PEg	
				PEG	1−FCFE/Earning
+	+	0	+	+	−
−	−	0	−	−	+

表 9.1 解释如下。假定利润增速 G 保持不变,研究盈利质量因子对 PEG 和 PEg 的影响。G 保持不变的情况下,盈利质量因子好,PE 好,进而 PEG 好;盈利质量因子差,PE 差,进而 PEG 差。PEg 取决于 PEG 和(1−FCFE/Earning),盈利质量因子好,PEG 好,但是(1−FCFE/Earning)差;盈利质量因子差,PEG 差,但是(1−FCFE/Earning)好。PEg 的稳定性优于 PEG。PEG 的经验值在 1 附近较为合理,但是对一些利润增速高、盈利质量差的公司,PEG 明显偏离"合理值";对一些利润增速尚可、盈利质量好的公司,PEG 也会错误地认为估值偏贵。

PEG 模型只考虑了纯粹的会计利润增长,当增长的"质量"很差时,PEG 可能会有非常大的偏离。PEg 是在数量增长的基础之上,附加一个质量调整因子:1−FCFE/Earning。综合考虑了"成长"和"质量"的 PEg 指标,能更合理地表征股票的估值。这是对传统 PEG 模型的改进,利用 PEg 指标可以更准确而快速地筛选股票。

9.6 小节曾定性分析了万科和腾讯的案例。PEG 难以解释其合理性,但用 PEg 就很容易了。房地产行业的利润增速高、盈利质量差,导致 PEG 偏低,但是如果就此武断地给出房地产行业股票被低估的结论,是错误的;同样,如果认为腾讯的利润增速 20%～30%,估值有 40 倍,得出被高估的结论也不对。万科的 PEg 和腾讯的 PEg,基本都在 1 附近;而 PEG 二者差距巨大,房地产的 PEG 一般在 0.3 左右,腾讯的 PEG 在 2 附近。

传统的 PEG 用于快速估值比较并不合理,PEG 并未考虑盈利质量,而只考虑盈利数量。PEg 综合考虑了盈利的质量和数量,是一个更为优秀的快速估值比较工具。应用 PEg 模型时需要注意:这是一个经验性的、简化的估值比较工具,切莫据此做出投资决策。

本小节提供了一个简要的投资筛选框架,用于快速筛选公司,以决定是否值得深入研究,需要做两步工作:①企业是否创造价值? 决策依据是 ROIC>WACC,一般可以用一个绝对数值替代 WACC,以便于快速做出决策;②股价是否便宜? 用 PEg 模型来估计股价是否便宜,经验认为当 PEg< 1 时,股票存在被低估的可能。以上两步构建了一个快速的筛选机制,有助于提高研究工作效率。以上两步的核心思想和巴菲特的价值投资理念不谋而合:用合适的价格买入"好"公司。PEg 决定价格是否合适;ROIC> WACC 决定是不是"好"公司。

下一小节将依据上述框架,针对物业管理行业做一个比较分析,定性证明 PEg 的有效性。

9.8 一个基于物业公司的实证研究

前文简单地比较过万科和腾讯的 PEg,本小节选择物业管理行业作一个比较分析。在 A 股和 H 股,能够找到足够的样本企业,重点是不同的物业管理企业选择了不同的商业模式。这些企业虽然行业相同,但二级市场的估值差异非常大,正好可以做一个比较研究。

选择的样本是:彩生活、中海物业、中奥到家、绿城服务、祈福生活服务、雅生活服务、浦江中国、碧桂园服务和南都物业,一共 9 家样本企业,其综合财务数据如表 9.2 所示:

表9.2 物业公司财务数据汇总

公司	市值（亿元）	收入（亿元）	利润（亿元）	净利润率	PE	ROIC	PEg	非流动资产（亿元）
彩生活	52	38.45	4.99	13.0%	10.4	6.76%	1.5	44
中海物业	280	54.7	5.38	9.8%	52.0	36.73%	1.4	3.2
中奥到家	4.7	15.19	1.09	7.2%	4.3	9.61%	0.4	7.52
绿城服务	329	85.8	4.77	5.6%	69.0	10.92%	6.3	33.17
祈福生活服务	5.2	3.97	0.96	24.2%	5.4	60.58%	0.1	0.58
雅生活服务	563	51	12.3	24.1%	45.8	33.88%	1.4	25
浦江中国	5.5	4.82	0.18	3.7%	30.6	5.91%	5.2	1.47
碧桂园服务	989	96.5	16.7	17.3%	59.2	50.38%	1.2	20.5
南都物业	26.6	12.44	1.14	9.2%	23.3	16.75%	1.4	3.74

注：市值是 20200430 日市值；财务数据取自 2019 年年报。

如表 9.2 所示，将 H 股市值小于 10 亿元的"仙股"单列出来分析，其余两地 6 家上市公司的财务和估值具有可比性，除绿城服务外的 5 家公司，市值、规模、盈利、PE 倍数差异极大，但是其 PEg 基本落在 1～1.5 之间，具有很高的集中度。

绿城服务的问题并非盈利能力偏弱，其净利润率长期稳定在 7% 左右。2015 年，公司账面的非流动资产只有 2.65 亿元，但是到 2019 年，其账面非流动资产已经高达 33.17 亿元，增加的主要是商誉和非流动资产其他项目。这期间，公司收入从 29 亿元增加到 86 亿元，利润从 1.98 亿元增长到 4.77 亿元，ROIC 从 24% 下降到 11%。公司 2016 年上市后，市值有很长一段时间维持在 60～80 亿元。2016 年的 ROIC 高达 30%，利润 2.86 亿元，PE 估值

30 倍左右，绿城服务 2016 年的 PEg 在 1 附近，并没有像现在这么夸张。目前，绿城服务的 PE 近 70 倍，其 ROIC 反而下降到了 11％ 左右——这大概率是定价错误。绿城服务的扩张逐步从传统的轻资产模式过渡到重资产模式——这种模式导致了 ROIC 的下降，理论上这样的利润不能给予高估值。

浦江中国的 PEg 显著高于正常值，主要是其盈利能力太差，PE 过高，ROIC 过低所致。中奥到家和祈福生活服务完全不同，但都存在被低估的可能。二者的 PE 差不多，但是中奥到家的 ROIC 只有 10％ 不到，而祈福生活的 ROIC 足有 60％，主要是中奥的商誉和无形资产较高。中奥到家的股东权益减去商誉及无形资产，其净额也有 4 亿元，基本等同于其市值。如无财务造假，公司存在被低估的可能。祈福生活服务财务非常干净，总资产 5.66 亿元，流动资产 5.08 亿元，其中现金和应收账款高达 4.87 亿元。虽然公司成长性不高，但此公司如能以 5.2 亿元估值私有化，则存在重大套利机会。公司目前的低估值可能受公司治理结构的影响。中奥到家和祈福生活中国的 PEg 显著低于 1，大概率是由于：①公司市值过低，定价效率低；②治理结构因素影响。

经验认为 PEg 在 1～1.5 之间较为合理。超出此经验区间的估值需要详加分析，切莫草率作出判断。物业公司的样本，提供了一个很好的对比研究范例。PEg 可以非常合理地用于快速估计股票估值是否合理，结合前文关于价值创造的讨论，可以认为基于价值和估值的快速决策框架已经搭建完毕。

9.9 实物期权估值简介

詹森用自由现金流模型研究委托代理问题，是因为自由现金流将委托代理成本纳入了考虑范围，管理层不尽职尽责而造成的"内耗"都是企业的成本。将委托代理成本纳入考虑范围之后得到自由现金流，可以更"准确"

地衡量企业的区间经营绩效。

如果管理层经营能力非常卓越，战略眼光非凡，能在恰当的时候将资源灵活地投入恰当的行业，这无疑价值巨大。企业灵活配置资源的能力如何定价？这就是实物期权研究的问题。现实中，企业面临决策信息不完备、决策结果不可知、资源稀缺的约束，传统的"概率"分析模型无法帮助企业做出最优决策。企业实际经营面临复杂动荡的外部环境，经营决策的概率无法估计（分布未知），经营结果的赔率也无法估计（影响未知），"期望收益最大化"的决策框架无法帮助企业应对外部环境的不确定性。此时，企业需要根据新的信息，动态调整企业的资源配置，企业需要具备灵活配置资源的能力。面对重大不确定性时，企业往往会"摸着石头过河"，会在可能决策范围内都做一些尝试。随着外部环境的变化、信息的增加，逐步调整资源配置。"摸着石头过河"需要付出较大的试错成本，这就是演化的代价。比如，2020年的新冠疫苗开发，各国并不是按照概率估计去做决策。首先，面对新病毒、新技术，疫苗开发成功的概率未知；其次，疫苗的开发成本相对较小，但是开发失败可能会导致数万亿美元的社会成本。这时，最优的决策是所有技术路线同时推进，根据研发的进度和疫情的进展动态决策。

根据奈特的定义，如果一个随机变量的概率密度分布函数存在，称其为风险变量；如果一个随机变量的概率密度分布函数不存在，称其为不确定性变量。风险环境中，企业可以按照期望收益最大化的原则做出决策，严格来说这需要随机变量的一阶矩存在，甚至二阶矩存在。不确定性环境中，企业无法依据期望收益做出决策，此时可利用的决策工具是"试错法"。不断地模仿、试错，调整资源配置的方向，摸着石头过河。风险和不确定性涉及可知性的分歧，奈特的论文《风险、不确定性与利润》对风险和不确定性的分类较为粗糙。9.2 小节曾对此进行过讨论，在讨论"可知"概念时，需要指出是"几阶矩意义"上的可知。现实中，不确定性的估值工具就是实物期权。

用金融期权理论审视战略投资的思想源于摩西·鲁曼发表在《哈佛商

业评论》上的两篇文章:《视投资机会为实物期权:从数字出发》以及《实物期权投资组合战略》。在后一篇文章中,摩西·鲁曼写道:"以金融观点来看,企业投资更似一系列的期权,而不是稳定的现金流。"实物期权研究的核心问题是:企业的战略前瞻性和战术能力如何应对不确定性——而不是风险。PB、PE、DCF 都还是在财务报表内进行资产定价,实物期权将资产定价推向了一个更为纵深的领域:非会计资产的动态定价问题,即企业灵活配置资源能力的价值。这部分能力和企业家的眼光、企业早期投入的沉没成本等有很强的关系。

将实物期权定义为:公司在未来一段时间进行某项经济活动的权利。需要注意,这是一项权利,而不是一项义务。众所周知,期货的权利和义务呈线性关系。期权不同,一旦支付了期权费,投资者就只剩下权利,期权费是沉没成本,金融决策不考虑沉没成本。DCF 模型和实物期权模型最根本的区别是二者同价值的关系:①根据 CAPM 模型,如果预期收益一样,那么风险越大,项目的价值越小;②期权是对不确定性进行定价,需要评估外部环境的不确定性。期权的关注重点是组织内部适应外部环境变化的能力。期权的视角下,一个项目的不确定性越大,价值反而越高。不确定性、风险和价值的关系,是实物期权模型和 DCF 模型的最大区别。实物期权的价值观带有典型的"演化"特征,是制度经济学的产物。第 10 章会着重讨论组织内部对外部不确定性环境的适应能力问题。过去 20 多年,Teece 深入研究了企业动态适应外部不确定性环境的能力,其理论成果被称为动态能力理论(Dynamic Capability Theory)。

下文丰田的案例,展示了企业如何利用实物期权来应对不确定性。随着技术的进步和环境保护意识的提升,汽车企业需要改变汽车的驱动能源和控制结构,企业应采用何种技术方案呢? 可供选择的技术有:①锂电池驱动技术;②锂电池+燃油发动机的混合驱动技术;③燃料电池驱动技术。

一个创业型企业,其自身的资源、研发、资金、生产制造经验等,决定了创业型企业不可能在所有技术路线上全面投入，最后只能在一个方向上下注。受限于资本的压力和资金的稀缺，多数创业型企业都在追求速度，尽可能快地投入量产，扩大规模，提高市占率。一旦技术路线发生变化，企业就面临灭顶之灾，企业没有足够的资源从头再来。创业型企业不能根据研发的进度和各种技术路线的演进速度，动态地做出灵活的规划，也无法加速或推迟研发、生产。

反观丰田，作为燃油汽车时代最成功的霸主之一，公司布局了混合动力、锂电池、燃料电池三种技术路线。三条技术路线中，丰田目前最成功的是基于混合动力技术的普锐斯；在锂电池上不那么积极，目前只是计划推出产品；始终没有大规模量产燃料电池汽车 Mirai。丰田的燃料电池汽车目前处于小规模试产状态，在研发上投入了大量资金，丰田是全球在燃料电池上投入最多的车企之一。一个资源和经验比创业型企业丰富很多的大型车企，技术路线的选择是多头押宝，技术研发保持引而不发的状态。未来技术路线的演进方向和时间进度上具有很强的不确定性，公司支付的研发费用是一种沉没成本，使得公司在未来具备选择或者不选择某种技术路线的权利。选择权并不免费，要以支付研发费用的方式"购买"，类似购买一种实物期权。如果未来的技术路线选择了燃料电池，那么过去十年中国汽车产业和政府补贴在锂电池纯电动汽车上的投入将会全部打水漂。从专利、供应链和研发体系上看，中国汽车产业无力转向燃料电池的研发，更不能保持领先地位。从演化的角度，体系的"多样性"是保证系统稳定性的关键。集中力量办大事，如果方向正确、节奏正确，那么演进的效率会很高。一旦方向和节奏存在不确定性，将全部资源投在一个方向上就可能发生重大风险。面对不确定性，企业采用逐步投入的策略才是上上之选。风险和不确定性是完全不同的两种世界观，基于风险变量的估值工具表现了一种静态的、确定性的价值观；基于实物期权的估值工具表现了一种动态的、不确定性的价值观。

做一个总结:从外部来看,实物期权是企业应对动态、不确定性外部环境的一种策略;从内部来看,企业要选择做什么、什么时候做,这种选择权是一种实物期权。企业的价值由一组实物期权构成。这些实物期权主要体现为:

(1)延迟投资期权(Option to Delay Investment),也被称为等待期权。企业拥有推迟投资的权利,可以根据市场情况决定何时启动项目,这种选择权可以降低项目失败的风险,被称为延期投资期权。

(2)扩张期权(Option toExpand)。一个价格波动比较大、产品供需结构不明朗的行业,企业通常会先投入少量资金试探,以便于进一步获得市场信息,其间企业获得的选择权被称为扩张期权。

(3)收缩期权(Option to Contract)和中止期权(Option to Stop)。企业发现市场实际环境和预期相差较远,缩减或撤出原有投资以减少损失的权利,此即美式看跌期权;

(4)转换期权(Option to Switch Use)。项目的实施过程中,企业可以根据外部环境的变化改变投入要素或转换产品,如根据市场需求在不同产品之间进行转换。这为企业的项目营运提供了机动性,为企业适应市场或竞争环境的变化提供了有力的工具,此为转换期权。

(5)企业增长期权(Corporate Growth Option)。企业接受一个项目时,可能不仅仅考虑项目本身的财务效益,可能更多地考虑项目对企业未来发展的影响。员工经验的积累、企业品牌的增值、销售渠道的开辟都具有重要的战略价值。

(6)放弃期权(Abandon Option)。如果项目的收益不足以弥补投入成本或市场条件变坏,那么企业有权放弃继续投资,并可能收回成本。

实物期权可用于企业估值,又何尝不能用来做投资呢? 尽量在组合中做到进可攻、退可守,才是长久之道。针对小股票的溢价与折价,实物期权可以提供一个特别的视角。为什么高风险的小盘股在 A 股给高溢价,但是在港股和美股却要折价呢? 主要是由于企业面临的外部环境不同。中国经济有活力,资源转换能力和产业结构的调整能力强、机会多,企业面临的不确定性大,A 股投资者愿意给不确定性的小盘股高溢价;香港产业环境单一,非地产金融项目很难发展;美国经济增速缓慢,小企业生存不容易,又面临很强的外部竞争,小企业面临的不是风险,而是较为确定的衰退,不确定性小。A 股的小公司溢价反映的是不确定性,美股和港股的小公司折价反映的是风险。这种解释要优于交易心理和投资者行为对此的解释,更强调外部环境的不确定性对企业价值的影响。

投资实践中,笔者不建议直接用实物期权,需要的是实物期权的思想。新产业由于不确定性大,企业能分阶段投资,可以视作一种实物期权。另外,与标准期权相比,实物期权的主观估计成分太大。实物期权的价格不确定、标的资产价格不确定、期限不固定、执行价格不确定、风险不确定,权利的独占性和权利的灭失也存在众多不可量化的因素。因而,只建议用其思想来做定性分析,而非定量估计。

第 10 章　公司战略与价值

　　本书之前讨论的内容以会计信息为主,属于格式化信息——基于会计准则的标准量化描述,这是投资决策中最为重要的信息来源。在此基础之上,构建了量化的证券估值模型。本章开始将讨论非格式化信息,或者称之为非财务信息。这类信息非常个性化、零散、不成体系,但是又会显著影响企业的经营绩效。借鉴管理学最近半个多世纪的发展,将这些信息分成三类:①企业应该做什么?——面对动荡的外部环境,企业应该决定做什么,不做什么,并设定目标。②确定目标后,如何构建相应的内部组织构架以实现目标,解决如何执行的问题? ③日常运营上,如何搭建有效的商业模式,以实现经济收益? 这三个问题可以概括为想做什么,能做什么,如何做。这分别是公司战略、公司治理和商业模式理论有待解决的问题。下面按照这个结构和顺序,以 A 股上市公司为案例分别进行阐述。

　　非财务信息的来源,除了上市公司的公告,还有外部渠道来源,包括行业报告、外部券商研究、自身实地调研信息等。这些信息来源渠道多样,最根本的作用还在于如何创造价值。

10.1　公司战略问题的提出

　　小到一个企业,大到一个国家,都存在三个根本问题:想做什么? 能做什么？如何做？企业对内部资源和外部环境的判断是决定"想做什么？"的关键。如果企业忽略自身资源的积累，盲目选择风口热门行业，那么最终结果只能是万劫不复。2015—2016 年的并购狂潮中，很多上市公司用宝贵的现金资产跨行业收购，甚至不惜举债并购，盲目跨界转型，最终结果一地鸡毛。公司制定战略时，忽略了企业自身的资源和能力，误判了外部经济和产业环境，最后导致败局。比如，乐视网最风光的时候曾经提出了七大生态，如图 10.1 所示。

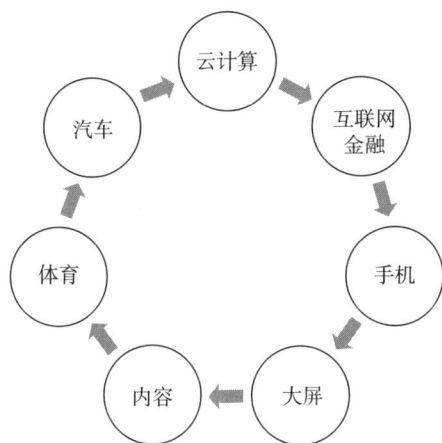

图 10.1 乐视网生态图谱

最终，超百亿的外部融资也没能拯救乐视网。乐视网七个生态，任何一个领域都有非常强大的竞争对手，对手的竞争力也毋庸置疑。从结果看，抛开乐视网的会计处理手法不谈，实际控制人对企业的战略定位存在严重问题。决定做什么，公司的决策依据不是自身的资源和能力，对产业未来的发展趋势判断不清，几乎二级市场上的"风口"是什么，乐视网就做什么。战略决策根本不考虑自身的资源积累、品牌积累是否能够支撑起如此庞大的"生态"。每个业务板块的特征完全不一样，对人和管理的要求也不一样。企业内部的人力资源、管理构架、销售渠道、研发投入、财务支持等各个关键方面，几乎不具备支撑业务的能力，这种能力的积累可能需要 10 年以上的时间。乐视网仅用两三年的时间,通过"买"的方式就以为自己具备了实施上述战略的能力。乐视网的实际控制人可能不知道战略大师 Teece 对战略要素的定义:能买来的资源,都不叫战略要素,真正的战略要素是企业自身构建的独特资源,一般无法在市场上交易。"生态"的大杂烩不会"化反",只会变成乱炖,最终"生态化反"成了乐视网的"坟墓"。

乐视网的行业选择仅仅关注这个行业对资本的吸引力,完全不考虑行业本身的发展规律。汽车制造的研发投入非常高,是一个典型的技术密集型和资本密集型产业,研发周期很长。乐视网汽车业务公开可查的融资是:2016 年 8 月 16 日融资 5 000 万元人民币,2016 年 9 月 19 日融资 10.8 亿美元,2016 年 11 月 15 日融资 6 亿美元,一共大约是 17 亿美元。这个规模的资金别说是生产汽车,可能连研发一个合格的高性能汽车底盘都做不到。同时,乐视网完全没有制造汽车的经验,对供应链资源的掌控能力也几乎是零。

乐视网依靠代工厂商做手机、大屏电视,依赖低价倾销,自身基本没有制造能力,甚至都没有核心器件的设计能力。硬件生产企业的供应链高度重叠,乐视的产品不可能有核心性能和质量上的绝对优势。全球 2018 年的三大高端手机品牌苹果、三星、华为,核心器件均自主研发,研发投入的规模和持续的时间都远超乐视网。乐视网拿出一款世界一流水平的基带芯片,至少需要 10 年时间,这还是在其他所有能力都具备的情况下。

体育和内容两个板块需要持续的资金投入,而且规模非常大。即便是苹果公司,内容也不是买断的方式,而是分销的模式。这种持续的资本投入,以及硬件设备的非专用性,是否能像其宣称的那样,未来会形成一个可盈利的生态,无法判断。

乐视网选了一些完全没有关联的行当。乐视网可以说这些生意最终都面向消费者,但是什么生意最终不是面向消费者的呢?乐视网根本没有考虑环境变化的风险,对未来产业的不确定性缺乏认知。

为什么乐视会在没有考虑清楚自身能力、没有分析清楚外部环境的情况下，就贸然进入这些行业呢？乐视网的错误是一个企业在发展和转型过程中首先会碰到的事情：想干什么？能干什么？怎么干？乐视只说自己"想干什么"，但是对"能干什么"和"怎么干"没有任何考虑。乐视网想干什么？投资人只要肯给钱的产业方向，乐视网都想干。

企业"想干什么"，其实就是企业的战略。企业该如何制定一个具有经济意义的战略并付诸实施呢？

战略管理理论的鼻祖伊戈尔·安索夫在 1965 年的《公司战略》一书中这样描述企业战略：公司战略是对公司应如何厘清思路适应环境的逻辑分析。战略是指导企业未来做什么的关键，如何进行战略分析是方法论问题。无论后来的战略管理理论和模型多么复杂、多样，最后理论的落脚点只有一个：企业如何能在未来的经营中获得更多收益。任何战略管理理论如果背离了这个目标，从企业经营实践的角度而言，没有任何意义。战略从来不是一个纸面上的理论，战略应该是根据企业经营实践中遇到的问题，总结出一套逻辑分析方法，并以此指导企业未来的经营。偏离这个目标的战略没有任何实际意义。

战略的定义如下：企业确定其经营行为的使命，根据企业的内外部禀赋来设定企业的目标，为确保达到目标而进行积极的谋划，将其付诸实施，并根据实施过程进行动态的过程管理。这个定义涉及了战略的几个本质特征：①目标的选择；②内部资源的约束；③过程控制；④动态管理。下文将回顾战略管理理论发展的脉络，最后以案例的方式和大家分享，如何在证券分析实践中应用战略管理理论。毕竟，本书介绍的是实用方法，而非理论的构建。

10.2　战略理论的发展史

　　提到战略,第一反应一定是军事战略,战略几乎就是军事活动的影子。战略一词用于商业就具备了不同的含义。战略的本质是企业为获取长期经济收益所做的经营安排和规划。企业应该从哪个方面去做安排,不同的时期需要考虑不同的因素。战略管理大师安索夫之后,众多学者提出了许多大家耳熟能详的模型:SWOT 模型、波特五力模型、动态能力理论等。这些战略管理模型产生的背景和原因值得深思。SWOT 模型和波特五力模型现在已经是商学院的常见内容了,但是随着经济的发展和对实践经验的总结,管理学近些年又提出了一些新的战略管理思想和模型。战略管理模型万变不离其宗,一个有实际意义的战略管理模型一定是综合考虑了内外因素共同作用的动态管理模型。不同时期,战略管理模型会强调不同的内外部因素。

　　随着经济的发展和竞争的加剧,企业开始采用科学的量化手段提升企业的经营绩效,这是战略管理的起源,战略管理的目的是提高企业经营效率。艾尔弗雷德·钱德勒在《战略与结构》一书中第一次明确了战略管理的主要内容,其指出:企业经营战略应当适应环境,在满足市场需求变化的同时,企业的组织结构必须符合企业战略,并且应当随着战略重点的变化进行相应调整。钱德勒从组织构架入手,阐述了企业战略管理的内涵,随后发展出了不同的流派。

　　20 世纪 80 年代之前,战略管理理论的发展历程相对清晰。进入 20 世纪 90 年代后,由于技术的进步和经济环境的剧烈变化,战略管理理论呈现出多样性的特征。本节的重点是 20 世纪 80 年代之前的战略管理理论发展历程。

　　早期,设计学派的代表人物肯尼斯·安德鲁斯认为:战略管理的本质是在全面掌握企业内部因素和外部因素的基础上,通过对因素的匹配分析得到企业经营战略的过程,代表性模型是 SWOT 模型。将企业内部的"SW"因素和外部的"OT"因素进行不同的组合,得到不同的战略分布矩阵。设计学派的 SWOT 模型,综合考虑了企业发展的内外部因素,如表 10.1 所示。

表 10.1　SWOT 模型

外部分析	内部分析	
	优势 S	劣势 W
机会 O	SO 战略	WO 战略
威胁 T	ST 战略	WT 战略

计划学派的安索夫重新审视了战略的形成过程,认为企业的战略制定是一个受控的、主动的过程。管理层应当制订一个全面的计划,通过详细的流程管理,对战略的实施进行全过程控制,以便于企业最终达到目标。在企业外部环境和内部因素变化较为缓慢的情况下,这种建立在未来可预测、可计划基础之上的模型基本有效。学术界的主流思想还是认为企业的经营活动基本受控,可预测性较强。这种思想在"二战"之后的一段时间内显示出了强大的生命力。即便现在,在一个相对短的时间内,仍然可以认为企业的内外部因素相对稳定,SWOT 模型仍然有效,其实施过程依赖预算、会计、供应链管理等核心管理工具。这种分析有很强的实用性,但是其思想的本质也限制了其使用范围。这类着眼于可预测性的设计类工具,只能解决企业的战术问题,无法解决核心战略问题。当遇到一个开放且快速变化的外部经济环境时,SWOT 模型的适用性就会存在较大问题。

20 世纪 70 年代后,全球经济形势低迷,企业面临动荡的外部经营环境。布雷顿森林体系解体之后,全球货币金融体系的波动加大,使得早期战略管理工具的效用大打折扣。企业发展的外部环境从相对稳定变成了剧烈波动,企业急需开发新的战略管理工具,战略管理理论的研究重点转向了外部环境的变化。这一时期,众多学者试图通过对外部环境的分析来主导企业战略的制定,涌现出了大量的代表人物。安索夫认为,企业战略的本质是企业对外部环境的适应,外部环境的压力带来企业内部组织结构的变化,企业需要对内在因素进行调整。这一时期战略管理的内涵发生了很大变化。安德鲁斯提出的SWOT模型,强调内外部因素的匹配。20世纪70年代以后,面对动荡的外

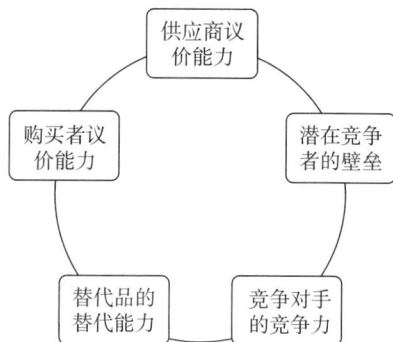

图10.2　波特五力模型

部环境,战略管理理论更强调外部环境的变化,以及外部因素对企业内部组织构架的影响。战略管理本身是一门实践的科学,面对外部环境的变化,安索夫提出的改良框架是一种进步,但是这种改良在逻辑上有点薄弱。在外部环境适应范式下,最终胜出的是以波特为代表的竞争战略理论,这个模型在20世纪80年代逐步成型,如图10.2所示。

波特在《竞争战略》一书中提道:战略的核心是在变化的外部环境中,如何获取可持续的竞争优势。波特认为影响竞争优势的主要因素有两个:企业所处的产业,以及在产业中的相对地位,并在此基础上发展了一个分析外部环境的模型:波特五力模型。

波特五力模型强调的因素集中于损益表,并且过于强调外部因素对企业的影响,忽略了企业内部因素对企业战略的影响。企业发展的特定阶段,外部环境因素可能成为企业发展的主要矛盾,波特五力模型可能成为一个很好的分析框架,但是也需要注意其缺陷。格兰德认为波特的理论过度强调了竞争优势的外生性,忽略了一些重要的、企业内部的资源和技术,无法指导企业应该通过什么样的内部调整以适应外部环境的变化。此模型强调外部变化的重要性,但是无法回避两个缺陷:①外部环境的不确定性并未纳入模型的考虑范围;②过度强调外部因素的历史必然性,忽视了人的主观能动性在企业发展过程中的重要作用。该理论未能提供有实践意义的指导意

见，企业只是外部环境的被动接受者。最终，模型的所有分析对象都集中于损益表，无法完整描述企业的运营。

20 世纪 90 年代以后，战略管理的前沿理论众多，具有代表性的是"资源基础理论"。该理论认为，竞争对手无法复制的、且在市场上难以轻易购买到的资源才是企业保持持久竞争优势的关键。该理论强调知识、文化和企业家才能等内部因素对企业战略的影响，忽略了对外部因素的分析（也可能是因为企业无法主动改变外部环境）。战略管理模型走向了另外一个极端，强调的是"人定胜天"，但这类能"改变世界"的企业少之又少，并不具有普适性。

战略管理理论在波特竞争优势理论和资源基础理论两个极端之间摇摆之后，Teece 等人总结了战略管理理论发展过程中遇到的问题，结果认为：企业在不断适应动态的外部环境过程中，不断取得、整合、吸收内外部环境中资源和要素的动态能力，才是企业获得长久竞争优势的关键，提出了"动态能力理论"。动态能力理论既没有像波特那样偏向外部因素对企业战略的影响，也没有像资源基础理论那样过度强调企业内部资源的重要性。动态能力理论认为企业获得竞争优势的关键是：企业动态地整合内部资源，以使企业的战略适应外部环境的动态变化。企业内部的动态调整能力，构成了企业的长久竞争优势。内部因素和外部因素的平衡是动态能力理论的核心特征，企业这种"动态"调整的"能力"是企业最为核心的竞争要素，是企业保持长久竞争力的关键。批评者认为，这种"改变企业能力的能力"背后必然是另一种"改变企业能力的能力的能力"，理论陷入了逻辑迭代。本书看法有所不同，动态能力理论强调企业内部资源和外部环境的适配性。并不是每家企业都能成功，历史上多数企业的战略调整都会面临失败的风险，总会在不同层次遇到不可解决的"关键能力"缺失问题。应该理性地看待这种"能力的缺失"。战略管理理论本身和企业一样，没有一种固定的范式可以保证企业一定能保持长久竞争优势。战略更像是为应对不确定性而采取的试错,这才是企业创新和发展的关键。那种寻求"改变企业能力的能力的能力"的逻辑,本质上是相信还原论,试图找到一个"终极能力",并认为这种"终极能力"确保了企业的长久竞争优势,这种决定论的、还原论的想法和动态能力理论的"演化"视角发生了冲突,更倾向于后者。

安索夫的静态模型之后,战略管理理论在波特时代更强调外部环境的动态变化对企业战略的影响。20 世纪 80 年代,资源基础理论又过度强调企业内部因素的动态变化对企业战略的影响。这些结论都有一定的片面性,Teece 综合考虑了内部因素的动态性和外部因素的动态性,认为企业动态调整内部资源以适应外部环境动态变化的能力是企业保持战略竞争优势的核心,进而构建了动态能力理论。

资源基础理论强调企业并非同质,企业拥有的资源具有异质性特征。如果这种资源难以复制和替代,那么就构成了企业的长期竞争优势。资源基础理论和波特的竞争理论对企业的看法大相径庭,波特强调企业的同质性,资源基础理论强调企业的异质性。20 世纪 90 年代以后,市场的变化和技术的进步使得资源基础理论受到了较大的挑战。Teece 等人认为资源基础理论忽略了市场动态性对企业战略的影响,资源基础理论本质还是一个静态模型。基于该理论的不足,杰恩·巴尼提出,企业的异质性资源,并不一定能转化成竞争优势,企业还需具备独特的能力使用其资源。企业要具备有效使用其独有资源的能力,才能将拥有的异质性资源转化成竞争优势。经过多位学者的努力,在资源基础理论的基础之上,构建了新的"动态能力理论"。

包括 Teece 在内的众多学者,对动态能力究竟是什么没给出一个明确的定义,甚至导致了一些概念模糊和观点冲突。佐洛借用了能力层级结构理论,将其从下到上分为三层:运作管理、动态能力和学习机制。其中,高层级的能力对低层级的能力施加作用,决定了下层能力的演化。在众多学者的努力下,动态能力理论的研究得到了极大丰富。艾森哈特提出了一个比较全面的定义：动态能力是企业整合、重组、取得及释放资源的过程，是企业为了配合或创造市场机会而整合、重组、释放资源的一种流程。

　　动态能力理论的基本构架在 2000 年前后经过 Teece 等人的努力，已经形成了基本的分析范式。近些年，动态能力理论的主要研究方向转向了实证性研究，学者针对具体的行业和不同的外部环境分析企业的动态能力，以期望找到影响企业战略竞争优势的关键核心变量。众多学者在动态能力理论分析的框架内展开了应用研究。这套新发展起来的战略管理理论，能更好地适应快速变化和更为开放的经济环境。本书对战略问题的思考，是从动态能力理论的角度出发，以便能更全面地分析影响企业成败的因素。战略管理理论演变路径如图 10.3 所示。

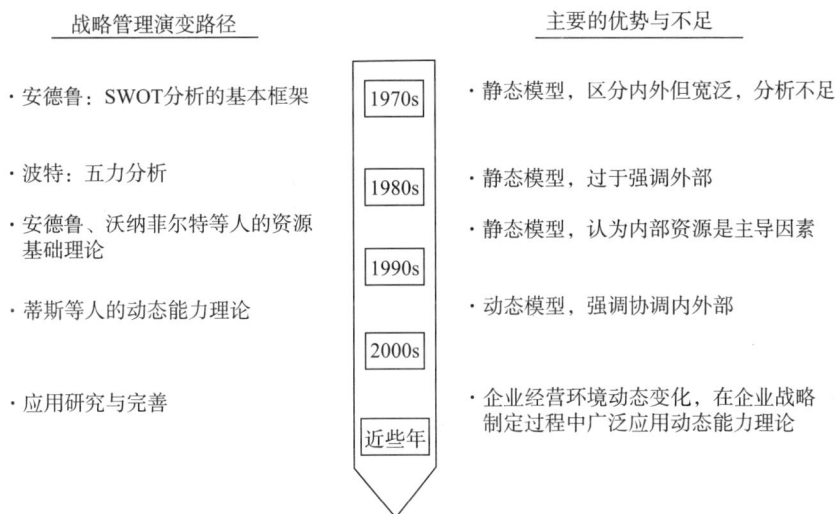

战略管理演变路径		主要的优势与不足
·安德鲁：SWOT分析的基本框架	1970s	·静态模型，区分内外但宽泛，分析不足
·波特：五力分析	1980s	·静态模型，过于强调外部
·安德鲁、沃纳菲尔特等人的资源基础理论	1990s	·静态模型，认为内部资源是主导因素
·蒂斯等人的动态能力理论	2000s	·动态模型，强调协调内外部
·应用研究与完善	近些年	·企业经营环境动态变化，在企业战略制定过程中广泛应用动态能力理论

图 10.3　战略管理理论演变路径

　　这些战略管理模型都存在一个重大缺陷：不确定性的缺失。理论只注意到了外部环境的变化（Change），却忽视了变化的不确定性（Uncertainty）。企业可能对内部因素和外部环境都有深刻的认知，但是仍然无法避免外部环境发展过程中出现的不确定性，这是一个重大缺陷。人们仍然自信地认为自己可以对未来的规律予以完全掌控，而无视不确定性。

10.3 SWOT 模型

SWOT 模型出现较早,对战略的描述过于宽泛且粗糙。SWOT 模型将企业战略的影响因素按照内外、好坏分成了四类,构成了企业的四种战略决策框架。这只是一种思考战略问题的框架,而不是解决问题的技术细节。以具体案例作一个简要的分析,案例的主体是曾经的家电龙头企业四川长虹。

2000 年以后,四川长虹的技术路线出现了重大决策失误,盲目地施行多元化战略,最终事实证明并不成功。四川长虹在阴极射线管(CRT)时代,曾经是国内电视机行业的霸主,但是为什么这样一个传统的电视机巨头会发生战略误判呢?

2000 年前后,电视机行业在下一代显示技术路线上存在巨大分歧。CRT 存在很多问题亟待解决。数字化时代到底是液晶显示器(LCD)更有价值,还是等离子技术更有发展潜力呢?电视机最为核心的成本和技术基本全部集中在屏幕上,电视机和其他家电产品存在巨大不同。当时的四川长虹:

- 优势:内部的生产、销售、品牌和管理都具有优势。传统 CRT 产品的成功已经证明了公司的经营能力。

- 劣势:缺乏核心元器件,研发投入不足,是行业性问题。

- 威胁:四川长虹看重电视机产业的内部威胁,比如 LCD、等离子屏对 CRT 的替代,也看到了电视机生产企业的竞争威胁;忽视了 PC/笔记本、移动互联网设备未来 20 年的爆发,加速了 LCD 和 OLED 产业的成熟——这些设备不能用等离子技术。

- 机会:当时,国内需求疲软,最大的机会是出口;中国每年 1.7 亿台彩电的产量,近 75% 都销往国外。四川长虹决定外销。

　　四川长虹基于当时的情况,做出了何种战略选择呢? 最好的策略应该是发挥自身优势,抓住外部机会;最差的选择是克服内部劣势,回避外部威胁。长虹最后选择了克服内部劣势,积极抓住机会,即 WO 策略。受限于研发能力不足、缺乏海外开拓经验,最终在技术路线和商务运营上遇到了较大挫折。

　　四川长虹的问题是定位不清和忽视了战略风险。最后决定显示器技术路线的根本不是电视机,而是手机和电脑。手机和电视机屏幕面积的差距很大,55 寸电视机屏幕差不多是 5 寸手机屏幕的 100 倍。如果没有 LCD/OLED 技术,那么现在的手机将会是一个边长为 15 厘米的立方体。面对威胁时,技术风险估计不足——当时,等离子技术在尺寸、成本上优势很明显。随着产品应用场景的变化,屏幕向轻薄和小尺寸方向发展。由于手机等便携设备的刚性需求反过来又进一步促进了产业链的成熟,使得一个 50 寸左右的 LCD 电视机从当年的几万元下降到了现在的几千元——没有考虑这十几年的通货膨胀和居民实际收入增长的影响。

　　四川长虹面对外贸需求时,为了突破美国市场,采用了激进的赊销策略——现在已经无法追溯当时的商务背景了。在成熟的美国市场,为了赢得市场份额,做出赊销举动是不是有必要? 后面的发展来看,家电产品的出口从第三世界国家入手会更容易——因为技术不是国内厂商的优势,中国家电产品在十几年前最大的优势是性价比。性能的差距迫使企业在美国采用低价、赊销的策略,造成了后续的财务困境。本应该利用性价比优势快速占领新兴市场,但是却错误地选了美国这样一个成熟的高端市场,此时商务条款就成了企业打开美国市场的主要工具。

　　中国的家电企业难道没有成功的案例吗? 有很多非常成功的电视机设备生产商成功了,很大一部分选择了低成本和高效率作为突破点。当时,中国电视机行业一个优秀的"SO"战略是:大力发展代工,积极开拓新兴市场。也许有人会说,中国要追求产业控制力,掌握核心技术,争夺产业话语权,突破高端市场等,但是千万不要忽略当时的外部环境。芯片、屏幕的核心技术,放在现在国产化好像没有问题。当时,不管是芯片还是屏幕,都是国内企业无法触及的领域,需要大量的技术投入和资本投入。中国没有能力在2000 年前后争夺这些产业的主导权——资源和能力都不支持这种争夺。从产业链角度,中国现在占据了全球最大的电视机市场份额,大部分产出均外销,但也没拿到产业链的核心利润。这种情况在近些年发生了变化。采用"SO"战略取得成功的兆驰股份,现在是全球最大的电视机代工企业之一。兆驰股份当时没有选择技术作为突破方向,而是发挥了自己在供应链和生产管理上的优势,最后取得了现在的成绩。

中国企业的技术研发优势并不在传统屏幕和 LCD 行业上,而是在新兴的数字信号处理技术上。中国的制造业效率又决定了中国会成为全球的制造业基地,中国在电视信号数字化上已经做到了极致,创维数字已经是全球最大的机顶盒生产企业,机顶盒就是一个数字信号处理设备。创维数字规避了在屏幕上的能力不足,不仅注意到了外贸的机会,还抓住了电视从模拟信号到数字信号的转变,奠定了自己的行业地位。这是典型"WO"策略的成功,规避弱势,寻求机会。

潜在的威胁如何规避? 现在回头看,当时大规模投入屏幕产业绝非良策,京东方过去 20 多年的发展历程已经证明了这几乎不可能成功。电视机生产企业最务实的策略就是购买屏幕,逐步自产其他零部件和技术。充分利用自身生产的优势,规避技术路线的风险——不管屏幕用什么技术路线,企业只生产电视机。目前绝大多数中国电视机制造商采取的策略是利用优势(S)、规避威胁(T)。创维、康佳基本如此,是"ST"战略成功的典型案例。

一种消极的应对方式是规避威胁,规避弱势。企业更像鸵鸟或者墙头草,往往会逐步消亡,比如空调行业的春兰或者电视机行业的熊猫电视。在这种消极的心态下,企业价值的损毁比较好辨识。最迷惑人的是很多企业积极转型,但是方向选择极度草率,投入完全凭借一腔热情,企业以一种非常强的投机心态进行业务多元化。冲动的多元化战略,在产业拐点时非常普遍。这类企业是在毁灭价值,但是在证伪之前没有办法给出结论。这也是"WT"战略最具有迷惑性的地方。企业规避劣势、规避威胁的战略其实是无法正视自身的弱点,选择逃避。采用"WT"战略的企业很难取得成功。

SWOT 模型分析京东方比较复杂。大力发展 LCD/OLED,对产业的重要意义毋庸置疑,但是商业决策是否明智呢?很难下结论,外部环境的变化导致 20 年前不明智的商业决策现在变成了必要投入。SWOT 这种静态战略分析模型解决不了外部环境变化导致的战略优势改变问题。同时,SWOT 模型过于粗糙,很难基于 SWOT 模型的分析结果给出具体的应对建议。

目前,中国制造业面临的问题和四川长虹当年面临的问题十分类似。究竟如何分析和应对,不同的企业会采取不同的策略。洞察产业的经营本质和企业的优势,并据此制定相应的战略极其困难,对证券分析而言尤其重要。成功的战略不止一种,但是成功的企业一定少之又少。

10.4 波特五力模型

前文介绍的 SWOT 模型虽然全面,但是存在对细节处理严重不足的问题。使用 SWOT 模型时,最怕对企业自身和外部环境认知不清。比如,四川长虹可能认为自身研发实力没有问题,因而选择了等离子电视机。从电视机产业本身看,这条技术路线也许没错,随着产品技术的成熟和成本的下降,可能取得成功。但是企业错误地估计了自己对产业和技术的掌控能力,战术上选择美国市场突破可能也是一个错误——即便现在,稍微有点技术含量的产品进入美国都有着各种各样的非经济因素壁垒。对内和对外的认知不客观,可能会导致巨大的战略失误。四川长虹没能看到,屏幕产业的主要驱动力并不是电视机,而是 PC 和手机。这些产品对中小尺寸屏幕的需求十分刚性,中小尺寸屏幕的刚性需求又反过来带动了 LCD/OLED 屏幕的成熟和成本的下降,迅速击垮了等离子技术。

美国在新老经济转换的过程中,外部经济环境变化非常迅速。美国很多竞争力很强的老牌企业无法适应这种快速变化,企业经营遇到了巨大困难。企业本身没有犯大错,但是外部环境快速变化导致了经营波动,针对这种情况波特提出了著名的"波特五力模型",用于分析企业的战略决策。

波特主要关注企业的外部影响因素。波特将企业视作一个没有结构的"质点",强调企业的同质性。波特的企业战略观是消极的、被动的。从投资的角度看,波特五力模型仍然不失为一个有意义的战略模型。模型中的五个关键因素可以分成横向和纵向两个维度:①横向是买方和供方;②纵向是潜在进入者、替代品,现有企业间的竞争居中。五个因素都是直接影响损益表科目的变量。

从横向来看,买方的价格接受程度是定价策略问题,供方的议价能力是成本问题。买方的价格接受程度和产品、定位及市场集中度有很大关系。比如,苹果手机只定位于高端产品;三星从高端产品到低端产品都用三星一个品牌;华为的高端产品是 P 系列和 Mate 系列,中低端产品是荣耀品牌。这其实都是产品的定价问题和消费者的接受程度问题。不同的市场、产品和竞争结构,价格和营销策略都有所不同。市场营销这门学科主要解决上述问题。

成本问题相对比较简单。一般定制化的产品,批量采购都是谈好的价格,定价体系和采购规模有关,很少有较高的定价。能采用高价策略的往往是技术壁垒很高的产品,最为常见的莫过于高端复合材料、稀有的矿产、核心芯片、关键高性能元器件等。企业采购这些产品基本上是价格的被动接受者。企业出于供应链安全的考虑,会分散采购。工业标准件的价格决定因素几乎只有规模。常见的通用芯片,月采购规模为 K 级的企业和月采购规模 KK 级的企业成本差距巨大。比如,安防监控视频系统,视频监控行业的龙头企业海康威视、大华股份优势非常明显，市场占有率很高。随着产品的成熟，市场担心山寨产品可能会极大地冲击二者的市场份额以及价格体系。电子产品的这种特征非常明显，比如运动相机和手机。最终结果却是海康和大华的市场占有率持续大幅提升。视频监控系统主要不是面向个人用户，山寨厂商规模较小，企业端监控市场的产品质量和价格都拼不过大品牌，采购和制造成本未必有优势。企业端市场已经饱和，很多厂商转向了个人用户市场，但是个人端产品的影响因素众多，很难判断消费级产品是否能带来较高的利润。

波特关心价值在产业链上的分布。影响分布的因素可能很多，很多情况由一些细节决定。分析产业链的结构特征时，一定要慎之又慎，多和业内经验丰富的人员交流学习至关重要，实地调研必不可少。这些特征无法在财务报表上直接呈现，证券分析人员需要对产业变化保持敏感性，对产业链的各个环节非常熟悉，一般来说个人投资者劣势明显。企业面临动荡的外部环境，有可能将某个产业环节拆分出去，也可能纵向并购某个产业环节到公司内部，这些都是可能采取的战略。比如，比亚迪曾经除了轮胎什么都要自己配套。纵向整合模式除了奢侈品汽车品牌成功了，工业量产的汽车还没有一个成功的案例。分拆也很常见，当年 IBM 的工作站就是从芯片到操作系统到行业软件都自己做，最后 IBM 也放弃了自己的垂直一体化，采用工业标准件向行业高端客户提供 IT 定制化服务。产业链到底应该内部化还是外部化，其实就是科斯的《企业的性质》所讨论的问题。从制度经济学的角度，决定企业规模的因素是交易成本。当外部化的交易成本过高时，企业就有将其内部化的冲动。虽然内部化的显性成本可能降低，但是不恰当的内部化所带来的潜在风险和不确定性可能非常大。就技术路线而言，四川长虹当年首先应该问的一个问题是：一个电视机生产企业应不应该生产屏幕？这个问题放在现在就是：一个生产机顶盒的企业应不应该自己生产芯片？

从纵向来看,企业主要考虑三个竞争因素:①产业内的竞争对手;②替代品;③潜在的进入者。

产业内的竞争对手很容易识别。比如,美的和格力就是直接的竞争对手。竞争策略决定了企业的成败,但是竞争策略基本都是明牌。同一行业,信息和人员的交流比较充分,短期竞争策略基本无效。比如,价格策略可以被对手跟随,无法形成长期的竞争优势。主要的竞争策略只能从长期着手,有的企业可能从销售渠道和品牌入手,有的企业可能从技术和生产制造环节入手,从而造就了不同的竞争优势。短期竞争策略的目的是不产生短期的竞争劣势,而中长期的竞争策略才是产生竞争优势的关键。短期的价格策略、渠道压货等手段,可能会给后续经营带来很大的压力,甚至有些企业会因为短期的急功近利而极大地损伤企业的长期竞争力。长期竞争优势的构建过程,又可能导致委托代理成本上升——长期战略行为无法进行短期 KPI 考核,甚至有时需要以牺牲短期 KPI 为代价。这对企业家战略眼光及战略管理能力的要求极为苛刻,产业中失败的案例比比皆是。

最隐蔽的是替代品和潜在进入者。这类案例极度丰富,但也有夸大替代品威胁的案例,所谓的替代品成了一场闹剧甚至是骗局。

有一种替代品是显性替代品,比如棉花和化纤之间的相互替代。现代服装产业一般都是混合纤维,在性能和质量达标的情况下,可以根据成本调整不同纤维的含量比例。此时,替代品分析更多的是产业竞争结构分析和经济性分析,难度不大。真正的风险是对替代品没有清晰而深刻的认知:别人做 LCD 时,你做 CRT;别人做数字通信时,你做模拟通信;别人做干法水泥时,你做湿法水泥;别人做智能手机时,你做功能机;别人做数字相机时,你做胶卷;别人做互联网广告时,你做纸质传媒;别人做社交网络时,你做 BBS……产业中类似的例子非常多,不胜枚举。技术进步导致产业变迁,新产品对旧产业的冲击往往十分巨大。这是一种革命性的替代,早期企业可能根本无法预见未来的技术发展趋势,等到能看清楚的时候,已经无力回天了。

通过一个案例和读者分享一下潜在进入壁垒的问题：电商对传统卖场的替代——并且这种趋势还在不断加深。2000 年后，国内家电行业大爆发，黑色家电和白色家电以一个前所未有的速度迅速普及，家电主要采用大卖场模式销售。供应链管理难度大，全国开店、经营、场租等都构成了很强的进入壁垒。因而，家电综合卖场从综合零售环节中独立出来，形成了家电卖场这个业态，经营得风生水起。当国美忙于内斗时，苏宁已经全面出击了，但是二者最终都败给了京东。互联网电商的兴起，导致渠道发生了重大变革，家电作为一个标准品又非常适合互联网销售，家电行业的物流模式和商业模式都发生了巨大变革。相比于传统卖场的进入壁垒，电商的壁垒更高。有时候，很多企业只能看到产业内的变化，而对产业外的情况一无所知。很多行业的壁垒看似很高，但其实从另一个维度看可能不堪一击。真正的壁垒只有一个，就是企业快速变革的能力，这在中国过去 40 年的商业形态演化中体现得尤为明显。

波特的模型具有很强的时代特色，当时困扰美国企业的最大问题是强劲的国际竞争对手和不断变化的外部商业环境。即便当下，波特的模型在某些行业仍然有很强的实践意义。企业无法改变外部因素，企业对外部环境的适应也不是一朝一夕的事情，组织内部的变革不能一蹴而就。

内部因素相对不重要，外部因素在特定时期内占据主导地位的行业适合用波特的模型。具备以下特征的行业适用波特五力模型：①周期品等重资产型行业；②技术变革快的行业；③处于发展拐点的行业。

比如，长期看对矿产类企业价值影响最大的是矿山的收购成本。一个相对短的周期内，影响矿业公司盈利的主要因素是市场的供求关系，即大宗商品的价格。这基本和企业的运营能力无关，单一企业在较大的矿产上无力决定产品价格。此时，企业内部因素对经营的中短期影响并不大。治理结构和公司战略（什么时候买，买什么）是决定企业长期价值的关键，紫金矿业就十分典型。紫金矿业的最大优势就是治理结构优势,管理层稳定,可以在恰当的时候以较低的价格收购优质的金属矿藏。这类公司的日常经营差别不大,公司的成功主要是治理结构的成功,稳定的管理层可以做中长期的规划和资本开支,而不像国内某些铁矿企业,在行业高点时收购国外矿产。资本开支是企业的战略举动,日常经营和成本控制仅是战术性的生产经营活动,这类企业中短期经营成果的波动主要来自价格,而非营运成本控制。对制造业影响较大的研发和销售在这类企业中不是主要影响变量。航空、航运、高速公路、油气、金属矿产等,都具备这种行业特征。

技术变革快的行业,外部环境对企业的影响非常大。虽然这类公司内部的研发和管理也非常关键,但是企业的失败多源自外部因素的影响。这类公司常见于互联网、TMT 类公司。比如,手机触摸屏从开始到普及,出货方式、技术路线等都发生过很多变化。虽然客户都是苹果公司,但是新技术的出现可能会让领先的企业瞬间破产。这类公司早期靠研发和产品立足,但是技术变革太快,企业的研发速度跟不上或者技术路线判断出现重大失误,资本开支尚未完全回收时企业经营就面临下一代技术的冲击。比如,立讯精密和工业富联。多数人认为立讯精密是个好公司,从股价上来看的确不错,但是其财务数据却难言优秀。立讯精密从连接器起家,每年有二三十亿元的利润,但是 2016—2018 年的资本开支合计超过 100 亿元,自由现金流不好,其经营性现金流也难言优秀,ROIC 也仅为 10% 左右。消费电子行业技术变革快,新技术层出不穷,一旦企业的研发和资本开支跟不上,那么被供应链抛弃的风险很大。这在欧菲光的财务数据上体现得尤为明显,自由现金流很差,资本开支大,ROIC 不好。虽然出货量全球领先,但是其财务数据难言优秀。相反,被认为是低端产业的工业富联却是一个自由现金流良好、几乎没有资本开支、经营性现金流也非常好的企业。虽然净利润率偏低,但是其 ROIC 几乎每年都在 20% 以上,上市前的 2015 年更是高达 47%。如果剔除其过剩现金计算其 ROIC,那么应该稳定在 40% 左右。这类公司很好,但是没有成长性。工业富联本质不是制造业,也不是一个技术型公司,其本质是一个供应链管理服务公司。产业环境变化不大,相比于快速变化的研发和产品类公司,工业富联经营非常稳定。研究工业富联需要重视其内部管理的变化;研究立讯精密和欧菲光时,外部因素才是主导因素。

特定历史阶段,企业的主要影响因素会发生变化。20 年前的干、湿法水泥技术路线切换时,当时行业的主要矛盾是干法生产线的研发成本过高。战略的高度,企业必须切换技术路线,但是新技术的成本并无优势,这对企业来说是一个两难的境地。水泥行业进入成熟期后,主要的影响因素就变成了价格因素,以及企业对区域价格的掌控力度。产业有高速发展期,有低谷期,不同时期企业内外部的主导因素不同,有时外部因素影响更大,有时内部因素影响更大。企业需要根据自身情况灵活应对,切忌应对失策。

针对波特五力模型过度关注外部因素的缺陷,学术界曾提出资源基础理论。但是,该理论又过度强调了企业内部因素的作用,认为人定胜天。同波特五力模型所表现的消极世界观完全不同,资源基础理论走向了另一个极端。经历了摇摆之后,以 Teece 为核心的一批学者综合了前人的众多研究成果,在制度经济学的框架下提出了动态能力理论,给企业提出了一个应对外部环境变化的分析框架。动态能力理论更强调企业重构自身内部资源的能力,以便更好地适应外部变化的经济环境。这是一种典型的演化思路,为企业战略研究打开了新的空间。

从证券投资的视角看,波特五力模型无法用来分析公司内部结构。使用波特五力模型的投资者往往是趋势型选手或者配置型选手,而非个股研究型的投资者,其重点关注产业环境的变化,以及公司之间的竞争策略,而非公司内部因素。

10.5 动态能力理论

本节介绍动态能力理论模型,这个模型类似于 SWOT 模型。动态能力理论考虑了内部因素(能干什么)和外部因素(可以干什么)。模型重点关注的是前文所讨论的"表外资产",下文主要基于 Teece 的论文"Dynamic Capability and Strategy Management"。不同于学界的争论,更强调模型的应用,而非其学术规范性。

讨论动态能力理论之前,先回顾一下第 4 章中的内容:费用支出是企业支出的一种,企业花钱的目的是赚钱,这是一种"资产",未来能给企业带来经济收益。由于会计的准则约束,无法满足资产的确认标准。满足资产的定义(比如研发)却无法确认为会计资产的支出,根据会计准则确认为费用,可以理解为表外资产,准则依据《企业会计准则——基本准则》第 35 条。企业经营活动的本质就是表外资产表内化的过程。表外资产是一种不可计量/无法估计可能性却能给企业带来收益的资产,这是费用的存量资产视角。虽然会计无法计量表外资产存量,但是能计量表外资产表内化过程中的流量。会计只能做流量确认,而无法做存量确认,然而金融市场却可以对表外存量资产进行定价。

费用和资产只是形式上的区别,是企业支出不同的计量和确认方式。费用支出形成了非常关键的表外资产。从会计的角度看,动态能力理论将无形的表外资产进行了分类和研究。Teece 的思想非常深刻,抓住了现阶段产业发展的核心——表外资产。表外资产对企业的影响有战略意义,表内可交易的会计资产对企业的影响只有战术意义。从证券估值的角度入手介绍动态能力理论,无非就是从战略管理的角度对损益表进行一次深入分析。

Teece 的文章十分经典,忽略综述和理论评述部分,其对战略核心问题的把握十分明确。什么是企业的战略要素?如何区分战略要素和非战略要素？Teece 给出的答案是：战略性要素的评判标准是要素能否被复制或从外部购买到。战略资源必须是能满足用户需求的（会带来收益）、独特的（产品/服务的定价不会受到竞争太大的影响）和难以复制的（企业的利润能够得以保持）。任何同质的并能够在市场上以确定的价格进行交易的资产或实体都不具有战略意义，资产负债表的多数有形资产科目都不能被称为战略性资产。动态能力理论认为，资产负债表上的多数科目应被称为"生产要素"，是无差异的、独立存在的、容易获得的资源，如公共知识、土地等。这也是临时性资源，这些生产要素的产权能够较好地界定。比如，工厂中的通用设备不构成战略要素，那么自主研发的专用设备呢？专用设备本身可以进入资产负债表，但是研发和改进专用设备的费用性投入属于工程性研发投入，不进入资产负债表。

　　学者对动态能力理论的内涵有不同的看法，以 Teece 的动态能力分层理论为基本框架。Teece 系统地阐述了动态能力，并将企业的动态能力分为三类：流程（Process）、定位（Position）和路径（Path），并对其具体含义作了描述，如表 10.2 所示。

表 10.2　动态能力理论分析框架

能力	分类	定　义
流程	协调和整合	价格协调和整合外部资源，管理者协调企业内部事务，包括联盟、外包、供应链、渠道关系等
	学习	通过重复和实验更快更好地完成任务的过程，包括个体技能和组织知识两个层面
	重组和转换	在快速变化的环境中，重组企业资产结构，完成必要的内部和外部变革，具有重要价值

续表

能力	分类	定　义
定位	技术性资产	以专利为代表的知识产权和工艺诀窍等,市场交易难度大,成本高
	互补性资产	技术创新要求企业运用相关资产来交付新产品和新服务,用途广泛,技术替代最为典型
	财务性资产	以财务和现金流为主的企业金融资产
	名誉资产	帮助企业实现各种目标的无形资产,有时甚至比事物的真实状态还重要
	结构性资产	组织的正式和非正式结构,层级化程度和垂直整合与横向整合水平是其重要表征
	制度性资产	以法律法规和行业自律文件为代表的企业制度安排,对企业动态能力影响巨大
	市场性资产	市场份额和对产业控制力的表征
	组织边界	企业边界的位置,关于资产是在企业内还是通过市场化机制获取的一种交易安排
路径	路径依赖	企业过去积累的要素和交易制度安排,会显著地影响企业未来的经营活动,产生明显的路径依赖
	技术性机会	基础科学带来新的技术创新,可能会显著地影响企业战略

　　其中,流程是指企业执行各项活动的方法、过程和步骤,它与惯例、现在的经营状况和学习路径有关;定位是指企业所拥有的独特的技术资产、人力资本、无形资产、治理结构及产业生态关系等,这些企业独有的定位可以构成不同的战略;路径的内涵是企业的可选策略,以及报酬递增和路径延续性等。路径是企业的可选策略集,受限于企业的发展历史,企业的历史轨迹对路径有很强的制约,前期投资和例规会对企业的路径产生重要影响。边

际报酬递增的过程中,路径依赖起着非常重要的作用,最为典型的路径依赖是企业的技术研发投入。技术研发是一个连续的过程,企业在经营活动中逐步投入,决定了公司的长期竞争优势。

Teece 认为技术的发展路径(Path)选择和公司的历史经营轨迹会显著地影响企业未来的战略决策,比如 8.3 小节介绍的汇川技术和英威腾的案例。电力电子行业的两家公司汇川技术和英威腾,受限于企业的组织构架和实际控制人的从业经历,在行业拐点时做出了不同的战略选择。跳出历史的限制,走出一条新路,对多数企业而言不但非常困难,而且充满了未知的风险。这既有企业家眼光的问题,又有内部和外部组织重构的成本问题。

Teece 认为流程(Process)除了能使组织完成经营活动,还有三个方面的重要作用:协调与整合、学习、重组和转换。企业的运营效率主要由企业日常经营行为和规章制度决定,和新设备、新技术的关系并不大。学习是指通过重复的经营行为,以提升生产经营效率。高效的学习体系包括人与人之间的协调和沟通,也包括集体学习,这些举措将显著提升企业经营绩效。重组和转换主要是企业面对动态外部环境时,怎么通过重组自身的资产(有形资产和无形资产)来完成内部和外部因素的适配,以提高企业对外部环境的适应能力。企业通过动态的学习,形成知识,正确的认知为企业下一步的行动提供指导。与此同时,重构企业的内部资源(重组和转换)和外部资源(协调和整合)成了转型是否成功的关键。很多情况下,企业意识到了方向、形成了知识,但是在组织构架上无法打破既有利益格局,重构企业内部资源,以致最后失败。这方面华为做得比较好,内部的积极考核和人员纵向、横向的流动,使得华为始终保持了很高的战斗力。反例是 2012 年之后的格力电器,企业管理层已经看到了行业天花板,并开始谋求多元化转型。格力电器曾经或者已经做过的产业包括:小家电、新能源汽车、手机、芯片、自动化设备,但是空调占比仍然很高。企业的管理层形成了正确的认知,但是根本无力重构内部资源,无法形成新的核心竞争力。

　　企业的定位(Position)取决于其所拥有的有形资产和无形资产。Teece 将企业拥有的无形资产分为:技术性资产、财务性资产、互补性资产、结构性资产、名誉资产、制度性资产、市场性资产和组织边界。这八类资产对企业经营绩效的影响非常巨大,构成了企业主要的表外资产。流程和定位是影响企业战略的内部因素,这类无形资产的重要性不再赘述。从动态能力理论的视角审视比亚迪的发展,会发现公司的"路径"十分优秀,从最开始的镍系电池、手机代工、锂电池,到燃油车、电动汽车⋯⋯一路发展至今,几乎在每一个关键时点上企业都选对了方向。比亚迪对技术方向的把握非常准确,对内部资源的重组和结构重组有很强的执行力,很好地做到了动态能力理论所说的流程和路径环节,但是最终败在了定位上。定位的形成过程非常复杂,费用支出是关键,比亚迪在技术性资产、制度性资产和组织边界等方面出现了重大失误。

　　Teece 十分关心路径依赖问题。企业发展的历史,决定了企业能做什么。企业可能手里有钱,亟需转型,但是以动态能力理论的观点:能直接买到的都不是战略要素,钱买不到真正重要的战略资源。上述流程、定位和路径都是在市场上无法以确定的价格直接买到的资源,或者根本就无从购买,或者即便买来也可能水土不服,严重影响企业的转型发展。任何一个企业的转型,管理层都需要明白:真正关键的资源不是钱,动态能力理论认为对转型真正重要的资源无法买到,这些买不到的资源才是企业转型的关键。比如,研发的结果可以买到,专利可以在市场上买卖,但是研发的管理流程、制度和文化等无法直接买到——费用性支出和资本性支出无法互换。即便拥有华为研发管理的全套文档,一个企业仍然无法直接复制华为的研发流程。这类技术性资产并不依托于某个人的才华,而是这个组织所特有的、不可交易的东西,由组织内部要素之间的关系决定。

　　Teece 的工作将战略决策的重点转向了战略要素的管理和重构。动态能力理论清晰地解释了竞争优势的来源。此前的战略管理模型,都是静态分析模型,只说明了是什么,但是并未解答为什么。如果知道了战略要素导致竞争优势的机理,那么管理学就有了可具体实施的工具。

10.6 格力电器的案例

本小节以格力电器为例,介绍动态能力理论的应用。选择格力电器的原因是该企业持续经营的时间足够长,行业周期完整,产业成熟度高。因而,可以看到不同阶段格力电器所关注的战略要素到底是什么。格力电器的净利润率和 ROE 如图 10.4 所示。

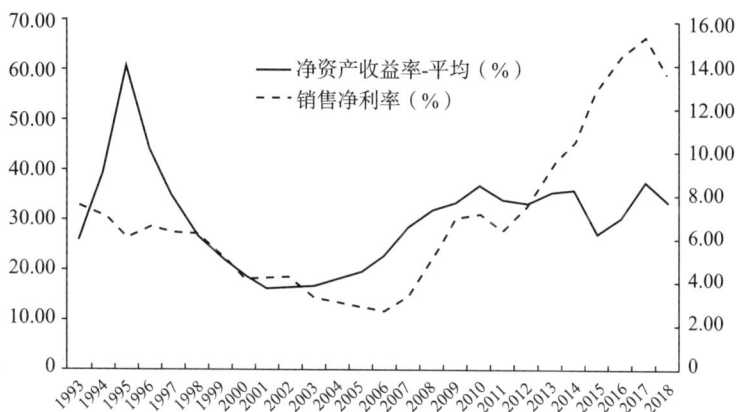

图 10.4　格力电器的净利润率和 ROE(左)

将格力电器的发展历程分为四个阶段:1998 年之前为第一阶段;1999—2003 年为第二阶段;2004—2012 年为第三阶段;2013 年到现在为第四阶段。四个阶段的特征分析如下:

第一阶段,中国的空调需求随着经济的发展出现了强劲增长。国内的空调企业如雨后春笋般冒了出来,数量众多。那个年代的空调企业具有典型的"贸易特征",空调的压缩机等核心关键零部件从日本直接进口,那个年代能拿到进口资源的企业就可以快速地扩大生产,在巨大的利益面前很多企业选择了赚快钱的道路。当时,研发、管理、销售都不重要,重要的是企业能拿到多少进口批文。当时国内空调产业的投资回报非常高。从经营数据上看，格力的 ROE 非常高，1995 年之前可以达到 50%～60%，但是净利润率偏低。从杜邦模型可知，净利润率较低的情况下，一个较高的 ROE 要么是因为杠杆足够高，要么是因为周转率十分高，如表 10.3 所示。

表 10.3　格力电器财务杜邦分析(1)

指标	1994 年	1995 年	1996 年	2015 年	2016 年	2017 年
权益净利率 (ROE)(%)	39.43	60.95	43.81	27.34	30.42	37.51
销售净利率(%)	7.14	6.05	6.56	12.55	14.10	15.00
资产周转率(次)	1.52	2.63	1.93	0.63	0.64	0.76
权益乘数	3.64	3.82	3.46	3.47	3.39	3.33

从表 10.3 可以看到，前后间隔 20 多年，虽然格力电器的 ROE 水平基本一样，但是 ROE 高的原因完全不同，主要是资产周转率和净利润率发生了较大变化。在严重供不应求、核心零部件靠进口的年代，公司的核心竞争力来自高周转率。核心零部件外购，必然导致净利润率偏低。那个时代的中国空调企业没有所谓的"核心竞争力"。

第二阶段，是空调行业的衰退期，曾经的空调龙头春兰开始衰败。空调行业出现了产能过剩的征兆，周转率快速下降。行业低谷期，企业的策略出现了很大的分歧。有些企业打价格战，抢占份额；有些企业追求多元化，谋求转型；有些企业则专注于长期的研发和产业链的自建。

当时，多数空调企业基本没有关键元器件的自产能力，依赖于进口核心元器件然后组装贴牌的模式实现了跨越式发展。生产环节，企业基本是做钣金加工，产品质量管理能力非常薄弱。在一个供不应求的市场，销售能力建设也根本无从谈起——只要能生产出来，经销商的卡车就在厂区门口排队拉空调。行业下行期，风险因素全面暴露，这些空调企业根本没有应对风险的能力。研发没有技术人员团队,销售部的人都习惯了做"甲方",那是一个拼资源和背景的时代。生产管理制造更是无稽之谈。企业面对风险时,唯一能采用的手段就是价格战。动态能力理论所说的战略要素——那些不能以明确的价格在市场上购买的资源,企业一样都不具备,这些都是花钱买不来却对企业非常重要的东西。这些企业最后基本都消亡了。先降价等到降无可降时,就开始赊销,应收账款规模不断扩大,最后现金流断裂。

有些企业在第二阶段后期采取多元化策略。春兰曾经转型做摩托车,美的也曾经做过汽车,最终的结果都不是很好。

格力电器在这个时期做了两个影响深远的布局。一个是以朱江洪为主,对内部的研发和生产制造管理做了大量长期的投入;另一个是以董明珠为首,对销售体系作了极大改进,确立了"销售返利"模式。董明珠的两本书《行棋无悔》和《棋行天下》对这个时期的销售体系改革作了详细阐述,从格力电器的视角阐述了当年惊心动魄的细节。当时,很多经销商迫于销售的压力,普遍出现了窜货问题。格力电器的销售体系较好地控制了跨地区的"倾销"行为,维护了渠道的利益。内部研发、质量控制体系、销售渠道等要素,正是动态能力理论所强调的战略要素,这些资源无法市场化购买。格力电器也因此成为全国空调行业的龙头企业。这种战略眼光,主要归功于朱江洪的战略定力——着眼于长远,而非当下的价格战。这些着眼于长远的战略举措,使得格力电器的产品质量和品牌美誉度有了很大的提升。格力电器的关键零部件也开始了自产之路。这期间美的也曾谋求转型,甚至做过特种车,最后及时收手,没有拖垮企业的现金流,这是一个典型的战略错误。当下,空调行业格局稳定,市场已经极度成熟,到底是否应该多元化,这是摆在两家企业决策者面前的问题——到底是进一步深耕国际市场,还是应该全面战略转型?两家企业这几年都在给出自己的答案,最后谁能更进一步尚无法判断。第二阶段的格力电器拒绝多元化,选择了继续深耕空调产业。

第三阶段，格力电器的战略布局初见成效。最突出的表现就是 ROE 开始触底回升，但是外部竞争压力和费用投入导致净利润率还在持续下滑。这个时期格力电器的杜邦分析结果，如表 10.4 所示。

表 10.4　格力电器财务杜邦分析(2)

指标	2004	2005	2006	2007	2008	2009	2010	2011	2012
ROE(%)	18.24	19.74	22.92	28.40	32.09	36.74	36.74	33.89	33.28
净利率(%)	3.10	2.83	2.66	3.38	5.04	6.88	7.08	6.34	7.44
资产周转率	1.31	1.43	1.80	1.80	1.50	1.04	1.04	1.11	1.04
权益乘数	4.56	4.93	4.86	4.72	4.30	4.72	5.03	4.88	4.35

可以看到，格力电器的 ROE 持续提升，销售净利率 2006 年才触底回升，资产周转率的高峰是 2006—2007 年。权益乘数中间偶有波动，整体变化不大，格力电器的杠杆率并不十分激进。第三阶段以 2006 年为分水岭，2006 年之前的外部竞争仍然十分激烈，价格竞争导致毛利率不到 20%。销售投入极大，销售费用超过了毛利的一半。ROE 的提升主要依赖供应链效率的提升，管理效率的提升使得资产周转率快速上升。这个时期格力电器的供应链策略是以自主研发为主，2006 年之后 ROE 的提升主要是因为销售净利润率的提升，有两个因素发生了变化：一是外部竞争环境好转；二是产业链的纵向垂直整合。公司的非流动资产占销售收入的比重在 2007 年前后达到了最低点，之后企业纵向的供应链整合使得非流动资产占销售收入的比重逐年提升，如表 10.5 所示。

表 10.5　格力电器资产负债表科目占销售收入比重

单位：亿元　币种：人民币

项目	2004	2005	2006	2007	2008	2009	2010	2011	2012
货币资金	4.39	3.14	5.21	10.87	8.72	53.95	25.10	19.29	29.14

续表

项目	2004	2005	2006	2007	2008	2009	2010	2011	2012
应收票据及应收账款	37.01	27.42	19.58	21.85	32.93	27.68	38.48	41.96	36.01
存货	25.49	17.39	21.01	19.01	11.40	13.72	19.13	21.05	17.35
流动资产合计	74.94	53.97	49.79	55.28	55.38	100.36	90.24	86.29	85.67
非流动资产合计	17.31	15.52	13.38	11.94	17.90	21.01	18.32	16.18	22.63
资产总计	92.25	69.49	63.17	67.22	73.28	121.37	108.56	102.47	108.31
短期借款	2.21	2.06	0.19		0.02	2.26	3.14	3.29	3.54
应付票据及应付账款	50.07	36.61	32.13	28.39	26.24	47.21	37.63	31.60	30.86
预收款项	15.66	10.08	12.19	12.14	13.87	20.90	19.87	23.75	16.74
其他应付款合计	2.28	1.52	1.26	1.00	1.85	2.16	1.67	4.03	5.50
一年内到期的非流动负债	0.16							2.62	2.53
其他流动负债			0.72	5.71	9.98	14.71	14.78	11.53	15.85
流动负债其他项目	1.43	1.26							
流动负债合计	73.78	54.07	49.35	51.79	54.88	96.19	82.20	77.20	79.37
股东权益合计	18.19	15.40	13.48	15.42	18.38	25.09	23.19	22.10	27.77
负债和股东权益合计	92.25	69.49	63.17	67.22	73.28	121.37	108.56	102.47	108.31

第三阶段格力电器的成功是前期生产和销售两个环节多年持续投入的

结果,朱江洪和董明珠都功不可没。表10.5中应收、固定资产占销售收入的比重可以反映公司垂直整合供应链和提升生产效率的努力。公司毛利率的提升除了与供应链的垂直整合有关,还和销售变革、外部竞争环境的好转关系密切。

第四阶段,格力电器喜忧参半。一方面,董明珠接任朱江洪,引入战略股东,完成了对格力的实际控制;另一方面,格力电器到了资本过剩阶段。一般而言资本过剩的企业要么把钱分掉,要么把钱花掉。格力电器虽然每年都分红,但是赚钱的速度更快。格力电器曾经计划过做芯片、新能源汽车、手机等等,开始了独具特色的多元化尝试。这些产业现在无一不是巨头林立,格力电器的体量又决定了它不可能选择行业深度不够的产业投入,目前能看到的规模较大的产业都有实力强劲的竞争对手。格力电器具备进军这些产业的"战略要素"吗? 按照动态能力理论的定义,对企业转型和发展至关重要的战略要素,无法市场化购买。格力电器存在的问题是:①流程上格力电器的管理层可以学习,但是否具备协调整合外部渠道资源的能力?卖空调的能卖汽车和手机吗? 能否重组和转换内部的资源配置流程? ②企业的技术性资产、结构性资产等是否有能力支撑新业务的生产,毕竟格力电器的供应链和生产环节的主要创建者是朱江洪。战略决策的随意性和"分红事件"凸显出来的公司治理结构缺失问题如何解决? ③格力电器表现出了严重的路径依赖,在空调上投入甚大,现在如何摆脱路径依赖? 能否在短短的几年之内构建自身的战略要素资源? 组织构架是否有能力实现快速变革? 即便强如华为,手机业务也是花了十年时间才有现在的产业地位,更不用说在海思半导体上的投入了。格力电器的路径依赖特征如此明显,总经理和董事长凭借个人魅力能解决吗?

格力电器不同的发展时期,战略要素各不相同。这些关键"能力"没有一个可以从市场上买到,格力电器如果想在未来创造更大的辉煌,重要的是如何搭建有效的公司治理结构。

10.7　战略管理与企业价值

公司战略非常关键,那些不具备交易特性和复制特征的关键战略要素是企业要考虑的重点。企业制定战略必然会有所侧重,但是无论哪个学派,战略都必须解决企业内部资源的再配置问题,以适应外部环境的变化。

动态能力理论是在讨论如何形成不可交易的战略要素。如果说动态能力理论讨论了损益表的表外资产视角,那么波特五力模型则讨论了损益表的分配视角。二者的着眼点都集中于损益表,而非资产负债表,仅仅是讨论问题的视角不同。这与前文讨论的企业价值关系密切。动态能力理论从管理学的角度、从战略的高度,告诉企业到底该如何构建战略要素——这些要素无法直接观测,但是其在损益表上的投影可以观测。资产负债表上的会计资产,基本都是可以以确定的价格在市场上交易的资源,并不能称之为战略要素。动态能力视角下的价值观必然是以损益表为基础,很难说这是巧合,也许是对客观事物的本质探索到了一定的高度之后的必然结果。无论出于什么样的原因,过去几十年发展起来的战略管理理论是为了增加企业的经济利益。波特和 Teece 对企业战略和价值之间的关系,分别从分配和表外资产的角度进行了重新定义。很难说哪种理论模型更好,这些模型只是从不同的角度去审视企业价值和战略之间的关系。现代企业实践过程中,已经没有人基于资产负债表的视角来阐述战略管理的内涵,对资产负债表型企业而言,战略并没有那么重要。

构建战略要素所对应的支出往往是会计上的费用性支出,表外资产无法准确计量,这也是战略要素无法以确定的价格被购买的一个原因——能购买或者复制的资源都不是战略要素。这类支出最大的问题是不透明,无法评估效率,甚至存在长短期利益冲突的问题。会计将这类问题归为费用资本化问题;管理学上,这类支出存在的问题被称为委托代理问题。

前文介绍了会计和估值模型,从三个不同的视角阐述了企业的价值,自然会产生一个新的疑问:既然基于损益表分配视角和表外资产视角的战略模型都有了,那么有没有现金流视角下的战略管理模型呢?理论上应该有一套完全以现金流分析为核心的战略管理模型:企业生产经营活动应以自由现金流最大化为其战略目标,战略要素都为现金流服务。有些学者已经开始从现金流的角度出发,构建企业的战略分析模型,但主流的战略管理理论目前尚未将其纳入严肃讨论的范畴。笔者后续会对这方面的进展保持紧密跟踪。

10.8 剩余现金流估值模型

本小节从三个方面介绍剩余现金流(Surplus Free Cash Flow,SFCF)估值模型:①SFCF 的构造机理;②SFCF 与 FCFF 的区别;③公司战略与公司治理对 SFCF 的影响,也借此模型引出下一章的主题:公司治理与委托代理成本。

詹森引入自由现金流的目的是量化委托代理成本,管理层有动机将损益性支出转换为资本性开支,以寻求企业规模最大化。资本性支出只是委托代理成本的一部分,损益性支出也存在委托代理成本。卡普兰的定义将损益性支出完全扣除,资本性支出也完全扣除,定义如图 10.5。

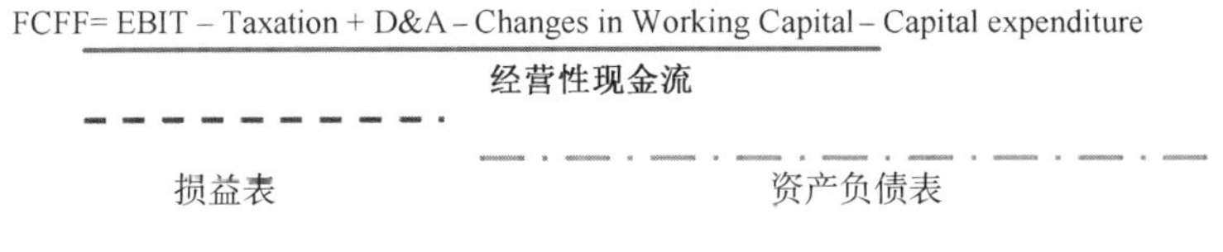

FCFF= EBIT – Taxation + D&A – Changes in Working Capital – Capital expenditure

经营性现金流

损益表 　　　　　　　　　　　　　　　 资产负债表

图 10.5 自由现金流的重构

根据图 10.5 重构自由现金流,则 FCFF＝CFO－CE。根据前文,损益性支出对应"表外资产",是企业的战略要素,是超额收益的来源,自由现金流却将与"表外资产"对应的损益性支出完全扣除。巴鲁克•列夫在《会计的没落与复兴》中,提出了一种新的剩余现金流估值模型。巴鲁克•列夫的剩余现金流(扣除股权资本成本后)定义如下:

SFCF＝CFO＋Iex－CE－Cost of Equity＝FCFF＋Iex－Cost of Equity

其中,Iex 是损益表中费用化的投资支出。什么是费用化的投资支出？其本质是和表外资产对应的损益性支出,比如研发、营销、信息系统投入等,但是不能将损益表中所有的费用项加回来。这是公司估值最艺术的部分。基于审慎性原则,会计将那些不满足计量和确认标准的资产计入费用,但是金融市场可以对这类"损益型"资产定价。一笔损益性支出,未来能否给企业带来经济利益流入呢？ 这同企业的能力有关,同时公司治理的影响也不可忽视。公司治理"好"的企业,这可能就是资产;公司治理"坏"的企业,这可能真的就是费用了。

Cost of Equity 是权益资本的机会成本,可以用权益资本成本乘账面权益计算。前文认为只有 ROIC＞WACC,企业才创造经济价值。同样 SFCF 剔除了权益资本的机会成本,这样计算出来的"企业价值"是经济增加值。

SFCF 的应用条件比较苛刻,需要满足:①企业的投入以损益性支出为主,即轻资产公司。②公司治理良好,委托代理成本低。③企业的经营能力强,历史经营绩效良好。巴鲁克·列夫意识到了表外资产对美国上市公司的重要性和投资决策相关性,因而开发了 SFCF 估值模型。SFCF 模型将表外资产纳入了估值过程,强调了战略要素对企业价值的影响。

FCFF 和 SFCF 都从 CFO 出发,SFCF 是在 FCFF 的基础上,加回了 Iex,剔除了 Cost of Equity。SFCF 强调表外资产,将那些满足资产定义但是不满足计量和确认条件的损益性支出加了回来,这是企业估值的重大创新,对当下的轻资产型公司意义重大。自由现金流估值模型过度审慎,扣除了所有的损益性支出和资本性支出。SFCF 是对自由现金的修正,更公允地表征了企业价值。

Iex 是企业真实支出的现金流,其含义正是 4.2 小节的主要内容,即费用的资本化问题。SFCF 对应的贴现率是 WACC,贴现的结果是企业价值。应用 SFCF 模型估值,一定要注意其适用条件,切莫滥用模型。

第11章 公司治理与委托代理成本

现代企业制度发展过程中,股份公司制度的出现极大地促进了资本主义的发展和人类物质文明的进程,但是这个制度也有运行成本。从所有权和经营权分离的那一天开始,就产生了委托代理成本。企业的所有者——股东,将企业日常经营的权利让渡给了管理层,那么二者必然存在利益冲突的问题。公司治理的目标只有一个:降低委托代理成本,即因为权、责、利分配约束不当导致的无效率问题。

公司治理不能解决对利润最大化经营目标的偏离,也不能解决企业的战略和经营问题。公司治理是通过对内外部权利、责任和利益的合理分配,使得利益相关者和股东之间的利益尽可能一致,以降低代理成本。本章沿着这个思路讨论公司治理问题。制度安排的目的是使公司经营活动的结果和企业经营目标尽量一致,而绝非所有者权益的最大化。如果公司的目标是所有者权益最大化,那么公司治理的目的就是使得企业的经营结果和所有者权益最大化这个目标之间的差距尽可能小。这不是事后的结果,制度安排是一个事前控制流程。

狭义的公司治理是指股东和管理层之间分配权、责、利的一套制度安排,使得管理层的利益和股东的利益趋向一致。广义的公司治理至少还应该包括两个层面的问题:公司内部部门和员工间的权、责、利分配问题;公司和外部利益相关者的利害协调问题。前者往往被大家忽略,一个良好的内部治理机制对公司的发展和革新都非常重要,否则组织内部将会陷入无尽的纷争,再好的战略也无从落地;对后者而言,企业制度发展到现在,是否需要对企业的经营目标做一个修正。这直接关系到企业的本质:企业存在的根本目的是什么? 这个问题在股份制公司上市成为公众公司之后,显得尤为迫切。当企业的经营目标和社会治理目标发生冲突时,应当如何取舍?

谈到公司治理,经常想到的是风险控制。讨论公司治理也是想从一个侧面反思:为什么中国资本市场三十年,不仅仅老板会跑路,没有脚的扇贝也学会了跑路。将其归咎于外部环境的影响,或者将责任强加于监管,显然有失偏颇。中国资本市场频发"异象"的深层次原因是什么? 公司治理可以回答其中很大一部分"异象"问题。

11.1 早期公司治理模式

如果没有所有权和经营权的分离,那么就不会存在委托代理成本,也就没有公司治理问题了。现代企业的庞大规模和资本来源的多样性导致了公司治理问题和委托代理成本。从会计的角度看,资产负债表左侧的资产经营权被委托给了非企业所有者,且企业所有者对企业经营成果的分配权又比较靠后。企业的经营者和所有者之间产生了潜在的利益不一致问题,企业究竟应该如何安排制度以使得这种利益冲突最小化,这便是公司治理所要讨论的问题。

近代之前的公司治理问题,西方可参考的案例并不多,中国反而有许多案例可供参考,比如晋商票号的公司治理。晋商票号作为一个直接和钱打交道的行业,在当时是如何确保公司治理的有效性呢? 现在去山西乔家大院,仍然可以看到晋商票号当年的辉煌。晋商票号的梦想是"汇通天下",这种模式和古代传统的小作坊模式有很大不同。明清时期的小作坊,作坊主一眼就可以看到作坊的全部,经营全流程都在可视范围内,多数作坊主本身直接参与作坊的生产经营活动,委托代理问题不严重。在严重缺乏生产资料的时代,对人力资本的依赖不大,相应的委托代理成本并不高,最多是工人消极怠工。晋商票号的人力资本是其核心竞争力,并且地理上的分割导致无法实施有效的直接控制和监督,解决委托代理问题十分急迫。

晋商票号从生产实际需要出发,将出资人和经营者分离,这可能是较早的系统性的所有权和经营权分离。晋商票号的大掌柜(总经理)和东家(大股东)不再是一个人——因为银行业对专业能力的要求太高。山西银行业从激励和约束入手解决委托代理问题。激励手段莫过于著名的“身股制度”,本质是基于从业时间、能力、忠诚度等综合评定的一种分红权。这可以被称为员工持股,非常像华为所做的一种分配制度。将员工的收入分成两部分:一部分是固定收入;一部分是和票号经营业绩相关的分红。约束机制除了公司的显性规章制度,莫过于“质子”安排了。票号分号掌柜不得携亲属上任,老婆孩子都要留在家乡,晋商票号的用人法则又是用乡不用亲。扣押经理人直系亲属为“人质”的意味十分明显。

如果将国家治理问题简化成公司治理,那么中国古代社会治理模式的核心在于君权的制衡。春秋战国以前是分封制,天子对封地基本没有实际控制权,诸侯是封地的实际控制人,类似联邦制度,结果导致生产力发展之后诸侯尾大不掉。春秋战国时期,国家治理结构发生了很大变化,各种制度创新尝试都有,很显然的一个特征就是外部约束:一方面治理不好的诸侯国,其国民会逃离到其他诸侯国;另一方面,最大的风险是被别的诸侯国吞并,宗庙断绝。入汉以后,以董仲舒为代表的儒家试图用天人感应说,用神权来限制大一统国家的君权。唐朝早期是君权和门阀之间的制衡,最终实践的结果是君权和以丞相为核心的行政权力之间的制衡,一直到明朝。明朝以后君权凌驾于律法和政府之上,君权失去限制始于此,君权缺乏有效制衡带来的问题十分明显。

晋商票号存在的问题也比较严重,东家和大掌柜之间最大的问题是授权过于充分,而无监督——或者过程监督的成本太高。清末晋商票号的衰落和这种权利构架有很大关系。近代,英、美公司治理结构中演化出独立董事一职,负责过程监督;德国的公司治理结构中,监事会的权力凌驾于管理委员会之上。两种不同的治理结构,均在一定程度上降低了委托代理成本。

11.2 英美公司治理模式

资本主义早期,公司治理问题集中于股东和管理层之间。美国的公司治理结构比较典型,这也是目前多数人熟知的一种公司治理结构,中国上市公司基本是以英美公司治理结构为主(但是引入了监事会制度)。单一董事会是公司最高权力机构,股东大会不能对公司的日常经营活动做出决策。董事会在法定范围内代表股东行使权力,而监督董事会和管理层的责任则由外部独立董事承担。这种模式下实现有效治理需要两个重要的前提:①控制权足够分散;②外部金融市场高效,二者缺一不可。在两个前提条件缺失的情况下,采取英美的公司治理模式可能存在比较大的风险,11.4 节会深入讨论这种风险。由于存在信息不对称,外部监管往往也很难有效降低委托代理成本。有学者建议通过加强信息披露以降低委托代理成本,在控制权过于集中的情况下,可能根本就无法构建有效的信息披露体系。即便提升了信息披露效率,在市场效率整体偏低的情况下,也无法通过外部金融市场有效地惩戒管理层。

英美模式为了解决董事会可能违背股东利益的问题,引入了独立董事制度,独立董事制度的引入不到 50 年。由于公司股权过于分散,导致公司实际上出现了内部人控制,委托代理成本快速上升。为了降低委托代理成本,加强监督和约束,公司开始引入外部监督人,产生了独立董事制度。董事会内部采用执行董事和独立董事制度,实现了有效的权力内部制衡和监督,执行董事和独立董事均由股东大会选举产生。其独立性包括两个层面的含义:①法律地位独立。独立董事由股东大会选举产生,不是由大股东委派或推荐,也不是公司雇用的经营管理人员。他们代表公司全体股东和公司整体利益,不能与公司、公司的内部人、大股东存在任何影响其作出独立客观判断的关系。②决策独立,无利益冲突。独立董事以超然的地位,履行自己的职责,监督高层管理人员,评估董事会和执行董事的表现,确保其遵守最佳行为准则。就公司的发展战略、业绩、资源、主要人员任命、操守标准、薪酬等问题作出独立判断。这种制衡是否有效,现在不敢妄下结论。目前美国很多大公司,独立董事数量占了董事会一半的名额,甚至更多。股东大会投票选举独立董事,实行"一股一票"制度。这种"一股一票"制度如果想要达到预设目标,前提是股权足够分散,利益主体必须多元化,否则只会是一种形式公平,给大股东控制董事会留下了漏洞。

英美治理模式有效的另一个前提是外部金融市场必须高效,金融市场可以非常高效地对委托代理成本定价。如果一个公司的委托代理成本过高,那么投资者要么选择"用脚投票",要么公司被私有化收购后更换管理层,这样可以有效减少委托代理成本。詹森和法马合作的一篇论文中,两位作者指出外部的并购威胁可有效降低委托代理成本。一个完善的金融市场可以对一些难以量化的信息给出公允的定价,进而提升资源配置的效率。

德国的公司治理模式独具特色,其效率也被广泛认可——毕竟德国的制造业和汽车工业在全球都极具竞争力。德国公司的治理模式可以提供一个新的视角,思考如何提高公司治理效率。德国公司的一个突出特征是法人持股,金融机构持股比例高,银行和保险公司对企业经营的介入程度较深,形成了独特的治理结构。英美是单一层次的治理结构,实施内部监督,德国的治理模式有所不同,在股东和负责经营的管理委员会之间,德国设计了一层监事会制度。监事会的权力级别不但高于管理委员会,而且其成员背景也非常多元化。

德国监事会的产生和其权力来源非常有特色。德国监事会的成员数量一般至少是 3 人,并且来源十分广泛。这种独特的双层治理结构效率并不低。德国治理模式的核心是将执行和监督分离，相互制约，而非采用英美的内部监督方案。如果非要一较高下，那么笔者认为德国的模式可能更好一些。英美模式的出发点是股东价值最大化，德国模式的出发点是企业价值最大化。

德国的治理结构中，上层的监事委员会有权任命管理委员会成员，并且要对其职务行为进行监督，但是监事委员会成员无权插手公司经营，管理委员会向监事委员会负责。德国治理模式的特色是监事委员会的成员构成。英美体系下，不管是董事还是独立董事，都由股东大会选举产生，二者都要为股东利益最大化服务。德国模式下，管理委员会向监事会负责——股东无权直接插手管理委员会成员的任命，股东向监事委员会让渡人事权。监事委员会的成员结构使得监事会并不一定代表资方利益，监事会的人员构成使得德国企业的经营目标更关注企业价值最大化，而非股东权益最大化。这从其人员构成上就能看出来，如图 11.1 所示。

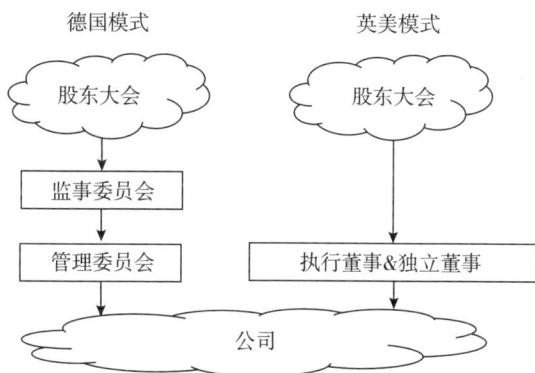

图 11.1　不同公司治理模式比较

德国《股份法》第 101 条规定：监事由股东大会选任和劳方委派；向监事会派遣成员的权利只能由公司章程规定，并且只能为特定股东或为特定股票持有人设定。监事会的人员构成并不是谁的股份多就听谁的，而是明确规定了资方、劳方和特定利益相关方的权利，特殊情况下法庭可以直接委派监事会成员。同时，《德国参与决定法》对监事会中职工代表的比例有强制规定。欧洲政策研究中心提供的数据表明,德国最大的 100 家公司中,工会和职工代表在监事会中占比近 50%;次重要的企业中,工会和职工代表在监事会中也占比近 25%。德国治理模式是合理地满足各利益相关方的诉求,而非以股东价值最大化为出发点设计制度,制度设计目标更倾向于企业价值最大化。中国目前处于经济转型期,利益主体多元化,诉求也非常多元化,德国的制度可能更适合中国。中国目前的制度更倾向于英美制度,目前来看实施独立董事制度的外部环境尚不完善。2018 年去杠杆以来的种种乱象,技术上的细节不必赘述,制度性的根源仍然是公司治理问题:中国现在的发展阶段,究竟需要一套什么样的公司治理制度为社会主义经济建设服务?这是中国资本市场改革首先要界定清楚的问题,问题的关键是这套制度应该保护谁的利益——偏袒任何一方利益的制度设计,都会导致公司治理效率下降。

德国的公司治理模式经过一百多年的发展,中间虽有曲折,但核心只有两个:①监事会权利和义务明确,监督和决策分离;②监事会的成员构成如何决定,监事会应该代表谁的利益?英美治理模式更关注股东的利益,德国 1976 年的《共同决定法》明确规定了劳资双方的监事人员比例,更关注利益相关方的利益,这和德国社会的发展历史一脉相承。监事会取得了三个基本权力:①任命管理委员会的权利;②监督权利;③约定的重大事项决定权。公司的日常经营决策权从监事会剥离出去。由于委托代理问题主要发生在资产运营层面,通过这种治理结构,监事会对管理委员会的监督能落到实处——毕竟人事任命和薪酬标准都由监事会决定。不以出资份额决定权利分配的制度,对产权人而言可能是权利的丧失,但是对社会整体利益未尝不是一件好事。这种公司治理模式具有强烈的共产主义色彩,但是又没有那么极端。

两种公司治理模式的比较,可能导致一个疑问:公司的经营目标到底是什么?中国的学术界,基本公认的假设是股东价值最大化,并基于此假设发展了一系列的公司财务及金融市场分析范式和法律制度。如果这个假设并不符合中国的实际情况，那么目前的主流金融理论是否有效，或者需要什么新的制度改进，则成了未来制度设计需要考虑的问题。如果将外部因素纳入分析范畴，并考虑其社会责任，那么公司的治理模式和分析范式可能会发生重大变化。德国的公司治理模式已经在实践层面上挑战了股东价值最大化这个假设。在本书成稿之际，美国 100 多家大公司的 CEO 站出来呼吁：在股东价值最大化之外，企业应当承担更多的社会责任，以解决现代社会贫富不均等问题。欧美经济体近些年流行的 ESG 投资理念，是对上述问题的一种回应。这个问题从侧面反映了前文讨论的公司价值的定义问题：一个公司的社会责任是不是一种另类的价值，资本市场应当如何对这种价值定价呢？英美的公司治理模式可能会面临重大调整，中国的资本市场改革应当何去何从呢？资本市场无论如何改革，都应以更好地服务于中国特色的社会主义为目标，为中国经济的持续繁荣奠定制度基石。

公司高度发展之后，两权分离问题加剧了公司的委托代理成本。股东让渡了经营权之后，很容易产生道德风险，进而造成非常严重的委托代理成本。针对委托代理成本，英美和德国采取了不同的解决方案。在实践中不断完善公司治理结构，这种完善是一个动态过程。从实践的效果来看，在 21 世纪的前 20 年，两种制度各有优势。当下的危机模式，放大了美国公司治理模式的不足，针对这些不足，中国应当在接下来的制度建设中尽量予以规避，进一步发挥中国特色社会主义制度的优势。美国治理模式更关注效率，而德国治理模式更关注公平。这两种制度的基础是两国不同的历史文化和社会治理理念，而中国又能走出一条什么样的具有中国特色的公司治理之路呢？

11.3 中国公司治理模式

中国的公司治理模式,既引入了独立董事制度,又引入了监事会制度,但是模式又和前文所述的两种治理模式存在一些实质性差别。中国特色的公司治理模式,可以称之为混合治理模式。股东大会负责选举董事会成员,包括独立董事和非独立董事,在董事会平行的位置上设立监事会,理论上独立董事和监事实现了双重监督。中国的公司治理结构如图 11.2 所示。

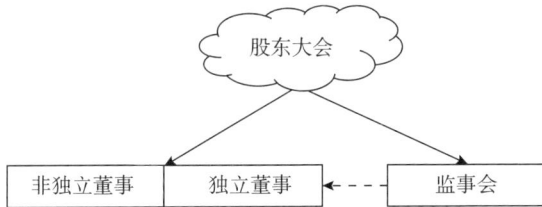

图 11.2 中国公司治理结构

董事会内部引入了类似英美模式的独立董事制度,以内部监督为主,服务于股东价值最大化。这区别于英美的独立董事制度,主要区别是数量占比和独立性。证监会规定独立董事的数量不低于董事会成员数量的 1/3,很多公司也就是 1/3。比如,格力电器董事会共有 9 名董事,其独立董事有 3 名,分别是刘姝威、王晓华、邢子文。

从 3 674 家 A 股上市公司 2019 年上半年的数据看:57 家上市公司独立董事占比低于 33%(含);2 206 家独立董事占比 33%～40%(不含);1 333 家独立董事占比 40%～50%;独立董事占比在 50%(不含)以上的有 78 家。从上述数据看,独立董事占比较低,和英美的独立董事数量出现了明显差异。这种比例的独立董事数量,降低了监督的效率。

根据德勤的统计,中国 A 股 3/4 左右的独立董事年薪在 10 万～50 万元,基本以兼职为主。有近 1/6 独立董事的薪酬在 5 万～10 万元。一年拿几千块补贴的独立董事也大有人在,独立董事基本没有什么激励。监事会的构成也类似,薪酬较低,监督流于形式。

董事会和监事会二者平级,而且其权力来源都是股东大会。监事会成员中职工代表数量偏低,并且公司法并没有赋予监事实质性权力,二者都为股东利益最大化服务。

中国的公司治理模式,既有监事会,又有独立董事。从过去近20年的实践结果来看,并未有效实现提升公司治理水平的初衷,治理流于形式。导致这种结果的原因是什么呢?

(1)缺乏有效的激励。不论是独立董事还是监事,薪酬低并且固定,没有一套完整而有效的激励制度。一个法律专家或者会计专家,能对公司经营活动进行实质性监督的专业人士,薪酬不可能只有几万元。给予监事和独立董事足够而有效的激励非常有必要。

(2)缺乏有效的惩治措施。中国几乎没有监事和独立董事承担刑事责任的案例,多为行政处罚,不能对违法和渎职行为形成有效震慑。独立董事是否真的有能力和意愿实质性参与公司治理存在疑问。独立董事多为兼职,可以在不超过5家公司任职,独立董事行使权利所需的材料,基本是董事会秘书准备的文字材料,日常流程跟踪基本无效——独立董事不可能在公司天天上班。同时,独立董事和公司利益相关人之间的关系缺乏独立性,独立性并无制度保证——包括薪酬支付的决定权。

(3)没有实质性权力。股东大会选取的独立董事和监事,更像是"活动印章"。有效的治理应该建立在有效的制约基础之上,中国的治理结构并没有给予监事和独立董事任命董事的权力。监事没有任命董事的权力(人事权),没有决定预算的权力(财权),更无参与公司日常经营的权力(事权),基本只有事后监督的权力。独立董事亦如此。

(4)资本结构和权力结构不均衡。中国治理模式的这种冲突可能在很大程度上与中国的发展路径有关。中国的治理模式融合了两种法系,但在一定程度上忽略了中国的特殊情况。上述董事、独立董事和监事的权力全都来自股东大会,均为资方利益服务。实际操作过程中,包括独立董事在内的董事会成员、监事会成员还有股东大会都由大股东控制。当权力过于集中时,如何实现权力的有效制衡呢？英美模式不适合中国的实际情况,控制权分散这一前提条件不满足。采用德国的监事会模式,又存在监事地位低的问题。监事会没有任何强制性权力,都为股东价值最大化服务,不能充分照顾利益相关方的利益诉求。

根据刘汉民在《经济研究》上的刊文数据,美国、德国、日本的公司控制权集中度有非常大的差异,如表 11.1 所示。

股权集中度是造成英美和德国治理模式差异的一个重要原因。德国公司的治理效率对外部资本市场的依赖较低,控制权集中度很高。由此可见,所有权制度安排和治理效率之间没有必然联系,关键是治理结构如何设计。

表 11.1 美国、德国、日本公司所有权集中度

最大股东投票权百分比	德国 (1994 年)	日本 (1995 年)	美国 (1994 年)
0＜X＜10	3.2	61.1	66
10≤X＜25	6.9	21.3	17.4
25≤X＜50	16.7	12.9	13
50≤X＜75	31.9	4.7	2.1
75≤X≤100	41.3	—	1.5

中国目前的融资结构和股权集中度都比较单一,企业融资以债务融资为主,控制权集中的特征十分明显,中国的公司治理模式比较适合以德国的治理模式为蓝本进行改良。中国目前的学术研究多将精力放在了独立董事制度上,这可能存在两个问题:①公司的控制权不分散;②资本市场效率不足。加强信息披露的效果仍有待观察,治理效率和信息披露之间的关系并

不显著。提升监事会的地位并不能依赖监事会成员选举方式改革,需要明确监事会的广泛代表性,并以法律的形式确定下来。监事的任职必须全职,并给予监事会成员有激励作用的薪酬。监事代表利益相关方的利益,不仅为股东利益服务。这样的安排可以在一定程度上提升治理效率:①避免控制权过于集中导致公司治理失效;②不过分依赖外部资本市场。这符合中国当下的经济现实,有助于在资本市场不完善的情况下稳妥地推进改革进程。

这种制度设计的障碍是:股权是一种产权,大股东直接或间接控制了公司的绝大多数权力。一套类似于德国监事会的权力制度框架会极大稀释股东的权力,法律制度设计的阻力非常大。当时引入独立董事制度抓住了效率低下的主要矛盾,但是引入监事会制度并且将其置于和董事会平级的位置上,却导致了监督的不足。治理结构的改变涉及很多底层法律、制度和观念的改变,很难一蹴而就。

11.4　代理成本的成因与防范

英美模式解决公司治理问题的办法相对消极,投资者觉得不行就"用脚投票";德国模式比较积极,觉得公司不行,利益相关者就"用手投票";中国的投资者觉得公司不行,只能谴责为主。将注意力转向技术性讨论,大量学者做了很多这方面的研究,特别是定量研究。对治理模式的讨论还是回归到英美模式。

关于治理结构,描述性的讨论很多。法马和詹森在 1983 年的文章 "Separation of Ownership and Control"中就作了相关的讨论,并将控制过程分成了四个步骤:提议、审核、执行和监督。制度流程设计的要点是使得上述四个步骤相互制约以降低委托代理成本。詹森在文章"Agency Costs of Free Cash Flow, Corporate Finance, and Takeovers"中用量化的方式粗略地估计了委托代理成本,卡普兰在此基础上开发了自由现金流估值模型。在此向读者介绍一下詹森的思想,只有把握住了詹森的思想,才能对模糊的概念有一个清晰的界定。时隔 30 多年,重读詹森的文章,也惊叹于其指标设计之精妙。

　　作为讨论英美公司治理模式的一篇经典论文,詹森考虑了企业存在的几个冲突:①分红还是不分红?分红将会减少管理层控制的资源。②管理层倾向于企业超出最优规模。除了资源控制的目的,管理层的切身利益和企业规模有关——大公司可以提供更多的管理职位用于员工晋升。③要素市场和产品市场竞争激烈,迫使管理层倾向于进入新的市场,或者进行那些能产生经济租金的经营活动。这背后暗示了管理层对待可用货币资金的三个选择:①分红;②用于企业的增长和规模的扩张;③开拓新的业务和市场。

　　评估潜在投资机会时,一个基本的准则是净现值为正。一个企业产生的现金流超出了维持企业正常经营和投资所有净现值为正的项目所需资金时,就产生了詹森定义的自由现金流:当企业的现金流被用于支付所有潜在的净现值为正的项目和日常经营所需的现金流之后,还多出来的那部分现金流,称为自由现金流。詹森用描述性的语言定义了自由现金流(FCFF),其目的在于估计委托代理成本,委托代理成本的一个显著特征是资源配置的低效。估值模型中的自由现金流不同,卡普兰用会计工具重新定义了自由现金流。将卡普兰的定义重构,如图 11.3 所示。

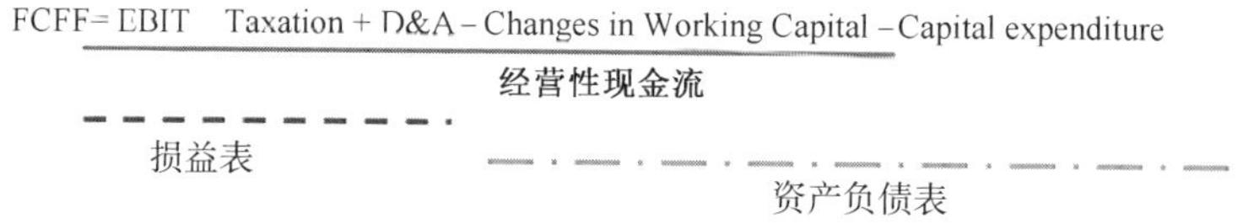

$$FCFF = EBIT \quad Taxation + D\&A - Changes\ in\ Working\ Capital - Capital\ expenditure$$

经营性现金流

损益表　　　　　　　　　　　资产负债表

图 11.3　自由现金流的会计估计

　　自由现金流包括损益表科目和资产负债表科目,是经营性现金流减去资本开支项。这个定义比詹森的定义更有实用价值。按照卡普兰的定义:①营运资本的变动,计入委托代理成本;②资本支出计入委托代理成本。对于一个成熟公司,两种定义偏差不大。但是,如果一个企业在某个特殊阶段需要利用营运资本和资本开支来维持增速和市场地位呢? 詹森定义的企业最优规模和增速很难量化,卡普兰则更加审慎。卡普兰将所有资本支出都计算在内——隐含的含义是所有的资本支出都不合理,这显然过于保守了。这个审慎定义下的自由现金流是可供分配给股东和有息债务债权人的资源。詹森强调现金流的合理性——不能因噎废食,不能过度放弃增长机会和有价值的项目,过度保守而放弃发展机会也是一种委托代理成本。

詹森和卡普兰的定义没有实质不同,只是卡普兰的自由现金流定义更为审慎。詹森考虑委托代理成本时,主要考虑企业的增长机会是否合适,以及投资机会是否有商业价值。卡普兰的定义是经营性现金流减去资本开支项。用自由现金流来衡量企业的经营成果是审慎和公允的,现金流和利润在这个衡量标准下取得了平衡。

降低委托代理成本,要了解委托代理成本产生的原因,然后才能有针对性地采取措施。詹森的方法仅仅是一种可行的方法,简单却有效。目前学术界对委托代理问题产生的原因,有如下几种看法:

(1)委托人和代理人的目标函数不同。股东的目标是股东价值最大化,管理层的目标却有所不同。管理层可能想要更多的工资、奖金、更好的社会地位等。这导致了委托人和代理人之间的目标函数不一样,经营行为选择必然会出现分歧。

(2)信息不对称。这是永远无法解决的问题,只能尽量减少,不能完全消除。企业经营的资产分为会计资产和表外资产,会计资产相关的信息不对称相对偏小,会计的审慎性原则约束了会计资产的计量和确认;表外资产,或者说战略要素是一种无法确认为会计资产的资源,是不可购买、不可复制的要素。会计上,与这类要素形成相关的支出都是损益性支出,信息不对称的程度较高,导致了较高的委托代理成本。

(3)风险偏好不同。很显然所有者是高风险偏好的,只要收益能补偿风险，那么项目就应该投资。但在实际操作过程中，代理人本身的风险偏好可能是较低的。高风险项目如果成功了，那么对管理层的利益而言最多是锦上添花；但是一旦失败了，可能带来的潜在损失是比较大的，包括机会成本在内。这种情况下，代理人的经营策略可能是偏保守的。

（4）责任不对等。一般而言，代理人付出的主要是人力资本，在合法的范围内，就可以获得不菲的个人收益，但是又不需要承担资产损失的风险和法律风险。最典型的情况就是管理层通过关联交易为自身谋利。哪怕公司的采购按照市场规则进行，那么同等条件下将业务交给自己控制的关联公司，就可能为自己谋取不菲的利益，这种利益可能远远大于自己的工资收入。比如从事海鲜养殖的某上市公司，底播幼苗后无法捕捞，最大的疑问在于是否真的进行了底播。最后的结果无非一纸处罚，相关责任人离职而已，因为所生产商品的特殊性导致追溯取证非常困难。

（5）契约不完备。这是所有公司都会面临的问题，因为明文合约不可能约定所有的情况。在某些不确定事项发生的时候，委托人和代理人之间的利益可能发生严重冲突，如何处理这种冲突？这种情况对管理层的职业道德要求极高，但是在现实中依赖于道德来管理公司是一件非常不靠谱的事情。

知道了委托代理问题产生的原因，防范的措施也就逐步浮出水面。目前比较公认的方法有三种：

①詹森等人的研究结果表明，资本结构会显著地影响企业的委托代理成本。詹森的结论看起来很简单，但是反映的问题非常深刻：资本结构和企业价值之间的关系。MM定理认为：在特定情况下企业的价值和资本结构无关，并将模型拓展到有税情况下资本结构和企业价值之间的关系。但是，詹森的文章指出委托代理成本会影响企业的价值，这个结论被业内广泛接受。卡普兰将自由现金流量化后，出现了第一个业内广为接受的、考虑了委托代理成本的定价模型——自由现金流估值模型，这是自由现金流估值模

型的创新。现实中的委托代理成本很难精确量化,自由现金流模型只是一个委托代理成本的近似估计。这是公司金融的一个重大创新,将委托代理成本显性化。

②改善风险收益比。良好的激励制度有助于降低委托代理成本。委托代理成本在很大程度上是由风险、收益不对称导致,是否可以通过改变代理人的风险收益结构抑制委托代理成本呢? 一般从三个方面入手:工资、奖金和股票收益。工资作为一种固定收益,具有法偿特征,破产清算时具有最高等级的优先清偿权;奖金是企业剩余求偿权的一种再分配,将员工的收益和企业最终的经营成果挂钩,目前被多数企业采用。一般情况下奖金和员工的就业状态有关——员工离开了服务对象之后,这种权利自动丧失,这只是一种短期的激励行为。如果对管理层采用短期激励措施,那么可能会促使管理层放弃公司的长期发展机会。比如,放弃战略性研发,缩减当期费用支出,以增加当期利润。长期的激励措施是将无法量化的不对称信息进行定价,一般采用股权激励——支付报酬的方式从现金支付变成股票支付,这有助于长期绑定管理层的利益。中国的治理模式,大股东一股独大,这种方法的适用性有待商榷。2015 年的股灾中,某些上市公司实行了所谓的员工持股计划,利用杠杆基金产品增持自家股票,美其名曰激励员工。实际情况是这样吗? 如果采用期权或者具有很低折扣的限制性股票来激励员工是不是更合适? 二级市场上直接购买股票,不是激励,也不是利益绑定,而是绑架。二级市场上买入股票只是一种正常的投资行为,并且相比于自己独立买入(很多员工不是高管,可以自由买卖),反而丧失了自由买卖的权利,得不偿失。因为历史原因,中国上市公司股权过于集中,导致公司治理失效,这才是产生乱象的根本原因。

③完善治理结构。这是最有现实实践意义的一种策略,但也是最难的一种策略。完善治理结构是解决问题的根本方法,激励手段和资本结构只能算是技术上降低委托代理成本的工具。公司治理的核心在于权利如何分

配，行为如何监督。权利的分配是否应该按照股权比例分配，这种看似公平、实不公正的分配机制导致了很多问题。大股东在绝对控股的情况下，会损害其他相关方的利益，这也是 2005 年推进股权分置改革的原因之一。如果仅考虑所有者的利益，那么必然会导致按照股权比例决定权利分配的结果。资本市场的健康发展必然需要配套有效的外部监管制度，高度集中的股权使得美国的独立董事制度很难起到应有的作用。如果放弃按照股权比例来分配权利的做法，那么改革的阻力又很大。有效的内外部监督，特别是监事和独立董事制度如何能在中国特殊的国情下更加有效地发挥自己的作用、承担自身的责任，是一个有待探讨的问题。资本市场的制度改革，绝非一朝一夕之功。

11.5　社会责任与 ESG 投资

公司治理的核心是企业经营目标的设定。前文曾经讨论过企业可能的经营目标：①所有者权益最大化；②负债最小化；③规模最大化等。这些都是从所有者和管理层的角度出发假设的企业经营目标。现代企业出现了很多新的特征，必须审慎地考虑企业的经营目标，将相关利益人的权益纳入企业的考虑范围。现代企业的经营对社会的影响越来越大，股东价值最大化也受到越来越广泛地质疑。本节以社交网络为例来讨论企业的社会责任，以及由此衍生出来的 ESG 投资理念。

如果因社交网络运营主体对信息的监管不力，导致第三方的声誉损失，那么承担责任的应该是信息发布者还是网络平台，这存在很大争议。信息的发布者应该承担全部责任吗？企业的经营模式在互联网时代发生了很大变化，企业的边界逐渐模糊。企业可能会利用产品和技术的特性进行成本转移，造成较大的负外部性。企业在日常经营中，除股东价值最大化之外，应当承担什么样的社会责任，这个命题摆在了企业的决策者面前。

比如,技术进步可能导致很多工作被自动化技术和人工智能替代。技术成熟后,企业大规模地采用自动化设备,由此导致的社会失业成本应不应该由企业来承担?从微观角度来说,企业采用自动化设备提升生产效率并无过错,企业生产是雇用人工还是采用自动化设备,只需要考虑投入产出比即可。留下来的员工,工作强度降低了,安全系数提高了,工作环境变好了,一切都符合经济规律。如果所有的企业均如此,那么必然会导致低技能人群的失业问题,社会问题会随之发生。技术和生产设备的革新可以提升财富的生产效率,却无法解决"需求","需求"只对人有意义。如果企业不升级改造生产流程,而其竞争对手积极改进,那么企业可能就无法正常运转。如何解决这样的囚徒困境?

企业应该承担什么样的社会责任?从历史来看,以前中国的企业承担了太多的社会责任,几十年前中国进行了大刀阔斧的市场化改革。20 多年以来,美国自由资本主义理念遇到了困境,大型企业的 CEO 明确将企业的社会责任纳入了企业的经营目标。2019 年 8 月,苹果、亚马逊等 180 余家美国企业的 CEO 联合发表了名为 "Statement on the Purpose of a Corporation" 的声明,明确指出:股东价值最大化不再是一个公司最重要的目标,公司的首要任务是创造一个更美好的社会。这背后的含义十分深刻。如果仅仅将这份声明视作企业为了自身声誉而做的一种宣传,那么可能低估了这份声明背后所暗示的社会矛盾。这是一份纲领性文件,企业的经营目标可能正在发生变化,随之而来的制度变革和价值观念的转变可能影响深远。

传统经济金融理论认为,公共产品由于有很强的正外部性,因而必须由政府提供。现在,美国企业声明要由私人部门提供准公共产品,企业和政府之间的边界愈发模糊了。如何界定私人部门和政府部门的边界,这个问题一直困扰着自由主义者,同时也困扰着凯恩斯主义者。一个社会的治理目标难道仅仅是追求生产效率?如果公平纳入社会治理目标,效率的损失如何估计？从资产定价的角度，不禁要问：一个将社会责任纳入经营目标的上市公司，该如何估值？也仅止于提出这个问题，目前并无解决方案。

11.6　中国上市公司治理实践

2018 年以来，中国上市公司屡现财务造假事件，甚至 300 亿元的账面现金也可以不翼而飞。公众的关注焦点集中于上市公司财务造假的新闻传播效应，专业投资者的关注重点在于财务造假的细节和造假风险的识别。这些仅仅是技术性讨论，关键的问题是：为什么财务造假会发生？财务造假的内部动机是什么？回答不了这两个问题，就无法理解为什么会财务造假。

中国的公司治理问题是转轨过程中遗留的历史问题。改革开放之前，中国基本没有私营企业。20 世纪 90 年代初期，中国创建了资本市场，至今已有 30 余年。中国的资本市场制度是在英美模式的基础之上改良而来，制度改良的迹象比较明显。这种改良并未从根本上消除英美模式存在的问题：①对中国自身国情考虑不足；②对投资者的保护力度不足，重点是发展企业融资。这两个定位至今未变，中国上市公司治理效率改善的进度明显滞后于资本市场规模的发展。这种不足也为下一步的改革指明了方向。

国有企业股权一般一家独大。民营企业发展早期，无力进行股权融资，一方面当时资本市场根本不存在；另一方面风险投资在当时基本是空白。多数中国民营企业从简单的贸易和制造起家，逐步累积利润用以扩大再生产，经营资金缺口主要依赖各种渠道的借款。民营企业一定要和银行搞好关系。债务融资独大造成了股权的高度集中，融资并未稀释原始股东的股权，国企更为明显。这种基于产权的控制关系，很难在短时间内解除。

2000 年之后，随着资本市场的发展，公司治理结构的搭建没能充分考虑"一股独大"的国情：①大股东持股比例高；②市场不完善。我国上市公司制度引入监督的过程中既吸收了美国的独立董事制度，也吸收了德国的监事会制度,忽略了制度环境的建设。中国的股权分置改革和德国的公司治理模式都表明:核心问题不是大股东的股权是否具有流通权,也不是大股东是否绝对控股。公司治理的核心是如何构建一个高效的权力分配和制约机制。但是,有多少大股东愿意再给自己加上一套新的枷锁呢? 2019 年发生的控制权转移和大股东减持,虽然短期对市场压力比较大,但是从长期来看,大股东对上市公司的控制力度减弱,中国新的公司治理制度逐步完善,反而可能是重大利好。

A 股上市公司的治理存在不足,需要改革来解决问题。短期来看,一些技术性的改良措施可以推行,如果能落到实地,那么将有效地提高资本市场的效率,促进资本市场的长期健康发展,更好地服务实体经济。

1.完善信息披露制度

上市公司的信息披露有严格的法律法规规定。2000 年以来,信息披露制度逐步完善,抛开少数违法公司不谈,上市公司的信息披露规范程度很高,但是存在的问题也比较多。不论是 IPO 还是日常的信息披露,上市公司注重事前形式合规,实质性披露做得并不好,上市公司的信息披露往往避重就轻,事后处罚不足。信息披露的失真,行政处罚力度弱,即便康美存在严重的信息披露失实,最后对自然人的行政处罚也仅止于几十万元罚款。证监会仅能就违规人员的违法行为进行行政处罚,罚款进入国库,并未建立有效的投资者赔偿制度。这种制度不应该仅以补偿投资者的损失为限,而是应该建立惩罚性赔偿制度,以震慑潜在的违规者,从风险收益上将信息披露违规的动机掐断。负有赔偿责任的应是相应的业务负责人,而非上市公司本身。如果信息披露违规是一本万利的买卖,那又怎么能杜绝呢?

2.控制权交易市场

允许卖空交易存在,加强外部监督,提升市场定价效率。切莫将市场的下跌和做空视作洪水猛兽,市场的涨跌不是监管的责任,指数也不是监管应该追求的目标。监管应落实现行法律法规制度,确保市场参与主体合规,公平对待市场参与主体,这就是好的监管,监管的效率不能同指数的涨跌挂钩。金融市场的核心功能是对资产的准确定价,市场低效带来的资源浪费可能是一种更大的伤害。高效的市场会促进公司治理效率的提升,即使大股东控制了多数股权,仍然可能因为市值过低而发生控制权转移。

3.完善监管法规,落实投资者保护制度

公平对待所有市场参与主体,加强事前信息披露,加大事后投资者赔偿,减少投资者索赔成本。构建有效的惩罚性赔偿制度,增加公司实际控制人和大股东的违法成本,从经济动机上遏制违法行为的发生。

为什么很多企业以上市作为最终目的?因为钱容易赚。股权交易市场是一级市场还是二级市场并不重要,重要的是如何有效地安排治理结构,加大违法惩处成本。目前,A 股多数上市公司退市是因违法导致的被迫退市,因价值被低估而私有化的案例很少见。一个成熟而有效的资本市场中,价值被低估或者委托代理成本过高,公司都存在被收购的风险。目前中国尚未实现这种良性退市——切莫惧怕退市,企业是上市还是退市,应当是一个仅和自身经济利益相关的个体行为,无关乎其他。

11.7　总结

公司治理结构糅合在战略和商业模式之中。战略的重点在于战略要素不可复制和购买——市场上能买到的要素,无法构成企业的核心竞争力。第 12 章将介绍商业模式,其重点在价值的实现,是以现金流为核心的生产经营过程,主要讨论现金流量表。公司治理在企业内部是一个什么样的角色呢?举个例子,以便读者能更好地理解公司治理在组织中的重要作用。

如果把一个公司比喻成具有特定功能的某种"材料",那么非财务信息描述了材料的微观结构,财务信息描述了材料的宏观性质。一种材料的硬度、熔点等表观物理性质是材料微观结构决定的"结果"。一个公司的无形核心资产(战略要素)、有形的可见资产(商业模式要素)和相关的连接关系(治理结构决定的要素)确定了之后,企业的会计特征就确定了。同行业的公司虽然财务数据会有一定的差异,但是整体结构特征仍然较为一致。公司治理讨论的对象是权、责、利的分配,本质是构成企业的各种要素(战略的或战术的)之间的关系,这种关系的集合就是公司治理,不能仅仅将公司治理狭义地看作管理层和股东之间的利益冲突。这种关系很宽泛,可以是权利间的制约,可以是责任的约束,也可以是利益的激励。最终目的是将这些有形、无形的要素组合在一起,以实现某个特定目标。

决定材料性质的关键是构成的元素。这由企业的战略决定,居于最核心的位置。原子核就是企业的战略要素,是企业的核心竞争力。材料的关键元素改变,材料的宏观性质一定会变。元素由原子核决定,原子的类型是讨论材料性能的基础,这和战略在企业经营中起到的作用类似。这是不可替换的核心变量。原子核虽然不参与化学反应,但是决定了材料的宏观性质。

第 12 章重点介绍商业模式,商业模式的作用类似于材料形成过程中电子的作用。虽然人类已经发现了 100 多种元素,但是真正能稳定存在的电子却只有一种。材料形成过程中,电子会从一个原子核跑到另外一个原子核,使得原子形成离子,这和商业模式中现金流所对应的可交换资产类似。虽然电子对材料宏观性质的形成影响重大,但是电子并不是决定性的。如果没有电子参与化学反应,那么也就无法形成新的材料。商业模式的作用是价值实现,商业模式所涉及资源的特征和战略要素有很多不同,这些资源容易以特定价格买到或者容易复制,同质化特征非常明显。电子和原子一起决定了材料的主要特征,但是这仍然不能表征材料的全部特征,电子和原子的组合方式也起到了非常重要的作用。

公司治理广义上是利益相关方之间的关系,这种关系需同战略和商业模式相匹配,以减少委托代理成本。公司治理类似于化学键,各种原子以特定方式形成的化学键连接才最终决定了材料的性质。同样是碳元素,有的是活性炭,有的是石墨,有的是金刚石,元素都一样,但是其成键方式不一样,导致材料的宏观性质完全不一样。公司治理的目的是降低委托代理成本,化学键的成键准则是尽量降低体系能量,使得系统能量最低,进而形成稳定的空间结构。如图 11.4 所示。

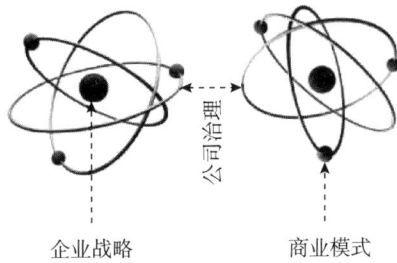

图 11.4　企业战略、商业模式与公司治理类比模型

企业其实就是将有形资源和无形资源按照某种规则组合在一起的一个有机组织,最终的财务信息则反映了这个组织运营的结果。

第 12 章　商业模式

本章重点介绍商业模式。商业模式目前没有一个公认的定义，笔者将给出一个自己的定义。需要注意的是，对商业模式定义的出发点不是理论逻辑的完整性，而是具有实践意义的工具化定义。商业模式和企业价值关系密切。如果说战略解决了价值的来源和创造问题，那么商业模式解决了战略的落地和价值的实现问题，同企业的日常经营活动密不可分。笔者对商业模式的定义是：商业模式是企业在时间和空间维度上安排物流、信息流和资金流的方法，目的在于高效地实现企业的价值。

定义主要强调：①商业模式和企业价值之间的关系——商业模式不改变企业的价值，只是能更高效地实现企业的价值；②商业模式是解决"怎么做"的问题，战略是解决"做什么"的问题；③商业模式是一套配置企业"三流"的方法论，是一个战术概念；④商业模式强调现金流的配置，现金流是商业模式的核心。基于以上原则，将商业模式限定于价值的"实现过程"，从这个角度审视商业活动的本质。

12.1　长租公寓

近些年长租公寓蓬勃发展，但是最终要么退出了，要么"爆雷"了。首先回顾一下长租公寓的发展史，然后从商业模式的角度审视长租公寓存在的问题。

长租公寓有两种模式:①自持模式,以万科为代表;②自如的"二房东"模式。前者是企业自己买入合适的房源,长期持有对外出租赚钱。后者是找房东以特定价格长期租下房产,然后再转租,赚取中间的租金差价。先讨论第一种模式的风险。

自持模式的问题是:前期资金投入过大,房屋的租售比很差。一线城市商品房每平方米售价 5 万元左右(深圳商品房均价)。租金一般是每月 100元/平方米,每平方米一年的租金大约是 1 200元,什么成本都不考虑的情况下毛回报率大约是 2.4%。从现金流的角度看,企业购买住宅时发生 5 万元的现金流流出,在未来很长一段时间内,每个月通过租金收回现金流。回报率连银行理财的收益率都达不到,长期来看这种自持模式不创造经济价值,这个回报率尚未考虑管理和营销费用以及税收。这个模式行不通,底层资产的回报率不足。除非企业的目的根本就不是房租回报,而是房产增值——这是典型的挂羊头卖狗肉。

"二房东"模式的金融风险非常大。自如成立于 2011 年,做房屋出租生意,是典型的"二房东"模式。自如找到房东签下房屋的长期租约,然后再转租出去,赚取房租差价的同时积累了一个规模非常可观的资金池——资金池是"二房东"模式的核心。以一套 100 平方米的三居室商品房为例测算一下回报率。假设,自如按照每月 100 元/平方米的价格租下房产(不考虑空置),转手分租给不同的人,平均加价 15%左右,每平方米的毛利是 15 元,每个月能创造 1 500 元的毛收入。自如需要投入简单装修的成本、管理成本和营销成本。装修投入每平方米 500 元,包括基本的家电、家具等,按照 5 年折旧,折旧成本为每月 800 元。运营成本(管理、空置、人工、维修、营销等)按照每套房每月 500 元计算。自如早期需要投入 5 万元的装修费,每套房给公司带来的利润是每个月 200 元,一年一套房的净利润不到 2 500 元。如果以控制 50 万套房源计算,一年的利润是十几亿元,看似非常不错。从财务角度估计企业的扩张速度,公司有 1 万套新房,每年利润不到 2 500 万元。按照 5 万元/套的装修投入计算,公司可以新开拓 2 400 套房源,公司的收入增速是 24%。这个增速比较正常,但完全比不上互联网企业。

为了提升企业的扩张速度,自如在政策允许的范围内发行了资产支持证券(ABS),将未来的租金贴现,以便回笼现金流。公司几乎不需要占用自己的资金就可以高速扩张。为什么长租公寓后来出现了普遍的现金流断裂呢? 自如将租金打包发行 ABS,一次性地贴现了未来的租金,贴现的成本可能在 8% 左右。自如拿到这笔现金之后,快速地高价收房、出租、发行 ABS,这种模式会导致区域房源的垄断和租金的快速提升,而租金的提升会导致自如的回报率下降。最终使得租金差价收窄,但这并不是最致命的风险。

潜在的竞争者有两类:一是房东,二是同行。房东一旦发现市面的零售租金比自如的长租价格高到了一定程度,就会脱离自如体系,回归到传统中介模式。一般中介收取房东半个月的房租作为中介费用,而且是一次性收取。如果租客是长租承租,那么房东所支付的中介成本很低。这个行业有自如这么一个中间商,意义并不大。一旦企业运营效率出现问题,导致空置率上升,就会迅速导致亏损——自如的主要成本基本固定,大头是长约租金,这是一个典型的现金流久期错配,但目前尚无类似银行业的监管机构。自如的同行也发现了这个模式的优势,很多小企业在融了一笔钱之后,为了能快速地扩大市场份额,采用的策略是高价收房、低价出租,那么亏损怎么办? 自如也许看重的是利润,这些小商家看重的可能是现金流。企业完全可以高价收房,但是按月支付给房东租金,或者季末支付本季度的租金;如果租客想低价租房,那么需要趸交房租——一次性交够 6 个月或者 12 个月的房租。长租公寓企业手里就会出现一个资金池,这类似于保险业的浮存资金。不同的是,这笔资金没有任何监管,出现了高价抢房源最后无力支付房东租金的情况,以及资金池过大之后跑路的情况。最终长租公寓被玩成了庞氏骗局:用后面房源的趸交租金来支付前面房东的月付房租。一旦后续房源无法提供持续的现金流,则会出现现金流断裂的风险。

比较一下传统模式下的现金流支付模式和趸交长租公寓的现金流支付模式,就会发现两种模式的现金流存在巨大错配——现金流错配的潜在风险非常大,如图 12.1 所示。

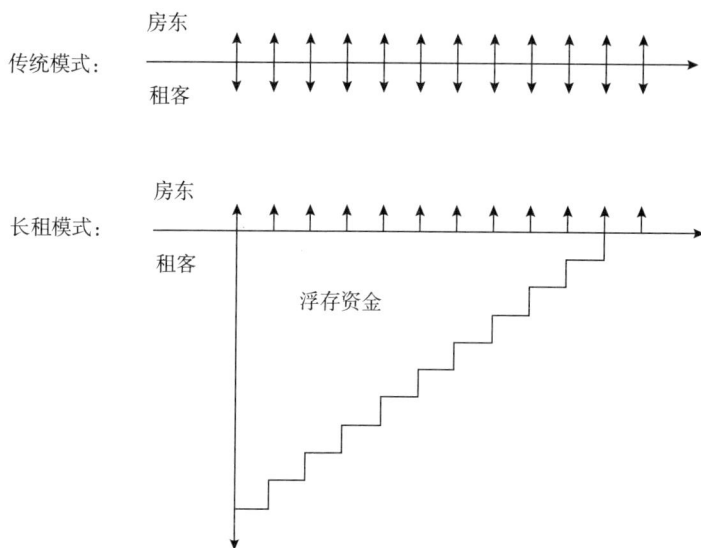

图 12.1 两种租房模式下的现金流分布

传统模式下,租客的现金流流出和房东的现金流流入完全匹配,是财产权利的对等交换,净现金流是 0,理论上房东和租客之间不存在现金流的风险和不确定性。长租模式的交易风险比较严重,现金流发生错配。租客趸交了 12 个月的租金之后,中介支付给房东的租金按照月度支付,会形成一个资金池。资金池没有监管,就很容易出问题。重新装修房屋的投入也可以挪用资金池中的资金,不需要自己出资。一旦企业想超常规发展,采用高价收房、低价出租的方式提升市场份额,那么风险就会暴露出来。这有很强的庞氏特征——一旦无法吸引更多的房源加入,导致现金流的缺口无法补足,整个体系就容易出现资金链的断裂。

传统的中介模式很难赢得资方的青睐,行业进入壁垒很低。一旦转换成长租公寓模式,这基本是空手套白狼。资本看到了资金池的吸引力,采用了各种模式和金融工具之后,最终改变了整个业务链条的现金流分布。长租公寓没有创造任何价值——没有提供任何新增供给,反而因为垄断片区房源造成了社会福利的损失。这样的一个商业模式,却成了"创新"的代名词。资本面前黑的可以是白的,白的可以是黑的。当下长租公寓频繁爆雷,这种"创新"不创造任何社会价值,只改变现金流分布的创新蕴含巨大的金融风险。长租公寓突出地反映了商业模式的基本特征:不创造价值,只是"三流"的重新配置,更好地实现了企业的价值——但是损失了社会福利,抬升交易成本。评判一个商业模式的"好坏",应当以企业价值和社会价值是否匹配作为标准。

长租公寓只是一种租赁服务,只能赚取"辛苦"钱,但是总会有人用各种各样的方式来改变现金流的分布,创造资金池。一般企业在关注利润时,这些企业却在疯狂地获取现金流。

12.2　商业模式与价值的实现

基于上述长租公寓的案例,本小节重新审视一下商业模式、公司治理和公司战略的关系。公司战略关注企业如何创造价值,战略的核心是创造并维持竞争优势。好的战略分析模型一定要阐述清楚"价值从何而来"。一个创造价值的战略并不一定能使企业成功,不恰当的战术行为反而可能会导致战略失败。战略要素不可购买、较难复制,被用来维持竞争优势。最终企业的生产经营活动不可能依靠"法人"实施,生产经营活动的实施一定会落实到具体的"人"和"物"上。

"人"的研究是公司治理所讨论的核心问题,本质上是研究权、责、利的分配,权利如何分配,责任如何约束,利益如何激励。企业不同的权利配置方式会导致不同的效率,任何一种权利的配置方式都有成本,即委托代理成本。股份制企业的股东将经营权让渡给了管理层,因两权分离而产生了委托代理成本,这是狭义的公司治理问题。广义的公司治理是指在矩阵管理模式下,横向部门之间的协作,纵向上下级之间的分权都构成了委托代理问题。企业内部主体之间的关系,构成了广义的公司治理问题,这个问题在所有的企业中都存在。

动态能力理论强调战略要素的不可购买和不可复制性,战略要素是企业独有的"关键资源",主要以"表外资产"的形式存在。商业模式主要的研究对象是"会计资产",其核心是现金流。商业模式不构成企业的竞争优势,但是对企业经营的成败有重要影响。从"物流、信息流和现金流"的角度定义商业模式,其核心是现金流。以现金流为核心(现金不用"购买"),信息流可以购买,物流本质上就是有形资产的配置过程,这些都无法构成动态能力理论所涉及的战略要素。信息流是企业搜集内外部信息的过程,最简单的就是企业订阅的报纸、行业数据库等,这些都可以直接从市场上购买。不可购买的信息往往都是商业秘密,是企业的战略要素。

物流和日常生活中所说的物流不一样,不是简单的商品流动,而是指包括了商品流动在内的资产配置流程。举个例子:企业是否需要存货? 同为电商,淘宝只是一个纯粹的信息服务平台,小商家自己负责库存,物流和快递公司合作,淘宝的现金流和利润都非常好,可以实现快速扩张;京东的模式是自建库存,自建物流,提升用户体验。哪种模式更好? 基于现有的技术手段和物流手段,所售商品的特征决定了二者的商业模式差异。淘宝最典型的业务板块是服装,这类产品非常个性化,时尚潮流变化快,物流相对简单,淘宝模式天生适合这类商品。京东的优势品类是家电和消费电子等标准品,品牌集中度相对较高,对物流质量要求高,存货减值相对较少,这类商品适合京东模式。依据产品和市场的不同,淘宝和京东构建了不同的商业模式。

企业在生产经营活动中,是否应扩大应收款,以提升市场份额? 轻资产模式和重资产模式哪种更好？采用外包还是自产？垂直整合供应链还是只掌控供应链的核心环节？这些都是值得思考的商业模式问题，最终都要基于信息流做决策，基于物流做实施，以获取现金流为最根本目的。将企业模型抽象成"三流"，有助于更好地理解企业经营的实质。既然商业模式以现金流为核心，那么商业模式涉及的要素必然可以买卖，可买卖的必然可以复制。商业模式的不同选择必然会同时反映在物流、信息流和现金流上，只是侧重点有所不同。切莫单独强调某一个因素，否则对商业模式的分析必然会有失偏颇，造成对企业的误判。既然商业模式所涉及的要素都是可购买和可交换的，那么商业模式必然不创造价值（如前文抽象出的长租公寓模型），商业模式只涉及如何实现价值，如图 12.2 所示。

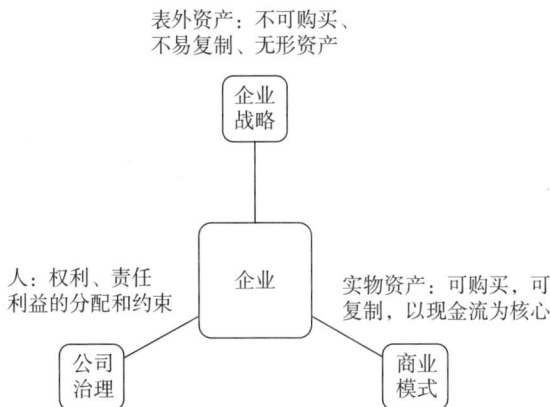

表外资产：不可购买、
不易复制、无形资产

企业
战略

人：权利、责任
利益的分配和约束

企业

实物资产：可购买，可
复制，以现金流为核心

公司
治理

商业
模式

图 12.2　战略、商业模式与公司治理关系比较

12.3　商业模式与现金流量表

商业模式的核心围绕现金流展开，和现金流量表的关系十分密切，现金流量表的重构模式也值得在此讨论。现实经营过程中，现金流量表并不独立，在已知资产负债表和损益表的前提下，通过对相关会计科目进行调整就可以得到现金流量表。现金流量表被分为三个部分：经营性现金流、投资性

现金流和融资性现金流。

投资性现金流就是资产负债表的现金科目转化成企业非现金资产的过程,主要是指非流动资产科目:固定资产、在建工程、并购形成的商誉等;经营性现金流的支出除了损益表中支付给员工的工资和政府税收之外,最关键的就是营运资本的变动,主要体现是购买/出售商品和服务产生的现金流差额,其差额累积在应收、存货科目中,导致了营运资本的变动;融资性现金流主要涉及资产负债表右侧资本的来源及结构的调整。

商业模式着眼于损益表和资产负债表上那些对"现金流"有影响的会计科目,然后将其进行分类,以收付实现制的标准重构基于权责发生制的资产负债表和损益表科目,最终目的在于现金流。如果是基于自身战略要素形成的现金流,那么可能就是良性的现金流。由于收付实现制的存在,企业有可能剑走偏锋。企业的扩张并不依赖战略要素获取的现金流,企业可能通过"资产"权利的交换,获得暂时的账面"利润"。这种商业模式不健康,但是极为常见。如果企业依赖信息不对称或者欺骗来获取现金流,甚至可能违法。无论信息流和物流如何变化,其核心在于改变企业的现金流——现金流才是企业获取的可用"资源"。

商业模式所涉及的研究对象与损益表及资产负债表不同,现金流从资源可用性的角度,对资产负债表和损益表进行收付实现制重构,重点强调对企业最为有用的高能资产——现金。现代企业的经营实践活动在很大程度上已经摒弃了基于资产负债表的价值观,将重点转向了损益表和现金流量表,第5章已经讨论了基于损益表和现金流量表的定价模型。公司战略是基于损益表所涉及的不可购买/不易复制的表外资产来讨论价值的创造过程,商业模式则是基于现金流量表所涉及的部分可购买/有形的易复制资产来讨论价值的实现过程。商业模式和现金流量表关系密切,代表了权责发生制和收付实现制下不同的企业价值观,商业模式和自由现金流估值模型关系密切。理解商业模式及与其有密切关系的现金流量表是抽象商业模式的关键。下文以案例的方式向读者阐述基于不同"流"的商业模式。

12.4　现金流模式与骗局

企业可采取的现金流策略主要有三种：先进后出、先出后进、"损人利己"。现金流的分类，主要是用时间维度和空间维度来区分现金流的支付模式。理论上有一种"损己利人"的模式，但是现实中应该没有类似商业案例。三种模式在现实生活中都有相应的案例，不幸的是多和骗局有关。

先进后出模式的典型案例是预付卡消费。这常见于美容美发、儿童教育、健身、超市购物等行业。这类资金池的监管目前十分薄弱，也是"老板跑路"的高发领域，最容易演变成商业诈骗。会计上看，企业不能将客户的预付款直接计为收入，而应计入预收账款，是一种负债。满足收入确认条件后结转至收入，同时减少负债。A 股市场上拥有最多预收款的公司集中于房地产行业及部分工程类企业。房地产企业预收款较多是由房地产预售制度所致，但房地产公司的预收款有严格的监管，企业需向政府备案，通过后方能预售。历史上发生过房地产公司收到预收款之后项目烂尾的事件，房地产企业的预收款在现有的监管框架下，出现风险的概率很小。工程类公司一般在开工前都有部分工程预收款，然后再根据工程进度结算。正常业务形成的预收款基本没有问题，但是很多本不应有大量预收款的公司如出现预收款的激增，则可能存在风险，证券分析师需要对其合理性保持警惕。

比如 2018 年 6 月 13 日知名机构浑水发布了针对好未来（TAL）的做空报告。不到半年时间，好未来的股价下跌了 50%。先不看浑水的做空报告，先看上市公司的财务报表就会发现问题。教育类公司一般是预收课时费，好未来把预收款放在负债科目"递延收入"下。如果公司基本面强劲，那么预收款的增加应该比收入的增加要快或者基本一样。如果递延收入的增速和收入的增速脱节，那么公司的业务链条肯定出现了问题（注意：这不是财务造假)。有可能是收入的不当确认——这会造成收入增速高,递延收入增速低;有可能是公司的业务增速疲软——无法开拓新客户,老客户流失,但已经付款的客户会继续上完课程。这时收入增速可能问题还不大,但业务已经亮起红灯。同时,公司为了获得新客户所需支出的营销费用会大幅增加。近些年,老师的工资占好未来销售收入的比重达 20%,相对比较稳定,但是公司的销售费用率从 10% 上升到了 20%——单位获客成本的上升已经开始严重拖累公司盈利了。好未来上市之后的收入、销售费用、净利润和递延收入这几个关键数据的同比增长,如图 12.3 所示。

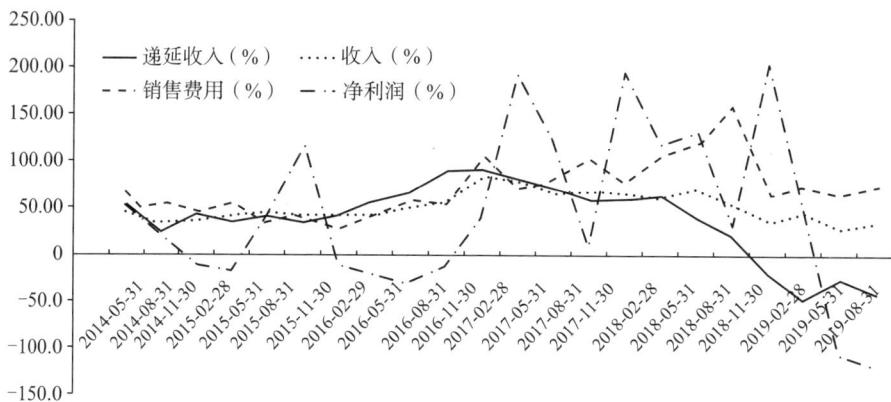

图 12.3 好未来关键财务科目同比数据(单季度同比)

好未来的递延收入增速从 2018 年二季度开始显著和收入增速脱节。2015 年四季度到 2017 年一季度,公司的利润增速滞后,公司的毛利率下降,销售费用和行政成本在上升,公司进入了一个扩张期。公司的递延收入大幅增加,但是费用支出的高增长使得盈利能力下降。公司从 2017 年开始一直到 2018 年进行了调整,从财务数据上看,压缩了成本和一般行政费用支出,盈利出现了一定程度的回升。销售费用仍然持续高增长,并且一直没有下降的趋势,公司的销售费用同比增速在 2018 年的 8 月 31 日前达到了140%。这和收入的增速已经出现了大幅的背离,这里有并购的影响,很难精确分离。2018 年 5 月 31 日披露的数据显示,虽然公司的收入和净利润还没有出现趋势性变化,但是递延收入增速已经出现了较大的下滑——销售费用的同比增速高达 117%,但是并未能有效获客,递延收入的同比增速开始快速下行,从 63.5% 下滑到了 39.1%。2018 年 6 月 13 日浑水发布做空报告,显然这个数据引起了浑水的怀疑,早在 2017 年,浑水应该就对好未来的经营效率产生了怀疑。好未来后来的收入增速下滑,利润更是惨不忍睹,到 2019 年二季度,利润开始负增长,递延收入在此之前就负增长了。好未来的内部管理问题并未得到管理层的重视,扩张速度过快可能是一个原因,另外一个原因可能是大规模并购之后的整合效果较差。

这类公司一定要关注销售费用和递延收入,这是公司收入确认前必须经历的阶段。如果这些科目的数据和收入脱节,那么必须对公司的经营有所警惕,暂时的收入稳定和利润的大幅回升可能存在巨大风险——不是说企业一定财务造假,而是其收入确认是否合理。

先进后出模式的企业有些也经营得非常好。细心的读者应该已经发现,第 9 章曾经讨论过的格力电器就具备这种特征。格力电器的其他应付款是一种负债,格力电器的销售返利累积到这么大规模,也凸显了格力对销售渠道的控制能力,做得好则是企业发展的一大助力。再比如茅台,品牌号召力非常强,2016 年其预收款达到了当年销售收入的 45%,这个比例非常高。这些企业对产业链上下游有很强的控制力,进而取得了预收款——这是和未来销售收入有很强关联的一种经营性负债。

先出后进的模式,最常见于工程、环保、园林装饰类企业。这类公司的常见商业模式是:垫款换来收入,结果就是应收账款大幅增加。第 7 章曾经讨论过这种模式,应收账款的大幅增加不能简单地认为就是财务造假。大量的工程垫资换取收入非常普遍,但是会给公司带来巨大的财务压力,并且应收账款和存货的减值会带来较大的财务压力。这类企业在 A 股市场上十分常见,利润的增长质量非常差。

东方园林是一个典型的案例。公司的存货主要由在建工程构成,将其存货和应收账款合计占收入的比重作图,结果如图 12.4 所示。

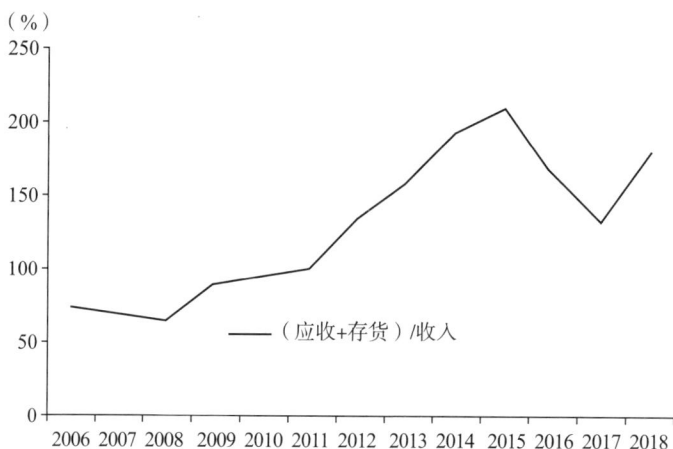

图 12.4 东方园林存货＋应收账款占收入比重

2011 年以前,虽然应收账款和存货占销售的比重在提升,但是并不明显,2011 年二者合计占收入的比重仍然不超过 100%。2011 年以后,公司的收入规模快速增大,但是应收账款和存货的膨胀速度更快。2015 年见顶时,年末应收账款和存货的规模是当年销售收入的两倍。公司如果没有强大的融资能力,无法支撑这种扩张速度,最后问题暴露在 2018 年。2019 年 8 月,公司实际控制人同外部战略投资者达成股权转让和投票权委托协议,公司实际控制人发生变更。东方园林财务上有造假的问题吗?从会计的角度看应该没有,即便有也是小问题。核心问题是:这种商业模式是否可持续?园林装饰行业的公司都面临一个问题:如何平衡公司的成长和现金流之间的关系?激进扩张策略的结果是公司的利润从 2006 年的 2 500 万元增加到2017 年的 21.78 亿元,扩张近百倍。前文讨论 PE 模型时曾经提到,一个公司的 PE 由贴现因子和盈利质量因子共同决定。东方园林在"利润"高增长的同时,是否考虑了盈利质量?东方园林这些年的现金流/利润比几乎持续恶化。

最后一种模式是"损人利己"模式,这种模式是以侵占别人的现金流为主要特征。如果前面两种模式的核心是现金流的久期错配,那么这种模式的核心是空间上现金流的再分配。比如,商超模式:如果一个较大的卖场(不管是亚马逊还是沃尔玛)可以和供应商谈下来较长的账期,比如 6 个月;自身的运营效率又很高,存货周转只有 1 个月;面向 C 端客户又是现款现货,甚至是储值卡预收,那么公司就会累积下一个稳定的资金池,这笔资金用途不受限。这种企业的现金流一定也存在久期的错配,但这是基于正常的商业付款周期,是自身运营效率的体现,是企业竞争力的表现,甚至可以为此牺牲一定的利润。戴尔公司的零库存就是典型的供应链代表,特斯拉甚至试图打造负库存。

　　这种模式的典型案例是苏宁电器。苏宁电器主要销售家用电器,属于耐用消费品,上游可以欠款,消费侧预收难度较大——毕竟不是高频消费场景。超市的主要运营成本是水电、房租、人工、进货款。苏宁电器在这些方面做足了功课:库存尽量压缩,提升周转;上游尽量欠款,形成应付账款和其他应付款。将供应链的负债项加起来,得到经营性无息负债,计算经营性无息负债占收入的比,同时计算"(应收+预付+存货)/收入"指标,如图 12.5 所示。

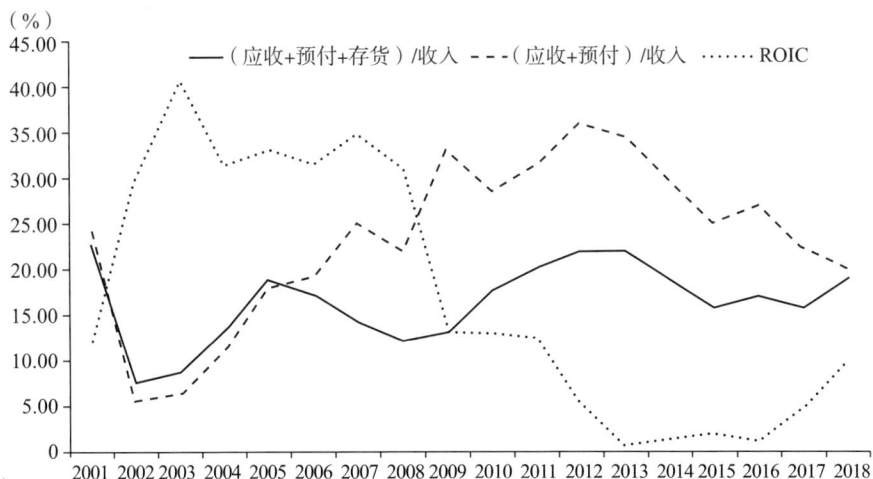

图 12.5　苏宁电器财务数据概览

2004 年开始,供应链占款在公司的融资渠道中占比非常高。(应收＋预付＋存货)的平均周转周期约为 1～2 个月,与(应付＋预收)/收入的差额最高达到 20％,公司的存货基本不占用公司的现金。2009 年 ROIC 的快速下降是因为募资,后续的持续下降是公司的盈利能力出现了较大幅下滑——受到了电商的冲击。从供应链看,苏宁电器仍然占用了产业链上下游的资金。早期苏宁电器的 ROIC 非常优秀,2012 年以后苏宁电器的 ROIC 难言优秀。相比较而言,永辉超市在 ROIC 和供应链占款上难言优秀,感兴趣的读者可以对比研究一下永辉超市的财务数据,其 ROIC 基本是个位数,而且很难占用上下游供应链的资金。

从现金流的角度看,有没有比较好的商业模式呢? 被奉为经典的吉列就是一个好的商业模式案例。吉列的刮胡刀业务,将刀柄和刀头分开售卖:刀柄是耐用品,刀头是消耗品。吉列的策略是低价销售刀柄,而高价销售刀头。直接买一个刀柄和 4 个刀头,售价可能是 100 元,其中刀柄售价 40 元,单个刀头售价 10 元,净利润是 20 元。改变销售策略,刀柄售价 40 元,配一个刀头 10 元,消费者的初始购买门槛从 100 元下降到了 50 元。零售刀头时按照 30 元一个售卖——消费者已经购买的刀柄是沉没成本。消费者购买其他品牌的刀片,无法在吉列的刀柄上使用。这样,消费者买三个刀头的价格是 90 元。同样是购买了一个刀柄和 4 个刀头,两种方案的现金流如图 12.6 所示。

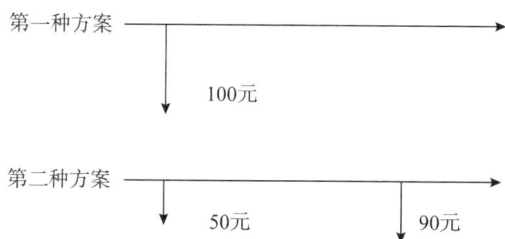

图 12.6　不同模式下吉列客户的现金流

第一种购买模式的门槛较高,第二种购买模式的门槛较低,将消费行为分成了两次:第一次只支付 50 元,降低了门槛;第二次共支付 90 元,虽然两次支付的总额高了,但是对第二次购买而言第一次的 50 元是沉没成本,企业通过分步定价获得了更高的利润。这个商业模式的关键点在哪里呢?关键在于两笔现金流之间必须有强相关关系,吉列的刀头配吉列的刀片,其他品牌的刀片不能用。如果吉列的刀柄能用其他品牌的刀片,那么这个模式就不成立了。几乎所有的分期消费都类似,模式的核心是确保不同期限现金流的支付具有强相关性,牺牲现金流以换取利润。

这和打印机行业的情况非常类似。一般打印机企业的定价策略和吉列的模式相同。打印机以一个较低的毛利率卖给客户,但是耗材以较高的毛利率卖给客户,分步定价。打印机的壁垒比墨盒的壁垒高,但是墨盒的毛利率比打印机高。后来大量兼容墨盒的出现,导致客户先低价购买打印机,后续却购买便宜的兼容墨盒,最终导致模式失效。这在汽车行业也非常普遍。客户在购买新车的前几年往往会去 4S 店更换原厂配件,随着市场的成熟和使用年限的增加,客户转向了非原厂件,特别是一些通用件、非安全件,非 4S 店的价格便宜很多。这是分步定价失败的案例。

A 股市场上分步定价失败的案例非乐视莫属。乐视电视的商业模式是以成本价甚至亏损的价格卖电视,然后通过内容收费的方式收回投资。这个模式听起来很好,但是有两个问题需要想清楚:①低价销售电视的模式好,还是送机顶盒的成本更低;②用户付费的对象到底是电视机,还是内容。很可能出现的情况是用户买了乐视的电视硬件,而去看腾讯的内容。内容分销模式好,还是内容买断模式好?乐视电视想模仿吉列,显然不可能成功;想模仿苹果对内容收费是一个难度很高的事情。苹果公司通过硬件产品(本身就是暴利)累积了足够的用户数量,但内容也只是采用分销提成的模式,而很少涉足买断的模式。

现金流的占用和腾挪可能是好的模式,也有可能成为盈余管理的工具

（以牺牲现金流、资产负债表为代价），也有可能是骗局。对证券分析而言，需要判断其合理性。如果一个公司的商业模式不好，或者无法变好，那么盈利质量和成长的持续性就值得怀疑，需要注意公司潜在的风险。现金流影响最大的商业模式是商业租赁。当企业需要花费大笔资金购置固定资产时，有三个选择：购买、融资租赁和经营性租赁。现金流和税收都会有很大的不同。这是商业模式创新最成功的领域，全球的租赁市场非常庞大，大到飞机、写字楼，小到打印机和耗材。

本小节的标题是商业模式与骗局，写到这里有点名实不符。传销才是最典型的基于现金流的商业模式，本书不作详细介绍。传销的本质就是现金流的游戏，和利润毫无关系，是这类模式最极端的表现形态。

12.5 物流模式与电商

电商是一个很有意思但又非常古老的模式，不论是亚马逊还是阿里巴巴，都改变了这个世界。20 世纪早期的美国有一种电话购物模式，用于购买不常见的长尾商品。电话公司会定期发布黄页，商家购买黄页广告位，消费者可以通过目录检索商品然后电话订购，邮局寄送。马云早期的创业项目就是"中国黄页"，商品会通过邮政系统寄送到家。常见商品和快速消费品则通过超市和百货商场向民众销售。两种模式的区别是供应链成本——长尾商品的分销成本很高。

如果将长尾商品放在普通的超市销售，那么必然会造成库存积压。对超市而言，商品种类越少越好，消费者购买频次越高越好，这样才能实现高周转，以降低单次购买成本。现实情况是，实体超市很难覆盖较大的地理半径，区域内的消费者数量不足以支撑销售长尾商品而盈利，无利可图必然没有超市愿意售卖长尾商品。电话购物很好地解决了这个问题，小厂家可以打黄页广告，所有家里有电话的人都可以订购。虽然时效性差，但是消费者可以购买到所需的长尾商品。杂志零售即采用这种模式。特定区域范围内购买某类杂志的消费者数量可能很少,特别是偏远地区,有需求的少部分人如何购买杂志呢? 互联网发明之前,多数国家采用邮寄方式销售杂志。究竟采用哪种方式,根本还在于企业是否可以获利。

高频购买的商品,物流是从厂家批量送到了卖场。卖场负责存货,占用卖场的资金和经营场所,完成最后的售卖。所列示商品均为消费者高频购买的品类,因而周转比较快,这种方式的物流成本较低,供应链效率较高。电话购物的问题在于黄页更新速度慢,商家数量有限,购买邮寄的周期长,邮寄成本高,但能让客户买到自己想要的长尾商品。

互联网改变了传统印刷黄页的缺陷:①商品的信息实时动态更新,商家数量无上限;②邮寄的时间成本和经济成本初期较高,随着电商的发展和物流技术的进步,目前的物流效率已经非常高了。在中国的一、二线城市,基本可以1~3天送达。互联网为长尾商品和低频次购买商品提供了非常便利的购买手段,互联网技术带来了供应链的革命。随着技术的进步、互联网的普及和成本的下降,传统超市的市场份额逐步被电商侵蚀,这是典型的基于物流的商业模式创新。前一节讨论了苏宁电器的案例,从中可以看到电商对实体卖场的冲击十分巨大。这种颠覆性的创新不是技术的创新——互联网不是因为电商而发明,电商是一种商业模式创新,其核心是在互联网解决了信息流的前提下,物流网络的拓扑结构重构。

传统超市在信息技术工具的支撑下,开始介入生鲜电商,采用前置仓模式,借助外卖平台或自建配送队伍来配送商品。消费者在互联网上下单,商品存放在传统超市门店中,快递员在1小时内将商品配送到消费者手中。这种模式已经出现了一些成功案例,是时效性要求比较高的商品零售模式创新,也是传统商超的一次主动变革。某头部超市前置仓的模式使得效率大幅提升近10倍。

这种商业模式创新要在人工配送成本和商业租金成本之间取得平衡。

当人工成本高于商业租金时，这种商业模式创新可能就会陷入困境。无论如何，一个产业开始改变自身的物流模式，降低物流成本，提升物流效率，这种创新值得肯定。这种商业模式创新可以实实在在地改变商业环境，给企业创造价值，为客户提供便利。

12.6 信息流模式与互联网

互联网电商有一种跨平台套利模式。简单来说，电商平台上开一个店的边际成本几乎是零，有些小商家将拼多多的商品图片搬到淘宝上，加价售卖；将淘宝的商品图片搬到京东上，加价售卖。一般情况下，电商平台为了自身的成交总额（GMV），对此类现象也视而不见，并且商家跨平台投诉一般也不会被受理。图片经过简单的拼接、修改和涂抹之后，已经无法判定侵权。如果消费者在高价的平台上下单，那么后台人员就将订单下到低价的平台上，完成了跨平台套利。利用消费者在不同平台之间的信息不对称进行套利，以前叫"投机倒把"，现在叫"跨平台套利"，本质没有区别。

一个商家在同一平台内往往有很多店铺，同一平台经常出现同样的图片、同样的关键词，但是商品价格有或大或小的差别。虚拟店铺几乎无成本，只需转发商品的图片，如果有人下单，那就赚钱；如果没人下单，店铺也不亏钱。这是一种守株待兔的策略，总有"兔子"会碰到那个静止不动的"树桩"。这种模式成功的前提是边际成本必须足够低，否则小概率事件无法带来利润。

这种模式利用信息不对称来套利，常见于租车、机票代理等行业。甚至在极端情况下，部分机票和酒店的代理平台会根据大数据"杀熟"。在信息不对称的情况下，平台可以利用大数据勾勒出消费者的购买行为，同样的机票对不同的消费者报价不同：一张从深圳飞往北京的机票，如果是一个一年乘坐飞机几十次的客户在搜索，那报价可能是 2 000 元；如果是一个一年乘坐飞机一两次的客户在搜索,那报价可能是1 200元。后者的大数据画像是一个价格敏感型的客户,而前者的大数据画像大概率是一个公司出钱的商务客户。大数据的杀熟行为本质就是利用信息不对称差别定价。报价信息往往不公开——消费者只能看到自己的终端价格,还有一个必要条件就是消费者的数据对平台透明,两条缺一不可。消费者的私人数据成了平台利用信息不对称进行差别定价的关键。

信息不对称的情况下,最常见的诈骗模式就是"二分法"。某"大师"宣称自己对大盘的判断很准,他拿到了 256 个人的邮件列表,并将其分成两组,向 128 个人发邮件告诉他们明天大盘会涨;向另外 128 个人发邮件告诉他们明天大盘会跌,有 128 个人收到了预测正确的邮件。将这 128 人再分成两组,给其中的 64 个人发邮件告诉他们明天大盘会涨;给另外 64 个人发邮件告诉他们明天大盘会跌,最后有 64 个人收到了预测正确的邮件。重复上述操作,4 轮邮件发送之后,有 16 个人收到了 4 封对大盘涨跌预测100％正确的邮件。这 16 个幸运儿会发现:真有人能对大盘每次都预测正确!这根本没有任何技术含量,骗局成功的关键是 256 个人完全不知道其他人的存在,剩下的人只是一批幸存者偏差导致的幸运儿而已。这种方式常见于金融诈骗,骗子用以标榜自身对未来预测的能力。对大多数公众而言,如果一个人连续 10 次正确预测了第二天的大盘,那么这种诱惑很难抵挡。这和能力无关,仅仅是统计上的幸存者偏差而已。

利用信息不对称诈骗让人防不胜防,有时候可能会不知不觉落入陷阱,高级的版本就是选择性披露。比如,某研究员说了一堆理由推荐某上市公司,但是最后股价因为一个他没说的理由下跌。研究员并没有说假话,主要是因为没抓住主要矛盾,当然也存在恶意隐瞒关键信息的可能。这在信息披露中十分常见,上市公司的公告很多情况下都避重就轻,试图掩盖问题的实质,而对非实质性信息一再强调。没说假话却把投资者骗了,这也是利用信息不对称进行欺诈。调研的时候听公司说了什么是一回事儿,更重要的是公司没说什么。"没说什么"是一个非常开放的概念,重要的是到底遗漏了什么重要的信息。这就需要分析人员去"问",提问的技巧和重点对个人经验要求很高。

这种类似诈骗的商业模式显然不能大行其道,所以有人用信息流构建了一种营销驱动型的商业模式,A 股市场上这类公司数目不少。销售费用率超过 30% 的上市公司数量可能有 100~200 家,什么样的公司需要销售费用率达到 30% 呢? 这些公司销售的商品不是中药就是化妆品、婴幼儿用品、服装饰品等,其他小品类难以统计。这些公司通过对渠道让利和大规模地打广告进行信息轰炸,并且选择性披露优势信息,进而影响消费者的购买行为。如果一个产品真的好,有区分度,那么为什么要花这么高的销售费用呢? 销售渠道、品牌本身是一种非常重要的表外资产,公司不一定说假话,但是一定没说真话。

也存在比较成功的模式,比如爱彼迎(Airbnb)和携程。两个公司解决了多对多的信息交换问题。如果交易的双方直接交易,那么可能会导致交易成本过高,甚至根本无法达成交易。一个深圳的客户去纽约出差,想在曼哈顿租一个公寓,首先他需要知道如何获取相关信息,如何联系和预订。如果没有爱彼迎,这笔交易难以达成,双方存在严重的信息不对称。交易成本过高的情况下,交易双方需要一个信息中介来降低交易成本。C2C 的信息流变成了 C2B2C 的模式,大幅降低了交易撮合成本。携程的商业模式与之类似,航空公司的数量和航线太多,消费者一个个地问,交易成本过高,携程的出现降低了交易成本。一个"好"的信息中介可以降低交易成本、提升交易效率,但是一个"坏"的信息中介会利用大数据和信息不对称侵害客户利益。这种模式的监管,就成了创新过程中的难题。

12.7　商业模式与商业创新

近些年资本泛滥,出现了很多所谓的创新企业。研究发现:这些企业多以商业模式创新为主,而非技术创新。根据前面的定义,商业模式只能实现价值,而非创造价值。很多所谓的创新不满足前文关于商业模式创新的定义,现在看很多根本不是商业模式创新,而是诈骗。本节讨论一些存在问题的商业模式创新。

1.P2P 的骗局

P2P 想利用互联网工具搭建一个新的金融生态,最终结果并不好,P2P最终成了诈骗和高利贷的变种。P2P 失败的根本原因是什么? 如果不清楚P2P 失败的根本原因,而仅仅将失败归结于技术性因素,那么将无助于中国金融业的转型。同为互联网金融,行业内不乏成功的企业,比如东方财富在基金销售领域取得的巨大成功。成功和失败之间的界线是什么?

金融的核心有两个:一个是销售,一个是风险定价。互联网为金融产品的营销提供了一个很好的工具,减少了信息不对称,降低了交易成本。市场上金融产品数量众多,物理实体网点能提供的产品数量有限,人工很难完整描绘金融产品的信息,不能详细比较不同的产品。互联网提供了一个营销平台,金融产品信息变得更为透明,避免了人工模式下的某些道德风险。互联网在金融产品销售领域优势十分明显,东方财富可以在某些时候将申购赎回费打一折——并且这只是直接成本,更不用说间接成本的节省了,很多客户在手机上动动手指即可购买,整个购买流程几分钟就可以完成。传统渠道的交通成本、排队和购买成本基本是以小时为单位,互联网为个人小额投资提供了充分的便利——毕竟不值得为了 100 元的基金申购跑趟银行柜台。

P2P 有更强的风险定价能力吗? 显然,P2P 企业在风险定价和成本方面根本没有优势,更没有经验。银行和保险业的利润,本质来自其风险定价能力。P2P 公司基本没有风险定价能力,对公贷款没有客户资源优势,个人业务只能依赖简陋的模型——并无大数据模型支撑。其收入是交易撮合费用,风险模型又基本失效,P2P 企业既没能力、也无动机对风险进行准确定价。目前法律构架下,这类公司不能吸收存款,很多平台赚的是服务费,债务人的违约风险由出资人承担。这种情况下,P2P 公司一味强调投资的便利与高收益,却不提示投资的风险,忽视风控能力建设,避谈行业监管风险。任何一个国家对银行业都实施强监管,而 P2P 公司缺乏外部监管,基本依赖企业自律,其风险控制能力可想而知。基于服务费模式,平台的主要目的是促成交易,绝对不会将风险控制放在第一位。风险定价技术含量很高,是现代金融体系的核心。P2P"高利贷者"基本是草根出身,根本不具备风险定价能力。"高利贷者"催收能力很强,违法行为屡禁不止,带来了严重的社会问题。

　　P2P 公司必须具备比银行更强的风险定价能力和营销能力,才能保持公司的健康运营。如果 P2P 公司不能给出更高的收益,风险又大,资金出借人为什么要来这里投资呢? 这是一个悖论。银行和 P2P 公司利差的下限需要覆盖两部分成本:一是营销直接成本(不含给存款人或投资人的利息),二是风险违约成本。互联网只能降低营销直接成本,无法降低风险违约成本,一般风险违约成本才是价差的主要部分。如果没有完善的监管和有效的风险控制体系,P2P 公司最终能盈利的可能性微乎其微,规模根本就做不大,必然会重回线下借贷模式。

　　没有搞清楚 P2P 的实质之前,盲目地创造一个互联网金融的新商业模式,最终的结果只会是一地鸡毛。如果一个企业吸收资金的直接成本低,风险定价能力强,那么为什么不去直接申请一个银行牌照呢? 传统银行向互联网渗透的优势岂不是更明显? 个人借款客户的借款额度小,银行风险定价的成本高,除了信用卡、房贷和汽车消费贷,银行做个人小额信贷很难覆盖成本,很难相信一个 P2P 公司能比银行做得更好。当年又有多少上市公司盲目转型做 P2P 呢? 可曾记得当年黄浦江畔那个叫匹凸匹的上市公司吗?

　　2. O2O 的迷茫

　　互联网的商业模式创新层出不穷,团购起家的美团主业变成了在线点餐、送餐。美团是一个在餐饮信息化领域处于垄断地位的公司,并购了大众点评和其他团购公司之后,又买下了摩拜。

　　传统餐饮历来不是一个好的商业模式,极度依赖人工和场租,并且中餐很难标准化,进入壁垒低,覆盖的地理半径有限。消费者的口味非常多变,注定了很难天天在同一家店吃饭。传统餐饮的成功企业和类别不多,海底捞比较突出:准工业化、连锁、翻台率高。互联网时代,人们对餐饮的商业模式作了三次重要探索,这三次探索的结果就是美团。

　　第一次探索是餐饮黄页。大众点评十分典型,其生态类似于一个网络社区。这是典型的老"黄页",是一种信息展示广告,有价值的信息主要是来自用户的点评。对多数就餐场景来说,这种信息的价值被夸大了,成了一种口碑营销。真正的口碑餐厅就算不在大众点评登记,也很受大家欢迎。经常在家或者公司附近吃饭的人,很少会去看别人的评论。想尝试新餐厅,或者不熟悉周边餐厅的情况,才需要查看别人的点评,这种消费场景占比并不高。这类模式解决的痛点是口味信息的不对称和降低餐厅的获客成本。实体餐厅的接待能力有上限,一旦回头客超过一定比例,实体餐厅对互联网的依赖会快速下降。

　　第二次探索是团购。团购无非就是折扣返券的互联网化,和纸质返券没有区别。客户很少仅仅因为有折扣而去就餐,客户就餐的目的非常明确,折扣本身无法长期有效引流,毕竟折扣可以很容易地被模仿。团购网站早期有资本支撑,折扣力度大,随着补贴的下降,团购也逐步降温。团购的本质就是一种折扣广告。比如,深圳需要排队的两个火锅店海底捞、八合里,需要这种折扣来吸引客流吗？即便需要,互联网平台的价值又是什么呢？餐厅的价值实现直接一步到位,通过高性价比来吸引客户,通过高周转率来赚钱,无法通过价格折扣吸引客户重复消费。餐厅无法长期依赖首次就餐客户,首次就餐客户占比高的餐厅主要面向旅游团或旅客,其餐饮质量十分堪忧。团购模式行不通,唯一的好处就是商家不用再去印刷优惠券了,省下了印刷成本。

第三次探索是互联网外卖,也被称为 O2O。外卖不是新鲜事物,只是没有系统组织。早期外卖以电话订餐为主,现在是互联网订餐。外卖的社会意义有多大很难说,消费者不会因为有外卖送餐就多吃一顿,同样没有外卖,消费者也不会少吃一顿。如果餐厅不加入互联网外卖可能会吃亏,但是餐厅都加入的情况下也占不到便宜,餐饮行业并不会因为互联网企业的介入就使得消费者数量大幅增加。

互联网送餐看不到任何价值创造,商业模式也不断变化。从信息黄页,到团购折扣,再到就餐场景的变化,这些模式几乎没有创造核心价值。餐厅省下了房租成本,提高了坪效,但是增加了送餐的人力成本。当人力成本高于租金成本之后,这种模式是否还有存在的必要?

根据互联网信息和美团的公告,美团的客户主要集中于发达城市。几乎可以认为经济越发达的地区,外卖需求就越强烈,这种需求呈现出很强的年龄特色。但是,为什么美国的互联网外卖很难形成规模? 美国外卖龙头 Grubhub 创办于 2004 年,2019 年收入 13 亿美元,盈利能力较差,人力成本高可能是一个重要原因,更重要的是人口密度太低。

美团成立了快十年,2019 年的会计利润才开始转正,而且并不高。这难道不让人担忧吗？美团是否应该回归轻资产的广告信息模式? 美团是否应该介入外卖这种人力资本密集的行业? 是否应该收购摩拜? 为什么美团收购摩拜不可行?

互联网一直在追求流量:资本始终觉得流量就是所有互联网模式的核

心。只要企业能找到一个流量入口，那么就具备商业价值。阿里巴巴找到了电商，腾讯选择了社交，谷歌/百度占据了搜索。这些流量成本非常低，先发优势明显。任何商业模式，低成本才是最核心的竞争力，进入壁垒低的行业更是如此。基于社交、搜索和电商的流量是目前成本最低的互联网流量，能直接变现。互联网发展到中后期，很多所谓的互联网创新都存在一个致命隐患：高流量成本！低成本的赛道都被巨头占满了，具有规模优势的公司赢家通吃，规模壁垒很高。美团、饿了么、摩拜等企业规模做得再大，都没有任何经济意义：商业模式到最后无非就是用多少钱获取了一个客户（企业的成本），每个客户能产生多少收入（企业的收入）。这些企业的获客成本比腾讯高，怎么才能变现得更高呢？企业为什么不选择更低成本的渠道引流呢？高获客成本的互联网公司存在的经济意义并不大，或者这些企业本身就不是互联网公司。美团收购摩拜之后，其实就是买了一个成本更高的流量，如何找到愿意为此付高价的客户呢？今日头条的迅速成功证明了获客成本对互联网企业的重要性。时至今日，互联网本质上不是需求创新，而是成本创新，一个更好听的说法是：效率创新。

最大的流量拥有者是移动通信运营商，而绝对不是互联网企业，移动网络服务是所有移动互联网创新的基础。为什么即便是在美国，移动网络运营商也没能变成移动互联网巨头呢？除了企业本身的文化和创新能力，关键是成本太高：技术更新速度太快，固定资产投入巨大，怎么和互联网企业竞争呢？

互联网流量如同挖矿，最开始储量丰富，开采成本低，越往后开采成本越高。当开采成本高于现金成本之后，矿产基本就没有经济价值了。美团创始人做社交网络起家，但是没能抓住移动社交网络这个富矿，最后去挖互联网晚期的一个高成本流量矿，是何道理？美团的问题绝不是规模，而是怎么把高成本的流量变现。美团的业务，腾讯、阿里巴巴、字节跳动都能做，而且成本更低。

近些年互联网行业的几个"独角兽",其模式基本类似,风险也类似。这些企业面临的共同问题是:成本高,变现能力差。唯一能让资本出逃的方法就是上市,美团最终会在现金流的压力下回归传统,变成一个信息导流平台,而非服务聚合平台。

3.工业品电商

电商兴起之际,阿里巴巴和京东让资本眼红。中国出现了众多卖工业品的电商平台,上市公司转型互联网,通过自建电商平台卖钢材、卖煤炭、卖化工品、卖芯片,无论如何一定要和电商扯上关系。2015 年的牛市,这些公司火了一把,最终结果却是一地鸡毛。几乎没有听说工业品电商赚大钱,虽然规模做大的有不少。问题的根源是什么? 回答这个问题,首先要弄清楚电商的核心竞争力是什么,电商创造了什么价值,然后再去讨论工业品电商失败的根源。

以阿里巴巴为例。阿里巴巴的核心竞争力是流量成本非常低,商业服务是生活必需品,规模超过临界点之后,商家和消费者互相促进,完善了生态体系。阿里巴巴创造的价值是降低了商家和消费者之间的交易成本。阿里巴巴平台上,商家没有高昂的店面成本,又可面向全国消费者。对长尾商品而言,这是一个非常好的模式,极大地降低了交易成本。阿里巴巴的口号是让天下没有难做的生意,但是阿里巴巴并没有创造新的需求,人们穿多少衣服并没有变化,消费者不会因为出现了电商就每天买衣服;每天买衣服的人,也不会因为没有电商就不买了。阿里巴巴的价值是降低了交易成本,提升了供应链效率。

以此观之,工业品电商的模式成立吗? 工业品一般都是标准品,大客户基本是大宗采购。相比于货值,交易成本占货物价值的比例较小,电商平台本身很难降低大宗商品的交易成本,采购方式决定了交易成本难以下降。现在资讯体系发达,工业品的价格基本透明,不存在信息不对称。大宗商品贸易,关键是融资服务和仓储服务。贸易商需要负责仓储和供应链融资,贸易的本质是一个现金流生意。比如,相同型号的钢材完全同质,很难差别定价,也不存在信息不对称,一个稳定的付款周期就成了买家主要的考虑因素。传统经销商的核心竞争力是融资能力,很难被电商替代,除非电商平台也有很强的融资能力。

这可以从空调上看到端倪。在"格力京东自营旗舰店",发现了如下备注:

• 每个 ID 号购买本公司产品不得超过 5 台,如需大量购买请咨询大客户采购。

• 购买空调后必须安装,如果仅是购买而不安装使用,那么京东和格力有权拒绝销售,且在空调销售后,格力有权通过相关途径核实其是否安装。若作非法销售等他用,京东、格力有权取消订单并追究相关法律责任。

• 收到产品后,请勿自行打开包装,请等待安装工人上门后开箱验收,若自行打开包装箱将无法享受售后政策。

为什么会有这些不合理的规定?为什么小家电、洗衣机、冰箱产品没有类似说明呢?电商渗透率已经如此之高,为什么格力仍然要和线下经销商合作呢?除了空调对安装要求高之外,关键是空调销售的季节性。不具有明显季节性的家电产品,生产企业没有季节性融资需求。淡季时格力仍然正常生产,向经销商压库存,通过供应链融资以保证生产的平稳性和连贯性,以此维持较低的生产成本。电商所售空调,不能窜货,不能跨区销售,这是维系供应链融资体系的关键。电商平台只是一个宣传交易渠道,电商无法提供生产企业所需的供应链融资,无法取代线下渠道的融资功能。

从工业品到空调,电商并非万能,互联网只是一个工具载体,商业模式背后的核心要素分析才是关键。

4.媒体的革命

信息流的创新历来是互联网创新的重点,其产品特性非常适合互联网。

早期的门户网站之后,出现了不同的信息流模式,常见的有三类:①以百度为代表的信息检索模式,客户主动发起需求;②以腾讯为代表的社交媒体,信息有很强的自组织性;③以今日头条为代表的算法推荐,通过大数据分析进行精准推送。第一代互联网媒体是以新浪为代表的门户网站和以百度为代表的搜索引擎;第二代互联网媒体是社交媒体和人工智能媒体,这是一种信息流的创新。

全球社交媒体龙头 Facebook 已经抢了谷歌很多互联网广告的市场份额。虽然微信目前的官方广告计划仍然比较审慎,但是自媒体的软广告已经非常多了,而且形式丰富多样。"野生"的广告生态促进了微信生态体系的繁荣。一旦腾讯开始收割社交网络广告流量并计划变现,很多自媒体最终会没有出路。微信和 Facebook 对待广告收入的态度十分不同。今日头条也是一种信息流创新,信息获取方式从客户的主动获取变成算法的主动推荐,这种模式到底是好是坏很难说。大数据模型的广泛应用,降低了客户内容搜索的成本,所以今日头条的崛起速度非常快,并且快速地实现了盈利,现金流良好。这种模式存在的问题是知识产权保护不足,信息质量参差不齐,甚至会有违法信息的推送。这种算法推荐模式抢走了百度很多互联网广告业务,逼迫百度转型。

算法推荐这几年非常火,除了法律问题,虚假信息泛滥、机器文本写作、标题浮夸等问题越来越明显。这样的信息环境很容易让人陷入信息孤岛,社会影响是好是坏难以说清。技术可以没有价值观,但是企业和人不能没有价值观。谷歌也有类似业务,但是谷歌将"不作恶"作为企业的价值观。一个企业不应当放弃自己的社会责任,而将一切归咎于技术。

5.魔幻的出行

最后讨论两个出行领域的"独角兽":摩拜和滴滴,这两种模式取得商业成功的可能性不大。摩拜的失败已经基本确定,ofo 已经被埋进了"坟墓",滴滴到现在仍然不盈利——未来大概率也不会有经营性盈利。

摩拜资产很重,现金流很差,摩拜占用自行车生产企业的资金时间不可能很长。一辆自行车的成本据说有 1 000 元,需要多少天才能回本呢? 莫说盈利,摩拜的现金流就存在很大的风险。有人会说,投放一辆自行车会吸引 10 个客户支付押金,每个人的押金是 200 元,这样会极大改善现金流。这和前文所说的骗局、购物卡有什么区别呢? 一个不受监管的资金池风险巨大,ofo 已经用自己的血证明了金钱面前一切道德都是窗户纸。

摩拜的边际运营成本不可能下降,只可能边际上升。墨汁滴到热水中,墨汁还能维持一个明显的边界吗? 这是一个热扩散过程,也是一个熵增过程,体系的稳定需要外界的干预。如果没有人工回收,没有车辆破损,那么按照随机游走模型,这些自行车会逐步扩散到全国。维系这个熵增的体系成本巨大。自行车的使用强度越高,扩散速度越快,回收管理的成本就越高。

摩拜对运营成本的估计存在重大错误。摩拜的运营模型在特定区域(比如大学校园内)可能成功,如果放开边界,最后一定会解体。同时,自己的自行车一定会小心使用、时常保养,这种公共自行车谁会小心使用呢?

滴滴虽为独角兽,但从商业模式的角度看很难成功。滴滴的价值只有一个:降低交易成本。一个客人想打车,出租车司机想拉客,客人付出的成本是路边等候的成本,出租车司机付出的成本是巡游的空驶成本。滴滴能降低交易成本,但却无法增加供给以解决打车难问题。空驶率下降一个点的收益是多少,决定了司机愿意支付的成本。消费者路边招手拦车是最后的方案,高峰期可能要 20 分钟才能拦到一辆车,滴滴叫车可能只需 10 分钟,客户支付的成本不能超过这 10 分钟的机会成本。

出租车日均行驶大概 600 km,200 km 空驶,有效里程 400 km。滴滴使得空驶率下降到 20%,日均行驶 600 km,空驶 120 km,有效里程增加到 480 km。司机成本不变,有效里程增加 80km,收入增加 160 元左右。如果总需求不变,使用滴滴的司机比没有使用滴滴的司机优势明显,但是滴滴并不增加整体的福利。

假设滴滴能拿走司机增收的 1/2,大概 80 元/车·日。全国一共 200 万出租车,滴滴年收入上限为 584 亿元。按照稳定期 30％的净利润率来衡量,利润的上限不会超过 200 亿元人民币。2018 年底滴滴估值 500 亿美元。更何况,正规巡游出租车无法收费。滴滴的创新无法做到比电话叫车更有价值,滴滴创造的"资产"并不是"很可能"导致经济利益流入。

老百姓的衣、食、住、行全都在形式上被互联网化了,这种情况下互联网还能带来什么新的价值呢?

12.8 总结与反思

资本市场最不缺故事,严谨一点叫商业模式。基于对商业模式的定义,本章讨论了常见的商业模式及其分类,以及成功或失败的案例。商业模式创新需要注意以下几点:

1.商业模式创新的监管问题

商业模式的创新存在现金流的错配、信息不对称、风险不透明等问题,容易导致骗局。如何进行有效的外部监管,落实企业主体责任,是政府部门需要积极研究的新问题,无序的创新最后必然是一地鸡毛。有效的监管应该基于现金流和信息流。现金流的监管需要引入第三方资金存管机构,防范违约和久期错配风险。信息披露是资本市场的基石制度,加大事后惩处力度才能有效减少此类骗局的发生。赔偿应该具有很强的惩罚性质,只有这样才能有效震慑不法者。监管的难点在于如何平衡监管和创新之间的关系。

2.如何识别"好"的商业模式创新

对商业模式的讨论集中到了"三流"问题:虽然企业的成败不仅仅取决于商业模式,但是一个成功的企业必然有一个好的商业模式。剥离表象、聚焦本质有助于在纷繁复杂的"创新"中有效地识别骗局,辨识风险。

3.企业的成功或失败影响因素非常复杂

企业的经营活动是一个非常复杂的动态过程,本书很多案例简短而抽象,主要是为了突出主要矛盾。如果仅据此作出判断,那么显然有失公允。上述公司分析的案例,纯粹是基于研究的需要,而非对价值的判断。企业的发展过程就是一个不断解决问题的过程,绝非一个躺在功劳簿上享受的过程。企业有问题十分正常,如果企业没有问题,那么反而可能是大问题。

4.商业模式存在过度简化的风险

商业模式只是一种理论简化,切莫当作真理。企业是一个复杂的动态系统,体系的演化具有很强的不确定性,切莫以此作出一个确定性的判断。现金流、物流和信息流是在纷繁复杂的商业模式中快速抓住本质的关键,很多有问题的公司在这三个方面都有不可避免的缺陷;但是,也不能因为这三个方面的某些缺陷而断定一个公司不好。二者既不构成充分条件,也不构成必要条件,至多只能说有相关关系。

最后,向那些创业者致敬,无论成功还是失败,这种探索本身构成了人类文明的基石,无畏的探索精神才是人类文明进步的根本动力。面对不确定性,理性能给予人类的指导并不多,人类更需要无畏前行的勇气。